美国史
撕裂的帝国 (上)

GESCHICHTE DER USA

[德] 贝恩德·斯托弗
著

徐聪 何剑
译

从第一块殖民地到现在

*Von der ersten
Kolonie bis zur
Gegenwart*

湖南人民出版社·长沙

目　录

第一章　美国梦　　　　　　　　　　　　　　　　001

第二章　山巅之城：1585—1763 年 对新世界的追寻　027
北美的欧洲殖民地　　　　　　　　　　　　　　029
封闭锁国与世界的榜样：上帝的国度　　　　　　045
种族清洗—奴役—种族灭绝　　　　　　　　　　060
美国民族认同的形成　　　　　　　　　　　　　079

第三章　实验：1763—1815 年 美国的建国　　　　093
解放：波士顿倾茶事件　　　　　　　　　　　　095
第一次独立战争　　　　　　　　　　　　　　　104
一部美利坚合众国的宪法　　　　　　　　　　　115
一个国家的诞生　　　　　　　　　　　　　　　125

第四章　拥有无限可能的国度：
1815—1890 年的大陆开拓　　　　　　　　　　　137
文明的冲突：印第安人战争　　　　　　　　　　139
从泪水之路到翁迪德尼战役：印第安人的灭绝　　153
狂野的西部：边疆之地　　　　　　　　　　　　169

铁路、工业化、城市化 191

**第五章 灾难和民族凝聚：
美国内战和1861—1917年的战后时期** 217
1861—1865年的美国内战 219
重建时代：1865—1876/1877年南方诸州的回归 241
1876/1877—1917年的"镀金时代" 257

第六章 别无选择的对外政策：1783—1918年 271
早期的共和国 273
昭昭天命：扩张—干涉—帝国主义 282
登上世界政治舞台：1917—1918年的第一次世界大战 297

第七章 大熔炉：新世界的文化 317
文学、音乐和艺术 319
奇思妙想：技术和建筑 342
美国式民主：选战和媒体力量 365
成功的理念：白手起家之人 382
不平等文化：种族—阶层—性别 398

第八章　违背天命的帝国：
美利坚世纪的开端 1919—1941 年　　　　**415**
在孤立主义者和国际主义者之间的徘徊　　**417**
"红色三十年代"：经济萧条与新政　　　　**431**
非美国的现象：国家社会主义和共产主义　　**446**
美洲的避难所　　　　　　　　　　　　　　**458**

第一章 ◆ 美国梦

2017年，有关"美国梦"的词条数量在谷歌上达到了大约5000万个。在这些词条中有大量关于旅行社、汽车公司、语言课程的信息，此外就是那些众所周知的、关于可赢取在美国居留和工作许可的绿卡抽奖项目的信息。然而，除了以上提及的这些信息以外，对于美国梦的失望以及美国梦破灭的相关报道也屡见不鲜。究竟什么是"美国梦"？这个问题有林林总总的解答，但这些答案都与随时代不同而发生变化的个体偏好和需求紧密相关。如果追溯这种向往的根源，尽管"美国梦"这一概念的历史是如此扑朔迷离，得出的结论却是很一致的：美国梦首先是追寻自由的梦。因此，1776年发表的《独立宣言》将追求自由作为其核心思想绝非偶然之事。

作为一种观念的美国梦

"美国梦"这个概念开始流行的时间相对较晚，它直到19世纪，主要是在20世纪才流行开来。詹姆斯·特拉斯洛·亚当斯在其畅销书《美国史诗》（1931）中描述"美洲印第安人的国度上升为世界帝国"（也是同年出版的德语译本的书名）之时，才第一次有迹可循地使用了"美国梦"这个词。这一具有魔力的词语也从此得以确立并被沿用。马丁·路德·金在1963年争取美国公民平权的华盛顿演讲里使用了那句著名的"我有一个梦想"，更是让"美国梦"这个词家喻户晓。然而在同一时期，也产生了很多描绘这种承诺最终破灭的艺术作品：在戏剧方面，比如爱德华·阿尔比的整场独幕剧《美国梦》（1961）；在大众电影方面，比如《逍遥骑士》（1969）；在小说作品方面，比如托马斯·科拉格森·博伊尔的《玉米饼窗帘》（1995）。

美国梦作为追求自由的梦——而非被赠予自由的梦——直至今天都主要体现在两个形象之中：其一是法国赠送的礼物，正式名称为"自由照耀世界"的自由女神像。它以具有象征意义的冕冠、火炬、独立宣言和打破的枷锁为装饰[①]，于1886年被安放在纽约这个有"移民之门"称号的城市港口。其二是自由精神的男性版本——"山姆大叔"，一位消瘦的、留有山羊胡、身着西服，并且头戴美国星条旗礼帽的老人形象。不同于自由女神像所表现的渴望自由与关爱之心，山姆大叔的形象表现出的更多是号召与告诫。山姆大叔的形象起源于第二次美国独立战争时期。在这一时期，英国对美利坚合众国的成立又一次彻底地提出了质疑。但是山姆大叔的形象也很明显地带有"乔纳森大哥"的身影——一个代表着追求美国独立并勇于和英国作斗争的爱国者形象。向往自由的自由女神形象与带有现实要求的山姆大叔形象一起，不仅勾勒出美利坚合众国的公众形象，同时也体现了"美国梦"的可能性和范围。

在《独立宣言》发表之前，对后来建立的美利坚合众国进行的殖民活动长期被寄予厚望，尽管这些期望有时是截然不同的。当时的宗主国英国王室希望看到的是获利丰厚的开疆辟土，而大

[①] Gorer, G., Die Amerikaner. Eine völkerpsychologische Studie, Hamburg, 1956, 第28页及以下几页。下文相关内容参见：27。

多数移民更希望得到的是一个超越世俗利益需求的全新生活的开始。在1607年伦敦弗吉尼亚公司成功地建立第一个永久殖民点詹姆斯镇的背后，除了有经济方面的原因，还有强烈的宗教动机。福音主义教派团体的移民从此之后愈发频繁。不论是1620年由"朝圣先辈"建立的殖民点普利茅斯和9年后由清教徒建立的马萨诸塞湾殖民地，还是1681年由贵格会教派建立的宾夕法尼亚殖民地，都已经可以明确地视为那些希望逃离欧洲宗教政治专制的移民的流亡地点。这些地方应该成为世界的榜样，成为一个新的耶路撒冷——那个《圣经》中耶稣在山上对门徒进行教诲（《马太福音》第5章第14节）时提及的、应由世人仰望的山巅之城。大多数美国公民直至今日对初代移民的理念仍然保持着一种使命感，体现出了这种宗教联系的长盛不衰。去教堂的人和教会成员的人数一直保持增长。1776年，英国殖民地有大约17%的居民定期去教堂参加礼拜，而全美这一比例在1980年大约是62%。[①]在20世纪50年代，甚至有95%的美国人是教会成员。

另一方面，作为一个国家，美利坚合众国自1788年宪法生效以来就体现为其是启蒙运动的一个产物。数以百万的人受到吸引并漂洋过海来到了这里。歌德曾写道：

美利坚，比起我们的旧大陆，
你得到了更多的眷顾，
你没有倒塌的城堡，
也没有玄武岩的废墟。

[①] Hochgeschwender, M., Amerikanische Religion, Evangelikalismus, Pfingstlertum und Fundamentalismus, Frankfurt a. M. 2007, 12. 下文相关内容出处同。

在充满活力的时代,
你没有受到干扰,
不论是无用的回忆,
还是徒劳的争吵。①

这些诗句在它们被写下的1827年就已经很明显地不符合实际情况了。从1815年第二次美国独立战争结束——英国再次占领殖民地之企图彻底宣告失败——到20世纪末期,总共大约有6600万人来到了这个他们所向往的国度。②美利坚合众国在20世纪所达到的权力扩张程度在历史上只有罗马帝国可以与之比肩③。几个世纪以来,人们不断地对美利坚合众国寄予了各种期望,这个国家也不得不经受这些期望的考验。2009年的诺贝尔和平奖被颁给当时刚上任的美国总统巴拉克·奥巴马这一事实也恰恰证明了这些期望有多强烈。

矛盾之处

美国从一开始就对来自其他国家的批判持怀疑态度,甚至于这些批判被理解为单纯的敌对态度和"反美国主义",但这也是美国在某种程度上严格执行强权政治的一种体现。然而常常被忽

---

① Goethe, J. W. v., Den Vereinigten Staaten, in: Goethes Sämtliche Werke. 39. Band. Hrsg. v. Curt Noch, Berlin o. J., 106.

② Huntington, S. P., Who are We. Die Krise der amerikanischen Identität, Hamburg, 2004, 68.

③ 相关富有启发性的对比参见 Bender, P., Weltmacht Amerika. Das Neue Rom, München, 2005。

略的是，这些批判也出于对这个国家的失望。美国并不能实现这么多的期望，现实屡屡不可避免地达不到理想的目标，而美国人自己通常对此也有相同的看法。以文字犀利而著称的马克·吐温在19世纪末对美国广泛推行的帝国主义野心作出了猛烈的抨击，他这样讥讽道："发现美洲是美妙的事，但如果美洲没被发现的话，会是更美妙的事。"[1]自殖民时代以来，美国国内政治上的激烈争辩经常以血腥的流血事件告终，这并非偶然。

很多的现象至今都呈现相互对立的关系，比如早期欧洲移民者以及其他一些美国人的经历，他们一方面是被迫害者，另一方面却意图通过种族屠杀取代当地的土著民族。启蒙运动的原则与将非洲人作为廉价劳动力绑架两者之间也同样难以一致，因为即便是托马斯·杰弗逊那样受过学术教育的美国总统也曾经参与绑架过非洲人。20世纪和21世纪初美国社会对自由的强调伴随了明显的人权侵犯，其最明显的表现就是，位于古巴的、游离于美国权利之外的关塔那摩监狱从2002年直至今日依旧存在，这些对于外界认知美国而言也一直是个难题。

社会心态

很多社会心态层面的矛盾当然也是可以解释的：从历史发展的角度而言，人们可以从人类学和"民族心理学"的层面进行剖析，正如19世纪时亚历克西·德·托克维尔或者20世纪时乔佛

---

[1] Twain, M., Pudd'nhead Wilson, New York, 2004, 194 (^{1}1894). 作者的翻译。

瑞·戈勒所做的尝试性研究那样。从殖民时代逐渐形成的"美国社会"的最显著特点之一就是那些扎根在第一批移民以及朝圣先辈身上的阵营思想。几个世纪以来，人们好似身处孤岛，虽然远离了来自欧洲的责难与危险，但同时又要面对新的敌人；他们只能像之前在旧大陆那样依靠内部团结和严密的防御来保护自己。因此，在这些最晚于18世纪自称为"美国人"的人中，很多人，即便不是所有人，都会有患得患失的忧虑，即害怕再次失去已经取得的成就。这也可以理解为在回忆起那种危机感时产生的一种精神负担，而这种危机感自1585年英国移民踏上今天的美国领土以来从未得以真正地消除，而且他们建立的第一个殖民点位于今天北卡罗来纳州的罗努克岛，也出于直至今天仍未知的原因消亡了。

在随后的几个世纪里，各种威胁也无处不在。其中最主要的就是欧洲的"独裁统治"：到1898年，西班牙的殖民领地直接与美国接壤；直到美国1867年向俄国买下阿拉斯加以前，沙皇俄国也染指了北美领土。而大约同一时期，欧洲的君主在法国皇帝的带领下，试图在毗邻美国南部边境的墨西哥重新建立一个以哈布斯堡王朝的马西米连一世为首的君主帝国，尽管这一帝国仅存续了数年。英国的统治诉求则通过在1775—1815年的两次血腥战争遭到了彻底粉碎。即便是那些对历史联系几乎没有任何概念的个人而言，在20世纪和21世纪初，美国媒体的集体记忆仍可以定期且成功地唤起他们对传统威胁场景的回忆，比如：一战和二战中的德意志帝国、苏联及与之相关的冷战，或者是1991年正当美国大肆庆祝冷战胜利时出现的，已不再受国家政权约束的伊斯兰恐怖组织。

对于内部团结而言，这些威胁起到的一直是积极的作用。出于这种一贯的政治考量，直至今日美国甚而一直在寻求外部威胁。因此在2012年美国总统大选时，欧盟并非偶然地被指责尤其要对美国经济萧条的状况负责，因为欧盟被认为在应对2007年开始的经济危机时未尽全力。[1]美国在1815年取得对英胜利之后，其逐步增强的自信也发展成为帝国主义霸权，并被再度用于树立新的威胁。从心理学角度看，这是一种对焦虑行为机制的一种学习，这使美国最终只需要很小的刺激就可以激发其防御反应和防御机制，直至撤回本国并将注意力集中于国内。[2]武器崇拜以及20世纪新兴的广告宣传业成功适应于此的事实也证明了这些受到长期训练的行为模式。

在与加拿大接壤的北方边界和内战前与墨西哥勘定的南方边界之间广袤的国土上，美国人首先把精力放在了消除原住民的威胁上。在美国人看来，这些原住民是他们的国家争端不断的祸首。人们在16世纪最先遇到的那批原住民被血腥地镇压。北美印第安人战争自1820年起也愈加极端化，导致了持续到1890年的对原住民实行的种族灭绝。在北美以外，美国政府也在1853至1854年间迫使日本打开了国门。此外，如同之前吞并北美看似无主的"印第安土地"一样，美国也根据两年后通过的一份近似于特许状的《鸟粪岛法案》在世界范围内吞并领土，并导致了一系列长期且血腥的冲突。19世纪80年代，当所有那些处于上升期的工业国家为弱肉强食的帝国主义理念带来的繁荣景气欢呼时，美国也

---

[1] Reuters, 26. 9. 2011.
[2] Sanger, R./Wenninger, G.（Hrsg.），Handwörterbuch Psychologie, Weinheim, 1999, 35.

毫不意外地跻身其中。阿尔弗雷德·塞耶·马汉关于如何建立一个帝国的著作也成了畅销书。

但当美国人于1898年后继承了西班牙帝国的遗产，以及于1917年和1945年后继承了在危机中飘摇的不列颠帝国的遗产以后，他们很快也越来越清楚地意识到，帝国本身也会成为一种负担。那种所谓的"孤立主义"在第一次世界大战后的美国仍然持续了大约20年。这种思想在美国中西部地区尤为根深蒂固，那里的幅员辽阔使人们相信世界的其他地方对于他们而言是可有可无的。这也是当美国总统富兰克林·德拉诺·罗斯福在20世纪30年代末认为反对那些欧洲独裁政权的战争不可避免时，他必须首先在被认为是"核心地区"的美国中西部争取支持的原因。

由此可以推断，帝国主义并非本意而更多的是一种不得已选择的说法是无视现实的。[1]直至今日，霸权主义在世界政治中尤其是在世界贸易中都可以带来不可估量的优势，而世界贸易从18世纪90年代美国建立以来就已经对这个国家产生了深远的影响。即便当今的世界格局有时看起来正处在一个时代转折点——诸如中国这样的国家正迎头赶上，甚至有赶超美国的势头，实际的世界格局客观而言也并非如此。尽管危机重重，但是单从政治军事和经济角度而言，2013年的局势看起来和此前也没有什么变化。潜在对手中国虽然依靠众多人口和低水平的工资保持了强势的经济增长，但是从国内生产总值来看，美国仍然保持着遥遥领先的

---

[1] Hacke, Chr., Zur Weltmacht verdammt. Die amerikanische Außenpolitik von J. F. Kennedy bis G. W. Bush, München, ²2002.

优势。①

美国的整体历史该如何书写？②它是该作为海外欧洲人的第一个"民族成功史"③，还是该作为通过被哥伦布拉开序幕的殖民征服对数万年前就生活在美洲大陆上的印第安民族进行镇压和屠杀的历史？④也许它更应该作为这样一种主要由社会边缘群体和异见群体满怀敬畏地开创的新世界的历史，即随着西进运动的开展和政治经济机遇的增长，这个新世界被逐渐开拓。在此期间，救赎历史观的期望与政治的现实相互交融。幸运的是，大洋阻隔使人们可以拥有与世隔绝的安全感而无须仰他人鼻息。然而，这种安全感虽然还会长久存续，但看似总在面临威胁。原本用以形容英国在19世纪奉行的置身事外政策的"光荣孤立"一词，实际上是起源于北美洲的。⑤

美国历史的阶段划分

鉴于美国历史有如此繁多的阶段，每一种可能性都要适当地予以考虑。美国的官方史学从19世纪起就着重强调一个尽可能统

---

① www.siteresources.worldbank.org/DATASTATISTICS/Resources/GDP_PPP.pdf.

② 相关的论述参见 Grob, G.N./Billias, G.A.（Eds.）, *Interpretations of American History. Patterns and Perspectives*, 2 Vol., New York, ⁶1992。

③ Adams, W.P./Lösche, P.（Hrsg.）, Länderbericht USA. Geschichte, Politik, Geographie, Wirtschaft, Gesellschaft, Kultur, Bonn, ³1998, 3.

④ Zinn, H., *A People's History of the United States. 1492-Present*, New York ⁵2001（¹1980）.

⑤ Hamilton, R.M./Shields, D., *The Dictionary of Canadian Quotations and Phrases: Literary and Historical*, Toronto, 1982, 484.

一的历史，以现今美国所有的州为出发点。①从史学史角度看这样大抵是无可厚非的，就像在编写德国史的时候人们也会尝试以德国现今的领土为出发点去阐述。但是这种视角凸显了一种至今在美国仍产生影响的原则性差异：美国的公民身份至今都以属地原则为标准，而非类似在德国通行的属血原则。即便是在美国度假期间生产的妇女，无论她是否愿意，其新生儿都会获得美国国籍。因此美国人在理解其历史的时候仍然是以属地为标准，更准确地说，即以空间上的定居为标准。由此可见，所谓以空间观念来理解历史的"空间转向"一词能在美国找到其根源，并且自20世纪80年代起在美国赢得众多拥趸的情况并非偶然。

如果将美国历史在结构史学和社会心态史学层面上结合起来，可以分辨出以下几个某种程度上互相交错的历史阶段：（1）英国殖民时期（1585—1775）：从1585年建立但最终失败的罗努克岛领地开始，到1607年第一个成功建立的詹姆斯镇殖民点以及随后建立的总共13个殖民地，再到1759年的殖民高潮，即对今天加拿大境内魁北克地区的占领。（2）大革命时期（1763—1815）：出于早在1776年《独立宣言》发表之前对不列颠宗主国的极大不满，以1763年废除歧视性的《印花税法案》为起点，直到1815年第二次独立战争——一场保卫了1788—1789年美国建国的革命胜利果实的战争——的结束为止。（3）开疆辟土时期（1815—1890）：独立战争结束后的美国保持了扩张势头，并对原住民进行了彻底驱逐和种族灭绝，直至1890年取得对西部的控制权。在当时的集体身份认同下，通过太平洋铁路的修

---

① Adams, W. P., Die USA vor 1900, München, 2000, 1.

建和同期开始的工业化和城市化，这一所谓的"边疆时代"成为令人瞩目的时代。至今在美国集体意识中存在的美国民族神话就是在这几十年内产生的。（4）内战和战后时期（1861—1917）：这一时期持续到美国参加第一次世界大战之时，是美国南北方自革命战争以来凸显的，并不仅仅源于蓄奴问题的所有对立冲突的顶峰时期。在"重建"以及被称为"妥协"的和解发展得磕磕绊绊的情况下，对于这一时期而言极端血腥的冲突拉开了此前从未有过的政治经济腾飞的序幕。一个被马克·吐温讽刺地称为"镀金的"时代由此开始。（5）对外政策受限时期（1783—1918）：第一次世界大战胜利后，美国的对外政策受限时期也随之结束。介入英国反对欧洲君主专制不仅是美国对外政策转变的高潮事件，也是美国在第一次独立战争后奉行并限定于北美范围之内的对外政策与之后的全球政治对外政策之间的分水岭。（6）违背意志的帝国时期（1919—1941）：在大多数美国人眼中，第一次世界大战以后美国对外政治的力量增长造就了一个"勉强"的帝国。在"美国的世纪"开始之初，"美国的"一词是摩登的化身。1919—1941年投入第二次世界大战的那些岁月也清楚地表明了美国这个民族及其政治在国际承诺下的挣扎。日益增长的孤立主义首先在弥漫的恐惧中急剧上升。罗斯福花了数年的时间并利用了日本1941年轰炸美国海军基地的珍珠港事件才改变了美国民众普遍对世界政治毫无兴趣的态度。（7）超级霸权诞生时期（1941—1945）：第二次世界大战不仅仅是美国在军事上对德国和日本的胜利，原子弹的发明也使美国成为第一个超级霸权国家。1945年以后美国也不可能再重新回到它以前的政治孤立状态。（8）冷战时期（1945/1947—1991）：在这个时期，美国被短暂地推向了核战争的边缘，但是1991年苏联的解体使美国成为世界上唯一的超级霸权国家。（9）面临新对手的唯一超级霸权国家时期：1991年后，美国在政治军事方面已经没有需要认真对待的敌人，但是诸如中国之类的新兴经济体以及活跃的跨国恐怖主义也给它带来了巨大的威胁。

民族、社会结构和宗教

虽然一开始在政治方面并不算强大，但是美国领土的广阔从18世纪以来便令人印象深刻了，尤其是在和支离破碎、国家众多的欧洲相比之时。现今的美国有50个州，自1959年夏威夷州加入美国联邦后，美国的领土范围也不再仅局限于北美区域。它的领土面积接近980万平方公里，大约相当于27个德国的大小，但其人口密度相比而言要更低：2016年底在美国居住的人数的官方数字大约为3亿2400万，[①]而同时期欧盟（27国）的居民人数大约为5亿1000万，其中德国就占了大约8200万，[②]美国强有力的竞争对手中国的人口总数约为14亿。[③]美国的2个人口稠密区依旧是东海岸的纽约和西海岸的洛杉矶，分别拥有8500万居民和3900万居民。[④]在总人口中，白种人仍然占多数（77.1%）；占第二多的为非裔美国人，大约占总人口的13.3%；亚裔美国人占大约5.6%；

[①] 参见美国人口统计局数据（www.census.gov）。

[②] 参见 https://de.statista.com。

[③] 同上。

[④] 参见美国人口统计局2016年统计数字（www.census.gov），下文数据出处同。

原住民人数约为2900万（美洲印第安人/阿拉斯加原住民，约占0.9%）；太平洋岛居民人数为54万（夏威夷原住民/太平洋岛屿居民，约占0.2%）。除此之外，还有大约5050万的美国居民来自拉丁美洲，主要是西班牙裔和拉丁裔美国人（17.6%）。白种人大多数源于欧洲，其中很大一部分是来自英国的白人盎格鲁-撒克逊新教徒群体。

从殖民时代开始的移民人种特点也发生了变化。来自欧洲的移民直到20世纪都占了多数；但从千禧年前开始，来自中美洲的移民开始占据多数（390万人），其中墨西哥人占据首位（230万人）。紧随其后的是亚洲移民（290万人），主要是菲律宾人（505000人）、中国人（425000人）以及印度人（383000人）。占第三位的才是欧洲移民（130万人），其中主要是乌克兰人（141000人）、英国人（大不列颠联合王国136000人）以及俄罗斯人（128000人）。[1]

美国的宗教分布从移民历史来看也可略见一斑。由于在美国没有宗教税，并且根据民意调查，国家插手宗教事务并不得人心，所以尽管人们不能像在德国那样通过税务申报来获得统计数字，但是民意调查也显示基督教新教作为大多数美国成年公民的信仰仍然存在。2008年的基督教信众人数大约为1亿7300万，其中大约1亿1600万人为新教信众，5700万人为天主教信众。除此之外，还有大约2700万美国人信奉犹太教，1400万人信奉伊斯兰

---

[1] 参见美国人口统计局：Immigrants by Country of Birth 1981-2001（www.census.gov/prod/2004pubs/03statab/pop.pdf）。

教，1200万人信奉佛教。[1]目前的大部分移民来自信奉天主教的地区，尤其是中美洲地区，因此可以预见的是，基督教徒的比例还会增加。

地理因素

从地貌上看，美国大陆（除阿拉斯加和夏威夷以外）可以划分成四个区域：（1）大西洋沿岸及墨西哥湾区；（2）阿巴拉契亚山区；（3）大平原区；（4）作为北美洲科迪勒拉山系一部分的落基山区。[2]气候类型从北部阿拉斯加的极地寒冷到南部佛罗里达州的亚热带气候，也是多种多样。对于文化、经济以及政治层面而言，以这样的地貌来划分当然要复杂得多。切萨皮克、特拉华或者哈德逊拥有适航河流入海口的大西洋沿岸地区，是英国移民1585年首次登陆罗努克岛并试图建立据点的区域。首批建立的13个殖民地中的一些后来发展成了美国最大的人口密集区域。

在由清教徒建立的新英格兰移民区，包括新罕布什尔州、马萨诸塞州、罗得岛州和康涅狄格州，产生了波士顿等中心城市以及哈佛大学等著名学府。在其南部所谓大西洋沿岸中部地区，包括纽约州、佛蒙特州（今称：新英格兰）、新泽西州、由贵格会教徒建立的宾夕法尼亚州、特拉华州（原为宾夕法尼亚州的一部

---

[1] 参见美国人口统计局：Self-Described Religious Identification of Adult Population 1990 to 2008（www.census.gov/compendia/statab/2011/tables/11s0075.pdf）。

[2] 参见 Adams, W.P. u.a.（Hrsg.）, Länderbericht USA, Bd. 1: Geographie, Geschichte, Politische Kultur, Politisches System, Wirtschaft, Bonn, ²1991, 第3页及以下几页。

分）以及马里兰州，发展出了整个美国乃至整个世界上公认的多元化和国际化城市——纽约，其文化的多样性成了20世纪和21世纪初流行文化的原动力。在如今常受纽约人鄙视的新泽西州，自1746年起建立了另一座著名的美国高等学府，即爱因斯坦1933年起工作过的普林斯顿高等研究院。宾夕法尼亚州的费城不仅仅是历史上召开大陆会议和颁布1787年宪法的地点，而且自1790年起的一段时间内，被作为美国独立后的第一个首都。那里至今还留存着曾在1776年为《独立宣言》的发布而鸣响的"自由钟"，如今这座已经不再使用的钟已经成为传奇。

在费城南部不远之处的沼泽地里，1792年，人们以建造美国总统的办公场所——白宫——为起点，依照蓝图开始建设一个全新的首都——坐落于波多马克河与阿纳卡斯蒂亚河之间的华盛顿特区。为了象征性地表明相对于政府与议会的独立性，从马里兰州和弗吉尼亚州分别划出来的一部分区域被合并到一起，成立了由美国国会直接管辖的哥伦比亚特区（D.C.）。该特区的居民最初不允许参与总统大选，直到超过一个半世纪后的1961年宪法第21号修正案通过之后，这种情况才得以改变。1978年，该特区的居民首次可以选举自己的议员进入议会，这使其地位从此时起更类似一个联邦州了。华盛顿总统的继任者约翰·亚当斯作为首位入主白宫的总统只在此地停留了数月。而白宫真正成为美国政府职能所在地是直到1801年第三任总统托马斯·杰弗逊上任后才开始的，而颇具讽刺意味的是，托马斯·杰弗逊早在1793年就因为与乔治·华盛顿的分歧从后者的内阁中辞职了。1814年，华盛顿特区在第二次独立战争中被英军焚毁。战后得以重建的不仅是白宫，还有国会山上的国会大厦。在随后近百年的时间里，人们也能够通过这些气势宏伟的建筑物对美利坚帝国的扩张有所理解：国会大厦巨大的穹顶正是在1851年后得以安装，此时的美国正如火如荼地向西部扩张，它与天主教竞争者墨西哥也处于争端之中，美国人的"天定命运"观也成为美国向太平洋沿岸扩张的正当性而辩护的依据。

从华盛顿下城区出发，人们只需走几公里的路程便可到达位于弗吉尼亚的南部联邦管区亚历山德里亚。因此，人们如今不难领会，华盛顿特区的选址之所以位于南部和北部联邦的边界上是有深意的。就连20世纪40年代建成的美国国防部五角大楼也坐落于弗吉尼亚州。和西弗吉尼亚州（1863年分离）一起，南、北卡罗来纳州以及佐治亚州这些首批13个殖民地的南部地区被后人称为"老南方"。弗吉尼亚州的谢南多河谷和佐治亚州的首府亚特兰大是1861—1865年间美国内战中受战争破坏最为严重的地区。而今天通常意义上的"美国南方"所指的区域还包括佛罗里达州、肯塔基州、田纳西州、亚拉巴马州、密西西比州、路易斯安那州以及阿肯色州。继续往南的墨西哥湾地区土地肥沃、物产丰富，但人们在殖民之初的16世纪便很倒霉地遭遇了来自西班牙强有力的殖民竞争，而这种竞争也是英国殖民者尤其想尽可能避免的。由于这里的热带亚热带气候特别适于棉花种植，此地在17世纪便出现了很多大型棉花种植园，这也构成了所谓的"美国南方"的一大特色。在18世纪末开始的、机械化经营的巨型农场出现之前，种植园的巨大面积对廉价劳动力，主要是非洲黑人奴隶以及廉价白人劳力的需求极大。因此，现存的全美国历史最久的种植园建筑——雪莉种植园（1738）——坐落在弗吉尼亚州并非偶然。在美国内战后期,很多种植园随着奴隶制的废除被划分为小块土地进行种植,但其获利通常极其微薄。当然,直到19世纪在海岸地区才出现但最终也只是让少数人成为巨富的丰产油田在那段时期还没有被发现。

沿海地区往西的阿巴拉契亚山区虽然是多山地形,但对于16和17世纪那些饱受木材匮乏之苦的第一批欧洲移民而言,无疑是森林资源极度丰富的宝地。绵延至宾夕法尼亚州的矿石和煤炭资源也成了18世纪开始的第一次工业化的基础。大西洋沿岸北部和中部的联邦州——曾为北美早期欧洲移民居住的核心地区——也成了美国的第一个工业中心。从阿巴拉契亚山区往西是广阔的北美中央地带的低地平原,它在北方与大湖地区相连,在南面与所谓的"欧扎克高原"——其独特名称可能源自对法文名称的模仿①——这一森林资源丰富的丘陵山区毗邻。美国与加拿大分占的大湖地区如今作为一个总称,所指的不仅仅是靠北的苏必利尔湖以及往南部和东部延伸的密歇根湖、休伦湖、伊利湖和安大略湖等五大湖,更包含与五大湖相邻的俄亥俄州、密歇根州、印第安纳州、伊利诺伊州、威斯康星州以及明尼苏达州。伊利湖和安大略湖之间的尼亚加拉瀑布群是五大湖地区的自然风光的亮点,在19世纪也是第二次工业化时期的最重要的地点,作为重要的电力供应地区为能源需求极大的电气化学工业提供了丰富的水电资源。

五大湖区的西南部是移民所称的大平原地区,其南部——包

---

① Stewart, G.R., Names on the Land. A Historical Account of Placenaming in the United States, San Francisco, ⁴1982, 137.

括得克萨斯州——毗邻墨西哥湾,其西部与海拔至6000米的落基山脉相连。很长时期以来,对这个位于美国中部的大平原有所了解的人除了原住民以外,只有少数主要是在这个地区通过布设陷阱和打猎谋生的,以及与印第安人部落进行交易或不时参与部落生活的白人。这些人也包括16世纪建立起路易斯安那、新法兰西等殖民地的法国移民。这些殖民地的疆域从南部的墨西哥湾横跨了整个大平原地区直到今天的加拿大边境线。被昵称为"大快活"的新奥尔良殖民地就是由法国人在1718年建立的,这里还保留了起源于天主教的狂欢节"油腻星期二"[①]。直至今日,新奥尔良还被认为是易于生活且特别惬意的宜居之地,有时甚至被认为是腐化堕落之地。在法国人勒内-罗贝尔·卡弗利耶·德·拉萨勒于1685年完成密西西比河部分流域的探险后,梅里韦瑟·路易斯和威廉·克拉克于1804年从圣路易斯出发,开启了他们著名的远征:他们沿密苏里河横穿了整个大平原地区并将这次探索过程首次科学地记录下来。他们穿越了落基山脉并于1806年到达今天的华盛顿州城市西雅图西南方向的科拉特索普要塞。从经济学角度来看,这个当时只有巨大的野牛群游荡后又在20世纪时期成为美国的肉类和粮食仓库的地区极具价值。通过19世纪就已开始的农业机械化,越来越多的可耕种土地得以开发。而日益严重的生态灾害,如20世纪30年代的沙尘暴,也显示出了当时肆意地经济开发所导致的严重后果。

具有历史纪念意义的还有大平原上被称为"中西部"的地

[①] 法语 Mardi Gras,直译为"油腻星期二",是圣灰星期三(Ash Wednesday)的前一天,即复活节前的第七个星期三。Mardi Gras 现在是一个狂欢节性质的节日。——译者注

区，它包括现今的南北达科他州、艾奥瓦州、内布拉斯加州、堪萨斯州、密苏里州、俄克拉荷马州以及得克萨斯州，也成了对于美国而言最重要的地区之一。被通俗地称为"西南部"的地区包含了新墨西哥州、亚利桑那州、犹他州、内华达州和一些实际上已经属于落基山区的联邦州（如蒙大拿州）。这一地区至今还流传着在持续至1890年的边疆时代中发生在"西部"或者"旧西部"的伟大传奇：1876年，在离南达科他州的布莱克山——印第安苏族人的圣山——西部不远的小比格霍恩（今属蒙大拿州），乔治·卡斯特将军被联合起来的苏族领袖"疯马""坐牛"和"大脚"击败。1941年竣工的、著名的拉什莫尔山国家纪念公园被称为"民主圣地"，众多游客来此欣赏山体岩石上雕刻出的四位美国总统头像（华盛顿、杰弗逊、西奥多·罗斯福、林肯）。在距离拉什莫尔山数公里之处，一座巨大的"疯马"纪念碑也已经开始修建，尽管距离完工还有很长的时间。在这个"狂野西部"，比利小子、怀特·厄普和霍利迪医生曾经真实地生活过，坐落着堪萨斯州的艾比利尼和威奇托之类的"牛镇"，当年的牛仔在通过"牛道"将牛赶往芝加哥的大型屠宰场的路上也曾在这些牛镇上纵情欢乐。在西南部也是如此：在19世纪的最后30多年里，亚利桑那州因为银矿如雨后春笋般在一夜之间出现了很多新兴城市，如臭名昭著的墓碑镇。横贯西南部的还有从北部的蒙大拿州一直延伸到亚利桑那州的"亡命徒之路"，即那些著名的法外之徒如布奇·卡西迪和"日舞小子"的逃亡之路。怀俄明州的大角山脉作为"墙上的洞"等帮派的藏身之所成为传奇，正如犹他州的"强盗老巢"一样。这里也理所当然地成为很多"拓荒时代"的冒险传奇电影的拍摄地，正如那些从好莱坞传播至全世界的大型影视作品，如《伯南扎的牛仔》《灌木丛》和《荒野大镖客》。犹他州纪念碑谷的壮丽风景以及那些奇特的塔状岩石也出现在了一些广为人知的西部电影中，比如《西部往事》（德语译名为《给我演奏死亡之歌》）。此外，怀俄明州和蒙大拿州所在之地也是世界上最大的超级火山区之一，世界闻名的黄石公园（位于怀俄明州）也坐落于此，其中的间歇热水喷泉——如"老忠实"泉——就反映了当地的火山活动。

与犹他州西部接壤的内华达州仍属于美国西南部，其最著名之处直到20世纪才崭露头角。拉斯维加斯城自1931年取得博彩执照后就成了世界上最有名的赌城。与其他美国城市相比，拉斯维加斯更为宽容自由，而内华达州是美国唯一卖淫合法化的联邦州。带给美国超级霸权的第一颗原子弹在离此不远的、充满了神秘气氛的内华达州军事试验基地诞生。而关于冷战时进行武器试验、高度机密的第51区的传说直至今日都给众多作家和电影剧本创作者提供着灵感。在内华达州和亚利桑那州交界处还有一个巨大的岩石坝基水坝（胡佛水坝），在保障拉斯维加斯对电力和水资源的极大需求的同时，也对原本水流湍急的科罗拉多河起到调节作用。作为科罗拉多河发源地的科罗拉多州和蒙大拿州、怀俄明州一样，也属于拥有宏伟自然风光的落基山区。科罗拉多河流经犹他州之后，在亚利桑那州大峡谷地区的松软砂岩上切割出了壮观的河谷，其河水经过沿途地区大量抽取后最终如小溪一般缓缓注入加利福尼亚湾。

太平洋沿岸区的俄勒冈州和华盛顿州构成了美国的西北角，在经历过冷战时期飞机制造业和核工业的繁荣发展之后，如今也与其毗邻的加利福尼亚州一样，以计算机工业为主。诸如约塞米蒂之类的风景壮丽的国家公园，以及美国梦的追寻地——如好莱坞和旧金山，都使加利福尼亚州成为众多美国人的终极梦想目标。也正是因为这样，往这些地方移居还是受到限制的。加利福尼亚州的南部也是从芝加哥通往洛杉矶著名的66号公路的终点，20世纪30年代的众多经济难民与环境难民就是通过这条路到达当时备受称赞的加利福尼亚州。

1867年从俄国手中购买的阿拉斯加州和1898年美西战争期间获得的夏威夷州是两个不依附于美国本土[①]的联邦州，两者皆于1959年作为飞地并入美国联邦。阿拉斯加也是迄今为止世界上现存面积最大的飞地。对美国本土48个州之外的历史背景稍做探究，就可以发现，阿拉斯加首先是因为1897—1898年达到高潮的克朗代克河淘金热才进入公众的视野，而夏威夷至少是直到在那里出生的美国总统巴拉克·奥巴马参选时才令人瞩目。尽管对于大多数美国人而言，夏威夷更多的还是以太平洋度假和冲浪圣地而著称，但是美国政府从19世纪起就已经把它视为不可或缺的海军基地了。出于这个原因，夏威夷群岛——不同于波多黎各或者关岛这些类似的岛屿地区被赋予了完全的联邦州身份。由于1941年日本对美军珍珠港海军基地的轰炸，夏威夷现在也是美国最重要的纪念胜地之一。

除了50个联邦州以外，美国还拥有一些没有或者仍未根据美国宪法第四款被作为联邦州吸收的领地，但是这些领地也部分地拥有特殊地位。其中之一便是波多黎各，它虽然和夏威夷一样是

---

① 作者原文在此使用 Continental/Contiguous United States 以及 Coterminous/Conterminous/CONUS/Lower 48 United States 来表示不含阿拉斯加州和夏威夷州的美国本土 48 个州。——译者注

在1898年美西战争后获得的,但它作为自由邦只是获得了美国的特殊待遇。1917年的《琼斯-沙弗洛斯法案》通过后,波多黎各人甚至拥有了美国公民身份,但是没有美国总统选举权。那些来自波多黎各即便已经在众议院任职的议员也是没有投票权的。波多黎各因此也属于有特权的"合众国岛区",即美国的外部领地或托管领地。在政治上唯一具有可比性的是巴尔米拉环礁,一块所谓的合并但非宪辖领土,其居民只限制性地拥有美国大选的初选权。

在加勒比地区,美国还拥有美属维尔京群岛(1917年从丹麦手中购入)以及纳瓦萨岛等托管领地。纳瓦萨岛作为所谓的美属本土外小岛是根据1857年的《鸟粪岛法案》划归美国的。在加勒比地区的古巴岛也有一部分在不明状态下被美国使用的地区,即1898年起开始运行的关塔那摩基地。该基地被华盛顿看成是游离于美国法律和国际法律之外的地区并被用于回避既定的国际法规。①

美国其他所有的未合并岛区都无一例外地位于太平洋,不仅仅是1898年从西班牙手中获得的关岛,还有华府1899年作为殖民地获取的美属萨摩亚群岛,以及原属日本管辖的、1945年联合国委托美国管理且自1978年起作为美国托管领地的北马里亚纳群岛。此外还有太平洋中的本土外小岛,即贝克群岛(1856)、豪兰群岛(1856)、贾维斯岛(1856)、中途岛(1867)、约翰斯顿岛(1859)、威克岛(1899)以及金曼礁(1860)。除了威克岛和金曼礁以作为海军和空军基地为由被美国直接吞并以外,

---

① Stöver, B., CIA.Geschichte, Organisation, Skandale, München, 2017, 106f.

其他的岛礁都是美国根据《鸟粪岛法案》占领的。尽管这一系列被占的岛礁最初只是被用来搜集肥料，但其中一些岛礁继续作为基地使用。此外，一些作为军事试验区的岛礁已经部分被严重破坏。例如在加勒比地区，波多黎各的别克斯岛直至2003年还被作为军事演习基地，位于太平洋地区的那些被作为核试验基地的岛屿和环礁——如约翰斯顿岛——也是如此。美国最具破坏性的一系列核试验是在那些太平洋岛礁上进行的，这些岛礁连美属本土外小岛都不是，而只是联合国授权交由美国托管的地区，比如马绍尔群岛及其著名的比基尼环礁。

美国的地理位置如何，民族如何融合，其政治或者经济如何发展，这些是一方面的问题。对于所有人，不仅对于美国人而言，比这些更难回答的问题是，到底是什么构成了美国的身份认同，是什么将美国公民团结在一起。只有把目光投向殖民时代起的美国历史，人们才有可能找到答案。

第二章 ◆ 山巅之城：1585—1763年对新世界的追寻

北美的欧洲殖民地

今属美利坚合众国版图的地区从16世纪开始被欧洲人发现、系统勘测和定居,这些地区本是无人居住的。第一批居住者何时并从何处而来?这个问题至今仍有争议。① 长久以来,研究都认为北美部落迁移历史最早可回溯到12000年前,但各部落原住民完全不同的语言表明,该地区的第一批居住者分多个迁徙时期从亚洲北部甚至世界其他地区迁移而来,不仅如此,这些迁移在12000年之前的时期就已经开始了。目前的估计认为,第一批迁徙民族在4万年前就已经到达美洲。② 在哥伦布开拓通往印度的海上之路的过程中,此地的民族出于错误的理解被称为"美洲原住民族""初期民族"或者"印第安人",他们从此开始面对形形色色的来自欧洲的开拓者。③

---

① 关于1492年以前的北美原住民请参见B.M., Das frühe Nordamerika. Archäologie eines Kontinents, München, 1993, 第65页及以下几页。
② Trigger, B.G./Washburn, W.E.(Eds.), *The Cambridge History of the Native Peoples of the Americas*, Vol. 1: North America, Part 1, New York, 1996, 130ff.
③ 综合参考 Bitterli, U., Die Entdeckung Amerikas. Von Kolumbus bis Alexander von Humboldt, München, 1999, 第149页及以下几页。

早期探险和定居

在西班牙探险者探索中南美洲之前的500多年里,维京人首先在纽芬兰岛建立了自己的营地。然而,长期的定居行为很少出现,比如探索者乔瓦尼·卡博托在15世纪末发现了新大陆北部的纽芬兰岛并短暂停留于此,他以其英文名"约翰·卡博特"正式宣布该岛成为英国王室的领地。随后不久,应马德里对北美洲和南美洲的殖民霸权需求,西班牙人也开启了探险之旅。胡安·庞塞·德莱在1513年的探险过程中以及佩德罗·门内德兹·德·阿维列斯在1565年的探险过程中,不仅在今天的佛罗里达州遭遇了原住民,也到了法国胡格诺教徒建立的定居点。[1]西班牙人对此并未容忍,他们于1565年驱逐了这些新教徒并夷平了他们建立的定居点。法国艺术家雅克·莱莫恩·德·莫格斯的作品对这一时期欧洲探险者在北美与印第安人的最初接触有明确的记录。法国人也很早就开始在这一区域进行积极的活动并建立持续到19世纪且延伸至今天加拿大境内的广大殖民地。法国国王弗朗索瓦一世也是1522年令人瞩目的、由乔瓦尼·达·韦拉扎诺从事的探险活动的委托人。韦拉扎诺的探险队于1524年在今天的南加利福尼亚地区遭遇当地的原住民,出于对与西班牙人产生冲突的恐惧,他限制性地探索了东海岸前往纽芬兰岛方向的海上航线。由于韦拉

---

[1] Milanich, J.T., *Florida Indians and the Invasion from Europe*, Gainesville, 1995, 155ff.

扎诺对新大陆的描写不吝赞美之词，他的探险对接下来的欧洲殖民点的建立产生了特别的影响。他对于友好的原住民以及今天的弗吉尼亚海岸与哈德逊河之间广大地区优美风景的描写也极大地鼓舞了后来的探险者。

在现今美国境内进行的第一次长期但并非最成功的欧洲殖民者定居活动当属1565年门内德兹在驱逐新教徒之后，同样出于满足马德里王室的美洲殖民霸权需求的委托，在佛罗里达东北部海岸建立定居点——圣奥古斯汀要塞。西班牙的殖民霸权也体现在随后对天主传教区一系列的拓展之中，其范围涵盖从如今美国的西南部到西部的广大地区。西班牙人通过建立一些零星的据点来保护他们的领地，尤其是那些在与当地定居的印第安部落冲突中需要艰难防守的据点，比如现今新墨西哥州境内的圣达菲。此外，至18世纪，在里奥格兰德河北部也建立了诸如位于现今得克萨斯州的圣安东尼奥（1718），以及位于现今加利福尼亚州的城市圣迭戈（1769）、旧金山（1776）和洛杉矶（1781）。在西海岸地区，英国人和西班牙人之间很早就发生冲突，尽管不是正面的直接冲突。在弗朗西斯·德雷克的环球旅行（1577—1580）中，船队在其带领之下首先绕过合恩角，然后到达如今美国的西海岸。他当时到达的具体地点如今并不确定，很可能是今天的旧金山西北部、一个至今被人称为"德雷克湾"的海湾。在那里他遭遇了米沃克族人并修建了一个小型防御工事。第二位因航海探险到达西海岸而被载入史册的是西班牙探险者塞巴斯巴丁·万卡劳，他于1602年到达了今天的圣地亚哥和蒙特雷之间的地区并绘制了地图。

贸易代理

在16世纪末尤其是从17世纪初开始，在韦拉扎诺于1524年曾经航行的东海岸，其他一些欧洲国家，主要是英国、法国、荷兰和瑞典，也或多或少有目的地建立了长期贸易代理点以及殖民地。贸易代理点的启动资金往往是由所谓的殖民者或私营殖民公司承担，他们在得到欧洲各王朝委托或特许的条件下，在北美有目的地建立殖民据点。为了使这些殖民据点保持持续运作，这些贸易代理们通常会随船运载殖民者并随后将他们有针对性地移居到目的地，因为只有这样才能在与其他来自欧洲的竞争中保证其殖民利益。由于这些殖民据点通常并非乐园，所以将罪犯强行流放到这些地区的做法便不难理解了。妇女的比例失衡在最开始时也是一个严重的问题。因此，当时在法国人的殖民地区流行婚姻市场，将所谓的"国王的女儿"售给出价最高的人。这种做法尽管有悖于道德，但它成为使殖民地通过出生率的增长而摆脱直接移民的一个重要途径。移民中也渐渐地聚集了一大批其他来自不同国度的人，包括芬兰人、丹麦人、德国人和波兰人。除了这些出于殖民和贸易竞争而移民的欧洲人，在16世纪的纽芬兰海岸沿线也出现了葡萄牙人和巴斯克人[①]，他们只是为了季节性的丰产渔场而来。

[①] 巴斯克人是居住在西班牙中北部以及法国南部的居民。——译者注

征募与移民

人们可以通过很多的报道了解到16世纪起开始的移民招募是如何运作的。很多合法的代理以及更多非正当经营的代理在全欧洲组织了大量的宣传活动。他们如同中介一样，每招募到一个新移民便可收取一份佣金，因此在宣传中无底线地承诺一切，把新世界描绘得无比美好。那些在小型的、经营惨淡的农场工作的雇工或佃农通常会被许以一种自由而轻松的生活。那些诸如1734年的《正在新世界享福且乐不思乡的瑞士人》以及隔年出版的《新旧奇谈——来自加利福尼亚值得信赖的访谈和往来信件》之类的文章都描绘了一种异乡的天堂般的生活："奶牛们整年在美丽的牧场上悠闲漫步，植物上满是蜂蜜，野生的火鸡成百上千，大群饲养的家鹅（有些农场主甚至养了200只）人们只要愿意就可以任意用它们来制作羽绒大被。美洲野牛把头伸出畜栏，就等着人们在它们头上来一枪。狼也不像欧洲的这么大而且可以被驯服。"这些都是当时描绘新大陆的典型例子。[①]

早在17世纪，移民现象就越来越普遍。这些移民者背负着原有的债务，被要求以在新世界承担债役的形式还债，即作为"契约农奴"工作。随着移民的人数越来越多，在18世纪20年代的欧洲国家，所谓的"以劳力抵偿船资的移民体系"成了通行的做

---

① 引用自 Faust, A.B., *The German element in the United States*, Bd. 1, New York, 1927, 第63页及下一页。有关19世纪类似证据的搜集资料参见 Maidl, P., "Hier ißt man anstadt Kardofln und Schwarzbrodt Pasteten...". Die deutsche überseewanderung des 19. Jahrhunderts in Zeitzeugnissen, Augsburg, 2000。

法，因为这样使得最贫穷的人群也能参与移民。移民所欠的船资将在航行结束后通过通常为期四年的债役服务偿还，如作为雇农、女仆、手工业者或者工人。大约2/3的德国移民在18世纪以这种方式到达了新大陆，然而在此过程中也充满了痛苦。[1]"人们在鹿特丹或者阿姆斯特丹像沙丁鱼一样挤入船舱，每个人只分配到一个6英尺长但不足2英尺宽的床铺，因为如此这般有些船就可以携带400、500甚至600名移民……当船在旧英格兰的城市考普最后一次起锚之时，伴随着痛苦的长时间航海旅程才真正开始。因为如果没有足够的顺风的话，帆船在8到12个星期以后才能到达费城，就算在风向最好的情况下也需要7个星期。航行途中，忍饥挨饿是家常便饭，恐惧与抱怨弥漫其中。因长期处于闷热潮湿的环境中，食用过度腌制的肉类和食物，饮用不干净的水，痢疾、便秘、坏血病、口腔溃疡、头疼脑热等病症时常出现，有人甚至得了肿瘤和癌症。当人们再有两三天需要日夜面对风暴的时候，这些悲叹的情绪便上涨到了顶点，每个人都绝望地认为船要沉了，在健康的人群中有时也弥漫着对别人或自己的不耐烦，甚至懊悔自己的出世……有些人则会叹气并大喊：'如果待在家里就好了，就算是躺在我的猪圈里我也心满意足。'"[2]

前往北美洲的既有个人，也有诸如全村居民集体迁徙的情况发生，还有去投奔已经迁徙出去的熟人的情况，由此产生的深远影响一直持续到了20世纪：新大陆城市的整个街区或者整

---

[1] Bade, K.J.（Hrsg.）, Deutsche im Ausland—Fremde in Deutschland. Migration in Geschichte und Gegenwart, München, 1992, 135-148（Beitrag A. Bretting）；此处：137.
[2] Mittelberger, G., Reise nach Pennsylvanien im Jahr 1750 und Rückreise nach Deutschland im Jahr 1754, hrsg. v. J. Charnitzky, Sigmaringen, 1997, 76ff.

个村庄的人口都来自欧洲的同一地区，从而使得这些人的母语得以保存和延续。最著名的1620年满载朝圣者的"五月花"号的航行至今仍是美国传奇的一个重要组成部分，而这次航行正是一次宗教团体有组织的集体迁徙。由于流行疾病、饥荒或者战争，集体移民更多发生在18世纪。来自德国的大规模移民浪潮大约出现在大同盟战争结束之后，尤其是在1709年，以及奥地利王位继承战争后的1749年，还有对海外也产生了深远影响的七年战争之初的1756年。而在七年战争结束时的1763年，从欧洲前往新大陆的移民潮仍然在继续。在1727—1775年的大约50年间，仅仅从德国出发并到达德国移民占多数的宾夕法尼亚费城各主要港口的船只将近330艘。[1]而那些18世纪就已经出现、在19世纪和20世纪尤为突出的移民失败的历史如今鲜为人知，成千上万的移民不得不因此回到他们的故乡。

就算付出各种努力也并不一定能够保证人们可以获得殖民土地。从17世纪起便在世界范围内活动的数十家贸易代理机构所取得的成果也不尽相同。在北美所谓的传奇性"13个殖民地"中，纽约、弗吉尼亚、特拉华和马萨诸塞无疑是成功的。美利坚合众国的领土范围可以说最终形成于众多欧洲国家的积极参与，这一点仍体现在美国现今诸联邦州之间奇特的分界线上。如果英国在1776年独立战争之前的时期没有表现出对北美殖民地强烈的甚至极具进攻性的执着，一个统一的美国国家意志也就不可能得以形成。

---

[1] Wokeck, M.S., *A Tide of Alien Tongues. The Flow and Ebb of German Immigration to Pennsylvania*, *1683–1776*. Ph. D. Temple University, Philadelphia, 1983, 111.

荷属殖民地

单个殖民地各自的历史也清楚地说明了上述观点。荷兰西印度公司于1621年开拓的荷属殖民地"新尼德兰"便是荷兰对外积极开拓的成果，该殖民地以"新阿姆斯特丹"即后来的纽约市为管理中心。在此之前的1609年，荷兰就已经征募了富有经验的英国船长亨利·哈德逊，他此前已经为一家伦敦的贸易代理公司——英国莫斯科威公司工作过并试图找到从大西洋通往太平洋的艰险的西北航线，以便从欧洲更便捷地到达中国。由于浮冰和队员的不满，最终他不得不掉转船头，到达后来以他命名的哈德逊河。当时那里已经是一些原住民部落居住地，其种族今天已不可考，也许是纳拉干西特人（或称特拉华人）的分支蒙西人，也有可能是阿冈昆人。哈德逊的报告在荷兰引起了极为热烈的反响，促成了后来在这一地区进行的更多探险活动。至1614年，其他荷兰船长如阿德里安·布洛克和亨德里克·克里斯蒂安森也到达这个地区，并顺势扩大了与当地印第安部落的贸易往来。布洛克也是第一位勘察、占领、测绘该地区并将其称为新尼德兰的人。布洛克和克里斯蒂安森的积极开拓也促成了新尼德兰公司不久之后的建立。他们持阿姆斯特丹签发的委任状进行探险和商贸活动，直到1617年。这些活动都为四年以后（1621年）建立荷属西印度公司奠定了基础。

荷兰人建立自己的殖民地和长期殖民点也是对不断增加的外部因素的一种反应：1568年起针对西班牙人的持续性独立战争的

结果还不明朗，而已经在北美地区活跃的英国人也不断逼近荷兰所诉求的殖民地区。17世纪20年代初，最初的一些荷兰殖民者在南部特拉华河、北部哈德逊河和康涅狄格河之间的区域定居。他们在西北部的边界于1624年建成了奥兰治堡，用以替代1614年建立的拿骚堡。1652年，在奥兰治堡要塞的北部又出现了贝弗韦克。这两个地方构成今天纽约州奥尔巴尼市的雏形。

1625年，人们又另外建立了一个新的要塞，即新阿姆斯特丹，并从安全角度出发迅速将其扩建。此外人们还在同年建立了一个警察局（后被称为治安官办公室），其职能成效显著，引起了其他殖民地的相继效仿，它们纷纷建立起类似的机构。新阿姆斯特丹也因此成了新尼德兰殖民地的管理中心。所谓的"多山的岛屿"曼哈顿（英语中称为Manhatten）也是新阿姆斯特丹的一个组成部分。总督威廉·菲尔修斯特首先向此地区移居了大约100名在荷兰联省共和国西班牙人控制区被驱逐出境的瓦隆基督徒，而从当地印第安人手中取得这一地区的代价仅为一些价值大约60荷兰盾的陈旧物品。此交易的出发点，即"该地区为无主之地因而不能买卖"之说，就已经是原住民和新移民之间最根本的分歧之一，但是这一说法同时也说明了当时的印第安人并没有上当受骗之感。这一传奇的交易是否真如史诗所叙述的那样由第三任总督彼得·米努伊特促成，已不再可考。

可以肯定的是，米努伊特是一位不同寻常且显而易见的实用主义者。当他在1632年被西印度公司解雇时，他便加入瑞典的贸易竞争对手——船贸公司（瑞典语：Skeppskompaniet），并在一块新尼德兰原本宣示所有权的领土上为瑞典贸易公司建立了一个新的殖民地。1638年后，特拉华河沿岸的"新瑞典"殖民地就此得以确立。在这一地区驻守的不仅有瑞典人，还有芬兰人、德国人以及荷兰人。瑞典的权力宣示所造成的与相邻的荷兰新总督的冲突这一情况是可想而知的。但长期来看，在17世纪40年代只有大约600人的新瑞典殖民地在荷兰人面前是毫无竞争力的。自1647年起，在与荷属西印度公司新总督彼得·史蒂文森产生正面冲突之后，新瑞典殖民地据点迅速溃败。这也是斯德哥尔摩政权美洲殖民计划的终章。

但是在英国日益强硬的殖民需求面前，即便是大获成功的新尼德兰殖民地也难以长久维持。新阿姆斯特丹虽然从1653年起就被建成为一座拥有都市法制和城防的城市，但是不到十年，在英国和荷兰之间海上争霸的初期阶段，这座城市就被一支英军探险队几乎兵不血刃地占领，并从此之后被英国人挑衅般地称为"新约克"（即纽约），尽管英国直到1674年才取得了对荷兰的最终胜利并签署《威斯敏斯特和约》。为什么新阿姆斯特丹在当时几乎未设防，这一问题至今尚有争议。但自我放弃的一个重要原因很有可能与当时人们对史蒂文森的日益不满有关。这位强硬的总督逐步禁止所有与其加尔文主义信仰不符的事情，因此给自己树立了很多敌人。犹太教派和贵格会教派信徒的迁入如同把酒类售卖给原住民一样都被严格禁止。最主要的是，赋税的提高激起了民众的反抗，尤其是受到了那些政治上具有影响力的大地主以及城市参议院成员的反对。大量人口迁移到了相邻的英国殖民地，比如弗吉尼亚。这也最真切地反映出了史蒂文森在新尼德兰殖民地末期愈加不受欢迎的事实。

英国殖民地

早在16世纪末弗吉尼亚便出现了第一批英国移民据点,弗吉尼亚得名于"处女般纯洁的女王"伊丽莎白一世,而这块成功的殖民地从1776年起在美国独立战争和美国的建立过程中起到了决定性作用。当时人们使用"弗吉尼亚"命名的地区包含了横贯现今数个联邦州,如西弗吉尼亚州、南卡罗来纳州、田纳西州、俄亥俄州和肯塔基州的广大区域。在英国人当时推进殖民事业的过程中也弥漫着个人英雄主义情结。伊丽莎白一世在1578年已经给之前镇压爱尔兰反抗的得力干将汉弗莱·吉尔伯特签发了特许状,使吉尔伯特在12年后终于获得了组建自己的探险队去探索新世界的许可。在克服所有恶劣的天气状况之后,吉尔伯特于1583年到达纽芬兰,而他不仅在约翰·卡博特之后再次以英国王室的名义而且明确地在英国圣公会的委任下占领该岛。同年,吉尔伯特去世,其异父兄弟沃尔特·雷利于次年开始的前往东海岸的探险也无果而终。但是在此期间,很多充满愿景的、描绘新世界异国情调的画作被送达欧洲。探险队的随队画家约翰·怀特通过绘画记录了印第安人的日常生活以及欧洲人和印第安人的接触场景。[①]而与这些景象相反的是,1585年英国人建立的第一个殖民

---

① 参见 Bitterli, Die Entdeckung (见第29页注释③),第167页及以下几页。有关罗努克殖民点的建立,参见 Wende, P., Das Britische Empire. Geschichte eines Weltreichs, München, 2012, 第32页及以下几页。括号内页码及注释号为本书页码、脚注。下同。——编者注

点罗努克岛则前景黯淡：其移居者的积极性空前低落，其选址也极其不利。由于来自宗主国的补给在数年后才到达，这一殖民点在补给到达前就走向了消亡，所以也被后世称为"消失的殖民地"。1587年怀特率领的探险队再次搜寻了这个殖民点，但是并未找到任何居民，只找到了一个废弃的且明显被蓄意破坏过的废墟。当时那些绝望的移民确实是逃离了此处，就连他们曾经的停留地点都不再可考。殖民点废墟上的一根木头上所刻的"克柔投安"字样或许指向今天南卡罗来纳州的一座小岛，它也许是那些移民的逃亡之地。美国民众对罗努克岛的集体回忆也许不仅仅因为其神秘消失这点，而且也因为怀特的女儿埃莉诺·戴尔在该岛上生下了她的女儿维吉尼亚——有史可考的第一位欧洲裔美国公民。这一神秘事件直到今天都在为那些有头脑的商贩提供一个大做文章的机会，也是众多文学作品所津津乐道的题材。1607年，在弗吉尼亚的一座河心岛上建立的、以英国国王詹姆斯一世命名的詹姆斯镇作为罗努克岛的替代殖民点取得了成功，并且成了英国在北美洲的第一个长期有人驻守的殖民点。然而即便如此，那些殖民者在建立詹姆斯镇的第一年里也险遭覆灭。

直到七年战争结束时的1763年，英国人都一直与当时法国在北美已活跃了150多年的殖民企图进行斗争。在1608年成功建立了现位于加拿大境内的魁北克殖民地以作为皮毛贸易据点之后，法国将其势力范围渐渐往南部拓展，以此与英国人的殖民势力抗衡。[①]1663年起形成的"新法兰西"殖民领地包含了法国殖民势力在其扩张全盛时期——1712—1713年间建立的，含魁北克城的加

---

① Havard, G./Vídal, C., Histoire de l'Amérique française, Paris, 2003, 53ff.

拿大殖民地及其东面的阿卡迪亚殖民地，此外还包括纽芬兰岛以及那块曾经在1610年被亨利·哈德逊首次记录的内海海域——这一被当地因纽特原住民称为"KangiqsualukIlua"的海域，从此被欧洲人称为"哈德逊湾"。往南部延伸的法国殖民领土纵横五大湖地区，被法国人称为"高地之国"和"伊利诺伊之国"，它往南延伸直至墨西哥湾的路易斯安那地区并与西班牙所属的殖民领地接壤。

法国

当与普鲁士人结盟的大不列颠人在"全球化的"七年战争中于1763年以胜利者的姿态签订《巴黎协定》从而取得最终胜利之时，18世纪的法兰西帝国在北美已经遭受了一次沉重的打击。在北美洲的殖民地区，这一所谓的"法国人战争"是作为某种形式的阵地战来进行的。在1754—1763年，英国人和法国人都雇用印第安盟友参战，以至于这次战争因这一特点也以"印第安人战争"为名载入史册。当法国预感到自己可能失败时，法国在军事上和战略上也明显作出了巨大尝试。为了阻止英国新教教徒的势力在北美增强，法国早在1762年就预先放弃了密西西比河以西的领土，即所谓的西路易斯安那地区，以及与西班牙天主教势力相邻的新奥尔良地区。但是这些举措也无济于事：在剩下的那些位于现今美国和加拿大的法国殖民地向英国人投降之后，英国人便随即在原本的法国天主教地区通过驱逐和强制同化大力推行新教，以实行对这些地区的统治权。1803年，拿破仑最终把路易斯安那——那个3年前他通过《圣伊尔德丰索密约》从西班牙人手中重新取得的地区，以6000万法郎的价格出售给美国，而当时的美国总统托马斯·杰弗逊原本想争取到的只是其中的新奥尔良地区而已。1812年新奥尔良地区以路易斯安那之名作为美国第18个联邦州并入美国领土，而原法属路易斯安那其余地区则并入所谓的"密苏里领地"。这次史称为"路易斯安那购地案"的交易终结了法国在北美的殖民历史。但是在文化上，法国人给其所属殖民领地打上了如此深的烙印，以至于它不仅加深了对于18世纪尤其是19世纪造访美国的造访者而言显而易见的美国南北分裂，还成了直接引发1861—1865年美国内战的原因，时至今日其影响力仍在发挥作用。欧洲造访者所称的"美国人"或者"洋基人"在18和19世纪主要出现在北方地区，而南方地区则依旧保持其特有的欧式贵族做派。[①]

詹姆斯镇

对于英国人而言，1607年在切萨皮克湾由伦敦弗吉尼亚公司建立的詹姆斯镇无疑是英国殖民历史上的成功之举。詹姆斯镇得以幸存的原因有两点：首先，其联合创建者约翰·史密斯坚定地对詹姆斯镇进行了军事化管理，尽管他于1609年便离开了那里，但他仍然要求其继任者克服困难抵御了原住民的无数次进

[①] 不同见解可参考 Marx, L., *The Machine in the Garden. Technology and the Pastoral Idea in America*, Oxford, 1994 (^{1}1972) .Speziell zur puritanischen Rezeption in den nordöstlichen Kolonien: Nash, R., *Wilderness and the American Mind*, New Haven, ^{4}1982. Speziell zur Rezeption in den Südstaaten: Luraghi, R., *The Rise and Fall of Plantation South*, New York, 1978, insbes. 44 ff. u. 64 ff。

攻。[1]其次，烟草的种植提供了坚实的经济基础。跟约翰·史密斯同样具有传奇色彩的约翰·罗尔夫在1614年和当地酋长的女儿波卡洪塔斯（Pocahontas，又译为宝嘉康蒂）结婚，他首先在没有使用奴隶劳动的情况下将劳动密集型的烟草种植业发展成了殖民地经济的支柱产业，以此维持了伦敦投资者的投资兴趣。当地经济的增长和发展，则又对劳动力的需求产生了极大的影响，最终使得奴隶作为劳力被引入。但是使用奴隶的阶段，由于17世纪最后30多年里"契约劳工"制度的日益衰落以及对其他类型劳动力需求的急速增长，经济上取得的成功首先使得移民的征募更为简单。新来的移民不仅可以得到工作，而且如果他们可以支付自己的船资，甚至可以分得面积为两公顷的农场土地。

詹姆斯镇殖民地所带来的利益颇丰，以至于当伦敦弗吉尼亚公司在殖民地建成近18年后的1624年破产之时，英国国王直接接管了这块殖民地。英王直辖殖民地最后甚至成为英帝国势力范围内管理和统治的一种常见法定形式。这不仅使得英王通过派遣总督可以对殖民地产生更大的影响，而且使得英王可以直接控制殖民地而无须理会海外领地之间自行达成的协议。但这同时也正是殖民者的不满日益增长的最重要原因之一，并最终成为引发美国独立战争的星星之火。

詹姆斯镇通过烟草种植取得的成功引得其他殖民地纷纷效仿，在北美也引发了一种数十年前在中南美洲已经出现的现象，即直至今日都未曾终止的所谓"哥伦布大交换"现象，即一场

---

[1] Hoobler, D./Hoobler, Th., Captain John Smith. *Jamestown and the Birth of the American Dream*, Hoboken, 2006, insbes. 117 ff.

"新大陆"与"旧大陆"之间生物、农作物、疾病甚至文化思想的交流。这种交流常常是在不经意间发生的。[①]移民在当时携带了大量并非北美原产的家畜和昆虫,如马、驴、家猪、牛、山羊、绵羊或者蜜蜂等。他们装船时也不可避免地携带了老鼠以及其他啮齿类动物。此外,还有很多经济作物,如梨、苹果、稻米和燕麦。所有这些都永久地改变了当地的生态系统。而疾病的传播也同样引发了严重的后果,新大陆上原本没有的疾病,如伤寒、麻风病、黄热病、霍乱、麻疹以及流感,现在被证明对于当时的原住民而言是比战争更大的威胁。究竟有多少印第安人死于这些疾病,现已无从考证。从对可考地区的观察来看,比如在伊斯帕尼奥拉岛(今多米尼加共和国和海地),仅仅是天花在1518年就使当时一半的原住民丧生,人们至少可以由此估算出疾病所带来的人口损失情况。[②]而反向来看,"哥伦布大交换"对旧大陆也有诸多影响:土豆、西红柿和玉米引入欧洲;但是在15世纪90年代,西班牙人也把梅毒带回了欧洲。

[①] Crosby, A.W., *The Columbian Exchange. Biological and Cultural Consequences of 1492*, Westport, 2003 (^{1}1972).
[②] Trigger/Washburn, *Native Peoples* (见第29页注释②), 363.

封闭锁国与世界的榜样：上帝的国度

欧洲人对北美洲的兴趣不仅出于权力政治和经济利益方面的原因。从16世纪晚期和17世纪早期起，当欧洲各王朝开始通过贸易代理有目的地开拓殖民地时，他们的首要目标是以此缓和国内政治和宗教方面的矛盾。朝圣先辈——继那些不久之后就被西班牙人从佛罗里达驱逐的胡格诺教徒，也属于首批主要是出于政治和宗教原因逃亡至新大陆的派别，但是他们绝不是最后那批把北美洲作为向往之地和自我实现之地的人。在欧洲，他们几个世纪以来就清楚地知道那种逐字逐句地虔诚信奉上帝的生活方式给他们带来的只有敌意与迫害。这些后来被称为"福音主义者"的人对于真实的、作为行为准则的神圣公平的追求持续遭到禁止。15、16世纪欧洲的农民起义已经证明，无论是在路德教派改革之前还是之后，只要其诉求以《圣经》为出发点，最后的结局必然是血腥镇压。[①]1525年在德国农民战争中由南德农民提出的、作为斗争纲领的《十二条款》就如同其他近代早期的政治宗教基本权利一样，被美国新移民以及后来建立的美国作为政治意识形态层面上的一个重要传统路线来维持。贵族以及被新大陆移民称为独裁者的君主成了新移民的主要敌人，他们以《圣经》为依据对所受的剥削进行的反抗甚至贯穿了美国数百年的变迁史。

---

① 参见 Schulze, W. (Hrsg.), Europäische Bauernrevolten der frühen Neuzeit, Frankfurt a.M. 1982, insbes. 129-170（H.Kamen 的文章），244-275（C.S.L.Davies 的文章）。

清教徒

作为观念不同于殖民者的朝圣先辈,在欧洲属于改革派的追随者,但在英格兰和苏格兰被蔑称为"清教徒"。1620年,他们在新英格兰首先建立了位于今马萨诸塞境内的普利茅斯殖民地。[1]在欧洲大陆,他们也被充满敌意地称为"加尔文主义者"。在16世纪的欧洲广泛传播的加尔文主义改革思想,其首要构成是被约翰·加尔文重新阐释的基督教教义,尤其是被其他改革派否定的救赎预定论,它包含了上帝对个人层面、社会层面尤其是经济层面可预见的恩赐。社会学家马克斯·韦伯在20世纪初由此发展出了他著名的论点。以此论点为据,早期的"新教伦理"也是被他作为一种美国的"特性"来理解"资本主义精神"的根源。[2]清教加尔文主义思想另一个有争议的内容是会众制。教区在组织结构上的独立性摒弃了在欧洲由国家教会推行的准则并明确地拒绝对主教的服从;不论是在宗教改革之前还是之后,它保留了原生教会和基层教会的传统。清教徒因此同在欧洲遭受严重迫害的浸信会和五旬节派也颇有渊源。他们在阐释《圣经》时的激进表达以及他们尽可能依附于原生教堂的意志体现在北美简单朴素的"教区会所",这些场所不仅用于宗教礼拜仪式,也

---

[1] Hochgeschwender, Amerikanische Religion(见本书第5页注释①),第32页及以下几页。

[2] Weber, M., Die protestantische Ethik und der Geist des Kapitalismus, Vollständige Ausgabe, hrsg. u. eingel. Von D. Kaesler, München, ^{2}2006(^{1}1904/05),73f。

用于各教区的自我管理。

清教徒在英格兰被1531年由亨利八世所建立的英国国教会称为原教旨主义"异端",他们在16世纪晚期的欧洲不仅在神学教义上受到打压,而且在政治上也遭受越来越多的残酷迫害。1583年,亨利八世的女儿伊丽莎白一世在英格兰建立了专门的法院,并成立了一个委员会来审判那些愈加孤立并开始自我封闭的分裂主义者[①]。在威廉·布鲁斯特的领导下,他们最初流亡至诺丁汉郡的斯克罗比,但是此地显然并非他们的久留之地。1607年前往荷兰城市莱顿的迁徙也只是提供了一个暂时解决方案。虽然那里已经成了激进的神学改革中心,并由此产生了声名狼藉的、1535年遭到反改革派血腥镇压的明斯特"再浸礼者王国"的"国王"——扬·范莱顿,但在荷兰寻求新开始的决定过去几年之后,一部分迁徙者决定前往第二个流亡地。1620年9月6日(作者注:此日期根据当时在欧洲大陆已通用的但在英国仍未沿用的格里历计算),一支人员混杂的队伍,其中包括102名"朝圣者"和大约20名水手,乘坐"五月花"号帆船从普利茅斯港出发前往弗吉尼亚。[②]另一艘原本要一起出发的帆船"佳速"号由于船体受损,不得不留在普利茅斯港,因此这艘船的乘客也乘坐"五月花"号。由于其船体只有28米长,"五月花"号上人满为患,使得这次原本就充满艰难的航行又增添了额外的磨难。"五月

---

① "分裂主义者"或"分裂派"(Separatists)是英国清教中最为激进的一派,他们认为改革必须马上进行,不应拖延,与英国教会间的分歧变得越来越不可调和,故提出要从英国教会中分离出去,追求自己的宗教信仰。——译者注

② 迁徙者的数目在各类文献里的记录有所不同。可参考 Raeithel, G., Geschichte der nordamerikanischen Kultur, Bd. 1: Vom Puritanismus zum Bürgerkrieg 1600–1860, Frankfurt a. M., ³1997;此处:15。

号在大西洋秋季洋流中经历了戏剧性的,有时甚至是充满死亡危险的航行。直到2个月后,它才到达位于今天美国马萨诸塞州东部的科德角,然而,这里离它原本的目的地弗吉尼亚还很远。这一延误首先导致的是他们所拥有的由英国签发的特许状失去了效力。因此在几周以后,人们决定以这个延伸进大西洋的钩状半岛的贫瘠海岸为基础去寻找其他的定居点。1620年12月21日他们终于到达普利茅斯,更确切地说是如约翰·史密斯所称的普利茅斯岩。这些朝圣先辈将此地称为"上帝的国度"。

"五月花"号在科德角的登陆地点自1727年起被称为普罗温斯敦,它直到今天对避世者而言仍是一个具有代表性的圣地。"五月花"号在此登陆差不多300年后,人们建起了一座朝圣纪念碑作为正式的纪念。这很清楚地说明朝圣先辈的到达在美国过去的政治生活中被赋予了何种政治宗教层面的重要意义。[1]当人们进一步仔细观察这批移民的特点时,就不难理解为何这次有点投机性的甚至不合法的登陆会被假定为美国的建立日期,以及为何避开这一点就无法阐述美国民族历史的原因。这些移民以基督教徒的出身和在家乡被视为异见者的身份在船上所签署的《五月花号公约》产生了深远的影响,即便这份公约在当时签署之时只是为了建立一个保护同盟。

一方面,《五月花号公约》作为海上难民达成的协定,完全遵循立足于独立自主的会众传统。这些会众团体在外界的各种压

---

[1] 基于皮埃尔·诺拉(Pierre Nora)的定义,"纪念地点"的概念涵盖了所有身份促成的地理位置、传说、人员、主要事迹和艺术作品等。参见 Nora, P., Zwischen Geschichte und Gedächtnis, Frankfurt a.M. 1998; Assmann, A., Erinnerungsräume. Formen und Wandlungen des kulturellen Gedächtnisses, München, 1999.

力下，特别提倡摩尼教式的教义和阵营思想。该公约首先包含了一种承诺，即在这个陌生而又充满假想敌的新家园中团结起来并进行自我管理。另一方面，这一同盟又远远超出了这个承诺的界限。具体来说，就是他们把基督教教义的传播作为移民至新大陆的自我使命。①正因为如此，虽然朝圣先辈在欧洲时一直将在那些较为孤立的清教主义教区传教作为自我使命，但是此时他们想做的却远超于此，而且他们遵循的也是此时很普遍的趋势。早在16世纪末期，宗教动机对于主要出于商业原因在北美洲进行的扩张而言就有了重要的意义。而在16世纪80年代雷利对弗吉尼亚的探索之前，英国人就一再强调将基督教的殖民区域作为在中南美洲对抗不断扩张的西班牙天主教之砝码的必要性。在英国和西班牙1588年爆发于英吉利海峡的决胜之役——格瑞福兰海战，以及1607年西班牙再遭惨败的直布罗陀海战之后，这一模糊的想法愈加明朗并被赋予了越来越多政治宗教层面和战略层面的意义。加尔文自己也在他的《基督教要义》中提及"为基督教徒占领世界"之说。②

在新大陆的定居并非如想象的那样一帆风顺。就如同其他殖民地的建立一样，普利茅斯殖民点的人口数量从最初的不到100人到后来的大约300人，他们在开始的几年里为了生存竭尽所能。这种在充满威胁的新环境下所进行的生存斗争也成了美国建国历史中的传奇。尽管在很多情况下他们面临的威胁并

①Raeithel, Geschichte I,（见第47页注释②），15。
②Calvin, J., Unterricht in der christlichen Religion, nach der letzten Ausgabe von 1559, übersetzt und bearbeitet von O.Weber, neu hrsg. von M. Freudenberg, Wuppertal, 2008.

没有那么戏剧化，他们甚至在最开始的时候受到了当地土著极其友好的对待，但是这些情况并未能阻止那些源自欧洲的危机意识和阵营思想愈演愈烈，甚而以摩尼教的方式更为严格地划分出了"我们"和"他们"两个阵营。尽管移民自己也明白，他们必须在一定程度上依靠在那里生活的原住民的帮助来熬过上岸后的第一个冬天，尽管他们中大约一半的人并没有坚持下来。1621年他们和大约90名瓦帕浓原住民一起庆祝为期3天的庆收节日——感恩节——的事件，就说明了原住民的支持对他们的生存所具有的重要意义。感恩节也作为美国人对此事的集体回忆被沿袭下来，从1789年起成了一个非正式的节日，并自1863年起成为正式的节日。相对于原住民而言，在文化的碰撞中新移民取得了更多的优势。他们从原住民手中不仅获得了原本陌生的食物，如玉米、豆角或者南瓜，而且学到了烹饪的方法，比如烧烤。但是出于对"野蛮人"的蔑视，他们的敌意并没有任何改变。

在普利茅斯的居民中，那种严格的清教徒式的生活方式也不是没有争议的。比如在一位名叫托马斯·莫顿的移民的案例中，他在1637年出于失望出版了一本名为《新英格兰迦南》的书，记述了他在朝圣先辈之国的经历。这说明了那些欧洲宗教难民之间也存在相当的分歧，而莫顿察觉到了这一点。1647年莫顿死于殖民流放过程中，而在此之前他也曾遭到多次拘捕和驱逐。[①]

接下来推动虔诚清教徒移民发展的人，是于1629年当选为马萨诸塞湾殖民地第一任总督的传教士老约翰·温斯罗普。他再次强化了界限，并强调了基督教使命的重要性。这两点都提升了对邻近其他派别的压力，无论是被看作"异教徒"的原住民还是与其有竞争关系的福音教派。这不仅仅是因为，17世纪20年代中期的英格兰清教加尔文主义教区的境遇每况愈下：在查理一世的统治下，人们开始更多地追随英国国教教会而对清教加尔文主义的传教士产生了质疑。最基层的传教士因此不得不走上流亡的道路并且在北美成为这一派别里较为激进的分支。在当时到达北美殖民地的不仅有宗教异见者，特别是当英国的纺织工业在三十年战争期间的欧洲市场陷入崩溃和经济危机而萧条时，其他自发移民的人数也有了跳跃式增长。到1640年，仅仅是英国就有大约18000人漂洋过海到达新世界，这也导致在当地生活的原住民在人数上越来越向少数民族转变。[②]

约翰·温斯罗普与他带领的移民到达与普利茅斯的朝圣先辈紧邻的地区。由于那里在约翰·科南特[③]的领导下于1626年已经建立了一个清教徒殖民地塞勒姆，因此温斯罗普选择了继续前进

[①] 莫顿所著《新英格兰迦南》包含了对新英格兰殖民地的简要描述，由3本书组成。第一本书阐述了当地人的出身、举止和习俗，以及他们随和的性格和对英语的热爱。第二本书阐述了该国的自然风貌及其出产的主要物品。第三本书阐述了人们在那里种植的作物，他们取得的繁荣，自第一次种植以来发生了多少重大事件，以及他们的信仰与宗教活动。这些书由托马斯·莫顿撰写于克里福德客栈（Clieords Inn），它们基于作者对此地10年的认识和观察。参见 Ann Arbor 1999（¹1637）。另外还可参见 Connors, D. F., Thomas Morton, New York, 1969。

[②] Heideking, J./Mauch, Chr., Geschichte der USA, Tübingen, ⁶2008, 10.

[③] 应为罗杰·科南特（Roger Conant）。——译者注

051

并最终在今天的波士顿附近建立了新的定居点。虽然温斯罗普有着杰出的组织能力，但是作为东海岸越来越快的殖民化进程中出现的重要人物之一，他在政治意识形态层面的提纲挈领能力更为人所知。他首先提出了那个著名的比喻，即新殖民地为约翰的启示中提及的、《圣经》中的上帝应许之地——新耶路撒冷。他在可能于英国船队起航之前所作的、标题为《基督徒慈善的典范》的布道辞中提出了这一全面主张，"你们是世界之光。矗立于山巅的城市，是不可被隐藏的"，必将受到全世界的瞩目。[1] 这一作为例外论而闻名的观点，即清教徒为天选之人并且其所建立之新世界必作为其他世界的榜样之说，此后便成为他们持续表达的一种论调。尽管温斯罗普所期望的这种意识形态内涵并不会随着时间的流逝而终究为人们所认可，但是那种美国人注定承担着全球使命的观念因此可以追溯到几个世纪以前，到现在已经成为美国政治言论的固定模式。[2]

清教徒的意识形态和社会

清教徒自诩为世俗的、充满敌意的世界里的"圣徒"。他们因此长期不遗余力与他们认为违背上帝意旨的一切作斗争，即

---

[1] 引用自1630年首版的《詹姆斯王圣经》，并可参考Heimert, A./Delbanco, A. (Eds.), *The Puritans in America. A Narrative Anthology*, Cambridge, 1985, 第89及以下几页。

[2] 可参考肯尼迪1961年: Sorensen, Th. C. (Ed.), *Let The Word Go Forth. The Speeches, Statements, and Writings of John F.Kennedy*, New York, 1988, 56-58。

便是教堂音乐在很长时间里也遭到他们的唾弃。除了温斯罗普以外，还有1633年到达波士顿的约翰·考顿及其侄子考顿·马瑟，亦被认为是早期殖民时代最具影响力的思想家。因英国教会的迫害而逃亡至新大陆的约翰·考顿与他的侄子考顿·马瑟都属于清教原教旨主义的倡导者。约翰·考顿无疑可作为第一代清教主义的主要理论家，是对清教公理会和"圣约神学"内容的严格诠释的创立者。考顿·马瑟作为清教主义主要教义的第三代学者，也将自己理解为纯粹教义的守护者。他最重要的著作，即1702年出版的《美洲基督徒的伟大作品》，被认为是对成熟的阵营思想和摩尼教义所进行的强有力的辩释。马瑟劝诫道，殖民地从不是只受到外在因素的威胁，也一直被内在的罪恶尤其是性的罪恶所威胁着。①其他学者如迈克尔·威格尔斯沃思（MichaelWigglesworth）也持有这种思想，他是另一位清教大牧师，其诗歌《最终的审判》也成了最著名的清教主义文献。②在这部作品中出现的那种对撒旦根深蒂固的信仰，成为1692年在距波士顿数公里远的塞勒姆发生的猎巫运动的最重要根据之一。这场臭名昭著的运动最终夺去了20人的生命。③

随着规模越来越大的、愈加具有攻击性的移民潮的到来（比如威格尔斯沃思就是跟随21艘给养充足的船只来到美洲），各殖

---

① 关于接受史的观点请参阅：Baker, D. Z., America's Gothic Fiction. The Legacy of Magnalia Christi Americana, Columbus, 2007, 1ff。

② 刊登于Bosco, R.A.（Ed.）, The Poems of Michael Wigglesworth, Lanham, 1989, 5–86。还可参阅Fessenden, T. u.a.（Eds.）, The Puritan Origins of American Sex. Religion, Sexuality and National Identity in American Literature, New York, 2000, 41–55（N. F.Radel 的文章）。

③ Martschukat, J., Geschichte der Todesstrafe in Nordamerika, von der Kolonialzeit bis zur Gegenwart, München, 2002, 17.

民地的结构也产生了交叠。信仰加尔文主义但受到欧洲大陆流亡身份影响的朝圣者与英国清教徒虽然存在着分歧，但也出现了一些可被认为是新世界共同的殖民文化现象。正如新到达的移民频繁观察到的那样，两者之间的分歧主要表现为对《圣经》更为激进的阐释。在某些特定的问题上，那些朝圣先辈甚至表现得更加宽容。但无论是殖民地的早期移民或者新到达的移民都严格地认为，对《圣经》的阐释不仅决定了殖民地的政治构成，也决定了殖民地的日常生活。这在一段时间内甚至规定人们的食物乃至田间的肥料都只能由鱼类构成。更有甚者，自温斯罗普起，所有重要的清教主义思想家都在他们的演讲和著作中宣称，社会平等并非神圣正义的目标而恰恰是与此目标背道而驰的：因为不平等才是神圣的法则。殖民地土地的划分因此也必然以社会地位和社会立场为依据。神职人员、被称为"老师"的教义学者以及大多数受过学术训练的法律学者将精英意识从英国带到了殖民地。商人也自认为是精英阶层的一员。处于最底层的阶级则是无产者以及未受过教育的人。教育尤其是神学教育成了提升社会地位的关键，这也是位于剑桥的哈佛大学早在1636年就得以建立的原因。那些无产者以及未受过教育的人主要包括农民、雇农、女仆以及其他一些用人，这些人中还有部分是债务农奴，其身份如非洲黑奴一般低下，甚至可以作为赌注、礼物或者商品转让。对于清教主义的主要教义学者考顿·马瑟而言，这些奴仆只是物品而已。[1]地位更低的阶层是那些乞丐以及小商贩，因为在他们身上显现不出与殖民地的那种固定联系，此外还包括那些因为没有固

---

[1] Raeithel, Geschichte I（见第47页注释②），61。

定工作而在不同的殖民地之间游荡以勉强维持生活的移民。工作与社会群体的联系对于清教主义教会群体而言是伦理道德的必要条件，他们也认为每周日的礼拜仪式处于同样重要的地位。

诸如温斯罗普和考顿·马瑟等清教徒所设想的"纯粹"社会对过错没有恐惧及相应惩罚的条件是难以想象的。在北美殖民地，重建受损害的神圣秩序也是一个核心问题，因此惩罚即便是犯戒者自己而言也被视为公正和必要的。美国宗教道德的原教旨主义以其"以眼还眼"的精神向世俗化的周边地区广泛传播开来，成了福音派殖民时代的经典遗产。原教旨主义的毫不妥协让它直至今日依然能够使一些美国政治的观察者感到惊讶[1]，比如当它在第四十三任美国总统乔治·W.布什[2]的报告中毫不掩饰地被陈述出来，又或者当它在众多网页上向世人灌输之时。对于清教主义的信仰难民而言，在这个现象的背后首先是对纪律和虔诚生活的寻求。如果人们以前在这方面有缺失，那么这种寻求通常会被认为是偏激的。这些也应该与旧世界形成鲜明的对比，应该对立于巴洛克式的奢华以及欧洲故乡的物欲享受。

对于罪孽的寻查和彻底消除因此成了清教殖民地中日常的但又伴随血腥后果的生活。17世纪，清教徒在北美殖民地也的确又经历了一次明显的极端化。所以在因克瑞斯·马瑟眼中，饮酒根据欧洲教会的传统解释还不能算作道德犯罪，但是他的儿子考顿·马瑟则对此持相反意见。从此，这一总体而言比较直接的政策在美国导致了无数次对于酗酒"十字军东征"式的讨伐，并在

---

[1] 参阅如1999年第47期《时代》杂志上发表的《不宽容的美国》（*Gnadenloses Amerika*）。

[2] 下文均称小布什。——译者注

19世纪以及在20世纪早期的立法禁令中一再卷土重来。在穿着方面，第一代移民和第三代移民间的差异也不可忽视地加剧了，甚至明显是双重标准。社会上层阶级尤其是神职人员可以穿着昂贵的服装，佩戴珠宝和其他时尚配饰以及奢侈品。而1651年起通过沿用英国已实施的禁奢法案，社会下层阶级在马萨诸塞则被禁止使用相关物品。[1]在某些清教徒殖民地里，男子留长发或者佩戴假发被认为是爱慕虚荣的表现，如果这些不是为了遮住没有毛发的光秃部位的话。幽默和讽刺也遭到质疑。歌曲如果不是服务于宗教的话，也是不受欢迎的。前文提及的托马斯·莫顿由于嘲讽清教徒遭受了严重的迫害。[2]游手好闲，包括运动和打猎，被视为浪费时间的行为而为人所不齿。密探潜入社区对不合规定的意见立刻上报的情况也屡见不鲜。对于甚至是轻微道德违规进行一丝不苟的惩罚的原因也可能在于，在尽管清教徒充满热情但却从未真正实现神权政治的殖民地中，清教徒自身也面临着诸多他们也不能抗拒的诱惑。就像人们今天说的那样，那些类似波士顿的港口城市拥有很高的休闲娱乐价值，当地的酒吧和妓院招徕了形形色色的人群。特别道德和行为法——所谓的《蓝色法规》甚至在当今美国很多地方仍被沿用，尽管这一法律的应用已经不再普遍。[3]

美洲殖民时代的历史充斥着清教徒那些态度强硬且毫不妥协的事件。清教徒的司法部门也严格遵从他们对《旧约》尽可能逐

---

[1] Raeithel, Geschichte I（见第47页注释[2]），118。

[2] Connors, Thomas Morton（见第51页注释[1]），90 ff。

[3] 相关资讯可参阅 Laband, D.N./Heinbuch D.H., *Blue Laws. The History, Economics, and Politics of Sunday-Closing Laws*, Lexington, 1987, 8ff。

字逐句的理解。除了贵格会教派的宾夕法尼亚殖民地，其他各殖民地司法判决的依据几乎没有不同之处。如果人们把对比范围扩大一些，当时司法部门的工作方式有时简直是出乎意料的宽容。不像在近代早期的欧洲那样，严刑逼供在殖民地一般不会被使用。此外，实际的做法也与近代早期及旧世界常见的情况相一致，其中也包括了由劝诚牧师主持的公开处决，即所谓的"执行讲道"。在这个场合下，违法者的罪行会被一一指控，他们会被要求忏悔。正如那些自认为是殖民地管理者和守护者的法官所期望的那样，违法者必须通过忏悔使殖民地的神圣秩序得以恢复。不公正合理的宽容被认为是对殖民地的重大威胁，因为它会招致上帝的怒火。死刑不仅仅适用于重罪，也适用于通奸、暴力、抢劫、偷窃、纵火、背叛、间谍活动以及参与奴隶起义。[1]后几项罪名甚至可能会被判处尤为残忍的车裂或者火刑的事实就已经表明，17世纪的殖民地定居者认为自己受到了来自人数不断增长的强制劳工的威胁，因此愈加相信自己处在一种自我防御状态之中。[2]第一次著名的死刑事件是1608年在弗吉尼亚殖民地对犯有"间谍罪"的乔治·肯德尔执行的枪决。从这一事件可以看出，殖民地自我封闭的防御心态已经明朗化。对于不太严重的罪行，如酗酒或在安息日进行体力劳动，法官通常会通过诸如鞭刑或刑柱示众的公开体罚进行惩戒。而驱逐作为阵营内部的一种自我净化手段也时常出现，出于对社会排斥以及敌对势力的考虑，它被

---

[1] Erikson, K., Wayward Puritans. A Study in the Sociology of Diviance, New York, 1966, 163ff.

[2] Liste der Exekutionen 1608-2002（Espy File; www.deathpenaltyinfo.org/documents/ESPYyear.pdf）.

认为是一种极其严厉的惩罚。

清教主义的司法正义还包括对福音派移民竞争者的打击报复，特别是针对在宾夕法尼亚殖民地定居的贵格会教派。根据在欧洲通行的刑罚条款的所谓"示罪刑罚"[1]，这些人也曾在司法案件中被判刈鼻或割耳之刑，以标记他们的"不诚实"[2]。对清教徒而言，贵格教徒尤其令人厌恶，因为他们在最根本的信仰问题上表现得更为自由。除此之外，贵格会教派否认当局的绝对权威，主张广泛的非暴力并鼓吹宗教宽容。因此，1657年甚至专门针对贵格会教派出台了一部法案，详尽罗列了诸如此类的刑罚。尽管如此，这些也并未能阻挡那些贵格会教派的领导者，如宾夕法尼亚殖民地的创始人威廉·佩恩和教派运动发起者乔治·福克斯在殖民地清教徒中进行的布道活动。然而，尽管针对贵格会和其他新教运动，包括浸信会和圣公会的攻击有多强硬，包括清教徒在内的所有人都将天主教会视为他们最根本的政治和宗教对手。相应地，那些不仅来自清教徒的对北部法国浸信会的众多口诛笔伐最终转变为暴力行为，并蔓延至墨西哥湾，从而与受到天主教影响的西班牙殖民帝国扯上了关系。

---

[1] 原文为"spiegelnde Strafe"，字面意思为"能够反映（罪恶）的刑罚"，意即该刑罚能够说明受罚的原因，主要表现为将犯下罪行的身体部位去除，比如言语上亵渎神明者被割舌头或者偷窃者被砍手。——译者注

[2] Erikson, Puritans（见第57页注释[1]），107 ff. 关于欧洲刑罚，参见 Dülmen, R. van, Theater des Schreckens. Gerichtspraxis und Strafrituale in der frühen Neuzeit, München, ²1988, 69。

塞勒姆

如果谈到殖民时期的不信任和宗教盲从问题,在美国人的集体记忆中打上最深烙印的无疑是前文所提及的在新英格兰殖民地塞勒姆发生的猎巫运动。[①]20世纪,出现了众多描述此事件的恐怖文学作品(比如霍华德·菲利普斯·洛夫克拉夫特的小说)以及影视作品,特别是阿瑟·米勒大获成功的戏剧《熔炉》,即便它在1953年问世之时更应被看作麦肯锡时代迫害共产主义者的一种政治评论。在考顿·马瑟的时代,在塞勒姆发生的系列事件是殖民地日益滋长的极端主义的一种清晰表现。马瑟在他1693年的作品《隐形世界的奇观》中明确指出对真正信仰的破坏者——撒旦及作为其"工具"的女巫进行猎杀的必要性。因此,尽管他本人并非审判团成员,也并未宣判最终的死刑,但是塞勒姆事件中审判者的强硬立场显而易见是受到了他的影响。

1690—1693年的塞勒姆系列事件体现了当时那种集体疯狂的所有特征。这些事件始于对两个女孩的指控,即塞勒姆当地牧师塞缪尔·帕里斯9岁的女儿和11岁的侄女,她们被指控成了巫术的奴隶。在随后的短时间之内,越来越多的人遭到指控或者只能通过指证他人以避免被指控。疑似女巫及其保护者都成了这些迫害事件的受害者。在最幸运的情况下,他们只是被驱逐出境。但最终还是有20人和两只狗被判处死刑并遭到处决。塞勒姆事件因

---

① 有关该事件的过程请参阅 Erikson,Puritans(见第57页注释①),137ff。

此成为一种意识形态极度狂热的社会中出现的主动告密及非理性现象的一个教训。这些迫害行为直至矛头指向当地知名人士的时候才走向尾声。无独有偶，出于同样的原因，在约250年后的约瑟夫·麦肯锡时代，即20世纪50年代，发生了类似的对疑似和确定的共产主义者进行的迫害。18世纪的本杰明·富兰克林是对塞勒姆事件最重要的评判者之一。虽然早在1711年针对被迫害者的一项大赦就已颁布，但是直到2001年，最后一批受害者才被马萨诸塞州政府正式宣布为无罪。

种族清洗—奴役—种族灭绝

出于宗教意识形态和文化方面的傲慢以及对"野蛮人"的恐惧，殖民地移民与印第安人的关系从殖民时代起就处于一种复杂的状态，而其中有数百万印第安人生活在西班牙控制的中南美洲地区以及里奥格兰德河北部地区。[①]人们完全无法知道，当16世纪末第一批欧洲殖民地出现的时候，居住在北美的印第安人究竟有多少。不同于南部的同族，北美印第安人通常以单支游牧部落方式生活。统计出的人数差异很大，从约100万到1000万人。[②]实际上最可能的数字大概是介于其中，其中包括人们所认为的大

---

① 综合参考 Bitterli, U., Die "Wilden" und die "Zivilisierten". Grundzüge einer Geistes-und Kulturgeschichte der europäisch-überseeischen Begegnung, München, 2004。

② Adams, Länderbericht I（见第16页注释②），53。

约400万生活在后来的美国领土范围内的原住民以及200万生活在加拿大境内的原住民。[①]根据估算,在第一批欧洲殖民地形成时期,美洲一共居住有5000万～2亿原住民。仅仅在北美可能就存在250种甚至是500种语言或方言。[②]据说,在整个美洲有大约2000种语言或方言,以及同样数目的印第安部落。

土著部落

产生如此巨大差异的原因是多方面的。其中最重要的一点是,在众多土著文化中存在着激烈竞争。在欧洲殖民时代开始以前,部落间的血腥战争就已经出现。当时发生的各种酷刑以及耸人听闻的剥头皮行为使得18和19世纪往西部跋涉的移民感到尤为震惊。殖民时代初期发生的尤为血腥的印第安部落冲突包括1648—1650年的休伦战争以及1626年莫西干人战争。即便殖民者不挑起战争,他们也陷入了长期的争端之中。1636—1637年纳拉干西特部落帮助殖民者对抗佩科特人。6年之后,纳拉干西特部落又被莫西干人几乎全歼。中南美洲的西班牙征服者也面临同族部落间存在的敌对状态,他们甚至有时还被那些部落巧妙利用。这些部落间的敌对使得欧洲殖民者在北美的土地掠夺变得更加简单。另一个造成北美原住民之间巨大差异的原因是北部的自然条

[①] Trigger/Washburn, *Native Peoples*(见第29页注释②),第363页。下文出处相同:见第362页及下一页。

[②] Die Zeit, Welt- und Kulturgeschichte, Epochen, Fakten, Hintergründe in 20 Bänden, Bd. 8, Hamburg, 2006, 499.

件。这一地区地广人稀、物资匮乏，部落间彼此相距遥远，缺乏联系与交流。而造成巨大差异最重要的原因在于他们传统的生活方式。这些原住民大多以打猎为生，随着野生动物尤其是野牛一起迁徙。他们当中也有人进行刀耕火种式的种植。当一块土地变得贫瘠之后，他们就不得不去寻找新的土地。所以，即便是原本过着定居生活的印第安人也经常被迫去寻找新的生活空间。

然而，一些部落还是会组成联盟。在欧洲人16世纪登陆的北美东海岸地区，就已经形成了部落联盟。在这一后来被欧洲殖民者称为切萨皮克湾的地区，存在着一个大约由30个部落自发组成、被欧洲人笼统称为"波瓦坦"的部落联盟。该联盟由印第安首领瓦汗森纳卡克领导。欧洲殖民者抵达之后不久，两者之间就爆发了所谓的波瓦坦战争。[1]在这片欧洲人建立起首批殖民地的后来的美国东海岸地区，据估计曾经生活有15万名原住民。

向原住民传教从而转变他们的信仰，已作为一项任务写入最初的殖民委任状中。弗吉尼亚和新英格兰的特许状对此有明确的规划，马萨诸塞湾公司甚至在印章中使用了印第安人向基督教请求帮助以皈依基督教的形象，这种情况并非巧合。[2]人们可以把它理解为后来美国的一种普遍观念的早期版本，即所谓的"昭昭天命"。原住民通常崇拜泛灵论的自然宗教，其中最重要的观点是土地被认为是神圣。创世神话在各部落中广为流传并口口相传。他们信仰的核心是对超自然的信仰，即对看不见的力量和神

---

[1] 出处同前，见第501页及下一页。下列数据出处同上，参见第502页及Arens, W./ Braun, H.-M., Die Indianer Nordamerikas. Geschichte, Kultur, Religion, München, ²2008, 87 ff.

[2] Raeithel, Geschichte I（见第47页注释②），67。

灵的信仰。这个神灵作为原住民绝对的唯一崇拜,在与欧洲殖民者于东海岸首次接触的阿尔冈昆人语言中被称为"曼尼图",在苏族人语言中被称为"瓦坎",而在克罗人语言中又被称为"玛柯斯普"。[①]每次传教过程中都会出现的冲突主要是在传教士与被北美印第安人称为"萨满"的治疗师之间产生。

传教布道

虽然传教作为任务之一在特许状中已经被注明,但实际开始得较晚。即便在清教主义盛行的马萨诸塞殖民地,传教也是从1644年左右才开始的,而且效果并不明显,以至于30年之后只有大约1100名原住民改信基督教。这种举步维艰的状况有多方面的原因。第一,殖民定居点本身的事务就很繁忙。第二,预选说与传教活动存在矛盾。因为在清教徒眼中,加尔文所指的、存在可验的"预先确定"在印第安人那里是无法辨明的。与此相反,印第安人表现出的是不情愿工作以及阻碍现代发展的一面。法国旅行家亚历克西·德·托克维尔近两百年后这样描述欧洲人的困惑:"无论有多么悲惨,从没有一个印第安人在他的树皮小屋中不为他的尊严而感到骄傲;他把农民和耕地的牛相比较,在我们的所有行业中只看到奴隶劳动……对他而言只有打猎和战争才是

[①] Arens/Braun, *Indianer*(见第62页注释①),63f。

有人类尊严的事情……这真是活见鬼了！"①持类似看法的还有在今天美国西南部传教的西班牙修会，尤其是方济会。和基督徒相反的是，方济会直截了当地认为普韦布洛印第安人是无神论者，甚至一开始都没有尝试去把他们的宗教信仰向印第安人进行传播。第三，当清教徒开始着手传教的时候，那些部落已经变得极度不信任传教士了：一方面和白人殖民者之间的战争冲突变得日益频繁；另一方面，皈依者被所有人视为本族文化的边缘人，也并没有被白人世界真正接纳。事实上，即使从清教徒的观点来看，皈依基督教也并没有改变欧洲人和印第安人之间天然存在的不平等。

由于印第安部落最初都没有文字，所以直到首部印第安语言《圣经》出版的1663年之前，基督教传教都是在没有文字翻译的情况下进行的。所谓的"艾略特圣经"是在一名印第安人的帮助下完成的。来自马萨诸塞殖民地罗克斯伯里（现波士顿的部分地区）的清教牧师约翰·艾略特（又写作JohnElliot）在1637年录用了1名于战争纠纷中被俘获的印第安年轻人，他除了会说阿尔冈昆语以外，还掌握了英语。艾略特因此也成了1名传教先驱者。早在1650年，在他基督教信仰的布施下皈依基督教的印第安人就在波士顿西南部附近的内蒂克建立了村落。类似的"祈祷镇"在别的地区也得以建立，因为只有长期定居的印第安人才会接受欧洲人的行为习惯，同时那些已经被同化的印第安人要担负起传教的工作，但是这两种尝试都失败了。欧化的印第安人不仅被看

---

① Tocqueville, A. de, über die Demokratie in Amerika, Erster Teil von 1835, Zürich, 1987, 494.

作异类，而且陷入了冲突的夹缝之中——被双方厌恶、怀疑和排挤，并且这种情况随着战争冲突的加剧也愈演愈烈。而一个就近依附新社会秩序的机会对这些印第安人而言通常是渺茫的，因此他们就成了印第安社会与繁荣的殖民地社会之间的典型边缘人，在最幸运的情况下会被白人无视或者当成用人。剩下的少数几个祈祷镇在接下来的几十年里沦为后来出现的印第安人保留地。当需要土地的时候，即便是在大片作为保留地规划的区域内，印第安人居民也会毫不犹豫被迁移出去。到18世纪30年代，东海岸归化印第安人的土地就已经被卖光了，他们最后的部落也同时全部消失。当时考察至该地区的托克维尔写道："所有那些曾经居住在新英格兰的印第安部落，比如纳拉干西特人、莫西干人、佩科特人，从此都生活在人们的记忆中了。150年前在特拉华海岸迎接威廉·佩恩的纳拉干西特人今天已经消失了。我遇见了最后的易洛魁人，他们在乞讨。所有提到的部落曾经都在海岸线生活过，现在人们必须深入大陆数百英里才能遇到1个印第安人。这些野蛮人不仅仅撤退了，而且灭绝了。"[①]在美国建国时东海岸的白种美国人中还有多少记得或者愿意记起这些印第安人，这个问题在托马斯·杰弗逊1781年出版的《弗吉尼亚纪事》一书中说得很明白。这位在他那个时代求知若渴并在20年后当选为美国第三任总统的种植园主，在书中描述了对发现的一个印第安人墓穴进行的发掘工作。尽管与印第安人有诸多冲突，杰弗逊仍然认为原住民和白人从长远来看一定会融为一体，就像他在1808年给特拉华人、蒙西族人和莫西干人部落的一封信中所指出的那样，但

---

① 出处同前，参见第486页及下一页。

是他本人在这方面的认识也是极具局限性的。①

实际上,所有的事情从最开始就已经在往一个不好的方向发展。自17世纪20年代初以来,欧洲人和印第安人之间的冲突在不断增加;到了17世纪30年代,由于数十万欧洲殖民者对土地有更大的需求,这种冲突变得愈为明显。对于与快速发展的欧洲人社区为邻的那些原住民而言,这些冲突带来的威胁首次变得严峻起来。定居空间和农作物种植空间的缺乏激发了越来越多的探险活动,由此带来的内陆殖民点的建立愈加频繁地导致原住民遭到驱逐以及屠杀。而在殖民者眼中,这种边疆现象对于一种同时处于荒野边缘、其他文化及文明边缘且处于敌对势力范围之内的生活而言,本身就是很普遍的。②

即使在17世纪20年代之前,北美殖民地的文化冲突所产生的结果也不是令人愉快的。早在1585年印第安人的一次登船拜访中,由于他们被发现进行了偷窃,雷利探险队的成员便在切萨皮克湾地区报复性地焚烧了印第安人的田地并杀了部落的几个人。③总的说来,这种情况在欧洲人的殖民开拓过程中并不罕见,而且也不只是在北美洲发生过。西班牙征服者在中南美洲也有同样的行径,即便是在18世纪中叶勘测太平洋部分地区赫赫有名的詹姆斯·库克,对待那些在当地原住民眼中算不上罪行的小偷小摸之时,也常常表现出强硬的态度。1779年在夏威夷(当时

---

① 引用自 Ceram, C.W., Der erste Amerikaner. Das Rätsel der vor-kolumbianischen Indianer, Stuttgart, 1972, 23。

② Waechter, M., Die Erfindung des AmerikanischenWestens. Die Geschichte der Frontier-Debatte, Freiburg i. Br., 1996, 28 ff.

③ Nichols, R. L., Geschichte der Indianer in den Vereinigten Staaten und Kanada, Essen, 2002, 78 f.

被称为桑威奇群岛）发生的类似事件中，他在原住民的一次报复行动中送了性命。在早期称为"消失的殖民地"的罗努克岛，欧洲殖民者已经试图彻底驱逐与他们为邻的原住民部落，这表明，在早期的冲突中印第安人是占据有利地位的，因为那时的他们还有足够强大的力量保护自己，所以最终被驱逐的不是印第安人，而是欧洲人。

文化的冲突

1607年，英国殖民者在弗吉尼亚成功建立了首个殖民地詹姆斯镇，随即与印第安居民产生了巨大冲突。那些对欧洲人的殖民地伸出援手并助其渡过难关的印第安人反而受到了有计划的驱离。波瓦坦部落首领瓦汗森纳卡克及其子奥普查纳坎奴率领的印第安部落遭受的屈辱，导致欧洲早期殖民史上被称为波瓦坦战争的爆发，随之出现了更多的血腥冲突，并将殖民地带到了灭亡的边缘。[①]1622年，在第二次波瓦坦战争之初，有347名白人在冲突中丧生，约占殖民者总数的1/4。直到大约1/4个世纪后，弗吉尼亚的印第安人才被驱赶到大陆腹地。

在东海岸的欧洲其他殖民地，文化间的冲击和碰撞也遵循了类似的模式。新英格兰殖民地的原住民从17世纪20年代清教徒到达时起就对他们表现出极少的信任，这是切萨皮克湾文化冲突的前兆。最激烈的冲突要属1636—1637年发生的佩科特战争以及

---

① 出处同前，参见第86页及后几页。

1675—1677年与白人称之为"菲利普王"的酋长梅塔卡姆之间发生的冲突。在佩科特战争结束时,这一部落实际上也消亡了。而在"菲利普王之战"硝烟散尽时,除了归化的印第安人以外,东海岸已经没有任何其他原住民了。

这次尤其惨烈的战争不失为双方矛盾不断激化的一个明证。战争中有数百名殖民者和数千名原住民丧生。在新英格兰和马萨诸塞所出现的冲突更甚于此:它成了欧洲人与印第安人之间关系的转折点。梅塔卡姆可能在17世纪60年代就已决定对欧洲人发动军事进攻以对抗其无止境的领土扩张欲望。当时在包括现今缅因州、新罕布什尔州、佛蒙特州、马萨诸塞州、罗得岛州、康涅狄格州等6个州的新英格兰地区殖民者人数大约为35000人,据估算大约是原住民人数的2倍左右。[1]对于原住民而言,尤其危险的是基督教的传教活动,它使得部落中的内部团结开始动摇并持续削弱。据称"菲利普王"在会见传教士约翰·艾略特时声称,他对基督教的兴趣比一颗大衣纽扣还少。这句话让被称为清教主义精神领袖的因克瑞斯·马瑟感到了长久的愤怒。[2]由于梅塔卡姆对基督教的蔑视,在他死后,白人甚至对他的尸体还进行了一次象征性的处决。从他死后受到的斩首和分尸之刑可以看出,欧洲人甚至将他的行为以谋反罪论处。从罗努克岛时代就盛行的、通过焚烧土地以达到破坏敌人基本生活设施的行为,在"菲利普王之战"中已成为一种固定手段,伴随着对村庄的袭击以及对并未卷入战争的妇孺进行的屠杀。对印第安人农业经济的持续破坏造成

---

[1] Siehe Karte S.44。
[2] Raeithel, Geschichte I(见第47页注释②),67。

了"菲利普王之战"结束后各部落长期的饥荒。19世纪通过对水牛群有组织的灭绝来断绝北美大草原印第安人部落食物来源的策略也是源于此次战争。

不仅是英国统治的殖民地对原住民表现出如此彻底的敌意，法国殖民者在1607—1615年的"塔伦汀人战争"中也与其领地中的原住民部落为敌。1663年，法国殖民地新法兰西正式建成之后，殖民者在将其逐步纳入商业经济体系时首先试图招安安大略湖和哈德逊河地区自我意识强烈的易洛魁人部落。但是该部落的原住民并未示弱，故而战争冲突愈演愈烈。在1689—1697年所谓的"威廉王之战"中，易洛魁人屠杀了位于现今伊利诺伊州的圣路易斯要塞所有驻守人员。直到接下来的一系列血腥战争之后，一份更为广泛且相对稳定的和平协议才在1701年得以签订，易洛魁人因此甚至得以暂时免于遭到镇压。由于军事上陷入僵局，法国殖民者的如意算盘——试图用欧洲模式使印第安人定居下来并出于经济目的对其加以利用——也宣告落空，这与之前英国人的失败如出一辙。18世纪初，在法国殖民地区定居的印第安人大约只有1500名。直到英国在七年战争中击败了法国以及1763年《巴黎条约》签订带来英法和平之后，易洛魁人又感受到了更多威胁。

不同文化之间的生活

欧洲殖民者对原住民普遍的负面看法在几年之内就已定型。在大多数殖民者看来,原住民顶多就是一个未开化的民族,是新世界经济发展的一个障碍,所以必须被驱逐到其他地区,他们甚至是一种需要直接清除的干扰,就如同后来的北美野牛群一样——它们不仅是敌对印第安人部落的食物来源,也占据了畜牧业需要的牧场资源。在某些地区甚至普遍存在对屠杀印第安人并剥取其头皮进行奖励的情况(比如在1744、1749、1756年),从这些对印第安人进行屠杀的官方要求中可以看出,人种灭绝的政策从殖民时代开始就已经正式推行。而这些屠杀行为在美国建国之后仍然没有中断。

具有讽刺意味的是,这并没有阻止同时发展的欧洲启蒙运动将"高贵野蛮人"提升为理想。让-雅克·卢梭认为,文化、文明和教育破坏了人类真正的品格,只有对未受污染的自然的接近才代表了人类的本质。但是在北美,他的这一理论依旧是一种远离现实生活的、不切实际的观点。[①]然而在当时,那种与针对北美原住民广泛实行的生理灭绝政策同时进行的美化也不在少数,仅仅是在遥远的德国,就有弗里德里希·盖尔施泰克和卡尔·梅所著的相关书籍成了通俗文学领域的畅销书。

---

① 来自异域的"高贵野蛮人"在英国也同样被推崇,由詹姆斯·库克在其第二次航行中带回英国的波利尼西亚人奥麦(Omai)在伦敦引起了轰动。

在那个想象中的文明边界线另一边的"蛮荒之地"里，欧洲人和印第安人之间的接触实际上也可以是更加和谐的。虽然在17世纪被认为更自由的法国殖民统治地区，自愿的性接触可算作一个例外。影响更为深远的事情是：不管是哪个族群对这个地区有领土要求，所有对土地有所了解的人都明白，印第安人一直都是最富有野外生存和生活经验的人群。但正如由"森林跑者"——路易·尤列（LouisJolliett）、耶稣会会士雅克·马奎特或勒内-罗贝尔·卡弗利耶·德·拉萨勒等人组织的探险活动所体现出的那样，如果没有来自原住民的支持，1673年由法国人开始的对路易斯安那地区进行的探索和殖民活动也是不可能成功的。而那些在詹姆斯·费尼莫尔·库珀于1827—1841年发表的《皮护腿故事集》中描写的，又被加布里埃尔·费里和随后的卡尔·梅赋予了一座永久丰碑而纪念的"森林跑者"们，如果没有与当地原住民的联系，他们是根本无法生存的。然而，库珀所描绘的高贵印第安人钦加哥已是他所在部落的最后一人，即"最后的莫西干人"。

与基督教英国新殖民者以及西班牙征服者相比，控制了从今天的加拿大到墨西哥湾地区的天主教法国殖民者实际上显得更加宽容。1614年和詹姆斯镇的建立者约翰·罗尔夫结婚的印第安女性波卡洪塔斯虽然直到今天还被认为是跨文化联系的主要代表人物，但是她只是英国殖民领地中的一个特例，其原因当然在于当时清教主义的法律明确认为，和异教信仰的原住民的性接触是违法行为。

印第安人与欧洲文化

除了战争以及通过探险和输送移民造成有计划地打压之外,欧洲人的到来还给北美印第安人带来了更多的威胁。欧洲人带来的疾病造成的破坏性后果已是众所周知。造成密西西比河流域和佛罗里达半岛所有部落灭绝的疫情有可能就是由埃尔南多·德·索托通过1539—1543年的探险活动首先传播至该地区的。正如后来马萨诸塞殖民地总督约翰·温斯罗普冷嘲热讽的那样,这也算是殖民含义的某种发展:上帝"许我们以土地,他将土著的人数减少并将我们的人数增加"。[1]另一种带来危害性的影响是酒精的传播。这种被称为"火水"的液体很早就显现出了它的奇效,使得它早在16世纪以来就被用来诱使那些部落首领签订合约。此外,印第安人在所谓的"狂饮"之时会随着大酒量的欧洲人消费大量酒水。威廉·佩恩在1683年总结道:印第安人从欧洲人来了之后就成了"烈性饮料的拥趸,愿意用他们最好的皮毛来换取。一旦他们的热情被这种精神饮料燃起,他们就再也不能保持安静,并一直喝到他们能睡着为止。因为他们只叫嚷着一句话:喝得更多我才能睡觉!当他们喝醉之后,就带来了世界上最卑劣的场面之一"。[2]早在17世纪,那种在漫画里出现的沉溺饮酒难以自拔的模样已经成为印第安人在欧洲移民眼中的集

---

[1] 引用自 Arens/Braun, *Indianer*(见第62页注释①),87。
[2] 引用自 Myers, A. C.(Ed.), *William Penn's Own Account of the Lenni Lenape or Delaware Indians*, Somerset, 1970, 32. 作者的译文。

体形象。[1]但这并不妨碍殖民者向印第安人继续兜售酒精饮料和武器，这些物品又导致印第安敌对部落间的传统战争明显变得更加血腥。而具有讽刺意味的是，这又使得殖民化进程变得更为容易。最终，那些基于印第安人无法理解的欧美法律关系签订的、常常看似毫不起眼的合约恰恰成了对印第安人进行种族灭绝的最有效手段。这种情况在19世纪最后10年中直到印第安人战争结束时都没有任何改变。托克维尔在19世纪30年代写道："一旦想开始染指某片原住民居住的荒野，美国政府通常就会派遣一个隆重的代表团前往此处；白人们让印第安人聚集在大片的平地上，在酒足饭饱之后向他们宣布：'在地平线上你们目所能及的山脉那边，以及在位于你们土地西部边界上的湖泊的另一边，还有更广袤的土地，那里生活着猎之不尽的野生动物。把你们的土地卖给我们，去那片新的土地快乐地生活吧。'在这番话结束后，武器、羊毛衣物、成桶烧酒、玻璃珠项链、锡制手镯、耳环还有镜子被当面派发给印第安人。如果印第安人看见这些物品时还表现出迟疑，他们会被告知不允许拒绝政府的要求，而政府也再无力保证他们享有的权利……通过这种半说服半强迫的方式，印第安人只好迁徙至无人居住的区域生活，在那里享有白人赋予他们的、不会超过10年的和平。美国人便是如此这般地以极为低廉的价格得到了全部的省份……"[2]

如果人们以1948—1951年的联合国公约作为反种族灭绝的依

---

[1] Mancall, P. C., *Deadly Medicine. Indians and Alcohol in Early America*, New York, 1997, 第178页。

[2] Tocqueville, Demokratie I（见第64页注释①），491f.

据，在回顾对原住民肉体和文化进行大规模消灭的历史背景时不难看出，伴随"种族清洗"的还有种族灭绝。种族灭绝在带有以下任何一种意图的行为发生之时就会产生：（1）对一个民族的、人种的、种族的或者宗教团体成员进行屠杀；（2）使其遭受严重的肉体或精神伤害；（3）有意图地导致能够造成肉体和精神消灭的生活条件的产生；（4）阻止新生人口，以及绑架该团体的后代。[1]在这个背景下，北美印第安人的消亡部分与种族灭绝的诸多特征相符合。

奴隶制的发展

在文献中常常被作为欧洲殖民后果来看待的、发生在北美殖民地以及美国的蓄奴现象其实并不是欧洲人引入新大陆的。[2]南北美洲的奴隶制在欧洲殖民开始前已经作为经济体系和日常生活的一部分存在了很长时间。伊比利亚殖民势力西班牙和葡萄牙只是延续了这一传统，并在他们中南美洲的殖民区域内，特别是在加勒比群岛，将印第安人以及被绑架的非洲黑人作为种植园的奴隶劳工来奴役。在北美地区，直至后来的加拿大领土境内，印第安人被蓄为奴隶的情况都很普遍。被捕获的人作为战利品被蓄于殖民地中，有时还会被作为礼物进行继续分配。在殖民时代也有

---

[1] 参见1948年12月9日通过的《防止和惩治灭绝种族罪公约》第二款。详见 Wetzal, L. (Red.), Menschenrechte. Dokumente und Deklarationen, Bonn, ⁴2004, 296-299；此处：297。

[2] 以下相关内容参见 Franklin, J.H./Moss A.A., Von der Sklaverei zur Freiheit. Die Geschichte der Schwarzen in den USA, Berlin, 1998, 51ff。

欧洲人参与到这种行为中。

对蓄奴起到决定性推动作用的当然还是在17世纪，当大型的劳动密集型烟草种植园、棉花种植园以及稻米种植园在北美洲南部地区兴起时欧洲殖民者的加入。1621年以前，虽然在殖民地已经有数十个非洲黑人在工作，但是直到西印度公司于同年得到往北美贩卖奴隶的许可之后，大规模的奴隶贸易才发展起来。它的发展高潮始于17世纪后30余年中种植园主转而用非洲黑奴代替白人契约奴隶的时期。其历史背景是，相当多几乎没有什么权利的契约农奴参加了"培根起义"，即1676—1677年间由小种植园主纳撒尼尔·培根领导，反抗弗吉尼亚总督威廉·伯克利，但随后不久便以失败告终的一次起义。这些参加了起义的契约农奴因此被认为不再是可靠的劳动力。在17和18世纪之交，除了荷兰人、西班牙人和法国人以外，英国人也投身到这项获利丰厚但起先并不被认为有损名誉的贸易中来。奴隶更多的是被当成正常的贸易商品来看待。颇具意味的是，丹尼尔·笛福甚至将他1719年出版的畅销书《鲁宾孙漂流记》——大受欢迎的第一本英文小说[①]中的主人公虚构成一名正派的奴隶贩子。更多的国家在17世纪也参与这个欧洲、北美洲和非洲之间的所谓"大西洋三角贸易"。其中也包括一个很小的专注于控制加勒比地区的据点——库尔勃兰登堡：在这个人均面积只有一平方米的狭窄领地上，主要来自几内亚和安哥拉的黑奴被运往北美。25%的死亡率不但很常见，而且也是在奴隶贩子的预计之内，而实际上的死亡率高出很多。[②]

---

① 英国文学史上现实主义小说的创始之作，而非第一部英文小说。——译者注
② 出处同前，第68页。

1519—1867年非洲和美洲之间的奴隶贸易[1]

(单位：万人)

	塞内加尔	塞拉利昂	利比里亚	黄金海岸	贝宁	比亚法拉	非洲中西部	非洲东南部	数量
1519—1600	1.07	0.20	—	1.07	1.07	1.07	22.12	—	26.60
1601—1650	0.65	—	—	0.52	2.55	2.55	46.19	0.20	50.35
1651—1675	1.77	0.04	0.01	3.54	5.86	5.86	10.43	0.12	23.98
1676—1700	3.65	0.35	0.07	5.03	22.35	5.15	13.26	1.09	50.95
1701—1725	3.99	0.71	0.42	18.17	40.83	4.58	25.72	1.44	95.86
1726—1750	6.99	1.05	1.43	18.63	30.61	16.60	55.28	0.54	131.13
1751—1775	13.04	9.69	10.51	26.39	25.05	34.01	71.49	0.33	190.52
1776—1800	7.24	10.60	1.95	24.07	26.46	36.04	81.62	4.12	192.11
1801—1825	9.17	6.97	2.40	6.90	26.33	26.03	70.09	13.18	161.06
1826—1850	2.28	10.04	1.44	—	25.73	19.15	77.06	24.75	160.45
1851—1867	—	1.61	0.06	—	2.59	0.73	15.50	2.68	23.17
数量	49.85 (=4.5%)	41.27 (=3.7%)	18.30 (=1.7%)	104.32 (=9.4%)	203.46 (=18.4%)	151.79 (=13.7%)	488.75 (=44.2%)	48.45 (=4.4%)	1103.20 (=100%)

1808年美国国会在北美对自由繁荣的黑奴贸易进行禁止之前，奴隶贸易的决定性因素在于对劳动力无止境的需求。那些被正式称为"具有'特殊制度'的种植园"的蓄奴农场，首先建立于弗吉尼亚州和南卡罗来纳州，最终对于美国处于热带的南部各州而言产生了最为重大的作用。在这一地区同时还产生了具有独特南方贵族做派的"上流阶层"，其生活方式长期以来更接近于欧洲贵族，并且以他们对其无自由且恭顺的农奴的绝对权利为中

---

[1] Meissner, J.u.a.（Hrsg.）, Schwarzes Amerika. Eine Geschichte der sklaverei, Bonn，2008, 48.

心。这与出现了企业主和雇佣劳动者、追求民主和快速工业化的北方各州截然不同。早期的东部沿海殖民地,无论是新尼德兰还是新英格兰、纽约、新泽西、宾夕法尼亚、特拉华和马里兰,都没有把奴隶看作经济的命脉。相反的是,即便还在殖民时代,黑人奴隶在这些地区就被认为是效率低下且不能吃苦耐劳,远远逊于白人劳力,尽管白人的工作态度也不甚积极。有趣的是,当托克维尔于19世纪30年代在美国游历时,他在这方面的印象如出一辙。[①]在最初作为法国殖民地的路易斯安那,奴隶也还不常见。在佛罗里达也是一样,直到1763年英国从西班牙手中得到这片领地之后,那里逐渐出现了蓄奴的现象。而之前在西班牙人的统治之下,那里反而是逃亡奴隶的避风港,尽管西班牙人也参与了获利丰厚的人口贸易,并且马德里政府只有在逃亡者皈依天主教时才允许逗留。所以从佛罗里达于1819年成为美国的一部分起,直到1898年,还有许多前奴隶宁愿离开佛罗里达,转而前往西班牙控制的古巴岛。

回顾这段历史可以发现,第一批非洲黑人在1619年就已经被放逐到新世界,比荷兰西印度公司获得对北美的奴隶贸易许可还早两年。所谓的"契约奴隶"被用来称呼最初的几代奴隶,他们当中有很多还属于半自由身。从对农场主的依附程度看,这些奴隶和那些处于雇佣关系或债务农奴关系的白人劳力几乎没有什么区别。在英国于1664年最终接手新尼德兰殖民地时,那里已经有大约20%的奴隶已经偿还劳动债务并恢复自由。随着18世纪发展种植园经济的新殖民地在南方陆续建立起来,比如1776年建立的

[①] Tocqueville, Demokratie I (见第65页注释①), 506 ff。

佐治亚，奴隶的处境也极大地改变了。[①]"契约奴隶"的身份逐渐转变为"种植园奴隶"。在19世纪中期的美国内战中，为维护包含奴隶制的南方文化而激烈战斗的"蓄奴州"，包括了弗吉尼亚州（包含在内战中分离出去的西弗吉尼亚州）、北卡罗来纳州、南卡罗来纳州、佐治亚州、佛罗里达州、肯塔基州、田纳西州、亚拉巴马州、密西西比州、路易斯安那州、密苏里州、阿肯色州和得克萨斯州。

在殖民时期究竟输入了多少奴隶，这个问题的答案在历史研究中仍然是有争议的。从16世纪到19世纪被贩卖到南北美洲的奴隶总共超过至少950万人。[②]在1790年的美国建国初期，大约有70万黑奴生活在美国。[③]其中在弗吉尼亚州的人数为29万，在北卡罗来纳州、马里兰州和南卡罗来纳州的人数各为10万，在纽约州大约有2.5万名，另外还有大约5.7万名分布在新泽西州、宾夕法尼亚州、康涅狄格州、马萨诸塞州和罗德岛等地。非洲人和欧洲人当时的比例已经达到了1∶5。回顾起来看，这已经初步决定了当今美国社会的构成。

直至18世纪晚期，不管是在北美还是在英国本土，为建立在奴隶制基础上的社会经济体系的辩护都是振振有词的。即便是著名的英国哲学家约翰·洛克在他的《政府论》下篇中也以人种之间不平等的观念为出发点[④]，在北美持有这种观念的不仅有种植

[①] Meissner, Schwarzes Amerika（见第76页注释①），34 ff。

[②] Franklin/ Moss, Sklaverei（见第74页注释②），70。

[③] 数据出自 Berlin, I., *Generations of Captivity. A History of African-American Slaves*, Cambridge, 2003, Tab. 1, 第272页及以下几页。其他的数据（500000）参见 Raeithel, Geschichte I（见第47页注释②），156。

[④] Meissner, Schwarzes Amerika（见第76页注释①），83。

园主，还有多位同样通过奴隶来经营管理自家产业的美国总统。拥有奴隶的总统包括乔治·华盛顿、托马斯·杰弗逊、詹姆斯·麦迪逊、詹姆斯·门罗和安德鲁·杰克逊。托马斯·杰弗逊甚至与他的女性奴隶莎莉·海明斯保持了多年的关系，并与她一起生了6个孩子。①

18世纪中叶，奴隶人口在那些拥有大型种植园的地区，如南卡罗来纳州，已经占据了总人口数的大约2/3。很多白人殖民者终究还是认为不断增长的奴隶数量是一种威胁，就如同1835年托克维尔强调的那样。②那些被认为对控制奴隶来说不可或缺的所谓奴隶法案因此愈加严苛。针对那些即便只是有轻微违法行为的奴隶的残酷惩罚成了常态，而其所有者的滥罚通常不会给自己带来任何后果。

美国民族认同的形成

异见者不仅仅只存在于新世界的社会，这个群体很多情况下实际上首先是在不同于本土国家标准的地区形成的。清教徒、贵格会教徒、复临信徒以及许多其他福音派团体成员最初都是反叛分子，他们在新世界寻求免受欧洲政权对他们的迫害，但这并不代表在他们基于一致信仰的宗教团体内部不存在因分歧而产生的

---

① Bernstein, R. B., *Thomas Jefferson*, Oxford, 2003, 196.
② Tocqueville, Demokratie I（见第64页注释①），527 ff.

不可调和的倾轧行为。殖民时代的清教主义教会团体的内在特征就是一个说明相互宽容近乎不存在的例证。教会中的争议原本就是不可避免的。罗杰·威廉姆斯分别撰写了《血腥教义》和《愈加血腥的教义》来反对政教合一，然而像他这样的清教主义反叛者几乎没有机会得到认同。威廉姆斯认为政府对信徒和非信徒都需要负起责任，因此不能为所有的人设定宗教上的行为规范。所以他的立场是，其他信仰的信徒，无论是异教徒、犹太人还是穆斯林，也应该获得自由的宗教信仰。就像托马斯·莫顿一样，威廉姆斯也不得不通过逃亡以避免受到迫害，1636年他在罗德岛建立了自己的殖民定居点普罗维登斯。

异见引发的麻烦

关于来自波士顿的异见者、于1638年被驱逐出该市的女助产士安妮·哈钦森臭名昭著的事件，也具有类似的特征。[①] 如同威廉姆斯事件那样，当时最有影响力的思想领袖之一牧师约翰·考顿是清教主义的中坚力量；而和威廉姆斯相比，哈钦森在波士顿的所作所为更加引起了轩然大波，她不仅自己进行布道活动，而且谴责了清教徒派的精英人士，甚至反对加尔文主义的基本思想。事实上，在她身边也聚集起了一些追随者——那些被"圣徒"称为"宗教异端"的人，这些人不仅反对教会团体，而且也由此反抗圣律。批判者在此期间并没有畏惧，他们干扰布道活

---

① Erikson, *Puritans*（见第 57 页注释①），79ff。

动，在集会中抗议或者提出尖锐的问题。但是哈钦森夫人并未利用这些条件，最后的结局可想而知：她被驱逐出教会并被流放。但是她带来的影响仍然有迹可循地持续了很长一段时间。"她的幽灵"，意即她的"撒旦"式的异见，在教会里仍然阴魂不散，约翰·温斯罗普在他的日记里如是写道。[1]

殖民时代的反对和异见思想并非例外，即便在那些管理方式极其独裁的殖民地也是如此。然而，并非只有那些由于实际或涉嫌不当行为而被迫脱离教会的情况会成为麻烦。早在17世纪，针对那些为寻求更多个人自由而自发迁徙的殖民地居民的指控就已大量涌现。这种现象的背后是集体与个人之间以及团体约束与渴望个人自由之间与日俱增的冲突，但经常只是出于对殖民地有所期待但并未得以实现的基本民主的失望之情。这就是贵格会作为颇具热情的教会团体，因其对个人、道德心、自由、宗教宽容、政治自由主义、反军国主义和注重会众参与等方面明显具有更为广泛的理解，从而最终得到极大响应的原因。贵格会的繁荣始于那位善于交际且在伦敦与王室和议会有着最密切关系的海军上将之子——威廉·佩恩，他于1681年在纽约南部得到了一片广大地区作为封地，并宣布将其作为他数年前加入的贵格会的殖民地。[2]其首府为费城，那个在启示录中被称为"兄弟友爱之城"的城市（启示录第3章，7—13节）。第二年，这个殖民地的面积甚至再次得以扩大。佩恩通过1701年发布的《自由宪章》向持不

---

[1] 出处同前，第105页及下一页。
[2] 关于殖民地建立与自我形象宣传的有关文章刊登于 Soderlund, J.R.（Ed.）, *William Penn and the Founding of Pennsylvania.A Documentary History*, Philadelphia, 1983。

同信仰的定居者承诺政治自由。这份高调的自由主义甚至在1704年以特拉华州的名义给予新领地的一部分——3个所谓的"下游县"政治自治的权力。所有这些使宾夕法尼亚殖民地形成了一种相对而言不复杂的共存局面，但它与马萨诸塞殖民地清教徒持续紧张的关系并没有因此得到缓解。

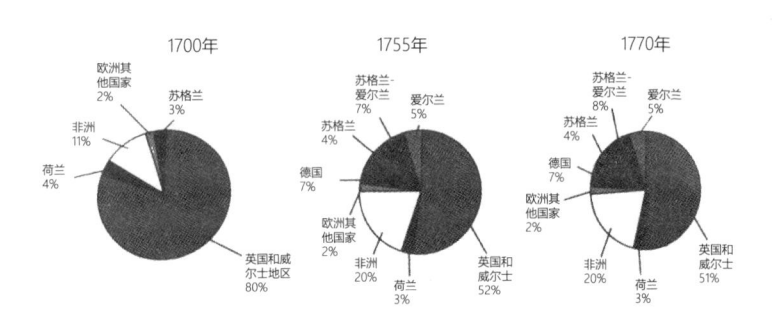

殖民地1700—1770年的移民来源[1]

早在17世纪人们就已经有这种说法了，即世界在殖民地相聚。除了那些希望在殖民地大赚一笔的欧洲商人和那些各自想将团体的理念付诸实践的信仰难民以外，北美殖民地在17和18世纪还成了其他各色人群趋之若鹜的目的地。他们不仅仅生活在如纽约一般、已经成为经济和文化荟萃之地的大型城镇，其中的不少人也直接投身到边疆地带，在那里以设陷阱捕捉毛皮动物或者打猎为生。由于他们经常与印第安人有紧密接触，他们也成了不同文化之间的桥梁。紧随其后的是自由定居的农民，即所谓的"擅自占地者"，这些人并没有等待官方批准，而是在最原始的条件

---

[1] Diagramm aus：Heideking/Mauch，Geschichte（见第51页注释[2]），19。

下定居在蛮荒的边疆地带，因为他们或是无法在定居点附近获得任何农业用地，或是想要摆脱殖民政权的约束和监管。这些人其实是将荒野开垦为可耕种之地的先行者，他们最先在美国各联邦州境内由他们自行开发的"无组织领"上定居下来。[①]而所有这些参与者也明确地知道，他们的活动都是以牺牲原住民部落的利益为代价的。

到美国建国前为止，在北美定居的居民具有多种多样的族群成分，这同时也反映出移民的不同阶段。在1700年前后，绝大多数非印第安居民人口是英格兰人、威尔士人或者苏格兰人，一共占83%。来自非洲国家的居民占11%，而来自其他欧洲国家的居民共占6%，其中以荷兰裔为主。[②]大约50年后，英国裔（英格兰裔、苏格兰裔、威尔士裔）的居民人口比重降为63%（与爱尔兰裔人口一起，共占总人口的68%），而非洲裔人口的比重则上升到20%，其他欧洲裔人口比重也上升到12%，其中德国裔人口以7%的比重占其他欧洲裔人口的首位。

人口、语言、文化

19世纪中期，由于欧洲严峻的经济和社会形势，德国裔人口以及爱尔兰裔人口都经历了明显的增长。不过，在单一殖民地，各民族的构成比重也千差万别。18世纪末，马萨诸塞的英国裔人

---

① Bade, Deutsche（见第34页注释①），157-170（Chr.Hartzig的文章）。
② 此处及以下相关的数据参见 Heideking/Mauch, Geschichte（见第51页注释②），16, 19。

口比重约为80%，而同期在宾夕法尼亚这一比重大约只有1/3。来自德国的移民人口也增多了，这导致在上述地区的德语报纸能够迅速开办起来。辩论或者会议记录在这些地方都使用德语，并且法律条文都是用双语公布的。但那些仍占大多数的英语使用者对在这些殖民地将德语作为官方语言使用的事情漠不关心，即便从1871年德意志帝国建立时起的人们对此曾充满了希望。人们至今在一些科学文献中还可以找到这个传奇事件，即在1787—1789年的立宪辩论中，关于建立一个将德语作为官方语言的美利坚合众国的决议以一票之差被否决了。

英语以及英国文化成了公众生活的标准。在私人领域，各自的家乡语言仍留存了数个世纪以上。对于德国裔的移民而言，他们不仅仅在城市之中，而且在广大的中西部地区坚持着自己的民族身份认同，直到这一认同在政治压力下尤其是在第二次世界大战时期大规模消失瓦解。在有些地区，早期移民的团结和文化传承直到今天仍得以保留。一个引人注目的例子就是所谓的阿米什人（也被称为旧阿米什人），他们早在16世纪就已经从门诺派中分离出来，并首先定居在宾夕法尼亚州的乡村地区。由于他们尽量避免与周边地区，尤其是英语区居民的接触，他们移民时期使用的早期新高地德语方言，即主要与普法尔茨方言相关的所谓"宾夕法尼亚荷兰语"，与他们的服饰和基本建筑一起广泛地保留到现在，尽管有些英语词汇对他们的语言还是产生了影响。除非新的移民被社区接受，否则他们基本上只是相互间通婚，因此这些特色也得以保留下来。现在仍旧保留了当年历史风貌的地区主要是在宾夕法尼亚州兰开斯特市周边，这些地区也成了十分吸引游客的景点。1966年更为自由的所谓"新阿米什人"分离出来,他们被允许与外界有更多的联系并可使用电话作为交流工具,上述地区作为历史遗存的意义更加彰显出来。

虽然各地区的文化差异以这种方式显得无处不在,但殖民地整体的政治身份无疑是源自它们与宗主国英国的联系,尽管这一联系最终在1776年的冲突中结束了。在英殖民帝国的势力范围内,北美殖民地最初是相对容易维护的。正是因为这些殖民地逐渐带来了巨大的经济利益,所以英国王室很看重它们的价值。对于英国而言,北美的这些欠发达地区不仅是原材料产地,也是英国产品的输出市场。自1651年以来一直规范保护主义贸易的所谓"航海条例",直接禁止了海外殖民地生产会与英国经济竞争的商品。来自殖民地的烟草、大米和皮毛只允许输送到英国市场。尽管如此,各殖民地的生产力仍得到了持续提高。在北美独立前不久的1760年这一参考年份中,13个殖民地的国民生产总值几乎增长到英国经济总产出的40%。[1]这个数字和1700年的数据相比增长了8倍。

出于对这些经济背景的考量,人们进一步试图不仅在经济上也在政治制度上把殖民地和宗主国更加紧密地联系到一起。虽然1688—1689年发生了"光荣革命",其间英国国教徒终于战胜英格兰的天主教,并使得英国的国家政权在对抗中得到了加强,但这也只是推迟了将北美作为自治领进行集权管理的计划。30年后的1720年,在北美殖民地经历了一段借鉴哲学家埃德蒙·伯克后来的一句话来说,被人称为"有益的忽视"的时期之后,英国议会统一了到当时为止仍然有效的殖民地的法律地位。那些曾经作

---

[1] 出处同前,见23页。下同。

为大型贸易公司建立以及作为王室宠臣封地,因而享有极大贸易自由权的"特许殖民地"和"专有殖民地"自此逐步转变为"皇家殖民地",它们成了直接依附于伦敦政府的殖民地,议会和国王通过其直接任命的总督在这些地区具有广泛的影响力。其行政机构的职能也与伦敦政府的意图紧密契合。这也触及对立法权和释法权的控制。此时,原本不受这些约束以及因其独立性从未受到这些因素影响的康涅狄格、罗德岛、马里兰和宾夕法尼亚殖民地中的大多数首次认为它们被英国直接绑架了。

相较于17和18世纪不断加强的行政控制,英语在文字和法律规范(普通法)方面的主导地位使得英国文化在其他领域的重要性得到了增强。这反过来又成为在20世纪发展为一种全球广泛的"超文化"——英美文化出现的基础。即使没有来自伦敦政权的直接压力,政治上的密切关系很快也导致了殖民地的政治机构都遵循了英国模式。[1]这一模式至少借鉴了英国议会制的上下两院体系,使得殖民地的议会制最终以两个议院为基础,即代表殖民者的众议院(也称议会)和代表英国殖民地宗主权的参议院。

但细看之下,两者之间的区别还是相当明显。比如说在英国殖民管理下从不要求在议会中建立贵族和平民代表之间的划分,因为欧洲贵族阶层的迁移在殖民地从一开始就没有成功过。这是因为,尽管有各种各样的优惠待遇,不少英国贵族仍然对移居海外相当抵触,其他欧洲世袭贵族也是如此。虽然殖民地在经济上

---

[1] 以下出处同前,20页及以下几页., 以及 Greene, J. P., *Pursuits of Happiness. The Social Development of Early Modern British Colonies and the Formation of American Culture*, Chapel Hill, 1988, 28 ff.。

取得了很大成功，并且南方种植园主之间的贵族氛围已经形成气候，殖民地仍然只是未开化的发展中地区，距离当时文明高雅生活的中心很遥远。那些拥有超过12000英亩土地的世袭贵族（如封爵或者征服者）本该作为欧洲文明的先锋力量在边陲地区扎根发展，但这种形式的迁徙尝试也彻底失败了。这带来的后果就是，众多不符合正常比例的、由公民性质的"自耕农"形成的小型群体以及家族王朝对北美社会产生了深刻影响。[1]因此，虽然政治制度没能摆脱出身特权，但因为被动和主动的选举权只要求有土地的所有权，而拥有土地的成年白人的比例高达80%，[2]这使得多数人可以参与选举。例如，对南卡罗来纳殖民地宪法投票的实践表明，即使是在殖民地定居的英国贵族也屈服于环境并接受了那些政治决策。

与欧洲的关系

新世界的殖民地与英国和欧洲地区间关系的紧密程度如何？这尤其可以在文化上的各种联系中得以持续体现。至少那些在海外殖民地的知识分子自认为是跨越大西洋与旧世界保持联系的团体中的一分子，他们孜孜不倦地从旧世界吸取最新的知识。殖民地大部分的富足阶层那时已经出于教育目的将子女送回欧洲各大中心城市。在此举反响尤为激烈的费城——这一在各殖民地中很

---

[1] Landes, D., Die Macht der Familie. Wirtschaftsdynastien in der Weltgeschichte, Berlin, 2006, 特别是第179页及以下几页和第311页及以下几页。

[2] 数据出自 Heideking/Mauch, Geschichte（见第51页注释[2]），21。

早就发展成为某种文化中心的城市,不仅因此带来了欧洲的启蒙运动,还激发了自1660年以来蓬勃发展的改革派虔诚主义思潮,而它反之又在北美作用于后来出现的众多清教徒觉醒运动(即"大觉醒")的发展。费城也因此成了从欧洲起源的,尤其是在英国很早就开始发展的共济会活动的重要中心。共济会是一个在欧洲大教堂建设时期产生的跨国专业人士联盟,它特别是由建筑师和石匠组成,通过口口相传来传播知识。众多共济会分会于18世纪前30多年中在美国的建立也体现出了其国际性和崇尚自由的传统。1730年美国第一个州际共济会分会得以建立。[①] 早期的共济会分会场所(神庙)不仅出现在费城(宾夕法尼亚州)、萨凡纳(佐治亚州)和印第安纳波利斯(印第安纳州),而且尤为令人印象深刻地出现在了底特律(密歇根州)。共济会在北美殖民地以及之后的美国取得的成功也可以从本杰明·富兰克林(1731)和乔治·华盛顿(1752)等著名政客的加入中得以体现。在1776年最初的1/3美元纸币上印制的共济会主要标志,即三角状的(被称为"总建筑师"的)上帝之眼或者天命之眼以及与之共存的、大约同时期产生并作为美国"大国玺"出现的金字塔标志,从1935年起重新出现在1美元的纸币上,这也至少说明美国开国元老中共济会思想的强有力的存在——正是本杰明·富兰克林作为成员所在的委员会设计了这一所谓的"大国玺"。

本杰明·富兰克林出生于新英格兰的清教主义城市波士顿,

---

① Bullock, St. C., *Revolutionary Brotherhood. Freemasonry and the Transformation of the American Social Order, 1730-1840*, Chapel Hill, 1996, 50ff. 关于共济会的起源,综合参考 Binder, D. A., *Die Freimaurer. Geschichte, Mythos und Symbole*, Wiesbaden, ²2010, 9ff。

是一位全能型人才——不仅仅是政治家，也是自然科学家、出版商、哲学家、发明家和共济会成员。而他带来的影响也是令人惊叹的，尤其是当人们谈及殖民时代里美国意识的形成以及"美国精神"的发展时。对富兰克林的观察也表明，与英国的紧密联系无论如何都不必局限于对宗主国进行批判的能力上。他早在18世纪20年代的青年时期就已经前往英国，30年后他成了宾夕法尼亚州的众议院议员，随后又成了新泽西州、马萨诸塞州和佐治亚州的众议院议员。在意图给北美殖民地增加更多赋税并直接导致美国独立的著名的印花税法案危机中，富兰克林作为在伦敦维护美国利益、富有斗争性的律师迅速地脱颖而出。但是他不仅仅是因为参与了美国的独立运动而赢得了他的声誉，他在自然科学方面的各项研究给美国社会及其技术进步也带来了持续的影响。此外，他发表的《穷理查年鉴》也成了美国白手起家精神的基础。①

富兰克林在北美推广启蒙运动思想的作用也是毋庸置疑的。在他的推动下建立的美国哲学协会、费城学院以及费城图书馆公司对殖民地的文化教育发展产生了巨大的影响，也同样对美国革命起了重要的作用。相邻的各清教主义殖民地对启蒙思想的兴趣也日益增长。而在马萨诸塞州，后来继乔治·华盛顿成为美国第二任总统的约翰·亚当斯也于1780年建立了著名的美国艺术与科学院。

---

① 参考 Heideking/Mauch, Geschichte（见第51页注释②），22。

与伦敦的对立

尽管与伦敦方面有各种各样的关联，北美殖民地对待与其关系的态度上却依然是矛盾的。从17世纪起，在英国于北美发起的大小战争中，殖民地军队都是与英国并肩作战的，比如在1689—1697年作为大同盟战争一部分的威廉王之战期间，以及在1701—1713年作为北美西班牙王位继承战争一部分的安妮女王之战期间，还有在1740—1748年作为奥地利王位继承战争一部分的乔治王之战期间。对英国的效忠在此更多地被认为是北美殖民地一个共同的身份认同。然而，一种共同利益的理念在北美殖民地缓慢形成于1763年英国人与法国人产生纠纷之后。直到此时，英国军队在殖民地中不断增强的兵力才成了一个敏感话题，正如英国当时有目的性地推行的、人们认为主要是针对法国的并应该能够让大英帝国更具抗风险能力的中央集权政策。殖民地的居民最初只是参照先前的协定——所谓的"旧权利"对此作出回应，正如16世纪的持不同政见者经常在欧洲所做的那样。

由于越来越多英国军队的驻扎，殖民地与宗主国的接触变得更为频繁，这使以前几乎无人预计到的紧张局势日益显露出来。来自高度发达的英国的士兵，特别是那些依据传统从贵族中招募的军官，毫无疑问地认为殖民地人口和在北美洲广大边疆地区生活的"野蛮人"几乎一样没有教养。英国人的蔑视或者至少是无视，越来越多地与当时包含但不限于北美殖民地的知识分子人群中不断增长的自信产生了冲突。而受过教育的"美国人"却认为自己拥有更高的道德和宗教品德，即所谓的美德。不久，当与英国激烈的对抗开始之后，殖民定居者把自己称为"爱国者"，或者根据那个在英语中意为"赶牲口的人"的谑称把自己自豪地称为"辉格党"。此时，早期定居点的福音派异议人士的摩尼教派阵营思想与民间宗教使命观念以及对专制政体形式根深蒂固的不信任结合了起来。就连乔治·华盛顿也从那种道德优越感中汲取了对自我认知的灵感。众所周知，他尤其喜爱阅读18世纪初所谓的国家意识形态著名代表人物之一的博林布鲁克子爵的作品。这些著作既批评了英国宫廷中的巴洛克虚荣和腐败，也塑造了符合乔治·华盛顿主张的愿望和与英国宫廷相对立的形象：一个作为正义典范的"爱国者之王"。[①]

美国人的地理视野也渐渐变得开阔。北美大陆的宽广也同样影响了他们对身份认同的探索以及他们的政治视野。自1774年以来作为13个殖民地的代表、在革命到建国的15年间一直决定着殖民地前进道路的委员会，被有意赋予了"大陆会议"的称号，尽管它只召开了两次会议（1774年9月5日—10月26日，1775年5月10日—1789年3月2日），并且对该大陆未产生任何影响力。美国民兵部队自1776年以大陆军的名义组建，发行的第一套纸币也被称为大陆币。此外，第二届大陆会议还安排建造将由美国国会作为议院的永久场所、被称为国会大厦的建筑物。1793年，根据建筑师威廉·索顿的计划，这一建筑物在位于距临时会议场地纽约仅几公里远的规划新城（即后来的华盛顿特区）中一片俗称"绿

[①] Mauch, Chr. (Hrsg.), Die amerikanischen Präsidenten. 44 historische Portraits von George Washington bis Barack Obama, München, ⁵2009, 49-64（J. Heideking 的文章）；此处：51。

色草坪"的区域开始兴建。在经过直至19世纪中期的改建和扩建之后,这一建筑物越来越清晰地成了美利坚合众国大陆愿景的明证。

面对与日俱增的压力,人们一方面不愿屈服,另一方面又不能逃避至其他地区,因此自信的殖民地与被认为是"暴君"的英国国王乔治三世之间更加难以达成一致。在英国取得对法国胜利之后的1763年,大湖区的印第安部落在所谓的庞蒂亚克战争中起义反抗英国军队,伦敦政权通过国王命令暂停了在这些地区的移民定居活动。此外,伦敦还迫使殖民者在前线负担起新要塞的建设和供给,这也使得双方之间的紧张局面一触即发。英国王室在经过数十年战争之后国库空虚,故而想通过新的甚至是不合常规的税收来填补亏空。而英国国王的这种被认为是极度专制不公且天方夜谭般的异想天开,使得僵持的紧张局势被打破并且变得一发不可收拾。

第三章

实验：1763—1815年美国的建国

解放：波士顿倾茶事件

为了解决金额大约为1.33亿英镑、每年仅利息就需支付约500万英镑的巨额政府赤字[①]，伦敦早在1764年就颁布了两项法案。根据《食糖法案》，英国海关终于可以系统地向殖民地征收食糖进口关税，但《货币法案》却禁止殖民地只是简单通过增加纸币流通量来应对高税收。此外，根据所谓的《驻营条例》，殖民地还有义务向英国驻军提供免费的食宿，这又进一步激化了殖民地与那些原本就习惯于趾高气扬的英国士兵之间的矛盾。

"自由之子"

作为实际的导火索，所谓的《印花税法案》是殖民地长期积怨的火药桶在随后北美脱离英宗主国统治的独立解放运动末期以及美国建国过程中爆发的顶峰事件。这个法案不仅对所有政府文件的签发加收一种新的税金，而且对报纸的发行、纸牌甚至骰子游戏也不例外。所有的这些都必须贴上一种代表更高价值的印花。这并非直接向殖民者征税并增加他们不满情绪的唯一事件，

[①] 数据出自 Heideking/Mauch, Geschichte（见第51页注释②），26。美国革命的概况参见 Hochgeschwender, M., Die Amerikanische Revolution. Geburt einer Nation 1763–1815, München, 2016。

但令许多人更为气愤的是,该法案的动机一目了然,就是为平衡英国的财政预算以及增强对殖民地的控制,而第二个动机,最明显的体现就是负责征收税款的王室管理机构的扩张。

长久以来,不受欢迎的皇家税务官因此成了殖民地中最招人痛恨的对象之一。他的形象被殖民地居民广泛用于反对伦敦的宣传战。这一系列广泛传播的图片戏剧性地说明,当时的殖民地居民敢于在随后各地广泛种植的、被称为"自由柱"的自由树下对这位税务官施以涂焦油和沾羽毛这种虽不致命但难以忍受的惩罚。在当时这些自称为"爱国者"的居民的欢呼声中,他们经常过于迅速地忘记了这一事实,即许多殖民者与殖民体系之间都是存在紧密联系的。具有讽刺意味的是,即使是由"波士顿茶党"组织的1773年抗议活动的真正负责人,以及后来《独立宣言》的共同签署者塞缪尔·亚当斯,在18世纪50年代和60年代也曾经短暂地作为皇家税务人员履职。自印花税引入以来,报纸出版商和印刷商的愤怒使得殖民地居民的心理抵触更为强烈。而产品增加了额外赋税的手工业者和商人也把只销售来自殖民地的"美利坚"产品和抵制从英国进口的商品看成是他们爱国责任的表现。因此,在抗议运动中出现的那些组织绝非偶然从以上人群中进行招募,比如对散发众多激进的小宣传册和时有发生的暴力示威负责的"自由之子"。尽管存在着诸多愤慨,大多数的爱国者或辉格党人,或可以被称为越来越想与英国人划清界限的美国人,仍在寻求可以达成一致的可能性。做出最后决定即如果想捍卫自己的权利则必须脱离英国的过程是极为缓慢的。殖民地议会的正式抗议是他们迈出的第一步。这些抗议强调了殖民地书面确认的独立自主权和它们唯一的权力——收税权。1765年秋,纽约最初的

9个殖民地的议员共同参加了所谓的"印花税法案大会",从而建立了一个初具组织性的共同阵线。抗议的中心论点在于:自1763年上任的英国首相乔治·格伦维尔宣布英国议会为英国所有领地的代表机构以来,英国议会在这些领地不应像所说的那样成为所有人的共同代表,并且也不应预先假定所有人都已达成了共识。伦敦政府虽有权力制定全面性的法规,但不能直接干预殖民领地事务。"没有代表就不能征税",或者说没有参与发表意见就不缴税:这句可能追溯至波士顿清教主义传教士乔纳森·梅修的话("没有代表的税收是暴政"),此时被律师詹姆斯·奥蒂斯加工引用成为共同的斗争口号。他本人不仅是"自由之子"的成员,而且也是纽约印花税法案大会上最重要的发言人之一。人们一致认为,此前将本杰明·富兰克林等个别游说者派往伦敦的做法已不足以解决问题了。

事态在群情激愤中迅速升级,尽管在1766年《印花税法案》被伦敦议会废除并且没有推出替代法案。但是在第二年,英国又通过推行《汤森法案》增加了一系列关税,再次涉及许多日用商品的税收,如茶、颜料、皮革或纸张。大规模抗议活动因此再次爆发,并出现了第一批死难者。1770年3月5日,在市民和英国军队之间爆发血腥冲突的过程中发生所谓的"波士顿屠杀惨案",有5人丧生,这一事件随后又被大肆渲染,成了宣传攻势的重点主题。引发惨案的原因是波士顿手工业者爱德华·加瑞克和英国军官约翰·戈德芬奇之间的一张账单。随着愤怒的加瑞克与其他一些人开始在军营前咒骂英国士兵,事态几乎瞬间严重化,这也说明了当时民众的情绪状态极不稳定。当这群民众聚集拥堵于街道并且其规模在附近的港口迅速扩大时,灾难便发生了。辱骂之后的第一次肢体冲突中，1名英军士兵倒向地面。后来的调查称，他在摔倒时用他的步枪开了枪，并且有可能还高喊了"开火"。随后几乎所有的英国士兵开始向人群射击，其结果是惨烈的。惨案结束后留下了3名死者和8名伤者，而这8名伤者中的两名后来也死了。从临近的海关大楼向人群发射子弹其实是子虚乌有的事情，但是这座大楼成了爱国者宣传中的"屠夫大厅"，并成为亨利·佩勒姆、保罗·瑞威尔或约翰·布福德等广为传播的画像的背景。示威者口中宣称的射击命令也可能是杜撰的。

这些头脑发热者与同样轻率的士兵如此巧合地碰到一起并产生冲突，是多么悲惨和偶然：这一血腥事件仍然作为"波士顿大屠杀"留在他们的脑海中，塞缪尔·亚当斯则将此事件政治化并将发生地作为独立运动的集体"纪念地"。具有决定意义的是，在这次事件中出现了首批死难者，而他们的葬礼也成了政治宣传的一部分，并在后来作为纪念活动被定期举行。《独立宣言》之父也坚持将这一突发事件列为需要脱离英国统治的重要论据。然而，爱国者运动远未结束，这一点在最后的法庭听证会上也得以明确。一方面，这一事件的过程对于士兵来说无可厚非，并以他们明确让步的自卫结束。另一方面，恰恰是塞缪尔·亚当斯的堂兄约翰·亚当斯在当时紧张的局势中成功为士兵做了无罪辩护。激进派在这场运动中还没有取得胜利。

对北美殖民地的英国政策从根本上进行质疑的时机选择并非是错误的。18世纪60和70年代，由于丑闻不断以及政府的频繁更迭，伦敦在政治上已经风雨飘摇。强硬派的拥护者在这里也不占多数。包含与具有反抗性的殖民地之间关系等的众多问题导致了英国变化无常的政治反应，这在不经意间使其殖民地政策变得更为不必要的激进。只是英国仍有支持以强硬路线取得优势的拥护者。1766年《印花税法案》被撤销后，由于英国出口公司的抗议，在波士顿英军军营前的突发事件落下帷幕后，英国政府又继续废除了6年前颁布的《汤森法案》。然而茶叶税仍然被保留下来，这也使得殖民地的民众尤为愤慨，因为茶叶属于基本生活品；人们有理由来怀疑，这样做是为了填补坐落于伦敦且几乎破产的东印度公司的亏空，并将损害北美商人的利益。虽然在之前那些年，无可否认的是，茶叶的进口关税在很大程度上通过走私和荷兰茶的进口得以规避，过去的损失因此还是保持在有限范围之内，但是这些损失足具其象征意义。

波士顿倾茶事件

1773年12月16日至17日的夜晚，激进的爱国党人化装成印第安人潜入波士顿港口的英国商船"达特茅斯"号。在此之前已经发生了激烈的辩论，除了当时已经享有盛名的塞缪尔·亚当斯以外，还有同样激进的"自由之子"组织的成员、一位积极的商人约翰·汉考克也参与其中。汉考克在不久之后不仅主持了起草美国《独立宣言》的第二次大陆会议，还被乔治·华盛顿任命为大陆军的首位总司令。但是首先在辩论中指出坚决不允许英国商船卸货的还是亚当斯，他在位于费城的老南方会议大厦通过他的文章阐明了这一点。"问题在于，销毁这些茶叶是否是必要的？我认为，这样做是不得已的，允许这些茶叶卸货下船意味着我们数十年来的努力都付之东流并将我们的后人置于埃及奴隶的境地",1773年12月17日他在日记中如是写道。①

"达特茅斯"号上的行动进展顺利得如有神助。大约60名身着莫霍克人服装的美国人吵吵闹闹地游行到了港口,登上商船后将总重大约45吨、估价10000英镑左右的东印度茶叶倾倒入水中。②由于游行队伍本身很引人注目,所以队伍后面还跟随了数千名看热闹的市民,他们也目睹了这一持续数小时、孕育历史的场面。对于爱国党人而言,这次行动大获成功。亚当斯写道:"这是迄今为止最伟大的行动","爱国党人的这次行动很有尊严,令我敬佩。一个民族如果没有做过值得纪念、尊重以及令人敬佩之事,便不可能崛起。倾毁茶叶之事是一种大胆、坚定、无畏和不妥协的行为,它必将带来重大而长期的影响,让我不得不将其看作开启时代的事件"。③

起义者乔装为莫霍克印第安人行事的原因存在争议。这样的伪装更可能是对原住民自由意志的反映,同时也反映出他们作为社会边缘群体的状态。毕竟在1763年印第安人起义之后,伦敦政府成功将被迫迁徙至内陆的印第安人驱赶到阿巴拉契亚山脉以西的新定居区,并不是为了进一步与印第安人对抗,而是建立一处保留地。起义者装扮为莫霍克人首先可以被理解为一种暗示,即

---

① 1773年12月17日的记录,刊登于Butterfield, L. H. (Ed.), *Diary and Autobiography of John Adams*, Vol. 2: 1771–1781, Cambridge, 1962, 85–87;此处:第86页。作者的译文。该行动的意义也可参见 Carp, B. L., *Defiance of the Patriots. The Boston Tea Party and the Making of America*, New Haven, 2010, 117 ff.

② Heideking/Mauch, Geschichte (见第51页注释②), 31。

③ 1773年12月17日的记录,刊登于Butterfield, *Diary* (见第29页注释②), 86。作者的译文。

与英国的决裂包括此时此刻脱离英国统治仍然不是蓄意为之。莫霍克人从这个角度出发正是一个完美的象征：他们从1710年起就持续与英国为善，并在无数次印第安人战争中站在英国一方对抗法国人。在"波士顿倾茶事件"之后，爱国党人依然使用这一装扮开展其他行动来反抗英国的专制。然而，鉴于美国革命胜利后对印第安人继续推行的灭绝政策，从上述事件几乎无法推断出其对北美原住民的真正同情。

1773年波士顿倾茶事件的结果在起义者眼中不仅仅是令人惊讶的。伦敦方面立刻采取了反制措施，至1774年，在殖民地实行了以"令人无法容忍"而著称的五个法案，或被称为不可容忍法令或强制法令。这些法案主要针对的是尤其不服管制的马萨诸塞。根据《波士顿港口法案》，发生倾茶事件的波士顿港口遭到封闭，而《马萨诸塞政府法案》和《帝国司法管理法案》剥夺了殖民地的重要权利，即使是集会也被禁止。与此同时，伦敦政府也堂而皇之地通过给予豁免权将那些从英国派往殖民地司法机构的正式代表召回英国。这两方面都不只在马萨诸塞重新触及殖民地人民自我认知的敏感之处，最为高潮的事件是，《马萨诸塞政府法案》在1774年宣告解散马萨诸塞殖民地政府。

此外，以令人痛恨的1765年《驻军法案》为基础实行的、关于英国军队强制驻军的新版法案触及所有13个殖民地的自我意识。《魁北克法案》则更为间接、长期而缓慢地引起公愤。从根本上说，通过这些法案，英国人原本不仅想成为东部紧张局势的主宰，而且同时试图对英法战争和印第安人战争之后的整个殖民地区进行重新布局。与此相关的是，英国在1763年通过对法胜利后取得的中西部地区的路易斯安那领地原本应该合并为魁北克省的一部分，但这在某种程度上会涉及东部沿海殖民地居民的利益，即决定在路易斯安那建立新的印第安人保留地的同时，会阻碍这些沿海居民的定居地区向西部延伸。而《魁北克法案》"令人无法容忍"的原因还在于，它以示威之姿给予天主教徒平等的权利，从而削弱了作为美国不断增强的自我认知重要组成部分的清教主义新教文化。它不仅在以前的法国天主教殖民地区允许宗教信仰自由，还开放了所有政府雇员宗教选择的自由。这让爱国者非常恼火，他们早在1775年就计划利用13个美国殖民地新成立的民兵部队——现在的国民警卫队（美国国民警卫队）前身来征服这些地区。但此后不久开始的独立战争对缺乏军事经验的民兵构成了挑战，这一计划也迅速破灭。1775年12月31日的魁北克战役使这一计划最终走向末路。

殖民地的团结

在东海岸的殖民地，严酷的英国政策与伦敦政府承诺的完全相反：强制措施带来的并不是殖民地的惊恐，而是全面团结。仅在1774年9月，即不可容忍法案的最后一项《魁北克法案》实施不到3个月的时间，在费城便召开了所谓的第一届大陆会议。13个殖民地中的12个（不含佐治亚殖民地）派出了55名代表参会，试图找到一条前进的共同路线。通过过去那些年对缓和政策毫不妥协的宣传战，以塞缪尔·亚当斯和约翰·亚当斯父子为代表的激进派不出意料地取得了胜利。来自大西洋中部殖民地的温和派，包括费城的约瑟夫·加洛韦和约翰·迪金森，在群情激昂的情况下也无能为力，尽管他们已经恳切地告诫了与会者那些在冲突中可能导致殖民者失败的混乱局面。加洛韦一直在与伦敦政府进行谈判，他认为这些谈判可以阻止英帝国将殖民地的诉求拒之门外。但是要求与会者冷静的呼声已经无人响应。最后达成的是一种最小范围的共识，即避免了对独立的直接要求，但也明确地对"旧权利"提出了诉求。《殖民地权利和不满宣言》毫无保留地站在了饱受不可容忍法案影响的马萨诸塞殖民地一方：殖民地联合组织"大陆联盟"应当支持马萨诸塞。在这背后可能甚至存在对重新陷入被奴役状态的一种真正的恐惧，正如托马斯·杰弗逊——出身于美国弗吉尼亚州一个有名望家庭的威尔士及德国裔律师，同时也是该州议员，在他同年发表的文章《英属美洲权利概述》中为北美殖民地居民所描绘的场景那样。因此从长远来看，"被奴役国家"的概念发展成为美国政治认同的另一个中心因素并非巧合，美国人以此建立了自己的国家后，直到21世纪都自诩为世界上那些争取自由的国家的保护者和帮助者。英国及其"专制的国王"在传统的摩尼教派世界观中扮演了黑暗势力的角色，威胁着他们在殖民地追求自由和"光明"的世界。这是宗教原教旨主义者和政治激进分子在独立运动中团结在一起的基础，无论现实情况如何。在这一景象中，所有反对者都成为一百多年前在殖民地就已开始的一种世界政治宗教复兴的普遍敌人。而背叛殖民地者被称为所谓的"忠诚者"或"托利党人"，他们作为英国的拥护者为英国的权利辩护。

对于伦敦而言，这也成了一个严峻的挑战，因为爱国党人的言论也说服了越来越多政治上并不活跃的殖民地居民。这些诉求在那些传统的、通常在教堂举行的社区集会中已经长久地得到了支持。为了社区之间的必要沟通，人们设立了一个带有通信委员会的信息系统，可以将新闻和传单送至殖民地的每一个角落。从此，除了受过教育的精英阶层，那些普通的居民，如城市手工业者甚至农村的农民，都成了反对英国的民兵组织的有生力量。在这种氛围下形成的那种非此即彼的立场越来越明显。

第一次独立战争

第二届大陆会议于1775年5月10日召开，并在1789年3月2日出于将美国国会制度化的目的而解散。该会议表明，激进解决方案的倡导者在政治委员会之外也能起到主导作用。很多政治精英尽管在这样或者那样的问题上仍然对英国王乔治三世表示拥护，但在他们还在喋喋不休地争辩脱离英国而独立是否应该成为值得努力的政治目标时，民调已然决定了事实的走向。英国那些令人不能容忍的政策仍然是形势激化的最主要原因。在1774年底或者是在1775年2月，伦敦方面就认为北美的13个殖民地已经处于动乱状态，并且如果不进行强有力的干涉就会失去它们。从1774年11月起，英国向殖民地派遣了越来越多的军队，他们接到的命令只是结束叛乱、逮捕领导者并对反叛的殖民者进行惩戒。这总共涉及大约250万人，其中有一半是非洲奴隶。

莱克星顿和康科德

1775年4月19日是革命战争中公开对抗不断升级的重要转折点。在这个当时就已被认为是决定命运的日子里，英军指挥官首次下令攻击北美的民兵组织。针对离波士顿不远的莱克星顿村和康科德村附近一个军火库进行的袭击，一共造成了368人死亡，这个死难者人数被认为是难以想象的巨大。这次冲突显示出了双方不计后果的鲁莽，但最重要的是也表明了美国民兵的果断坚决：368名死者中有273名是英军士兵，而民兵人数只有95名。[1]

马萨诸塞殖民地的血腥战斗最终带来了各殖民地此前长久以来为之奋斗却徒劳无功的团结。1775年5月10日，来自13个殖民地的代表首次一致同意了激进派的要求，正式向伦敦宣战。时年43岁的种植园主、来自弗吉尼亚的乔治·华盛顿当选为大陆联军的总司令。与此同时，费城第二届大陆会议筹集了资金，用以装备军队。15年后当人们计算战争的总花费时，得出的数字是3亿5747万6541美元，其中1779年的花费最为巨大。[2]为独立战争融资而于1776年发行的所谓"大陆币"的纸币，被证明是极其失败的，因为即使是北美殖民地的人对它也非常不信任，以至于国

---

[1] Heideking/Mauch, Geschichte（见第51页注释②），35。
[2] 数据由亚历山大·汉密尔顿（Alexander Hamiltons）于1790年估算，刊登于 Kroos, P. A.（Ed.）, *Documentary History of Banking and Currency in the United States*, Vol. 1, New York, 1969, 157页。

会不得不威胁要对那些大陆币的投机者施加严厉的惩罚。而4年之后必要的金融改革则无差别地消除了支持与怀疑。[①]自1781年起，在北美殖民地当时唯一的一家共同的金融机构——北美银行的帮助下，殖民地又进行了一次准备更充分并且更具防伪能力的货币发行。新的硬币从1787年起就已经发行，通过5年后实施的所谓《铸币法案》，这些硬币由坐落于费城的美国铸币厂铸造。当时的美国成为第一个永久采用十进制货币的国家，其1美元等于100美分。其余的度量衡单位则予以保留，因此重量、距离或速度直至今天仍然以盎司、英寸、英里、码或英里每小时等欧洲人不太习惯的单位来表示。而最终的单位统一仍然是遥遥无期的事情。

从1775—1776年举行的第二次大陆会议的决议来看，在1788—1789年美国建国之前就已经通过这种方式体现出了一种民族国家的意识。大陆会议已经像一个主权国家的代表机构，而不再是一个从属于殖民地的监护机构。鉴于其拥有的资源，大陆会议无法制定如此具有深远意义的规章制度，但这清楚地表明，欧洲殖民定居者为正义事业而战的意识起到了远超现实的作用。对此首先要提到的是美国民兵，他们与作为18世纪世界上最强大军事机器的英国军队相比显得是毫无胜算。

[①] 出处同前，见第89页。

战略

英国人毫不掩饰他们对"反叛军"的蔑视,因为他们眼中的民兵只是如乌合之众一般的农民和市民。在与有炮兵和骑兵支持且训练有素的步兵对抗的阵地战或双方兵力均等的战斗中,殖民地的业余战士在革命战争初期实际上几乎没有获胜的机会。而在士兵的训练上,殖民地军队最开始也远远落后于英军。华盛顿的大陆军即便在情况最好的时候也只能召集到15000~18000名民兵。[1]而在寒冷的冬季,很多军事行动停滞之时,英军固守于营地,殖民地军队则经常性地缩减到只有数千兵力。1777年,为了弥补兵力的不足,大约5000名非洲黑人被允许为殖民一方而战。将更多数量的黑人奴隶武装起来原本是有可能的,但是相关决议却被南方殖民地否决了。他们的担忧在于,殖民地当时蓄有的大约50万名非洲黑奴一旦得到了军事化训练,就有可能敢于发动武装起义。而英军方面也有数千名奴隶可供驱遣,他们希望得到的是自由解放。回想起来,尽管有理想主义目标,北美的民兵组织从未能成功吸引大约占殖民地人口1/3的成年白人加入。大多数人仍然是和平主义者、对英忠诚者或非政治派别,他们对革命军事力量敬而远之。

在1775—1776年,英国人能够首先集中精力将包括马萨诸

---

[1] 数据出自 Heideking/Mauch, Geschichte(见第51页注释②),46。下文数据出处同。

塞、新英格兰在内的特别顽强的地区与其他殖民地分离开来,并对他们进行各个击破。当民兵运用了当地农民、手工业者和工人更有优势的游击战回应英军时,北美殖民地的军事力量才得以体现。[①]这一从对称战争到不对称战争的转变使得胜利变得频繁起来。军事经验不足的华盛顿也从这些战役中学习到了相应的专业知识。在拉法耶特侯爵、斯托本男爵甚至亚历山大·汉米尔顿的帮助下,到1781年,他已经在战斗中学会了有针对性地避免进行阵地战。但是那些带来1783年和平的战斗几乎和之前一样残酷。

这场战争有多么血腥,在1775年夏天美国军队围攻英军波士顿基地的邦克山战役之中已经有很明显的体现。当时的整个马萨诸塞都像处于军事紧急状态下一样。1775年6月17日,英国军队在随后接管整个指挥权的威廉·豪将军的指挥下成功替波士顿解围。在制高点(邦克山和布雷德山)构筑了工事的民兵在一系列损失惨重的战斗后被迫从他们的阵地撤离出去。尽管在这次战役中美国军队失败了,但从这一点来说它对于美国人而言是一次胜利。今属波士顿一个城区、位于查尔斯顿的当年布雷德山战役旧址处建起了一座纪念碑,而邦克山战役纪念碑于1827年就被建造起来。长久以来,悼念活动每年都在那里进行。后来的萨拉托加战役或福吉谷战役也具有类似的意义。

华盛顿避免打决定性阵地战并拉长战争周期被认为是成功的战略纲领,这首先可以从英国人面临的时间压力表现出来。基于当时的国际形势,也由于英国做出了以相对较小规模向海

---

① 关于关键词"游击战"的表述,参见 Chambers, J.W. (Ed.), *The Oxford Guide to American Military History*, Oxford, 1999, 306 f.。

外出兵的决定，他们只有一个狭窄的"战略窗口"可用。因此在军事方面，他们在北美的整个行动计划都倾向于一种"闪电战"。从国际形势上看，法国在北美失败之后，英国预计巴黎方面迟早会试图对其1763年的失败进行报复。1778年6月，这一时机已经成熟，路易十六便介入美国独立战争。而在两年前就已经有像拉法耶特侯爵这样的法国人与法国志愿者一起自愿加入了美国一方。早在1776年，法国便通过一家名为"豪泰利"（Hortalez&Cie）的虚构贸易公司运送弹药，该公司由著名的法国丑闻作家兼秘密特工彼埃尔-奥古斯丁·卡登·德·博马舍经营。对于北美的英国远征军而言，如果不能迅速取得成功，他们就不得不担心伦敦的国王和议会都将失去耐心。总之，在海外发动战争的意愿越来越低。殖民地英军的每位将领在战略上都不约而同地选择尽可能集结更多的军队以迫使殖民地军队进行一场决战。

革命战争中的雇佣兵

在革命战争初期，英国军队拥有大约1.5万名士兵。在冲突最激烈时，他们武装了大约2万名忠诚者、几千名非洲黑人以及数量不明的印第安人，英国通过1763年起向印第安地区提供保护使这些印第安人表现出了较少的敌意。此外，从1775年起，大约有3万名外国雇佣兵从欧洲到达了新世界，这些人几乎都是德国人。①第一支队伍由数千名黑森人组成,他们是英国国王的征兵员在各个德属领地中招募的。②由于长期的殖民战争,这种强制招募还持续了很多年,而"志愿招募"的手段也不断升级。

1777—1783年的士兵贸易(以瓦尔德克和安哈尔特的策尔布斯特为例)③

瓦尔德克(Waldeck)		安哈尔特的策尔布斯特(Anhalt-Zerbst)	
征兵人数	670	征兵人数	600
1777年4月—1782年4月		1779年4月—1781年4月	
增招人数	555	增招和扩招人数	552
共计	1225	共计	1152
1783年返回人数	505	1783年返回人数	984
伤亡人数	720	伤亡人数	168

后来以写作北美居民题材的诗歌而著称的诗人约翰·戈特弗里德·索伊默在1781年夏天落入征兵员手中时还是一名大学生,尽管他身高只有1.5米多一点。"人们把我像一名半囚徒一样送往齐根海恩要塞,在那儿已经躺满了来自各地的怨气连天的同伴,明年开春将被送往美国。我向我的命运投降,并试图充分利用它,尽管它很糟糕。我的同伴还包括了一位来自耶拿的失踪儿子,一位来自维也纳的破产商人,一位来自汉诺威的花边制造商,一位来自哥达的被解雇的邮政书记员,一位来自维尔茨堡的僧侣,一位来自麦宁根的高级官员,一位来自普鲁士的轻骑兵中士,一位被革职的要塞少校以及其他特征类似的人"④。

英国人和负债累累的不伦瑞克公爵之间签订的这类"出借合同"是其中的第二大合同。卡尔一世以11500英镑的价格租借出

---

① 数据出自 Kapp, F., Der Soldatenhandel deutscher Fürsten nach Amerika. Ein Beitrag zur Kulturgeschichte des achtzehnten Jahrhunderts, Berlin, ²1874(2006年重版),210。

② Bade, Deutsche(见第34页注释①),146。下文数据出处同。

③ 数据出自 Kapp, Soldatenhandel(见本页注释①),210(数据已校正)。

④ Seume, J. G., Mein Leben, Stuttgart, 1991, 54 f.(¹1813, posthum).

了大约4300名士兵，而幸存的士兵返回德国之后，如果有需要，可以以双倍价格再次被雇佣参战。英国必须为每一位死者或者每3位伤者支付30克朗的附加费用。通过美国独立战争时期缔结的最大规模的出借合同，黑森卡塞尔伯爵弗里德里希二世又以大约2100万塔勒的价格一次性输送了大约17000名来自其领地的青壮年。此时，与其他领地（比如安斯巴赫和安哈尔特）强制招募的人员一起，参与美国独立战争的德国雇佣兵总数最终达到了将近3万人。这对于那些相当冷血的德国选帝侯而言也不是没有争议的事情。甚至曾经突然发动3场损失巨大的战争并参与世界性七年战争的普鲁士国王腓特烈二世也对此事进行了批驳。1777年，他曾有相当长一段时间禁止此类强行征召的船只从普鲁士的港口驶出，然而正如索伊默在他的自传中所描绘的那样，这也只是无关紧要地使船只的启航有所延缓而已。[①]同样也是因为有关出借雇佣兵的历史，它成了启蒙运动的一个敏感话题。不仅使弗里德里希·席勒在他1784年的"市民悲剧"《阴谋与爱情》中刻画了令人印象深刻的"人口贩子"，其他作家如莱辛、赫尔德、克洛普斯托克、阿恩特和米拉波也谴责了这种肮脏的交易。

此外，由于被迫服役的所谓"志愿兵"拿到手的钱只有很少一部分，这些队伍的战斗力也不可能特别强，美国民兵部队对于这一点很快就了如指掌。在著名的新泽西特伦顿战役中，在1776年圣诞节期间华盛顿军队的一次进攻下，就有900名德国志愿兵被俘。当时大陆联军的战略指挥者有意识地试图让德国人处于疲于奔命的状态，同时在美国人那边争取革命军对德国人处境的理

[①] 出处同前，见第58页。

解。"他们对我们没有敌意,只是由于专制的德国王侯的肆意妄为被从祖国掠走并被卖给了一位外国君主,而他们的意愿被完全忽视,甚至自己事先都不知道。"[1]实际上这些战俘也受到了很好的对待,他们最终作为农民或者帮工被安置在那些已经有德国人定居的殖民地,比如宾夕法尼亚。据估计大约有5000名德国雇佣兵留在了新世界,他们中有落入美国人手中的战俘,也有历经艰难的叛逃者。[2]

为了应对特伦顿战役中军事上的毫无建树以及惊人的巨大损失,英国采取了一项全新的战略。他们不再寻求孤立那些抵抗尤为顽强的殖民地,而是转而寻求对13个殖民地进行分化。其目的在于,将南方殖民地中的对英忠诚者同"反叛者"分离开来以将他们拉入己方阵营。通过从海岸线以及从北方的一次联合进攻,应该能像楔子一样穿插到殖民地之间。实际上,英军总指挥豪将军也的确成功占领了纽约和费城,使得在费城举行的第二次大陆会议不得不转移至巴尔的摩。但是英军第二次夹击的失败尤其值得注意,因为美国民兵的游击战术起到了一个特别重要的作用。带领队伍从北方向前推进的约翰·伯戈因勋爵在试图与豪将军的军队会合时不断受到后方的攻击,因此失去了他的补给和辎重,以至于他最终不得不撤回萨拉托加(现今纽约州境内的城市萨拉托加泉)。而在萨拉托加,特伦顿战役后斗志昂扬的革命军甚至再次取得了一个被看作整个独立战争转折点的辉煌胜利。这次胜利具体来说指的是1777年9月19日—10月17日的一系列战斗,其

---

[1] 引用自 Cronau, R., Drei Jahrhunderte deutschen Lebens in Amerika. Eine Geschichte der Deutschen in den Vereinigten Staaten, Berlin, ²1924, 214。

[2] 数据出自 Kapp, Soldatenhandel(见第 110 页注释[1]), 209 f.。

间又发生了德国雇佣兵集体叛逃的事件。[1]

英军的投降

英军第二次战术改变也宣告失败。1778年，随着法国插手美国独立战争，当年5月替换时运不济的豪将军的英军总司令亨利·克林顿将军把重心转为在南方殖民地的防守。在北方，英军撤离了已占领的费城，但是仍然占据着纽约。英军撤退的背景是1778年2月美法之间缔结的友好通商条约和同盟条约，这些条约极大地强化了法国之前已有的对美国的支持，后来西班牙也加入进来。亨利·克林顿的继任者查尔斯·康沃利斯勋爵很长时间内也同样时运不济。1780年夏天率领法国舰队在切萨皮克河口登陆以进行军事增援的德·格拉斯海军上将的到来，给了在军事行动上时间压力越来越大的英军部队最后一击。这也决定了战争的走向：康沃利斯当时在其军事重心弗吉尼亚尤其是约克镇集结的约1万人规模的军队于1781年10月19日投降，当时该城处于被美国民兵和法国军队重重包围的境地。然而导致投降的另一举足轻重的政治背景在于，英国议会已耗尽了继续进行一场毫无运气可言的殖民战争的耐心。尽管英国人仍然占据着纽约和查尔斯顿等重要的沿海城市，而且还拥有整个佐治亚殖民地以及北部的加拿大领地，但此时（第一次）独立战争实际上已经结束。这次战争仅

---

[1] Ketchum, R. H., Saratoga. *Turning Point of America's Revolutionary War*, London, 1999, 350 ff.

在13个殖民地就造成了大约2.5万人丧生。[1]

然而，1782年4月开始并最终以《巴黎和约》的签订（凡尔赛宫）而结束的谈判进展得出人意料的顺利，尽管英国人对后来又导致1812年第二次独立战争的那种羞辱感耿耿于怀。不管是美国及其盟友一方，还是英国一方，双方都渴求一种速决。但毫无争议的是，美国人此时将会得到独立的权利。为此在凡尔赛宫进行谈判的除了官方特使约翰·亚当斯之外，还有大陆会议的第五位主席——约翰·杰伊以及本杰明·富兰克林。1783年9月签订的和约几乎达到了美国人所有为之努力的目标。英国人保有了加拿大，但是必须将密西西比和阿巴拉契亚之间的地区转让给美国人。此外美国还获得了加拿大地区的领土权利，包括纽芬兰、新苏格兰和圣劳伦斯河地区。佛罗里达地区仍然在西班牙人的控制之下，美利坚合众国直到1819年才拥有这一地区。具有重大意义的还有美国与加拿大边界的进一步确立：北起缅因州、新罕布什尔州、佛蒙特州和纽约州，直至五大湖区，然后沿着北纬49度线延伸开来。

---

[1] 数据出自 Adams, W. P./Lösche, P.（Hrsg.）, Länderbericht USA. Geschichte, Politik, Geographie, Wirtschaft, Gesellschaft, Kultur, Bonn, ³1998, 26。

一部美利坚合众国的宪法

在与英国进行的初期系列战役中，即在1775年马萨诸塞殖民地发生的邦克山战役和1776年12月发生在新泽西并以美国方面的多次胜利告终的特伦顿战役之间，美国革命者决定发表一个宣告独立的宣言。1776年6月7日在费城大陆会议上，与会代表理查德·亨利·李提出要正式宣布13个殖民地独立。这一所谓的《李决议》要求大陆会议组建一个防御联盟并寻求盟友。直到一个月后，李的申请才在全部的13票中以12票赞成得以通过。

关于独立的辩论

然而，宣布独立的决定并非没有争议，这首先不仅可以从拖泥带水的投票过程以及纽约州的弃权中看出来，而且南卡罗来纳州和马里兰州最开始对此也没有表现出很大的兴趣。当这两个州的代表被说服并且纽约的代表不再出席安排在1776年7月4日的第二次投票时，这个决议才最终得以一致通过。问题还不止以上提及的这些。如果没有后来当选为大陆会议第六任主席的查德·亨利·李对此事如此执着和坚持，《独立宣言》的目标就几乎不可能达成，但即便如此，他本人也是强大的中央政府的尖锐反对者，并一贯拒绝对所有人都具有约束力的宪法。当《独立宣言》投票通过之后,他由于妻子生病就没有再参与此事。在这种情况下,支持者才就成立中央政府之事达成一致,而当时代替李来参加会议的托马斯·杰弗逊也成为美国立国文书的起草者。历史无常,但对于受到如此粗暴排挤的李而言,他之后至少有权在美国宪法中增加一条附加条款——所谓的第十修正法案,该修正案至今还不承认中央政府享有所有那些在宪法中没有得到明确提及的权利。"那些既未授予美国联邦政府也未禁止各联邦州行使的权利保留给各联邦州及其人民",该修正案中如是写道。①

李在18世纪70年代早期提出的那些顾虑实际上流传很广泛,并在随后的大约30年中几乎成为公开辩论的固定论题。流行的参考点是法国诗人和成功作家夏尔·德·孟德斯鸠所撰写的、于1748年匿名发表并在3年后被梵蒂冈列为禁书之一的《论法的精神》。孟德斯鸠在书中从导致罗马帝国灭亡的原因出发,阐述了中央政府其实是具有负面作用的,并且长期来看它会阻碍甚至破坏自由。②自1776年起,孟德斯鸠的论点在大陆会议的制宪辩论中已经成为一个引起轩然大波的主题。而在自1787年起主持制宪会议的乔治·华盛顿的领导下,中央政府的支持者占了上风,这主要是出于政治权力的考虑。他们认为,一个强有力的中央集权在民族国家时代能够最好地保证美国人的愿望和理想的实现,也能掌控特定利益。出于这个原因,即便是华盛顿也从未能真正接受在后来的立宪辩论中由詹姆

---

① Schambeck, H. u. a. (Hrsg.), Dokumente zur Geschichte der Vereinigten Staaten von Amerika, Berlin, 1993, 166-192; 此处:184。

② Montesquieu, Ch. de, Vom Geist der Gesetze, Stuttgart, 1989.

斯·麦迪逊（JamesMadison）在1787—1788年间的《联邦党人文集》中提出的论点。华盛顿的论点主要是从他在军事方面的经验出发。虽然他对战争中那些由于领导力薄弱导致的问题深有体会，但是这并不意味着从那时起美国历史中的中央政府愿意为联邦州解决所有的问题。例如，直到今天，美国的各届政府在州政府财政超过预算之时，都会毫不犹豫地任其破产。

杰弗逊

就像华盛顿一样，托马斯·杰弗逊是一个出生于典型的弗吉尼亚新兴家庭的孩子。在当了近十年律师之后，他从1769年起成为弗吉尼亚州议会下院——所谓的"市民议会"的农场主和种植园主代表。华盛顿在与他第二任妻子玛莎·丹德里奇·柯蒂斯结婚之后拥有了更多的土地并进入种植园主贵族阶层。杰弗逊在迎娶一位家业丰厚的寡妇之前，已经从他父亲手中继承了一个面积大约为2000公顷的农场。[1]华盛顿和杰弗逊这两位新贵也在建筑设计上体现了他们的政治思想观点。华盛顿的芒特弗农庄园，尤其是杰弗逊的蒙蒂塞洛庄园，被设计成极受当时自由主义地主欢迎的帕拉第奥风格，一种结构清晰的尤其受法国革命者青睐的古典主义设计。[2]启蒙运动和理性主义应该明显区别于受君主王朝推崇的过度装饰且富丽堂皇的巴洛克式风格。而对启蒙思想的兴

---

[1] 数据出自 Mauch, Präsidenten（见第 91 页注释①），75。
[2] 关于美国对此建筑形式的借鉴可参考 Whiffen, M./Koeper, F., Amerikanische Architektur 1607–1976, Luzern, 2008, 78ff。

趣与当时的现实情况,即大约150名奴隶为华盛顿工作以及大约200名奴隶为杰弗逊的种植园工作的事实,这两者如何协调的问题,仍然有待解释。对此进行理解的一个关键,是当时繁荣发展的自然科学领域中许多福音主义者也认同的代表观点,即人种之间与生俱来的不平等。①

杰弗逊在替代李的时候并非默默无闻之辈。在《独立宣言》发表之前,他就已通过几篇引起轰动的文章进入了公众视野,比如前文已经提及的1774年未署名的小册子——《英属美洲权利概述》。②此时,他再次强调了这个论点,并在正式名称为《独立宣言》的《美利坚合众国13个州一致宣言》中简明扼要地做了类似的论述,即殖民地脱离英国的动机。因为被英国人称为反叛者的革命党人也将宣传作为他们在大众舆论之争中最重要的手段之一,所以他们在宣布独立之后直接把《独立宣言》印制成传单并在报纸上刊登出来,1776年7月9日也出现了该宣言的德语版本。美国革命的这一政策文件以一段将启蒙运动、自然法、自由主义和民主等原则作为核心的序言开始。它声称:每个人生而拥有平等之权利,其中包括"生命权、自由权及追求幸福之权利";政府之正当权力只有经被治理者的同意而产生;因此,一个行专制之事的政权必须由人民改变或者推翻;权力与权限的管理方式务必"使人民认为最适合保障其安全及幸福"。③

---

① 参考 Geulen, Chr., Geschichte des Rassismus, Bonn, 2007, 32ff; Osterhammel, J., Die Verwandlung der Welt. Eine Geschichte des 19. Jahrhunderts, München, ⁴2009, 1214 ff., 以及 Bitterli, Die《Wilden》(见第40页注释①), 339 ff.。

② 全文浏览可参见网页 avalon.law.yale.edu/18th_century/jeffsumm.asp。

③ 根据宾夕法尼亚州邮报的《独立宣言》德语文本,刊登于 Schambeck, Dokumente(见第48页注释①), 113-118; 此处114。下文出处同: 118。

有了这些方面的要求，杰弗逊主要是以1688年"光荣革命"以来，在英国反对派辉格党人中广泛流行的一种社会契约的概念为依据，这种社会契约理念希望看到政府统治权的行使只是为了所有人的利益，尽管这种利益很明显既不包括原住民的权利，也不包括奴隶的权利。杰弗逊尤其指责了英国政府拒绝殖民地进行重要的改革和立法，阻挠议会和法院，以及不必要地扩充皇家官僚机构和军队，而所有这些都是以牺牲殖民者的利益为代价的。此外，英国王室甚至还对其臣属领地宣战，并且厚颜无耻地使用雇佣兵来对付自己的民族。宣言的结尾以一个简明的结论结束，即从这一天开始，"诸联合之殖民地"由此"成为自由独立之合众国……其对不列颠王室之所有义务及效忠均予免除，其与大不列颠国家之间所有政治联系完全废除……且其作为自由独立之国拥有完全主权以宣战、媾和、缔盟、建立贸易关系及从事其他独立国家有权行使之事务"。宣言最后的庄严结语援引上帝之言，不仅包含了与殖民地的创始理念相一致的自我承诺，而且也提到了被大多数美国人视为义务的基本点。

如今保存在华盛顿特区国家档案馆的《独立宣言》原件是由56名开国国父共同签署的版本。杰弗逊的初稿也经过了修改才最终通过审议。此外，人们还删去了他关于对伦敦政府就其容忍在北美殖民地蓄奴之事进行谴责的段落。考虑到杰弗逊自己以及其他与会者建立在奴隶劳动基础上的种植园经济，这些谴责显得有点名不正言不顺。这毕竟也引发了一场广泛的辩论，即美国的自由理想到底在多大程度上可以与奴隶制相互协调而不失其信誉。参与辩论的除了那些彻头彻尾对奴隶制表示反对的团体以外，比如贵格会、浸礼会或者卫理公会，也有一些经济学家，比如苏格兰道德哲学家亚当·斯密，当然还有种植园主。亚当·斯密在他1776年发表的著作《国民财富的性质和原因的研究》[1]中将奴隶制视为从根本上阻碍生产力发展的一个因素，因为它导致了奴隶主的舒适状态和被奴役者的仇恨。一些大型土地拥有者因此越来越担心他们不仅依赖单一种植的经济模式，而且还依赖大规模的奴隶劳动。此外，参与辩论的人群里还首次出现了诸如菲丽丝·惠特蕾等以非裔美国文化而知名的黑人。

尽管人们不能对这次大约百年后以美国内战为顶峰的辩论带来的长期影响表示质疑，但是它实际上并没有带来任何改变。由于奴隶被看作"英国商品"，1774年的大陆会议废除了奴隶输入的许可。虽然如此，1783年美国取得对英军的胜利之后，大规模的奴隶输入却又在美国自己的控制下得以继续进行。从1793年棉籽分离机发明之后起，对棉花的工业需求大幅上涨，这导致种植园需要更多的廉价劳动力，而这种需求只能通过加强奴隶输入得以满足。

各联邦州的宪法以及基本权利的辩论

美国革命也迅速发展到一种甚至令大陆会议本身都感到不安的自治状态。为了在一定程度上保证顺利的过渡并避免革命的爆发，各联邦州从1776年起就已经开始施行共和制宪法并建立自身的管理体系。数年间，这一自治管理和英国王室管理机构及其

---

[1] 即《国富论》。——译者注

法规并存。在这种导致革命性转变的尝试中发展出了不同的道路。一些殖民地，如罗德岛和康涅狄格，只是在现有的宪法中增加了相应的条款。其他的殖民地，比如马萨诸塞、弗吉尼亚和新罕布什尔，则激进地对宪法进行了重新构建。人们召开了立宪会议对新的法规进行商议，以便这些法规最终得到选民认可。国家意识形态和反对派文学对非正义暴君的敌人形象的刻画，特别是当时革命时期的战争对这些辩论的影响尤甚。新的共和制宪法不仅要能保护殖民地免受伦敦政府的压制，而且还要保护殖民地免受那些未来被认为有可能走上"专制"道路的政权的危害。其中一个决议提到，"我们相信，一部宪法在本质上包含了一系列原则，这些原则允许公民能够保护并使用其权利来抵制政府的干涉"。[1]

自由民主共和国的基本权利范围首先只是在一些殖民地中被拟定。其中的弗吉尼亚再次一马当先。最重要的作家当属和很多其他革命代言人一样来自拥有大量土地的蓄奴贵族阶层的乔治·梅森，他撰写的《弗吉尼亚独立宣言》于1776年6月12日得以通过并成为其他殖民地的榜样。其关于原则性权利的观点最终甚至成为1789年生效的整个美利坚合众国宪法的蓝本，特别是其中的《权利法案》，即宪法前10条附加条款（修正案）。梅森列举的不可剥夺的、基本的或者天赋权利以及他提出的"政府有限权力"的概念也涵盖了受他影响并参与起草的杰弗逊的《独

---

[1] 参见 Concord Town Meeting demands a Constitutional Convention, 21.10.1776, in: Morison, S.E. (Ed.), *Sources und Documents illustrating the American Revolution 1764–1788 and the formation of the Federal Constitution*, New York, ²1979（1929年重版），176 f., 此处：177。

立宣言》所提及的生存权、自由权、财产权、言论自由权、宗教信仰自由权以及法庭辩护权，此外还有追求幸福权，免受监禁、拷打和酷刑的权利。①面对英国的军事威胁，建立民兵组织的权利也不可或缺。在此基础上，宾夕法尼亚最终产生了一个最纯粹的、公民高度参与的共和宪法形式。而最保守的版本是1780年于马萨诸塞州在约翰·亚当斯的支持下产生的。②

从1777年起，各殖民地对宪法权利的表述也上升到了殖民地邦联的层面。正式名称为《邦联条例》的宪法于当年11月15日被大陆会议通过，但直到1781年3月1日才正式实施，因为其间还出现了相关的争论。这些条款首先对孟德斯鸠的论点表示认同，即一个组织过于严密的邦联对于共同目标的实现和自由而言更像是一种阻碍。这些条款产生了一种宪法模式，即其中邦联的每个部分都应保留其主权。邦联代表机构只应获得不会削弱各个邦联成员影响力的授权。而大陆会议作为美利坚合众国成立之前在各地担负这个职能的机构，只拥有很有限的权力。同样，早期美国历史上的总统只是一名任期1年、拥有象征权力的派遣代表。一个可能的"暴君"是绝对不可能再次成为总统的。同样的原则也适用于任期为3年的议员。此外，重大决策只有得到至少2/3的支持票数才能被通过。邦联条例中的条款甚至只能在全票通过时才能修改。对自己政府表现出的更多不信任几乎是不可能的。

在上文提及的条件下对这个共同代表大会的特殊地位进行进一步的观察是很有必要的。乍一看，它能够将《独立宣言》

---

① Rutland, R. A. (Ed.), *The Papers of George Mason 1725-1792*, *Vol. 1: 1749-1778*, Chapel Hill 1970, 274-310.
② Heideking/Mauch, Geschichte（见第51页注释②），39 f。

中包含的所有权力作为主权国家的外交政策权力行使。其中包含了战争或和平决策、缔结国际条约、设立外交机构以及推行独立自主的政策。但是在内政方面，代表大会只拥有以下的权力，即规范邦联共同的政治基础设施、发行本国货币、管理邮政通信和内部争端的裁决，例如和疆界线有关的争端。而税收权、征税权以及关税权则被明确规定不属于代表大会的权力。邦联财政只有经过邦联成员的同意才能得到批准。尽管如此，从这些细节性的初步尝试中还是产生了后来美国政府的各个行政部门，但其名称中仅使用"部门"一词。作为外交部的美国国务院在1790年由托马斯·杰弗逊亲自担任国务卿，但是他也如其他所有部长一样，只是总统的秘书——一位国务秘书。

华盛顿

在法国大革命中，革命人物互相倾轧，最终走上拿破仑独裁专制道路，并因此相对迅速地"吞噬了自己的革命成果"，与之不同的是，美国革命带来的首先是一种权力真空的局面。众所周知，华盛顿甚至被希望以中央集权的方式接管政权，以至于有可能成为某种有任期的独裁统治者。华盛顿对这种提议表示了反对，后来也拒绝总统任期超过两届的想法。他或许预感到这种形式的"独裁统治"会使人们为之奋斗的一切彻底地变质。直到150年后，才有一位总统——富兰克林·D.罗斯福的在任时间超出规定，但这主要在于当时正处于危机时期。基于美国在第二次世界大战时期面临的威胁，罗斯福成了首位连续

3次当选的美国总统。而对于功绩卓著的罗斯福产生的不信任有多深,可以从1947年通过的将总统任期限制在两个任期之内的法案看出来。自此,如果美国总统没有因弹劾程序提前卸任的话,最多只能连任两届。

1783年,华盛顿低调卸任其革命军总司令的职位并回到了他的芒特弗农山庄,他在那里静观美国的发展。殖民地虽然取得了诸多胜利,但局面仍不稳定。3年后,当马萨诸塞的农民对期望的减赋不再抱有希望的时候,他们发起了暴动。由前大陆联军军官丹尼尔·谢斯领导、史称"谢斯叛乱"的暴动在1786—1787年初动摇了整个马萨诸塞。起义军由独立战争的前士兵组成,他们战功卓著,但在独立战争后却深深感受到了不公平的对待,特别是被土地的分配不公和退伍军人的贫困所激怒。谢斯和他大约800名被称为"谢斯军成员"的同伴期望大陆会议能对他们进行补偿,但却得到了美国政府军相当迅速的镇压。谢斯本人得以逃脱,直到1788年得到赦免后才回到纽约。

对于华盛顿而言,谢斯叛乱不仅仅是不满者发动的一次有限规模的起义。以其悲观的眼光来看,他确信美国的革命成果还远远没有得到巩固,因此在1787年决定出任商讨并确立未来美国基本法律的费城立宪会议委员会的主席。华盛顿在商讨中坚持的建立强大中央政府的主张最终在民众中取得了多数人的同意。在纽约州有半数选民参与了投票,而在其他州这一比例只有1/5。[①]这显示了普通人作为选民以及由此衍生的没有保证的共识可能会给美国带来某种影响。

---

① Adams/Lösche, Länderbericht USA(见第11页注释③),31。

一个国家的诞生

独立战争对殖民地的社会结构产生了广泛而深远的破坏。自独立战争起,许多支持英国的忠诚者远避海外,其中不乏国家的精英阶层。总共有大约10万人出于或多或少的自愿离开了美国,其中将近70%为政府官员。[1]从起义者的角度出发,乍看之下似乎是那些批评者进行的一种令人满意的迁徙;但再看之下,对新生国家的未来而言是一个严重的问题。根据摩尼教传统,当时的美利坚合众国政府也相应严厉地对待"叛徒"。离开这个国家的人不会受到生命威胁,但是会被没收财产。早期殖民时期的摩尼教已经有迹可循地严酷对待了持不同政见者,至少是在这些异见者对这个新体系产生疑问或者全盘拒绝之时。托马斯·潘恩这位反对奴隶制的斗士于1774年在《宾夕法尼亚日报》中对美国式的非洲奴隶制度进行了尖锐的指控,其著作《常识》更被看作是两年后独立战争的燎原星火。潘恩当时建议把握机会使一切回到最初状态,以便让这个"世界重新开始"。[2]

---

[1] Heideking/Mauch, Geschichte(见第51页注释[2]),51。
[2] 出处同前,见第52页。

国家内政建设

尽管存在诸多争议和内部问题，1783年在对最初具有压倒性优势的殖民大国英国的斗争中取得的胜利使美国人一跃成为"革命专家"和自由运动导师。这一点在1789年7月14日法国大革命开始之后变得更为清晰。原则上，美国的革命者首先将起义者在巴黎对巴士底狱的猛烈进攻视为他们自己的自由运动近乎合理的延续。甚至在那之后，至少在口头上，起义者反抗"专制"的运动仍然是美国表达同情的首要焦点之一。对于19世纪的波兰革命（1830）和匈牙利革命（1848）以及20世纪发生的一系列其他事件，如民主德国（1953）、匈牙利（1956）或者捷克斯洛伐克（1968），美国人也做出了同样的反应。美国在所有这些事件中的同情与支持基本都是以声援的方式。由于条件不成熟，美国在19世纪没有进行直接支持。即便是在1789年，美国也没有能力直接插手革命，但是随着法国人取得的每一次胜利，美国人都为此举行了盛大的欢庆活动。特别是当时作为美国外交官被派遣至巴黎的托马斯·杰弗逊，在他1790年成为美国国务卿之前，也视自己为法国革命的顾问和导师。美国独立战争胜利110周年之际，法国人以如下方式向美国致以谢意：1886年10月28日，在与纽约市隔水相望的贝德罗岛（现称自由岛）上竖立起来的、由法国雕塑家弗里德利·奥古斯特·巴特勒迪创作的自由女神雕像，不仅仅是向革命同情者致敬的礼物，也是对他们的支持所表达的感谢。

在美国，人们起初也分享了法国革命的喜悦。但是当越来越多关于血腥镇压以及1793年1月路易十四被推上断头台的消息传来时，负面的声音也开始蔓延。曾经作为华盛顿副总统的约翰·亚当斯以及他的长子约翰·昆西·亚当斯对此也进行了批评。他们表示批评的主要原因，是美国政府对"法国无政府状态"的担忧。有人认为，这种无政府状态辐射至美国的影响已经在1791年宾夕法尼亚州因抗税而起的所谓"威士忌暴乱"中显现出来。而政府的回应也相应地极为强硬。1794年起，根据3年前实施的《威士忌法案》需征收的联邦税也开始通过军方强制执行。[1]农民将这一法案视为新版的英国《印花税法案》，并认为1792年就已经着手削弱的民兵独立性是美国联邦政府进行的一种新的压迫。根据1792年5月的两个《民兵法案》，民兵部队从那时起便直接隶属美国总统。

美国内政建立的过程也是艰难的。对于华盛顿领导的联邦政府来说也同样如此。它在1794年出现了动荡局面，当时前最高联邦法官约翰·杰伊代表华盛顿与英国签署了一个条约，以最终解决11年前《巴黎和约》中一些不明确的遗留问题。通过这个条约，英军在西北部残存的哨所被关闭，皮革商栈被关闭，债务协议也得以终止。但是，由于该条约的签订以及伦敦与革命中的法国之间的战争，即所谓的第一次联盟战争（在同一时间发生），就连华盛顿的一些内阁成员也认为此条约体现了一种不可接受的外交态度。国务卿托马斯·杰弗逊以及他的知己詹姆斯·麦迪逊和詹姆斯·门罗甚至认为这与华盛顿承诺的中立态度明显矛盾。杰弗逊在争论中最终完全退出了内阁，但是《杰伊条约》的影响

---

[1] 起义的过程和意义参见 Boyd, St. R. (Ed.), *The Whiskey Rebellion. Past and Present Perspectives*, Westport, 1985。

依旧深远。当时，华盛顿依据国会授予他的总统权力拒绝了向国会提供一份详细说明。大约200年后，美国第三十七任总统理查德·尼克松应该也是凭借同样的理由拒绝了对美国政府秘密协议与措施的澄清。

在杰弗逊退出内阁3年之后，当时因其严谨几乎已成为传奇人物的华盛顿也进行了权力移交。他宣称自己不愿继续担任第三个任期的总统。在他当时已被认为具有纲领意义的离任公告中，他除了指出公众舆论的重要性以外，还特别强调了党派政治的负面影响。华盛顿的继任者——他此前的副总统约翰·亚当斯，反对托马斯·杰弗逊，以及那些为了把自己和以华盛顿与亚当斯为首的"联邦党人"——后来共和党的前身相区分而自称为"民主共和党人"的反对派。华盛顿于1799年12月14日逝世，他在芒特弗农山庄度过了生命的最后几年，其遗言中再次回顾了美国联邦的核心矛盾之一，即在宪法中始终坚持的、对奴隶制经济的毫不妥协以及自由民主。

美国第二任总统约翰·亚当斯出生于清教徒聚集的新英格兰，他和华盛顿一样被认为是未能缓和美国内政建设矛盾的联邦党人的一员。而他的副总统恰恰是其党派政治的对手——杰弗逊，虽然杰弗逊曾经和华盛顿不欢而散，但是他后来也成为亚当斯的继任者。亚当斯的四年总统任期被党派间的纷争打上了深深的烙印。在接下来的那次总统选举中，亚当斯因为不想继续任职而没有再次参选，所以杰弗逊得以顺利当选，他的当选也使得共和党反对派首次执政。1801年3月4日，他迁入了新的首都。根据对联邦政府所在地重新选址的决议，华盛顿市早在1792年就被宣布为美利坚合众国的首都，尽管其名称是后来才确定下来的。为了建立新都，1791年人们从马里兰州和弗吉尼亚州划出了所谓的哥伦比亚特区，并在同一时期也开始建造作为总统官邸的白宫。由建筑师皮埃尔·朗方及其继任者安德鲁·艾利考特设计的第一批国家行政建筑群从1800年起投入使用。约翰·亚当斯虽然在其任期的最后几个月中成为首位迁入新都的总统，但是杰弗逊却是首位在此执政时间较长的总统（直到1809年）。

党派的产生

在1800年的竞选中首次出现了两党对立的情况，从此决定了美国的政治生活并逐渐形成了1787年立宪会议以来以两党对政府权力争夺为主的局面：一方是以华盛顿为代表的、支持强大中央政府的联邦党人；另一方是联邦党人的反对者，即在选举中已经以民主共和党人（或简称为共和党人）身份出现的党派。在1800年杰弗逊在竞选中获胜之后，民主共和党人直到19世纪20年代中期党派分裂时仍能持续占据总统之位。1824年该党派分裂的原因在于约翰·昆西·亚当斯（1803年由联邦党人转为民主共和党人的第二任总统约翰·亚当斯之子）与同党派的安德鲁·杰克逊之间的竞选论战。亚当斯及其追随者随即组建了国家共和党。而杰克逊的支持者继续以民主共和党的名义团结在一起，形成了民主党的前身。民主共和党在19世纪30年代参与了激烈的内政争夺战，当时他们曾短暂自称为"辉格党"。"辉格"一称与1848年的"自由土地党"之称一样显得格格不入，但后者恰恰是共和党的基石。19世纪50年代，存续至今的两党制体系最终形成。当然，除了两党之外还存在各种小型的政治联合体。

尽管1800年的竞选运动加深了政治分歧——1804年发生在亚历山大·汉密尔顿和杰弗逊的副总统阿伦·伯尔之间的决斗甚至导致了汉密尔顿的丧生，尽管杰弗逊此前完全没有起到平衡作用，但是现在他作为新任总统开始尝试从中斡旋以稳定局面。杰弗逊1801年的就职演说就是一场经典的和解尝试，其中的精彩之处这样表述道："我们都是共和党人，我们也都是联邦党人。"[①]杰弗逊摒弃对抗的动机显而易见：新成立的美国所需要的仅仅就是休整一段时间以稳定局面；最重要的议题是社会的和解和内部建设，还有向西部的扩张。此时的扩张已经触及自1783年的和平协议以及《杰伊条约》以来英国不再能够干涉的那些地区。1792年肯塔基成为美国的一个联邦州，4年之后田纳西也加入进来。1803年美国不仅从拿破仑手中购得包含北部五大湖和南部墨西哥湾之间广大地区的路易斯安那，而且也获得了俄亥俄河西部的所谓西北领土中的首个联邦州——俄亥俄州。

这些扩张在内政方面带来了巨大的好处。往西部的迁移缓解了已定居区域——不仅仅局限于大城市的人口压力。18和19世纪之交，美国已经拥有530万人口，这一数字在1815年上升到了840万。[②]在与拿破仑之间的路易斯安那并购案完成一年以后，杰弗逊于1804年5月14日派遣了第一支大规模的科考探险队。探险队在梅里韦瑟·刘易斯和威廉·克拉克领导下沿着密西西比河进入了落基山脉，以到达濒临太平洋的最西部地区。直到两年多以后

---

① 引用自 Adams, Länderbericht USA I（见第16页注释②），84。
② 出处同上。

的1806年9月23日,这支队伍才又回到现今圣路易斯附近的始发营地。①这个新定居点开拓行动也只有在印第安向导的帮助下才有了一个圆满的结局,但同时发生的土地强制征收也使得与原住民之间的冲突不断加剧,流血冲突事件也变得越来越频繁。美国军队出于保护新定居区域的目的也参与了这些冲突并起到了决定性作用。

随着西部扩张政策的推行,美国对外经济政策也取得了成功。对这一政策提供保障的是据说由亚当斯开始并由杰弗逊继续实施的对外不干涉战略,然而这种不干涉政策最终却导致与英国之间新一轮的战争。1812—1815年间的第二次独立战争酝酿数年的争端最终爆发,其间起因不仅包括美国愈加全球化的经济利益,而且也包括美国与法国签订的收购路易斯安那的条约——它在某种程度上也可以被视为反对英国的阴谋。英国和美国之间的利益冲突首先突出而清晰地表现在俄勒冈地区,日益增加的美国皮毛商人与英国的哈德逊湾贸易公司之间形成了竞争关系。英国人则以支持印第安部落为对策,从而对美国在西部的一系列探险活动进行破坏。此外,在太平洋沿岸活动的西班牙人也通过1775—1776年由胡安·鲍提斯塔·德·安萨领导的大型探险活动加强了对上加利福尼亚地区(西班牙语称为AltaCalifornia)的领土要求,这也触及了美国的利益,并使美国越来越感到不安。

---

① 引用选自 Lewis, M./Clark, W., Tagebuch der ersten Expedition zu den Quellen des Missouri, sodann über die Rocky Mountains zur Mündung des Columbia in den Pazifik und zurück, vollbracht in den Jahren 1804-1806, Frankfurt a. M., 2003。全文参见 Moulton, G. E. (Ed.), The Journals of the Lewis and Clark Expedition, 13 Bde., Lincoln, 2002。此外可参考 Wasser, H., Die große Vision. Thomas Jefferson und der amerikanische Westen, Wiesbaden, 2004。

对外贸易作为外交政策

对外贸易也出乎意料地成了主要的冲突。从1793年起，美国的对外贸易总额一直呈现上涨趋势，这要归功于华盛顿和亚当斯遵循的保守外交政策。但是自从英国对法国实施海上封锁以及1806年拿破仑推行实际上用于反制英国贸易并一直延续至1814年的"大陆封锁"政策以来，美国的商船越来越频繁地在双方的对峙中受到牵连。而在1805年特拉法加海战取得巨大胜利之后变得极为强大的英国，在对待由其继续控制的大西洋上的美国船只时，简直就像对待敌方战斗人员一样。这被美国人视为完全是英国对1783年的失败进行小规模报复的行为。美国的商船在公海上遭到拦截，其水手作为叛逃者受到逮捕。这也清楚地表明，尽管签订了《巴黎和约》，英国仍然将美国的建国视为不合法行为。此类事件中尤为严重的当属1807年的"切萨皮克"号事件。美国船只"切萨皮克"号遭到英国"女王陛下——美洲豹"号护卫舰的抢夺，有多名美国船员死亡。

此时，被美国海员称为绑架行为的英国"强征海员"政策在美国激起了公愤。就连杰弗逊也感觉到了这一点，但他在1807年拒绝再次参选。2年后就任总统的詹姆斯·麦迪逊顺应了日益高涨的公众情绪，于1812年正式向英国宣战。但是他也认为这只是在公开的斗争和持续的国家羞辱之间做出的一个选择。在大陆会议上，麦迪逊阐述了英国对美国主权及中立态度的长期无视，以此对1812年7月19日的宣战理由进行了详细阐述。

第二次独立战争

　　1812—1815年的英美冲突被作为第二次美国独立战争载入史册，冲突的发展过程中出现了一系列局势并不明朗有时甚至是混乱的陆地和海洋战争，而双方都再次得到了印第安的支持。在冲突的第一阶段，陆地上的小规模战斗主要发生在美加边境上。除此之外，英国还对美国东海岸实施了海上封锁以便像在第一次独立战争中那样阻挠对美国的支援。而美国陆军在这一阶段主要是试图在加拿大地区速战速决，但这一计划在1812年10月13日于昆士顿高地、11月12日于弗伦奇曼溪以及1813年1月22日于弗伦奇敦遭到的系列失败后就已然落空。但是美国海军的行动却取得了更多的胜利。1813年9月10日，美国海军在伊利湖的一次海战中首次几乎将英国海军全歼，这也导致了英军后来从美国大规模撤离的行动。

　　在随后于加拿大泰晤士河沿岸发生的血腥陆战中，特姆库赛领导的印第安协从军也被美军击败。这些战斗的意义极为重大，因为通过印第安人的支持，英国人一开始在现今的印第安纳州境内取得了大胜；但美军此时的胜利在很大程度上终结了印第安人对英国人的支援。接下来一系列由北向南推进的战斗一直持续到1814年夏季，尽管极为惨烈，但是在军事上几乎没有决定意义，比如1814年3月30日的拉科尔米尔斯之战、7月5日的奇珀瓦之战、7月25日的伦迪小路之战等。在这些战斗结束后，英国人还是成功占领了东部海岸的部分地区。1814年8月24日和25日，华盛顿也最终被英军占领，英军出于报复，对这个首都城市进行大规模焚毁。首先遭到夷平的便是那些最重要的、未被认可的象征独立的政府建筑，国会大厦和白宫也被破坏殆尽。但相邻的城市，如巴尔的摩，却被美国人成功保卫下来。

第二次独立战争结束得有点出人意料。正如七年战争是某种意义上的"世界大战"一样，此时的第二次独立战争也展现出了政治决策的全球性考量。在1814年拿破仑战争结束以后，英国政府也试图在其他战场实现和平。在几年前被法国人占领并于同年被划归荷兰的欧洲城市根特，英美双方于1814年12月24日达成和平协定。但很有可能是因为根特和平协定的消息没有及时送达，直到1815年1月17日这一协定才被美国国会批准，这导致协定达成两周后在美国南部仍然发生了血腥冲突。1815年1月8日的新奥尔良战役中，美军民兵司令安德鲁·杰克逊全歼了英国军队。杰克逊本人后来成了民主共和党人，他代表民主党登上了政治舞台并最终在1829年被选为第七任美国总统。尽管这次战役在军事上已经没有太大的决定性作用，但它的胜利，一方面成为杰克逊1828年竞选总统的一个重要经历，另一方面使得长时间未能统一的美国民族更为紧密地团结起来。新奥尔良战役和1812年美国第二次独立战争的起始战役——巴尔的摩战役一起，成为美国早期政治历史的重要组成部分。这两次战役的遗址都被宣布为民族统一的官方纪念地。既是律师又是诗人的弗朗西斯·斯科特·基1812年在一艘英国舰船上成为围攻巴尔的摩以及麦克亨利要塞的目击者，他在其爱国主义诗歌《保卫麦克亨利要塞》中描写了对此役的印象。这首诗歌被配以18世纪就已闻名于世、由约翰·斯塔福德·史密斯所作的阿那克里翁社的主题音乐，在1931年以

《星光灿烂的旗帜》为标题成为美利坚合众国的国歌。

1776年至1815年的美国历史发展以这种方式画下了一个句号。人们不仅战胜了外部威胁，同时也使对于美国今后发展具有决定意义的民族团结得到了明显的加强。此外，印第安人在战争中对英国的支持也为日后大规模驱逐印第安人提供了论据。

第四章

拥有无限可能的国度：1815—1890 年的大陆开拓

文明的冲突：印第安人战争

对于美国人而言，在结局圆满的大革命过程中，印第安人只是扮演了极为边缘的角色。一些部落作为美国人或者英国人的同盟被卷入战争。1815年第二次独立战争以后，国家的建成开启了美国历史的一个新阶段。在这个阶段，欧洲殖民者同时进行的西进运动推动了对印第安人的系统性驱逐，便于他们短短数十年后对残余的印第安文化进行有目的的毁灭。这一情况的发展在之前就已经是可以预见的。1813年10月5日与英军协同作战而身亡的肖尼人首领特姆库赛从18世纪90年代起就投身于与美国人的战争之中。1791年在著名的沃巴什战役中，一个印第安联盟对阵亚瑟·圣·克莱尔将军指挥的美国军队，首次取得了压倒性的胜利。特姆库赛和其他印第安首领一样，很早就预感到了危机并试图通过尽可能精明的联盟政策来对抗。印第安人是不可能不战而降的。[1] "如今佩科特人在哪里？纳拉干西特人、莫西干人、波卡诺基人以及我们民族中其他曾经强大的部落又在哪里？白人的贪婪和暴力已经使这些部落如夏天烈日下的雪一样消失殆尽。我们是否也将不战而亡，将我们的家园、将伟大的神灵赐予我们的土地、将祖先的陵墓以及所有那些对于我们极为珍贵和神圣

---

[1] Dowd, G. E., A Spirited Resistance. *The North American Indian Struggle for Unity, 1745-1815*, Baltimore, 1992, 167 ff.

的事物拱手相让？我知道，你们将与我同声高呼：'绝不！绝不！'"①

令人惊讶的是，即使是像特姆库赛这样具有战略意识的战略家也认为，他们与英国结盟能够阻挠甚至阻止白人向西部扩张的步伐。实际上，加拿大直到19世纪中期都基本保持了独立状态并自1867年起以一种所谓的自治形式存在于英帝国殖民领地中。对于美国领土上那些受到压迫的印第安部落而言，加拿大一直是他们的避风港，尽管他们在那里也不能维持其原有的生活方式。从1877年苏族人战士在部落首领"坐牛"的领导下逃亡至加拿大，但又于1881年失望而返的事件中可以看出这一点，因为他们的避难在加拿大也并未得到保证。

欧洲文明与印第安文明在北美洲碰撞的历史也是一段冲突不断升级、其结局为印第安部落及其文化几乎消亡的历史。在欧洲人于今天的美国东海岸成功建立起第一批殖民地大约200年后，本书多次提及的法国政治家托克维尔这样写道："印第安民族的不幸在于，他们与文明程度最高，也是我认为世界上最贪婪的民族接触到了一起，而他们本身还处于半开化的状态……北美印第安人在自由中的生活是穷困的，但是没人感到自卑；一旦他被卷入白人的社会阶级中，就只能处于最底层……"②

---

① 引用自 Brown, D., Begrabt mein Herz an der Biegung des Flusses, Hamburg, ⁷1970, 15。

② Tocqueville, Demokratie I（见第64页注释①），497。

德·索托和密西西比文化的终结

在17世纪初开始的北美"印第安人战争"之前,自16世纪末起在北美与越来越多势不可当的移民团体产生接触的大多数原住民,早已预感到了这场即将发生的战争。毕竟,在南美洲和中美洲逐渐受西班牙和葡萄牙控制的大多数部落已经熟悉诸如玛雅人或者阿兹特克人之类的印第安帝国的统治方式,他们也以类似的暴力方式巩固和扩大了自己的领土。有关欧洲人的信息缓慢地向北方传播。然而,100年的时间足以将欧洲殖民统治的野蛮行为带进其首个殖民成功的地区——弗吉尼亚。此外,在首批英国殖民者踏上后来的美国领土之前,西班牙人已经通过一系列几乎给原住民定期带来灾难性结局的探险活动给这些地区打下了深深的烙印。从1528年起,西班牙探险者以寻找贵重金属尤其是黄金为目的的探险,从西属加勒比群岛出发,踏上了现今美国的南部土地。1539年,由埃尔南多·德·索托领导的、从古巴和后来的佛罗里达出发前往西部的探险活动尤为戏剧化。德·索托率领了由数百名士兵和印第安奴隶组成的队伍,还有大约200匹马和一群用以对付蛇类的野猪。直至1543年,德·索托的队伍在这4年中为了寻找传说中的"西伯拉七城"的黄金,往西北方向从萨凡纳和阿肯色河绕了一个大圈,然后沿着密西西比河向南再次进入墨西哥湾。[1]德·索托本人在1542年死于高烧，而北方传说中的黄金也没有找到，这支只剩下大约一半人的队伍回到西班牙控制的中美洲地区。德·索托的这次探险给被探索地区的印第安人带来的最严重的后果之一就是：所谓的密西西比文化不仅仅是由于大屠杀被消灭的，更主要的是被西班牙人带去的疾病所消灭的。

回顾起来，德·索托率领的这次实际上没有成果的探险可以说是对北美印第安文化进行系统化破坏的开端。一方面，德·索托决定性地影响了流传几个世纪的"典型印第安人"的形象；另一方面，如果没有他的影响，19世纪印第安人战争的特殊性就无法理解。被释放的、逃脱的或被盗的马匹成为传说中野马群的基础，这些野马在17世纪时被印第安部落加以驯服和繁殖。特别是北美大平原上的草原部落从此开始使用马匹作为工具。这使得猎杀野牛的方式得到了革新，并且改变了北美部落的迁徙活动。整个部落的物品都由马匹运输。而后世将德·索托视为这场随后在北美又持续了350年的血腥印第安人战争始作俑者的原因主要在于，1540年10月18日，在现今的美国亚拉巴马州（莫比尔县）境内，他带领的探险队仅在所谓的"马维拉战役"中就有目的地屠杀了大约2500名莫比尔族印第安人。[2]到1890年发生标志着印第安人战争结束的"翁迪德尼大屠杀"[3]为止，发生了大约90起类似的、受害者众多的屠杀事件。

在占领美洲的目的方面，基督教徒以及伊比利亚征服者痴迷

---

[1] Clayton, L. A. u. a. (Eds.), *The De Soto Chronicles. The Expedition of Hernando De Soto to North America in 1539-1543*, Vol. I u. II, Tuscaloosa, 1995.

[2] 出处同上，Vol.I, 412页。

[3] 又译作"伤膝河战役"。——译者注

于寻找贵金属最初是有别于其他欧洲人的。然而，和西班牙人一样，其他的欧洲民族也从一开始就坚信他们对印第安人领土诉求的合法性。除此之外，他们还通过交易和那些通常一文不值的协约以及利用各部落之间传统的敌对和竞争关系来达到他们的目的。在爆发于1607年并持续了近8年的塔伦汀人战争中，法国人出于狩猎原因挑起的，以塔伦汀人（或称米克马克人，Micmac）以及马力希特人为一方，以佩诺布斯科特人为另一方的冲突就是其中一个典型的例子。以上两种策略带来的结果都是破坏性的。

波瓦坦战争

印第安人战争中第一次规模较大的战争发生于1608年，即詹姆斯镇殖民点建立不到1年之后。发生在弗吉尼亚的波瓦坦战争主要表现为两种带有特殊期待的不同文化之间产生的典型冲突。从波瓦坦部落首领同意给詹姆斯镇大约100名殖民者提供食物时起，冲突就开始产生了。波瓦坦人期望得到一些有用的物品，比如金属制的工具或者颇受青睐的玻璃珠作为回报。片刻之后，在这位自信的首领和将其看作"野蛮人"的英国人之间就产生了摩擦。1609年，詹姆斯镇当时的指挥官约翰·拉特克利夫甚至在冲突中丧生。其继任者托马斯·盖茨则试图使用另一种策略，即系统利用竞争关系和个人的联系。当波瓦坦首领的女儿波卡洪塔斯在1613年与约翰·罗尔夫结婚时，移民者认为这仅仅是一桩出于外交政策的联姻，"并非出于肉体的欲望"，而是如当时所承诺的那样"出于种植业的利益,出于国家的荣誉和上帝的荣耀"。①

而在瓦汗森纳卡克之子奥普查纳坎奴领导下的印第安部落进一步加剧了冲突,他们在1622年杀死了347名移民,这大约占当时詹姆斯镇总人口的30%。②造成这种情况的原因在于,波瓦坦人推测英国人在这一悲惨事件之后会像消失的殖民地——罗努克岛的先辈一样放弃他们的村落并离开自己的领地。这些印第安人并没有预料到,由于烟草种植可以产生非常大的利润,此时移民定居的决心得到了进一步加强。大约从1618年起,烟草的种植面积就呈多倍上涨的趋势。由于烟草种植及后来棉花种植的单一性会使得土壤养分被迅速耗尽,所以需要不断开垦新的土地,原住民因此受到的驱离压力持续增加。这使得接下来的数个世纪中盛行这样一个规律:新的土地开发及相关的原住民驱离比在欧洲实行的作物轮作或者土壤施肥更加有利可图。

对波瓦坦部落的积极驱离和最终消灭政策结束于1644年。在历经了一代人的持续移民之后,奥普查纳坎奴试图彻底驱逐可恨的白人。在长达大约2年的血腥屠杀中有大约500名欧洲人丧生。但波瓦坦部落的伤亡人数达到了8000名,这几乎占整个部落人数的90%。奥普查纳坎奴受到监禁后,于1646年被一名看守开枪射杀。这是否是一个偶然事件,或者说对印第安人首领的杀戮是否已经成了一种长期采用的策略的一部分,已经无法得到考证。但

---

① 引用自:Maurois, A., Die Geschichte Amerikas, Zürich, 1947, 42。

② Arens/Braun, *Indianer*(第62页注释①),89页。此外可参考 Wende, *Empire*(第40页注释①),43页。

是在战争中长期与白人进行成功对抗的苏族人酋长"坐牛"同样在不明状况下遭到一名印第安人保留地警察的杀害。

佩科特战争

接下来的一场较大规模的印第安人战争是1636年与波瓦坦战争同时进行的、在新英格兰的弗吉尼亚爆发的佩科特战争,这场战争的过程与波瓦坦战争类似,也是以两年后印第安部落的灭亡而告终。在战前发生的情况也具有相似性,当时的清教徒最初也是得到了原住民的帮助。1621年清教徒和由酋长麦撒索伊特领导的万帕诺亚人之间甚至签订了和平协议,但是这些移民开始向万帕诺亚人直截了当地索取存粮时,这一和平协议就被破坏了。由此也开始了一系列有挑衅意味的暴力循环。1634年和1636年,2名英国军官被当地原住民杀死,使整个冲突达到顶点。接下来由朝圣先辈进行的惩罚性考察暂时终结了殖民者只在定居点附近地区对印第安人进行驱逐的行为。由当地总督约翰·温斯罗普派遣的约翰·恩狄考率领80名欧洲人组成的武装队伍,他们的暴力行动招致了佩科特人的报复。这一系列暴力活动的顶峰是1637年5月1日在大西洋岸附近,现今康涅狄格境内的米斯蒂克河畔发生的、由殖民者发动的大屠杀,而这次行动也为他们之后采取的策略奠定了基调。在这次主要针对妇女和儿童的屠杀中,佩科特人的村落——米斯蒂克村有大约700名原住民丧生。一些历史学家认为,以这种方式消灭佩科特人及其盟族的命令在当时甚至是直接下达的。[1]1637年6月,在米斯蒂克村南部,现今的费尔菲尔德附近的一片沼泽区域里又发生了一次屠杀事件,而妇女和儿童在此次屠杀中又成为首要的受害者。逐步被俘的幸存的佩科特人被殖民者当作奴隶贩卖至其他印第安部落,其中就包含纳拉干西特部落。而该部落在四年后的所谓"菲利普王之战"中同样被新英格兰的殖民者驱赶到一片沼泽区域并遭到屠杀。

印第安部落在印第安人战争第一阶段以建立一个全新的共同联盟来抵抗欧洲人的尝试一再受到不一致意见的阻挠,特别是莫霍克酋长萨萨库斯所经历的那样。他的前战友在吉尔福德(现今的一个耐人寻味地被称为"酋长首级"的疗养胜地)杀害了他并将他的首级呈送哈特福德的殖民者手中。他们认为只有这样才能保持与殖民者之间的长久和平,但这并没有给莫霍克人带来长期的帮助。不过,他们还是通过1638年9月21日缔结的《哈特福德第一条约》得到了好处:与白人缔约的印第安部落不仅获得了幸存的佩科特人作为奴隶,而且还拥有了佩科特人土地的共同使用权。

伊索珀斯战争

大规模冲突之间的间隔也极为短暂。1675—1676年在殖民者与万帕诺亚人和纳拉干西特人之间爆发大规模战争之前的那几年里,荷兰殖民者与相邻部落之间也在现今的纽约州和新泽西州范围内爆发了冲突。其中最为严重的就是1659—1664年发生的,史

---

[1] Zinn, H., *A People's History of the United States*, New York, 2005, 14 f.

称"伊索珀斯战争"的一系列冲突事件。伊索珀斯人属于纳拉干西特印第安人或者特拉华印第安人,他们当时试图阻止那些和弗吉尼亚英国殖民者一样不断进逼的新尼德兰殖民者。发生流血冲突的原因主要有两点:其一是印第安部落一再破坏那时几乎还未成型的殖民据点金士顿(现今的阿尔斯特县)。直到1658年防御更好的威尔德韦克要塞建成之后,当地的原住民才被迫签订屈辱的土地使用条约。其二是当地的殖民者早就战略性运用了酒精饮料,以此让印第安居民变得更为顺从。这种策略常常会成功,但是也有其缺点,这些缺点在伊索珀斯战争爆发前表现得一目了然。当1659年印第安劳工被以酒来支付报酬时,局势就完全陷入失控的状态。即便总督史蒂文森派来的军队也没能阻止印第安人的游击战,威尔德韦克要塞也在1663年被攻陷,直到与伊索珀斯人为敌的莫霍克人的加入才扭转战局,但是荷兰人于此受益寥寥。同年,英国人占领了新阿姆斯特丹,荷兰殖民者也失去了其独立性。[①]

菲利普王之战

印第安部落在新英格兰反对欧洲殖民者攫取土地的再一次反抗,即前文所提起的殖民史上被称为菲利普王之战(1675—1676)年,也以参与部落的灭亡而告终。在印第安人战争史上,

---

① Weslager, C. A., *The Delaware Indians. A History*, New Brunswick, 1972, 113 ff.

这次战争体现出了新的特点,即殖民者首次有目的地与皈依基督教的原住民进行合作,这又引发了印第安人之间的"政治谋杀"。然而,印第安人的生存之战抵消了殖民者费尽苦心培养起来的忠诚,因为很多皈依者又重新回到了他们的部落。殖民者于1675年12月19日在罗德岛金士顿的一片沼泽地中对一个印第安人村庄实施的暴行,成了这场战争的焦点,史称"大沼泽大屠杀"。在这场屠杀中有大约600名原住民丧生,其中有一半是妇女和儿童。[1]1675—1676年的菲利普王之战在美国东海岸以殖民者的最终胜利而告终,但是欧洲殖民者也付出了高昂的代价:据估计有数百名殖民者因此丧生,此外还有10多个殖民定居点遭到毁坏。

普韦布洛人起义

1680—1692年,在现今的新墨西哥州和亚利桑那州境内发生了反对在当地进行传教活动、主要由方济会教徒组成的西班牙人势力的战争。这也突出地表明,在北美其他地区的反基督化活动早在16世纪就愈演愈烈。在17世纪最后30多年里,西班牙人不仅开始严厉反对"异教徒",而且也反对将原生信仰与基督教融合在一起的那些混合信仰者。这导致了1680年在现今的新墨西哥州境内爆发的一次规模最大的普韦布洛人起义。与东海岸发生的起义不同的是,在这次起义中,印第安人成功将欧洲人赶走或消灭

---

[1] Schultz, E. B./Tougias, M. J., *King Philip's War. The History and Legacy of America's Forgotten Conflict*, Woodstock, 2000, 264. 下文数据出处同:第244页及以下几页,多处引用。

了。西班牙人的绝大多数建筑如教堂和修道院都被夷为平地。起义也造成这一区域的基督教信仰皈依者数量出现戏剧性下降，即便是已经受过洗礼的印第安人也回归他们的传统宗教。然而普韦布洛人并没有对这一胜利果实加以利用，西班牙人在1696年重新占领了该地区[①]。

"文明开化计划"

1830年，影响尤为深远的《印第安人迁移法案》得以通过。这也是驱逐政策首次写入美国联邦法律。整个18世纪直至19世纪前30年上述法案通过之时所发生的一切，基本上就是从17世纪起开始实施的印第安人政策的延续。此时更加频繁地陷入冲突的部落，从刘易斯和克拉克于1804—1806年的探险起，转而首先尝试通过巧妙的联盟政治来保护他们的传统和领地，而不再是以战争或民族同化为手段。这样的例子包括1763年结束的所谓"法国－印第安人战争"以及1812—1815年的第二次美国独立战争。而这种联盟政治在现实中的复杂性以及其在同一族群中的差异性在1813—1814年发生的克里克战争中得以体现。领地大概位于现今亚拉巴马州、佐治亚州和密西西比州境内的克里克人（或称穆斯科格人）的各部落作出了完全不同的决定。"下克里克人"最开始保持的是中立态度，随后又与美国军队并肩作战；而因为肖尼人首领特姆库赛的游说，"上克里克人"与英军组成了同盟。

---

① 原文为1696年，应为1692年。——译者注

白人的"文明开化计划"此前就已经将他们推向了反美派系的阵营，因为该计划中的"印第安专员"，比如著名的本杰明·霍金斯，在很大程度上冷酷无情地执行了美国政府的政策。

领导南方诸州行动的将军安德鲁·杰克逊于1814年间对亲英同盟者转而展开了"清洗行动"，美军的胜利在这一刻对于与英军结盟的克里克人而言成了一种灾难。残余的克里克部落随后被迫迁往佛罗里达。然而值得注意的是，无论各部落的立场如何，他们都不得不事先通过《詹姆斯杰克逊要塞合约》放弃他们的定居区域。这再次表明，无论合作与否，对整个印第安居民进行驱逐的意图是一早就决定好的事情。由于佛罗里达地区从1783年起重新受到西班牙人的控制，因此不仅对于印第安人而且对于那些逃亡至此的非洲奴隶而言，即便是前往佛罗里达也不能给他们带来任何转机。在当时的话语中，这些人被无差别地称为逃亡者。因此在第二次独立战争结束以后，克里克部落在西班牙控制的佛罗里达地区甚至仍然受到了杰克逊军队的追捕。其行动也与历时最长的印第安人战争之一、由美国人发动的塞米诺尔战争重叠在一起。塞米诺尔战争的第一阶段发生在1817—1818年。[1]通过对印第安人聚居地有目的地破坏和白人移民无节制地进入佛罗里达，塞米诺尔人在1830年以后被迫转入边疆以西的所谓印第安领地了。他们试图夺回故土的行动在随后的两次塞米诺尔战争（1835—1842年，以及1855—1858年）中达到顶峰。而这些行动最后都是以对该部落一贯的种族灭绝而告终。

---

[1] Missall, J./Missall, M. L., *The Seminole Wars. America's Longest Indian Conflict*, Gainesville, 2004, 32 ff.

"不同世界间的漫游者"

印第安人战争中,从中调解者或者说"不同世界间的漫游者"似乎完全消失了。尽管受到大多数白种美国人更为不信任的迫害,他们依旧是存在的。虽然存在着激烈的冲突,在远离白人定居点之处仍然生活着森林跑者、设陷阱者、农夫、淘金者以及管理官员。从1799年起出现了越来越多的政府代理人,他们作为印第安专员在边境地区承担起观察员以及对保留地进行供给的任务。有时也出现了印第安人和欧洲人之间的混居家庭。其中的丈夫通常是在白人社会中被蔑视的"红妻白夫"(即娶印第安女人为妻的白种男人),而被印第安部落绑架而与印第安男性生活在一起的白人女性也同样被蔑称为"红夫白妻"(即印第安白种女人)。[1]其中最著名的女性之一便是与卡曼契人生活在一起的辛蒂亚·安·帕克,又被称为夸纳·帕克。[2]帕克此外还抚养了在19世纪70年代著名的绑架人质——之前曾在阿帕奇部落生活、被称为"蒙特切玛"且拥有德国血统的赫尔曼·雷曼。[3]除了印第安人和白人之间的通婚以外,还存在印第安人和非洲人的通婚。

---

[1] Trenk, M., Weiße Indianer. Die Grenzgänger zwischen den Kulturen in Nordamerika, Wismar, 2009; 135-162(M. H. Lindner 的文章)。Schmitt, E./Beck, Th.(Hrsg.), Das Leben in den Kolonien, Wiesbaden, 2003, 尤其是 104-110(M. Trenk 的文章); Gottowik, V. u. a.(Hrsg.), Zwischen Aneignung und Verfremdung. Ethnologische Gratwanderungen, Frankfurt a. M. 2009, 尤其是 99-114(M. Trenk 的文章)。

[2] Trenk, Weiße Indianer(见本页注释①), 169-177(J.Geißler 的文章)。

[3] 出处同上, 178-184(J. Geißler 的文章)。

通常来说，这些所有的"不同世界间的漫游者"被认为是脱离了原生社会族群，并且是"堕落的"。他们被称为"混种人"或者"混血儿"的后代也是被如此认为。对于那些虽然居住在美国人村落中但是被当地大多数人认为与印第安人过从甚密的白人而言，这种划分也同样适用于他们。这其中就包括前文所提殖民时代早期的托马斯·莫顿，他因为经常与印第安人一起庆祝节日，最终遭受流放之刑，即便这只是他遭到流放的原因之一。诸如威廉·卡洛斯·威廉姆斯之类的"垮掉的一代"作家将莫顿视为一个反传统文化的思想家，但是莫顿是否真正适合这样的定义仍旧存疑。真实的情况通常是中庸的。莫顿更多属于那些为了实现他们个人对自由的理解而在北美荒野腹地中定居的移民，因此这与思想理论的关联甚少。这类来自白人社会的避世者的案例比比皆是：其中包括17世纪的许多法国"叛逃者"，诸如埃迪安·布吕莱或者巴洪·德·圣卡斯坦[1]；此外还有被称为"骑马者"的白人侦察员托马斯·拉法格，他从19世纪70年代起就生活在克罗人中，并经历了小比格霍恩战役。[2]19世纪时的画家鲁道夫·弗里德里希·库尔茨或者人种学家弗兰克·汉密尔顿·库欣也曾同印第安人一起生活。[3]

毋庸置疑的是，这种最初相当小范围的文化冲突成为一种致命的灾难，无论是对于个别部落，还是对一个地区的民族，甚或是对北美的整个美洲原住民文化而言。然而，这是一种蓄

---

[1] 出处同上，33 ff. 和 43 ff.。
[2] 出处同前，153-162（M. H. Lindner 的文章）。
[3] 出处同上，185 ff.。

意决定，还是逐步激进化并最终发展成为有针对性的灭绝运动的一种恶化势态升级？这仍然是有争议并值得探讨的问题之一。可以肯定的是，在19世纪末期发生的最后几次大型战役如小比格霍恩战役和翁迪德尼战役之中，人类基本的诫命都已经被忽视了。

从泪水之路到翁迪德尼战役：印第安人的灭绝

随着《印第安人迁移法案》的通过，1830年对于美国印第安文化而言成为决定命运的一年。根据联邦法律，密西西比河以西的原住民定居区域从此公开受到白人的侵占，而在当地生活的、如在法案中所称的"部落或者民族"则被迫移居到那些白人移民还没有提出占领主张的区域。位于现今美国俄克拉荷马州的所谓印第安人领地便是为此规划的。这部法案不仅涉及权利和安全问题，也涉及其他问题，如对"移民"的供给、"土地交易的自由选择权"以及在新定居区域保护他们的主张和土地所有权。这是美国国会曾经通过的所有法案中在道德上最应受到谴责的法案之一。这一点即便在那个时代也是显而易见的。[1]

---

[1] Act of May 28, 1830, ch. 148, 4 Stat. 411 f.

《印第安人迁移法案》

该法案最重要的反对者之一是国家共和党人大卫·克洛科特，他因为该法案甚至与当时成为民主共和党总统候选人的安德鲁·杰克逊决裂，尽管杰克逊在1813年第二次美国独立战争期间曾是他的上司。此时的杰克逊因为对印第安部落的无情迫害而闻名，并在印第安人部落中被称作"利刃"。[①]反对者和支持者双方都很清楚：这仅仅是关于白人的政治利益，只不过其后果就是对印第安人的驱逐及对其土地的掠夺。从前文提及的第二次世界大战后关于种族灭绝辩论的角度来看，1948年的《防止和惩治灭绝种族罪公约》明确规定将"蓄意造成导致生理及心理毁灭的生活条件"列入被定义为种族灭绝的标准目录，[②]因此人们不得不如此理解《印第安人迁移法案》：它不仅是种族清洗，而且是一个明显过渡到蓄意种族灭绝的过程。所有人或者至少大多数参与者都清楚地知道，传统定居地区的丧失和移居到通常条件更差的新定居地区对于这些部落而言是一种严重的削弱，即便这种削弱对他们而言并不意味着部落的灭亡。如果考虑到美国最高法院于1832年甚至明确宣布这份由安德鲁·杰克逊总统签署的法案是不公正的，该法案的推行看上去就更加戏剧化了。

---

① Brown, Herz（见第140页注释①），19。
② 参见第74页注释①。

这份法案因此只以102∶97票的微弱优势在众议院得以通过。它看似出乎意料地还涉及那些已经试图通过在最大程度上接受欧美生活及行为方式的同化来保障本部落生存的"五个文明部落"。这些部落不仅包括巧克陶人、切诺基人、奇克索人，还包括了克里克人（穆斯科格人）和塞米诺尔人，即时任总统的安德鲁·杰克逊作为美国民兵部队的将军曾历经长年苦战并一直征讨至西班牙控制下的佛罗里达半岛的那两个部落。前任总统詹姆斯·门罗也早已把目光投向强制迁移这一方案。对于其他的部落而言，这种明显毫无意义的同化，此时成为新的明证，即反抗白人的战争才是唯一出路。令法案得以通过的微弱票数优势还在于，白人移民者保持了对印第安人的仇恨，因为他们在第二次独立战争期间站在了英国一方。此外，1829年在佐治亚的印第安人定居地区首次发现了黄金，这就成为除了白人掠夺印第安人土地的"擅自占领"行为以外越来越威胁印第安部落定居区域的一个因素。因此，切诺基部落在1838年也被迫"自愿地"踏上了迁徙之路。[①]

驱逐和权利剥夺

对于所有牵涉其中的部落而言，带来惨重损失的驱逐作为所谓的"泪水之路"，被载入美国印第安人的政治历史。[②] "泪水

[①] Arens/Braun, *Indianer*（见第62页注释①），104。
[②] Foreman, G., *Indian Removal. The Emigration of the Five Civilized Tribes of Indians*, Norman, ⁹1982, 44 ff.

之路"的说法,当时就已经被印第安部落使用,随后它又一再地被沿用于对北美原住民后续的驱逐行动上,比如19世纪60年代对纳瓦霍人和梅斯卡勒罗-阿帕奇人的驱逐。就像众多由政府组织和控制的驱逐行动一样,之后将印第安人从他们的定居区驱逐出境的过程是充满灾难的,也由此产生了一个巨大且至今不详的死难者数据。据估计,被驱逐的印第安人中有四分之一丧生,而那些到达了完全未开发的新定居点的印第安人则不仅失去了地理上、社会上和政治上的根基,而且也失去了他们宗教上的根基。因此,在还没到达新的定居点之前,这些由士兵押送的迁徙队伍就已经出现了一种人道主义灾难。作为亲身经历巧克陶人迁徙的托克维尔这样写道:"当时还是隆冬时节,到处弥漫着一种令人难以忍受的寒冷;地上的积雪被冻得硬邦邦的,河水裹挟着巨大的冰砾。印第安人拖家带口地前行着;他们拉扯着伤者、病者,带着新生儿以及垂死的老人。他们既没有帐篷也没有车马,只有少量的补给和武器。我看见他们如何登上船只以横渡宽广的河流,这种严肃而盛大的场景将一直停留在我的记忆中。在这个人群中没有听到任何呜咽或抱怨,他们只是沉默着。他们的不幸是古老的,他们觉得没有任何一种可将之治愈的良药。"[1]

一部分被强行驱逐的印第安人在驱离前或者押送过程中逃入密林。另一小部分则只是因为此前已获得了美国居民的身份而无法对他们无故进行驱离,所以他们在原来的定居地仍然被容许生活一段时间。这一过程的最终结局虽然截然不同,但同样充满了戏剧性:此时分散在俄克拉荷马州、阿肯色州、密西西比州、亚

---

[1] Tocqueville,Demokratie I(见第64页注释①),490。

拉巴马州、佐治亚州和佛罗里达州的切诺基人的问题在接下来的几十年中引发了动荡,尤其是个别印第安部落在美国内战中拥护南方诸州的决定也让很多观察人士感到费解。在北方取得内战胜利之后,拥护南方州的决定给这些部落带来了致命的后果。内战结束25年之后,这些部落也失去了他们对印第安领地的权利。首先便是俄克拉荷马的西部地区于1889年在官方的许可下通过"俄克拉荷马竞跑圈地"运动而被白人占领。1907年这一地区与印第安领地一起被并入美国联邦州——俄克拉荷马州。而印第安人建立自己的印第安国家的计划也只是昙花一现、无果而终。

受法律条文保护的对原住民的权利剥夺以及在印第安保留地中负责驱离印第安人的专员或多或少起到了负面作用。这些行为是建立在反复修订的《印第安部落的贸易与管理以及边境和平保护法案》基础上的。从1824年起,这些直接来自军队并且在印第安人战争中取得丰富经验的官员被纳入印第安事务局,该事务局最初属战争部,于1849年归入内政部。由于他们同时是负责迁徙的专员,这使得他们的声誉极差。然而,尽管其角色阴暗,他们在美国的记忆文化中被赋予了相当积极的历史意义。因此,于1858年成立的并在后来成为内华达州首府的卡森城就是以印第安专员克利斯朵夫·休斯敦·"基特"·卡森命名的,他在1864年对纳瓦霍阿帕奇人发动了一场血腥战役。其他的印第安专员后来成为政客并在州政府担任高级官员。而这些对于著名的探险队领队威廉·克拉克而言,成了其职业生涯的一个跳板,他被任命为密苏里领地的首任总督。皮尔斯·梅森·巴特勒后来成为南卡罗来纳的总督,罗伯特·弗纳斯则成为内布拉斯加州的总督。除了前文提及的本杰明·杰克逊以外,托马斯·加尔布雷思也被认为是极具争议的印第安专员，他的所作所为引发了1862年的达科他苏人（或称桑蒂人）的大规模起义。

移民潮

对于上述受正式法律条文保护的对原住民的权利剥夺，托克维尔在其关于美国民主的观察中也做出了尖锐的批评，[①]而印第安各部落的生活在19世纪同时也受到了无管控的白人移民潮的影响。在白人移民对土地的贪婪面前，美国政府首先在密西比河附近并又不断往西推进以建立一条"永久的印第安人边界"的计划被证明完全成了一种幻想。第二条边界起于加拿大与现今明尼苏达州（成立于1858）边境线上的伍兹湖，沿着艾奥瓦州（1846）、密苏里州（1821）、阿肯色州（1836）以及路易斯安那州（1812）的边界延伸，并最终结束于墨西哥湾附近的加尔维斯顿。

尽管有白人和商贾的逼近，但这条分界线在一段时期内还是形成了官方的边界，它同时也是一条军事分界线，其偏远的岗哨上驻守着处于半遗忘状态的士兵。1990年的著名电影《与狼共舞》虽然对历史的叙述模糊不清，但也描述了那种让白人尤其感到惘然的孤独感。[②]1847年美国军队对墨西哥取得了军事胜利并通过次年的《瓜达卢佩伊达尔戈条约》得以巩固。这带来了"永

---

① 出处同前，见第491页。
② Kiefer, B. u. a. (Hrsg.), Western, Stuttgart, 2003, 345 ff.

久的印第安人边界"以西的广大西班牙殖民地的开放,再加上众所周知的不久之后在加利福尼亚境内发现的金矿,使得所有那些随意标注的地理分界线都名存实亡。而里奥格兰德河此时则成了墨西哥和得克萨斯州(成立于1845)的分界线,以至于墨西哥原本拥有的一半领土都被划归美国。随着大量的移民、淘金者以及其他冒险者的涌入,这个地区相继产生了加利福尼亚州(1850)、内华达州(1864)、科罗拉多州(1876)、怀俄明州(1890)、犹他州(1896)以及新墨西哥州(1912)。此外,通过1853年的所谓"盖兹登购地案"所购的墨西哥领土始于现今亚利桑那州凤凰城的南部并止于现今美国南部的国境线。从1853年起,这一笔直的边界从太平洋海岸线开始,经过1769年建立的圣迭戈城以南地区再至埃尔帕索(华瑞兹城),并从那里开始沿着里奥格兰德河一直延伸至墨西哥湾。

从1840年起,白人移民以不可阻挡之势涌入太平洋沿岸地区以寻找新的定居点。后文将详细提到的铁路建设于19世纪20年代末在东海岸破土动工,并于1850年到达了密西西比地区。殖民者、商人、淘金者和冒险者此时不再仅仅使用货车队,而且也会乘火车甚至乘船到达此地。对于土地占用和建立定居点起到了决定性作用的则主要是铁路。这一点在由国会批准的"盖兹登购地案"中也体现出来。这个购地案最初是为了取得建设一条通往西海岸的铁路线的土地,但是这片土地实际上并没有依预期使用。虽然此时蒸汽机车越来越能够进入偏远地区,但由于它们依赖河流,因此经常出现那些沿水源而建的传统铁路线。

在此时的"西部",不断逼近的白人移民与印第安人部落之间爆发了极为剧烈的战争，这些印第安部落吸取了之前东部印第安人的教训，不愿再一味妥协退让了。这些冲突不仅仅给时代的精神打上了长期的烙印，而且直到今天都影响着美国的民族记忆。1890年美国政府对边疆和"狂野西部"的开发宣告终结时，同年在现今的南达科他仍发生了包含翁迪德尼大屠杀的最后一场印第安人战争，其幸存者的身影也最终消散在了印第安保留地中。这样的情况并非巧合。在此之前，白人尽管没有在每次战斗中都取得胜利，但是他们仍拥有着压倒性优势。1876年6月25日在现今蒙大拿州的小比格霍恩战役中，乔治·卡斯特将军带领的美国骑兵部队在对阵著名的酋长"坐牛"和"疯马"指挥的苏族人、夏延人和阿拉帕霍人时遭遇惨败，这也是印第安人取得的少有重大胜利之一。

黑鹰战争

首批对驱离政策进行持续抵制并采取自我保卫行动的印第安部落是由黑鹰酋长率领的索克和福克斯印第安人。1832年终战的黑鹰之战同时也是在密西西比河以东的美国领土上爆发的最后一次印第安人战争。当时一系列臭名昭著的条约迫使印第安部落进行土地割让，其间频发的冲突也成为这次战争的导火索。早在1804年，时任印第安纳领地（1816年成为美国联邦州）总督——后因上任仅1个月后便成为首位在任上离世的美国总统而为人所知的威廉·哈里森就签订了这一涉及黑鹰之战的条约。1828年的迁离行动开始之时，在这个从1818年起成为伊利诺伊州一部分的地区中，尽管有条约在先，索克人和福克斯人却拒绝交出自己的土地。但这种抵抗无济于事，因为他们不得不屈服于美国军队。1830年在普雷里德欣（现美国威斯康星州）签订新条约后，他们又被驱赶至后来的艾奥瓦州（成立于1846年）境内。但是一部分族人对此加以拒绝并在黑鹰的领导下回迁至他们最初的定居区域，这在已经定居于此的白人中引起了相当大的恐慌。这一回迁行为尤为引人关注的原因在于，熟知美国政府惯常伎俩的黑鹰酋长此时提出了一个难以驳斥的法理依据：最初的定居区域只是被部分出售，因此在剩下的地区，印第安人仍然可以重新定居。然而，由此引发的黑鹰之战还是以印第安人的失败而告终，1832年8月27日伊利诺伊民兵部队及美国陆军的大规模行动使印第安人被彻底强制驱离。从这场战争中人们可以更准确地了解印第安人的立场，因为黑鹰是当时为数不多的留下回忆录的印第安人首领之一，他著于1833年并以对白人的控诉为主线的自传直到50年后才得以出版。①对于黑鹰的族人而言，他们受到的驱离还远未结束。1832年，他们被迫再次与白人签订了一个名为《第一部黑鹰收购法案》的土地转让条约。然而5年之后，在他们的新家乡艾奥瓦州通过的一部新购地法案使这一条约再次成为一纸空文；1843年，《第三部黑鹰收购法案》的通过使得索克和福克斯部落被彻底驱逐出艾奥瓦州，他们被迫迁入直至1854年仍作为受驱逐印第安人收容地的后来的堪萨斯州（成立于1861年）。

---

① Autobiography of Ma-ka-tai-me-she-kia-kiak, or Black Hawk.His Surrender, and Travels Through the United States, Rock Island, 1882. Online veröffentlicht unter www.gutenberg.org /etext/7097.

苏族和苏族战争

由于密西西比河以西地区的殖民统治，过着游牧生活但被认为是特别好战的草原部落面临越来越大的压力。这些部落包括在19世纪被法国人称为苏族的3个主要分支——达科他人、纳科塔人和拉科塔人部落，而这3个部落又可划分为很多小部落。许多部落最初可能生活在今天美国明尼苏达州（成立于1858年）的密西西比河源头。但当法国人在17世纪入侵这一地区时，那些苏族部落就已经受到了其他一些部落——可能是阿西尼布旺人和克里人的排挤和取代。苏族人在大平原地区找到了新的定居点，并在那里创造出了一种全新的印第安文化。① 当时被白人愈加强硬对待的苏族人以捕猎和采集为生，其主要食物来源则是捕杀美洲野牛。因此，他们的生活方式尤其依赖于那些整年追随草场的野牛群的迁徙路线。苏族人原本不善骑马，但他们早就驯化了西班牙人引入的马匹；他们不仅以此进行狩猎，也以此对敌人发动进攻。苏族人广阔的势力范围包含或至少部分包含了后来的堪萨斯、内布拉斯加、南北达科他、怀俄明和蒙大拿诸州，他们最初也排挤生活在那些地方的其他部落，这使得他们的印第安邻族对他们长期怀有敌意。苏族人源于草原生活的游荡和好战文化，以追逐荣誉、战利品以及危险为主要的自我目标，与欧美定居型的农商社会观念产生了冲突。而在这种全新且极端剧烈的文化冲突

---

① 内容参见 Arens/Braun, *Indianer*（见第62页注释①），106 ff.

下，白人以其250年来奉行的手段来回应。苏族人不但好战，而且人数众多，据估计在1850年他们有大约25000人，其中10000名是苏族战士，[1]因此白人首先还是试图与他们签订条约。首个最重要的条约是1851年签订的《拉腊米要塞条约》，以此规定了双方的势力范围以及贸易交换。

然而3年后，和平共处的尝试即因血腥且臭名昭著的格拉坦大屠杀戛然而止。就像美国人与印第安人间的文化冲突历史中常常发生的那样，一次原本无关紧要的事件升级为冲突：在拉腊米要塞附近扎营的一个苏族部落屠宰了一头可能是从要塞中逃出而看似无主的奶牛。[2]1854年8月19日，当年约24岁且毫无经验的军官约翰·劳伦斯·格拉坦率领的、本应逮捕肇事者的大约30名士兵被苏族人杀死时，美国政府抓住这个机会对苏族人进行讨伐。在广泛的媒体舆论的推动下，1855年9月3日，一支大约600人的美国骑兵部队无端屠杀了位于内布拉斯加州蓝水溪一个布鲁勒——苏族村庄的大约80名居民。和以前的屠杀事件一样，这次屠杀中同样有妇女和儿童丧生。但这次被白人委婉地称为"灰烬之战"的大屠杀也有其特殊的意义：通过舆论宣传，它成为一次在公众的欢呼声中或者至少是无可争议地在公众目睹之下进行的战役。对于美国政府而言，这从某种意义上证明了种族清洗是在人民赞成或至少容忍的情况下进行的。事实上，指挥官威廉·哈尼的残暴行为不仅没有给他带来任何后果，而且在政治上，这场战役甚至是美国军队扩充计划的原因。这场大屠杀也同样消除了

---

[1] 数据来源同前。

[2] Beck, P. N., *The First Sioux War. The Grattan Fight and Blue Water Creek*, Lanham, 2004, 39 ff.

仍然存在的诸多对印第安人的同情因素。而在20多年后参与歼灭卡斯特将军美国骑兵部队的首领"疯马"也是当年格拉坦大屠杀和蓝水溪大屠杀的年幼目击者。

不同于经历过屠杀之后通常迅速屈服的东部印第安人部落,拥有自我意识的草原部落在随后的40年里与白人持续坚持斗争,直至1890年,其间双方互有胜负。任何微小的火花都有可能引起更大规模的起义。1862年在明尼苏达发生的印第安人战争是当时发生过的最大规模的苏族人战争,这场桑蒂-苏族人起到决定性作用的战事无疑是在印第安人保留地中发生的又一次导火索事件。① 在1858年成立的明尼苏达州,白人无限制涌入使得他们的总人数达到了150000人,而长久以来印第安原住民则以约12000人的总人数成了该州的少数民族。② 印第安人保留地不仅规模不断缩小,而且作物歉收后所需的国家援助也迟迟不到位。这一方面首先是美国内战带来的经济问题引起的,另一方面也是因为印第安专员托马斯·加尔布雷思的官僚作风造成的。据传在明尼苏达州印第安人战争开始时,美国政府委派的商人安德鲁·米里克用挑衅的言语向高傲的桑蒂人表态,说在缺乏供应的情况下桑蒂人必须吃"草或自己的屎"。③ 1862年8月16日保留地印第安少年对白人定居者进行暗杀,这虽然看似是诸多突袭事件中的一件,却是属于部落男性传统成人仪式的一部分;暗杀发生之后,整个

---

① Anderson, G.C./Woolworth, A.R.（Eds.）, *Through Dakota Eyes. Narrative Accounts of the Minnesota Indian War of 1862*, St. Paul, 1988, 19 ff.

② Arens/Braun, *Indianer*（见第62页注释①）, 110。此外参见Josephy, A. M., *The Civil War in the American West*, New York, 1991, 99 ff.

③ 引用自 Anderson, G. A., *Myrick's Insult. A fresh look at myth and reality*, in: Minnesota History 48, No. 5, 198-206; 此处: 205。

部族揭竿而起。此后不久，就有400名白人定居者被杀死，其中也包括了受印第安人憎恶的米里克，其尸体被发现时嘴里塞满了草。数千名白人定居者仓皇逃离，在战斗结束时多达800名白人被杀死。

美国总统亚伯拉罕·林肯对印第安人问题的敏锐度远不及在奴隶问题上的表现，他命令部署美国军队并在1862年9月26日对起义进行镇压。在明尼苏达印第安人起义被镇压后，多达300余名苏族人在司法程序中被判处绞刑，这在印第安人的观念中是一种极为不光彩的死亡方式。虽然其中的大多数人最终都被林肯赦免，但实际上仍有38起死刑得到执行，而且这些印第安人的保留地也被取消了。通过逃亡而幸存的印第安人继续被追捕。那些此前对以国内安全为由实施种族清洗提出质疑的人此时只好再次闭口不言。1863年9月3日，美国军队在白石山战役中开展了有针对性的惩罚行动，摧毁了一个印第安人营地，销毁了印第安人赖以过冬的所有物资和物品。第二年在基尔迪尔山的战斗中，达科他地区更多的苏族村庄也在同样的方式下被夷为平地。

作为报复，在从1866年起担任奥格拉拉苏族人酋长的"红云"的带领下，这些苏族部落成功袭击并摧毁了白人定居者尤其是淘金者赖以生存的"波兹曼小径"。这一重要的道路从仍未设防的蒙大拿和怀俄明地区穿过，而这两个地区分别到1889年和1890年才成为美国的联邦州，它们也正是从那时起才受到了华盛顿政府的保护。由于波兹曼小径与另一条更为著名的道路相连，即连接中西部密苏里地区和太平洋沿岸的加利福尼亚地区并成为白人定居者最先使用的主要道路——俄勒冈小径，波兹曼小径也因此成了最为密集使用的交通要道之一。美国军队在边疆地区虽然到处设立了要塞，但这些要塞经常受到持续的威胁甚至不得不遗弃。这种情况在所谓的"费特曼大屠杀"事件后表现得尤为明显：在这个发生于1866年12月21日的大屠杀中，拉科塔人、阿拉帕霍人和夏延人战士全歼了大约100名美军士兵。印第安人接下来又取得了一系列胜利，这使得美国军队甚至在一段时间内完全撤出了这个地区。1868年在拉腊米要塞重新签订的条约中，印第安人再次拥有了其领地权，尽管这些最终还是没能阻挡白人步步进逼的攻势。

仅仅6年以后，当臭名昭著的卡斯特将军率领的一支美国骑兵部队在被拉科塔人视为圣山的布拉克山（现今美国南达科他州和蒙大拿州之间）上发现黄金之时，苏族人就意识到这个新签订的条约是多么一文不值。这次淘金热也引发了白人冒险者的入侵，1868年的条约被他们视若无物。他们深入到苏族人领地之中，这导致了进一步的血腥冲突。1876年6月，卡斯特将军试图一如既往地用武力镇压苏族人的反抗，但他的军队却在小比格霍恩被歼灭。在整个印第安人战争史上，这次战役可被视为北美原住民所取得的最大胜利。

美国军队在卡斯特将军阵亡后对苏族人村庄进行了更具针对性的进攻。除此之外，他们从19世纪70年代起还采用了一种新的战略手段，即对印第安人进行人种灭绝。从那时起，他们不再去破坏单个的印第安人村庄，转而通过在大平原地区对大型美洲野牛群进行有系统的猎杀来断绝草原部落赖以生存的食物来源。那些臭名昭著的"野牛猎杀者"，比如有"野牛比尔"之称的威廉·科迪及其同伙，从他们舒适的火车车厢中对这些动物进行射杀。死亡野牛的尸体则任其腐烂。到1894年，野牛群就已经消失殆尽。这种最初估计数量达6000万头的动物在大约20年后尚存约800头。

自由部落的消亡证明了这一策略的成效。1890年12月29日发生的与苏族人的最后一次冲突又是以大屠杀收场。在南达科他的翁迪德尼河，美国军队通过炮兵部队的支援甚至全歼了一支由印第安人首领"大脚"（或称"斑鹿"，早前曾参与小比格霍恩战役）率领的大约300名基本没有武装的印第安人队伍，其中的大多数又是妇女和儿童。[1]在"大脚"的尸体旁美国士兵发现了两支步枪。此次战役之前，在苏族人部落兴起了一种极具影响力的自我意识复兴运动，即所谓的"鬼舞"运动，而白人对此感到尤为恐惧。部落的巫师也预言要回归到祖先的定居地区。这场运动早在19世纪60年代美国西部印第安部落面临的巨大危机中开始，随着印第安人遭受的更具毁灭性的失败而发展到了前所未有的规模。直至1890年，部落首领"坐牛"和巫师还处于苏族部落的核心地位。当他在印第安保留地被1名白人看守谋杀之后，数千名南达科他的印第安人通过鬼舞仪式聚集到了一起，从而引发了美国政府和军队的恐慌，这从另一方面成为引发翁迪德尼大屠杀的诸多原因之一。[2]

---

[1] Brown, *Herz*（见第140页注释①），427。

[2] Mooney, J., *The Ghost-Dance Religion and the Sioux Outbreak of 1890*, Lincoln, 1991, 915 ff.（¹1896）.

阿帕奇人和阿帕奇战争

同苏族人坚持了一样长时间反驱逐斗争的部落只有阿帕奇人。这些在现今美国西南部地区定居的部落拥有长期反抗白人的经验。早在16和17世纪他们就遭遇了西班牙征服者，这些西班牙人最初与普韦布洛印第安人，后来也越来越频繁地与阿帕奇人产生冲突，因为阿帕奇人不仅攻击他们的印第安敌对部落——其中主要是科曼奇人，而且也越来越频繁地攻击白人的定居点以取得战利品。1848年美墨战争后，墨西哥一部分领土被划归美国，在著名的部落首领如曼加斯·科洛拉达斯、科奇西和吉拉尼谟[1]率领下的阿帕奇人也因此成了美国政府军关注的焦点，从而引发了历时最长的印第安人战争。这场战争始于1850年，直至1890年才结束。与阿帕奇人的争端和19世纪60年代的内战一起属于这个世纪美国花费最为巨大的冲突。作战经验丰富的阿帕奇人依靠不对称战争将战争进程变得十分漫长。1884年以来，阿帕奇战士不仅在荒凉的马德雷山脉地区越来越密集地使用游击战术，他们也一再从墨西哥境内出击并在完成攻击后撤回，这使得美国军队在不引发国际冲突的情况下几乎无法追击他们。但在1886年，吉拉尼谟最终也投降了。

回顾对印第安人的记忆，令人感到诧异的是，那些特别好战

---

[1] Sweeney, E.R., Mangas Coloradas. *Chief of the Chiricahua Apaches*, Norman 1998; ders., Cochise. *Chiricahua Apache Chief*, Norman, 1995; Debo, A., Geronimo. *The Man, His Time, His Place*, Norman, 2005.

和令人畏惧的部落反而在战争中发挥了主导作用。实际上，苏族人、科曼奇人以及阿帕奇人与白人的猎手、定居者以及牛仔都是美国西部占领史中不可或缺的一部分。历史的事实往往是肮脏的：1830年《印第安人迁移法案》通过之后，在白人法律监管下针对已被同化的印第安部落也进行了驱逐；1871年通过的《印第安人拨款法案》甚至取消了保留地部落的自治权；从1887年起，印第安人就已经受到美国税法的约束。直到差不多100年后的20世纪70年代，在所谓"无终止的自决"的约束性保证下，印第安人保留地才得以行使一系列自治权。然而直至今日，仍有批评认为这些是远远不够的。

狂野的西部：边疆之地

边疆地区作为所谓"文明的"白人定居者和野蛮之间的缓冲带，就如同所有的文明分界线一样，从根本上来说一直只是某种臆想：一种关于"另一种"或者"另一些"文明的叙述或者一种"文明"与混乱的对立。[①]边疆概念因而对于白人而言一直是一种自我认识的手段。然而，由于永久定居的新移民对空间的需求不断增加，边界线总是不断发生变化，那些新移民自16世纪以来通过有目的性的探险活动已经将他们的认知扩展

---

① Speziell zur Rezeption des westens als unberührtes land: Smith, H.N., Virgin land. The American west as Symbol and Myth, Cambridge, 1974, 123ff..

到了已知世界之外的土地。随着边界线的推进，新的地区被不断开辟，这些地区自1788年至1789年美国建国以来就被称为"领土"。这些领土随后被逐步宣布为美国的正式联邦州。由于尚未得合法到开发，这些领土仍是一个"狂野的"世界。除了或多或少信誉良好的定居者和商业人士以外，这里还汇聚了冒险家、猎人和商贩，并形成了一个多元的社会。由于那些在人数上完全处于劣势的精英人士通过努力只能部分控制这些新近形成的地区，所以出现问题也是不可避免的。自行审判的私刑在这些地区不仅是司空见惯的，而且有时甚至被理解为"民众正义"框架内的民主权利。所谓的"监管者"对此起了一种尤为突出的作用，在后来的有关中西部地区的小说，比如弗里德里希·格斯特克1846年的作品之中，这些监管者得到了不少推崇，他们从西进运动开始时的1830年左右起也同样活跃于南方诸州。他们通常不觉得自己对民主的传统负有义务，但是同时又行使着立法权、审判权和执行权。他们不仅以国民军为典范，也同样将种族主义组织"三K党"以及包含声名狼藉的法外之徒"比利小子"的林肯郡监管者这样的犯罪集团视为榜样。

暴力文化

美国立法机关在1791年的第二修正案中就已经规定了自由拥有枪支的权利，这也是像全国步枪协会这样的游说团体直到今天一直在援引的论点。在一些争执中常常会发生致命的枪击事件，然而由于大多数射击者缺乏相关训练，他们的行为并不像传奇中尤其是20世纪的好莱坞西部片中表现的那样具有侠义风范。自我正义在边疆地区究竟造成了多少人丧生，是难以确定的。约从1850年起，到先驱时代于19、20世纪之交结束时，有500名左右的白人在没有法院正式判决的情况下被处决。而非裔美国人和印第安人的遇难者人数则根本没有被统计过。[1]尤其是印第安人，他们在这片领土上是近乎不受法律保护的人群。在19世纪60年代到1890年间极度血腥的印第安人战争中，估计有900名印第安人被绞死。而奴隶、拥有自由身的黑人以及西班牙裔，尤其是墨西哥人，也遭受到了同样残暴的对待。

然而，蓬勃发展的暴力文化绝不仅仅只发生在新开辟的美国领土。在欧洲人的殖民地区，无论是在拉丁美洲、非洲，还是亚洲，枪支和暴力的过度使用在日常生活中屡见不鲜。但是北美新辟领土地区也并没有比其他先驱之地充斥更多的暴力，那些出现了尤为严重暴力的地区只是少数，而这些地区在美国西部大开发时代已经通过报纸或通俗小说为人所熟知。从稍晚的1903年起，电影也揭示了有关"西部"的主题场景，但它通过枪手决斗所描绘出的"旧西部"只是一种刻意选择的视角。在那些由于金矿或银矿而一夜暴富的所谓"矿业小镇"中，枪战事件充其量属于日常生活的一部分。这些地区，每1000人中就有1人死于枪杀，这也大致上与20世纪和21世纪美国城市的平均数据相符合。[2]在"牛道"沿线的小镇，比如威奇托，自从对美洲野牛和印第安人广泛实施驱逐和灭绝政策以来，畜群通过这些小镇被驱

---

[1] 数据出自 Mauch, Chr., Die 101 wichtigsten Fragen. Amerikanische Geschichte, München, 2008, 32. 下文数据出处同前。

[2] 数据出处同前，见第32页。

赶至位于芝加哥的中心屠宰场；当那些脱离大城镇舒适生活数月之久的牛仔们停留于此并尽情享乐之时，枪杀死亡率就更高了。酒馆、赌场和妓院向他们提供了在路途上短缺的许多东西。然而与普遍看法相左的是，根据统计，这些地区谋杀案件的数量是每年1.5起，可以说是接近于平均数据。[1]

当整个牛仔群体甚至是不法犯罪分子袭击一个城镇之时，那些临时选举出来并且在此之前从事其他职业的治安官或"城镇警长"则常常毫无还手之力。这也是这些治安官时而被看作"狂野西部"组成部分的一个原因。与监管者不同，行使追捕职能而被直接分配给法官的美国国家或联邦法警作为蛮荒地区的执法权威有其重要意义，他们的工作相比之下往往更专业。最初的13名联邦地区司法官还是由乔治·华盛顿直接任命的[2]，他们的职能范围首先包含了更多的责任与义务。1790—1870年，他们因此甚至担负了美国人口统计的工作。在19世纪，这些联邦司法官还被委以镇压和平息罢工的工作。但他们的主要任务还是执行联邦法律，尤其是有争议的法律。这也包括在20世纪实施的禁止令以及种族隔离。保护总统也是联邦司法官的首要任务。成立于1969年的美国法警署作为司法部的组成部分也负责执行其他许多任务，包括驱逐非法入境人员等，但是其行政长官还是由总统任命的。

---

[1] 出处同前，见第31页。

[2] Calhoun, F. S., *The Lawmen. United States Marshals and their Deputies*, *1789-1989*, Harmondsworth, 1989, 11 ff.

领土和人口的变化发展

1789—1803年取得并被并入俄亥俄州的西北领地和田纳西州的前身——西南领地就属于蛮荒之地的范畴。除此之外还有密西西比领地（1789—1817）、印第安纳领地（1800—1816）、奥尔良领地（1804—1812）、密歇根领地（1805—1837）、路易斯安那和密苏里领地（1805—1821）以及伊利诺伊领地（1809—1818）。广而言之还有阿拉巴马领地（1817—1819）、阿肯色领地（1819—1836）、威斯康星领地（1836—1848）、爱荷华领地（1838—1846）、俄勒冈领地（1848—1859）、明尼苏达领地（1849—1858）、新墨西哥领地（1850—1912）、犹他领地（1850—1896）、华盛顿领地（1853—1889）、堪萨斯领地（1854—1861）和内布拉斯加领地（1854—1867）。1861年起又相继发展出科罗拉多领地（1861—1876）、内华达领地（1861—1864）、达科他领地（1861—1889）以及不久之后的亚利桑那领地（1863—1912）、爱达荷领地（1863—1890）、蒙大拿领地（1864—1889）和怀俄明领地（1868—1890）。最后还有前文所提作为俄克拉荷马州前身的印第安人领地（1890—1907），而夏威夷（自1898年起）和阿拉斯加（自1912年起）这两个地区直至1959年仍只是领土而非联邦州。能够加入联邦政府的联邦州的

173

最少居民人数在1787年的《西北条例》中被规定为60000人。[①]

根据美国人对"狂野西部"的理解，它所形成的地区也是不尽相同的。特别是从16世纪以来，在边界另一边印第安人占主导地位的地区中有众多以猎人、商贩甚至是擅自占地者身份生活和生存的白人。尽管领土的扩张历史由此在16世纪末就已经开始[②]，有关美国"狂野西部"先驱时代的历史实际上随着第二次独立战争后才正式开启。刘易斯和克拉克穿越密西西比河流域直至太平洋的著名探险首先展现了未知世界的各种可能性。这些远离文明前沿的地区最初仅被那些尤具勇气者所涉足，他们如"野蛮人"一样无惧在大自然中挑战自我。如果要回溯美国人自我认知中"狂野西部"的开始之处，最好的办法也许就是看看其"官方"纪念地点是在何处建立的。其中最令人印象深刻的是1965年在圣路易斯市——1764年建立、现今密苏里州最大的城市建成的大拱门，它被称为是"通往西部的大门"。

1790—2010年的人口和面积统计[③]

统计日期	人口数量/人	联邦州面积/(平方英里)	人口增长数量/人	增长百分比
1790.08.02	3 929 214	891 364	不详	不详
1800.08.04	5 308 483	891 364	1 379 269	35.1
1810.08.06	7 239 881	1 722 685	1 931 398	36.4
1820.08.07	9 638 453	1 792 552	2 398 572	33.1
1830.06.01	12 866 020	1 792 552	3 227 567	33.5
1840.06.01	17 069 453	1 792 552	4 203 433	32.7

---

① Adams, Länderbericht USA I （见第16页注释②），92。

② Hine, R. V./Faracher, J. M., *The American West. A new interpretive history*, New Haven, 2000, 12 ff.

③ 此表格根据以下资料总结：U.S.Census Bureau, Statistical Abstract of the United States: 2003, 8, u.U.S.Census Bureau, Population Distribution and Change: 2000 to 2010, 2010 Census Briefs (March 2011), 2 (www.census.gov)。

续表

统计日期	人口数量/人	联邦州面积/(平方英里)	人口增长数量/人	增长百分比
1850.06.01	23 191 876	2 991 655	6 122 423	35.9
1860.06.01	31 443 321	3 021 295	8 251 445	35.6
1870.06.01	39 818 849	3 612 299	8 375 128	26.6
1880.06.01	50 189 209	3 612 299	10 370 760	26.0
1890.06.01	62 979 766	3 612 299	12 790 557	25.5
1900.06.01	76 212 168	3 618 770	13 232 402	21.0
1910.04.15	92 228 496	3 618 770	16 016 328	21.0
1920.01.01	106 021 537	3 618 770	13 793 041	15.0
1930.4.1	123 202 624	3 618 770	17 181 087	16.2
1940.4.1	132 164 569	3 618 770	8 961 945	7.3
1950.4.1	151 325 798	3 618 770	19 161 229	14.5
1960.4.1	179 323 175	3 618 770	27 997 377	18.5
1970.4.1	203 302 031	3 618 770	23 978 856	13.4
1980.4.1	226 542 199	3 618 770	23 240 168	11.4
1990.4.1	248 718 302	3 717 796	22 176 103	9.8
2000.4.1	281 422 509	3 794 083	32 704 207	13.1
2010.4.1	308 745 538	3 794 101	27 323 632	9.7

从地理角度看，有关"狂野西部"的说法起源于密西西比河沿岸；从年代上看，它始于1815年，结束于1890年。美国历史学家弗雷德里克·杰克逊·特纳在其1893年发表的著名文章《边疆在美国历史上的重要性》中就已经把"西部"看作美国社会的一种本源特征，这种特征又可以表现在：每个人都可以拥有平等的社会机会，如果他作为一个强势个体参与其中的话。[①]

持续的迁移也是定居西部的前提。从1815年起，不同的移民潮向太平洋沿岸涌去。流浪的冒险者一再被那些定居荒蛮之地的农民所追随，他们通常受到诸如大卫·克洛科特等个别政客的支

---

① 1894年发表的文章的重印版：Turner, F. J., *The Significance of the Frontier in American History* in: ders., The Frontier in American History, New York, 1920, 1—38。有关特纳其人参见 Waechter, Erfindung（见第66页注释②），77 ff。

持，也并不关心荒野究竟属于谁。这些冒险者反之又被农民和种植者所取代，因为他们此时在美国政府的许可下从那些在条件恶劣的草皮屋顶的棚户中生活的"边疆人"手中购买了所谓的无主土地，并进行正常的耕种经营。从第二次独立战争结束到1850年这段时间，阿巴拉契亚以西地区的人口就已经增长了3倍。种植园主也有计划、成规模地往南方推进，他们中的一部分人最初依靠奴隶劳动进行种植，后来在19世纪又转而开展机械化种植。[①]根据1820年发布的《公共土地法》中美国政府的估算，一块160英亩约64公顷的土地可以满足一个农场的良好运转和自给自足。40多年后通过的针对"家庭农场"的《宅地法》又再次强调了160英亩的面积是应有的正常规模。尽管如此，农场也可以拥有完全不同的规模：有小规模的，但是超大规模的也并不少见。养牛大亨如著名的约翰·齐兹厄姆则利用了印第安人清理好的大草原。1854年，他在刚占领不久的新墨西哥地区的埃斯塔卡多平原上成为首批拥有10万头牲畜存栏量的牧场主之一，这个规模令人感到不可思议。他的故事与关于牧场之争的著名的林肯郡战争以及参与其中的枪手比利小子紧密交织在一起，最后还成了好莱坞相关电影的原型，如1970年由约翰·韦恩主演的电影《白谷太阳》。

随着工业化的开始以及交通道路的拓展，从1830年起，越来越多的人也通过搭乘船只到达西部，而铁路从1865年起成了主要的西进方式。对于拖家带口上路的家庭而言，这样的运输方式是可以承担得起的；这些队伍沿着著名的却又长期受到印第安人进

[①] Adams, Länderbericht USA I（见第16页注释②），91。

攻威胁的小径往西部进发。但不仅是遥远的路途本身，在新土地上的定居实际上也并非易事。定居者在新的地区不仅暴露在野兽和保卫自己土地的印第安人的攻击下，而且还要忍受对于欧洲人来说近乎未知的自然环境。其中在西部中央经常发生的龙卷风就被看作是一种尤为致命的危险。绝大多数龙卷风出没的地区被称为"龙卷风走廊"，它包含了现今的俄克拉荷马州、堪萨斯州、密苏里州、内布拉斯加州和南达科他州。唯一能够抵御龙卷风的方法是在地下挖掘"防风窖"。由于需要紧密的睦邻帮助，这就是在那些相距甚远的定居点和独户农场之间还能够将原籍贯地区的传统社会结构尤其是母语及方言保存数十年之久的原因。

淘金潮

金矿和银矿的发现在充满冒险色彩的狂野西部场景中扮演了尤为重要的角色。在"淘金潮"的不同阶段，一些地区经常会在一夜之间出现由帐篷或者匆忙建立的木屋构成的村落，这些村落美其名曰为"城镇"，在其资源耗尽之时又迅速地被遗弃和荒废，并常常成为时间仿佛定格的鬼城。[1]大部分的淘金者并没有变得富足，相反那些常常以高价向他们兜售工具和食品的商人却赚得盆满钵满。此外，当地的那些沙龙、旅馆、妓院，尤其是银行，从这些幸运儿或者倒霉鬼身上赚取了大量利润。值得注意的是，那些著名的西部传奇人物如怀特·厄普却喜欢自己经营沙

---

[1] 关于"鬼镇"可参考网站 www.ghosttowngallery.com。

龙，而不是去采矿。对于禁酒运动以及其他基督教团体而言，这些灯光昏暗的沙龙在19世纪上半叶成为它们的眼中钉，在同一时期发展出来的"禁欲小说"也充满想象地将其描绘成声名狼藉之地。1854年出版的、由禁酒运动支持者蒂莫西·谢伊·亚瑟所著的小说《酒吧十夜与我之所见》成了畅销书。以此为主题的还有杰克·伦敦所著、后跻身于世界名著之列的长短篇小说，比如1903年的《野性的呼唤》和1908年的《生火》。他本人曾经参与1897年克朗代克地区的淘金潮；此外还有一些早期的电影，比如1925年查理·卓别林的《淘金记》。值得注意的是，这两者都没能成功展现出淘金者所面临的严酷条件。在社会动荡的规模上具有可比性的只有不久之后石油繁荣时期的各个阶段。然而，与主要在西部发生的淘金潮或淘银潮相区别的是，对石油的寻找几乎覆盖整个美国，其中也包括宾夕法尼亚州等东部沿海地区。从19世纪50年代起，那里就已经系统地开发了第一批油田。

真正的"淘金潮"在西部历史上发生了多次，尤其是1848—1849年在加利福尼亚地区井喷式爆发。1848年1月，有人在今天萨克拉门托西北部卡罗玛山谷的美利坚河上著名的萨特磨坊发现了第一块金子。这一消息不胫而走，通过媒体的大肆宣传和渲染，变得人尽皆知。在1848年8月19日东海岸的《纽约先驱报》对此进行报道的4个月之后，就连时任总统詹姆斯·波尔克也在国会演讲中以这次金矿的发现为由而对墨西哥战争的合理性作辩解。最初踏上艰苦淘金之旅的就有上万人，而1854年，这一数字有可能达到30万人。①很多淘金者从陆路踏上征途,还有一些甚至绕过合恩角长途跋涉而来。他们之中不仅有碰运气者,还有那些工作和生活平凡普通、人称"四九人"的普通淘金者。斯蒂芬·福斯特的班卓琴歌曲《哦!苏珊娜》唱道:"哦,苏珊娜/哦,你不要为我哭泣/我膝上放着淘金筛,前往加利福尼亚。"它后来也成了那些一夜之间抛弃所有前往西部的"四九人"的标志性旋律。②就连运送淘金者的船只在旧金山港口卸船之后都无法再继续航行,因为船上的水手都加入了淘金的行列。其中一部分船只因此不得不放弃,停滞在港口慢慢腐朽。大约150年后,人们在修缮旧金山城市道路时还偶然地发现了其中的几艘。加利福尼亚定居点在短时间之内就变得不堪重负,尽管原先的居民在此已经站稳了脚跟。金子的诱惑甚至触动了东亚和南美,甚至有大约6万名中国人成为"四九人"淘金者的一部分。③唯一的例外是,只有黑人奴隶出于竞争原因不被允许参与金矿开采。这种歧视最终甚至产生了一种积极的影响,即1850年成立的加利福尼亚州是没有奴隶制的。其总居民人口数在此时达到了20万人,增长了3倍有余。而在萨特磨坊附近匆忙建立的那些棚户区以其大约25000名居民的人数达到了最小型城市的规模要求,但这些地方也相应地充满了混乱。旧金山在淘金潮的前3年中就发生了6次火

---

① 数据出自Starr, K./Orsi, R. J. (Eds.), *Rooted in Barbarous Soil. People, Culture, and Community in Gold Rush California*, Berkeley, 2000, 25-43(Beitrag M. Rohrbough)。此处:25。以及:Hine/Faracher, *American West*(见第175页注释①), 236 ff。

② Emerson, K., *Doo-Dah! Stephen Foster and the Rise of American Popular Culture*, New York, 1998, 127 ff。

③ Hine/Faracher, *American West*(见第175页注释①), 245。

灾。然而，这座城市的巨大财富也带来了意想不到的文化生活热潮。最大的输家之一是这里的印第安居民，他们最初流离失所，最后又因为外来疾病——特别是1851年开始的霍乱疫情以及暴力行为而大规模灭绝。[①]此后不久，淘金潮再次宣告终结。从那时起，黄金开采业务越来越多地被各公司接管，而许多私营采矿者则受到它们的排挤。

加利福尼亚的淘金潮并非偶然。从1858年起的大约20年间，包含后来的科罗拉多州（1876年建立）中西部地区都成为前来碰运气者的聚集地。当时在南普拉特河发现了黄金，后来又发现了白银。就像在加利福尼亚发生的淘金潮一样，这个地区也迅速涌现了一批迷你城镇。其中的一些城镇甚至在淘金热结束后还得以保留下来，比如其中的丹佛市，后来成为科罗拉多州的首府，它主要是得益于1870年便利的铁路交通。类似的还有19世纪90年代发生在从俄国手中购得的阿拉斯加的克伦代克和育空地区的淘金潮，而后者甚至蔓延到了接壤的加拿大境内。那里在19世纪70年代初就已经发现了黄金，并建立了道森定居点，随之出现了大量淘金者疯狂涌入当地的"克朗代克蜂拥"现象。[②]

[①] Hurtado, A. L., *Indian Survival on the California Frontier*, New Haven, 1988, 211 ff.
[②] 参见当时的报道：Adney, E., *The Klondike Stampede*, Vancouver, 1995（¹1899）。

北美大草原、牛仔和"牛道"

对边疆地区产生了极大影响的另一个重要发展当属对北美大草原的经济上的转型利用——正如相关描述所提及的那样，数以百万计的养殖牛群在短时间内替代了数百万头野牛。同时那些数千年来猎人们自由穿行的大草原也渐渐被铁丝网圈围起来。牛仔们则在此看管那些数目庞大的牛群。"牛仔"这一词语的起源可以追溯到18世纪初。但在19世纪60年代，当血腥的美国内战结束后对西部进行占领的最后阶段开始之时，"牛仔"现象达到了顶峰。此前的那些熟知牲畜习性和疾病的商贩以及所谓的"马语者"被人们冠以"牛仔""牧牛工"之类的称呼，而此时唯有那些在密西西比河与落基山脉之间的广阔大草原上的职业牧牛者才能享此称呼并逐渐以此为荣。牛仔具有如此意义的重要前提在于，当时随着人口增长、各地淘金潮的涌现、城市化、铁路建设以及工业化的发展，对可迅速产出的牛肉需求日益增长。

一种特定的牛仔形象从来不存在。他们穿梭于广阔牧场与农场之间的工作虽然艰辛，但在一定程度上也有其自主性，因此也使得他们各自的工作具有很多截然不同的特点。其共性在于，牛仔们除了这个工作以外别无选择，因而不得不接受这一报酬极低的驱赶牲畜的工作。在美国内战之后，失业的士兵与美国社会的其他边缘群体成员，如印第安人、墨西哥人以及被解放的农奴等，在这个行业中随处可见。然而，他们不受管控的生活也带来了各种类型的犯罪行为。因此，牛仔们最初的声名狼藉也是可想而知的,这种情况直到20世纪初在娱乐电影中对牛仔形象有意识地进行传奇化时才渐渐得以改变。而牛仔们自己也需要对其败坏的自身形象负责。他们经由那些最长的牛道,比如通往赛达利亚的"赛达利亚牛道"或者通往阿比林的"奇泽姆牛道",前往中心货运火车站以及屠宰场。在经过漫长的驱赶和出售牲畜的过程后,他们于工作结束之后在牛道途经或终结的所谓"牛仔城镇"中纵情玩乐。

其中最著名的奇泽姆牛道由商人杰西·奇泽姆于19世纪60年代中期开辟,这条道路可将牲畜由得克萨斯运送至俄克拉荷马再通过火车运输至阿比林,然后从那里再进一步运送至芝加哥的屠宰场。那里兴起了对于当时而言规模巨大的肉类加工工业,即肉类包装工业。其中最大的企业当属1865年建立的亚摩亚公司,他们已经开始大批量地对肉类进行加工和冷冻存储。而存储得以实现的前提则是10年之前成功发明出来的人造冰块技术。这类大型企业糟糕的生产状况在1906年通过记者厄普顿·辛克莱的小说《屠宰场》为人所知。辛克莱在书中首次揭露了这些企业中令人咋舌的工作环境和卫生条件,他的著作也成了新闻调查的一个重要里程碑。

牛仔城镇

那些所谓的"牛仔城镇"迅速发展为娱乐中心,那里出现了各种各样的社会问题,最后不得不通过投入大量警力以解决这些问题。道奇城是其中最为声名狼藉的城市,而阿比林则是最为狂野不羁的城市。两座城市在沙龙和妓院的数量上不相上下，但是阿比林作为牲畜群进行火车运输前的最后一站，肯定是拥有最大的畜栏，这同时也意味着大多数牛仔在此得到他们的报酬并会在数周孤独的大草原生活结束之后寻求消遣。这正解释了为何这些地方会经常出现著名的"左轮枪手"来行使他们维护正义的职责。[1]然而他们的平均停留时间常常很短暂。在两位正规警察考察完城市却在上任前临阵脱逃之后，人们雇用了偏好徒手威慑那些暴力犯罪分子的城镇治安官汤姆·"贝尔河"·史密斯，虽然他在一些谋杀事件中得以幸存，但是他与副手短暂的治安官生涯还是终结于1870年阿比林城发生的一次激烈枪战，并最终被对手以斧头斩首。[2]该事件令人不安之处在于，史密斯绝非初出茅庐，他之前在科罗拉多几乎同样臭名昭著的卡森城已经是名声赫赫之人。史密斯的继任者是后来在很多西部片中都出现过的"狂野比尔"希科克，他原名杰姆斯·巴特勒·希科克，最终他甚至成了美国联邦治安官的副手。[3]而他在1876年同样死于非命。在位于传奇性的布莱克山中的南达科他金矿城市戴德伍德，他在第10号沙龙被一名怀恨在心的扑克玩家杰克·麦考尔从背后射杀，该沙龙也因这一最后的篇章（"死人之手"）直至今天都吸引着众多游客。

其他牛仔城镇的情况几乎如出一辙。在同为牛道沿线的铁路运输城镇威奇塔和道奇城，著名的枪手怀特·厄普曾被暂时任命

---

[1] O'Neal, B., Gunfighter. Alle Revolvermänner des Wilden Westens. Eine Enzyklopädie, Zürich, [7]2004, 21.

[2] 出处同上，312 f。

[3] 出处同上，153 ff。

为治安警察。①在因其精湛的枪法而被任命为执法者之前，他曾是一名被流放者，在边疆地区做过各种各样的工作。厄普也是经历了狂野西部时期之后仍得以幸存的极少数人之一，在他的众多事迹成为传奇之后，他于1929年在洛杉矶以八十岁高龄过世。②当时众多好莱坞电影中的著名牛仔扮演者汤姆·米克斯以其在《狂野西部》中扮演的传奇角色厄普在世界范围内取得了成功，他也是厄普过世后的扶柩者之一。颇具经商头脑的厄普此前还特意寻求与当时蓬勃发展的好莱坞电影的经济联系，其中就包括年轻的约翰·韦恩。

怀特·厄普

怀特·厄普的生平确实给传奇故事提供了足够的素材，正如他同事的生平一样，比如著名的失意牙医约翰·亨利·霍利迪"医生"③和威廉·马斯特森。由厄普统领的对当时著名女演员朵拉·韩德谋杀案的凶手进行的追捕成为一代传奇，因为厄普同意报刊媒体详尽地对他从堪萨斯到加利福尼亚的追捕过程进行报道，而他也可能在报道中对那些独家信息进行了一番添枝加叶。但长期来看，马斯特森在此事件中取得了更大的成功，因为他本人从1883年起也成为一名记者，后来甚至成了一名活跃的小

---

① 出处同上，118 ff。

② 综合参考 Tefertiller, C., *Wyatt Earp. The Life Behind the Legend*, New York, 1997。

③ O'Neal, Gunfighter（见第183页注释①），164 f。

说作家。他不仅在中西部地区的当地媒体服务,比如在《堪萨斯州日报》上报道重大警讯新闻,还包括为《纽约电讯早报》撰写各种体育专栏。后来他甚至还自己创办了一本杂志来发表政治评论。他的过世则显得平淡无奇:1921年,这位传奇枪手在为《纽约电讯早报》撰写最后一篇专栏文章时因心脏病突发卒于书桌旁。

厄普在他另一个就任的地方——位于亚利桑那的"法外之地"、发现了白银富矿的墓碑镇所面临的一系列冲突或许更为有名。1879年,在墓碑镇的弗里蒙特街发生了旧西部地区最为著名的对决——造成多人死亡的"O.K.畜栏枪战"。这一谋杀式冲突的起因是厄普在一家沙龙的开业庆典上与当地黑帮头子之间所起的冲突,它显得如此老套,以至于当时的通俗小说中都没有对这段情节进行描写,在好莱坞的大制作电影中甚至被彻底舍弃,比如1946年约翰·福特导演的《侠骨柔情》或者1993年乔治·潘·科斯马图斯导演的《墓碑镇》。在两部电影中,这一老套的枪战事件出于情节和气氛渲染以及商业利益的需要被描绘成善与恶、权力与法治之间经典的戏剧冲突。

尽管一般来说法治与犯罪之间有相当明显的区别,但是厄普在"执法者"和"法外之徒"之间的模糊身份并非那么令人感到意外。这投射出了美国社会精神的一种独特现象,即某些法外之徒在过去相当长的时间里相比那些狂野西部的执法者而获得了更多的肯定。这一点可以从3个著名的案例中看出来。其一为系列杀人犯、人称"比利小子"的亨利·麦卡蒂及其追捕者派特·加勒特警长的历史案例,其二、其三则分别为以杰西·詹姆斯为首的詹姆斯-杨格团伙以及人称"日舞小子"的哈利·阿朗佐·隆格巴和他的同伙，人称"布奇·卡西迪"的罗伯特·勒罗伊·帕克。

比利小子

横行西部的比利小子拥有众多化名（如威廉·H.邦尼、威廉、亨利或者安特里姆小子），由于他在少年时期就已经活跃于众多以打劫为生的帮派之中，所以变得赫赫有名。[①]他可能是来自当时帮派云集的纽约市。17岁时他在格兰特堡的一个酒吧中首次杀人——1名仅仅是殴打了他的爱尔兰人。他杀人的数目有据可查的为4人，但是被算在他身上的杀人总数达到21人。首次杀人后的几年中他主要在堪萨斯、科罗拉多、新墨西哥以及墨西哥境内活动。19世纪70年代，在短暂加入由同样恶名昭彰的黑帮分子杰西·埃文斯为首的帮派之后，他组织了一个自己的帮派。当时已经出名的"左轮枪英雄"如詹姆斯·麦克丹尼尔斯、威廉·莫顿以及弗兰克·巴克都加入了他的帮派中，这毫无疑问证明了比利小子麦卡蒂在黑帮圈享有的声望。1878年参与臭名昭著的林肯郡牛战让比利小子得到了公众的最大关注，他先后被养牛大王约翰·齐兹厄姆和约翰·坦斯托尔雇佣为"以暴制暴者"并

---

① 下列数据出处同前，见第218页及后面几页；Garrett, P. F., *The Authentic Life of Billy, The Kid. The Noted Desperado of the Southwest, whose Deeds of Daring and Blood made his Name a Terror in New Mexico, Arizona, and Northern Mexico by Pat Garrett Sheriff of Lincoln Co., N. M., by whom he was finally hunted down and captured by killing him. A Faithful and Interesting Narrative*, Norman, 1954（[1]1882）；Otero, M. A., *The Real Billy the Kid. With New Light on the Lincoln County War*, Houston, 1998（[1]1936）。

参与了一系列激烈的枪战，获得赦免之后他以偷窃马匹和牲畜糊口。1881年7月14日，在新墨西哥州的萨姆纳，他被在齐兹厄姆支持下当选为林肯郡治安官的派特·加勒特警长击毙。

杰西·詹姆斯

在比利小子由于其出身以及社会身份陷入歧途之时，杰西·詹姆斯则是在美国内战时才走了"下坡路"。詹姆斯原本出生于一个在密苏里经营一家农场、充满信仰的牧师家庭。在内战期间他和他的兄弟弗兰克一起加入了特别仇视北方联邦的"考崔尔突击队"进行游击战争，这使他与他原有的正统生活完全脱节。而参与暴力的游击战斗在1865年后仍被视为犯罪行为，并不时被处以从密苏里驱逐出境的惩罚。其他一些在内战后仍未能回到生活正轨的游击队成员，比如托马斯·科勒曼·杨格（又称科勒·杨格），在1868年组成詹姆斯-杨格团伙，该帮派在接下来的8年时间中活动于西部的中间地区，暴力抢劫银行、邮车以及火车乘客以获得现金。

杰西·詹姆斯和科勒·杨格此前各自为战，1869年12月7日在密苏里的加勒廷发生的银行劫案中，詹姆斯射杀了储蓄所经营者约翰·希茨，这使他一举成名。[1]正如他本人事后对《堪萨斯城时报》所述，这次射杀并不是因为希茨阻挠了抢劫，而是因

---

[1] Breihan, C. W., Ride the Razor's Edge. *The Younger Brothers Story*, Gretna, 1992, 172.

为希茨以前曾是北方联邦军的军官。[1]这次冷血的谋杀在内战后深度分裂的美国社会中给詹姆斯带来了令人难以置信的盛名。他的类似政治性的言论使得他从犯罪行为中开脱出来，这又驱使那些希望开展新一轮反抗的前南方邦联分子纷纷加入他的帮派。此外，詹姆斯-杨格团伙较少对火车旅客进行抢劫而只是抢走铁路公司财物的做法也给他们带来了政治犯罪的形象，即所谓的"对体制的反抗"。

然而，在铁路上的掠劫行为不仅给詹姆斯-杨格团伙也给其他著名的法外之徒敲响了丧钟。1874年，各大铁路公司雇用了当时就已经赫赫有名、曾为亚伯拉罕·林肯守灵士兵一员的侦探阿伦·平克顿对他们进行追捕。在平克顿的两位同僚无功而返且发生了致命事件之后，他开始了对帮派团伙的私人复仇行动，这也使得这一系列事件更富有传奇色彩。在詹姆斯-杨格团伙宣扬的政治企图背后，事实证明他们终究还是一个肆无忌惮的犯罪团伙，例如1876年9月7日发生在明尼苏达州诺斯菲尔德的第一国民银行团伙劫案中，杰西·詹姆斯出于报复射杀了手无寸铁但拒绝打开保险柜的银行职员。在银行前等待的杨格兄弟稍后被逮捕。科勒·杨格在一所监狱中度过了接下来的27年时间，他在监狱中继续书写他的政治传奇。在1903年出版的自传中，他最终甚至强调了他们最后一次劫案也是有政治动机的，受劫的那家银行与当时联邦军将领有着紧密的联系，抢劫支持了南方邦联的激进势力如阿戴尔伯特·亚美斯和本杰明·巴特勒，银行劫案的政治目的即

---

[1] O'Neal, *Gunfighters*（见第183页注释①），188. 此外：Settle, W. E., *Jesse James Was His Name. Or, Fact and Fiction Concerning the Careers of the Notorious James Brothers of Missouri*, Lincoln, 1977, 38 ff.

在于此。①而杰西·詹姆斯之死也毋庸置疑给他的事迹增添了更多传奇色彩。各铁路公司提供了当时上限为1万美元的悬赏对他进行追捕。1882年他在密苏里州被认出后遭到射杀。随后他的兄弟弗兰克向当局自首,但又出人意料地被判无罪,最终于1915年自然死亡。

布奇·卡西迪和日舞小子

另外两个也同样富有传奇色彩的银行和铁道劫匪的犯罪生涯惊人相似,其一为人称"日舞小子"的哈利·阿朗佐·隆格巴,其二为人称"布奇·卡西迪"的罗伯特·勒罗伊·帕克,两者主要通过1969年好莱坞大获成功的电影《神枪手与智多星》为大众所熟知。该电影同时也是法外之徒主题通过"垮掉的一代"以及嬉皮士运动的影响以公路电影的形式来拍摄的。布奇·卡西迪出身犹他州的一个摩门教家庭。②根据其传奇故事,他首先也是实施了带有正式动机的犯罪,成了某种意义上的西部"侠盗罗宾汉"。而实际上与此相反,他在1880年先是进行了一次普通的店铺偷窃,然后就开始了作为一名牛仔随工作迁徙的生活。直到1889年他23岁时,才开始了他的犯罪生涯,但并没有掺杂

---

① The Story of Cole Younger by Himself. *Being an Autobiography of the Missouri Guerrilla Captain and Outlaw, his Capture and Prison Life, and the Only Authentic Account of the Northfield Raid Ever Published*, St. Paul, 2000 (^{1}1903). 此外,同时:Huntington, G., *Robber and Hero. The Story of the Northfield Bank Raid*, St. Paul, 1986 (^{1}1895),尤其是第79页及后几页。

② O'Neal, *Gunfighters*(见第183页注释①),271–274。

任何政治动机。通过抢劫科罗拉多州特莱瑞德圣米盖尔谷银行获取12000美元之后,他购买了一家农场。在这一时期,卡西迪就已经和其他臭名昭著的银行、邮车、铁路劫匪或牲畜盗贼一样隐身匿迹了,比如哈维·洛根(咖喱小子)[1]和托马斯·爱德华·"黑杰克"·凯彻姆[2],他们藏匿于人迹罕至的山区,尤其是怀俄明州比格霍恩山脉中因同名的"墙洞帮"而得名的藏身之地"墙上的洞",颇具传奇色彩。1896年,在一年半的牢狱生活之后,卡西迪与哈利·隆格巴命中注定般相遇了。[3]隆格巴曾当过牛仔,但是此时已经度过了快30年的犯罪生涯。隆格巴对于卡西迪刚刚成立的"狂野帮"而言是一个完美的补充,而这个帮派在接下来的五年中让来自平克顿侦探事务所的追踪者疲于奔命。这两人均于1901年前往南美洲,在玻利维亚,他们作为银行劫匪又继续或多或少地得手。人们认为,他们于1908年在矿业小镇圣文森特遭到玻利维亚军队的射杀。

与很多其他关于"狂野西部"法外之徒的传说相比,布奇·卡西迪和日舞小子的故事最能够说明为什么那个时代比其他时代更为闪耀。从社会历史学角度而言,这些法外之徒代表的是在一个资产阶级文明愈加发展的社会环境下,以与该文明最不相符的劫掠方式为生的古代骑士意识。然而,他们是对19世纪中期起在美国迅速发展但愈加忽略个人自由的工业化社会的一种反抗。在东海岸,机械化已然改变了生活的节奏,而其

---

[1] 出处同前,203-207。

[2] 出处同上,195 f.。

[3] 出处同上,210-212。

影响在西海岸虽然缓慢，但同样具有不可阻挡之势。在技术进步尤其是银行不断升级的安保标准以及更快的新闻传播速度的背景下，这些法外之徒最终的失败也是注定的。边疆时代在1890年的终结而唱响了"旧西部"的挽歌，那些冒险者和追寻自由者也由此踏上了寻找未被染指的新土地，例如玻利维亚的征途。这在关于"西部"故事的书籍中，尤其是娱乐电影中持续作为常见主题而出现。

铁路、工业化、城市化

1815年第二次独立战争结束后开始的早期工业化主要发生在棉花种植和加工领域。[①]1793年，用于棉花去籽的轧棉机就已经出现，这一发明属于东海岸的企业主伊莱·惠特尼，它彻底改变了棉花加工业。此前由奴隶通过密集劳动完成的棉花清洗工作时长被大大缩短。而农场主对机械化进程中将在不久之后被废弃的蓄奴制并没有表现出过多的担忧。惠特尼的发明对于美国的工业化进程影响深远，它推动了批量化生产以及最终出现的富裕社会——20世纪50年代起所称的"富足的人民"的产生。流水线的发明也促进了产品标准化，在武器生产领域首次得以应用。直到100多年后，亨利·福特才将产品标准化应用到汽车的大量生产中。

---

① 内容参见 Adams, Länderbericht USA I（见第16页注释②），95 ff.

经济的发展

1815年之前的英国禁运政策适得其反地促进了美国的制造业和商品销售。那几年的美国经济完全无须担心任何来自他国的竞争。第二次独立战争后，随着禁运政策的结束，竞争随即加剧，这促使美国国会通过了一项关税法案，以保护本国商品免受外国商品尤其是英国商品的冲击。这一时期的美国商品恰恰是毫无竞争力的，这种情况直到19世纪才得以改善。

美国的首批经济中心都出现于生产原料相对容易运抵的地区。在康涅狄格、马萨诸塞和新泽西兴起的主要是纺织工业。宾夕法尼亚则是以重工业及与之相关的煤炭工业为重点。在东海岸的其他地区则发展出了各种类型的供应企业，尤其是机械制造厂，此外还有军工厂以及造船厂。北美看似取之不尽的原材料也使得木材和皮革加工业得到飞速增长。而在第二次独立战争和内战之间，棉花生产也在内部维系了美国的各联邦州。在南方州，成千上万的奴隶种植棉花，而在北方州，薪酬极低的产业工人对其进行加工，棉纺业因此也成了北美大陆早期工业化的领军行业。这也反映在其著名的产品上，即1853年由德裔美国人李维·施特劳斯首次作为淘金者工作服发明的、从20世纪20年代起被称为"蓝色牛仔"的粗斜纹布裤。1873年他取得了专利，牛仔裤随即成为工人和牛仔的日常服装。作为颠覆传统的衣服，通过有针对性的市场推广，尤其是在娱乐电影中的重要示范作用，牛仔服装从20世纪20年代中期起无疑受到了狂热的追捧。①

因此，1815—1860年美国的经济发展是建立于一系列来自不同领域但最终又共同作用的局部发展基础之上的，它对美国国内经济和对外贸易而言都是一种革命。这些发展又最终引发了市场革命，即从19世纪40年代开始，成功的商人越来越频繁地将资本投入到繁荣的工业企业中去。从长期而言，正如这一时期的很多国家那样，美国经济以此实现了从商业资本主义向工业资本主义的重要转变。②

与19世纪整个社会的现代化一样，美国经济的现代化建立在以下五个决定性因素的基础上：（1）农业的必要性。农业的必要性在美国经济腾飞之初便已经存在，其生产力的提高很大程度上也是美国人口增长带来的后果。（2）人口的增长。人口的增长不仅带来了各种各样的行业分工和行业变革，而且保证了消费需求的增长。（3）商业化生产和工业的发展。商业化生产和工业的发展最初也表现在农业需求的领域，但同时也不断促进了自身领域的发展并使这些领域愈加具有独立性。（4）基础设施建设。对基础设施的持续扩建尤其是19世纪铁路和航道的建设，对于经济的交流而言是不可或缺的。（5）大力推进的城市化进程。它也是经济交流的必要因素之一。以上所有这些同时也要求社会政治领域的现代化。而发生在1819—1823年、1837—1843年以及1857—1858年的经济危机对于美国经济而言，起到了时而减缓、时而加速经济发展的作用。详细来说可以归纳为以下几点：

---

① Doubek, K., Blue Jeans. Levi Strauss und die Geschichte einer Legende, München, 2003.
② 以下内容参见 Heideking/Mauch, Geschichte（见第51页注释②），95 ff.

(1)19世纪上半叶的美国经济立足于劳动密集型但由于奴隶劳动而成本极为低廉的棉花生产。它的发展始于17世纪,并随着奴隶人口的显著增长,在18世纪就已经通过出口对经济增长作出了巨大贡献。到1861年美国内战开始时,某些南方州的奴隶数量几乎达到了人口总数的一半。[①]在1865年12月13日废除奴隶制之前,机器生产已经越来越多地代替了人力生产。美国内战结束后不久,向美国提供了蒸汽犁田机的外国工程师的旅行报道也证明了这种情况的广泛性。[②]种植方法的改进促进了农业生产力的提高,这也是不言而喻的。19世纪40年代,具有自我清洁功能的犁田机、脱粒机和割草机的技术发展以及人工肥料(为保证其供应量,美国甚至于1856年通过了《鸟粪岛法案》)的引入,都对美国在不久之后令整个世界叹为观止的经济生产力具有重要的意义。

在肉类生产领域,那些规模巨大的农场和牧场也得益于重大的技术发明。在生产链末端的肉类加工企业也同样得到了持续的发展,而第一家肉类加工企业于1845年在俄亥俄的辛辛那提建立起来。1880年铁路冷冻车厢的发明也终结了那些历史虽不长但在文化回忆中占据重要地位的牛道,这些牛道的繁荣时期只是从1867年到19世纪80年代早期。此外,通过带刺铁丝网(1874年由J.F.格利登发明)对农业用地的保护,畜牧变得困难起来,而很多农场主通过这种方式来保护他们的土地不受牛群的定期破坏。冷冻车厢的使用使得屠宰场的肉类产品可以得以快速地长距离运输。这又进一步保证了肉类作为美国大众消费不可或缺的部分的

---

① 数据出自 Berlin, *Generations*(见第78页注释③), Tabellenanhang, o.S.(274)。
② Eyth, M., Baumwollfelder unterm Dampfpflug. Als Ingenieur in den Südstaaten Amerikas 1866-1868, Leiningen, 2006(^{1}1871).

日常供应，而在当时的欧洲，肉类供应还属于奢侈商品交易。因此，来自人称芝加哥肉类加工企业"五巨头"之一的古斯塔夫斯·富兰克林·斯威夫特修建铁路的提案就绝非偶然了。[①]芝加哥的大型屠宰场在1869年第一条横贯大陆铁路建成之后就可以像在东海岸一样以低廉的成本在西海岸销售肉类。这也使得企业的集中化愈演愈烈，以至于"五巨头"在19世纪占领了整个美国市场。

（2）机器的使用固然重要，但是美国的经济繁荣也离不开劳动力的持续涌入，这已是众所周知的。通过第二次独立战争结束后引入的移民人口集中管理制度，人们今天可以了解到人口数从1815年的850万上升到了1860年的大约3100万，涨幅超过了3倍。[②]从1840年起，大批移民如潮水般抵达美国。仅仅在10年间就涌入超过170万新移民，而造成这种情况的原因主要是欧洲当时极为严峻的经济和政治走向。这一数字是19世纪20年代的10倍之多。[③]到1880年，470万移民人数中的大多数主要来自英国以及爱尔兰，而其中爱尔兰人以280万的移民人数占了主要部分。这段时期中德国移民的数量占第二位，达到了310万。移民也改变了美国人口的分布。大多数美国人——根据1802年通过的《入籍法案》每位移民在移民五年后即可称为"美国人"，在1815年时还住在阿巴拉契亚山脉以东地

---

① Swift, L. F. u. a., The Yankee of the Yards. The Biography of Gustavus Franklin Swift, Chicago, 1927.

② 数据出自 Adams, Länderbericht USA I（见第16页注释②），91，以及 Heideking/Mauch, Geschichte（见第51页注释②），95。

③ Adams, Länderbericht USA I（见第16页注释②），93。下文数据出处：94。

区。大约45年后的1861年，在该山脉以西地区也居住了同样多的居民。大多数德国和爱尔兰新移民定居的中西部地区则从居民的内部迁徙中获益，德国移民主要居住在乡村地区，而爱尔兰移民反之则聚集在拥有工业的城市地区。因此，由于德国移民的影响，被称为"通往西部的大门"的圣路易市和其他城市一样，比如威斯康星州的密尔沃基和俄亥俄州的辛辛那提，最开始是受农业影响更为明显的城市。而在中西部的核心地区芝加哥居住的人口绝大多数都是爱尔兰移民。在传统的美国门户城市如纽约，各民族的居民混居在此，尽管这里以及相邻地区如新泽西主要居住了英国裔的美国居民。与上述地区相比，对于新移民来说最不具吸引力的是南方地区。这种情况延续至内战后很长时间，其原因在于，由于此前遍布的被大面积占有的土地，南方州境内几乎没有土地可分配给新来的移民了。在大型种植园中，雇工的工资极为低廉，因此很多移民对此敬而远之。1845年宣布成为美国联邦州的得克萨斯州是南方地区的一个例外。在得克萨斯西面、1850年宣布成为联邦州的加利福尼亚只生活了大约50万人口，但这里后来也因为淘金潮涌入了大量移民，并逐渐使得此地区的居民人数显著增加。[1]而不同种族移民的涌入会造成冲突的事实也是不言而喻的。在清教徒占多数的地区，天主教徒以及爱尔兰人的迁入尤其被视为引发冲突的火药桶。然而爱尔兰移民中也涌现了多位美国总统，比如安德鲁·杰克逊和约翰·肯尼迪。

---

[1] Heideking/Mauch, Geschichte（见第51页注释[2]），97。

（3）东部地区工业的蓬勃发展首先涉及的是纺织和钢铁行业。1831年在费城建立了第一家铁路机车工厂——鲍尔温机车厂，它到第二次世界大战结束时成为世界上最大的火车设备制造商之一。从1840年起，仅在新英格兰地区的纺织行业就有近150万支纱锭的使用量，工业生产力此时也达到了前所未有的高度。[①]到1860年，工厂企业的数量增长到大约14万家，其中大约有一半位于东北部联邦州。那里不仅有全美超过70%的工人，也吸引了超过50%的总投资。随着工业的繁荣发展出现了新的产业工人阶层，但同时也出现了一个在经济及政治上影响巨大的工业资本家阶层，他们能够成功通过限制进口来对自己的产品采取保护措施。

这个时期的劳动力储备也很充足。不仅是新移民持续涌入工业领域，而且还有在危机中破产的美国人，主要是农民以及年轻的女性。据估计，当时有半数的妇女和儿童在美国的工厂企业中工作，他们的工作条件有时极为恶劣。1911年3月25日在纽约三角衬衫工厂突发的大火灾就使美国民众清楚认识到了这一点。为了阻止工人休息，当时车间的大门是紧锁的。在这次火灾中共有146名遇难者，主要是年轻的女性和女童工。同时期的农民以及从事农业的劳动力数量也从美国社会总从业人员的3/4强下降到不足1/2。尽管如此，工人利益集体代表组织的发展并未取得什么成功。相反，由于大量找工作的人和数次经济危机带来的巨大压力以及普遍的白手起家观念，工会组织举步维艰。

[①] Adams, Länderbericht USA I（见第16页注释②），95。下文数据出处相同，95 ff.。

（4）19世纪美国各行业持续的繁荣也使得基于铁路与蒸汽航运的现代化基础设施的建设得以实现，这些设施同时也是信息传播手段变革的基础。美国的铁路建设在1826年小规模起步，但是已经成为商业计划的一个环节：在马萨诸塞州，人们修建了一条不长的铁路用以连接昆西市的一个采石场和一个内河港口。[1]在接下来的几十年时间里，联邦政府不断加强对长距离铁路的建设并在19世纪60年代推动了横贯大陆铁路的建造，铁路建设成了一个真正的圈钱机器。就美国史、世界经济史以及世界上很多地区推行"美国化"的历史而言，私人资本市场和股份公司的繁荣也有诸多弊端。1827年成立的首家美国铁路公司——巴尔的摩和俄亥俄铁路的任务，具体来说是建造通往西部的运输线路。19世纪中期，铁路就已经连接了东海岸的密西西比和五大湖区的芝加哥，同时也成功连接了中西部地区的屠宰企业。美国内战期间，军方对铁路的使用令铁路建设实现了重大突破，1862年林肯下令建设横跨大陆的铁路线，然而直到内战结束才真正开始。直到20世纪初都被用以对抗中央太平洋铁路公司的竞争而成立的美国联合太平洋铁路公司，也开始明确作为军工企业——美国军事铁路公司而投入使用。1869年，从东部开始修建铁路的联合太平洋铁路公司和从西部而来的中央太平洋铁路公司在盐湖城附近大盐湖地区的普罗蒙特里会师（现今的金色道钉国家历史遗址，1869年5月10日纪念）。通过这条铁路，从东海岸至西海岸的旅行时间缩短到了令当时的人们叹为观止的一周左右。而此时大多数其他运

---

[1] Middleton, W. D. u. a. (Eds.), *Encyclopedia of North American Railroads*, Bloomington, 2007, 1 ff.

输方式仍然局限在一些区域性的地区之内。即便是通过1860年建立的"小马快递"进行横跨大陆的业务也需要大约10天的时间。

铁路的建造可称为技术上的杰作，但与其他很多工程一样，这也是以高伤亡为代价的。当公众在报纸上关注技术战胜自然壮举的图片，比如内华达山脉的唐纳山口或者横跨大陆铁路在盐湖城附近的接轨庆典时，大多数因修建铁路而牺牲的人连姓名都没有被提起过。在修建穿越加利福尼亚特别危险的山脉路段时，中央太平洋铁路公司主要是依靠招募的数千名中国工人。这些华工被认为是尤其能够吃苦耐劳和任劳任怨的劳动力，他们中的很多人此前曾经在金矿中工作过，但是也有直接从中国招募的。他们的尸体通常被草草掩埋在铁路沿线。牺牲者中不只有华工。由于铁路建设关系到巨大的利益和损失，对于铁路建设的抵抗常常是被严酷镇压，这一历史在很久以后才成为记录书写的一个主题，而不仅仅只在诸如塞尔乔·莱昂内著名的西部电影《西部往事》中有所涉及。

消除既有的抵抗也包括直至目前都被认为是不可能实现的对美国司法体系的侵犯。该体系原本承认私有财产的神圣不可侵犯。但是在这些被赋予重要国家意义的工程项目中，联邦政府以及个别联邦州时常粗暴侵犯私有财产权。在一些案例中，当主权在民原则受到破坏时，最高法院也会撤销某些垄断权，正如1824年著名的托马斯·吉本斯诉埃伦·奥格登案例中所展现的那样。①

---

① Johnson, H. A., Gibbons v. Ogden. John Marshall, *Steamboats, and the Commerce Clause*, Lawrence, 2010, 104 ff.

腐败和其他那些损害公平竞争的阻碍仍属于重点问题，当内战结束后一个新的经济神话开始时，那些铁路巨头如联合太平洋铁路公司的爱德华·亨利·哈里曼和纽约中央太平洋铁路公司的科尼利尔斯·范德比尔特就竭尽所能相互损害对方的利益。为了调控这些极为卑劣的不公平和价格勾结，1887年甚至成立了一个名为"州际商务委员会"的部门，其职能行使持续了100多年。在垄断权的基础上，一个利于人员运输和货物流通的全国性铁路公司是不可能建成的，特别是第二次世界大战以后，其他交通工具如飞机或者私人车辆的使用已经开始威胁到铁路运输。为了保证铁路交通畅通，作为最后的出路，美国政府最终于1971年成立了美国国家铁路客运公司，以至少保证人员的运输。

在完成横跨大陆的铁路建设之后，其他重要的铁路线在19世纪也建设完毕。其中一条就是在19世纪80年代完成的从阿比林到洛杉矶再与芝加哥和新奥尔良相连的路线。它也是沿着传统的牛道而修建的。其他的路段则是有计划地作为连接海港的路线而建，比如通过流入大西洋的圣劳伦斯河前往明尼苏达州杜鲁斯市的路段。大约到第一次世界大战结束时，美国铁路网络的总长达到大约25万公里。

尽管水路在18或19世纪原本是基础设施的重要组成部分，并且常常是在铁路运输之后与海港相连接的决定性路段，但是其建设总处于那些新铁路线投机性开通的阴影之下。1807年，罗伯特·富尔顿的著名蒸汽明轮船"克莱蒙特"号就可以从纽约经由哈德逊河用大约32小时到达纽约西北的奥尔巴尼市。首条人工水路当属伊利运河（现称为纽约州驳船运河）。在超过100年的计划之后，人们终于在1817年开始建造这条运河，并在8年后完工。这条运河连接了五大湖及其沿岸各个通往中西部地区的重要转运点，如芝加哥和水牛城；通过连接哈德逊河，伊利运河又连接了纽约和大西洋。因此，该运河对于中西部地区人口的定居起到了重要作用。此后，其他水路建设也不甘落后，比如差不多同期完成的俄亥俄-伊利运河不仅将伊利湖与俄亥俄河连接起来，还联通了其他运河网络，特别是各大河流。

尽管如此，陆路运输作为另一种重要的备选途径自始至终都存在，这不仅是因为成本。"收费公路"作为特别建设的远程公路也往往沿着旧时的牛道而建，它们提供了很多便利的交通连接——远远早于20世纪中期由于摩托化而产生的包含普通公路、高速公路或者林荫大道等在内的道路交通系统。生态学在此也起了次要的作用，尽管国家公园早在1872年就已经出现。在怀俄明州的一个地区，人们以流经当地的河流"黄石河"命名了美国的第一个国家公园。该国家公园得以建立的决定性因素是一名有权势的银行家杰伊·库克的不断提议。这位美国内战以及成功的北方太平洋铁路公司的资助者，主要是出于经济学的考虑，认为对这个地区进行保护是一个明智的想法。

（5）对运输路线有目的地扩建是美国推行城市化的前提。尤其是那些17世纪在东海岸出现的，通常也是海港城市的第一批定居点，在19世纪时也同样变得拥挤不堪。从1788—1789年美国建国时起到1861年南北战争初期，纽约的人口数量从3.3万人增长到了81.4万人（如果含布鲁克林区，则达到了108.1万人），波士顿的人口数量则从1.8万人增长至17.8万人，而费城的人口数量也从4.4万人增长至56.6万人。[①]即使是中西部地区大型都市的人口也出现大幅增长，比如拥有肉类加工工业的辛辛那提的人口数量在1860年已经达到令人瞩目的16.1万人。然而这种增长并没有出现在所有地区。直到1861年美国内战初期，还有近80%的美国人住在乡村，这最终也成了南北方展开竞争的一方面。

港口城市从17世纪起就成了人口聚集之地。众多的移民在此地滞留，他们跟随着那些在此已经安定下来的同乡一起生活，从而相对迅速地建立起了几乎是单一人种的社区。那些根据族裔而划分出来的街区如小意大利、德语街区或者唐人街在19世纪的很多美国城市都很普遍。这些街区通常分布在那些较偏僻的地区，并且有着典型的社会隔离特征。就如同旧金山的某些街区一样，纽约城内的五点区也是当时复杂人群的聚集地。杰克·伦敦的小说，如1902年的《海上历险记》或者1904年的《海狼》，使这个街区成为文学上的一个地标。1820年前后的一次移民潮之后，爱尔兰移民几乎在一夜之间如洪水猛兽般出现在五点区，这个坐落在安东尼街（现沃斯街）、十字街（现莫斯科街）和橘子街（现巴斯特街）之间的街区也因此成为声名狼藉的街区之一。而邻近的包厘街区也是一个贫民区。在19世纪中期，五点区的每两人中就有一名爱尔兰移民。[②]在这种贫困的环境下，一种充斥着团伙暴力特征的文化也迅速发展起来，其中就有后来出现的包括黑手党家族在内的各自划分势力范围的黑帮，如奇切斯特帮、

[①] Hochgeschwender, M., Der Amerikanische Bürgerkrieg, München, 2010, 16。下文数据出处相同。

[②] 有关"五点区"参见 Anbinder, T., *Five Points. The 19th-Century New York City Neighborhood That Invented Tap Dance, Stole Elections, and Became the World's Most Notorious Slum*, New York, 2001, 43。

蟑螂卫队帮或者死兔子帮。激烈的街头斗殴在这里层出不穷,其中就包括1834年和1863年发生的血腥的"征兵暴动",当地的定居者——所谓的排外主义者在暴动中攻击新来的移民。① 查尔斯·狄更斯在源于他一次美国之旅的《美国纪行》中生动地描绘了五点区当时的恶劣状况:由于缺乏管理,这个城区在19世纪末时就已经成为脏乱差的代名词。"纵横交错的小巷散发着恶臭并且遍地是垃圾和粪便。这里的生活与其他地方相比并无二致。门窗后浮现的人们粗糙和浮肿的脸庞看上去和在他们的家乡或者世界各地一样。这些房屋由于建设不当已经提前坍塌。破败的阳台已然脱落,拼凑在一起并已经开裂的窗户看上去像在酒吧斗殴中被打肿的眼睛怒视着行人。这里也养了很多猪。它们也许有时会疑惑,为何它们的主人直立行走并且说话,而不像它们一样四肢着地、哼哼唧唧?"②

但从文化史的角度来看,类似五点区这样的贫民窟也不是一无是处的。这个不同人种的大熔炉也成为"踢踏舞"这一深受非洲(曳步舞)、爱尔兰(吉格舞)、苏格兰和英格兰影响的舞蹈形式的发源地,它在20世纪甚至登上了好莱坞电影的银幕。

---

① 出处同前,7 ff 以及 314 ff。
② Dickens, Ch., *American Notes for General Circulation*, Bedford, 1850, 75。作者的译文。

徒有虚名的西部：传奇与现实

被美国人普遍认为是文明与野蛮边界的边疆地区在1890年成为历史。它的终结在经历了白人声势浩大的西部占领之后显得平淡无奇。人口普查组织机构于1890年轻描淡写地宣布扩张的终结以及边疆地区的消失："直到1880年，这个国家还存在一条定居边界，但是如今那些无人居住的区域已经被居住区包围，因此边界线（边疆线）这一说法已经意义不大。有关它向西部延伸、推进的争论已经不复存在，因而在人口普查报告中无须赘言。"[1]从此时起，所有的精力应该像公众日益强调的那样投入到其他领域。

对"蛮荒"北美的占领史，尤其是拓荒时代对在美国被正式称为"狂野西部"的占领史所进行的或多或少有目的地传奇化，在此前很久就已经开始并一直延续至今。此外，对西部进行传奇化的绝非只有美国人，欧洲也发展出了西部传奇的潮流。在此背景下，在19世纪上半叶的欧洲就演绎了大量的西部小说，并且从20世纪60年代起发展出了被称为"意大利式西部"风格的一种全新的艺术风格。在美国，各类媒体尤其是报纸以及19世纪中期开始出现的通俗小说持续创造了诸多英雄形象。在那些销量上百万册的小说（仅仅是比德尔和亚当斯系列到1865年内战结束时就已销售了400万册）中，真实的人物，如左轮枪英雄、治安官、

---

[1] 引用自 Turner, *Significance*（见第176页注释①），1。作者的译文。

牛仔也成了名人，他们的名字和事迹也是家喻户晓。[1]诸如杰西·詹姆斯之类的法外之徒在其生前甚至有意利用公众媒体来塑造起自己的传奇形象。如果没有像《堪萨斯城时报》的约翰·纽曼·爱德华兹这样的记者和出版人持续编造杰西·詹姆斯的传奇故事，詹姆斯以及其他西部英雄的传奇也不会在大众的记忆中得以留存。这些西部英雄的肖像照片往往是根据他们在公众面前的自我设定拍摄而成，也正说明了他们尤其了解图片的影响力。在公众记忆中，他们并非现实意义中凶残的杀人犯和肆无忌惮的盗贼，而常常是以有政治追求的摩登侠盗罗宾汉身份出现的。

西部

"西部"的所有形式都与美国历史上的三个时期息息相关。[2]其一为欧洲殖民时期之初，这个时期的主题大都是关于土地的征服以及与自然的抗争，其中也包括了当地的原住民。其二为对印第安人进行驱逐的时期，建立一个欧美式文明成为该时期的主题，权利和秩序的产生、城市化、工业化、现代化以及领土向太平洋沿岸的拓展成为主流。第三个时期是由于社会发展而充满矛盾的时期，其中也包括牧场主与农场主之间的牧场之争以及有产者和无产者之间、先到者与后来者之间的冲突，此外还有现代化与传统之间的普遍对立。

---

[1] Denning, M., *Mechanic Accents. Dime Novels and Working-Class Culture in America*, London, 1998, 11.
[2] Kiefer, *Western*（见第159页注释[1]），12.

正如在小说和1903年起出现的电影中所描绘的那样，西部的传统英雄通常首先是正面的斗士，他们战无不胜，无所畏惧，即便有一些（通常来说讨人喜欢的）怪癖。这些"西部英豪"往往是独行侠，只在一些极度危险的（具有决定性意义的）场合才会成群结队地出现，比如在追踪盗贼或者在面对诸如西部迁徙途中的共同危险之时。在这些场合他们会作为领导者和帮助者，像"苍白骑士"一样。此外，他们严于律己，疾恶如仇，但也是彬彬有礼的绅士。女性在这样的世界中所扮演的角色也是千篇一律，比如深情的母亲、处于危险中的有时手中还拿着枪的伴侣，或者牛道沿线的牛镇中风情万种的荡妇。而著名的波卡洪塔斯也曾是早期通俗小说的主题之一。比德尔和亚当斯系列小说之一的《玛莱斯嘉：白人猎手的印第安妻子》于1860年得以出版。只有少数的女性角色才会像玛莎·伯克——著名的野姑娘杰恩那样成为主角，而她也是在其生前通过1895年出版的一本自传编撰了自己传奇的一生。[1]这本自传以她在同样著名的卡斯特将军手下充当侦察兵的真实经历为基础，此外还描述了她作为淘金者、邮车赶马人以及混迹于酒馆沙龙之中的经历。在生命的最后一个阶段，她也在威廉·"野牛比尔"·科迪——世界上第一个将美国西部的形象固定化的人所属的著名马戏团中担任射击表演者。然而她也被赋予了很多对于西部环境而言尤为突出的男性化人格：酗酒、抽烟，并且也嚼食烟草。而她女性的一面也有所不同，即便她自己在自传中把与詹姆斯·"狂野比尔"·希科克（未经证

---

[1] 参见以下自传 Calamity Jane, Leben und Abenteuer der Calamity Jane, von ihr selbst erzählt, in: Kiderlen, E. （Hrsg.）, Calamity Jane. Briefe an meine Tochter, Zürich, 1996, 86–94。

实的）的爱情故事作为叙述的重点。在她早逝后，她最终与希科克一起埋葬在小镇戴德伍德。

野牛比尔和内德·邦特莱因

除了相关的小说以外，没有谁能像威廉·弗里德里克·科迪——传奇的"野牛比尔"那样把狂野西部传奇描绘得那么经典。科迪本人最初从事过的工作也显得中规中矩：他当过邮车赶马人、淘金者、小马快驿的骑手、参与南北战争的士兵、铁路建设的供货商、侦察兵，当他经历了小比格霍恩战役中卡斯特将军的失败之后，还赢得了"抵抗印第安人斗士"的称号。但他在之后的白人复仇行动中也扮演了重要的角色：1876年，他在针对上克里克人的战役中杀害了其首领"黄头发"并将其头皮剥下。除此之外，他还是一名水牛猎人，这一职业使他名声大噪并导致了水牛这一物种几近灭绝。

科迪所获取的声望从根本上说是媒体追捧的结果，这种追捧确切地说正是来自东海岸的记者和通俗小说作家内德·邦特莱因。而邦特莱因本人也成了狂野西部的传奇之一，柯尔特军火公司甚至曾经以他的名字命名了一种手枪，叫作"柯尔特邦特莱因特别款"。[1] 邦特莱因曾经参加与印第安人战争，主要是第二次塞米诺尔战争。在这次战争结束时的1842年，他就已经退役，以

---

[1] 参见以下传记：Monaghan, J., *The Great Rascal. The Life and Adventures of Ned Buntline*, Boston, 1951, 258; Pond, F. E., *Life and Adventures of Ned Buntline*, New York, 1919。

便全身心投入到写作中去。从1838年起,他不时为一些有声誉的杂志撰稿,比如《灯笼裤》,为该杂志撰稿的还包括著有《皮护腿故事集》的詹姆斯·费尼莫尔·库珀。邦特莱因作为出版商也创办了一些并不靠谱的杂志,比如19世纪40年代每周发行一次的《内德·邦特莱因自营周刊》。[1]但他同时还是一名走私者,有时也作为赏金猎人并卷入一些致命的枪战。他与纽约黑帮的紧密联系使他恶名在外,被认为是1849年发生在曼哈顿的亚斯特坊广场骚乱事件的煽动者之一,这次事件发展成了移民和排外主义者之间最严重的街头斗殴之一,并最终导致23人死亡。[2]作为一名排外主义分子,邦特莱因曾在圣路易市参与过类似的街头斗殴事件,也因此有过进牢狱的经历。

和其他通俗小说作家相区别的是,邦特莱因的写作主题不只局限于"狂野的西部",他也描写混乱失控的城市生活,尤其是纽约贫民窟的生活。无论是五点区还是与之毗邻、位于曼哈顿南角的包厘街区,这些城区以破败的公寓、妓院以及高犯罪率成了邦特莱因通俗小说中的主要场景。这里不仅有过黑帮分子的崛起,也上演了人类的日常悲剧,比如在19世纪40年代以淘金潮为背景写出《哦!苏珊娜》而闻名的著名作曲家斯蒂芬·福斯特,就是在1864年于包厘街区的一家廉价公寓中默默无闻地过世,时年仅37岁。[3]而邦特莱因也将此事写入了他的另一本著作

---

[1] Monoghan, *Rascal*(见第208页注释[1]),157 ff。

[2] Cliff, N., *The Shakespeare Riots. Revenge, Drama, and Death in Nineteenth-Century America*, New York, 2007, 216 ff.

[3] Emerson, *Doo-Dah*(见第180页注释[1]),299。

《纽约的神秘和苦难》之中。[1]

即使在20世纪,这一布满破败廉价旅馆,成为被称为"包厘街流浪汉"的无家可归者和吸毒者容身之所的地区,长期以来仍是失败者的潦倒之所,后来也成为社会边缘群体和有意避世者的聚居地。英国作家和电影制片人、在20世纪50年代最早公开同性恋身份[2]的昆廷·克里斯普便在此居住了多年并见证了美国亚文化及追求独立潮流的发展。

邦特莱因的文学作品、他作为严重酗酒者却颇为讽刺地宣传禁欲的巡回演讲,以及他对共和党人的政治承诺使他接触到了西部的传奇人物如"狂野比尔"希科克以及威廉·"野牛比尔"·科迪。[3]由邦特莱因导演的著名的狂野西部秀《大草原的侦察兵》于1872年在芝加哥进行了首演。演出的大获成功使得科迪兴奋不已,他邀请到了他的好友、另一位边疆地区的传奇人物——得克萨斯·杰克·奥穆亨德罗在后续的西部秀中扮演角色,并且在1873—1874年间还说服了希科克参与该秀的表演。而在19世纪90年代,邦特莱因撰写的以"野牛比尔"为主要形象的系列小说也大获成功。

在1872年首演之后,邦特莱因的狂野西部秀开启了数十年的巡演之旅并在1883年演出《野牛比尔的狂野西部》而达到顶峰,

---

[1] Monaghan, *Rascal*(见第208页注释①),137 ff.

[2] 1974年的电影《裸体公仆》(The Naked Civil Servant)和2009年的电影《英国人在纽约》(An Englishman in New York)等影视作品描述了昆廷·克里斯普的生平。

[3] 参见科迪的自传 Cody, W. F., *The Life of Hon. William F. Cody. Known as Buffalo Bill the Famous Hunter, Scout and Guide. An Autobiography*, Hartford(Conn.), 1879(Nachdruck o. O., 1980),以及 Cody, W. F., *The Adventures of Buffalo Bill to which is appended a short Scetch of his Life*, New York, 1905。

著名的西部马戏团一直活跃到20世纪。从19世纪80年代起，科迪也曾经多次率团到访德国，最后一次是在1906年。在秀中所展现的内容是众所周知的狂野西部的经典传奇：著名的苏族首领"坐牛"统率的印第安人、牛仔、射击表演以及骑术表演。科迪的生活因此也在一段时间内处于富足状态。但之后他在经济上陷入严重的窘境，并因此几乎丧失声誉。在美国加入第一次世界大战前夕的1917年初，科迪于丹佛市离世。

和科迪相比，其他众多狂野西部的传奇英雄则几乎被遗忘殆尽。其中就包括丹尼尔·布恩这位极具影响力的拓荒先锋和土地测量员，他被一些人认为是肯塔基州的奠基者。此外还包括皮货商人杰迪戴亚·史密斯，他是首位勘察出穿越落基山脉到达加利福尼亚的陆地路线的白人。这些传奇人物都放弃了对自身经历的炒作。

对传奇的极大需求不仅体现在《内德·邦特莱因自营周刊》和他撰写的那些通俗小说中，在急剧膨胀的西部传奇市场上，邦特莱因众多竞争者的出现也进一步体现了这一需求的巨大。其中就包括《比德尔的一角小说系列》和《戴德伍德迪克书库》。就像邦特莱因一样，各出版社也迅速将新的主题纳入其出版计划，尤其是大都市的犯罪情节和冒险故事，比如《纽约侦探故事集》或《特工》系列故事。这些关于拓荒时代的历史小说在欧洲冒险文学传统中并非总是更接近于现实，它们更为严肃，即便未被同时代的其他美国作家视为文学，但还是可以明确理解为一种正式的文学体裁。

文学：詹姆斯·费尼莫尔·库珀

詹姆斯·费尼莫尔·库珀在文学史上被现今的人们称为严肃西部文学的鼻祖[1]，在匿名出版第一部文学作品时就已经遭到了众多非议，后来又受到了马克·吐温的诸多批评。马克·吐温在1895年发表的一篇书评中着重将1841年的《猎鹿者》批判为"一种文学上的震颤性谵妄"以及一种"语言上的犯罪行为"。[2]尽管如此，库珀还是赢得了声誉，而且恰恰是因为受到马克·吐温极力批驳的、出版于1823—1841年的《皮袜子故事集》，其中就包含了1826年出版的畅销书《最后一个莫西干人》。库珀不仅仅普遍关注白人的行为，还特别关注那些对他而言在道德层面应受到谴责的对原住民的迫害行为。他和他的很多其他作家同行都认为这些原住民虽然"野蛮"，但也是"高尚的"。道德准则在他关注美国历史不同主题的其他文学作品中也同样具有支配地位。比如他出版于1821年的第一本爱国主义历史小说《间谍》就涉及独立战争以及对民族统一的破坏。

库珀的文学作品因而成为一种风格。在德语区深受他的鼓舞并继承了这种风格的作家当属弗里德里希·格斯泰克。在1837—1843年穿越北美的旅行之后，格斯泰克紧随库珀取得巨大成功的

---

[1] Zapf, H.（Hrsg.）, Amerikanische Literaturgeschichte, Stuttgart, ³2010, 77 ff.

[2] 引用自弗吉尼亚大学电子文档合集，网址如下：http://etext.virginia.edu/railton/projects/rissetto/offense.html。

脚步，以拓荒时代为主题撰写了两本畅销书。他于1846年出版的《阿肯色州的监察员》以及两年后出版的续集《密西西比河的河盗》也取得了成功。尽管从奥地利裔美国作家查尔斯·西尔斯菲尔德（Charles Sealsfield，即卡尔·安东·波斯特尔，Karl Anton Postl）的描写中获益匪浅，但是格斯泰克实际上还是充分利用了他自己的亲身经历和个人经验。而他的同胞作家卡尔·梅甚至经常明目张胆地将格斯泰克的故事作为其"旅行小说"的蓝本，其中有些内容几乎完全是天马行空的想象。虽然梅坚称这些都源于他的自身经历，但他直到1908年才得以前往北美。与现实的西部人一样，他把自己塑造成一位皮毛猎人角色。

然而，可能正是由于梅胡编乱造出来的这种具有异国风情的虚幻世界，他在日益工业化的德国取得了巨大成功。他的小说有动人的情节，并通常会以善的胜利为结局，最终被翻译成33种语言。他最成功的系列历险记是1876—1893年间出版的《威尼图》三部曲（原为四册），讲述了一位高贵的阿帕奇首领如何与白人好友"老残手"一起共同对抗白人入侵者以及敌对印第安人的故事。但是在梅的小说中，为何偏偏是那些同阿帕奇人一样为了自由顽强斗争的苏族人成为反派，这一问题是有争议的。最有可能的情况是，梅一开始选择了科曼奇人作为阿帕奇人的敌人，但是科曼奇人作为阿帕奇人的传统对手已经出现在了其他小说家的作品之中；而苏族人由于与美国白人的长年战争可想而知地给人留下了不好的印象，因此他们就成了这一角色的不二之选。

风景画、摄影和电影作品

除了在文学上对拓荒时代的传奇描绘之外，19世纪早期出现的、以"应许之地"为理念的风景画也对西部的神化做出了一部分贡献。其现实主义的表现手法常常被理解为一种特别的美式绘画的创造与开端。[1]为此，早在1844年于康涅狄格州的哈特福德就出现了美国首家公共博物馆——沃兹沃思艺术博物馆。在开拓西部的鼎盛时期，诸如阿尔伯特·比尔施塔特等一些画家仍在游历西部的途中，[2]而现今最为著名的两位艺术家——查尔斯·马里昂·罗素和彼得豪尔·费雷德里克·雷明顿，则是在边疆时代正式宣布结束之后才把西部作为他们的绘画主题。后来的西部片著名导演如约翰·福特和霍华德·霍克斯将罗素或者雷明顿广受欢迎的画作场景运用到他们的电影之中也就显得不难理解。此外，摄影的主题正如威廉·亨利·杰克逊与风景画家托马斯·莫兰在某种程度上所共同发扬光大的那样，也迅速成为对拓荒时代一种浪漫、怀旧的美化，随后的爱德华·柯蒂斯所拍摄的照片和纪录片也大致如此。他们拍摄的印第安首领的肖像也成了著名的

---

[1] Mankin Kornhauser, E. u. a. (Hrsg.), Neue Welt: Die Erfindung der amerikanischen Malerei, München, 2007; Prown, J. D., Amerikanische Malerei. Von der Kolonialzeit bis zur Gegenwart, Genf, 1969.

[2] Hendricks, G., Albert Bierstadt, *Painter of the American West*, New York, 1988.

作品。①

1903年起出现的那些依据通俗小说改编的娱乐电影，原本就不是作为纪录片而是作为有意识地设定成拓荒时代的虚拟场景而拍摄的。第一部西部电影就是前文提及的、片长仅为12分钟的无声电影——《火车大劫案》。在它之后又涌现出了数百部类似主题的电影。早期的银幕英雄有连续在大约150部电影中饰演牛仔形象"布朗科·比利"的吉尔伯特·安德森，以及在无声电影向有声电影发展时期饰演牛仔角色的汤姆·米克斯。约翰·韦恩在20世纪40和50年代最终成了最为著名的西部片演员。然而他饰演的角色使得当时美国西部片中常见的无所畏惧的英雄形象变得脆弱并具有两面性。1956年上映的电影《搜索者》所虚构出来的一个正面英雄形象已然受到广泛质疑。韦恩在他的最后一部西部片——1976年上映的《神枪手》中饰演一位边疆时代结束后年老沮丧的神枪手，完全颠覆了此前刻板的英雄形象。这种对角色的去神化也影响了那些由韦恩饰演的西部执法人员的正面形象。在1975年上映、由亚瑟·佩恩导演的电影《原野双雄》中，马龙·白兰度饰演的"监管者"只是一名愤世嫉俗的残忍杀手。

与此同时，在对20世纪60年代以前的景象和价值观进行重新解读时，出现了所谓的"意大利式"西部风格和"被修饰的"西部风格，它们被用来对西部这一主题进行一系列激进的诠释。该系列到目前为止最著名的作品当属塞尔乔·莱昂内于1968年上映的《西部往事》，它在风格上和美学上完全颠覆了以往人们对西

---

① Curtis Graybill, F. u. a., Ein Denkmal für die Indianer. Edward Sheriff Curtis und sein photographisches Werk über die Indianer Nordamerikas 1907–1930, München, 1979.

部世界的理解。邋遢、无趣和偏激的左轮枪手在铁路公司管理层的委托下,通过谋杀私人土地所有者来占有土地;而他们的对手常常也是一无所有而只是为了复仇而活着,这种形象和外表与当时的主流电视剧格格不入:在《荒野大镖客》(1955—1975)、《弗吉尼亚人》(1962—1971)或者《伯南扎的牛仔》(1959—1973)中,人们依旧刻画了带有整洁小镇和农场的西部田园景象及纯洁得表里如一且爱憎分明的主角。这种现象一直持续到20世纪70年代。

更为激进的作品是1970年的电影《蓝衣骑兵队》,它使关于圣洁军队的神话遭到破灭,并着重描绘了那些针对美洲原住民进行的血腥野蛮的驱逐和迫害。在剧中,一名天真的士兵以及一名遭印第安人绑架并同化的白人成为对印第安人犯下罪行的目击证人。此外,其他的神话也渐渐被动摇:在前文提及的电影《与狼共舞》(1990)中,以前选择性被刻画成高贵的野蛮人或者神出鬼没的凶手的原住民,在其社会行为中被赋予了完全正常的、与"白人"习俗可以相提并论的时代风格。而新的神话也被谱写出来,一些生前遭受残酷迫害的印第安人首领此时被神化为"美国传奇",在1993年的电影《杰罗尼莫:一个美国神话》中,印第安人突然被描绘成"绿色运动"的先驱,尽管他们在现实中从未得到这样的认可。另一方面,拓荒时代的传统美国英雄从此常常被刻画为自私自利的资本主义形象,他们毫不犹豫地对新来的移民竞争者进行谋杀,比如1980年的《天堂之门》和2003年的《天地无限》。如此,在诸如吉姆·贾木许的《离魂异客》之类的电影中,那些被西部神话感染的东海岸居民也只能在创伤里穿越被破坏殆尽的、遍布水牛骸骨和烧毁的印第安村落的西部大草原。这样的"修正"最终不仅涉及边疆时代的形象和神话，而且与国家历史其他主题的关联也越来越紧密，尤其是美国内战带来的创伤。

第五章

灾难和民族凝聚：美国内战和1861—1917年的战后时期

1861—1865年的美国内战

美国内战发生在1861—1865年。战争爆发前的时期是一个长期而充满苦难的历史时期。这一时期最后以对敌对者一系列无情的消灭行动达到了顶峰。具体负责这些行动的联邦军将领菲利普·谢里登与其更为出名的同僚谢尔曼将军或者格兰特将军并无二致,在他的率领下,谢南多厄山谷在1864年被彻底地焚为焦土。"我希望您在任何时候都坚决果断、充满活力,[并且]当您开始之后,就让这一灭绝行动成为瓦砾遍地、寸草不生的毁灭行动。"[1]如在印第安人战争中一样,他的军队所到之处确实也只留下了一片焦土。除此之外,在1870—1871年间的德法战争中,谢里登还受德军总参谋部的邀请给他的德国同行推荐了这一战术:摧毁得越多则能得到更多的和平。[2]此时,出于这一目的发明的武器技术的应用也使得大规模杀伤成为可能。由医生理查德·加特林进一步研发的10管高速机枪首次应用于战争。加特林原本以一些民用发明,比如蒸汽犁而出名,而他发明的机枪可以

---

[1] 谢里登的话引用自 Weighley, R. F., *The American Way of War. A History of United States Military Strategy and Policy*, New York 1973, 153。作者的译文。

[2] 引文大意为:正确的策略在于对敌人的军队造成尽可能多的有效打击,让人民遭受如此多的痛苦,以至于他们只能呼吁并迫使政府实现和平。人民不被允许留下任何东西,除了他们为战争哭泣的眼睛。引用自 Howard, M., The Franco Prussian War. The German Invasion of France, 1870-1871, New York, 1961, 380。作者的译文。

达到每分钟两百发的射速，对敌人的步兵造成大规模杀伤。[1]战术布置和技术发展使美国内战看起来更像是20世纪发生的机械化灭绝战争的一种预演，而不像在那些此前人们所熟悉的内战中发生的战斗——它们都是在封闭区域内按照或多或少的明确规则进行的。当然，长期以来，在美国内战的将军所参与的印第安人战争中，灭绝战术也并不少见。根据谢里登早在1869年所发表的那句臭名昭著的言论，一个死亡的印第安人才是一个好印第安人。[2]在战后时期，由于谢里登对向他提供的具有让步和解意图的职务公开地表明毫不妥协的态度，他从此没有再受到任用。

南北方的竞争

南北方之间的竞争与敌对，最终导致以1861年4月12日南方军队攻占南卡罗来纳州查尔斯顿近郊北方军队控制的萨姆特要塞为起点，持续四年之久的血腥战争。南北方之间这种关系的产生有诸多原因，其中一些原因直至今日仍极具争议。自北美第一次殖民化以来，南北方各自走上了不同的道路。[3]到1861年时，南北方几个世纪以来在很多方面已经大相径庭，而殖民化的差异只是诸多方面之一。与南方州的大约900万人口相比，内战之初的

---

[1] 可参考 Chivers, C. J., *The Gun. The Story of the AK-47*, New York, 2010, 25 ff。

[2] 引用自 Brown, *Herz*（见第140页注释①），172。

[3] 可参考 Schivelbusch, W., Die Kultur der Niederlage. Der amerikanische Süden 1865, Frankreich 1871, Deutschland 1918, Frankfurt a. M., 2003, 55 ff。

北方州拥有大约2200万人口，可算是人口众多。[1]同时，北方州在其他方面也更具实力：工业革命首先在北方州开始并发展，其基础设施的建设也比南方好得多。

除此之外，南北方在社会经济、政治以及文化方面也有更多的差异，这些差异也可以回溯至殖民之初的时代。尽管1767年在个别州的界线之争中勘定的所谓梅森与迪克逊分界线（从北纬39°43'、西经75°47'到北纬38°28'、西经75°42'）与南北方的差异线走势相当，并在1850年的《密苏里妥协案》（或称《奴隶制妥协案》）中得以保持，但是这种隐形的差异线在地理上并不明确，而是更多体现在文化上。从18世纪到19世纪30年代这段时期，对于像托克维尔这样的外乡人而言，南北发展会产生如此巨大的差异是不可预见的。颇具"美国色彩"的、原本只是用来形容未受过教育的农村居民的绰号——"扬基"，长久以来在南方被广泛用来指北方的加尔文主义清教徒移民，而外国人却只有在北方才能听到这个称呼。另一方面，南方的贵族和骑士传统也远远过时，没落成一种装腔作势的欧洲贵族做派。[2]

大约从1830年起，双方的分歧也成为公开辩论的主题。多数观点认为，在工业革命最初开始兴起的东北部地区，加尔文主义清教徒移民的继承者形成并巩固了一种观念，即只有积极进取才是对上帝虔诚的表现。北方经济的发展对于1864年出生的德国社会经济学家马克斯·韦伯而言几乎是意料之中的事

---

[1] Adams, Länderbericht USA I（见第16页注释②），106。

[2] Tocqueville, Demokratie I(见第64页注释①), 559 f. 此外可参考 Taylor, W. R., *Cavalier and Yankee. The Old South and American National Character*, Cambridge, 1993。

情,他在1901年出版的关于新教伦理和"资本主义精神"的书中指出:新教的责任与积极进取思想显而易见地证明是工业资本主义发展的理想沃土。相反,由于此时南方的种植园经济建立在奴隶制的基础上,因此并未发展出工业资产阶级,反而催生了一种地主贵族阶级,其生活方式和社会状态与北方相比可以说是南辕北辙。无论是生活在南方还是北方,这些地主贵族自认为与欧洲贵族阶层更为接近,并疏远那些城市居民、工人或者放牧者。正因为如此,他们对某些社会问题也漠不关心,即便是当这些问题引发了一种危机——被称为"可怜的白色垃圾"、通常与非裔美国人一样被无视的下层白种人开始寻求政治上的解放时。[1]在美国内战前的几十年中,传播和阅读宣扬解放奴隶的文章在南方是被禁止的。被怀疑是废奴主义者的教师会失去工作,甚至受到驱逐。[2]因此在学校教育方面以及社会制度的其他方面,南方也落后于北方。

南方自以为是的贵族做派——所谓的"上流社会"做派,集中表现为对欧洲标准贵族生活的模仿。其中就包括一座被后人称为"战前殖民地古典风格"的地主庄园,它带有立柱、前柱廊甚至环绕柱廊,此外还会有宽阔的车道和一片花园以及奴隶居住的场所。英国记者威廉·海沃思·狄克逊在他1867年出版的旅行游记《新美利坚》中总结道:"在这些庄园里面,一个来自旧世界但出身更优越的旅行者有着像在家一样的感觉。这些房屋被

---

[1] 可参考肯布尔的游历记录:Kemble, F. A., *Journal of a Residence on a Georgian Plantation in 1838-1839*, ed. by J. A. Scott, Athens, 1996。有关"白色垃圾"的概念参考 Wray, M./Newitz, A.（Eds.）, *White Trash: Race and Class in America*, New York, 1997, 1 ff.

[2] Schlesinger, A. M., *Age of Jackson*, Boston, 1971, 190。

精心设计、建造，装修也极为豪华，设有良好的厨房和地下室，书籍、画作以及音乐如同欧洲的一样制作精良。他看见了大量的马匹和用人、广阔的地皮以及茂盛的森林……男士们坦诚而果断，且热情好客……对于这样一个乐而忘返之人，北方生活的吸引力不大。那里的民居没有南方的那样宽敞舒适，气候也要冷得多……"[①]

根据观察人士的观点，这一切也对社会氛围和个体行为产生了影响。狄克逊嘲笑道，北方的人们都是各扫门前雪。造访那里的人们往往感觉自己受到了忽视，因为"男人们只关注自己的生意，他们对打猎、钓鱼和跳舞这些娱乐活动没有丝毫的兴趣，其话题仅限于他们的磨坊、矿场、道路或者捕鱼船队；（此外）他们总是行色匆匆并且紧张忙碌，就好像他们正将自己的命运掌握在手中，害怕它从手中溜走。就连妇女们也都有工作，她们（只）关心自己的事情"。那些自认为是绅士的南方大种植园地主所崇尚的欧洲贵族惯常的行为模式也体现在美国盛行的决斗现象中，这种现象后来也在无产阶级以及平等主义基础上产生，并在西北部边疆地区的牛仔小镇和矿业小镇之中得以盛行。与此相反，在南方州的上流社会人士中，像在欧洲一样，只有那些门当户对而被认为是平等的人之间才存在所谓的"决斗权"。这些人中绝不会包含工人、非裔美国人或者印第安人。值得注意的是，在欧洲中世纪和近代早期，上流社会绅士自我形象的一部分就包括了被允许掌握在个人手中的恰当的正义。这一点完全不同于边

---

① Dixon, W. H., *New America*, Vol II., Leipzig, 1867, 260f. Folgende Wiedergaben ebd., 261. Übersetzung vom Vf.

疆地区的枪手精神：在某些毫无正义可言的地区，自行执法的行为填补了当地的司法真空，人们因此实际上更广泛地要求拥有这种所谓的自行执法的民主权利。

从这个意义上说，被隐晦地称为《林奇法》的私刑在20世纪南部各州盛行的现象实际上并非巧合。私刑随着时间的推移逐步成为针对黑人的习惯性法律。这种现象源自根深蒂固的种族主义观念以及在南方谋杀非裔美国人长期以来通常不被认为是犯罪行为的这一事实。实际情况早在17世纪就已出现，尤其是在18世纪，出于对壮大的奴隶阶层日益蔓延的恐惧，变得更为普遍。据估计，在南方州总共有大约5000名黑人成为私刑的受害者。[①]如果一旦涉及针对白人的实际或涉嫌参与叛乱以及性暴力的情况，一种歇斯底里的疯狂就会迅速蔓延开来，并经常发展成为对黑人的集体惩罚行动。正如女记者艾达·贝尔·韦尔斯自19世纪90年代起所倡导的那样，对愈演愈烈的私刑法所做出的抗争直到20世纪20年代才取得减少非法处决的效果，但伴随着20世纪50、60年代黑人解放运动的成功，美国社会又一次掀起了动用私刑的浪潮。[②]

内战结束之后的1865年，即在所谓重建时代或者"镀金时代"中，随即产生了对于解放奴隶支持者而言堪称恐怖组织的三K党，他们要求在之前处于无管理状态的地区扮演执法者的角色。这一组织的出现并非偶然。玛格丽特·米切尔1936年出版的小说《飘》回顾了这一历史。这本小说取得了巨大的成功。在小

---

① Martschukat, *Todesstrafe*（见第53页注释②），67。
② 出处同上，第77页及后几页。

说出版3年之后，又拍摄了相关的电影，两者皆描绘了美国内战前南方州的一种"完美的"光景及其战后的满目疮痍，并在很大程度上展现了美国老南方州文化在内战后的很长时间之内依旧保持的独特吸引力。直到今天，美国消费品中也仍然存在清晰的南北方区别。1874年产自新奥尔良的甜味利口酒品牌"南方惬意"从一开始就体现了南方"迷失天堂"的内涵，与20年前在北方俄亥俄州所发明的"贵格派燕麦片"相比，是一种截然不同的理念。

奴隶制

当其中一半以奴隶制为基础而另一半则通过薪酬制来发展经济时，这个共同的联邦国家应该如何运作？就此而言，这一从19世纪30年代起以武力冲突开始的争论便直接聚焦在国家的统一问题上。有趣的是，双方在其广泛的公开立场宣传中都引用了美国宪法。在拒绝奴隶制的时候，北方通常会援引他们的自由模式以及人权宣言，而南方则认为联邦政府在建立社会秩序时不应该干涉联邦州的权利，尤其是宪法中所保证的财产权。南方联盟所发表的、后来也被作为脱离联邦理由的官方声明，比如1861年3月11日发布的美利坚南方联盟宪法，和之前的其他此类文件一样（南卡罗来纳州、佐治亚州、密西西比州），也因此强调了蓄奴的权利，但同时也禁止了继续引入新的奴隶。[1]由于有大约350万名非洲黑奴被视为财产，这引发了南北方的根本冲突：北方因为工业化的发展而遥遥领先于南方。这一冲突带来的影响也越来越严重。实际上，南方州在内战前也没有自己生产制造机器的实力。大型种植园为了提高利润而需要的诸如轧棉机之类的机械必须向北方购买，而其他很多种原材料和消费品也同样如此。

相反，那些没有蓄奴制的联邦州认为，南方使用的那些无须报酬的劳动力对他们而言是一种不可容忍的恶性竞争行为。自19世纪20年代起，对于棉花的需求在世界范围内大涨，这一观点的影响也日益深远。对于小型农户而言，是否使用几乎免费的奴隶劳动力或者使用越来越自动化的机械产品，这对他们的生存来说没什么区别。而这个观点又成了支持蓄奴者的另一论点。当时南方州的一位著名的社会理论家乔治·菲兹休认为，奴隶制相对于自由的工资制而言反而是有优势的，因为奴隶主相较于小型农户会给奴隶提供保护和安全[2]。但这一观点在当时一般被认为是具有讽刺意义的，正如在当时的欧洲也普遍出现了为农奴制或类似于服从奴役辩护的情况一样。

---

[1] Schambeck, *Dokumente*（见第 116 页注释①），363–366；此处：365。
[2] 引用自 Schivelbusch, *Kultur*（见第 222 页注释③），59。

奴隶制的反对者

反对者早在17和18世纪就出于不同的动机对奴隶制进行了反驳。1787年美国政府对其西北地区领土颁布的指导性法规就禁止奴隶制,这使得奴隶制的存在仅限于南方诸州,并且奴隶贸易的许可仅允许再延长20年时间。1807年3月2日通过的废除奴隶贸易法案成为这一阶段的终结。该法案于1808年1月1日正式实施,它禁止"将黑色人种、黑白混血人种和有色人种的任何一人作为奴隶、仆人或者劳工进行买卖……"[1]尽管国会禁止了奴隶贸易,但是在美国,仅仅是由于奴隶后代的出生就使得被奴役的人数依旧持续上升。1790年,美国有大约71.7万名奴隶,1810年的奴隶人数接近120万,1820年的奴隶人数大约为150万,1840年这一数字几乎达到了250万,而在1860年美国内战前夕,美国奴隶的总人数达到了大约400万人。[2]

---

[1] 刊登于 Schambeck, *Dokumente*(见第116页注释①),268-270。引文见:268。
[2] Berlin, *Generations*(见第78页注释③),Tab. 1, 272 ff. 下文数据出处相同。

1680—1860年美洲殖民地和美国的奴隶人口数量[1]

单位：人

地区/殖民地/联邦州	1680年	1700年	1720年	1750年	1770年	1790年	1810年	1820年	1840年	1860年
"北方联邦州"总人数	1895	5206	14081	30172	47735	40420	27081	19108	1113	64
新罕布什尔州	75	130	170	550	654	158	0	0	1	0
佛蒙特州	不详	不详	不详	不详	25	16	0	0	0	0
马萨诸塞州	170	800	2150	4754	0	0	0	0	0	0
康涅狄格州	50	450	1093	3010	5698	2764	310	97	17	0
罗得岛州	175	300	543	3347	3761	948	108	48	5	0
纽约州	1200	2256	5740	11014	19062	21324	15017	10088	4	0
新泽西州	200	840	2385	5345	8220	11423	10851	7557	674	18
宾夕法尼亚州	25	430	2000	2822	5561	3787	795	211	64	0
俄亥俄州	不详	不详	不详	不详	不详	不详	0	0	3	0
印第安纳州	不详	不详	不详	不详	不详	不详	不详	190	3	0
伊利诺伊州	不详	不详	不详	不详	不详	不详	不详	917	331	0
缅因州	不详	不详	不详	不详	不详	不详	不详	0	0	0
密歇根州	不详	不详	不详	不详	不详	不详	不详	0	0	0
明尼苏达州	不详	不详	不详	不详	不详	不详	不详	不详	不详	0
爱荷华州	不详	不详	不详	不详	不详	不详	不详	不详	不详	0
威斯康星州	不详	不详	不详	不详	不详	不详	不详	不详	11	0
堪萨斯州	不详	不详	不详	不详	不详	不详	不详	不详	不详	2
俄勒冈州	不详	不详	不详	不详	不详	不详	不详	不详	不详	0
加利福尼亚州	不详	不详	不详	不详	不详	不详	不详	不详	不详	0
内布拉斯加州	不详	不详	不详	不详	不详	不详	不详	不详	不详	15
科罗拉多州	不详	不详	不详	不详	不详	不详	不详	不详	不详	0
达科他州	不详	不详	不详	不详	不详	不详	不详	不详	不详	0
内华达州	不详	不详	不详	不详	不详	不详	不详	不详	不详	0
新墨西哥州	不详	不详	不详	不详	不详	不详	不详	不详	不详	0
犹他州	不详	不详	不详	不详	不详	不详	不详	不详	不详	29
华盛顿州	不详	不详	不详	不详	不详	不详	不详	不详	不详	0

[1] 出处同前，第272页及以下几页。

续表

地区/殖民地/联邦州	1680年	1700年	1720年	1750年	1770年	1790年	1810年	1820年	1840年	1860年
"南方联盟州"总人数	5706	23753	55962	216476	422141	676601	1165405	1519037	2486326	3953696
特拉华州	55	135	700	196	1836	8887	4177	4509	2605	1798
马里兰州	1611	3227	12499	43450	63818	103036	11502	107397	89737	87189
弗吉尼亚州	3000	16390	26550	107100	187600	292627	392518	425153	449087	490865
北卡罗来纳州	210	1000	3000	19800	69600	100572	168824	205017	245817	331059
肯塔基州	不详	不详	不详	不详	不详	12430	80561	126732	182258	225483
密苏里州	不详	不详	不详	不详	不详	不详	13011	10222	58240	114931
田纳西州	不详	不详	不详	不详	不详	3417	44528	80107	183059	275719
哥伦比亚特区	不详	不详	不详	不详	不详	不详	5395	6377	4694	3185
南卡罗来纳州	200	3000	11828	39000	75178	107094	196365	158475	327038	402406
佐治亚州	不详	不详	不详	600	15000	29264	105218	149654	280944	462198
东佛罗里达	不详	不详	不详	300	2000	574	1651	不详	不详	不详
佛罗里达州	不详	不详	不详	不详	不详	不详	不详	不详	25717	61745
路易斯安那州	不详	不详	1385	4730	5600	18700	34660	69064	168452	331726
西佛罗里达	不详	不详	不详	不详	1500	不详	不详	不详	不详	不详
亚拉巴马州	不详	不详	不详	不详	不详	不详	不详	41879	253532	435080
密西西比州	不详	不详	不详	不详	不详	不详	17088	32814	195211	436631
阿肯色州	不详	不详	不详	不详	不详	不详	不详	1617	19935	111115
得克萨斯州	不详	不详	不详	不详	不详	不详	不详	不详	不详	182566
南北方各州总计人数	6971	28958	70043	246648	469867	717021	1192486	1538145	2487439	3953760

正如之前在英国发生的那样，废除奴隶制的要求以及废奴主义者的团结在美国最初也没有取得大的进展，它们一开始只是内政斗争的主题之一。这种情况也是由于各州奴隶人口数量存在极大差异而引起的。1860年，大部分的奴隶生活在弗吉尼亚州（490865人）、佐治亚州（462198人）、密西西比州（436631人）、亚拉巴马州（435080人）、南卡罗来纳州（402406人）、路易斯安那州（331726人）、北卡罗来纳州（331059人）、肯塔基州（225483人）以及田纳西州（275719人），在得克萨斯州、密苏里州和阿肯色州各居住了超过10万名奴隶。相比之下，存在蓄奴制度但奴隶人数少得多的联邦州

有马里兰州、佛罗里达州、特拉华州、首都华盛顿哥伦比亚特区以及相邻的1860年仅有18名奴隶的新泽西州。只有在那些1860年以前建立的联邦州中才完全没有奴隶的存在，即宾夕法尼亚州、新罕布什尔州、罗得岛州、佛蒙特州、俄亥俄州、伊利诺伊州、缅因州、密歇根州、艾奥瓦州、威斯康星州、加利福尼亚州、明尼苏达州以及俄勒冈州。

美国的反奴隶主义者是在独立运动的过程中首次将这一主张面向公众提出的，但是他们的影响力最初极为有限。1775年，托马斯·潘恩于一年前从英国前往美国之后，在由他参与出版的杂志《宾夕法尼亚日刊及广告周刊》上发表了一篇关于美国非裔奴隶的文章，它成为那场早已在美国开始的、关于奴隶制的争论的一篇告急文书。[1]同年也产生了首个以废除奴隶制为目标但仍极具局限性的联合组织。后来潘恩又以他在法国大革命中差点遭受死刑的亲身经历提出关于理性时代和人权的观念。

此外，自18世纪80年代起，在北美更多的是贵格党人对蓄奴行为表示反对，他们在接下来的数十年间一再发起极具轰动性的解放行动。在1865年最终宣布解放奴隶之前，贵格党人通过所谓的"地下铁路"解救出了大约5万名黑奴，并将他们送至自1834年起就废除奴隶制的加拿大境内。[2]在此之前，美国的废奴主义者还尝试过更激进的方法，即为了弥补已产生的不公平而将被解放或者逃亡的黑奴送回非洲，但这个方法最终以失败而告终。

---

[1] Foner, Ph. S.（Ed.），*The Complete Writings of Thomas Paine*，New York，1945，XI f。此外可参见：Rights of Man（241-458）以及Age of Reason（463-604）。

[2] 数据出自 Adams, Länderbericht USA I（见第16页注释②），104。

1817年成立的、以前总统詹姆斯·麦迪逊和托马斯·杰弗逊为首的美国殖民协会于1822年在西非购买的那片土地，在25年后以"利比里亚"为名宣布成为一个自由国家，但是它也成了数千名非裔美国人的新家园。这种情况的产生也与当地民族的强烈抵制有关。

《汤姆叔叔的小屋》

与激进的手段相反，废奴主义者在公众认知中的一个突破竟然是通过一种特殊的手段获得的，即一本小说。奴隶制反对者哈里特·比彻·斯托夫人于1851—1852年间撰写的《汤姆叔叔的小屋》，又名《卑贱者的生活》，最初作为连载小说发表于支持废奴主义运动的报纸《民族时代报》上。当这本小说在1852年3月最终出版时，它不仅仅在美国而且在欧洲迅速成为畅销书并且在舞台上也取得了巨大的成功。就像150年以前出版的、塞缪尔·休厄尔所著的畅销书《被售出的约瑟夫》一样，《汤姆叔叔的小屋》在内容上也有一条有迹可循的、真实的自传性主线。比彻·斯托夫人在她1853年出版的第二本著作《〈汤姆叔叔的小屋〉题解》中提到，这本书是以通过地下铁路于1830年逃往加拿大的前奴隶乔赛亚·亨森为原型的。而她的众多反对者也从另一方面说明，她的这部小说直击美国社会的痛点。在19世纪50年代，这些反对者对此也撰写了大量的反驳性文章，比如玛丽·亨德森·伊士曼1852年所著的《菲莉姨妈的小屋》，或称《真实的南方生活》，她参照了乔治·菲茨休的文章，将奴隶和奴隶主之间的关系描绘成一种和谐融洽的状态。

比彻·斯托夫人的小说发表后,废奴主义者和奴隶制支持者之间的宣传战的对立更为明显,而且还越来越频繁地出现袭击甚至是谋杀事件。引起最大轰动的是1856年5月24—25日夜间发生的攻击事件,一队激进的废奴主义者在来自新英格兰的约翰·布朗的带领下,出于对堪萨斯州的一次袭击的报复,杀死了5名奴隶制支持者。3年后,这次被称为"波塔瓦托米屠杀"的事件又被布朗对存储了打算用于镇压一次奴隶起义的武器的弗吉尼亚州武器库发动的突袭所超越。计划失败之后,布朗本人被后来南方军的将领罗伯特·爱德华·李率领的一支美军队伍逮捕随后被处死。就像身处废奴运动之中的很多人一样,布朗更愿将自己看成一位殉道者。由另一位女性废奴主义者朱莉亚·沃德·豪谱写的进行曲《约翰·布朗的遗体》后来也成为废奴运动中最为著名的歌曲之一。然而诸如约翰·布朗那样的激进废奴主义者的蛮勇所带来的突破是微乎其微的,正如人们所记录的、截至1861年内战之前超过200次奴隶起义事件一样。其中规模比较大的起义发生在1712年和1741年的纽约、1739年的查尔斯顿(史陶诺动乱)、1811年(日耳曼海岸起义)以及1831年(奈特·特纳奴隶起义)的弗吉尼亚。

在对约翰·布朗进行审判期间,美国的国内气氛已经接近内战爆发的边缘了,正如国外的一些观察家如法国作家维克多·雨果所关注到的那样。亚伯拉罕·林肯在一次接见比彻·斯托夫人时曾亲口说过,她的小说可称为是美国内战的导火索("你就是那位写出了那本引发一场伟大战争的小说的小妇人！"）。[1]众所周知，引发内战的根本原因当然是更深层次的。最重要的问题之一是，新加入的联邦州是应该禁止奴隶制还是允许蓄奴。为此，在伊利诺伊州（1818）和亚拉巴马州（1819）分别作为禁奴和允许蓄奴的联邦州加入美利坚合众国之后，双方阵营于1820年达成首次妥协。虽然反对和支持蓄奴的联邦州的数目各自达到了11个，从而在美国参议院出现了一种势均力敌的情况，但是由于反蓄奴的伊利诺伊州在人口数量上占有优势，所以众议院的天平开始向不利于南方联邦州的方向倾斜。

密苏里妥协案

妥协的结果就是所谓的"密苏里妥协案"，它主要是在后来的国务卿亨利·克莱的推动下达成的。在之后的类似斡旋事件中，他也应邀提供帮助。密苏里妥协案的背景是（无组织的）密苏里领土加入合众国的申请，当时反对蓄奴的北方联邦州担心，1803年路易斯安那并购案中涉及的其他界定地区可能会以此作为一种预设加入合众国。这一妥协案在此时确定，在密苏里州加入合众国之后，北纬36°以北的地区——之前的路易斯安那州的一部分并大致与前文提及的梅松-迪克逊线相符，在未来将不再保留奴隶制度。

---

[1] Stowe, Ch. E., Harriet Beecher Stowe. *The Story of Her Life*, Cambridge, 1911, 203.

双方分歧的严重程度可以从大量的证据中看出来。这个分歧也许可以看成代表老南方的"迪克西兰"或者"迪克西"这一词语产生的根源。在老南方地区，它最终被用于一段针对南方联盟改编的旋律中（"我希望我身处棉花田中……/在我出生的迪克西兰"）。这一旋律至今都与内战时期在北方废奴主义者中广为传唱的歌曲《共和国战歌》（"约翰·布朗的遗体在坟墓中腐烂……"）一样，拥有着类似的影响力。除此之外，还有长时间以来作为一首讽刺歌曲在北方广为传播的、在某种程度上被视为非正式国歌的《南方扬基佬》。①

如众所周知的那样，关于密苏里州的这一所谓"妥协"实际上也使得双方的分歧更为深化。因此这一系列问题在接下来的时间中不出意料地变得愈加严重起来。1846年的一项关于未来所有联邦地区都必须彻底废除奴隶制的提议成为双方的争执点，但南方联邦并不打算同意这一提议。直到内战开始之前，这样的冲突几乎是反复而定期地产生。1850年人们又一次试图借助克莱的帮助来签订一个双方都能接受的长期协定。这个新的妥协案（《1850妥协案》）比之前的妥协案更为复杂，并引起了北方各州不满情绪的高涨。根据这一法案，刚刚成立的加利福尼亚成了一个废除奴隶制的联邦州，而新墨西哥州和犹他州则可以自行决定奴隶制的去留问题，而华盛顿特区虽然保留奴隶制，但也禁止奴隶买卖行为。

这一切都表明，双方都想达成有利于己方的妥协。这一点

---

① 歌词参见 Silber, I./Silverman, J. (Eds.), *Songs of the Civil War*, London, 1960, 203。

在不久之后决定1803年购入的路易斯安那北部地区的划分问题上，表现得尤为明显。1854年，在属于民主党因而更倾向于南方联邦立场的参议员史蒂芬·道格拉斯和刘易斯·卡斯的支持下，同样来自民主党的总统富兰克林·皮尔斯签署了最终被称为《堪萨斯-内布拉斯加法案》的进一步妥协法案。根据该法案，堪萨斯州被划分到蓄奴的南方联邦，而内布拉斯加州则归属于废除奴隶制的北方联邦。除此之外，该法案确定了人民自决来决定奴隶制的去留。"主权在民"观念的增强使得各自阵营及其宣传攻势的影响力更为巨大。关于该妥协案的争论这一次在事实上造成了双方的决裂：不仅各方都认为未来不应再继续采取这样的中庸路线，而且甚至还因此产生了一个新的政党。在关于《堪萨斯-内布拉斯加法案》的争论中，以反对奴隶制并同时以保护北方联邦利益为最初纲领的共和党应运而生。此时在共和党内部，激进的废奴主义者也在自由土地、自由工作、自由言论和自由人民的战斗呼声中团结起来。[1]民主党因此也更为明显地代表了南方联邦的利益和价值观，这一基调一直延续到了20世纪。在1877年对当时的14个南方联邦州进行的激进"重建"正式结束后，直到1964年，民主党人的比例在他们所谓的"坚实的南方"都一直保持着多数。

---

[1] 引用自 Adams, Länderbericht USA I（见第 16 页注释②），104。此外可参见 Foner, E., *Free Soil, Free Labor, Free Men. The Ideology of the Republican Party Before the Civil War*, London, 1970, 9。

美国内战

导致美国内战爆发的决定性事件是与奴隶制极端对立的候选人亚伯拉罕·林肯在1860年总统大选中取得的胜利。[1]仅仅在几个月之后，真正的对立就已经出现了：1861年2月4日，南方联邦州以"美利坚诸州联盟国"为名宣布独立。他们重新选举了一位总统杰弗逊·戴维斯，并将亚拉巴马州的蒙哥马利作为新的首都——后来迁往弗吉尼亚州的里士满，在1865年4月内战结束之前又迁至丹维尔。1861年3月11日，在南方联盟还产生了一部新的宪法。[2]在南卡罗来纳州（1860年12月20日）宣布脱离联邦后，至1861年5月，下列联邦州也纷纷叛乱，即密西西比州（1月9日）、佛罗里达州（1月10日）、亚拉巴马州（1月11日）、佐治亚州（1月19日）、路易斯安那州（1月26日）、得克萨斯州（2月1日）、弗吉尼亚州（4月17日）、阿肯色州（5月6日）、田纳西州（5月6日）以及北卡罗来纳州（5月20日）。然而，这场内战的前线却是模糊的，因为也有一些蓄奴的联邦州仍然留在了联邦之中：除了马里兰州、肯塔基州、密苏里州和特拉华州以外，弗吉尼亚州的一部分也于1863年离开了南方联盟，并以西弗吉尼亚州的名义加入北方合众国。

冲突爆发后，叛乱的南方州立即使得林肯处于进一步的决策压力之下。早在1861年4月12日，位于南卡罗来纳州但由北方军

---

[1] 林肯生平参见 Nagler, J., Abraham Lincoln. Amerikas großer Präsident, München, 2011。

[2] 刊登于 Schambeck, Dokumente（见第116页注释①），363–366。

队占领的萨姆特要塞就遭到了南方军队的炮击,双方自此开始了剑拔弩张的对峙,由此正式拉开了内战的帷幕。对于林肯而言,他肩负着两方面的任务:一方面是奴隶制的废除,这对于林肯而言意义极为重大,但它并非当务之急;另一方面则是美利坚合众国的统一,这才是联邦此时需要首先解决的问题。这些任务直到所谓的《解放黑人奴隶宣言》的发布才得以划分开来。《解放黑人奴隶宣言》的初稿在1862年就已经完成,但是直到1863年1月1日才正式发布。该宣言宣布,从1863年起,所有的奴隶均为自由之身。[1]讽刺的是,这份宣言还涉及5个身处北方合众国的蓄奴州,即密苏里州、肯塔基州、马里兰州、特拉华州以及从弗吉尼亚分离出来的西弗吉尼亚州。但是这5个州被定义为特别边界州,林肯最初曾小心翼翼地将它们从《解放黑人奴隶宣言》中剔除。他采取这一措施的原因仅仅在于,直到那时北方联邦军在军事上还保持着战果平平的状态。而在欧洲,对于北方联盟的同情再次滋生,这也使得英国和法国与南方联邦并肩作战的可能性不复存在。

美国内战的历程

到1865年就宣告结束的美国内战,持续的时间虽然相对不长,但是充斥着血腥的战斗,而战后的创伤则持续了更长的时间,对于某些人而言甚至持续至今。1861年4月15日,在林肯总

---

[1] 出处同前,372-374。

统正式宣布进入战争状态、组建了志愿军并对南方的港口进行封锁之后不久，人们就意识到通过一场迅速的胜利来结束战争的想法是几乎不可能实现的。1861年7月27日，北方联邦军在华盛顿特区附近的布尔朗战役中遭遇首次失利。至1862年的夏天，北方联邦不得不调整他们的"蟒蛇计划"，通过沿密西西比河的一次急行军（1862年4月28日占领新奥尔良，7月4日占领维克斯堡）以达到割裂南方联盟的目的。1863年7月3日，南方联盟军在葛底斯堡战役的失利使得胜利的天平逐渐向北方联军一方倾斜。

几个月之后的1863年11月19日，林肯在葛底斯堡国家公墓的致辞——著名的《葛底斯堡演说》可以看作是一次以未来视角从双方带有深深敌意的血腥战争中促进国家再次统一的尝试。从历史上看，这次尝试是成功的，《葛底斯堡演说》也因此在美国的历史传奇中占据了重要的地位。直到今天，这次演说仍激励着人们和平共处的愿景，就像由黑人民权运动领袖马丁·路德·金于1963年在华盛顿特区所作的另一个著名的演讲，其中包含了那句极具感染力的名言："我有一个梦想。"1864年的战争局势更为严峻，即便是那些久经沙场的将士此时也只是充当了战争的炮灰。1864年秋天，在北方联军将军威廉·谢尔曼领导下进行的、以破坏南军基础设施以及削弱当地居民斗志为目的的战役——首先在佐治亚州，随后又在南卡罗来纳州实行的所谓的"焦土政策"，使得战争达到了前所未有的破坏程度和恐怖程度。在萨凡纳，一条焦土带一直延伸至大西洋岸边。而在佐治亚州，首府亚特兰大也像诸如哥伦布之类的其他南方城市一样被夷为平地。破坏行动的另一个高潮发生在1864年10月19日被谢里登的军队化为废墟的谢南多河谷。但是联盟军早在1863年的军事失利后就已经转而进行残酷的游击战争了。他们的那些"击而即退"的军事行动主要集中在密苏里州和堪萨斯州境内，正如后来的詹姆斯·杨格团伙的所作所为一样，这些行动在当地激起了深深的报复情绪。1863年8月21日，在堪萨斯州的劳伦斯市——一个在内战前就已耸立着的废奴主义者堡垒，且在1855年到1859年间的边界战争中一再遭受联盟军袭击的城市所发生的大屠杀中，威廉·克拉克·考崔尔率领的"考崔尔突击队"的数百名联盟军游击队员至少屠杀了122名居民并将该市焚烧殆尽，这些游击队员中就包括杰西·詹姆斯和科尔·扬格。[1]对此，北方联邦军以针对南方政府同情者的大规模驱逐行动作为回应。除此之外，他们同时还有足够的时间来继续进行印第安人战争。劳伦斯大屠杀发生大约半年前的1863年1月29日，爱达荷州就发生了尤为血腥的贝尔河大屠杀，好几百名被认为要对袭击负责的休休尼人（大多为妇女和儿童）被联邦军队射杀。

不同于美国独立战争中的不对称战争，南北战争中的双方几乎处于均势。南方联盟军从1863年起就受到沉重的军事打击，因而寄希望于1864年的总统选举中林肯不再获得连任，而是由他的民主党对手、时任北方联邦军总司令的乔治·布林顿·麦克莱伦接任，因为人们认为麦克莱伦会同意进行和解，而林肯本人在当时也没有必胜的信心。总的来说，直到1864年9月谢尔曼往大西洋方向推进的战略获得成功并在接下来的一个月中对南方联盟军取得谢南多河谷大捷之后，才给林肯带来了选举的成功，但是尽

---

[1] Leslie, E. E., *The Devil Knows How to Ride. The true Story of William Clarke Quantrill and His Confederate Raiders*, New York, 1996, 237.

管如此,他只以55%的选票勉强取胜。①

1864年北方联邦军实施的焦土战略实际上是取得战争胜利的关键所在。不仅仅是南方民众开始厌战,而且当士兵成群结队地临阵脱逃时,南方联盟军也逐渐瓦解。1865年4月5日,林肯甚至已经可以去视察受到战争严重破坏的、已被北方联邦军占领的联盟国首都里士满。1865年4月9日,罗伯特·爱德华·李的军队向弗吉尼亚州的阿波马托克斯法院投降,两周之后的4月26日,南方联盟的其他部队也做好了移交武器的准备。林肯的对手——美利坚诸州联盟国的总统杰弗逊·戴维斯被捕,对他叛国罪的诉讼最终结束于1869年。

刺杀林肯事件

亚伯拉罕·林肯并未能够经历内战的结束、国家的重新统一以及奴隶解放的实现。1865年4月14日晚,林肯在至今仍得以保留的、位于华盛顿特区的福特剧院观剧时,遭到拥有演员和前南方联盟军民兵身份的约翰·威尔克斯·布斯从背后的枪击②,这次刺杀事件发生在罗伯特·李在弗吉尼亚州投降仅仅数天之后。林肯在受到枪击的一天之后身亡。1865年5月,他最终被葬于伊利诺伊州的斯普林菲尔德市。

由于暗杀事件恰好发生在耶稣受难日,也使得林肯在他的葬

---

① 单个事件可参见 http://uselectionatlas.org。

② Clarke, J. W., *American Assassins. The Darker Side of Politics*, Princeton, 1982, 18 ff.

礼中被喻为救世主。事情的真相后来逐渐明朗起来,即这次刺杀行动并非个人行为,而是更大规模的阴谋。它其实还涉及其他那些在暗杀中幸免于难的人。在4月15日宣誓就职成为林肯继任者的副总统约翰逊、国务卿西华德,以及格兰特将军都没有出现在剧场。西华德虽然在家中受了重伤,但是他幸存下来。布斯一开始得以逃脱,后来受到追捕并被击毙。在另外4名反叛者中,即西华德的暗杀者路易斯·鲍威尔以及大卫·赫罗尔德和乔治·阿茨罗德,后两者都是原本计划对约翰逊进行暗杀的人;作为阴谋中唯一的女性,玛丽·苏拉特的共谋并没能得到确认,在经过一场疯狂的审判之后,她于1865年7月7日被处以极刑。而为逃亡的布斯处理断腿的医生塞缪尔·马德则与其他两名同谋一起被判长期监禁。

重建时代:1865—1876/1877年南方诸州的回归

在美国内战中,整个国家都处于参战状态,铁路的战略意义也彰显出来;不仅如此,战争中还涌现出了很多新式的武器装备——从一开始的装甲船到后来的潜艇和机枪。这个美国历史上的首次"全方位"战争带来的最明显的结局就是对于那个时代而言令人震惊的巨大伤亡人数。这场战争的死亡人数总计超过60万人，其中包括北方的36万人和南方的27.5万人。[1]此外，美国大部分地区化为了废墟。战争的死亡率大约是美国总人口数的2%，其中南方以约5%的白种人口死亡率以及20%的男性人口死亡率远超北方，而北方的死亡率大约为总人口的1.8%。[2]除了大量的死亡人数，双方的受伤人数同样巨大。1865年之后，永久伤残者成了日常生活中司空见惯的景象。

这些血腥的战役发生在美国各个地区，从西部的密西西比河流域到东部的大西洋沿岸，从北部的华盛顿特区附近地区到南部的墨西哥湾。内战期间发生的堑壕战之惨烈，往往令人联想到第一次世界大战中的类似情形，众多的城市、工厂、小型农场以及大型种植园都遭到破坏。据估计，战争的花费在当时达到了惊人的80亿美元，[3]而战争所带来的经济损失也是巨大的。南方联盟的经济在当时处于完全崩溃的状态。投机倒把和通货膨胀使得各种商品价格上涨为天文数字。此外，奴隶的解放也造成了总金额大约40亿美元的资产被"剥夺"。[4]然而，战争给整个国家带来的心理创伤更为严重，尤其是对于南方各州而言。对此需要一并考虑的是，美国内战也首次通过照片得以记录军事冲突的景象，大屠杀以及战争废墟的细节在这些照片中一览无余。

---

[1] McPherson, J. M., Für die Freiheit sterben. Die Geschichte des amerikanischen Bürgerkriegs, München, 1988, 840.

[2] Finzsch, N./Martschukat, J. (Eds.), *Different Restorations. Reconstruction and "Wiederaufbau" in Germany and the United States 1865–1945–1989*, Providence 1996, 316.

[3] Schivelbusch, Kultur（见第222页注释③），53。

[4] 出处同上。

战后重建

内战之后的时期被为"重建"时期。这一时期从1865年年中一直持续到1876—1877年北方联邦军从南方撤离之时。重建工作在一开始就面临巨大的挑战，它是在一定的前提下以妥协和在南方被称为"清偿行为"的广泛复辟而结束的，虽然最终有很多黑人自由公民回到了南方，但是白人种植园主的特权反而得到了巩固，这种情况也是在预料之中的。战后的首要任务之一就是如何保证战争的军事成果。这场"全方位"的战争以南方的无条件投降而告终，这至少为战果丰厚的北方联邦合法实现其战争目标铺平了道路。第一个目标就是消除分裂、重新统一以及解放奴隶。为此，1865年通过了《宪法第十三条修正案》，其中就包含废除奴隶制的法规。1年之后的《宪法第十四条修正案》又赋予了所有被解放奴隶公民权。直到1870年通过的《宪法第十五条修正案》最终禁止了任何基于种族、肤色或以往奴役经历的歧视行为。然而，所有的这些并没有代表真正意义上的权利平等，这一点很快就得以显现。

第二个目标当属从北方立场出发的、对南方联盟的背叛行为进行的刑事处罚，这被理解为是对南方诸州进行的"再教育"的重要组成部分，在一定程度上也是相当温和的。不同于北方共和党人激进派所希望的那样，其间并没有进行一般意义上的对于叛国罪的审判，只是极具针对性地进行了指控。在这些指控中最终产生了数千份判决，但是林肯的继任者安德鲁·约翰逊自1865年就接手了这些案件并赦免了大约1.3万名涉案人员。[①]1865年5月针对南方联盟的官方代表以及那些在战争中获益的联盟党人所作出的决定仍然是有效的，即禁止他们在战后再次参与政治。那些个人财产超过2000美元的人均属此列，他们在战后被剥夺了所有参政权利。

由于战后南北方的抗议接连不断，重建的整个过程一直面临着危如累卵的局面。南方的人们认为自己受到的惩罚过于严苛，而北方的人们认为对南方的惩罚过于温和而表达了不满的情绪。在当时的那种政治氛围下，和安德鲁·约翰逊同一党派的共和党激进派认为他的南方政策太过宽容，这使得约翰逊在1868年几乎面临他们的弹劾。1876—1877年，在经过多次斗争之后，关于重建的妥协法案得以达成，这被认为是出于政治上的"精疲力尽"以及对于最终找到平稳安全的政治和经济局面的一种迫切希望。而这一重建时期事实上的确是美国经济史上最伟大和最重要的阶段之一。

重建的各个阶段

1865—1876/1877年的重建时期可以分为三个阶段。[②]第一阶段的核心时期是1865—1867年，温和的共和党人试图说服他们的总统约翰逊继续坚持林肯在内战期间就已经开始的和解政策，以

---

① Hochgeschwender, Bürgerkrieg（见第 203 页注释①），108。
② 下文内容参见 Heideking/Mauch, Geschichte（见第 51 页注释②），149 ff.

尽快顺利重建之前的合众国。其间虽然不应丧失对南方取得的重要战果,但是必须控制不满情绪。早在1864年,林肯就甚至抵制了所谓的《韦德-戴维斯重建法案》,这一法案由共和党人激进派在国会提出并主张在战争中就确立禁止奴隶制的法令。此时的林肯当然不支持奴隶制,但是作为一个十足的实用主义者,他认为预先确立的公开法令不仅对战争无益,而且还为战后秩序的重新确立带来不必要的困难。约翰逊对于林肯的决定感同身受,并且在1865年决定,在一定程度上弱化公众对这场战争的记忆。他认为,如果反叛州有10%的合格选民承诺忠于美利坚合众国就已经足够了,当务之急是废除奴隶制。①

这一时期进行重建的主要手段是通过1865年5月建立的、隶属于战争部的"难民、自由民及被遗弃土地管理局"(简称"自由民局")来实现的。这一机构一直存续到1872年,但是在被撤销的3年前实际上已经停止其职能。其各个分支机构被作为自由民与白人之间以及此前的奴隶之间的仲裁调解机构。然而机构官员从一开始就承受了超负荷的工作量,他们需要核实被解放的奴隶的工作关系,防止黑人和白人之间的权利侵犯,查明已发生的暴力事件,保障被解放的奴隶有足够的食品、医疗以及教育,监管大地主向每个被解放的奴隶分配40英亩(约16.2公顷)面积的农业用地,以及关心那些忠诚的南方居民的生活情况。自由民局因此忙得不可开交,尤其是处理那些充满了抱怨和投诉的事务。②雪上加霜的是,南方的那些反对者也并非安分守己之辈,

---

① 下文内容参见 Franklin/Moss, Sklaverei(见第74页注释①),322 ff。
② 参考 Meissner, Schwarzes Amerika(见第76页注释①),264;Kolchin, P., *American Slavery, 1619-1877*, New York, 1993, 212 f。

他们从战争结束之后就开始想方设法破坏联邦驻军各机构的工作。通过颁布具有歧视性的《黑人法令》，他们成功延续了奴隶制和相关的奴隶法。黑人因此不仅要在棉花种植园中继续从事艰苦且无报酬的劳动，而且在日常生活中还要忍受习以为常的歧视，就好像什么都没有发生过一样。

有鉴于此，当1865年12月在华盛顿特区召开新的立法会议时，前北方联邦州的国会议员代表拒绝了南方的国会议员代表参会。南方代表被要求离开国会大厦。在1866年没有南方代表参加的情况下举行的国会选举中，共和党人及其激进派在众议院和参议院均掌握了主动权，他们此时完全拥有了否决约翰逊的温和政策的机会。

此次国会选举的后果之一就是，从1867年起一共有四项否决约翰逊的针锋相对的重建法案得以通过，它们开启了一直持续到1871—1872年的重建时期第二阶段。这些法案属于意在促使南方完全承认己方失败的占领区法案。1867年3月7日由美国国会通过的第一部法案迫使南方各叛乱州的政府进行改组。支持叛乱者在未来将无法再继续参与政治活动。此外，在之前的南方联盟州中还将驻扎军事总督以保证重建工作的实施。派遣了军事总督的南方州包括弗吉尼亚州（约翰·斯科菲尔德）、南卡罗来纳州和北卡罗来纳州（丹尼尔·埃德加·西克尔斯）、佐治亚州、亚拉巴马州和佛罗里达州（约翰·波普）、密西西比州和阿肯色州（爱德华·奥德）以及得克萨斯州和路易斯安那州（菲利普·亨利·谢里登），只有在离内战结束还有一段时间的1865年2月22日作为一个边界州重新加入北方联邦的田纳西州（此前于1861年5月8日加入叛乱州）是一个例外。

在第二阶段，激进派在1867—1871/1872年试图贯彻他们的重建主张，并且通过占领军机构的压力确实实现了很多北方联邦的目标，其中首先包括废除奴隶法案以及推进黑人议员参政。尽管有很多南方公民表示反对，但是非裔美国人此时也将能够通过选举成为众议院议员，而首位进入华盛顿议会的黑人参议员——牧师海勒姆·罗兹·雷维尔斯更是引起了轩然大波。引起同样多争议的还有为黑人社区建造的教堂，它们不乏诸如"有色卫理公会教堂"之类的名称。这些黑人社区几十年来几乎没有间断地融入了美国基督教教义最为严格的地区——"圣经地带"之中。然而，在2012年美国第一位黑人总统巴拉克·奥巴马当选之后，恰恰是这些社区对同性婚姻表现出了尤为强烈的反对。

此时的北方也开始大规模抵制来自南方的有组织反抗，比如在1865年底于田纳西州由6名失势的南方州政府官员建立的三K党的反抗。该组织根据1871年国会通过的一项《三K党和执行法案》遭到解散。[1]这个起初只是在当地出现但是迅速发展出大约50万名成员的组织，以恐吓黑人、废奴主义者、人权主义者以及北方州的支持者为目标，在南方相当成功地蔓延开来。该组织的成员通常都保持匿名并且将自己隐藏在面具或者尖头罩之后，后来还在公开集会上穿着白色长袍。他们肆无忌惮地采取暴力谋杀行为，[2]其敌对者还包括发国难财的人、北方的内奸或者疑似内奸，当然还有占领军的成员以及来自北方州在南方被冠以"带着

---

[1] Force Act of 1870（41st Congress, Sess. 2, ch. 114, 16 Stat. 140, enacted May 31, 1870, effective 1871）.

[2] 下文内容参见 Chalmers, D. M., *Hooded Americanism. The History of the Ku Klux Klan*. Durham, ³1987, 8 ff.; Trelease, A. W., *White Terror. The Ku Klux Klan Conspiracy and Southern Reconstruction*, Baton Rouge, 1999, 189 ff.

旅行包的人"或者"无赖"等蔑称的移居者。1867年，激进的共和党人在选举后明显占据了优势，他们在叛乱州驻军的决定使南方州面临的压力骤然增大，三K党组织因此甚至聚集在田纳西州的纳什维尔市召开了一次"联邦大会"。该组织不仅确立了他们的政治原则，而且还试图推举前联盟军将军内森·贝福德·福瑞斯特为领袖获取更大的公众影响力。1870—1871年通过的旨在阻止恐怖袭击以及有效保护公民权利的《三K党和执行法案》强制取缔并禁止了这个组织。但是这个组织所代表的观念和倾向仍然存续下来，甚至在1874年"老南方"的代表在国会中再次取得多数席位之后得到加强。因此，该组织在1915年重新成立，虽然它在1944年再次被取缔，但实际上一直存续至今。尤其是在20世纪50年代和60年代，随着黑人人权运动的兴起，该组织再次获得狂热的追捧。

三K党只是在美国其他地区蔓延的种族主义的一个尤为令人厌恶的化身。种族主义在从1871/1872年延续至1876年妥协案的第三阶段获得了更多的滋生空间。从1871年起，所有的前"反叛州"重新加入合众国，美国国会中新的多数派为"复辟"赢得了意想不到的机会，这在南方被称为"救赎"并大肆庆祝。而种族法从1871年起也在"老南方"的所有联邦州内再次生效。1876年的妥协案发生后不久，出现了倒退至种族隔离政策的情况，这一政策又延续了近100年之久。19世纪90年代，美国最高法院的两起耸人听闻但具有里程碑意义的最高级别判决——1896年的普莱西诉弗格森案以及1899年的卡明诉里士满郡教育委员会案判定，种族隔离政策并不违宪，它与平等原则并不冲突。根据1896年的判决，有色人种"虽然被隔离但是是平等的"。3年之后，法院就种族隔离问题甚至彻底禁止联邦政府的干涉。

与此同时，公开私刑处决的暴力事件也不断增长，参与其中的不仅是那些反奴隶解放的死忠分子，还包括"相当正常"的普通美国人。私刑谋杀案件的数量没有人统计过，但仅仅是记录在案的案件数量就达到了5000起，而其中超过50%的案件（2522起），尽管数量存在出入，发生在1889—1913年。[①]不可否认的是，大多数案件都是在南方发生的。其中一个尤为血腥残忍但并非个案的案例发生在1893年2月1日，在得克萨斯州的小城帕里斯，一名年仅17岁的黑人青年于成百上千名围观者前惨死。据《纽约时报》第二天以《又一名黑人被烧死》为题的报道称，这名黑人青年被指控对一名3岁的儿童实施暴力并将之谋杀，因此遭到了公开的酷刑折磨并最终被活活烧死。[②]1916年发生在得克萨斯州小城韦科、针对同为17岁的黑人杰西·华盛顿的私刑处决案与上述案件几乎如出一辙，同样骇人听闻，也进一步说明这些案件并不是个案。杰西·华盛顿也被指控对一个白人实施了暴力和谋杀。而他所遭受的死刑谋杀如此值得注意的原因在于，这一事件吸引了1.5万名围观者，有关此事件并写着"骄傲"解说文字的明信片也流传开来。[③]

在随后的几十年中，为了将种族隔离政策作为州政府的任务

[①] Meissner, Schwarzes Amerika（见第76页注释[②]），267。

[②] 参考 Davis, *Inhuman bondage. The rise and fall of slavery in the New World*, New York, 2006, 29。《纽约时报》1893年2月2日的文章，网址如下：http://query.nytimes.com/gst/abstract.html?res=9F01E5DE103BEF33A25751C0A9649C94629ED7CF。

[③] Allen, J. u. a., *Without Sanctuary. Lynching Photography in America*, Santa Fe, 2000, 174 f.（Bilder 25 f.）. 此外可参见：Martschukat, Todesstrafe（见第53页注释[③]），75 f.

在南方州贯彻实行，对有色人种和白人进行区隔再一次成为公众生活的一部分，表现在上学、吃饭、去公共卫生间等方面。值得深思的是，种族隔离政策在第一次世界大战和第二次世界大战之后仍然延续下来，尽管非裔美国人为了联邦军的胜利也作出了他们的贡献。在美国的公共交通工具上，有关种族隔离政策的规定也贯穿了整个20世纪中期。首次打破这一规定的是一名孕妇——克劳德特·科尔文：1955年3月2日，她因拒绝在一辆公共汽车上让出指定给白人的座位而被捕。美国全国有色人种协进会的一位工作人员罗莎·帕克斯也将自己的案例作为政治活动有意识地继续推动，掀起了轩然大波。帕克斯案成为美国历史上最为重要的人权抗议案例之一，在此事件中处于风口浪尖的马丁·路德·金也变得家喻户晓。1957年，在联邦最高法院撤销其在一年前的判决并宣布种族隔离政策违反了美国宪法第十四修正案时，该事件也达到高潮。此外，在阿肯色州的小石城还发生了世界瞩目的小石城中央高中事件，当时的总统德怀特·戴维·艾森豪威尔最后为了护送9名黑人学生进入校园，甚至动用了常规军队力量与愤怒的人群对峙。这次事件也因此冲破了种族隔离的樊篱。黑人人权运动的自觉性由此得到了一种新的鼓舞。根据许多档案的记载，1964年是这一运动的尾声。但是在不平等文化中，它并没有画上一个句点，正如21世纪初依旧存在的法律起诉的不同标准所表明的那样。同样丧失社会地位的还有此前被驱逐至保留地的印第安人和西班牙裔团体，其他一些移民团体也经常受到同样的对待，比如来自亚洲的移民。

大迁移

在这种充满潜在歧视、公开压迫以及血腥恐怖的社会氛围下,再加上19世纪90年代经济危机的催化作用,黑人开始了从老南方逃亡的运动。这一运动从长期来看在社会和文化历史层面带来了尤其深远的影响,在最初导致了数千名黑人前往之前的北方联邦州,大约从1910年起,这个数字达到了上百万。第一次大迁移持续到20世纪30年代大萧条时期,其目的地主要是北方的大城市。那里的工业在第一次世界大战期间以及战后几年中正积极寻求劳动力,即便是贫民窟的贫困生活都无法阻止人潮的涌入。在当时的纽约,黑人聚居区在长期由白人居住的哈莱姆街区以及后来的布朗克斯区出现,这两个街区在20世纪50年代也吸引了众多来自拉丁美洲尤其是波多黎各和多米尼加的移民,他们把此处形成的所谓"西班牙哈莱姆"街区作为家乡。1909年,在其发言人威廉·杜波依斯的领导下,这里还建立了前文已经提及的美国全国有色人种协进会,并成为最为成功的追求人种平权的施压团体之一。[1]随后,更为激进的组织,如1930年成立的"黑人穆斯林"(也被称为"伊斯兰民族"或"北美荒野失落的伊斯兰民族")也发展起来。从1940年左右持续到大约1970年的第二次大迁移的主要人物当属马丁·路德·金和他的激进对手马尔克姆·X(原名马尔克姆·利托)。

---

[1] Lewis, D. L., *Biography of Race 1898–1919*, New York, 1993.

他们都成为20世纪60年代暗杀活动的牺牲者，这也彰显了反对平权的激进运动的毒害性。

　　随着美国内部的人口迁移，起源于南方的美国黑人音乐，包括劳动歌曲、灵魂音乐与福音歌曲，也开始在它们的起源地之外广泛传播。早在20世纪20年代，美国黑人音乐就以爵士乐的流行迎来了第一个发展高潮。因此，蓬勃发展的好莱坞在1927年拍摄的首部有声电影以《爵士歌者》为名也就不足为奇了。20世纪20年代因而也成为美国黑人音乐发展的第一个顶峰时代。此后的黑人音乐不仅是在美国公众文化中，而且在全球范围内也获得了成功。它不仅是爵士乐、蓝调布鲁斯、灵魂乐、迪斯科以及其他所有相关的音乐类型的基础，也是由白人主导的摇滚乐及其衍生延续至今的饶舌音乐的基础。正因为如此，南方的黑人文化成为在全球大获成功的美国流行音乐和超级文化的核心组成部分。随着美国黑人音乐的成功，也有一批来自有色人种的艺术家登上了明星舞台。在圣路易市出生的约瑟芬·贝克（原名芙丽达·约瑟芬·麦克唐纳）以她的《黑人滑稽喜剧》在20世纪20年代风靡巴黎和柏林，取得了轰动性成功。

重建时期的结束

早在1868年,约翰逊就面临被弹劾的威胁。这说明,重建时期远远早于他主导的"救赎"运动而结束是可预见的。同年,内战中对南方联盟军取得决定性胜利的北方联邦军总司令尤利西斯·格兰特在共和党大会期间被提名为总统候选人时,甚至亲自提出了和解方案。他的那句"让我们共享和平"是林肯的《葛底斯堡演说》的一种明确的延续。[①]同年11月,格兰特以214票的极高票数击败了来自南方的民主党候选人霍拉肖·西摩,后者在选战中只赢得了80票。1872年格兰特取得了连任,但他的这一任期以世界范围内的经济危机——"1873年恐慌"开始,这次危机在接下来的几年中重创了美国经济,使得政府的担忧实际上不再聚焦于重建或者实现其他战争目标这些主题上,因为此时更大的威胁来自诸如美国工人阶级日益高涨的激进政治运动等方面。

共和党自身也麻烦不断。1872年,所谓的"自由共和党人"从共和党分离,而南方州于1874年也在众议院取得了多数席位,这意味着在南方州推行的由北方主导的政策已经走到了尽头。更有甚者,为了在1876年的下一届总统选举中有更大的优势,共和党人不仅同意给南方继续提供经济援助,而且也从南方撤出了驻扎的军队。1877年4月24日,北方联邦军的最后一名士

[①] 引用自 Heideking/Mauch, Präsidenten(见第91页注释①),第207页。下文数据出处相同。

兵离开了前南方联盟地区。《1877年妥协案》不仅宣告了重建政策的终结，也是对那些面临着激进南方人威胁的黑人公民权利的一种保护。共和党人在他们的总统候选人拉瑟福德·海斯的带领下再次获得了大选的胜利。

总的来说，1877年出现了一个复杂的局面，它已经与重建的初衷背道而驰。同时，在所谓的"救赎"过程中，奴隶解放运动及黑人解放运动的局面甚至每况愈下。南方州黑人民众的公民权和以前一样没有得到实质性的尊重。除此之外，前南方联盟州还成功推行了历史的政治性篡改，使得他们在重建时期结束时直至如今更多以美国内战道德层面上的实际胜利者姿态出现在公众视野之中。这样一种政治历史的"杰作"是那些形色各异的政客共同参与的结果。在很大程度上遭遇失败的北方重新统一政策则显得黯淡无光。

历史修正主义："败局命定论"

政治历史的修正建立在多种观点之上，但首先是建立在不公正待遇的模糊概念上的。[1]那些最重要的政治神话不久之后便通过"败局命定"（类似于毫无希望或注定无法成功的事）这一词语得以改写。该词语原本是南方联盟军的记者兼退伍军人爱德华·艾尔伯特·波拉德于1866年出版的关于内战历史书籍的标

---

[1] Coski, J. M., *The Confederate Battle Flag, America's Most Embattled Emblem*, Cambridge, 2005, 45 ff.

题，它在南方立刻引起了广泛的共鸣，因为它似乎在南方战败之后赋予了那些战争牺牲者某种意义。[1]1868年，波拉德又出版了一本名为《再谈败局命定》的书，继续强调了对历史的修正。对他而言，战争失败的罪责是可以归咎于以下两点的：首先是政府和个别军事指挥官的无能，他们没有能够保护住南方的文化；其次是北方的野蛮和残忍。尽管如此，他却认为战争的最后是"我们取得了胜利"。在《败局命定》一书中，他认为"战争的失败并未使我们神圣的信仰蒙羞。留给南方的是它的记忆、它的英雄、它的眼泪和它的亡者。在他们的沉默中，我们的儿子将成长为男人；而他们的寡母所教会他们的，将使他们永世难忘。如若南方的道德和精神传统在他们手中沦丧，那才是失败最严重的后果"[2]。

植根于那种所谓的"失落天堂"的精神观念，一种"败局命定"的文学现象得以发展并最终产生了与之对应的电影世界。它从更深远的角度再次诠释了波拉德的观点。[3]这一世界与诸如利口酒品牌"南方惬意"、《飘》或者与某个极其奢华且具贵族气质的肯塔基州汽车品牌之类的事物完美契合，带有南方种植园浪漫主义色彩的"老南方"也不是唯一在此得以永存之物。长久以来，这个世界也形成了一种共同的、很少被质疑的但基本上缺乏论据支持的辩护模式。南方州对权利要求的必要斗争成为战

---

[1] Maddex, J. P., *The Reconstruction of Edward A. Pollard. A Rebel's Conversion to Postbellum Unionism*, Chapel Hill, 1974, 62 ff.

[2] Pollard, E. A., *The Lost Cause*, New York, 1866, 750 ff. 作者的译文。此外可参见 Schivelbusch, *Kultur*（见第 222 页注释③），76。

[3] Schivelbusch, *Kultur*（见第 222 页注释③），77。

争真正的导火索，并且成为决定与北方分离的理由。战争涉及在法律、种族、经济以及宗教道德方面有诸多反叛理由的奴隶主的财产权利。这也对应着战争的另一个论据，即将分裂国家作为必要的防卫手段，从而在经济和文化上免受以清教徒为代表的北方的侵略。再者，战争进程本身对于南方而言则是英勇纯粹且具有骑士精神的战争，以及那种最终只导致叛国失败的军事能力的明证。骑兵队是战争中南方精神的鲜明代表。[①]而南方联盟军的罗伯特·李将军则处在荣誉神坛的巅峰，虽然在接下来的一个世纪里他实际上受到了各种各样的质疑。由于军事上的指挥错误始终都是由李的下级指挥官，尤其是指挥葛底斯堡战役的总指挥官詹姆斯·朗斯特里特——来承担的，因此李身上一直保持着备受尊崇的光环。也正因为朗斯特里特被认为需要对皮克特冲锋中南方联盟军的惨败负责，所以他才如此备受指责。再加上朗斯特里特在战后不仅归顺了取得胜利的北方联邦，甚至还加入了共和党并且与前北方联邦军总司令、后来的美国总统格兰特建立了友谊，这使得他在"败局命定论"的辩护者眼中不仅成了导致那场被视为无辜且不公的失败的罪人，甚至还成为叛徒的典型。

作为南方真实的反面形象，一种扭曲为残酷且道德卑劣的北方形象随之产生。而其主要的证明就是谢尔曼和谢里登的焦土战略，当然也包括了战后在南方实行的政策。南方的失败则成为一种不可避免但充满荣耀的失败，是向在经济和军事上更为强大因而具有"不言而喻"优势的北方联邦及其发动的毫无骑士精神的无情战争的屈服。对于这种深入骨髓的论战基调，即便是1877年

---

① 出处同前，第82页及以下几页。包括所举的例子。

妥协案的签署也无济于事。也正是由于这个原因，重建时代末期并未被称为黄金时代，而是被称为所谓的"镀金时代"，因为它只是展现了表面的光鲜而已。

1876/1877—1917年的"镀金时代"

"镀金时代"这个词是言辞犀利的马克·吐温在与查尔斯·达德利·华纳合著的小说《镀金时代——今日故事》中对战后时期的称呼。这个词从莎士比亚戏剧《约翰王的生与死》中借鉴而来，成为美国历史上这一整个时代的标签，即美国政治经济直至第一次世界大战前的发展所引发的对光明未来的憧憬，但这一时期社会政治的阴暗面也是不容忽视的。①

腐败和"强盗贵族"

1869—1877年，在重建时期还未结束之时发生的腐败丑闻就掀起了轩然大波。格兰特也成为美国历史上的丑闻总统，尽管他的继任者在19世纪80和90年代面临的问题不比他少。自从1881年

---

① Buenker, John D. u. a. (Eds.), *Encyclopedia of the Gilded Age and Progressive Era*, Armonk, 2005; Adams, Länderbericht USA I（见第16页注释②），143。

詹姆斯·艾伯拉姆·加菲尔德总统遇刺身亡之后，对于严肃政治的努力变得更为强烈，即便这些努力在国会受到了部分的阻力并且由于19世纪90年代经济萧条的影响不能得以完全推行。1884年的总统选举则是美国历史上丑闻最为严重的大选之一，其间不只充满了各种对腐败的谴责，候选人的道德品质是否正直也像19世纪初那样在大选中成为重要且更为严格的标准。这次大选也是美国政党历史上首次出现有候选人——民主党后来的胜选者格罗弗·克利夫兰尤其是在性丑闻方面受到谴责的情况，因为他是一名非婚生孩子的父亲。而当他的继任者本杰明·哈里森于1889年上任时，观察家对他通过向白宫非法捐款而赢得选举的事实却没有觉得大惊小怪。[①]

　　19世纪70年代产生了众多腐败的政客和工业资本家。大众口中的"强盗贵族"主要是针对经济丑闻的一种说法。其中的民主党人威廉·特威德可谓全国皆知。[②]1823年出生的特威德原本来自臭名昭著的纽约黑帮。29岁时他就成为纽约市议会的民主党议员。1863年他被选举为民主党主席，并在4年后当选为奥尔巴尼市的纽约州参议员。30岁时，他已经在华盛顿成为国会议员，并因此在立法机构得以立足。到1874年特威德被捕之时，民主党在他的领导之下还动员了那些非政治选民。他们在纽约州建立的腐败体系堪称完美。据称，特威德个人就贪污了至少上千万美元；仅仅在1875年，他为了不被拘留审查而缴纳

---

① Raeithel, G., Geschichte der nordamerikanischen Kultur, Bd.2: Vom Bürgerkrieg bis zum New Deal 1860—1930, Frankfurt a. M., ³1997, 46.

② Hershkowitz, L., *Tweed's New York. Another Look*, Garden City, 1977.

的保释金就达到300万美元。①但是其他人也从中获利,比如那些建筑公司。被人援引最多的案例就是纽约区法院的建造案,其工程费用超标的金额达到数百万美元。由于腐败被判处12年监禁之后,特威德于1878年死于狱中。讽刺的是,特威德最终是栽在了媒体手中,它们成为事件调查的第四强大机构也愈加得到了证明。被认为是"美国政治讽刺漫画之父"的德裔美国画家托马斯·纳斯特在1850年创办的《哈波尔周刊》发表了讽刺特威德的漫画,并起了意想不到的作用。不同于批评性的文章和报道的是,这些漫画的受众中也有那些生活在纽约的文盲读者,而他们正是特威德的政治权力赖以建立的基础。

"强盗贵族"的典型例子是那些腐败的铁路公司。1872年的美国莫比利埃信托公司案在当时闹得举国上下沸沸扬扬。涉案的是一家由太平洋联邦铁路公司自己建立的、用以独占来自华盛顿的政府补贴款的建筑公司。这一涉案金额为2000万美元的贿赂丑闻虽然金额并非特别巨大,但是其间通过优先股权贿赂国会议员以取得他们批准合同的事件终究是纸包不住火的。然而,公众对于政治法律方面判决的期待只是一种徒劳,就好像1875年所谓的威士忌酒帮事件败露之后,人们发现就连格兰特总统的秘书也曾受贿。而仅仅一年之后,所谓的贝尔纳普丑闻案也被公开,即格兰特总统的陆军部长贝尔纳普将印第安人保留地的非法武器转售给了法国。贝尔纳普因此也成为美国历史上唯一一位被国会免职的陆军部长。②

---

① 出处同前,271。
② Cooper, E.S., William Worth Belknap.*An American Disgrace*, Cranbury, 2003, 29 ff.

基础设施的建设不仅通过必要的重建，而且通过大力加强对西部地区的移民得以推进，这使得很多类似丑闻在内战后美国的经济繁荣中被掩盖下来。相关的数据是令人震惊的：在1860—1870年，美国的工厂数量的增幅达到了80%，比原来几乎增长了一倍。[1]在所有其他的方面也出现了几乎是毫无止境的增长：比如矿产以及其他自然资源的开采、经济和技术以及机械化的发展。铁路、轻轨以及轮船运输的发展极为迅猛。随着1877年电话的发明，通信技术也变得越来越快捷。在东北部工业地区，重工业、冶金工业以及日益增长的石油工业也在发展中获益颇丰。石油开采业在其他联邦州内也快速繁荣起来。在驱逐原住民之后，农业经济也通过技术的进步得到了发展。从1881年起，在之前的大草原上开辟出的越来越广阔的土地上，出现了联合收割机作业。而美国国内市场也一如既往地从来自欧洲的几乎不间断的移民潮中获利。

20世纪之初，美国就已经成为世界领先的工业强国之一。其几乎是无止境的经济增长动力的典型代表人物当属那些名字如雷贯耳的人，比如约翰·戴维森·洛克菲勒，从1870年起，他通过买卖石油积累了超过1亿美元的巨额财富[2]；或者又如银行家和投资家约翰·皮尔庞特·摩根，他首先是以铁路、钢铁以及爆炸式增长的汽车工业起家的。铁路大亨科尼利尔斯·范德比尔特则成功地控制了中西部地区的铁路运输，他在19世纪末铺设了惊人的

---

[1] Raeithel, *Geschichte* II（见第260页注释①），45。
[2] 出处同上，52。

总长约为50万千米（30万英里）的铁路。[1]当时，德国哲学家以及后来极具影响力的社会历史理论家卡尔·马克思在他流亡伦敦期间就认为，美国是一个极为迅速且清晰地展现出了资本主义特点的国家。[2]

马克·吐温和查尔斯·达德利·华纳在他们关于镀金时代的评论文章中着重针对铁路的发展进行了批判。事实上，铁路的拥有者在大众的眼中也是"强盗贵族"的化身。仅仅是美国国会逐步并公开地转让给铁路公司的金额就达到了惊人的7亿美元；此外，政府还给这些公司无偿提供了价值大约3亿3000万美元的土地，[3]而这一切几乎没有经过必要的公开招标。对公共土地采取的所谓优先购买权的无约束利用扮演了尤为棘手的角色。除此之外，还出现了假冒或者一文不值的股票，它们只是被用来铲除竞争对手或者骗取股东的资金。一部分产业大亨还通过大量的暴力手段威胁、强征有人居住的土地，以便他们可以沿着水源铺设铁路线。为了加快建造速度，这些行径在一定程度上也得到了国家的容忍。

---

[1] 数据出处同前，46。
[2] Weiner, R., *Das Amerikabild von Karl Marx*, Bonn, 1982, 13.
[3] 数据出自 Mauch, *Fragen*, 62。

经济萧条和股市的崩盘

不公平的事件和丑闻如同世界范围内的经济大萧条一样席卷而来却令人手足无措的原因在于，与所出现的问题相比，人们的想法太过于乐观。此外，当经济大萧条于19世纪70年代初发生并在1873年导致全球范围内的股市崩盘时，成千上万的美国企业丧失了支付能力。直到1878年，美国才实行了一种切实的经济调整政策。那种坚定的信念，即白手起家的个人奋斗以及社会竞争的美国模式是正确道路，并没有因此受到质疑。对于大多数美国人而言，经济上的每一次腾飞以及危机都证明了他们的这一模式是能够发挥作用的。当然也有很多人认为，加尔文主义清教徒传统在经济上所取得的成功是上帝眷顾的明证。对此，铁路大亨科尼利尔斯·范德比尔特也深信不疑。[1]他本人也属于那种一再对某些清教主义文献引经据典的人，比如约翰·班扬于1678年出版的典籍《天路历程》，这本书在19世纪成为普通教育的一部经典，就像马克·吐温的畅销书《哈克贝利·芬恩》一样。[2]但是其他美国政治经济学的领军人物如托马斯·马尔萨斯或亚当·史密斯则极力认为，范德比尔特的成功首先是他个人奋斗的体现。

---

[1] Parrington, V.L., *Main Currents of American Thought*, Bd.III, New York, 1930, 18, 23.

[2] Twain, M., *The Adventures of Tom Sawyer & The Adventures of Huckleberry Finn*, Hertfordshire, 1992, 244.

偏见的养成

正如欧洲在19世纪50年代爆发的关于社会达尔文主义的论战一样，以上争论在美国的激烈程度也毫不逊色。早在镀金时代之前的美国，对于自然出身贫富论就产生了巨大的分歧。因此，特别是在美国，赫伯特·斯宾塞基于出身差异导致种族和社会阶层不平等的理论被一再视为是具有启蒙意义的。[1]生于英国的斯宾塞于1851年在他的著作《社会静力学》中呼吁停止对穷人的支持，因为这是违反自然规律的，而且只会延缓强者在进化之路上不可避免和必要的出现。社会达尔文主义思想随后也在美国产生了很大的影响，以至于不仅优生学获得了众多的支持，并且为了加强全球竞争力，对有关安乐死的法律直至20世纪都一直有着很高的呼声。

从历史角度来看，美国经济中的大亨对于这些理论表现出的热情与支持并不令人惊讶。那些在17世纪早期殖民时代产生的诸如约翰·温斯罗普的陈旧思想——美洲殖民者的天选、他们的例外主义，以及包含贫富和强弱划分而合乎上帝旨意的世界秩序，此时在那些超越《圣经》规则取得成功的资本主义大亨的眼中，终于成为他们的"现代"自然科学明证。《圣经》和自然科学此时并未作为两个对立面而是作为一个整体被加以理解。

---

[1] 下文内容参见 Fenske, H. u. a., Geschichte der politischen Ideen. Von Homer bis zur Gegenwart, Frankfurt a. M., 1987, 486 f。

对于这些理论及其相关观点在公民社会之内或者之外的传播而言，一些杂志如《大众科学月刊》或者小说起了重要的作用。杰克·伦敦1904年出版的畅销书籍《海狼》就是那个时代的思想世界最重要的文学缩影之一。不过他的这部作品与社会达尔文主义的思想以及赫伯特·斯宾塞和查尔斯·达尔文的著作并没有直接而明显的联系，尽管作者本身给小说人物——残暴的沃夫·拉尔森船长安排了那种简化的强权思维的失败命运。达尔文理论的其他重要部分，尤其是与进化论相关的对造物主的摒弃，直到后来才成为一个有争议的政治问题。[1]对于那些将《圣经》逐字逐句的理解奉为其世界观之根本的创造论者而言，1925年在田纳西州的小城代顿镇进行的、造成轰动的"猴子审判"（又名斯科普斯审判，被媒体戏称为"猴子审判"）成功地吸引了公众的关注。这一审判甚至成为通过美国公民自由联盟联合起来的民权活动家与基督教原教旨主义批评者——所谓的创造论者之间的一种诉讼样本，这些创造论者希望在《圣经》的基础上反驳那些进化论者。被起诉的托马斯·斯科普斯——这位在课堂上宣讲过达尔文进化论的教师最后虽然被判以金额在当时并不算低的100美元的罚款，但是在公众眼中，这场诉讼案更多地作为负面角色出现的创造论者的影响受到了持续的削弱。[2]然而，虽然基于1925年的判决而产生的《巴特勒法案》最终在1976年被废除，但是直到今天，创造论在美国仍然有存在的土壤。共和党总统罗纳德·里

---

[1] Parkinson, G., *Charles Darwin's Influence on Religion and Politics of the Present Day*, Chicago, 1942.

[2] Clark, C.A., *God-or Gorilla. Images of Evolution in the Jazz Age*, Baltimore, 2008, 162 ff.

根和小布什的支持使得创造论甚至意想不到地重新得以复兴。而那位斯科普斯老师在诉讼案之后则离开了学校，在蓬勃发展的石油行业找到了新的工作。[①]

伴随着政治丑闻和经济上不安因素的涌现，在美国也出现了首先表现在宗教方面，随后又与政治挂钩的传统的反犹太主义。在很多欧洲国家中，反犹太政党长期以来已经成为公众政治生活的一部分；虽然美国本土反犹太政党在19世纪90年代遭遇了失败，但是反犹太主义甚至长久地削弱了美国社会根本性的开放态度。带有强烈敌意的形象和阴谋论的反犹太主义出版物反而层出不穷。其中尤为令人注意的例子就是1895年由历史学家布鲁克斯·亚当斯出版的书籍《文明与衰落的法则》，他在书中认为，纽约交易所的犹太人尤其需要对1893年发生的经济危机负责。

这样的敌意在第一次世界大战结束后又得到了进一步的推动，当时的商界名流如汽车大亨亨利·福特也投身其中。他于1920年发起的、反对所谓犹太人过度影响的活动对于公众在美国及其他国家就反犹太主义的接受度方面发挥了重要的作用。从1921年起，在某些联邦州甚至对犹太人实行了移民配额政策。4年之后，即便是耶鲁大学这样著名的学府也对犹太学生采取配额制。从1927年起，福特意图与他所发起的反犹太运动划清界限。从那时起，美国在全国范围内就不再存在有组织的反犹太主义活动，取而代之的是一种暗藏的对犹太人的仇视。

与此同时，对其他群体的具有普遍性的偏见自19世纪60年代

[①] Scopes, J.T./Presley, J., *Center of the Storm.Memoirs of John T. Scopes*, New York, 1967, 243 ff. 有关他对代顿进程的叙述，来源同前，参阅第77页及后几页。

以来也有所增长。在战争年代再次出现了大量针对亚洲移民的暴力行为。1880年出现了对中国人的移民限制,但与之相关的"规定"甚至冠冕堂皇地明确宣称,必须防止对移民"个人虐待或者侮辱"的发生。[1] 5年后又出现了针对所有劳工的类似规定。1906年还出台了对日本移民的特别限制。

基金会和工会

尽管经历了各种经济上的危机和社会的动荡不安,镀金时代依然为美国富裕社会的开端吹响了号角。[2] 然而在对无限制资本主义发展的普遍赞歌中,已然出现了反对的声音,并至少在一定程度上在华府也引起共鸣。在吸取了以往各大铁路公司的经验教训之后,1890年的《谢尔曼法案》禁止了垄断的形成,尽管在19世纪的最后10年中只有2个卡特尔因为阻碍自由竞争而受到追责。该法案更为重要的意义在于其开头几段内容中所表述的关于不得阻碍和禁止自由贸易以及自由竞争的要求,而其中唯一的决定性因素应该是用来维护不受卡特尔影响的自由市场的能力。然而,一些最成功的美国企业家越来越多地发现,他们正面临基督教宣扬的慈善事业和用加尔文主义所提倡的虔诚能力来增加自己财富的愿望的对立境地。安德鲁·卡耐基在洛克菲勒和范德比尔特之后成为当时美国的第三大富豪企业家,他作为美国经济中慈

---

[1] 参见1880年11月17日通过的对于中国移民的限制条约,刊登于: Schambeck, *Dokumente*(见第116页注释①),396-398;此处:397。

[2] 关于美国"富足社会"的定义参见 Potter, D., *People of Plenty*, Chicago, 1968。

善事业转型的代表人物,其影响至今仍然可见。卡耐基一方面认为财富也包含了社会责任,正如他在1889年出版的书籍《财富的福音》中宣扬的那样;另一方面,他也认为将财富不加控制地或者无的放矢地进行再分配的做法是不明智的。他所代表的观点认为,通过这样分配的财富只能使那些对美国社会发展更可能起到阻碍作用的能力较弱者或者反社会者获益。因此卡耐基的解决方式就是通过基金会进行可控的资本分配,比如资助图书馆或者那些明显拥有能力与前途的年轻一代。①

镀金时代也是工会组织诞生的时代,它们在最初受到美国企业和公众的极度不信任。内战之后,经济的增长和对自由竞争的狂热追捧使社会问题日益尖锐化,工会在此时也随之产生。1861—1910年约有1700万新移民抵达美国,这种不受限制的移民潮使得企业家在压榨工人工资的同时还能提高工人的工作量。②很多工厂的条件都极为恶劣,不仅是工作的环境,在部分范围内还涉及工厂糟糕的安全标准。这些恶劣的条件由于1911年3月25日发生的、造成146人死亡的纽约三角衬衫工厂大火灾而引起了广泛的关注。

早在19世纪60年代,美国工人就已经自发成立了工人权益组织。③在内战后立即出现的一个小型工人代表机构最终遭遇失败后,建立于1878年的劳工骑士团成为美国第一个成功的工会组

---

① 也可参见卡耐基该书的德文译本 *Das Evangelium des Reichtums*(Leipzig,1905)。

② 数据出自 Der Große Ploetz. Die Enzyklopädie der Weltgeschichte,Göttingen,[35]2008,1293。

③ 下文内容参见 Guérin, D., Die amerikanische Arbeiterbewegung 1867-1967, Frankfurt a. M., 1970, 12 ff。

267

织。这一组织不仅展现了工人的自觉意识,甚至还吸收了非裔美国人以及女性成员,此外还代表了小型商铺主。直到1903年,代表女性工人和职员的专门工会才得以成立。劳工骑士团的章程所详细指出的美国经济生活中的不公平,包括对工资的不合理拒绝等,明确地说明了这一组织在大众生活中的认可程度。[1]它所取得的成功也令人瞩目:它的成员数量在1885年有大约70万之众。[2]工会组织的规模也使得罢工更容易地成为争取权益的主要手段,尽管这种手段最初是有争议的。在劳工骑士团出现3年之后,又出现了一个更为强大的工会组织。1881年成立的美国劳工联合会(简称AFL)表现得更为激进并最终成为美国最为重要的工人代表组织。在美国劳工联合会的组织下,罢工的积极性得到了显著的增强。到19世纪和20世纪之交,该组织已经拥有超过100万名成员,到1920年,其成员数量更是上涨到了大约400万名。[3]相比之下,另一工人组织——1905年在芝加哥成立的世界产业工人联合会(简称IWW)的规模虽然较小,但是激进程度更高。该组织由于其强硬的社会诉求很快就成为企业家以及社会政治的主要矛头指向。[4]它在当时也首次代表亚裔工人以及那些众多通过非法搭乘货运火车横穿美国、以打零工度日的临时工人,世界产业工人联合会的某些最为激进的诉求也来自这些团体。具

---

[1] 劳工骑士团的章程刊登于 Schambeck, Dokumente (见第116页注释[1]), 393-396。

[2] 数据出自 Guérin, Arbeiterbewegung (见第269页注释[3]), 15。

[3] Heideking/Mauch, Geschichte(见第51页注释[2]), 186, u.Guérin, Arbeiterbewegung (见第269页注释[3]), 61。

[4] Bock, G., Die andere Arbeiterbewegung in den USA von 1909-1922. Die IWW- The Industrial Workers of the World, München, 1976.

有瑞典移民背景、后来声名显赫的乔·希尔也在这样的环境下成长起来，他在1911年参加了墨西哥革命，随后不仅成为美国工人运动的代表，而且也投身于加拿大的工人运动。他曾在犹他州尝试建立一个独立的工会组织，但是在1913年被卷入了一起谋杀案，在经历一场漏洞百出的审判和丑闻般的判决之后，在第二年被处以极刑。他的政治歌曲延续了他的生命，甚至成为20世纪60年代美国抗议运动包括1969年伍德斯托克音乐节的核心参考文本。20世纪20年代美国共产党成立后，世界产业工人联合会的力量大大地削弱了；第二次世界大战以后该组织只保有数千名活跃成员。在当今时代，该组织致力于保护难以组织起来的低工资群体和临时工人群体，比如那些受雇于星巴克这家美国咖啡快餐连锁公司的职员。和19世纪时一样，面临该组织的诉求时，迫使这些公司妥协的常常只是公众舆论与形象危机。

随着工会的出现，临近19世纪70年代末时，罢工现象变得越来越普遍，并在接下来的10年中一再发生。到19世纪90年代时，在美国出现了有记录以来的第一次罢工运动的高潮。1877年的铁路员工大罢工是这个阶段的开端，这次罢工表明，在崇尚个人奋斗为主的美国社会里，某些行业和地区的团体活动也是有发展可能性的。尽管背后有联邦政府撑腰的铁路公司立刻采取了各种措施，比如破坏罢工、策反参与罢工者、大规模裁员、使用暴力导致冲突爆发并最终造成大约100人死亡等，作为对罢工的回应，这次罢工活动很长时间都没有得到平息。从19世纪80年代起，类似的罢工行动甚至愈演愈烈，其顶峰事件当属1886年5月4日在芝加哥发生的一起至今未能查明真相的炸弹袭击事件，其间有7名警察身亡并有4名所谓的"无政府主义者"随即被处决。就长期而言，这类事件极大地损害了美国工人运动在公众中的接受程度，这一点从工会日益减少的成员数量中便可略见一斑。此外，1892年在宾夕法尼亚州的卡耐基钢铁厂以及两年后在芝加哥普尔曼兵工厂还发生了两次令世人瞩目的大规模罢工事件。即便这些罢工并未实现其原本的目标，它们还是可以证明进行有组织的利益诉求的可能性。美国的作家也在这些事件中找到了几乎取之不尽的新题材。

第六章

别无选择的对外政策：1783—1918年

早期的共和国

长期以来，美国（不仅是早期的共和国）的对外政策都不是真正行之有效的。但是美国的自信并未因此受到限制。如果忽略那些16世纪与印第安人签订的并可视为某种外交关系的合约的话，美国的对外政策则可以以1776年《独立宣言》签署之日起实行的独立自主政策为出发点。不仅是《独立宣言》本身，那些刚刚脱离英国统治的殖民地随即实行的联盟外交政策，在那些叛逆的殖民者眼中更是被理解为其对外政策。其中最重要的合约就是1778年2月6日在大陆军对英国取得萨拉托加大捷之后与法国签订的联盟合约，它最终保证了法国在军事上对独立殖民地的支持。[1]早在1776年，独立的北美殖民地就已经将自己的代表派遣至巴黎。随后的几年中，大陆会议的代表西拉斯·迪恩、本杰明·富兰克林和约翰·亚当斯一直持续地为美国争取自由的斗争提供物质上和精神上的支持。

早期的说客

现在相当不为人知的迪恩在当时很快赢得了成功的幕后政治

---

[1] 刊登于 Schambeck, *Dokumente*（见第 116 页注释[1]），127-129。

外交家的声誉，他因此被认为是美国的第一位外交官。迪恩不仅组织了向北美殖民地秘密运送战争物资的行动，而且还说服了那些独立运动事业所急需的外国军事专家前往北美。通过他的努力，弗里德里希·冯·斯图本成为大陆军的总监察官，负责训练军队并使其具有战斗力。拉法耶侯爵则在战略问题上为资历尚浅的乔治·华盛顿出谋划策。而后来被称为美国骑兵创始人的卡西米尔·普拉斯基也在迪恩的招募下前往北美。此外，为了抗击英国而在法国进一步煽动外交舆论，迪恩也使出浑身解数并取得了最为重要的成果——使自1774年起担任法国外交大臣的韦尔热讷伯爵夏尔·格拉维耶在此事中扮演了一个决定性的角色。然而在美国，一开始并没有人为此对迪恩表示感谢。1777年11月，他可能是出于政治阴谋的原因被召回北美，其职位由后来甚至成为美国总统的约翰·亚当斯和本杰明·富兰克林这两位外交官取代，但迪恩在政治上已经被排挤出局。直到差不多70年后的1841年，迪恩才被撤销背叛美国革命的指控并得到平反。

此时的本杰明·富兰克林作为北美殖民地在欧洲的特使成为美国对外政策的主要代表并开始其职业生涯。自此时起直至1786年的岁月，是富兰克林仕途上升并成为宾夕法尼亚州州长以及获得其他政府职位的基石。[①]美国在法国的首个代表处设立在位于现今巴黎十六区（帕西区）的雷诺德大道。富兰克林于1731年在宾夕法尼亚时就已经加入共济会，此时他又在巴黎加入了支持美国独立并拥有诸如伏尔泰和拉斐特侯爵这样的成员的九姊妹会

---

① Isaacson, W., *Benjamin Franklin. An American Life*, New York, 2003; Lemay, J.A.L. (Ed.): *The Autobiography of Benjamin Franklin, A Genetic Text*, Knoxville, 1981.

所，这使得共济会的理念在北美殖民地更为普及。而富兰克林本人则在1779年晋升为该会所的会所大师。

同年，北美殖民地暗中在欧洲进行的外交斡旋也争取到了西班牙和荷兰的支持。两国也开始插手反抗英国殖民统治的独立战争。当1783年在巴黎与英国商谈和平条约时，虽然约翰·亚当斯、本杰明·富兰克林、约翰·杰伊和亨利·劳伦斯并没有在条约上签字，但这是美国人首次取得与欧洲列强进行平等谈判的地位。《巴黎和约》实际上也是几年后成立的美利坚合众国进入世界政治的入场券。但是在美国极力鼓吹的国家自信背后，其政治地位的最终确立还需要更多的实力，而此时距离美国真正跻身于世界政治格局之日还有100多年的时间。

在上述事务中，除了富兰克林以外，约翰·亚当斯在某段时期也是幕后推手，他起到的作用的重要性不亚于富兰克林，但这种幕后工作对于他的个人声誉而言却是毫无益处的。在他任职美国驻巴黎外交官的将近3年时间中，他利用从1778年到1782年的5年时间起草了对于之后美国宪政的发展具有极其重要意义的新宪法。当他于1782年回到法国时，他就肩负着与富兰克林、杰伊和劳伦斯等人一起与英国人进行谈判的任务。他对此所获得的奖励则是1785年驻伦敦大使的职位。3年之后，当亚当斯再次回到美国时，他终于迎来了他期待已久的政治生涯：首先当选为副总统，之后从1797年到1801年担任美国总统。

而约翰·杰伊的外交官生涯在1792年的一次丑闻之后戛然而止。当时他作为美国最高法院首席大法官被派往伦敦以与英国谈判解决在独立战争和美国建国之后积存的各种争端。[1]该谈判的背景是华盛顿方面对伦敦政府今后的报复的担忧和恐惧。杰伊与时任英国外交大臣的威廉·温德汉姆·格伦维尔最终于1794年签订的合约在美国引起了不满和愤怒,并被贬称为《杰伊条约》,因为英国人显而易见地对新成立的美利坚合众国持不屑一顾的态度。伦敦方面甚至拒绝终止对美国海员的强行招募,从而否定了这个对于美国主权而言具有决定性意义的因素。杰伊却声称至少其他的那些争端都得到了解决并达成了补偿措施,比如仍由英军占领的奥斯威戈和尼亚加拉要塞的最终移交以及边境交通的解决。除此之外,两国还成立了一个委员会来确定美国和英国领地在北美地区(后来的加拿大地区)的新边界,并就贸易关系达成了协议。尽管受到了各种批评,这个条约最终还是得到了国会的批准。

《杰伊条约》具有如此大的争议,以至于那些支持它的美国人,如亚历山大·汉密尔顿,在纽约甚至受到了石块的攻击,而杰伊自己也成为当时可能是最不受欢迎的政客。但考虑到美国建国后那种高涨的政治情绪,该条约的争议性也就不言而喻。时任美国首位国务卿的托马斯·杰弗逊作为一个公开的、具有亲法立场的反对者,有意识地对此事进行了大肆渲染,并将它作为政治工具加以利用。杰弗逊并未抱怨条约对美国主权明显地不予承认,而是将整个条约看成是亲英反美的一种表现。杰弗逊和汉密尔顿之争不仅仅体现在对外政策上,在对于美国内部形势的不同观点中表现得更为明显。杰弗逊认为需要优先发展农业,而汉密

---

[1] Stahr, W., John Jay. *Founding Father*, London, 2005, 321 ff.

尔顿则认为工业的发展应该处于第一位。这些观点的分歧也最终导致美国政党格局的分化。

"准战争"

在美国成立之后的头几年中，外交上除了与伦敦的关系之外，美国对法国大革命持何种立场也是一个很重要的问题，对于美国而言，显而易见的是，所有对法国大革命的支持只能是表现在言辞层面的。杰弗逊所在的民主共和党及其追随者，其中不乏像他的总统职位的继任者詹姆斯·麦迪逊和詹姆斯·门罗，均主张提供支持，而以汉密尔顿为代表的联邦党人则明确表示拒绝插手。杰弗逊认为，由于美国自身的历史经历，美国必须对所有革命和自由运动提供保护、与"专制暴君"进行斗争并支持民主。他的这一主张得到了长期贯彻并延续至今，即使这种积极干预的可能性到了20世纪以后已经微乎其微。根据这一主张，美国不仅对1830年为自己国家而战的波兰，而且也对1848年为争取自由与哈布斯堡王朝抗争的匈牙利都表示了同情。而当时美国受到匈牙利人对自由渴望的鼓舞是如此巨大，以至于民主党内的"青年美国"组织甚至想对此提供强制干预。直到1898年的古巴革命尤其是1917年俄国十月革命之后，华盛顿当局才首次积极地参与其中。在俄国内战中，美国派遣了一支军事特遣队前往俄国支持反共组织，因为在美国政府的理解中，由布尔什维克发动的、原本具有积极意义的反对沙皇专制的自由运动已经成为一种新的专制形式。

作为新建的美利坚合众国的最重要的外交政治家之一的托马斯·杰弗逊在1790—1793年领导了建国时就已经成立的美国国务院。杰弗逊的政治生涯也是作为驻法外交官而开始的，他在法国大革命期间也扮演了出谋划策的角色，直到革命激化的血腥场面将他积极的愿景破坏殆尽。他在欧洲社会的影响还体现在他对艺术和建筑的见解上。1793年他在与华盛顿产生巨大争执之后所搬回的蒙蒂塞洛庄园就是其中的一个例子。1796年，当杰弗逊当选为约翰·亚当斯的副总统时，美国的对法关系已经严重恶化，以至于2年之后发生了一场所谓的"准战争"。这场与法国之间并未宣战的海上战争持续了2年多的时间，并且回过头来看，甚至已经提前具备了20世纪下半叶的冷战的某些特征。[1]杰弗逊对于法国大革命的看法此外也受到了1802年返回华盛顿的托马斯·潘恩所遭受的野蛮对待的影响。

从法国人的角度来看，这场1796年开始的准战争也涉及美国通过1778年法美同盟条约所得到的，但最后又以法国转变为一个革命专政国家为由而拒绝归还的战争贷款。而与此同时，在1794年约翰·杰伊与英国签订的合约的基础上，针对法国的劫掠海战也在一定程度上助长了英国的气焰，这也使得整个局面更为恶化。这场令人瞩目的冲突令双方反目成仇，而且也清楚地展现出了美国对外政策中的意识形态特征。这种冲突的局面直到《莫尔泰丰坦条约》（又称《1800年协约》）签订以后才得以扭转。此外，还有一方面的因素已经对美国未来的政策造成了前瞻性的影

---

[1] DeConde, A., *The Quasi-War. The Politics and Diplomacy of the Undeclared War with France 1797-1801*, New York, 1966, v. a. 46 ff 和 74 ff。

响：1798年美国国会通过了由约翰·亚当斯总统签署、后来又宣布部分违宪的所谓《外侨和煽动叛乱法》。该法案宣称，敌对的外国人以及出版物——其中主要是来自法国的以及来自爱尔兰的部分刊物、文章和信件是不受欢迎的。即便是在1800年的那场近乎疯狂的总统选战中，这一由联邦党人多数派施加于以杰弗逊为首的民主共和党人的充满争议的安全法案已经成为一个争执的核心问题。在具体内容方面，其中的《外国人归化法》延长了对那些想要申请美国公民身份的外国人的审查，《外侨友人法案》和《外侨敌人法案》允许了对外国人实施快速驱逐，而《制止煽动言论的法律》则禁止了相关的出版物。除了延续至今的《外侨敌人法案》之外，其他三项法律均在1802年杰弗逊当选为总统之后废除。

巴巴里战争

延续至1809年的杰弗逊的对外政策原本是以尽可能不插手欧洲事务为宗旨的。但是在事实上，美国从来就不能真正地恪守这一立场（包括在军事上），即便只是出于保护本国的商船的目的。在这种情况下，1801—1805年所谓第一次巴巴里战争的发生就并非意外之事了，其前因甚至可以回溯到18世纪80年代。因为与包含摩洛哥、阿尔及尔、的黎波里以及突尼斯的巴巴里海岸王国产生了冲突，那些自1783年《巴黎和约》签订后愈加频繁地参与海上贸易的美国商船遭到袭击。由于军事力量的薄弱，美国政府采取了以缴纳保护费换取自由贸易的做法，但是却收效甚微。

适得其反的是，针对美国这一明显的弱点，那些臣服于奥斯曼帝国然而实际上大都为独立海盗组织的欲望更为高涨，之后发生的一系列通过劫持人质以获取赎金的事件即为明证。18世纪90年代中期与奥斯曼帝国签订的合约也因此成为一纸空文。据说，美国财政收入的大约1/5最终被用于支付这样的赎金。对此，杰弗逊早在18世纪80年代尤为尖锐地提出了批评。[①]1805年达成的停战协定使得这一长期的战争似乎成功地处于半结束状态。然而在2年之后，海盗行为的再次兴起使得这种希望又成了泡影。直至1815年的第二次巴巴里战争，一支英国与荷兰的联合舰队参与打击北非海盗的行动，问题才得以长期解决。

美国在面临海盗问题时所表现出的无助状态不仅促进了一支拥有战斗力的美国海军的建设，同时也成为美国在领土之外通过军事力量确保其贸易线路安全这一决策的前提。回顾1854年，在菲尔莫尔总统当政的美国政府授意下，美国借助一支舰队的力量以武力迫使日本开放港口，这也正说明了这种不再处于防守姿态的军事力量迅速成为美国贸易政策的一种常规配置。然而直到19世纪80年代末，当美国开始着手建立战列舰队时，推行这种以军事为支持的对外政策的可能性才彰显出来。与之相关的政治观点是在19世纪90年代由美国海军战略家阿尔弗雷德·赛耶·马汉在他的著作《1660—1783年海权对历史的影响》以及《海权中的美国利益——现状与未来》中提出的。

这种在军事上保护海上贸易联系的决心正说明了商船对于美

[①] Lambert, F., *The Barbary Wars: American Independence in the Atlantic World*, New York, 2005, 61 f.

利坚合众国而言具有何等重大的意义。自从美国从英国统治下独立以来，美国的对外贸易经历了一种爆炸式的繁荣增长，其总额几乎翻了一番，其中也包含了与中国的商贸往来。[①]除了传统的产品如棉花、烟草和皮革，美国还通过船运将食品尤其是粮食运往欧洲。因为在欧洲地区，延续至1815年的拿破仑战争使得诸如奥匈帝国、法国和英国等政治列强的对外贸易自18世纪90年代起就遇到了诸多阻碍。在这种情况下，保持中立成为推动美国对外贸易的契机，但同时也带来了危险。不仅是海盗，而且还有英法两国的船长对美国商船进行搜索和围剿。然而美国商船的应对措施仍然有限，因为杰弗逊和麦迪逊两位总统长期以来一直试图避免军事上的冲突升级。1806—1810年通过并一再收紧的《美国禁运法案》（1806年11月15日通过的《非进口法案》、1807年12月22日通过的《禁运法案》）最终损害了美国的经济并且最终被证明是毫无意义的。[②]直到杰弗逊总统任期结束两年后，美国才得以在第二次独立战争中通过军事方式突破了这一对外政策的困境。

尽管如此，杰弗逊的对外政策也有其亮点，它带来了对于美国历史而言更为重要和更为友好的外交决策，即购买了法国人在北美的殖民地领土。1803年被任命为美国驻巴黎大使的詹姆斯·门罗在同年完成了所谓的路易斯安那购地案。然而在当时，美国人还不清楚购地所投入的2250万美元是否真正物有所值，这与50多年后美国购买阿拉斯加领土时的疑虑如出一辙，即便是在

---

① Faulkner, H.U., Geschichte der amerikanischen Wirtschaft, Düsseldorf, 1957, 227.
② 出处同上，231 f。

门罗所在的民主共和党内，尤其是在所谓的"第三党派"中引起了广泛的抗议。尽管如此，购地协议在6个月后无甚波澜地在美国参议院得以通过。杰弗逊的这一购地决策确定了历史的走向，成为对于征服美国西部具有决定性意义的一环。

昭昭天命：扩张—干涉—帝国主义

1809年杰弗逊结束总统任期之后，他的主张仍然对美国的外交思维产生着影响。继任者詹姆斯·麦迪逊直到1817年都秉承了杰弗逊的外交精神，尤其是当麦迪逊出于对原本得到任命的国务卿罗伯特·史密斯的不信任最终自己接管了外交事务之后，更加贯彻了杰弗逊的对外政策。由此，接下来的8年的外交政治以两个已经实施的方针为主导。

其一，必要时必须以军事力量捍卫和加强美国的主权。1812—1815年的第二次独立战争就彰显了麦迪逊对这一方针的重视，他认为这次战争是对美国自由的捍卫。这种本质上更具防御性的立场与保护世界贸易自由并在无法确保的情况下以军事武力强制执行的意愿相结合，在1815年进行的第二次巴巴里战争中得以体现。

其二，在北美推行的西部扩张相反则是明显具有攻击性的政策。1803年路易斯安那购地案之后，开拓西部，更确切地说是彻底占领印第安人领地以及密西西比河后方西班牙殖民地的进程由此开启。在麦迪逊的继任者门罗总统及国务卿约翰·昆西·亚当斯的领导下，到1819年，美国也完成了对佛罗里达地区的吞并。那个与西班牙全权代表路易斯·奥尼斯签订的《亚当斯-奥尼斯条约》（即《美利坚合众国与天主教陛下之间的友好、解决和限定条约》，又称《横贯大陆条约》或《佛罗里达州条约》）至少看上去使美国与西班牙之间在此地区的正面对抗得以结束，尽管这种对抗在别的方面仍然持续着。

麦迪逊在对外政策方面最重要的成就是在第二次独立战争中对英国取得的胜利，尽管美国反抗英国的战争在最初并未取得广泛的支持，这一点从麦迪逊在1812年大选中取得连任所依靠的微弱优势可以看出，而他在这次选举中不得不面对亲英联邦党人的89张反对票。[①]随着麦迪逊与英国对抗的政策最终取得了胜利，他也成功地说服并确信他所期望的继任者会继续贯彻他所选择的对外政策。而詹姆斯·门罗也早与杰弗逊站在同一条战线，他在1803年路易斯安那购地案之时就已经担任总统大使和特使。事实上，这个拿破仑提出的、以8000万法郎出售当时美国各州以西整个法国殖民地的购地案实际上是门罗擅自决定的，他甚至都没有征得杰弗逊的同意。

詹姆斯·门罗和门罗主义

门罗于1817年登上总统之位后的8年时期在历史上亦称为"和睦时期"，因为在这段时期内，这个新兴国家在诸多方面发

[①] Heideking/Mauch, Geschichte（见第51页注释[②]），93。

展顺利并且因此使得内政方面的分歧被暂时搁置。但这些分歧实际上在继续激化,尽管此时距离美国内战的爆发还有数十年的时间。最为迫切的外交问题是与欧洲列强之间的对抗,尤其是与俄国、普鲁士、奥地利和法国组成的神圣同盟之间的纠纷,以及与西班牙之间持续约80年、最终以1898年爆发的美西战争为顶点的冲突。

门罗的名字至今仍然与其奉行的"主义"联系在一起。门罗宣言恰恰也说明了杰弗逊所遗留的对外政策思想是如何的根深蒂固。它于1823年在门罗的国情咨文中出现的时候是如此不起眼,以至于几乎没有引起公众的关注,但在随后的19世纪40年代,它发展成了美国对外政策的一种基础原则,其有效性更是延续至今。1823年12月2日的门罗国情咨文的内容立足于来自西班牙的威胁及与马德里政府之间关于佛罗里达领地的成功斡旋——该领地由美国于1819年通过承担西班牙政府500万美元债务获得,并于1845年成为美国的一个联邦州。作为对比,1803年用于购买南起墨西哥湾、北与加拿大接壤的广大的路易斯安那领地的花费也只是获取佛罗里达领地的花费的大约3倍而已。这两块领土的获取使得美国人在其新国家与欧洲老牌列强的领土雄心之间在南方确立某种边界的意图首次成为可能。门罗1823年的国情咨文在美国国会参众两院都与之直接联系在一起,同时也提醒,在反抗英国人的第二次独立战争顺利结束之后,应该着眼于来自西班牙和沙俄的外部威胁。[①]这种充满威胁的形势主要源于沙俄早在约70年前就已开始的前往阿拉斯加地区的诸多探险活动。俄国人的这些表现似乎也不甚安分，正如300年来西班牙人在南方采取的长期而有计划的蚕食一样。一种反民主的专制统治似乎正向美国渐渐逼近。

然而，触发美国人对马德里的恐惧的真正因素是当时已经蔓延到墨西哥地区的反对西班牙统治的独立诉求。1810年开始的、由天主教神父米格尔·伊达尔戈·伊·科斯蒂利亚领导的起义一直持续到了1821年，促使首个脱离西班牙统治的墨西哥共和国的建立。俄国的扩张和西班牙重新征服美洲的企图两方面引发了当时美国对欧洲君主制威胁的持续担忧。而在欧洲，渴望复仇的英国也在一旁虎视眈眈并随时可以放下与西班牙和法国之间的传统成见，以一雪独立战争的耻辱。这方面的考量在美国的对外政策中也不容忽视。然而，美国的集体意识对于类似的局面从16世纪开始就习以为常。作为解决外交的方案，门罗早已提出了"两个体系"的概念。这一概念大致顺应了20世纪和平共处的原则，并且保证了欧洲老牌列强不能插手美洲事务。但是这并没有妨碍美国政府于西部扩张期间与脱离西班牙统治的天主教的墨西哥共和国在边境领土——所谓的特哈斯地区[②]问题上产生争端：从19世纪20年代起，该地区的美国移民就一直争取摆脱墨西哥中央政

---

① 门罗的讲话刊登于 18th Congress, 1st Session, Message from the President of the United States to both Houses of Congress at the Commencement of the First Session to the Eighteenth Congress, December, 2, 1823, Washington, 1823, 3–15。关于该讲话更详细的情况可参考 May, E. R., *The Making of the Monroe Doctrine*, Cambridge, 1975。

② Tejas，即英语中的 Texas，后来的得克萨斯州。——译者注

府的统治，这一地区最终在1845年以得克萨斯州的名义成为美国的一个联邦州。随后，在1846—1848年爆发的美墨战争中，此前由西班牙控制的其他地区也陆续成为美国现今的犹他州、内华达州、新墨西哥州、亚利桑那州以及加利福尼亚州的一部分。通过1848年签订的《瓜达卢佩伊达戈和平条约》以及1853年签订的所谓《加兹登购地条约》，当时原属墨西哥的大约一半的领土落入了美国囊中。随着领土的扩张，西班牙裔以及原住民人口同时得到了增长，这反过来又引发了其他问题。尽管财政紧张的墨西哥总统安东尼奥·洛佩斯·德·桑塔·安纳提供了更多可售领土，但由于美国内部的争议，美国并未购买这些领土，因为北方各州担心南方蓄奴州的实力因此得到壮大。

1861年在美国内战之初，欧洲列强以债务为由对墨西哥的入侵，使得美国对欧洲强权威胁的担忧达到了顶峰。很快，这次入侵行动中欧洲对西班牙前领地进行重新殖民的企图就昭然若揭。这个恰由西班牙、英国和法国组成的欧洲强权联盟使美国政治面临重大考验。法皇拿破仑三世在拉丁美洲的政治野心在当时已是众所周知，当法国远征军对墨西哥军队取得一次歼灭性的胜利之后，哈布斯堡大公费迪南德·马克西米利安于1864年被任命为墨西哥皇帝，这时的美国感到了前所未有的危机。然而马克西米利安一世的政权完全依赖于法国的支持，而此时美国的力量已经变得强大并足以迫使入侵势力撤退，哈布斯堡的统治只持续到1867年便宣告终结。马克西米利安一世在此后不久被处以极刑。

门罗在40年前的担忧在这些事件中得到了印证，即便没有这些事件的发生，门罗关于将欧洲专制主义视为美利坚合众国之威胁的言论也开始大行其道。在这一言论中，早期加尔文主义清教徒移民的危机感及其实现上帝旨意的执念与美利坚合众国的担忧恰到好处地融合在了一起。从门罗时代起，它从一种模糊的概念发展成为一种官方的外交"理论"，即美洲只可能是美洲人的美洲，其他任何一个国家都无权干涉美洲事务。[①]与此同时，美国越来越多地将自己理解为世界各地民主国家和自由运动的世俗榜样。如果人们探求这种适时的对外政策原则之起源的话，一方面可以追溯到首批移民关于天选之说并在19世纪30年代末尤为激烈的争论；另一方面，关于即将开启的西部扩张运动的公开辩论在当时也愈演愈烈。在吞并广大的俄勒冈地区和西属墨西哥领土开始之前，1844年的总统选战又特地强调了这一外交原则。而"天定命运"这一概念实际上是记者的创造。当时纽约的一家有影响力的杂志——《联邦杂志与民主评论》的发行人约翰·奥沙利文被认为是这一概念的发明者。自此，它在大众媒体中得到广泛的运用。1845年在纽约出版的《晨报》指出：无可争辩的是，"这种要求的权利源自我们的昭昭天命，它允许我们在整个大陆扩展领土并宣布这些领土属我们所有，正如我们被赋予的、已经进行的有关基本权利、自由和联邦自治政府伟大实验的天定命运一般"。[②]

门罗主义及（基本上不言自明的）关于基督教传统的天命理论在1844年的选战中作为一种成功的模式而诞生，也正由于它在

[①] Findling, J.E., *Dictionary of American Diplomatic History*, New York, ²1989, 356.

[②] 引用自 Krakau, K., Missionsbewusstsein und Völkerrechtsdoktrin in den Vereinigten Staaten von Amerika, Frankfurt a. M., 1967, 129。作者的译文。其历史影响可参见 Brown, Ch. H., *Agents of Manifest Destiny. The Lives and Times of the Filibusters*, Chapel Hill, 1980。

内容上的那种模糊不清使得它长盛不衰。然而，门罗主义在美国的接受程度及其在世界范围内的影响主要归功于霸权主义以及安德鲁·杰克逊的政治继承人詹姆斯·波尔克，波尔克就任总统的时期，正是俄勒冈领土争端以及废除与英国的共同管理成为焦点问题的那一年。对于波尔克而言，向西南部的墨西哥方向进行的扩张无疑具有更重要的意义，他也有使美西战争升级的打算。而美国的天定理论在达成这两个目标方面给他提供了必要的论据。成功也证明了他是对的。1846年，英国人接受了俄勒冈州在北纬49°的边界；由于长期内部不和以及频繁变动，墨西哥政府已经变得羸弱不堪，而对于波尔克所预谋的、通过向里奥格兰德河派遣一支美国军队向墨西哥进行的挑衅，墨西哥政府在当年4月的反应正中波尔克的下怀。在1846年1月失去得克萨斯后，马里亚诺·帕雷德斯将军罢免了他的前任何塞·华金·德·埃雷拉并发动了一次仓促的进攻，最终以直至里奥格兰德河的墨西哥领土于1848年永久性地并入美国联邦疆域而告终。

随着美国的政治自信尤其是对外政策上的自信的增强，与天命理论紧密相关的门罗主义得到了进一步的发展。就这方面而言，门罗宣言里原本包含的但出于政治谨慎被删除的政治理念直到很久之后才在完全不同的条件下被重新提起。其中就包括本文已经提及的反抗奥斯曼帝国统治的希腊解放运动，此外还有门罗的国务卿、前总统约翰·亚当斯的长子约翰·昆西·亚当斯向欧洲殖民列强发布的禁止将本国殖民地转让给其他国家的公告。这一公告在阿拉斯加事务上尤其针对俄国沙皇。直到1830年美国才首次发布了小心翼翼的宣言以表示对波兰革命的支持，而在1848—1849年的匈牙利革命期间，美国也是唯一一个在外交上承认拉约什·科苏特新政府独立宣言的国家。美国的这种宣言所带来的效果在19世纪常常是杯水车薪，而在20世纪也如出一辙，但这也成为美国进行支持或者干预的理由之一。但是这些支持或干涉仍可能受到政治现实的阻碍，比如1956年的匈牙利起义以及1968年的布拉格之春。

除了君主制的奥匈帝国、西班牙以及君主制复辟的法国以外，美国在19世纪就已将沙皇俄国视为重大威胁。门罗不仅担忧俄国染指北美，也担心沙皇亚历山大一世针对欧洲民主共和国发动战争的威胁。出于这些原因，美国最终在内政上取得一致，实现了1867年从沙俄购买阿拉斯加的意图。当时，这个地区在经济上似乎毫无吸引力，因为该地区的皮毛经济基本已经没落了。但是从长远看来，购买阿拉斯加的举动不仅在战略上带来了回报，在经济上一直到20世纪下半叶所表明的那样——最终也获益颇丰。

干涉

1890年，美国在北美大陆的扩张得以完成之时，美国对外政策中关于门罗主义及在随后几十年中不断发展的内容及目标的争辩也达到了高潮。此前，在美国领土之外并不存在正式的官方行动。无论是地中海地区延续至1815年用以保护美国贸易的巴巴里战争，还是1853—1854年借助小型舰队以武力迫使日本开放口岸，又或者是1854年通过私人军队对尼加拉瓜的干涉，都未被理解为美国政府的官方对外政策，即便这些行动至少都是在美国政府批准下进行的。[1]然而在门罗主义的指导下，此时的华盛顿政府已经将中南美洲视为自身的影响范围。1854年7月的尼加拉瓜事件中对美国大使的所谓侮辱或者1903年出于对美国驻洪都拉斯大使馆的保护，都足以成为美国进行干涉的理由。至于其他的一些干涉措施，出于政治经济方面的考虑便已经足够，比如根据1856年8月16日通过的《鸟粪岛法案》，美国占领了波多黎各部分地区。[2]根据该法案，适合鸟粪开采的岛屿只要无人宣称其所有权，美国就可以占有。因当时美国在政治和军事可能性上捉襟见肘的年代，这一法案事实上就是美国自我赋予的一项权利，并成为脱离门罗主义限制、建立美国自身的准殖民帝国的杠杆。与该法案相关的最后一批领土要求可以追溯到20世纪80年代。中南美洲愈发成为美国在太平洋地区的帝国资产而受到无情压榨，不仅从20世纪里美国的持续干涉中可以看出，在经济政策措施中，那些所谓的"香蕉共和国"受到的如同私人公司财产般的待遇也同样说明了这一点。此外，据2010年所披露的信息，1946—1948年在危地马拉有大约700人——主要是中南美印第安人被用于美国军方的秘密医疗试验，在未经他们的同意下被感染了梅毒病原体。[3]这些行径令人联想到的不仅是遭受了无情对待的北美印第安人，也有那些太平洋地区在部分核试验中被当做实验对象的原住民。

---

[1] Brown, *Agents*（见第289页注释②），174 ff., 314 ff., 337 ff.。

[2] Guano Island Act in：48 U.S.C. ch. 8, §§ 1411–1419.

[3] Reverby, S. M., *"Normal Exposure" and Inoculation Syphilis: A PHS "Tuskegee Doctor" in Guatemala, 1946–1948*（http://www.wellesley.edu/WomenSt/Reverby, %20Normal, %20JPH.pdf）.

正如人们在美国此前所有的小规模干涉行动中所看到的那样，1898年在古巴和太平洋地区对西班牙发动的战争因此被看作美国在自身领土范围之外的对外政策的真正开端。[①]美国此前在这方面表现得兴趣缺乏，但此时在内政方面，该战争起到了类似救赎的作用，并且极大地提升了民族热情，这可能是因为它顺应了美国对外政策的几个核心条件。一方面，位于所谓"美洲"的古巴以及整个加勒比地区都处于门罗主义的保护范围内；另一方面，古巴在经济利益方面对于美国而言具有显著的意义，这一点在美国经济明显受到停滞期的影响时更加彰显出来。

自1893年以来，美国出现了严重的经济萧条，公众对这种经济萧条的讨论反响越来越强烈，也使得"活力外交"政策的拥趸越来越多，比如历史学家弗雷德里克·杰克逊·特纳和参议员亨利·卡博特·洛奇，他们都将美国的内部问题归结于没有把握好外交政治方面的机遇。早在1809年，古巴地区就沦为美国的购买对象。类似的用以完善美洲经济区的计划还涉及波多黎各。[②]然而在1848年，当西班牙愿意以1亿美元的价格出售古巴时，这一提议被美国总统波尔克断然拒绝了。对古巴具有重要战略意义的考量在1854年的一份战略性文件——所谓的《奥斯坦宣言》中被推至顶峰。该宣言表明，美国甚至有强行占领古巴岛的想法。当时的美国国务卿威廉·马西和美国驻西班牙大使皮尔·索尔都是这些计划的支持者。而随着西班牙殖民地区的日渐衰弱，通过军

[①] 综合参考：Kahn, H.W., Vergessene Interventionen, Ein chronologischer Abriss, in: Blätter für deutsche und internationale Politik 25（1980），290-307 以及 413-434。

[②] Schoultz, L., *Beneath the United States: A History of U.S. Policy toward Latin America*, Cambridge 1998，48.

事手段解决的方案愈加受到青睐。

与此同时,美国也越来越关注自身利益范围之外的那些西班牙殖民地区。除了东海岸的古巴之外,对外扩张的支持者也开始觊觎马德里政府在太平洋地区的殖民地,尤其是菲律宾群岛地区。毕竟自1856年以来,美国已经根据《鸟粪岛法案》占领了某些毗邻西班牙殖民地的岛屿,也没有引起马德里政府的反感。当时美国在太平洋地区已经占领了数十个较小的岛屿,比如1857年占领的贝克群岛和豪兰群岛以及次年占领的贾维斯岛和约翰斯顿环礁,此外还有1867年被美国接管的中途岛。

美国内战结束之后,相较于美国长期的内部问题,古巴对于美国外交政治而言,看似并非最前沿的问题。在卡洛斯·曼努埃尔·德·塞斯佩德斯于1868年发表古巴独立宣言之后,古巴人十年的斗争最终以1878年的《桑洪和约》而告终。尽管古巴的独立并未得以实现,但是正如作家何塞·马蒂在其作品中所提及的那样,民族运动因此受到了极大鼓舞并且开始在其他拉丁美洲国家中蔓延开来。《桑洪和约》签订后,游击战争此起彼伏,直到1895年爆发的第二次古巴独立战争才终结这种局面,马蒂与军事领导人马西莫·戈麦斯和安东尼奥·马塞奥一起成为独立运动的领导人。同年,马蒂在战斗中遭遇不幸,他的牺牲使他更为名声赫赫。

美西战争

1898年美国最终插手古巴革命的最为重要的官方论据即为"天定命运"之说，这并非出人意料之事。首次有一场自由运动在美国能够不仅在外交上而且在军事上得到支持。美国民众的支持从一开始就相当令人瞩目。这不仅是因为美国已经建立了自己的军事力量，更是因为西班牙军队的残酷无情。西班牙将军瓦列里亚诺·韦勒率领大约15万名士兵，以极为血腥的方式试图尽快将起义镇压。被美国媒体称为"屠夫"的韦勒将军采取的战略还包括建立一系列拘留集中营，数千人由于岛上恶劣的气候条件在这些集中营里悲惨地死去。

自1896年起，在总统克利夫兰及其继任者威廉·麦金莱的带领下，美国政府以各种后果为由来威胁马德里政府。阿尔弗雷德·赛耶·马汉将麦金莱的犹豫不决视为一种软弱的表现。而马汉的多年好友、当时的海军部副部长西奥多·罗斯福也深受那种参战情绪的感染。1898年美国军舰"缅因"号在哈瓦那港发生爆炸并沉没，最终造成了数百人伤亡。这一事故可能是由某些常见的锅炉爆炸或者是燃煤失火造成的，但绝非所称的炸弹爆炸所引起。[①] 这次事故遂被美国作为对西班牙采取军事行动的直接借口。这次战争在美国被称为"精彩小战争"，甚至

---

① Mauch, Präsidenten（见第 91 页注释①），245。

作为"进入世界政治舞台"的标志性事件得到了大肆庆祝。[①]对于美国政府、媒体以及美国民众而言，这次战争的真正原因在于，他们怀疑西班牙人使用炸弹摧毁了这艘军舰。那些诸如出版商威廉·赫斯特和约瑟夫·普利策旗下的花边小报更是不遗余力地对此事进行渲染，利用其巨大的影响力成功地为美国的军事干涉鼓吹造势。[②]

政治上的压力迫使顾虑重重的麦金莱总统同意对西班牙采取军事行动。1898年4月25日，美国对西班牙宣战。通过此前以美国参议员亨利·泰勒命名的《泰勒修正案》，美国排除了将古巴作为一个联邦州兼并的企图。战争的焦点此时也不再围绕古巴，而是着眼于那些距离美国西海岸至少几千公里的、太平洋上的其他西班牙殖民地，这使得美国已经不能再以门罗主义所指的美国利益范围来自圆其说了。[③]事实上，1898年5月1日，战争也不是在古巴打响的，而是在菲律宾群岛。刚刚完成现代化建设的美国海军舰队在马尼拉港附近迫使西班牙军舰投降。直到当年6月，针对古巴的进攻才开始，对波多黎各的军事行动则发生在当年7月。与此同时，出于夏威夷群岛巨大的战略重要性，美国国会也在1898年7月7日决定吞并该地区，以确保它不落入其他国家之

[①] Rickover, H.G., *How the Battleship Maine Was Destroyed*, Annapolis, 1994, 91.

[②] Spencer, D.R.*The Yellow Journalism: The Press and America's Emergence as a World Power*, Evanston 2007, 123ff.; Milton, J., *The Yellow Kids. Foreign Correspondents in the Heyday of Yellow Journalism*, New York 1989, 193 ff.; Auxier, G.W., *Middle Western Newspapers and the Spanish American War.* New York, 1940.

[③] 综合参考 Smith, J., *The Spanish-American War. Conflict in the Caribbean and the Pacific, 1895-1902*, London, 1994; Balfour, S., *The End of the Spanish Empire, 1898-1923*, Oxford, 1997。

手。在加勒比海地区，西班牙人遭受了决定性的失败，这也宣告了美西战争事实上的终结。1899年3月19日，西班牙接受了此前一年签订的《巴黎和平协定》，美国对外政策中最重要的一章就此得以实现并产生了深远的影响。美国在中美洲地区赢得了波多黎各，并在太平洋地区赢得了菲律宾和关岛，这些地区直到20世纪的战争爆发时才体现出它们令人印象深刻的价值。正如此前商定的那样，古巴没有成为美国的一部分。但是根据1904年西班牙最终接受的、以美国参议员奥维尔·普拉特命名的《普拉特修正案》，出于保护古巴未来的自由，美国有权对该岛事务进行介入和干预。与此同时，该修正案也包含了美国在古巴对那些刚从西班牙统治下解放出来的领土进行租赁的许可。长期的租赁目前只有关塔那摩湾这一部分保持了下来。直到近100年后，自2001年起，该地区因为被用作反恐战争的囚犯集中营从而名声大噪。从长远看来更为重要，但在政治上也更难以解决的问题是美国出于保障自身经济利益而在古巴采取的一系列措施。当这些措施被1959年的古巴革命所终结时，古巴再次成为美国军事占领计划的出发点。1961年古巴流亡分子入侵猪湾的企图最终失败的原因在于，美国政府在此前不久刚刚决定不再对该行动提供空中支援。在美西战争之后，正如著名的海洋战略家马汉在19世纪90年代一再强调的那样，美国从此把在其所吞并地区建立一个全球性的基地系统看作一个严肃的任务。美国在夏威夷建立了舰队保障点珍珠港。波多黎各于1898年12月甚至宣布成为一个与美国紧密联系在一起的自由国家。在菲律宾群岛地区，美国人的占领企图却实现得困难重重，因为虽然在第二次世界大战中该地区被美国完全控制，但是当地的独立运动斗争给美国人带来了艰难的战争并在

1946年最终实现了独立,尽管该地区的和平并未因此真正地得以实现。

随后,美国接二连三地对中美洲地区进行了干涉。仅在介入第一次世界大战的1917年之前,美国就已经入侵该地区达10多次,比如古巴(1903、1906—1909、1912)、洪都拉斯(1903、1907、1911)、巴拿马(1903)以及尼加拉瓜(1909、1916)。一场更大规模的干涉行动是1916—1917年针对由潘乔·比利亚领导的墨西哥革命采取的被称为"惩罚征讨"的武装干涉,这次行动甚至蔓延到了美国领土境内。

巴拿马运河

就美国对外政治而言,接手1902年法国人提出的在中美洲开凿运河的计划同样具有重要的长期意义。在此之前的半个多世纪以来,美国政府就已经积极参与到该地区的建设中。1846年的《马利亚里诺-比德莱克条约》的签订不仅达成建造一条铁路的协议,而且赋予了美国在有争议的情况下进行军事干预的权力。1855年,从巴拿马城到科隆(阿斯平沃镇)的铁路得以竣工。这些地区正是美国后来众多干涉行动的起点,尤其是在1903年巴拿马冲突中:早在1878年,法国的洋际运河工程国际公民协会根据一项特许经营权就已经取得了建造运河的所有权利;尽管美国此前已经接手了这一所谓的特许经营权,但是当时哥伦比亚政府对此持拒绝态度,从而引发了美国的那些干涉行动。1903年美国军队占领了运河的建造工地,通过1904年的《海约翰-布诺·瓦里亚条约》，美国甚至在一定时期内占领了控制运河所需的整片领土。华盛顿政府为此首先一次性支付了1000万美元，并支付了每年25万美元的租金。从1914年8月15日起，巴拿马运河正式通航，船只自此可以通过该运河横穿中美洲，从而开辟了大西洋和太平洋之间最重要的航道。对于美国来说，这同时还意味着其东西海岸各港口之间更快捷的连接。直到1999年底，巴拿马运河区才根据《杜里荷-卡特条约》归还给巴拿马。

登上世界政治舞台：1917—1918年的第一次世界大战

美国在1917年参战第一次世界大战也是它从此步入世界政治舞台的标志。美国的参战有三个重要前提：首先，1890年美国内部领土的扩张正式宣告结束，此后的政治议题则集中在建立帝国自身方面；其次，美国经济的巨大生产力需要新的产品销售区域，这一点最晚从镀金时代起就凸显出来；最后，1890年之后的美国已经具备了以军事途径成功实施其政治决定的技术可能性，现代舰船的建造技术以及运输能力在此时得到了突飞猛进的发展。正因为如此，1898年对西班牙的所谓"精彩小战争"最终以西班牙舰队的惨败而结束，只有12艘战舰的美国海军就足以决定战局，这对于美国而言是极其幸运的战果，因为与欧洲列强的舰队相比，美国海军并不具备任何竞争力。然而在美西战争结束8年之后，1906年的美国海军已经能够在世界海军强国中排名第二了。[1]但是由于巴拿马运河的宽度限制，美国直到第二次世界大战时建造的战舰都是以能够通过运河船闸的尺寸为上限，这对于美国海军而言算是一个不足之处。

马汉、罗斯福及帝国主义扩张

回顾历史，美国对自身对外政策的重新定义无疑是最重要的一个改变。1890年，阿尔弗雷德·赛耶·马汉的著作《海权对历史的影响》着重强调了民用航运和军事舰船及与之相应的全球海军基地网络的必要性。在接下来的几年中，他不仅通过他其他的著作宣扬这一观点，而且在最具有政治影响力的华盛顿政治圈对此进行呼吁。1890年，马汉写道："如果在国外没有殖民设施或者军事设施，战争中的美利坚战舰就会像不会飞的鸟儿一样，无法远离海岸线。如果想要成为海上强国，政府的首要职责就是建立用以保障燃煤以及维修的基地。"[2]尤其是像美国这样的贸易帝国更需要保护其海上航线。这并非一个新的想法，但是对于美国这样一个之前主要着眼于美洲大陆的国家而言，是一种全新的理念。对于马汉来说，他与西奥多·罗斯福的友谊具有重要的意义。在罗斯福出任纽约州州长以及美国总统之前，他曾经在美国

---

[1] Raeithel, *Geschichte II*（见第260页注释①），249。

[2] Mahan, A.T., *The Influence of Sea Power upon History 1660-1783*, New York, 2004, 83 (^{1}1890). Dazu: Proksch, R., *Alfred Thayer Mahan. Seine Thesen und sein Einfluss auf die Außen- und Sicherheitspolitik der USA*, Frankfurt a. M. 2002, 55 ff.

海军部担任过副部长。罗斯福对此也曾经说过，如果要从事政治的话，最成功的方法是保持从容，但是一直大棒在握[1]，而在国际关系中这首先指的就是军事力量，而最为合适的就是一支强大的海军。1901年9月，在麦金莱总统于水牛城的一个展览开幕式上由于刺客的刺杀受伤而去世之后，作为一名对外扩张政策的支持者，当时年仅42岁的罗斯福继任并成为美国第二十六任总统。罗斯福不仅参加过针对西班牙的"神圣战争"，而且他的公开言论也使他被认为至少是像德皇威廉二世那样充满活力的人。

因此，罗斯福作为新任总统在对外政策领域实施的首批官方政策之一便是作为门罗主义的一种补充的、美国历史中的所谓"罗斯福推论"，公众对此并不觉得出乎意料。1904年12月6日，罗斯福在国会所作的年度咨文中承认美国对"土地的渴望"，但又同时将新的对外政策解释为整个国家谋取"福祉"的一种必要手段以及作为全球"公正秩序"的干预机制。"如果一个国家能够表明它知道如何以合理的能力及公正的态度来处理社会和政治事务、维护自身秩序并且偿还债务的话，那么它就无须担心美国的干涉。那些导致与文明社会普遍脱节的、慢性的不端举措或者弱点，无论是在美洲还是其他地区，都最终需要文明国家加以干预，而在西半球地区，美国所奉行的门罗主义政策可能会迫使美国在面临那些尤为糟糕的不端举措和弱点时不得不扮演

---

[1]. Brief Roosevelts an Henry L.Sprague, 26.1.1900 (Library of Congress, Manuscript Division, lcweb.loc.gov/exhibits/treasures/trm139.html). 作者的译文。

国际警察的角色,尽管这并非美国本意"。[1]

美国对外政策从内部殖民到全球性对外军事干预这一相对平稳的过渡越来越清晰地表明,这种转变的理论基础是汲取存续于美国整个20世纪对外政策、传统的"使命"和"正义战争"的理念而形成的。[2]而它与欧洲国家所追求的、通过在世界上的权利主张以相互赶超的帝国主义应该是毫无关联的。罗斯福与其他很多权力政治家一样,在相关问题上也参考和利用了那些有时甚至与其个人相识的作者的观点,这一事实无疑展现了一种完全不同的景象。这些作者包括主要以种族主义观点中强调"雅利安人"优越性的论点来证明北美殖民化合理性的约翰·伯吉斯[3],此外还包括了谈及美国人特有的"排他性"的传教士约西亚·斯特朗。

帝国主义的批判者

正如大众媒体所反映的那样,支持对外扩张和帝国使命的呼声一片高涨。在此背景下,其他不同的意见往往只成为令人生厌的噪音。但是对立阵营也表现得针锋相对,其中就包括分别来自

---

[1] 刊登于 Schambeck, Dokumente (见第116页注释①), 417-419; 此处: 418。关于其历史背景尤其是德国政治所扮演角色的内容可参考 Lammersdorf, R., Anfänge einer Weltmacht, Theodore Roosevelt und die transatlantischen Beziehungen der USA 1901-1909, Berlin 1994, 54 ff。有关1904年"罗斯福推论"的内容亦可参考 Krakau, Missionsbewusstsein (见第289页注释②), 143 f.

[2] 参考 Tucker, R.W., *The Just War, A Study in Contemporary American Doctrine*, Baltimore, 1960。

[3] 出处同上,248。

两个党派的前总统——共和党人本杰明·哈里森和民主党人格罗弗·克利夫兰,还有像安德鲁·卡耐基这样的著名工业家,尤其还包括了著名的作家如安布罗斯·比尔斯和马克·吐温。马克·吐温甚至是"美国反帝国主义联盟"的联合创始人,并从1901年开始担任该联盟的主席,直到1910年去世。反帝国主义者宣称,他们的主要论点也源自美国历史的传统。最重要的是,反帝国主义者看到美国宪法的基本思想受到了扩张主义政策的流通。而卡耐基也担心美国在国外的负面形象会阻碍美国商品的成功。此外,那些工会组织尤其是美国劳工联合会认为,对其他地区的吞并会造成廉价劳动力的无节制涌入和廉价进口商品的泛滥,这很有可能危及美国的长期繁荣。在这种严峻的形势下,那些试图改善工人尤其是城市下层居民困境的所谓"进步运动"就成为当时的一个中心话题。然而,即便是像反帝国主义联盟这样著名的组织也未能对美国的对外政策产生任何重大的影响,这一事实清楚地表明了这种政治"使命"的观念是如何根深蒂固以及公众舆论所受到的煽动是如何强烈[1]。对此感觉越来越痛苦的马克·吐温认为,"我们对于菲律宾的窃取以及我们对群岛居民的人民自由的攻击"甚至与"一般性的恐怖统治"毫无二致。而当时被用以指责反帝国主义者的"孤立主义"思想只是在美国公众对第一次世界大战结局表示失望的情况下才重新获得了多数的支

---

[1] Beisner, R. L., *Twelve Against Empire. The Anti-Imperialists 1898–1900*, New York 1968; Tompkins, E. B., *Anti-Imperialism in the United States: The Great Debate 1890–1920*, Philadelphia, 1970, v. a. 290 ff. 下文引自 Twain an Abner Goodell, 31. 12. 1900, in: Zwick, J.(Ed.), *Mark Twain's Weapons of Satire. Anti-Imperialists on the Philippine-American War*, Syracuse, 1992, 19。类似著作还有 *North American Review*, Febr. 1901(s. Tompkins, *Anti-Imperialism*, 243)。

持。但"孤立主义"思想从此保持了强大的影响力，直到1941年日本偷袭美国珍珠港事件发生之后才再次被排除在美国的对外政策之外。

在美国参与协约国反对德国和奥匈帝国的战争之前的几年中，美国在内政方面取得了成功。在西奥多·罗斯福卸任后，威廉·塔夫脱成为新一任共和党人总统。塔夫脱成为不仅以暴力而且以金钱为手段实现目标的对外政策的实际缔造者。饱受谴责的美元外交甚至比军事干涉的成效显著得多。但是塔夫脱执政的最后一年已然处在了新一轮经济危机的阴影之下，资金由于危机的影响出现了短缺，以至于他在1912年的总统竞选中最终失利。塔夫脱卸任之后，伍德罗·威尔逊作为1897年以来的首位民主党总统登上了总统之位。威尔逊被当时的美国选民认为是比在过去几十年中更为注重对外政策的共和党人更有可能解决国内问题之人。而在事实上，威尔逊本人首先更将自己看作是一个致力于内部建设的政治家。他在上任之时无论如何都没有想到自己在第二个总统任期会面对美国有史以来最大规模的对外战争。

威尔逊总统

尽管威尔逊以国内政治为优先事务，但是他在1917年之前就出面干涉了国外事务。回过头来看，这似乎并不能称为一个新的开端，反而与前几任总统的对外政策更为吻合。此外，威尔逊还以门罗主义及其前几任总统尤其是罗斯福的对外政策理念对此进行了强调，并提到他会教会外国人——当时的情况下所指的是南美人如何选择亲美的政客①。威尔逊的干预措施首先是针对通过政变上台，但当时并不为威尔逊的美国政府承认的墨西哥总统维克托里亚诺·韦尔塔的，尽管威尔逊为此遭到了来自英国以及美国石油行业的批评。当韦尔塔于1914年7月15日被最终推翻时，一个由贝努斯蒂亚诺·卡朗萨领导的亲美政府得以成立，并继续负责镇压以生前即已被传奇化的埃米利亚诺·萨帕塔为首的墨西哥起义军。萨帕塔最终于1919年因政府军的伏击而牺牲。虽然当时的德意志帝国并不认同美国对墨西哥的态度，但是正因为此，华盛顿政府反而更认为他们根据门罗主义思想做出了正确的抉择。此后不久的所谓"齐默尔曼电报"事件，类似的争论成为美国加入对德战争的出发点。在正式加入第一次世界大战前不久，威尔逊政府于1915年入侵了海地，并于1916年入侵了尼加拉瓜及多米尼加共和国。这使得海地直到1934年都处于美国人的占领之下，而多米尼加共和国则一直被占领至1924年。在尼加拉瓜，美国也建立了它的军事基地。

对于长期以来在巴尔干危机中酝酿，并于1914年在欧洲令人意外地出现突破性的军事升级而爆发的第一次世界大战，美国人在战争爆发之前就秉持置身事外的态度。美国民众甚至也被要求保持中立。1916年威尔逊在大选中也因承诺美国会保持这一中立的态度而取得了胜利："他使我们免于战争。"②尽管在18和19世纪之交，具有德国血统的美国人的比例相当大，并一直在10%

---

① Wiebe, R.H., *The Search for Order, 1877-1920*, New York, [13]1992, 247.
② 数据引自 Mauch, *Fragen*（见第172页注释①），73。

左右浮动，但是无论如何，威尔逊的承诺使得大多数美国人迅速地站到了反同盟国的阵营[1]。此外，占大多数的英裔美国人口也促使他们在文化、政治和经济上更倾向于英国和英联邦所在的阵营。抵达美国的有关德国战争的新闻也彻底地被饰以反面色彩，尤其是通过英国的宣传，有关德国在入侵比利时期间所犯下的暴行被戏剧化般大肆渲染。然而，虽然在美国某些地区已经可以观察到严重的反德气氛，但是并未出现一种煽动性的战争氛围。但这些反德气氛持续不断地发酵，并在1917年美国对德宣战时达到了歇斯底里的高潮。与此同时，严重的反英情绪也在美国开始蔓延，尤其是当伦敦政府在1916年4月决定对爱尔兰革命进行血腥镇压时。

无限制潜艇战和"齐默尔曼电报"

1917年1月，德国决定恢复无限制潜艇战，并对打破协约国的饥饿封锁及破坏协约国军队后勤补给寄予厚望。这也是美国加入第一次世界大战的一个重要原因。接下来的1个月中，被英国租赁的美国货船"豪萨托尼克"号就成为无限制潜艇战的受害者。而早在大约两年前的1915年5月7日，英国客轮"卢西塔尼亚"号在从纽约返航途中于爱尔兰海岸被一艘德国潜艇击沉，造成了128名美国乘客丧生。这起事件在美国掀起了轩然大波，然

---

[1] 数据引自 Bade, *Deutsche*（见第34页注释①），170-179（M. Blaschke 的文章）。此处：176。

而威尔逊当时设法将民众的怒火平息了下来。可能是由于威尔逊知晓"卢西塔尼亚"号违反了中立原则，并可能是在伦敦政府的策划下向英国运送弹药[1]，因此他并没有参与第一次世界大战的理由。然而仅在1916年这一年中，美国就向协约国交付了总价为27.5亿美元的商品[2]。由此可见，美国参与第一次世界大战的原因并非潜艇战。

对于美国参战更具重要意义的是"齐默尔曼电报"。它极大地引起了从殖民时代以来尤其是自美国独立战争时起的美国社会的根本性恐慌。这封由德意志帝国外交秘书阿瑟·齐默尔曼于1917年1月19日通过德国驻华盛顿大使馆向德国驻墨西哥大使发送的加密电报被英国截获并破译，这使美国政府内部到处警钟长鸣。该电报提出，如果美国在无限制潜艇战开始后正式参战，同盟国将和墨西哥政府结盟。作为对参战的奖励，墨西哥不仅将获得电报中所称的"丰厚的财政支援"，而且还会在和平协议中考虑墨西哥的利益。根据齐默尔曼的说法，这意味着"我方同意墨西哥重新占领此前在得克萨斯、新墨西哥以及亚利桑那地区所丧失的领土"[3]。与此同时，同盟国与日本也建立了联盟，因为日本自1854年被美国以武力逼迫港口开放以来不仅视自己为美国霸权的受害者，在当时更将自己看作是美国权力政治的竞争者。

---

[1] Bailey, Th.A./Ryan, P.B., *The Lusitania Disaster. An Episode in Modern Warfare and Diplomacy*, New York, 1975, 96 ff.

[2] Mauch, Fragen（见第172页注释①），72.

[3] 引用自 Nassua, M., "Gemeinsame Kriegführung. Gemeinsamer Friedensschluss". Das Zimmermann-Telegramm vom 13. Januar 1917 und der Eintritt der USA in den 1. Weltkrieg, Frankfurt a. M., 1992, 16. 此外也可参见：Tuchmann, B. W., Die Zimmermann-Depesche, Bergisch Gladbach, 1982.

美国的参战

欧洲的君主国在50年以前试图在墨西哥建立一个附庸政权。在这一历史背景下,随着齐默尔曼电报内容的公布,与之相应,美国对于受到包围的恐慌便成了威尔逊以协约国阵营立场参战的终极理由。由于英国人打算不到万不得已不想表明他们破译了德国的密码,在他们长时间的犹豫之后,美国国务院于1917年3月1日通过报纸多页全文公布了该电报的内容。第二天,威尔逊也在国会请求批准参战。他充满激情的演讲得到了大多数人的支持,而批评者寥寥无几。"我确定,德意志帝国政府在最近一段时间采取的政策足以被认为是反对美国政府和人民的战争。我请求国会正式地承认这一施加于我们的战争状态。"[①]而在事实上,这宣告了威尔逊此前意欲置身于战事之外的对外政策的破产。

此时,威尔逊在对外政策上进一步努力的核心思想是一种以"没有胜利的和平"结束这场战争的想法,并且在幸运的情况下让这场战争成为人类最后一场战争,从而使世界更为民主和安全。这个想法的背后是美国总统对民主化即为和平保证这一理念的坚定信仰。在此理念中,对于和平及自由的威胁仅仅来自独裁的政府。威尔逊因此指出,"民主的国家不应为了战争理由或

[①] 引用自 Link, A.S.(Ed.), *The Papers of Woodrow Wilson*, Vol.41, Princeton, 1983, 519—527; 此处:521。作者的译文。

者为了寻求一个占领邻国的机会而向邻国派遣间谍",对暴君的胜利将使世界变得更为安全。"为了民主,必须保证世界的安全",他在1917年4月2日的演讲中提出了这一纲领性的言论。

在这次国会演讲之后,威尔逊在随后的公开咨文中更为着重地阐述了其对外政策的宗教道德基础。对同盟国的战争此时更显得是一场对抗邪恶的斗争,这在美国国父们建立美国的时代就成为核心信念。"克服邪恶以取得和平"是1917年12月4日威尔逊在国会所作报告的中心主题,他在其中详细阐述了与"黑暗势力"作斗争的神圣意旨①。这场战争不仅是"公正和神圣的",而且还满足了发动一场"正义战争"所需的所有条件。威尔逊提出的著名的"十四点原则"前所未有地将他的对外政策路线表述得如此清晰,以至于他在1918年1月8日的国会演讲中再次重申了那些原则。②在这次比其他所有演讲更为针对反战者的演讲中,他强调,协约国盟军胜利的结果不仅仅是对敌人的军事歼灭,更是对处于不公正统治下的世界的一种"解放"。根据他的十四点原则,"自由"意味着公开的谈判、没有秘密协议的和平条约、自由航行、无限制的贸易、解决殖民地问题时对相关民众的考虑、此前悬而未决的领土争端中被占领土的归还、从哈布斯王朝和奥斯曼帝国统治下被解放人民的自治,以及在未来使所有这一切都能受到约束的一个共同的国际联盟的建立。从历史角度看,

---

① 下文引用参见 Address to the Congress, 4. 12. 1917。刊登于 Heckscher, A. (Ed.), *The Politics of Woodrow Wilson, Selections from His Speeches and Writings*, Freeport, 1956, 289-295; 此处: 289 u. 293。作者的译文。

② Address to the Congress, 8. 1. 1918, in: Heckscher, *Politics*(见本页注释①), 299-313.

这些理念大多数源于清教主义的基督教使命思想。①

自1917年3月3艘美国货轮在德国潜艇的攻击下在大西洋沉没之后，美国国内对参战的批评声音大都保持了沉默。正如在1898年美西战争之前那样，此时的大众媒体尤其是路边小报对战争的报道使得战争情绪更为高涨。许多在第二次世界大战期间以及之后的冷战期间成为美国新闻界举足轻重的记者都参与了此次造势。而在1946年发明了"冷战"一词的记者赫伯特·斯沃普便是其中一位。1917年，斯沃普因在战争中对德国的系列报道而闻名，这些报道首先发表在了普利策报业帝国旗下的《纽约世界报》上②。和其他通俗出版物一样喜欢添油加醋的《纽约世界报》在美国于1917年参战之前就因其低廉的价格和对新闻事件快速的反应创造了销售记录。"战争"一词往往不仅是对外政治的关注焦点，同样也是内政问题关注的焦点。《纽约世界报》的评论员如此反复地炒作关于战争的轰动性新闻主题，以至于在美国民众中的确渲染出了一种战争情绪，这并非一种巧合。即便是在华盛顿政府内部，这份报纸也曾得到传阅。③斯沃普的同行沃尔特·李普曼借由1914年创办的"左倾"杂志《新共和国》证明了战争的情绪已经从右倾转变为"左倾"。像诸如著名哲学家约翰·杜威等许多知识分子一样，李普曼也认为，美国的参战也有利于其内政的清洗和重新定位。他甚至加入了由威尔逊组成的、意在对其十四点原则进行商议的125人小组。

---

① Krakau, Missionsbewusstsein（见第289页注释②），144。

② Swope, H.B., *Inside The German Empire: In The Third Year Of The War*, London, 1917.

③ Swanberg, W. A., *Pulitzer*, New York, 1967, 415 f.

反对战争的声音在国会中直到最后都没有停止,尽管战争的拥护者中包括众多在美国文化生活中如雷贯耳的名字,比如欧内斯特·海明威、马尔科姆·考利和爱德华·卡明斯,他们甚至都自告奋勇地报名参战。众议院的50名议员以及参议院的6名参议员均于1917年4月2日就美国参战事宜投了反对票。除了战争的惯常反对者,如社会主义者和贵格会以外,爱尔兰裔和德国裔人群也反对美国参与战争。但是为了避免惹祸上身,这些人通常不会公开地发表反战言论。实际上在美国参战以后,反爱尔兰尤其是反德情绪愈演愈烈。这些情绪在美国某些地区甚至演化成了人身攻击,个别情况下还上升到了动用私刑的地步。1918年4月,出生于德国的美国公民罗伯特·普拉格在伊利诺伊州因间谍罪的指控而被愤怒的人群绞死。[1]

战争宣传

在威尔逊的倡导下,1917年4月1日,第一个正式的战争宣传办公部门得以成立。这个被称为"公共关系委员会"或被简称为"克里尔委员会"的机构在短时间之内就发展成为一种如此有效的宣传机器,以至于它的影响直到在美国现在仍然有迹可循。该机构的负责人、记者出身的乔治·克里尔对反德宣传尤为关注,

---

[1] The St. Louis Globe-Democrat, 5. 4. 1918. 此外也可参见 Schwarz, E. A., The Lynching of Robert Prager, the United Mine Workers, and the problems of patriotism in 1918, in: Journal of the Illinois State Historical Society 95(2002), 414–437。

尤其是德皇的一举一动。克里尔后来在他的回忆录中写道，他为该委员会所做的工作从来都不是关于事实的报道，而是对"信仰"的成功宣扬。[1]在他的领导下，该委员会炮制出了那些著名的海报，如《我需要你加入美国军队！》《觉醒吧，美国！》以及《摧毁这个疯狂野蛮人！》，这些海报直到今天都是美国的纪念品商店中不可或缺的一部分。这些海报的图像语言充满了戏剧张力，它们当时主要是为了那些几乎不通过报纸、广播或者书籍来获取信息的美国人而设计的。

这个相当不起眼的克里尔委员会能够扮演某种具有决策力的角色的原因在于，在这个委员会中集结了几个最重要的美国政府机构，比如陆军部、海军部，尤其是国务院。1919年巴黎和会期间担任美国国务卿的罗伯特·兰辛成为未来美国对外政治的重要先驱，他由此进入了一片以前完全未知的领域。尽管最初的外交手段可以追溯到乔治·华盛顿时期，但是兰辛被认为是美国现代情报机构的奠基人。[2]1916年，他创建了秘密调查情报局，该机构也是1942年在第二次世界大战中建立的更为著名的美国战略情报局以及为了应对冷战直到1947年才成立的中央情报局的前身。直到20世纪60年代，兰辛的侄子约翰·福斯特和艾伦·杜勒斯都是该机构情报工作的重要骨干。

---

[1] Creel, G., *Rebel at Large. Recollections of Fifty Crowded Years*, New York, 1947, 158. Zu den Filmen vgl. Creel, G., *How We Advertised America. The First Telling of the Amazing Story of the Committee on Public Information That Carried the Gospel of Americanism to Every Corner of the Globe*, New York, 1920, 117 ff. Dazu auch: Blakey, George T., *Historians on the Homefront. American Propagandists for the Great War*, Lexington, 1970.

[2] Andrew, Chr., *For the President's Eyes Only. Secret Intelligence and the American Presidency from Washington to Bush*, New York, 1995, 30 ff.

在这种氛围下,传统的阵营思想的出现也就不足为奇了。这种阵营思想此时给那些德裔美国人带来的压力越来越大,尽管他们频繁地通过各种方式证明他们对美国的忠心,比如购买美国政府的战争债券。这种现象在1915年5月7日"卢西塔尼亚"号遭受鱼雷袭击之后就已出现,并且在事实上导致了许多大城市中存在的传统社群——那些"德国小镇"或者"德国社区"逐步解体。德语作为一种公共语言也失去了它的重要性,甚至在许多低地德语普遍使用的中西部农村地区,英语也擢升为日常语言。众多德语报纸也永久性地停办。1920年的美国人口普查显示,许多德裔美国人在他们的私人环境中深居简出,将自己的名字美国化,甚至宣称自己来自其他族裔。

此外,一些新颁布但又有其历史根源的法律,比如《外侨敌人法案》,被用以确保那些可疑或者倔强的德裔美国人在被美国驱逐出境之前甚至可以被关押到集中营里,其中就包括了波士顿交响乐团的首席指挥卡尔·穆克。[1]随后在美国的许多地区如南卡罗来纳州、佐治亚州以及犹他州均出现了所谓的"敌对外国人"的集中营。然而从长远来看,这些做法也没有能够把德裔美国人的那种血统纽带断绝开来。因此,第一次世界大战之后再次在美国出现的相对广泛的德国移民潮也就不足为奇。然而不幸的是,在这些移民中也包括那些从20世纪20年代中期起就开始着手在美国建立纳粹组织的人。1933年之后,美国最大的纳粹组织——德裔美国人联盟也于1936年得以建立,其领导层中大量的

---

[1] Muck, P., Karl Muck.Ein Dirigentenleben in Briefen und Dokumenten, Tutzing, 2003, 110 ff.

德国新移民成分极为显眼。

德裔美国人忠于美国的终极手段就是前去参战。但此时的美国距离有能力向海外派遣军队还需一些时日。此外，只拥有12万名士兵的美国陆军不仅规模小、缺乏作战经验，而且其装备也太过落后，无法承受即将在欧洲西线发生的消耗战。在战争的初期，美军的弹药供应只有2天左右，尽管1916年美国国防部已经根据《国防法案》进行了部分现代化改造。再者，美国仍在努力建立一个协调参谋部，即后来的美国参谋长联席会议。但是这一中枢机构在华盛顿一直没能建成自己的大楼，直到20世纪30年代后期才建造了机构拥有的陆军部大楼（现称哈里·S.杜鲁门大楼），在此之前它被分散至几十栋建筑中，这使得它的职能受到了极大的限制。陆军部的主楼位于1888年在宾夕法尼亚大道白宫附近建成的"国务院、陆军部和海军部大楼"（现称旧行政办公大楼）之中。直到1941年在毗邻的宾夕法尼亚州阿灵顿建成了著名的五角大楼之后，办公空间的问题才得以长期解决。所有这一切都表明，1917年的时候美国并没有为欧洲战争做好准备。而不同于此前人类所有认知的是，这场战争是一场无视人类生命的机械化战争。因此，美国在这场战争中也相应地损失惨重。这也使得威尔逊最终给自己任命了一位战争经济顾问的做法变得可以理解了。伯纳德·巴鲁克在富兰克林·罗斯福和哈里·S.杜鲁门的任期内都很好地证明了自己，他甚至还在1946—1947年作为美国委员会主席主导了在联合国与苏联围绕核武器的谈判。

战争过程以及《凡尔赛和约》

尽管困难重重，1917年底还是有17.6万名美国远征军在他们的统帅约翰·潘兴的率领下抵达了欧洲战场。这支军队的人数在1918年11月战争结束时增长至大约200万人。[1]美国在第一次世界大战中的宣战就和1941年起在第二次世界大战中的宣战以及1947年开始的冷战对峙一样，均引发了一系列强有力的军事重组和军事装备计划。从1917年开始，在作为传统工业区的北方各州，产生了已经适应现代化战争要求的军事工业，这与美国内战期间北方的发展相比几乎如出一辙。而南方各州直到后来的战争期间才获得了更多的利益。

尽管前往欧洲战场的美国远征军的大部分士兵缺乏军事经验，但是与英国、法国和德国相比，他们在战争最后一年的消耗战中的损失——112432名阵亡士兵和230074名伤残士兵[2]却可以称得上更低，这其中有大约6万名死于疾病，尤其是在持续到1920年的西班牙流感猖獗时期，死亡率更是居高不下。[3]然而单从短期作战任务来衡量的话，美国民众认为这种损失过于巨大。但是从军事上看，物资上的优势以及给敌方带来的心理上的压力

---

[1] 数据引自 Der Große Ploetz（见第269页注释②），1296。

[2] 数据出处同上。

[3] Johnson, N.P.A.S./Mueller, J., *Updating the Accounts: Global Mortality of the 1918-1920 "Spanish" Influenza Pandemic*, in: Bulletin of the History of Medicine 76（2002），105-115.

决定了美国的参战。①当德国人从1918年早春起在战线上孤注一掷并企图以最后的攻势赢得战争胜利时，美军的战场投入使德军的计划落了空。正如1918年7月18日开始的反击战所展现的那样，这场战役于8月8日在亚眠地区由于投入战场的坦克而达到了一个具有决定意义的高潮。

德意志帝国于1918年10月3日请求停火时直接求助于威尔逊总统并明确地援引了他的十四点原则，美国及其总统在第一次世界大战结束时于世界政治舞台所赢得的全新重要性也因此变得有目共睹。1918年11月11日，德意志帝国的代表在贡比涅森林签署了停战协定。然而1919年《凡尔赛和约》中被事实上强加于德国人的严苛条款很快就清楚地表明了，十四点原则并未经得住现实的考验，尽管威尔逊为此竭尽全力地辩护。1919年召开凡尔赛和平会议时，他在会前的开幕致辞中再次详细地阐明：对于美国人而言，参战的目的绝不是要插手欧洲政治，相反是为了无私地在欧洲创造和平与民主的环境并以之作为持续和平的基础。而这位美国总统眼中的从"不民主的统治者"手中"解放"欧洲也恰恰给战争的输家带来了影响。威尔逊在他的致辞中明确地将美军参战的价值再次与首批英国殖民者到达北美的意义相比，他指出：美国军队的士兵"像十字军一样前来，并不只是为了赢得战斗，而是为了消除战争的原因，我也必须像一名十字军战士一样，为了这些目标与他们并肩战斗，无论要付出多少代价"。②

---

① 有关军事行动的过程参见 Chambers, *Military History*（见第108页注释①），810 ff.

② Address before the Peace Conference, 25.1.1919, in: Heckscher, *Politics*（见第309页注释①），335-339；此处：338 f.。作者的译文。

《凡尔赛和约》最终得以通过之事毫无疑问地至少抵消掉了威尔逊所获得的部分声望。而感到失望的不仅仅是未能根据十四点原则获得利益的德国人。尽管威尔逊的十四点原则具有延续至冷战时期的重要影响，但是这些原则起初几乎没有获得回报。出于健康的原因，威尔逊辞去了总统之职并最终退隐。尽管此时《凡尔赛和约》尚未在共和党占据主导地位的参议院中获得批准（53票反对、38票赞成），但是从长远来看，共和党人还是以威尔逊为导向的。曾经作为代表团一员出席凡尔赛会议并在1953年被任命为德怀特·艾森豪威尔共和党政府国务卿的约翰·福斯特·杜勒斯在后来也不止一次地提到过威尔逊，并对美国在凡尔赛会议上无法实现一个公正解决方案的无能为力感到遗憾。杜勒斯与其他很多人都认为，这种不公正已经成为第二次世界大战的导火索了。

第七章 ✦ 大熔炉：新世界的文化

文学、音乐和艺术

当人们论及那些文学、艺术和音乐作品中某种土生土长的美国文化的起源和产生时，人们只能在美国独立战争之前和之后的几十年间才可以发现它的萌芽阶段。这种文化需要刻意地与其他文化现象尤其是英式文化区分开来，即便它最初仍是以之为借鉴或主体的。然而自殖民时代起，尤其是在美国建国之后，就已经不可避免地存在多种文化混杂而生的状态，其中不仅仅包括欧洲文化。尽管美国的主体语言直至今日仍是英语，并且这种美国文化与英格兰-不列颠文化圈的紧密相关性是显而易见的，但这种混杂的文化类型最终还是被称为美国文化。[1]此外，这种混杂的文化——无论是高雅文化还是大众流行文化，都潜移默化地从北美的众多印第安原住民文化中汲取了养分。而这些原住民文化自16世纪晚期首个欧洲殖民定居点建立之后，在当今美国的部分地区又与西班牙殖民统治者的文化有所融合。而与奴隶社会相关的非洲文化的碰撞也不鲜见，美国首批13个联邦州，尤其是最南端的4个州深受非洲文化的影响，在那里最终形成了具有英国和法国传统的南方州文化的部分特色。

---

[1] 参考 U.S. Census Data 2010: http://2010.census.gov/2010census/data/index.php。

混杂文化之路

如此这般，这种最终被人们称为"美国文化"的事物，在一个由各种文化历经几个世纪、有意或者无意地交织在一起的熔炉中应运而生。这种发展在1782年设计的美国国徽上以"合众为一"对美利坚合众国的基础作出的委婉表达之中也有所体现，它也在20世纪一再被描绘成以纽约为中心的大熔炉或者美国万花筒①。回顾过去，这一发展道路实际上可以被看作美国文化取得成功并在20世纪和21世纪发展成为全球超级文化的真正奥秘。

混杂文化的发展道路在其大获成功之前、在17世纪欧洲文化与印第安文化的第一次碰撞之时就已初见端倪，早期的欧洲殖民者秉承建立在《圣经》基础上的相对坚定的文化信仰到达美洲，尽管这种信仰与"旧的欧洲"并不相容，但是他们仍从欧洲优势及其坚定信仰出发，在"新世界"建立了自己的文化和生活模式。通常来说，这些模式并没有表现出任何妥协的意愿，即便在白人文化内部也产生了深深的裂纹。其中最清晰的一条当属具有清教主义的职业精神、通过工业化得以迅速发展的北方与保持贵族做派、根植于落后种植园经济的"老南方"之间的对立。

那些逐渐开始与欧洲殖民者接触的印第安部落是最先感受到欧洲文化主导地位的群体。印第安人那种有时高度分化的文化在他们的认知过程中没有发挥任何作用。他们通常被视为荒蛮之地

---

① Fuchs, L.H., *The American Kaleidoscope. Race, Ethnicity, and the Civic Culture*, Hanover, 1990.

的一部分，其生活方式和社会结构被认为是野蛮的，他们的语言与音乐一样难以理解，尤其是其中的鼓声和歌曲从一开始就被看作是危险的同义词。只有在那些部落于17世纪迁入所谓的"祈祷城镇"之时，或者是在19世纪最终也难逃被驱逐命运的所谓"五个文明部落"接纳了欧洲的生活方式和文化形式时，他们才被认为是"文明的"。这些印第安部落没有自己的文字，但是通过象形符号记录了他们与欧洲殖民者的接触经历，比如东海岸的特拉华人。直到1809年，一名具有印第安文化和欧洲文化背景的印第安人塞阔雅（也被称作"乔治·吉斯特"或者"乔治·盖斯"）以拉丁文字母以及新造的字母发明了一种欧化的印第安文字。从1828年到该文字被禁的1834年，在北美也以这种文字出版了第一份印第安报纸——《切诺基凤凰报》以及《印第安倡导者》，它们也成为其他印第安人期刊的典范。然而通常来说，印第安人是通过口口相传的方式来传授经验的。各个部落之间的交流通常是通过手语来完成的，这种手语在与欧洲人签订合约时也起到了"跨民族"的作用。由于印第安人缺乏自身的文学传统，而且他们的文化遭到了有组织的毁灭，因此印第安人历史的重建工作从他们自身角度来看至今仍旧困难重重。

在印第安人与欧洲殖民者遭遇之初，双方往往接纳对方的习俗。这些遭遇作为文明的碰撞并非总是充满敌意。玉米的栽培以及印第安人在明火上通过烧烤进行烹饪的方式也迅速成为殖民文化的一部分。更为深入的接纳是前文提及的那些"白种印第安人"即森林跑者和设陷阱者在殖民定居点之外的活动。这些人更为明显地接受了当地印第安人的帮助。反而言之，印第安居民尤其是在日常文化中也接纳了欧洲的风情、商品和行为方式。这种情况仅仅由于贸易就产生了，特别是极具破坏性，被称为"火水"的酒精饮料在印第安人部落中流行起来。①

跨文化交流

此外，这种更适合于以"渗透"或"扩散"来形容的跨文化交流很快便对殖民者的语言和文学产生了影响。②殖民者因而迅速采用了一些美洲印第安人的词汇。这些词汇是涉及动植物名称、地名以及印第安居民社会生活的相关概念。在美洲东海岸被当地印第安人称为"Chechinquamen"的可食用栗子在欧洲人的语言中被称为"Chinkapin"。"玉米粥"一词起源于当地波瓦坦人语言中的词语"Ustatahamen"，被新来的殖民者当作玉米的另一个英文名称来使用。而此前欧洲人从没见过的负鼠在波瓦坦语言中的称呼"Oppossum"——意为"看起来像狗的动物"，也传遍了世界。类似的词语还有臭鼬，其名称"Skunk"也来自波瓦坦人语言中意为"撒尿动物"的词。"密西西比"一词也被新移民沿用开来，这个词在阿尔冈昆语中指的正是发源于北方向南流

---

① 关于印第安人对欧洲人的看法的内容参见 Behrend, H. (Hrsg.), Geist, Bild und Narr. Zu einer Ethnologie kultureller Konversionen, Berlin, 2001, 57-76 (M. Trenk 的文章)。关于酒类消费和滥用的内容参见 Trenk, M., Die Milch des Weißen Mannes. Die Indianer Nordamerikas und der Alkohol, Berlin, 2001, 77 ff.

② 下文内容参见 Raeithel, Geschichte I（见第 47 页注释②），107。概括性地参见 *The American Heritage Dictionary of the English Language*, Boston, [4]2006; Campbell, L., *American Indian Languages. The Historical Linguistics of Native America*, Oxford, 1997。

入墨西哥湾的"大河"。同样,奥吉布瓦人语言中意为"大湖"的词"Meehcakamiwi/Mishigami"也以"密歇根"的形式,甚至成了美国一个联邦州的名称。对于那些殖民者完全陌生的印第安部落社会结构的称呼也沿用了当地原住民的语言词汇。那些在东海岸原住民中根据等级和职能划分的酋长称呼,如Weroance、Sachem或者Sagamore,最初也在欧洲人的语言中被继续使用。与此相反的是,一些笼统的英语词汇,如"chief"或者在阿尔冈昆语中仅指"妇女"之意的词语,却越来越像一个贬义词了。许多被美式英语吸收并推广至全球范围的词汇表达一开始都是通过荷兰语、法语,尤其是西班牙语传播开来的。来自西班牙殖民帝国边境地区的这方面的例子有很多,比如"辣椒""巧克力""烟草"或者"飓风"等词。在美洲最北边、1867年被俄国人占领的阿拉斯加地区,也有一些当地部落语言中的词语被美式英语吸收进来,比如"皮划艇"或者"冰屋"。

　　回溯过往,这种跨文化的接触对于印第安人而言是一场灾难。因为欧洲殖民者在美洲定居之初所估计的400万居住在现今美国境内(不含阿拉斯加)的印第安居民人数,根据1890年的官方统计下降到了248253名,这给他们的文化带来了极为严重的影响。[1]美国政府强硬的同化政策可以用印第安事务局局长托马斯·摩根在1889年说过的一句话来描述:"印第安人必须适

---

[1] 1890年的数据基于官方的税务估算,参见 Department of the Interior, Census Office, *Report On Indians Taxed and Not Taxed in the United States*(*Except Alaska*)*At The Eleventh Census 1890*, Washington, 1894, 5。现今包括阿拉斯加印第安人在内的印第安人总数参见 U.S. Census Bureau: www.2010.census.gov/2010census/data/index.php。保留地政府通常要求25%及以上的"印第安血统",相关内容参见 Arens/Braun, *Indianer*(见第62页注释①),117。

应白人的生活方式……这也是可供印第安人选择的唯一生活方式。"①就像其他受压迫族裔的遭遇一样，直到20世纪60年代黑人民权运动取得的成功给这些少数族裔也带来了更多权利并使他们的文化在一定程度上得以觉醒之后，印第安人的这种境遇才从根本上有所改观。

1974年成立的国际印第安人条约理事会（简称IITC）在一定程度上非常成功地进行了一些游说工作。美国政府通过不同的法律自治和社会援助就此进行了妥协：由此，政府于1988年在大约300个保留区内向印第安人开放了开办赌场的法律许可，尽管迄今为止这仍然只是限定在某些特定的保留区内；此外，在1990年又通过了意义同样重大的《印第安艺术和手工艺品法》，使得印第安工艺作品首次置于版权保护之下。尽管这些措施无法重建400年以来受到系统化打压的印第安文化，但是美国原住民在美国范围内至少通过西班牙裔-拉美裔文化在一定程度上发挥了他们的文化影响力，这一点在美洲流行文化中尤为明显。尽管如此，只有很少的印第安裔艺术家能够在资本追逐的北美和全球音乐市场上取得成功，乡村音乐和流行音乐歌手丽塔·库莉姬算是其中的一个例外。

在现今美国具有持续增长的影响力的西班牙-拉美传统产生于此前美国对西班牙殖民地和原属墨西哥领土的占领以及当时从西班牙殖民地中不断涌来的大量移民。"西班牙裔"这一词实际上是具有误导性的，因为在20世纪70年代，美国人口普查局使用的族裔分类不甚清晰并且任由个人随意选择，且与特定的人种学

---

① 引用自 Arens/Braun, *Indianer*（见第62页注释①），119。

归属并无关联。这使得西班牙裔成了美国人口最多的"少数民族"。[①]因此，西班牙裔或拉丁裔这一概念在现在的统计数据中不仅涵盖了印第安原住民，而且还包含了一些非洲裔美国人。根据美国2000年和2010年的人口普查，拉丁裔美国人的总数足有31569576名，占当时总人口的16.3%。[②]其中，受调查人口中有28101052人自称（占美国总人口的10.7%）在家庭中使用西班牙语或西班牙-克里奥尔语。[③]这一族裔的文化影响力因此也相对较高，它涵盖了日常生活的方方面面，比如被称为"得克萨斯-墨西哥风味"的饮食文化，尤其是与饮食同名的音乐类型，其受众更为广泛。拉美音乐从20世纪初起首先对爵士、节奏布鲁斯、流行音乐以及摇滚音乐产生了影响。传统的耳熟能详的吉他曲目，比如在1910年墨西哥革命年代被创作出来的《小蟑螂》，和很多其他艺术形式一样，都是拉美音乐遗产的一部分：比如20世纪30年代的阿根廷探戈，20世纪40年代在美国流行的桑巴舞、轻快双步舞、伦巴舞或者曼波舞，50年代尤为盛行的恰恰舞以及红极一时的流行音乐如本杰明·厄尔·尼尔森的《西班牙哈莱姆》（1960年），或者来自得克萨斯的南方摇滚组合ZZ Top的经典曲目。

与西班牙裔相比，说法语的美国人或者是法裔美国人对整个美国文化的影响似乎较低。但是他们的影响在美国某些地区也是不容忽视的。根据2000年的人口普查，只有2097206人（占美国

---

① Gutierrez, D.G.（Ed.）, *The Columbia History of Latinos in the United States since 1960*, New York, 2004, IX.
② 根据 U.S.Census Bureau（见第 321 页注释①），2016：17，6%（s. ebd.）。
③ U.S. Census Bureau, 2000 年人口普查；Tab. QT-P16（www.census.gov）。

总人口的0.8%）在家庭中使用法语，其中也包括卡津、帕图瓦、克里奥尔等法语方言的使用人数。然而有大约1300万人声称自己为法国人后裔[1]。来自法国的定居者特别是在1803年从拿破仑手中购得的路易斯安那地区找到了新的家园。在现今的路易斯安那州，法语是除英语以外的另一门官方语言。此外，由于目前有大约1/4人口使用法语的加拿大移民的涌入，在其他联邦州如缅因州、新罕布什尔州和佛蒙特州，法语的使用也越来越普及。而路易斯安那州在历史文化方面无疑是最令人感兴趣的，因为在这里，法国的传统与一些浓重的天主教色彩以及老南方的历史形成了独特的融合。所以在欧洲天主教地区作为传统而广受欢迎并以"油腻的星期二"为标志的狂欢节在新奥尔良被大肆庆祝也就是情理之中的现象了。尽管在其他地区如亚拉巴马州的莫比勒市也有狂欢节传统，但是非裔美国文化的发展尤为兴盛的新奥尔良才是整个活动的核心地区。

"卡津"一词最初指的是那些在1755年从英属阿卡迪（或称阿卡迪亚，即后来的加拿大新斯科舍省）被驱逐出来、后来在法国殖民地南部定居的法国人。"克里奥尔人"成为法国裔和包括1791年到1810年间从加勒比海法语区前往美国的非洲裔在内的各类族群后裔的统称。卡津音乐就像这一独特混杂文化内的卡津美食一样成为这一地区的主要特征，即便整个卡津文化从20世纪30年代以来变得日益美国化。那些在华尔兹舞、波尔卡舞或者以手风琴、小提琴、贝斯和吉他伴奏的两步舞之中得以保留的形式直至今日仍旧是卡津文化的生活日常。此外，以被称为

---

[1] 出处同前。

"Jambalaya"的一种米饭和被称为"Gumbo"的一种典型法式浓鱼汤为特色的卡津美食也深入人心。

在美国,很多其他文化——无论是德国、爱尔兰、俄罗斯、波兰,还是亚洲文化——的影响在某些特定地区都表现得尤为明显。根据2000年的人口普查,有1383442人(占美国总人口的0.5%)被计入美国的德语人口。其中在北达科他州和南达科他州,德语仍然是日常生活中最重要的第二语言。大约有5000万美国人声称自己拥有德国血统。[1]而那些由于战争被颇具讽刺意味地称为"荷兰人"的德国人在文化上带来的影响于战后也有持续地扩大。如果今天人们搜索德式美国传统的话,除了很多美国化的十月啤酒节活动和史特宾游行之外,人们尤其会在政治和经济领域发现众多的著名德裔人物,例如艾森豪威尔或基辛格等政治家,还有斯蒂庞克、波音、凡世通、亨氏、洛克菲勒、施坦威、施特劳斯、胜家、米勒以及百威等工业家[2]。此外还有很多工程师如纽约布鲁克林大桥的设计师约翰·罗伯林,科学家如阿尔伯特·爱因斯坦和J·R.奥本海默,以画作《华盛顿穿越特拉华州》叙述革命时期伟人故事的画家伊曼纽尔·洛伊兹,作曲家阿诺德·勋伯格,作家约翰·斯坦贝克以及导演弗里茨·朗或比利·怀尔德。作为宗教或政治难民到达北美的有许多来自德国的移民——从新阿姆斯特丹的第三任州长彼得·米努伊特,到在纳

---

[1] U.S. Census Bureau, Data Set: 2005 American Community Survey (www.census.gov).

[2] 下文内容参见 The German-American Tricentennial. Three Hundred Years of German Immigration to America 1683–1983. Final Report of the Presidential Commission for the German-American Tricentennial to the President and the Congress of the United States. (www.usa.usembassy.de/etexts/ga-tricentennialreport.htm)。

粹党执掌德国政权之前不久于一次旅途中决定不再返回德国的阿尔伯特·爱因斯坦，这些都尤其清楚地说明了美国从其他国家的失败政策中获益有多少。

根据2010年人口普查的结果，美国亚裔人口的总数大约为1460万人（占美国总人口的4.8%）[①]。其中主要包括中国人，其次是越南人和韩国人。随着19世纪60年代横贯大陆铁路的建设，亚洲族裔的比重稳步上升。但是对于欧洲人而言，亚洲族裔的构成显得模糊不清，因为其中很多新移民都与世隔绝地生活在通常被称为"唐人街"的城区之中，而美国人自己也难以区分这些亚裔移民。[②]随着1912年起逐步加强的社会同化，再加上美国文学尤其是赛珍珠的小说《大地》（1931年出版，1937年被改编为电影）强有力地塑造了中国的正面形象，亚裔的美国公民也越来越多地成为日常认知的一部分。重大的历史事件如1941年日本对美国发动的珍珠港袭击，不仅导致日本侨民遭到拘留，也祸及其他东亚族裔。总体来看，这些情况从20世纪50年代起还是有所改善。1952年的《移民和国籍法案》成为移民正常化的最终转折点，也是由于中国台湾和韩国从1949年到1950年起成为美国在冷战中的防御体系的重要组成部分。亚洲裔移民的解放运动也从20世纪60年代黑人民权运动的成功中获益匪浅，并在1969年以世界华人权益促进会的成立达到顶峰。不仅是那些富有责任感的作家，例如2004年悲剧性离世的张纯如女士，还有著名的演员如李

[①] 数据引用自 2010 Census, U.S. Census Bureau （见第 321 页注释[①]）。

[②] 下文内容参见 Chang, I., *The Chinese in America. A Narrative History*, New York, 2003. 关于美国的中国人社区，尤其可参见 Lai, H. M., *Becoming Chinese American. A History of Communities and Institutions*, Walnut Creek, 2004, 39 ff。

小龙、成龙等在此期间都成为美国文化中不可或缺的符号。然而最主要的是，中式美食以及亚洲美食此时已经在整个美国开始风靡起来。在一些城市当中，除了那些已经美国化而且部分地充斥着游客的唐人街以外，还发展出了一些新的但是更为传统的中国街区。其中就包括位于现今纽约皇后区的法拉盛街区，这里的移民文化和其原籍国的文化几乎如出一辙。

美国超级文化在第二次世界大战以后的发展过程中所受到的最具决定性的影响来自非洲文化。鉴于欧洲白人的主导地位，非洲文化长期以来几乎没有受到重视，但是它的影响力从长期来看却是更为深远的。以奴隶劳动为基础的南方州经济催生了一种特别的非裔美国文化，它在1865年废除奴隶制之前在老南方地区尤为普遍。在从1777年起宣布逐步废奴的北方州地区，出现了所谓的"第一次大迁徙"，大约有200万非裔美国人为了避免在南方受到直接迫害和日常歧视而向北方地区尤其是向大城市迁徙。这种现象从1910年开始，并持续超过20年之久。这使得非裔美国文化得到了进一步的传播，这些迁徙的非裔美国人因此也成为那种起源于南方州的黑人文化最重要的"代言人"之一。当时这种文化尤其是在劳动歌曲、福音歌曲、蓝调以及爵士乐等音乐类型中得以公开地表达。拥有多元文化色彩的新奥尔良就是其发展的中心地区之一。[①]在纽约等其他东北部的沿海大城市以及中西部地区，尤其是在西海岸，此时也出现了大型的黑人城镇。1940—1970年又出现了所谓的"第二次大迁徙"，在此过程中有近500

---

① Hahn, St., *A Nation Under Our Feet. Black Political Struggles in the Rural South from Slavery to the Great Migration*, Cambridge, 2003, 465 ff.

万非裔美国人从美国南方移居至东北部和中西部。生活在老南方地区之外的非裔美国人的比重也因此达到了大约50%，即便其中的一些人后来由于经济危机又迁回了南方。

这种持续了大约百年的国内迁徙的主要后果是具有深远影响的美国黑人文化的城市化现象。城市中出现的特定街区，如纽约的哈莱姆区或布朗克斯区，不仅成为黑人民权运动的发源地，同时也是征服了全球的美国黑人音乐和文化的重要起源地。黑人音乐不仅是蓝调和爵士乐的基础，也是白人主导的摇滚乐及很多其他相关音乐类型的基础。这些音乐类型不仅体现在迪斯科和说唱文化中，甚至在古典乐中也可以发现它们的踪迹。在美国混杂文化的其他成分中，没有任何一种文化可以与黑人音乐在世界上的影响力相媲美。

殖民文化的作用

虽然表现得遮遮掩掩，但是美国文化也部分地从殖民时代的福音教派传统中脱离出来。对于朝圣先辈而言，巴洛克式的富丽堂皇无论是在文学、音乐或者艺术中都是华而不实的自我表现，应该予以避免。这种观念在殖民时代早期导致宗教器乐这一音乐类型被作为"罗马教皇式"的自我吹捧而被摒弃。[①]另一方面，正如考顿·马瑟所强调的那样，众赞歌被清教徒视为一种虔诚的

---

① 下文内容参见 Chase, G., *America's Music. From the Pilgrims to the Present*, Urbana, ^{3}1987, 3 ff.

"献给上帝的灵魂旋律"①。因此,北美的第一架管风琴并非出现在新英格兰,而是安装在以贵格教派为主的、更为自由的宾夕法尼亚州。1735年在南卡罗来纳州的查尔斯顿市举行了殖民地的第一次管弦乐团演出,而首次专业的管弦乐音乐会则于1736年在纽约举行。直到这一时期,那些政治精英,尤其是对文化极感兴趣的美国首任总统才开始更多地关注文化这一公共利益。费城成为首个文化中心,在市中心的栗树大街建立起一个著名的剧院。早在上任之前,托马斯·杰弗逊就把他位于蒙蒂塞洛的住所开辟为欧洲文化中心,在此举办家庭音乐会并设立了一个图书馆。该图书馆在华盛顿特区于1814年第二次独立战争中遭到损毁之后成为现今的国会图书馆的基础。多才多艺的本杰明·富兰克林甚至自己作曲,并开启了"美国古典音乐"的新篇章。此外他还研发出了自己的乐器,比如玻璃琴。②在18世纪90年代时,在东海岸开办歌唱或器乐学习的机构是大有可为之事。

在17世纪和18世纪早期殖民时代的文献中,首先还是清教主义的大传教士把基调奠定下来的,比如因克瑞斯·马瑟1702年出版的布道集《以迦博,荣耀的逝去》以及其子考顿·马瑟同年出版的、观点类似的《基督教在北美的辉煌》,此外还有迈克尔·威格尔斯沃斯在1662年出版的诗集《审判日》。③北美殖民地出版的第一本书就是被称为《海湾圣诗》的诗歌集,于1640年在马萨诸塞湾的剑桥市出版。而很多自传体式的记载文献也起了

---

① Mather, C., Manuductio ad Ministerium, Boston, 1726, 57, 引用自 Chase, America's Music (见第332页注释①),4。作者的译文。
② Chase, America's Music (见第332页注释①),79。
③ Zapf, Amerikanische Literaturgeschichte (见第212页注释①),7 ff.

特殊的作用。第一代清教徒中有许多人都把他们的日常生活记载下来，其主要目的是记录他们虔诚的生活。其中也包括很多日记，比如那位在臭名昭著的塞勒姆女巫审判案中出现的关键人物塞缪尔·休厄尔法官的日记，这些都构成了美国殖民史上最重要的文学和社会历史资料。[1]然而休厄尔并不只满足于他的记录，而是又出版了一系列历史救赎的作品，比如1697年出版的《对新天堂的一些描述》，它在文学史上所起的作用甚至高于因克瑞斯·马瑟或者考顿·马瑟的作品。美国（新）理想主义于19世纪上半叶在所谓的"超验主义"影响下再次继承了这种理念。在贵格会教派运动中出现的作家如约翰·格林里夫·惠蒂埃在19世纪也将休厄尔看作奴隶制的早期反对者，而早在1700年其小说《被售出的约瑟夫》就吹响了近80年后才兴起的废奴运动的第一声号角。休厄尔还以《圣经》为基础进行了论证，因为《圣经》通篇没有为人类奴役辩护过。他的这本小说也起到了很大的作用。此外，休厄尔还对一名叫约翰·萨芬的奴隶贩子提起了多年的诉讼，正是因为他的所作所为促使休厄尔出版了他的著作，而萨芬则在1701年出版了《一个简明坦率的回答》一书为奴隶制进行公开辩护。值得一提的是，休厄尔的作品也成了哈丽叶特·比切·斯托（HarrietBeecherStowes，即斯托夫人）后来大获成功的作品——《汤姆叔叔的小屋》的蓝本，这本书可以说是19世纪塑造美国人形象最为重要的小说。

亲自见证了殖民时代的早期作家也包括詹姆斯镇的联合建立

---

[1] Halsey, M. (Ed.), *Diary of Samuel Sewall, 1674-1729*, 2 Bde., New York, 1973.

者约翰·史密斯。1608年，他以其著作《自殖民地第一次在弗吉尼亚垦荒以来发生的各种事件之真实介绍》展示了北美首个成功殖民地的历史。那些与印第安人保持着联系的欧洲商人的经验报告也具有特殊的社会历史意义。19世纪时，由莎拉·肯布尔·奈特于1704年以半幽默的语言写成的经历见闻《奈特夫人见闻录》成为北美第一本畅销书，这本书直到现在仍是有关殖民史以及当时美国东海岸印第安人部落史的第一手资料来源。[①]

殖民地文学在本质上可以看作是持不同政见者的文学，这一事实尤其表现在那些寻求不同于于"旧世界"语言风格的努力之中。具有政治雄心的殖民者所要求的那种苦行主义"朴素风格"作为与欧洲王室那种辞藻华丽的巴洛克式语言截然相反的形式实际上也是一种政治态度。事实上，即便像约翰·考顿这样此前曾致力于遵循巴洛克传统的作家，在到达北美殖民地之后也采用了这种全新的言语和书写风格。除了文学和音乐之外，这种基本态度也影响了绘画和建筑。这两者也从欧洲模式中慢慢地脱离出来。

第一幅仍旧受到欧洲风格影响的画作是由一位不知名画家于1644年绘制的《伊丽莎白·艾金顿夫人肖像》。[②]如果审视整个英国殖民地，还可以发现更早的例子。比如16世纪随队参与探险活动的贾可·勒莫尼或者约翰·怀特创作的画作。当17世纪欧洲的迫害加剧时，前往美洲殖民地的画家明显增多，其中不乏才华横溢之人。人物肖像画的高峰时期也随之到来，其画风从最

---

① *The Journal of Madam Knight*, New York, 1935 (^{1}1825).
② 关于殖民时代的油画参见 Walker, J. u. a., Amerikanische Malerei. Von der Kolonialzeit bis zur Gegenwart, Genf, 1969, 13 ff.。

初的伊丽莎白时代风格变化为直至18世纪都主导画坛的巴洛克风格。然而直到1729年，约翰·斯米伯特完成的被称为"百慕大小队"——《贝克莱主教和他的随行人员》，才被认为是在北美殖民地创作的第一幅具有重要意义的画作。但是殖民时代最伟大的画家约翰·辛格尔顿·科普利却于1774年永久地离开了北美，主要是因为当时殖民地与英国之间不断激化的局势使得科普利在经济上日益捉襟见肘。他在北美创作的最后一批画作之一是1772年完成的约翰·亚当斯的肖像画。

爱国主义与民族认同的形成

从1776年的美国《独立宣言》发表之前的几年以及随后发生的反英起义期间，到1815年第二次独立战争结束时，越来越多的政治爱国主义内容出现在文学、戏剧、音乐以及绘画领域中。1776年上演了约翰·莱考克的悲喜剧《英国暴政的垮台》，这是第一次在戏剧舞台上对"专制的"英国统治所进行的公开清算。出于这个目的，一些欧洲戏剧作品甚至也被相应地按照美国模式改写，例如暴君杀手威廉·退尔的故事就被詹姆斯·休伊特于1794年改写成了爱国歌剧。在当时流行的音乐中，爱国歌曲和战斗歌曲就已经大受欢迎，比如前文提及的《南方扬基佬》和托马斯·潘恩的《自由之树》。具有讽刺意味的是，由于民歌音乐往往还是建立在传统的英式风格之上，最终出现了独立战争双方所唱的某些歌曲的曲调相同的现象，只是歌词不同而已。爱国浪潮的第一个高峰以前文所提及的弗朗西斯·斯科特·基在1812年创作的诗歌《保卫麦克亨利要塞》为标志，约翰·斯塔福德·史密斯为诗歌谱了曲。这首歌在1931年成了美国国歌《星光灿烂的旗帜》。进行曲类型的音乐如此迅速赢得大众的喜爱并非偶然，尤其是在美国从19世纪开始推行帝国主义的对外政策之后。自此以后，约翰·菲利普·苏萨在1897年创作的歌曲《星条旗永不落》对于美国人而言不仅成了他们的第二国歌，而且直到今天还如此著名，以至于它可以毫无争议地用作向全世界推广美国消费品的一种方式。

在美国独立战争期间以及第二次独立战争之后，爱国主义主题的绘画艺术也取得了繁荣和发展。约翰·特朗布尔于1795年创作的《独立宣言》或于1820年创作的《康沃利斯勋爵的投降》两幅画作帮助美国民众理解美国早期历史方面具有重要的意义。美国文化的发展在这一阶段仍然以盟友与敌人的套路为主。因此，英国文学在当时是从根本上被怀疑的对象，即便这些文学作品，比如莎士比亚的《奥赛罗》，在美国建国之前就存在了超过150年。当许多剧院在战争期间关闭时，出现了众多的流动剧院，它们主要以"小册子戏剧"的形式来简明扼要地表达政治观点，并极大地促进了美国人的民族自我理解。

1815年以后，通过文学、音乐、戏剧等方式来建立民族认同的努力和尝试得以进一步发展。其中起到重要作用的因素包括人口的增长，尤其是东海岸的人口增长、印刷工业技术的持续发展、出版业的出现以及国际版权机制的引入。然而最初在商业上获得成功的书籍更侧重于迎合大众的口位，比如1789年出版的畅销书之一、由威廉·希尔·布朗创作的《同情的力量》。这种简单直白的情感小说的成功促进了随后的"廉价小说"的发展。但是促进身份认同的美国民族文学的素材则是来自于经济繁荣时代宏伟的"美国主题",其中包括"应许之地"的理念、"新耶路撒冷"的榜样作用、清教主义和加尔文-新教主义的思想遗产、文明间的冲突、作为社会毒瘤的奴隶制、内战、西部的开拓以及通过个人努力取得成功的神话。从18世纪60年代起,这些主题就已经陆续地出现在文学范畴内,比如1766年的悲剧《庞蒂亚克》,作者罗伯特·罗杰斯是在所谓法国和印第安人战争中以游击战术而闻名的一名老兵,他在书中抱怨了这些已经过去的战争,尤其针对其中的北美印第安人。[1]他的著作开启了一系列在19世纪备受公众欢迎的"印第安戏剧"和小说时代。詹姆斯·费尼莫尔·库珀和华盛顿·欧文被认为是美国首批能够以写作为生的作家。欧文在1819年出版的作品《见闻札记》中对欧洲古老传说的改编开创了美国短篇小说的传统。

　　库珀和欧文也一直深受欧洲作家特别是历史小说家沃尔特·司各特的影响。这种影响在美国浪漫主义中有所体现。美国浪漫主义又被称为美国的文艺复兴,在美国内战之前的30年中,它的兴起稍晚于欧洲。除了文学以外,它特别是在音乐和绘画领域留下了印记。[2]这一时代的重要作家,比如拉尔夫·沃尔多·爱默生或者沃尔特·惠特曼认为自己已经脱离了对浪漫主义的迷恋。爱默生于1836年出版的第一本散文集《自然》实际上是他对人与自然和谐共存的思考,惠特曼则在1855年出版了诗集

---

[1] Ross, J. F., *War on the Run. The Epic Story of Robert Rogers and the Conquest of America's First Frontier*, New York, 2009.

[2] 可参考 Zapf, *Amerikanische Literaturgeschichte*(见第212页注释①), 85 ff.; Chase, *America's Music*(见第332页注释①), 266 ff.

《草叶集》。这些作品与托马斯·科尔同样风格鲜明的风景画一起，均被认为具有一种独特的"美国风格"，它也对欧洲尤其是法国的象征主义产生了影响。

然而现今更为出名的、拥有更多读者的反而是那些在当时并没有像爱默生或者惠特曼那么成功的美国作家。赫尔曼·梅尔维尔于1851年出版的小说《白鲸》讲述的不仅是人与自然的斗争，更是妄图阻止灾难的徒劳。这种观念与纳撒尼尔·霍桑寓言小说的传统完全一致，梅尔维尔通过这本书向霍桑表示了致敬。同时他的小说是一种以东海岸特别是南塔基特岛为中心的美国捕鲸文化的社会历史缩影。在那个时代和赫尔曼·梅尔维尔一样没有引起应有重视的作家还有1849年就去世的埃德加·爱伦·坡，他在当时已经常见的惊险小说体裁中掺杂了奇幻的叙事手法。他在1841年发表的作品《莫格街谋杀案》成了侦探小说的鼻祖。此外，他还创造出了科幻文学体裁，例如早在1835年就已发表的作品《汉斯·普法尔历险记》。

镀金时代、工业化和现代化

伴随着美国内战以及持续繁荣到1917年的战后重建时期，一方面产生了以"败局命定论"和"失乐园"为主题的文学；另一方面，工业化成了镀金时代人们所关注的焦点。"失落天堂"的主题首先在南方州以文学、音乐及日常文化等诸多形式表现出来。其中就包括马克·吐温的许多著名作品，比如他在19世纪80年代所著的"密西西比系列"，包含1883年的《密西西比河上的生活》以及1884年的《哈克贝利·费恩历险记》。"败局命定论"把对南方世界的怀旧作为重点,实际上是一个白人的主题。但是黑人艺术家同时也具有了越来越明显的公众意识。1871年成立的菲斯克大学朱比利歌唱团以一些通过唱片获得成功的作品,比如歌曲《战车,你飞下云端》,取得了至今无可比拟的胜绩。①

由于1900年之后各种混杂音乐风格的兴起,在古典音乐领域,原本深受欧洲晚期古典主义和表现主义影响的作曲家,如爱德华·麦克道尔或者亨利·吉尔伯特,以及一大批其他作曲家的作品此时越来越受到非裔美国人文化和北美印第安文化的影响。乔治·格什温那些成功的作品如《斯万尼》(1919年)、《蓝色狂想曲》(1924年)或者歌剧《波吉与贝丝》(1935年)均充满了对非裔美国人文化的借鉴。《波吉与贝丝》更被认为是美国第一部本土歌剧。

与此同时,音乐产业的发展也如火如荼。那些特别建造的、有时甚至显得浮夸的大礼堂成为日常闲聊的好去处。在商业上日益成功的早期娱乐中心以纽约的百老汇为典型。在那里,丑闻缠身的欧洲舞蹈家洛拉·蒙特兹在1852年就已经取得了巨大的成功。自1893年起,纽约的哈德逊河上又兴建了诸如帝国大剧院或者大都会歌剧院等宽敞的音乐活动场所。这些剧院以严肃音乐著称,很快就在世界范围内取得了重要的地位。仅有几条街之隔的纽约无线电城音乐厅从1932年起就开始通过广播转播音乐会,收听的人数当时就达到了数百万之众。而电影这种自19、20世纪之

---

① Chase, *America's Music*(见第332页注释①),213 ff.

交以来得以迅速发展的艺术形式则早早地跳出了纽约这个圈子，在美国西海岸的加利福尼亚州建立了新的中心，因为那里的天气晴朗更适合电影的发展。

"失乐园"的主题则以另一种截然不同的方式得以存续。自19世纪末以来，该主题一直变相地围绕着对"西部"的怀旧。它的兴起始于20世纪之初，特别是通过查尔斯·马里恩·拉塞尔等画家和弗雷德里克·雷明顿等雕塑家的作品得到推广，这使得电影艺术也迅速采用了这一美学主题。在这一主题没落之后，那些将旧西部作为失落世界加以详尽记录的纪实摄影也发展起来。早期的西部纪实摄影，如威廉·亨利·杰克逊，特别是爱德华·柯蒂斯的作品，不仅描绘了"白人"的日常生活，更记录了印第安人的生活。同一时期的西奥多·贝克也首次通过科学的方法将大部分已经遭到遗忘的北美印第安音乐搜集并保存起来。1882年，他在他用德语写成的博士论文《关于北美野人的音乐》中将田野调查的研究结果公布出来。[1]19、20世纪之交前后，作为工程师和音乐家的亚瑟·法威尔也前往印第安人保留地对原住民的音乐做了记录。之后他把这些旋律融入他的一个系列乐曲中，并在1900年以《美国印第安旋律》为题发表。不可忘记的还有自1883年在美国首演并自19、20世纪之交开始在世界巡演的"野牛比尔的狂野西部秀"，那些著名的如名为"坐牛"的印第安部落首领都会不时地在这个演出中上场。

正如马克·吐温在他1873年出版的小说《镀金时代》所描写的那样，在这种变相怀旧和博物馆式文献记载的另一面，

---

[1] 以下内容出处同前，395 ff. 和 354 f.

工业化与日俱增的消极方面也成为那个时代美国社会的一个主题。现实主义将那个受工业化影响而完全被改变的社会环境作为一种文学主题并予以揭示。这种主题绝不能仅仅通过廉价小说和社会达尔文主义者的强硬观点来理解。[①]威廉·迪恩·豪威尔斯的都市小说如1885年出版的《塞拉斯·拉帕姆的发迹》描绘了一个聪明美国人的商业世界，又如1889年发表的《安妮·吉尔伯恩》则将工厂中严苛的现实工作环境作为主题加以描写，这些作品尤其值得一提。豪威尔斯的作品属于已经涉及那种在对美国社会进行基督教改革的呼声下而产生的所谓社会福音小说体裁。而这些美国社会所理解的积极能量相反地也成为亨利·布莱克·富勒的小说，如1893年的《悬崖住客》的主题，它被认为是第一部将那些"摩天大楼"作为主题并将它们作为美国社会的特征来理解的小说。同样属于这类范畴的还有经济题材的小说，它们则把那些据称只有在美国才能看到的个人成功奋斗史作为重点加以描写。

与此同时，一些绘画作品，如约翰·福格森·威尔于1877年完成的画作《炮筒的铸造》，以及纪实摄影作品将工业的摩登时代作为主题。雅各布·里斯和列维·海因被认为是社会摄影活动家的重要先驱人物。在对摩登时代或支持或谴责的态度之外，那种通常由清教徒所提倡的朴素的农村生活也持续受到倡导。在20世纪的最初20年中，甚至出现了一种明确的"地方主义"作为对摩登时代的回应。格兰特·伍德于1930年完成

[①] 下文内容参见 Zapf, Amerikansiche Literaturgeschichte（见第212页注释①），171 ff。

的《美国哥特式》直到现在仍然被认为是地方主义最著名的画作。美国现实主义的另一位著名代表是爱德华·霍普,他也成了美国日常生活编年史的作者之一。1913年在纽约举办的军械库艺术博览会作为一个国际性的现代艺术展不仅展现了艺术的包容性和多样性,而且也展现了美国艺术与欧洲艺术的区别。[①]爱德华·霍普的《航海》(1911年)、朱利安·奥尔登·威尔的《红色的桥》以及约翰·马林的《布鲁克林大桥》(1912年)分别成为以科技摩登时代为主题的美国现实主义画派、印象派和表现主义画派之间不同艺术方向的典型代表。尽管现代艺术取得的进步有目共睹,但是美国社会的困境依旧存在,这一点可以从当时的美国总统西奥多·罗斯福对军械库艺术博览会的批评中看出来。他认为该展览总体"不能被称为艺术"。法国人马塞尔·杜尚于1912年创作的《下楼梯的裸女:第二号》也因此被认为是一种丑闻。[②]博览会的参观者将他的作品猜测为诸如"用过的高尔夫球棍"或者"建材厂发生的一次爆炸"之类的东西。另一些受到作品冲击的参观者则认为它们只是用来给"恐怖分子"参观的。当时的杜尚显然已经超出了公众的承受范围,正如之后的那些达达主义、超现实主义、概念艺术,以及后来在美国尤其盛行的波普艺术的代表人物一样。尽管如此,回顾过去,军械库艺术博览会可以看作是艺术的现代性在美国的一种突破。

---

① 有关展览的详细内容参见 Walker, Amerikanische Malerei (见第335页注释②),127。
② 此处以及下文对罗斯福的引用参见 Lepenies, W., Wie die schönen Franzosen Amerika eroberten, in: Die Welt, 29.5.2007。

奇思妙想：技术和建筑

事实上，正如19、20世纪之交用以反对尘封的"维多利亚主义"的政治口号一样，大多数人对于"现代化"的个别表现形式所持有的积极肯定态度即便是在美国也经常被颠覆。但是从外部来看，美利坚合众国已然成为这种现代化的示范国家，它高度符合现代化国家的重要标准，比如官僚化、工业增长、全球网络化、城市化、科学化和媒体化，尤其是个人化和世俗化。虽然对于个别标准还存有合理的怀疑[①]，比如世俗化标准并不明确，但是其他的诸多标准都是在教科书中常见的观点。一般来说，美国人本身都毋庸置疑地认为他们拥有最大的、最有持续性的乐观进步精神。值得注意的是，自19世纪80年代起，乌托邦式的科幻文学取得了蓬勃的发展，这类文学描绘了那种在20世纪中常态化的对未来世界的憧憬。其中尤以爱德华·贝拉米的作品为代表，比如他于1887年创作的《回顾》以及他于10年后出版的小说《平等》等作品，均对未来的发展或多或少地作出了精准的预测，比如他在小说中就已经提到了信用卡这种事物。[②]贝拉米的小说在当时成为畅销书的现象同时也说明了美国人对于现代化的热情有多么高涨。

[①] Hochgeschwender, *Amerikanische Religion*（见第5页注释①），11 f.
[②] Bellamy, E., *Looking Backward*, London o. J., 65 f.

乐观进步精神

实际上,这一新时期中没有任何其他国家能够像美国一样如此迅速地进行技术革新。更为重要的是,在保持了根深蒂固的保守主义的同时,技术革新在美国却并未与之产生冲突。因此,在19、20世纪之交便出现了"实用主义"这一关键词,它被认为是由约翰·杜威、查尔斯·皮尔士和威廉·詹姆斯等人提出的。根据他们在19世纪90年代从理想主义中发展出来的经验理性主义观点来看,人类的行为应当从必要性、可能性和实际的结果出发。必要的行为才是正确的。[①]从历史意识形态和心理层面出发,美国人的那种乐观进步精神和崇尚技术的观念无疑起源于殖民时期。美国人遵从《旧约》的经文,认为自己身处一个上帝赐予的天堂。按照他们最初的理解,对被看成人类对立面的自然环境的掌控可能是长期的过程,并只有在顺从上帝旨意的前提下才可能成功。在文化上首先强调的是自然环境带来的种种困境。技术的进步(首先体现在更好的工具、武器以及更高尚的工作态度和职业精神方面)成了一种工具,它被人们用来迅速征服大自然以及被视为自然一部分的原住民部落。在一篇于1872年由德语写成的、关于数年前成立的明尼苏达州的"长处和优势"的文章中如此写道:"现在,蒸汽船穿梭于水道,蒸汽机车沿着山谷中的铁轨呼啸而行,茂密的森林在斧头下被清除殆尽,文化作品也获得

---

① 关于实用主义观点的概况参见Goodman, R.B. (Ed.), *Pragmatism Critical Concepts in Philosophy*, 4 Bde., London, 2005。

了强劲的发展。"①实际上，伐木业等原材料产业在殖民时代早期就得到广泛发展。从东海岸到阿巴拉契亚山脉的广大地区的森林在17世纪中被砍伐殆尽，部分地区在所谓的"清场砍伐"之后几乎再也见不到树木。随着18和19世纪的西迁，这种伐木行动也持续下来，那些有着几百年历史的红杉也无情地倒在了斧头下。作为对这种无节制行为的紧急限制，1876年3月1日，在格兰特总统的授命下，美国第一个国家公园——位于怀俄明州的黄石公园得以成立。在此大约40年之前，美国浪漫主义先驱，尤其是画家乔治·卡特林就首次明确地提出了对原始自然以及原住民进行保留。②然而直到1917年美国参加第一次世界大战之后，其他的14个地区才被宣布成为国家公园。为了提高公众对国家公园的接受度，人们还从经济角度引入了更多理由，例如将诸如大峡谷地区作为"国家森林保护区"来保护的必要性。而此前铁路公司则已经认识到这一趋势，即将经济薄弱的偏远地区作为旅游区来开发可能会带来颇为丰厚的收入。随着60年代的抗议活动，直到20世纪60年代后期，在美国才产生了规模较大且更为有效的，不仅对技术进步持更多怀疑态度，而且呼吁更为谨慎地使用全球资源的反对运动。1970年4月22日的地球日那天，在首都华盛顿以及其他城市中，成千上万的抗议者聚集到一起。这次抗议也成为继同年1月1日美国总统尼克松签署第一个《国家环境政策法案》之后

---

① N.N., Minnesota, seine Hülfsquellen und sein Wachstum, seine Schönheit, Gesundheit und Fruchtbarkeit und seine Vorzüge und Vortheile als Heimath für Einwanderer, Minnesota, 1872, 4, zitiert nach: Adams, USA vor 1900（见第12页注释①），124。

② Catlin, G., *Letters and Notes on the Manners, Customs, and Conditions of the North American Indians; Written During Eight Years' Travel Amongst the Wildest*, Memphis, 2010（1857），passim.

的一个重大事件。根据该法案的序言，它应当"促进人类和环境之间的有效的……和谐"并避免环境受到破坏。①

机械化、泰勒主义、福特主义

美国人热衷于技术进步的另一个解释在于，和欧洲诸国的种植面积相比，美国广阔无边的种植面积使得大型机械的投入使用显得势在必行。出于这个原因，在美国尤为普遍的技术创新就并非巧合之事了。这些创新包括了18世纪的蒸汽动力脱粒机和轧棉机、19世纪的铁路和环锭纺纱机以及20和21世纪的数控收割机，这些只是其中的一些例子而已。此外，自19世纪末以来，美国的工业尤其受到熟练劳动力严重短缺的困扰，这也是自动化得到发展进步的另一个根源，而此时它的发展也涉及管理领域。它包括了旨在减少人为错误因素的计算器的引入以及管理仓库库存、商品订购和分销的设备的使用。基于美国统计学家赫尔曼·何乐礼的打孔卡原理的信息处理技术早在1890年人口普查期间就得到了应用。1892年，美国最大的收银机制造企业——国立现金出纳机公司（NCR）的年产量就达到了15000台。②自19世纪80年代以来，越来越多的打字机被投入使用，由此也使得办公室工作中出现了大量的女性员工的身影。在美国内战结束后在其核心业

---

① 引用自 Radkau, J., Die Ära der Ökologie. Eine Weltgeschichte, München, 2011, 135. Public Law（P. L.）91-190, 83 Stat. 852（1969）。

② König, W.（Hrsg.）, Propyläen Technikgeschichte, 5 Bde.；此处：Bd.4, Berlin, 1997, 486. 下文数据出处同前，482。

务——武器生产中亏损严重的雷明顿公司又重新开始打字机的生产，并在1890年达到了65000台的销量，远远超过了当时的市场领军企业国立现金出纳机公司。在私营公司、银行、保险公司以及国家机构的行政管理拓展过程中，办公室工作的进一步自动化也得以向自我管理方向发展。此后不久迅速出现的第一批口述录音机使得非即时的工作成为可能。通信技术也得到了迅速的传播。[①]自第一部电话设备于1877年在美国推出之后，其数量在1890年就达到了大约50万部，而这一数字在25年之后就已经增加到900万部。从1915年起，距离约为5000公里的东西海岸之间的电话拨打也得到了实现。这些原因也使得工作和生活的节奏明显加快了。

分工制度对各个工作步骤相互关联的制造业的影响尤为深远。除了效率之外，如何降低制造成本以使所有人都能负担得起某种商品并使得企业的利润得到增长也是该行业的重点问题。此前由美国发明家伊莱·惠特尼引入农业生产的流水线系统被应用到了亨利·福特汽车制造公司的装配工作中。弗雷德里克·温斯洛·泰勒根据他的著作《科学管理原理》，在与劳动研究科学地相结合并对工作流程进行细致检验的基础上，于1911年阐述了引入一种以时间为准的、优化的生产过程的必要性。在这种生产过程中，通过事先给定的时间，所有多余的行为将被排除。这一被称为"科学管理"或者"泰勒主义"的概念还包含了根据绩效来区分的薪资奖励制度，但也包含了详细的控制体系。这一将工人看作机器一部分的理论不久就招致了批判。叶夫根尼·伊万诺

[①] 下文数据引用自 Adams, USA vor 1900（见第12页注释①），103。

维奇·扎米亚京早在1920年出版的反乌托邦小说《我们》中就对泰勒主义进行了批评，这一点和1932年由当时仍居住在英国的阿尔都斯·赫胥黎出版的小说《美丽新世界》通过刻画未来世界的恐怖景象而对泰勒主义的批判如出一辙。查理·卓别林于1936年在他的电影《摩登时代》中扮演了一名只为执行自己难以理解的工序的工人，以此来表达自动化根本就是一场灾难的看法。

实际上从一开始，对于这种以千篇一律的工作、效率标准以及精准的时间来定义的体系在工厂也招致了极大的批评。"福特主义"诞生的亨利·福特汽车制造公司以其极高的人员流动率而闻名，只有1/10的员工愿意在此长期留下来。[①]福特公司只能以相对较高的工资、社会福利、当时具有轰动性的8小时3班倒工作制、利润分享以及对员工的严格监控来留下他们。泰勒本人最终因为他发明的概念甚至不得不亲自面对国会的听证会。特地为此组建的、由经济学家罗伯特·霍西担任主席的美国产业关系委员会在1915年的《科学管理和劳工报告》中得出结论，泰勒理论实际上正在通过将工人作为装配线一部分的方式来破坏民主。次年，秒表计时和薪资奖励制度至少在国有企业中停止使用。渐渐地，反对的声音甚至在劳动科学研究领域内部也愈加响亮。20世纪30年代对芝加哥附近的霍桑电厂的调查表明，那些不重视员工工作满意程度的公司会遭受多大的损失（霍桑效应）。首位要求人性化工作环境的是美国心理学家乔治·埃尔顿·梅奥，他也发起了所谓的"人际关系运动"。早在1933年出版的《工业化文明的人类问题》一书中，他就科学地分析了泰勒主义存在的问题。

[①] König, Propyläen Technikgeschichte 4（见第347页注释②），470。

然而直到20世纪60年代，随着民权运动的兴起，美国的改革运动变得更为普遍，梅奥的理念才出现了真正的突破。

然而，所有这一切都没有改变美国热衷于技术发展的基本态度以及涤故更新的渴望。这正解释了为什么20世纪的那些建筑设计理念在原籍国被认为过于大胆的欧洲建筑师在美国却受到了普遍欢迎。尤其是在20世纪30年代出现了移居美国的瓦尔特·格罗皮乌斯——包豪斯创始人与其同事路德维希·密斯·凡·德·罗这两位代表人物。对旧事物的摒弃最终如此彻底影响了美国，以至于今天人们在美国很少能够发现历史悠久的世俗建筑。在建筑领域，美国内政部直到19世纪60年代才取得了一定的进展，得以将92个所谓的"国家历史地标"纳入国家保护规划。这些建筑自1966年以来被列入一个新创建的国家历史名胜名录，迄今为止这一名录包含了大约80000个条目。[1]除了考古遗址，纪念美国历史的地点和古迹，尤其是建筑领域的实物都是值得保护的。首个得到保护的是一个典型的纪念地点，即位于艾奥瓦州的苏城、用以纪念查尔斯·弗洛伊德——1804—1806年著名的路易斯和克拉克探险队的参与者之一所建造的纪念碑。如今，超过2400个国家历史地标中包含了众多建筑学领域的实物，它们的数量在纽约尤为众多，主要都是历史性的高层建筑，比如著名的帝国大厦。这同时也说明摩天大楼成为典型的"美国"特色。然而所有这些并未能阻止有价值的历史建筑遭到拆除。1968年，在20世纪之初建成的胜家大厦和城市投资大厦遭到拆除，以此为钢铁巨头美国钢铁公司的那座相对而言单调乏味的自由大厦腾出空间。

[1] website：www.nps.gov/nr.

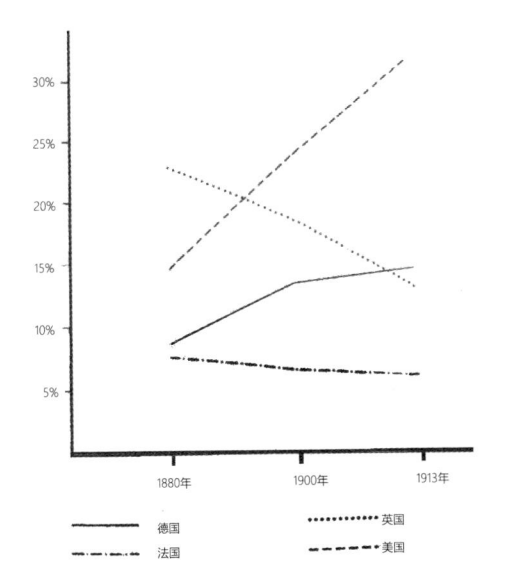

德、英、法、美四国1880—1913年占世界工业生产份额（单位：百分比）[1]

回顾美国工业化的进程，的确可以发现其中存在一定程度的忙乱与无绪，这使博物馆之类的建筑在很多城市只有很少的立足之地。正如东海岸的大城市大都按照方方正正的棋盘格式布局一样，在往西部发展的道路上，很多快速建成的城镇以及其他那些城市规划的建筑也都秉承了同样的模式。即便是在不平坦的地形上，城市的建造仍旧是以方块划分，比如旧金山的斜坡街道的上下起伏至今仍然令人叹为观止。在往西部迁徙的繁忙时期，很多地方最初只是被当作临时落脚之地，所以其建造过程极为迅速。这些地方常常就和此前的矿业小镇一样，一旦失去利用价值就迅速被遗弃。其中的一个例外当属明确代表美国的新首都华盛顿

---

[1] Graphik aus: König, Propyläen Technikgeschichte 4（见第 347 页注释②），第 270 页。

特区，尽管当时人们在此处也不想放弃那种传统而单调的街道格局。直到20世纪其他城市才建造了具有代表性的国立建筑，比如那些州议会大厦，它们有时甚至还成为各类比赛的举办场所。此外，一些火车站也建造得十分壮观，比如1871年开业的纽约中央火车站或者1908年投入运营的华盛顿特区联合车站，它们如同在欧洲一样被认为是代表了所属城市的门户和名片。而其他的具有代表性的建筑则多是在富有的个人、种植园贵族或者工业和铁路大亨的委托下得以建造。

美国工业化进程的第一个阶段开始得磕磕绊绊。但是从1815年起直到美国内战这段时间，工业化进程得以快速和持续地发展，但还是受到了欧洲模式主要是英国在农业和制造业领域创新的影响。内战以后，美国的第二次工业革命已然得益于基础设施建设的快速发展，为高度工业化创造了前提条件。这些条件使得美国在技术和经济层面成为最发达的国家，而这反过来又对美国在经济和政治层面上的世界霸权提出了必然性的要求。[1]

电力发展

自19世纪80年代以来，电力所改变的不仅是工业，更是城市。弧光灯成了当时最新的街道电动照明工具，来自克利夫兰市的布拉什公司作为世界上最大的弧光灯制造商也得以崛起。从19世纪80年代起，高大的路灯杆上的弧光灯照亮了中西部的许多城

---

[1] 以下内容出处同前，265 ff。

市，其中就包括底特律。1909年亨利·福特就在那里建造了他的汽车制造厂。在1882年的纽约，由托马斯·爱迪生筹建的世界上第一座公共发电厂投入运营。于1879年发明了白炽灯的爱迪生当时就已经将他的设备卖到了欧洲。然而，能源的生产是昂贵的，尤其是对于能源密集型产业如电化学工业而言。因此这些工业的工厂往往建于可以有效利用水电资源进行电力生产的地区。正因为如此，爱迪生的主要竞争对手乔治·威斯汀豪斯于19世纪80年代在尼亚加拉大瀑布附近建造了大型水电厂，并将其能源密集型电化学企业如匹兹堡冶金公司落户在附近地区。但是在这一地区的扩建计划，即1894年美国企业家威廉·洛夫试图在尼亚加拉河畔的刘易舍姆为超过50万名工人建造一个巨大的"模范城市"的计划，却遭到失败。除了19世纪90年代的经济危机引起的财务问题以外，直流电向交流电转化的技术问题使得当时雄心勃勃的计划遇到了阻碍。这其中也包括了爱迪生和威斯汀豪斯之间围绕电椅的应用而引起的公开而广泛的、被称为"电流之战"的大讨论。由于电能可以通过交流电传输到远处，在瀑布附近直接安置生产和住房设施也就成了多余之举。而由威廉·洛夫在伊利湖和安大略湖之间开凿出的长度为1.5千米的洛夫运河在日后也变得臭名远扬。由于这段废弃的运河河段早在1920年就成为当地化工行业堆放特殊废料的场所，并且自1942年以来，美国陆军也在此存放曼哈顿核武器项目中的剩余物料，直到该运河的一部分在20世纪50年代被人遗忘并最终填平并以此为地基修建了建筑物。[1]其

---

[1] Colten, C.E./Skinner, P.N., *The Road to Love Canal. Managing Industrial Waste before EPA*, Austin, 1996, 151 ff.

恶果直到数十年后才凸显出来。从1978年起，由于对居民的健康产生了持续的损害，美国政府才宣布整个地区为受灾地区，并不得不因此公开了这个最令人难以置信的环境丑闻。该地区的环境最终在20世纪80年代得到了恢复，但是"洛夫运河事件"仍然是美国人记忆中最严重的环境犯罪事件之一。

大城市

与欧洲城市相比，美国的城市已经发展至巨大的规模。到美国内战时期，纽约（包含1898年并入的布鲁克林区）人口数量已经超过了百万大关。在相邻的费城人口超过50万，甚至连中西部的城市如辛辛那提都已经拥有超过10万的居民。此时，对基础设施的扩建、对居民生活的供应处理以及为不断增长的人口提供住所已经成为首要任务。而从社会和健康问题的层面来看，消除那些仍占纽约市大部分的贫民窟不能仅仅被理解为城市规划和流行病预防方面的措施，更是关于慈善的一个讨论主题。

纽约在很多方面仍然是一个例外之地。在这里，不仅穷人和富人之间的差距尤为明显，而且拥有着人数最多的来自世界各地的移民，他们希望在自己顺利地通过1892年于埃利斯岛设立的移民检查中心的检查之后能够在这个貌似拥有"无限可能性"的国度获得成功。很多移民认为，如果一个人能够在这个尤具挑战的"大苹果"（纽约城在1900年左右得到的绰号）拥有一席之地的话，那么他就能够在所有的地方取得成功。事实上，纽约的建筑也证明了在美国有什么样的可能性。这座城市直到今天都是奇思妙想的"伟大的美国建筑"的缩影并非巧合之事。这一点在美国国内也有长期的争论。在此争论中，芝加哥在最高建筑的竞争中屡次成为"亚军城市"，正如1949年《纽约客》杂志的一篇文章恶意地把这个绰号强加给芝加哥那样。而纽约城的象征性意义显然也引起了20世纪90年代恐怖分子的注意，他们在2001年9月11日再次针对纽约发动了大规模的恐怖袭击。

建筑学

　　建筑学是美国从继承欧洲的文化遗产中最后解放出来的一个学科之一。[①]倘若一个建筑并不像通常情况那样仅限于住宅，而是有更多功用的话，那么这个建筑在北美殖民地通常是按照欧洲模板来建造的。根据地区的不同也就产生了英国式、斯堪的纳维亚式、德国式、荷兰式或者法国式建筑。在17世纪时，这些建筑大都是较为原始的一室房屋，带有倾斜的屋顶，即所谓的"盐盒屋"，或称"小木屋"。而在边疆地区，那种以草覆盖屋顶的小屋也很常见。即便是公共的石头建筑最初也很简陋，看上去就像1707年为了抵御印第安人进攻而建的麦金泰尔军营那样。此外有一些教堂是用石头建造的。在当时的新阿姆斯特丹，即后来的纽约，人们长期将荷兰式的"荷兰红屋"作为建筑的范本。更具代表性的是17世纪时在后来的美国南部诸州境内兴建的法国式建筑，比如佛罗里达和加利福尼亚等地的带有西班牙式前哨据点的

---

① 下文内容参考 Whiffen/Koeper, Architektur（见第117页注释②），17 ff.

种植园建筑。而英美式建筑直到18世纪才成为主流，其经典的帕拉第奥建筑风格以其相对简洁的建筑式样在当时被认为是"美国式"的典范，比如托马斯·杰弗逊建于1786年的蒙蒂塞洛庄园以及1793年建成的华盛顿国会大厦。但是它们明显地仍然是以欧洲建筑为基础建造的。实际上，这种对欧洲建筑的依赖一直持续到了20世纪，这也是因为当时的美国政府迫切地希望能够找到一种适合的建筑风格来彰显自身日益增强的政治自信。法兰西第二帝国风格在19世纪的美国占了主导地位，这一风格尤其影响了位于华盛顿的政府机关大楼，比如19世纪80年代在宾夕法尼亚大道上建成的国务院、陆军部和海军部大楼。与此相反的是，在第二次世界大战以前，首都华盛顿的中央公共建筑均更偏好于采用新古典主义风格，这导致了这样一个事实，即正是这些在20世纪30年代完工的建筑令人尴尬地使人联想到德国和意大利在同时期建造的代表性建筑。然而东西部沿海大城市的市民住宅建筑则在19世纪和20世纪延续了典型的英国维多利亚式联排房屋风格。

那种使用钢铁框架建造摩天大楼的技术的出现是美国建筑风格的一个转折点，这种风格才能被真正理解为美国本土的建筑风格。它从纽约开始，席卷到了芝加哥。摩天大楼建造原理发明者之一的詹姆斯·博加杜斯实际上在1828年就因其对环锭纺纱机的改良而闻名于世。另一位发明者丹尼尔·巴杰尔则在19世纪40年代和50年代以这一原理建造了一些5层高的楼房，比如由他设计并于1857年完工的E.V.HaughwoutBuilding（百老汇488—492号），至今仍旧矗立在曼哈顿区。这栋大楼的一项特殊的创新是未来的摩天大楼不可或缺的电梯设备。然而第一座真正意义上的摩天大楼则是在芝加哥建成的。由美国建筑师威廉·勒·巴伦·詹尼设计的家庭保险大楼在1885年建成时，其高度达到了令人印象深刻的42米。但是这座大楼高度第一的头衔只保持到1931年。这两栋大楼都标志美国城市典型的刻画天际线的高层建筑群的开始。1910年开始动工、建筑工期持续了3年的伍尔沃斯大厦更是达到了传奇性的241米的高度。这幢位于百老汇233号、被作为同名百货商店帝国的公司总部大厦是纽约建筑工程的一次新的突破。大厦的钢结构上覆盖了轻快的新哥特式外立面，公司老板弗兰克·伍尔沃斯的私人办公室甚至是按照欧洲代表性的帝国风格设计的。1890年在俄亥俄州克利夫兰市建成的克利夫兰拱廊则基本上是照搬了位于米兰的购物中心——伊曼纽尔二世拱廊商业街。

这些建筑物的风格到底有无美国本土的建筑风格？这一问题在美国至今还存在争议。不可忽视的是，它们更多的是一种多变的并兼顾了各种建筑元素和形式——从古希腊罗马风格、中世纪罗马和哥特风格、文艺复兴风格、大革命时代风格到装饰艺术风格的混合风格，并根据需要进行多元化或者扩大化的调整。很多巨型建筑甚至摒弃了历史悠久的四坡屋顶或者尖屋顶的形式，而改用类似伍尔沃斯大厦的冕冠造型或者巨大的雕塑。然而这些建筑很快便招致了人们对其风格的批评，它们巨大的体形使得部分街道和邻近的房屋在白天就已经不见天日。因此，在公平大厦二号楼（百老汇120号）建成之后，纽约市于1916年限制了摩天大楼的高度以及与相邻建筑的距离。作为利用土地面积的榜样，竣工于1909年的胜家大厦只使用了总土地面积的25%。但高度竞赛还是继续支配了之后的大厦建造。继胜家大厦1968年成为遭到拆除的最高的大楼之后，1931年在纽约竣工的帝国大厦（第五大道350号）成为世界高度第一的建筑。它的这个头衔一直保持到

1972年，直到同一年建成的纽约世贸中心北塔以417米（又说527米）的高度接替它。而2014年在世贸中心原址上建成的世贸中心一号大厦则以541米的高度成为现今美国最高的建筑物。

因此，除了20世纪30年代以来被人们称为"国际的"而非"美国风格的"混合折中主义风格之外，技术上的成就以及高度的竞争则更可以视为美国建筑的特色。就此而言，这并非一种巧合，而是纽约和芝加哥在整个20世纪期间以及现今仍在你追我赶地争夺最高摩天大楼的一种竞争规则。而这一竞争仍未分出胜负。因为1973年建成的芝加哥西尔斯大厦（现称威利斯大厦）以其442米的高度虽然的确高于纽约世贸中心北塔（417米高），但是后者的天线将其整体高度提升到527米，这使得当时两者之间的高度竞争悬而未决。这种竞争的思想也影响到了美国的政治建筑，比如各州的州议会大厦。其中有24个是1886—1936年建成的。尽管它们都是以华盛顿特区的国会大厦为原型，但是却在高度和装潢上相互竞争。例如，历经10年建造并于1932年建成的内布拉斯加州首府林肯市的众议院最终在一座122米高的巨型新哥特式塔楼上安装了一个金色的圆顶。

自20世纪30年代，尤其是50年代以来，随着个人交通的发展，在大城市的郊区出现了一种截然不同的建筑设计的竞争。在当时，郊区的住宅就像汽车一样被视为社会升迁的标志。而被称为"下城区"、作为办公区的市中心在周末几乎不见人影。大多数郊区的建筑是千篇一律的，尤其是当它们如同在福特工厂的流水线上一样，是用声名狼藉的"莱维特小镇"项目中程式化设计生产出的预制板建造起来的。但是在有更多投资的地方，就会在建筑装潢和生活方式上产生激烈的竞争。

交通

有着明显的变化发展、对美国的城市面貌产生深远影响并成为"摩登社会"缩影的是交通，尤其是个人交通的快速发展，其程度不亚于建筑领域。那些借由电线杆纵横于城镇上空的电话线和电源线在很大程度上给美国的城市，尤其是较小型的城镇带来了一种独特的外观印象。然而汽车的普及以及与此紧密联系的基础设施建设所带来的影响更为深远。这三种现象——灯光的过度使用、摩天大楼的兴建和私人交通工具的发展及与之相关的其他现象成为"美国"的核心象征。回顾起来，汽车取得一种如此重要地位的现象并不是不得已的事实。在19世纪的美国一开始出现了马拉客车，然后又出现了电力驱动的城市轻轨以及大量的地面缆车——一种通过中央驱动的钢缆运行的缆车，后两者也获得了广泛的运用。这种情况部分而言也有其务实的原因：电力驱动的城市轨道交通在技术上的可靠性比汽车的发展要迅速；它们不像马拉客车那样脆弱，比如1872年由于马瘟不得不停运了很长时间，也不会在街道上留下任何垃圾；此外，它们还能够连接更远的郊区。作为钢缆驱动的缆车，它们甚至可以在复杂的地形，比如旧金山的丘陵地形上行驶，因此算得上是一种完美的公共交通工具。这些交通工具与那些连接各大都市中愈加具有代表性的火车站的长途铁路交通结合在一起，为人们打开了一扇便利的大门。那些负担不起交通费用的人也会经常利用这种全国性的交通线路，比如那些被称为"流浪汉"的流动短工。自美国内战结束后，他们常常借助货运列车免费地穿越整个国家，尽管这种做法是非法而且极其危险的。杰克·伦敦于1907年出版的自传《道路》就描写了他自己作为流浪汉的一些经历。

尽管如此，当汽车的推广运用从欧洲蔓延至美国之后，当地交通和区域电车以及长途铁路的广泛废止就只是一个时间问题。其结果是：有所增加的不仅仅是私人交通，而且还有依托于巴士的公共交通。为了兴建更多的公共汽车线路，汽车巨头尤其是通用汽车公司有目的地推动了轨道交通的衰败，这直到今天都被认为是一种正确的观点。事实上，在1956年，通过向美国最高法院提起的一桩诉讼，从20世纪30年代起被通用汽车公司隐瞒的一系列针对45个城市包含奥克兰、圣地亚哥、底特律、圣路易在内的轻轨公司进行的系统性收购及后续的关闭行为就已被证明并且禁止了。此外，轮胎制造商凡士通和石油生产商标准石油公司早在1950年就被判有罪，但是这并未起到什么作用。持续到20世纪60年代并在1974年甚至波及联邦政府的所谓"美国电车大丑闻"（也被称为通用汽车公司有轨电车阴谋）表明，有大约100家当地的电气公交公司已经被关闭并被公交巴士线路取代。[1]

---

[1] Snell, B.C., *American Ground Transport.A Proposal for Restructuring the Automobile, Truck, Bus, and Rail Industries*, Washington, 1974, 32.

私人汽车

1904年时的欧洲尤其是英法两国主导了汽车制造产业。[①]3年以后,在美国行驶的汽车总量已经达到了英国的2倍、法国的3倍以及德国的近10倍,尽管德国实际上从1886年起就开始使用卡尔·本茨的内燃机专利制造汽车了。[②]而之所以1903年成了美国汽车工业以及个人交通的关键一年,原因就在于,利用机动车横穿美国在这一年首次获得了成功。更为重要的是,亨利·福特这样投身于汽车工业的企业家所研制出来的T型车不仅价格便宜、坚固耐用,而且他也成功地将其大多数竞争对手排挤出了市场。福特也成功说服了那些中西部地区尤为挑剔的农民使用汽车来替代他们日常使用的马车。这里也诞生了美国的第一个汽车工业中心。给福特带来成功的另一个决定是,他使用了比其他动力类型更为适合长距离驾驶的汽油发动机。此外还有一些其他因素造成了美国和欧洲的汽车工业发展的差异,比如车辆制造的规定、驾驶执照的获取、最高限速以及车辆登记制度等在标榜自由的美国遭到了更多的反对,这也确保了个人交通的发展愈发势不可当。

---

① 以下内容参考 König, Propyläen Technikgeschichte 4(见第347页注释②), 449 ff。
② 数据出处同上, 455。

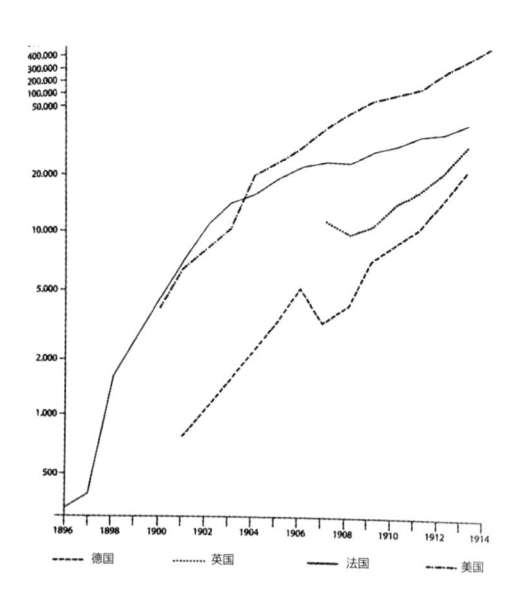

1896—1914年间美国、法国、英国、德国汽车生产对比（单位：辆）[1]

福特的T型车当时的销售数量达到了数十万辆。1908年，他的公司仅销售了6000辆T型车，而8年后的年销量就达到了57.7万辆。[2]除了无可比拟的低廉价格以外，如此之高的年销量也归功于福特早在1911年做出的决定：推出不同的汽车型号以适应消费者日常生活的需求和愿望。就像很多人认为的福特名言所说的那样，汽车本身不会去购买汽车。给福特带来成功的因素也在于，他不仅仅局限于当时堪称楷模担负社会责任的"企业形象"，而是很早就注重他自己公司员工的汽车消费。这些员工的待遇比在其他公司要好很多。但是一旦某个员工购买了其竞争者的车

---

[1] 出处同前，469。下文数据出处同。
[2] Graphik aus：ebd.，454。

型，便会立即遭到福特的解雇。在第一次世界大战以前，福特每月向装配线的员工支付约130美元，而其标准车型的价格则保持了持续的下降趋势。如果说消费者在1908年必须为T型车支付850美元的话，在1916年则只需支付360美元。1927年T型车停产时，它成为美国第一辆真正意义上的大众化汽车，其总产量达到了1500万辆并在许多电影中得到普遍的使用。此时它的价格已经降至250美元，这一价格即便不是福特公司的员工也是可以负担得起的。

1908—1916年福特T型车的价格变化和销售数量[①]

	销售价格（美元）	销售数量（辆，取整）
1908	850	6000
1909	950	12300
1910	780	19300
1911	690	40400
1912	600	78600
1913	550	182800
1914	490	260700
1915	440	355300
1916	360	577000

从那时起，福特开始着手收购竞争对手，其中就包括了1922年收购的奢侈汽车品牌——林肯。这一品牌此前就已经与其他品牌的高级车型如通用汽车旗下的凯迪拉克进行了长达数十年的买家争夺战。此外，福特也迈开了征服海外市场的步伐。1926年，他在柏林开设了一个T型车工厂。从1931年起，福特车厂落户科隆，并开始生产A型车。不同于T型车的是，A型车还拥有不同的车型和颜色。南美也同样开设了福特工厂。即便是在苏联，尽管

---

① 出处同前（见第347页注释②），469。

布尔什维克接管了统治权,但是美国的私营公司直到1929年经济大萧条之前仍与苏联有生意往来。福特也向苏联出售了A型车的生产许可。于1932年成立的高尔基汽车厂(GAS)以GAS-A为品牌生产这款车。其相应的卡车车型则被称为AA型(GAS-AA)。与通用汽车公司一样,福特在与其他独裁政权的接触过程中也从未显示出担心。[①]直到1941年德国向美国宣战以后,福特在柏林的工厂才被当时的德国政府接管,该工厂也因此必须以其他名义进行运转。虽然福特工厂在德意志民主共和国时期无法继续生产,但是第二次世界大战结束后的西德再次发展成为福特汽车的一个重要销售市场。

从1912年和1913年之交开始生产的福特汽车的数量是如此之多,以至于装配流水线上常规的手工工作已经不再能适应生产的需求,这可以说是不言自明的。1910年于海兰帕克新开设的工厂中,福特已经可以通过精密的机床来克服生产过程中的失误,虽然这些机床每台只能生产特定的零件,但是它们可以在很大程度上避免耗时且昂贵的返工。生产合理化也从一开始就涉及了颜色的选择。福特在后来的回忆录中一直强调他的一个原则,即每位顾客都有为其购买的T型车选择自己最喜欢的颜色的可能。[②]大规模生产、大规模机动化以及大众消费在当时都打上了他独一无二的标签。

福特早在第一次世界大战以前就以其"人民的汽车"的理念占领了超过50%的市场份额,并因此在德国使用"大众汽车"这

[①] Snell, *American Ground Transport*(见第360页注释①),17 ff.

[②] Ford, H., *My Life and Work*, Garden City, 1923, 72.

一概念之前就在事实上实现了汽车机动性的某种大众化。1930年就有20%的美国人驾驶汽车，即便大规模的道路建设直到20世纪50年代才展开。[①]1907年在纽约修建的布朗克斯河公园大道被认为是美国第一条专门用于汽车驾驶的公路，其后是1938年修建的、同样位于东海岸的长岛大道和梅里特大道。

许多福特汽车公司的主要竞争对手在20世纪初汽车行业的整合过程中以独立企业幸存了下来，尤其是美国的通用汽车公司和克莱斯勒汽车公司。不同于福特公司将其汽车作为幸福生活象征的是，这些竞争对手公司从一开始就更多关注汽车本身。而汽车实际上也成为衡量美国社会经济成功的公开指标。沃尔特·克莱斯勒最初担任的是通用汽车公司的副总裁。他于1925年自立门户建立了克莱斯勒汽车公司，并在3年之后收购规模更大的道奇兄弟公司一跃成为美国第三大汽车制造商。然而最大的汽车制造商也并非福特汽车公司，而是通用汽车公司。自1923年起在代理总裁阿尔弗雷德·斯隆的领导下，该公司自始至终将汽车作为个人社会地位晋升的标志来销售。正如福特汽车稍晚才加入蓬勃发展的汽车市场时所面临的情况一样，通用汽车（英文缩写为GM或者GMC）一开始也收购规模较小的竞争企业，比如奥兹莫比尔、别克、雪佛兰或者凯迪拉克，并且以这些品牌继续生产其他车型。1918年起的雪佛兰（或简称Chevy）系列车型是为了满足工人阶级和中产阶级的需求，而凯迪拉克则不折不扣地成为一个奢侈品牌，并无可争议地被认为是每一名美国人实现"从衣衫褴褛到百万富翁"的美国梦的象征。与之相比，福特公司20世纪30年

---

① Heideking/Mauch, Geschichte（见第51页注释②），233.

代生产的林肯"飘逸"系列以及40年代生产的林肯"大陆"系列车型则显得望尘莫及。因此,作为20世纪50年代最伟大的歌手,"猫王"埃尔维斯·普雷斯利购买凯迪拉克汽车并将之赠予他人的事就并非偶然了。然而通用公司与福特公司一样在商业伙伴的选择方面并不挑剔,比如通用旗下的子公司欧宝就在德意志第三帝国国防军的军备建设中积极参与并扮演了主要角色。1955年底,通用汽车公司成为美国第一家打破10亿美元年营业额的神奇标杆公司。在20世纪80年代,其销售额甚至上涨至600多亿美元。而在该公司于2007年由于全球经济危机的冲击不得不申请破产之前,其营业额甚至超过了1800亿美元。[1]

自内战以来,经济方面尤其是技术方面的繁荣提高了美国在拥有近乎不会枯竭的安全的能源储备方面的认识。除了电力以外,石油也成为一个神奇的词。石油矿藏从19世纪50年代起就在美国得到了有意识的开发。第一次商业上可行的钻探于1859年由埃德温·德雷克在宾夕法尼亚州被称为"油溪"的地区实现,它也标志着石油繁荣的开始。其后,对石油需求量极大增加的福特汽车通过其T型车取得了巨大的成功。到20世纪20年代,美国已经成为世界上最大的石油消费国,其国民在当时已经拥有近14.3万家加油站。[2]即便在当今中国的迅速追赶下,美国仍然处于世界消费的顶端。[3]能源保障问题至今是美国竞选活动中最重要的话题之一。

---

[1] 2007 年数据参见 www.flife.de/demo/profile/US3704421052_ balance. html。

[2] 综合参考:Randall, St. J., *United States Foreign Oil Policy Since World War I. For Profits and Security*, Montreal, ²2005。

[3] 相关内容参见 Seifert, Th./Werner, K., Schwarzbuch Öl.Eine Geschichte von Gier, Krieg, Macht und Geld, Bonn, 2006, 209ff。

美国式民主：选战和媒体力量

　　民主自决观念早在17世纪就由那些前往殖民地定居的福音派异见团体从欧洲带到北美。根据这些观念，殖民地政府应当保持其独立性并自由决定其相关事务。议事大厅中的定期聚会不仅是原始教会的一种体现，更是某种严格反对持偏见者以及反律法主义者的基础民主的表现。

　　1787年以来的宪法辩论也继承了这种观念。它也确立了各联邦州在选举法的实际贯彻中应保持独立但仍需符合联邦宪法规定的原则。与此同时，它也将"主权在民"尤其是民意——托马斯·潘恩的著作《常识》作为核心思想，希望保证"人民"绝不会成为"国家政治舞台"的受害者或者确保国家能够得到行之有效的治理。其结果是一种典型的非驴非马的情境：其间虽然是那些所谓的"普通人"进行选举，但是选举的权利实际上在冗长的初选之后，已经被移交到通过初选筛选出的一众受过教育且具有政治经验的政党候选人的手中。这种机制原本应该提供额外的保障，以防止可能的不理智的民意被民粹主义者或者煽动者亦即后世的独裁者或潘恩所称的"法老"所误导和利用。实际上，早在1787年美国成立前夕的第一次投票选举中，乔治·华盛顿就毫无争议地成为选举的中心人物。这应归功于个人魅力和竞选宣传的巨大作用，但同时也表明动员民众的难度，而当时只有大约20%的选民参与了选举。

在选民较低投票率的背后，除了对此不感兴趣的原因之外，还存在一个事实，即很多美国人都是文盲，甚至看不懂选票。直到今天仍有少数低投票率的情况：在2008年的总统选举中，民主党候选人巴拉克·奥巴马击败共和党人约翰·麦凯恩，选民投票率仅为56.8%。[①]而2012年总统大选的投票率也非常低，与前者相比甚至低了9%。[②]

1776—1861年的政党发展[③]

年份	政党	
1776	托利党人（忠于王室者）	爱国党人
1791	联邦党人（亚历山大·汉密尔顿、约翰·亚当斯）	共和党人（托马斯·杰弗逊）
1825	国家共和党人（约翰·昆西·亚当斯、亨利·克莱）	民主共和党人（安德鲁·杰克逊）
1834	辉格党人（亨利·克莱、丹尼尔·韦伯斯特）	民主党人（安德鲁·杰克逊、马丁·范布伦）
1848	自由土地党	
1854/1856	共和党人（亚伯拉罕·林肯）	民主党人（斯蒂芬·A.道格拉斯、詹姆斯·布坎南、约翰·C.布莱肯里奇）

政党

1787年的制宪会议实际上并没有建立任何政党。尽管如此，政党还是产生了。其原因在于前文已经提及的冲突，即以华盛顿

[①] uselectionatlas.org.；fec.gov/pages/htmlto5.htm；census.gov/hhes/www/socdemo/voting；elections.gmu.edu/Turnout_2008G.html.

[②] 数据源于CNN, 8.11.2012。

[③] 参见Der Große Ploetz（见第269页注释②），1286。

及其后来的财政部部长亚历山大·汉密尔顿为首的、代表着一个强大中央集权的联邦党人与其对立党派——强调各联邦州对更多自主权的要求、最初被称为"反联邦党人"、后又被称为"共和党人"或"民主共和党人"之间的冲突。后者以1790年成为美国首任国务卿的托马斯·杰弗逊为代表,他在3年后因为与华盛顿之间的争执而离开了内阁。但是随着他1801年当选为美国总统,民主党人在随后的数十年间成为主导的政治力量,詹姆斯·麦迪逊和詹姆斯·蒙罗也先后担任了美国总统。

从19世纪20年代中期开始,美国的政党格局发生了根本性的变化,这开启了延续至今的两党制格局的政党道路。安德鲁·杰克逊作为第二次独立战争中的英雄在1824年的总统大选中虽然赢得了最多的普选票,但其在选举人团所获的票数没有绝对优势,因此当时的总统当选人由众议院推举而产生。这样的程序在当时就被很多人认为是对选民意志的公然亵渎。最终由众议院确定的总统当选人是得票数更低的约翰·昆西·亚当斯,即第二任总统约翰·亚当斯之子。他于1803年退出联邦党之后又加入了民主共和党。这种通过选举人团机制裁决而选出得票率较低的总统当选人的情况在此次大选之后出现了3次,分别是1876年共和党人拉瑟福德·海斯对民主党候选人塞缪尔·蒂尔登取得的胜利、1888年本杰明·哈里森对格罗弗·克利夫兰取得的胜利,以及2000年共和党人乔治·W.布什对民主党人阿尔·戈尔取得的胜利。

民主共和党在1824年的分裂对美国政党制度产生了长期而巨大的影响。那些亚当斯的支持者发展成为国家共和党,而杰克逊及其党派同僚则继续以民主共和党人自居。当杰克逊在1828年的大选中第二次尝试竞选总统时,取得了178票对83票的成绩,这使得选举人再也没有任何理由能够对他的当选提出异议。与此产生鲜明对比的是，亚当斯只得到了东海岸的一些原联邦州选区的支持。在这场选战中也出现了美国总统选举历史上前所未有的手段：在投票过程中，杰克逊的反对者对其私人生活进行了大肆诋毁。自1790年以来，杰克逊一直和其未来的妻子蕾切尔生活在一起，但是她直到3年后才与她的第一任丈夫正式离婚并与杰克逊结婚，这在一个深受福音教派思想影响的社会中可谓是离经叛道之举。杰克逊因此也将蕾切尔于1828年的去世主要归咎于反对派的不断诋毁。[1]类似的丑闻化手段也成为美国现代民主中反复出现的一个特征。

"杰克逊式民主"

杰克逊取得总统选举的胜利开启了一个所谓的"杰克逊式民主"时代，它也被称为"普罗大众的时代"。除了继续向西部扩张之外，杰克逊式民主还包含了现今称为"市场革命""杰克逊资本主义"以及"城市革命"的具有决定意义的经济改革措施，并引起了政治格局的深层次变化。[2]在接下来的8年时间里，杰克逊式民主的特征得以不断完善，并最终被认为是美国政治体系的独特表现，其中首先就包括政治官员的任命机制。杰克逊从一

---

[1] Mauch, Präsidenten（见第91页注释①），121。

[2] Benson, L., *The Concept of Jacksonian Democracy. New York as a Test Case*, Princeton, 1961; Pessen, E., *Jacksonian America. Society, Personality, and Politics, Revised Edition*, Urbana, 1985, 101 ff., 122 ff., 149 ff., 171 ff.

开始就任命了那些他自认为像他一样的"白手起家之人",并对这些人的个人忠诚度几乎无条件地信任。当受到更多的公众压力时,他往往也坚持与这些人站在同一阵线。这群人的代表人物尤属杰克逊的第一位国务卿即副手马丁·范布伦,在与约翰·昆西·亚当斯的对抗中,他被证明功不可没。范布伦在1837年接替杰克逊成为美国总统。此外,他还是新成立的自由土地党(即1854年成立的共和党的前身)在1848年的总统竞选活动中的第一位候选人。[1]他与被任命为陆军部部长的约翰·伊顿(此人25岁就当选田纳西州议员,年仅28岁时又当选为美国参议员)也成了密友。范布伦也加入了杰克逊总统惯常在内阁大会前召集被称为"厨房内阁"的心腹顾问圈子。这一不公开透明的程序最终被公众讽刺地称为"政党分赃制",即竞选获胜者将其"战利品"——通常是政府职位分赐给其朋友和支持者。范布伦正是把控这种人事政策的大师。自1817年以来,他有目的地建立起了一系列这种有用的关系网络,它们在他就任纽约州参议员时期以"奥尔巴尼摄政团"或者"鹿尾派"[2]的称谓而闻名。杰克逊的这种"分赃"机制在当时也确实非常成功地进行了政治决策,有"魔术师"之称的范布伦无可争议地成了这一机制的关键人物,但他在对手眼中则是腐败的代表。因其偏激的举止,反对者们很轻易地就能将范布伦塑造成敌对形象。[3]

---

[1] Cole, D. B., *Martin Van Buren and The American Political System*, Princeton, 1984, 407 ff.

[2] 该党派成员喜欢在自己的帽子上装饰一条公鹿尾巴,因此得名"鹿尾"派(Bucktail),而奥尔巴尼是纽约州的首府,则是"奥尔巴尼摄政团"之称的由来。——译者注

[3] 出处同前,第185页及以下几页。

对于追随杰克逊和范布伦的历任总统而言，将政治岗位分配给党派同僚及其支持同情者已经成为总统日常事务的一部分，即便这些人在此之前几乎没有从政经验。威廉·哈里森在1841年总统选举中战胜范布伦之后，据说有数万人为了谋取一份工作前往首都华盛顿。其他总统如亚伯拉罕·林肯也延续了同样的人事制度。由于公务员人数的不断增加，这一制度也得到了强化。但是在格罗弗·克利夫兰在19世纪80年代担任总统期间，实施这一制度的部分原因正是为了打击因"政党分赃制"引发的迅速增长的腐败现象，故而颇有自相矛盾的意味。

尽管进行了许多的改革尝试，例如1883年的《彭德尔顿法案》、1939年的《哈奇法案》或者1952年引入的《紫皮书》（其官方正式名称为《美国政府的政策和支持立场》，其英文书名为UnitedStatesGovernmentPolicyandSupportingPositions），这一制度依旧存续下来。直至今日，那些由历届总统直接授予的职位尤其是授予那些大捐助者的职位仍然记录在册。第44任任美国总统奥巴马从2009年以来已经授予了大约200个这样的高级政府职位。[①]美国投资银行家和民主党财政主管菲利普·墨菲也通过这种方式被任命为美国驻柏林大使。

在杰克逊式民主的推动下产生的长期有效的变革之一是媒体的工具化。这不仅与传统的政治宣传有关，还涉及对"小人物"的参政积极性的调动。德国社会学家马克斯·韦伯所描述的"人格魅力"备受杰克逊推崇。事实上，他的那些在今天饱受诟病的政绩在当时已经得到了充分的认可。尤其是在第二次独立战争期

---

① Der Spiegel, 20.6.2011.

间，他担任将军并成为"印第安人斗士"，并最终以总统身份确保了臭名昭著的1830年《印第安人驱逐法案》的通过，以至于已经受到镇压和流放的"五个文明部落"被驱赶至后来的俄克拉荷马州境内。在"小人物"的眼中，杰克逊在1832年的所谓"银行战争"中立场强硬地面对国家共和党候选人亨利·克莱时就已经得到了认可。国会对成立于1816年的美国第二银行的特许权的延长被杰克逊自诩为小人物反抗银行业"巨兽"的典范。①

报纸的力量

虽然杰克逊并不是使用几十年前才出现的报纸的第一人，但是他却是知道如何利用这些报纸的艺术大师。美国的第一份报纸是成立于1794年的《宾州消息和每日广告报》，这一份广告平台性质的报纸，偶尔也发布一些最新消息以吸引消费者。此后不久，随着《美利坚密涅瓦报》《豪猪公报》《联邦共和党人报》《晚报》以及那些"颇有主见"的记者的加入，开启了一个新的时代。这些记者不再那么关注政治平衡并且不畏惧直接对政党进行批判。②从亚当斯和杰克逊竞选总统期间的1827年起，发行了首份直接服务于美国工人的报纸《普通人报》，这份报纸受到了杰克逊的追捧。在内战前夕，就已经出现了大约450份日报和4000份

---

① 参见"Veto Message" vom 10.7.1832, in: Taylor, G.R.（Ed.），*Jackson Versus Biddle.The Struggle over the Second Bank of the United States*，Boston，1949，7-20.
② 以下内容参考 Raeithel, Geschichte II（见第260页注释①），95 ff.

周报。①当时,那些以几美分的价格在街头吸引购买者的大众报纸不仅大量聚焦于对政治丑闻、犯罪、处决以及灾难的详细描述,也充斥了对福音派教义而言极为大胆的裸体描写。然而严肃报纸也有其一席之地,其中就包括1851年成立的《纽约时报》,它直至今日仍然是美国最重要的报纸之一。此外,在当时还出现了一些为那些愿意使用母语阅读的美国公民发行的期刊,比如在纽约出版发行的德语报纸《国家报》。而第一份非裔美国人报纸《自由日报》也出现在纽约。自19世纪20年代以来,也出现了为其他读者群体创建的数十种杂志,比如服务于妇女群体的《戈迪女士手册》(1830)、服务于运动爱好者的《美国赛马一览》(1829)、服务于宗教团体的《犹太人》(1823)或服务于对文化感兴趣者的《哈珀月刊》(1850)。后来给《哈珀月刊》工作的人包括了非常受尊敬的艺术家,比如以描绘"旧西部"而著称的弗雷德里克·雷明顿。当时,新闻业的繁荣触及了美国最边远的角落、狂野西部的小镇以及印第安人保留地。

南北内战后,尤其是在美国从19世纪80年代开始逐步制定自己的对外政策并最终于1898年与西班牙之间爆发第一场真正意义上的国际战争之后,报纸发展的趋势再次得到强化。不仅是报纸的数量出现增长,那些广泛传播的、具有轰动性的新闻报道数量也上升了。诸如"黄色报刊""彩虹报刊"以及"黄色新闻"等词语都起源于镀金时代,因为当时为了向街头大众进行推广,很多报刊均使用了大幅标题和色彩鲜艳的头版图像。②在1868年收购

---

① 出处同前,96以及99。
② Spencer, *Yellow Journalism*(见第296页注释②), 19ff.; Milton, *Yellow Kids*(s. Kap.VI./Anm. 19)。

了数十年前成立的《太阳报》的查尔斯·安德森·达纳现在被认为是所谓的"人情味故事"的创始人。这种故事多为虚构的且具有半伤感的基调,其读者多认为可以从故事的角色中找到自己的影子。与此同时,专注于轰动新闻的新闻帝国也迅速发展起来。其中最为著名的新闻出版商有爱德华·斯克里普斯、威廉·赫斯特和约瑟夫·普利策。19世纪90年代后期,后两者的大众报刊——赫斯特的《纽约日报》和普利策的《纽约世界报》之间进行了持续的媒体战争。

日报刊载的公开辩论尤其是丑闻故事,此时已经成为日常新闻业务最重要的内容之一。不仅报纸的销量因此得到提升,而且还对政治起到了操纵作用。[1]即便是安德鲁·杰克逊本人也对此深有体会:他与前情人及后来的妻子的"野蛮婚姻"事件也卷入了他的竞选活动。总之,杰克逊执政的那些年是丑闻不断。前文提及的陆军部部长伊顿的丑闻事件以及相关被告的自杀事件造成了公众意见的重大分歧。尽管杰克逊毫不犹豫地站在了他的陆军部部长这一边,但是他也未能阻止整个内阁的形象受到丑闻的损害,而伊顿和其他内阁成员也不得不忍辱退出内阁。更多的丑闻接踵而来,尤其是范布伦一次又一次地卷入丑闻事件中。接着的丑闻系列事件主要发生在19世纪70年代和80年代,并轰动了整个美国。到目前为止,丑闻的情况依然存在。这可能是与一个事实分不开的,即自殖民时代以来,对道德不端行为的指责尽管有时候表现得很虚伪,但几乎总是特别激烈,这些不端行为通常也会受到公开的谴责。当它涉及公众人物特别是政治家时,尤其如

---

[1] Burkhardt, St., Medienskandal.Zur moralischen Sprengkraft öffentlicher Diskurse, Köln 2006, 381 ff.

此。有关道德不端行为的、有针对性的丑闻往往具有一种显而易见的政治作用，即弱化和打击执政者的作用。这一点在20世纪90年代美国民主党总统比尔·克林顿与白宫实习生的丑闻曝光后，表现得最为明显。

这种被系统化公开的丑闻政治是否应该看作导致在美国发生大量的政治暗杀行为的原因，还是说被公开的丑闻起到了煽动暗杀行动的作用？这是有争议的。[1]历史上已有4位美国总统在暗杀中丧生：1865年4月14日，约翰·威尔克斯·布斯由于在奴隶制问题上的不同立场射杀了亚伯拉罕·林肯；1881年7月2日，詹姆斯·艾伯拉姆·加菲尔德遭到手枪袭击并在不久后离世，刺客查尔斯·吉托明显认为他在加菲尔德竞选活动中的功劳没有得到足够的认可；威廉·麦金莱也死于1901年9月6日遭受的手枪刺杀，而刺客利昂·乔尔戈斯认为麦金莱是工人阶级的敌人；1963年11月22日约翰·肯尼迪遭到刺杀的确切动机和背景仍然扑朔迷离，这次刺杀有可能是受到肯尼迪打压的黑手党势力发起的报复行为。

其他的暗杀行动都以失败告终。遭遇到暗杀未遂的历任总统有：安德鲁·杰克逊（1835年1月30日）、西奥多·罗斯福（1912年10月24日）、杰拉德·福特（1975年9月5日和9月22日）和罗纳德·里根（1981年3月30日）等。此外遭到暗杀的还有总统候选人罗伯特·肯尼迪（1968年6月6日）、州长（乔治·华莱士，1972年5月15日）、市长（乔治·莫斯科尼，1978年11月27日）、民权活动家（马丁·路德·金，1968年4月4日）

---

[1] 以下内容参考 Clarke, *Assassins*（见第242页注释②），18ff., 198ff., 39ff., 107ff。

以及其他一些公众人物，比如1978年对成人电影制片人拉里·弗林特以及两年后对生活在纽约的"甲壳虫乐队"成员约翰·列侬的刺杀行为。除此之外，针对公共机构的具有政治动机的炸弹袭击也一再发生。1995年4月19日，来自邓斯特县的右翼民兵组织成员蒂莫西·麦克维成功地对俄克拉荷马市的一栋政府大楼进行了一场破坏性极大的炸弹袭击，以此抗议美国联邦政府在1993年韦科惨案中针对大卫教派的行动造成的血腥结局。[1] 168人在这次袭击中丧生。自1978年以来，被称为"炸弹客"的芝加哥数学教授西奥多·卡钦斯基向大学、航空公司以及小型计算机公司邮寄他制作的爆炸装置，并称希望通过这种袭击方式来结束工业化。[2] 至少有3名受害者在他的袭击中丧生。然而除了政治动机，更多的还有个人羞辱以及试图通过媒体获得关注的动机。谋杀事件和谋杀未遂事件大比例地使用枪支作为手段的原因主要在于枪支在美国比较容易获取。

尽管报纸和杂志的发行量不断增加，但记者们一般来说并不受人欢迎，反而令人唯恐避之不及。暴躁的西奥多·罗斯福总统将他们称为"无耻之徒"，因为这些记者总是在别有用心地打探私人和政治丑闻。那些在20世纪之交的流行杂志，如《麦克卢尔杂志》的发行动机实际上更加令人怀疑。然而新闻报道工作在很多领域也并非毫无意义，因为它往往证明了揭露权力滥用和腐败的必要性。新闻炒作和新闻调查事业可谓齐头并进，两者只是在

---

[1] 详细资料参见 Wright, St. A., *Patriots, Politics, and the Oklahoma City Bombing*, New York, 2007。

[2] 袭击的动机可参考卡钦斯基于1995年的公开认罪书：cyber.eserver.org/unabom.txt。"Una"这一词语根据卡钦斯基的解释是源于"university and airline bomber"的首字母缩写。

各自的意图和调查手段的洁净度上有所区别。如果没有雷·斯坦纳德·贝克这样的"无耻之徒",许多腐败丑闻都不会被揭露。而没有调查记者的努力,包括小说家厄普顿·辛克莱以及前文提及的他的作品《屠宰场》,美国的公众也不会了解到中西部地区肉类加工厂的种种罪恶。另一个"无耻之徒"——大卫·格雷厄姆·菲利普斯有关高价售卖参议院席位的调查文章甚至导致了1913年美国宪法第十三修正案的通过,使得每个州的两个参议院席位首次受到了有约束力的监管。美国社会也慢慢认识到调查性新闻在民主政治中所扮演的重要角色,即作为"第四机构"起到限制权力滥用的作用。至少从水门事件——1972年起被《华盛顿邮报》的记者鲍勃·伍德沃德和卡尔·伯恩斯坦曝光并导致理查德·尼克松总统下台的丑闻被揭露以来,这一观点更是在大多数公众中占了上风。

报纸的力量在1898年美西战争爆发时就暂时地达到了顶峰。当1878年兴起的游击战方式席卷了当时或多或少公开的独立运动战争时,赫斯特媒体的新闻报道的大标题从1895年起就以最为显眼的颜色来报道这些战争冲突。著名的艺术家如当时为赫斯特媒体驻扎在古巴的弗雷德里克·雷明顿就搜集了相应的具有丑闻性质的图片。这些图片传播的内容是美国年轻女性必须当着西班牙检查员的面脱光衣物以接受检查。当韦勒将军率领的西班牙军队不分青红皂白地对待反抗者、镇压解放运动、无差别地开枪、设立条件恶劣的拘留营以关押被捕的反抗者时,新闻报道的这种论调再次得到了明显的提升。

主要由赫斯特和普利策主导的新闻报道活动在1898年2月"缅因"号沉没之后到达了顶峰。对于炒作媒体而言心知肚明的是,即便真正的原因仍不明了,沉船的责任也必须由西班牙人来承担。因此在沉船事件发生的两天后,一篇题为《炸弹或鱼雷攻击导致了"缅因"号沉没》的文章成为普利策的《纽约世界报》的头条新闻。[1]赫斯特是否曾对他的图片记者雷明顿说过"你专注于图片,我专注于战争"或者甚至是"你提供照片,我提供战争"这样的话,是无法确定的,这只是人们试图了解关于报业大亨的政治影响力的传说之一。[2]然而可以确定的是,继民主党总统格罗弗·克利夫兰之后,其共和党继任者麦金莱也没能经受得住不断增加的公众媒体及其党内批评者的压力。许多同时代的人都卷入了这场战争,其中就包括当时的海军部副部长西奥多·罗斯福。他甚至单独组建了一个包含来自东海岸上层社会的熟人和朋友以及出于谨慎考虑而招募的雇佣兵兵团。这一支被称为"铁血骑兵队"的杂牌部队此前的名声并不光彩,被称为"伍德疲惫不堪的行人",它看上去更像一支因疾病以及某些战斗任务而伤亡惨重的敢死队,而非一支训练有素的军队。尽管如此,罗斯福通过巧妙地运用黄色媒体来报道他带领这支军队作战的进程,为自己赢得了战争英雄的称号,并为他当选总统铺平了道路。媒体的力量是否能够真正地在政治上引发战争,这一点仍然是不确定的。但可以肯定的是,在19世纪90年代,媒体已经能够巧妙地引导公众舆论并在存疑的情况下将某个候选人推上总统宝座。

---

[1] The World, 17. 2. 1898.

[2] 引用自 McCullough, D., *Brave Companions.Portraits in History*, New York, 1991, 80。

两党制和利益集团

最晚自内战以来，随着1860年亚伯拉罕·林肯在选举中获得了前所未有的支持，两党制度得以完全建立，并且也为美国人所接受。这两党包含直到20世纪都被视为南方政党的民主党和被视为北方联邦州代表的共和党。但是在例如延续到1890年的西部扩张或者对外干预等问题上，两者通常能够跨党派地取得一致。这种对外政策上的共识自19世纪40年代起就成为一种"主义"，一直延续到了20世纪60年代的越南战争时期。越战期间它也部分地崩溃过，直到1991年对于美国而言所乐见的冷战结局产生之后才再次得到认可。

导致维持两党制或者两党制难以改变这一事实（正如18、19世纪之交以后进步运动的失败尝试所表明的那样）的原因可能不仅仅在于19世纪20年代和50年代由于分裂和内战留下的鸿沟。两党制下明确的立场也非常适合选民的口味。然而某些改革也并非不可能，比如自从建国以来美国的政治制度在最高法院的管辖权下被一再修改。尽管在19世纪90年代，在议员威廉·西蒙·乌伦的领导下，俄勒冈民粹党的所谓进步人士虽然没有成功地建立起比例代表制度，但是也推动了实行公民复决、个人举荐以及"召回"制度的可能性。直至今日，行政官员的直选还是上至各联邦州下至各县及各社区的选举制度的一个特点。这种直选通常与总统选举前两年、所谓的"中期"在华盛顿举行的美国参众两院投票同时进行。在此期间，除了各州产生的参议员和众议员之外，其他如司法部部长、各级法官以及各警察局局长的职位均会得以确定。同时也会对社区中的投资或增税、法令及宪法修改等诸多事务进行投票。

然而,美国人的印象是,对于大多数美国人而言这两大政党已经太多了。在竞选活动之外选民几乎不可见,他们的兴趣显然只分别集中于地方性、地区性或全国性的投票时段。到目前为止,诸多建立第三党派以抗衡现有两党的尝试均告失败。而其原因可以典型地通过19世纪80年代以来各种农民利益集团,如在中西部积极活动的农民联盟聚集的民粹运动来说明。在1892年的总统选举中,民粹主义者就消失了,他们以人民党的名义参与竞选,但以其9%的支持率在政治上基本处于无足轻重的地位。从1908年开始,他们就基本没有任何影响力了。[①]导致他们失败的主要因素不仅包括其内部的不团结,还在于大党派——此案例中即民主党开始接受他们的部分主张,以至于其选民的选票被拉走了。此外,已经成型的两党制还确保了南部各州的白人农民不用担心民粹主义者的参选会削弱白人民主党人的地位,这也许是一个更为重要的原因。白人农民的议题如农民对银行、运输商及中间商的依赖或者国内及国际竞争等,在两党制下仍是焦点所在。

其他利益集团形成过程中的类似问题也反映了美国政治格局的另一个特点。即总体来说,个人主义一直比集体利益集团更为强大,尽管在有些时期,尤其是工人组织了强大的团体。劳工骑士团在1885年就已经拥有70万名成员,而美国劳工联合会在19、20世纪之交更是拥有超过百万名成员。尽管如此,罢工这一在其

---

① 数据引自 Adams,USA vor 1900(见第12页注释①),119 以及 Goodwyn, L., *The Populist Moment: A Short History of the Agrarian Revolt in America*, Oxford, 1978。

他国家已经作为代表集体利益而使用的核心手段在这些组织中一开始就出现剧烈争议。这种保留首先来自右翼社会团体。1877年成立的社会主义工人党、1905年成立的世界产业工人联合会以及成立于1919年的美国共产党均宣告失败。这些党派还不得不忍受公众的指责,因为他们几乎被认为是美国生活方式的意识形态的反对者。因此,他们即便是在理论上对其而言机遇最大的经济萧条时期也没有取得成功,虽然公众舆论往往对此做出了相反的猜测。[1]这种情况贯穿了从1917年俄国十月革命到1991年之间东西方冲突的整个时期,尤其是自1947年以来最为激烈的冷战时期。

19世纪的很多其他改革运动也说明了成功组织起来的难度有多大。他们最初往往源于自发性,随后就发展为有目的导向的运动,如反对贫困、无家可归、酗酒、家庭暴力,或倡导基督徒式的生活方式、为少数民族和妇女争取权益,等等。在很多情况下,这些目标也交织在一起。随着工业化发展,尤其是在西部拓荒之后成为日常饮品的酒精饮料[2]从19世纪20年代开始就一直是美国社会改革者的眼中钉,这甚至导致了他们自己的文学体裁——禁酒小说。相关的团体包括1828年成立的美国禁酒协会、1869年成立的禁酒党、1874年成立的妇女禁酒联盟以及1893年成立的反沙龙联盟。反沙龙联盟在1920年凭借备受争议并由于其适得其反的效果在几年后即遭废弃的全国禁酒令为其取得的短暂成功而大肆庆祝了一番。时至今日,其中的许多运动团体仍然以其他的名义保持着活动,比如由反沙龙联盟发展而来的美国酒精问题委员

---

[1] 参见 Atlas of U.S. Presidential Elections in: uselectionatlas. org.

[2] Rorabaugh, W.J., *The Alcoholic Republic.An American Tradition*, New York, 1979.

会，但是它们在美国社会的影响仍然极为有限。

除了与酗酒相关的暴力之外，对于忠实的基督教团体而言，令其尤为感到冒犯的是社会和道德伦理的沦丧。出于这个原因，各类沙龙成了"禁酒运动"的焦点。正如该运动的字面意义所表明的那样，沙龙里不仅充斥了醉酒与赌博行为，而且还有其他违背道德、往往与色情服务相关的活动。在边疆地区，即便是当时著名的西部英雄和治安官，如怀特·厄普，多年以来还有酒吧老板和皮条客的身份。此外，威士忌还成了当地的医疗灵药。这些情况可以说明，酗酒在当时的边疆地区达到了何种普遍的程度。

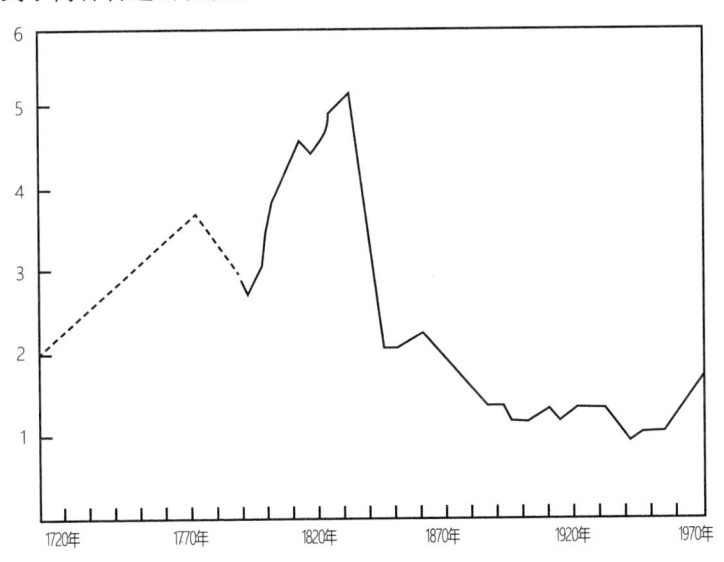

酒精对西方的征服：1720—1970年蒸馏酒的年人均消费量[①]

单位：加仑（1加仑=3.8升）

---

① 出处同前，第8页。

1848年，与禁酒者密切相关的妇女权利运动首次争取到了公开听证会。20年之后，在纽约市成立了第一个妇女权益组织——全国妇女选举权协会。虽然"女权主义者"们关注的主题也不尽相同，但其最重要的目标仍然是妇女的选举权。虽然女演员即后来的女记者维多利亚·克拉夫林·伍德哈尔·马丁早在1872年就成为第一位得到公开提名参与总统选举的女性，但直到1920年，美国女性才获得选举权。而在此前的1875年著名的迈娜起诉哈珀斯特案中，最高法院再次一致判决投票权并不一定与公民身份有关。

成功的理念：白手起家之人

在1828年的总统大选中，安德鲁·杰克逊之所以能够为自己塑造了一个白手起家的成功美国人形象，是和这样一个事实分不开的，即200多年来，通过努力来取得成功已经成为美国社会固有的理念之一。这一理念可以回溯到加尔文主义思想，即天命之说可以通过个体的成功体现出来。17世纪，清教主义的主要思想家，如考顿·马瑟和约翰·温斯罗普，都进一步解释和发展了这一思想。它在19世纪的传播范围是如此之广泛，以至于在1835年，亚历克西·德·托克维尔也受到了实际上是他自己臆想出来的、代表个人成功意志的"美国人"这一概念的鼓舞，他甚至认为，这些"美国人"根本不需要国家的存在。①"他毫无畏惧地相信他自己的力量，这些力量似乎已经成为他的一部分……随着时间的推移……所有这些个人奋斗的结果要远远优于国家所能够给予个人的。"托克维尔进一步解释道：只有这样才是好事，因为有理由相信，个人的利益最终会促进集体的发展。"他相信能够在他的成功中看到自己的成就并且为此而自豪；他也会乐于见到对自己有益的共同繁荣。"

所谓的"美国体系"

正如亚当斯内阁的国务卿亨利·克莱在19世纪20年代宣称的那样，对个人奋斗精神的呼吁以及鼓励经济利己主义的尝试勾画出了所谓的"美国体系"。尽管如此，国家也不像托克维尔所假设的那样毫无作为。毕竟联邦政府也提供了大面积的公共土地以供私营企业家扩建基础设施。此外，政府的补贴也进一步降低了企业的风险。回顾起来，这种依靠交通技术发展将广阔的国土联系到一起的方式实际上是最为快捷的。即使在镀金时代以前，美国体系的成功案例就已不胜枚举。然而在内战之后，这个理念得到了尤为彻底的运用，马克斯·韦伯最终在其1904—1905年的论文中提出了"新教伦理"这一概念，并认为这是发展那种在美国显而易见的"资本主义'精神'"的先决条件。②尽管韦伯早在19

---

① 以下引文引自 Tocqueville, *Demokratie I*（见第64页注释①），137 f.。
② Weber, *Ethik*（见第46页注释②），73。

世纪90年代就已经开始思考这一问题，其思想受到了维尔纳·桑巴特和其他学者的著作的深远影响并因此得以巩固。和韦伯一样，这些学者都对美国的建设奇迹感到印象深刻。但是直到1904年韦伯出席在圣路易举办的世界博览会期间，他才发现他对世俗化但又具有新教禁欲主义性质的商业道德的个人经验实证。[①]他认为，有关人格化的"资本主义精神"的一个尤为简明的例子就是本杰明·富兰克林。因此他在自己的著作中也援引了很多富兰克林的话作为佐证，比如"记住，时间就是金钱"。[②]他认为富兰克林是"现代资本主义"的早期主要代表。对于富兰克林而言，"赚取越来越多的钱并严防所有无节制的享受……纯粹是自我的目标"。在"赚钱"之中，韦伯恰恰看到，即便是在富兰克林身上也同时具有加尔文主义的传统和美国得以不断发展扩张的动力。

事实上，经济和社会的进步在美国看起来的确比在世界其他地方更容易实现，而且基本上与人的出身无关。而在欧洲和亚洲，"出身"因素直到20世纪仍然阻碍着某些个人上升。比如贵族身份，即便是韦伯在德国生活的时期，仍然严格地控制着特定社会地位的获取，但在美国它并非一种普遍的特权了，除非该贵族在美国建国前已经被伦敦或巴黎政府授予了封地。正如人们所看到的那样，在南方联邦州的确因为土地的所有权产生了某种有着财力基础和特殊的优渥生活方式的士绅贵族阶层。他们等同于拥有特权的"南方贵族"，并因其社会和道德背景直至美国内战

---

① 参见 Weber, Ethik "导入"章节，19页及以下几页。
② 出处同前，见第75页。下文重复出现内容出处相同，见第78页。

之后的时期都自认为比工业化和"禁欲主义"盛行的北方更为优越。但是即使是在北方也出现了类似的"贵族",正如托克维尔在他1840年出版的《美国民主党》第二卷中指出的那样,他已经断言美国的民主形式不仅"有利于工业的兴起并极度地提升了工业家的数量",而且还创造出了一种特有的贵族形式。①"企业主和工人因而在这方面毫无相似之处,而且他们每天都变得愈加多样化……总的来说,我相信我们眼前出现的工业贵族是最难出现在世上的贵族之一。"

"从衣衫褴褛到富可敌国"

经济上取得成功的经验证据表明,即便是在美国俚语"从洗碗工到百万富翁"中所描绘的情景实际上也并不少见。人们至今还可以找到这方面的例子,比如20世纪末期计算机开发者比尔·盖茨的崛起就是明证。19世纪的类似人物有约翰·戴维森·洛克菲勒、科尼利尔斯·范德比尔特和安德鲁·卡耐基等。他们的出身极为贫寒,却成为当时最为富有的三位富豪。洛克菲勒甚至成为众人皆知的财富的代名词。为了养活八口之家,洛克菲勒的父亲一生都从事报酬极低的工作,比如伐木工和旅行推销员。②卡耐基的父亲原本是苏格兰的织布工,1848年移民至美

---

① Tocqueville, A. de, über die Demokratie in Amerika, Zweiter Teil von 1840, Zürich, 1987, 235. 下文引文出处同前, 237 和 239。
② 人物传记参见 Chernow, R., John D.Rockefeller.Die Karriere eines Wirtschaftstitanen, Rosenheim, 2005, 13ff。

国。[1]范德比尔特的父亲是轮渡经营者,但其收入也很难养家糊口。[2]这三位富豪也有一个共同点,即他们最初都是"白手起家之人":范德比尔特在11岁时离开了学校,16岁时即在纽约港口拥有了一家小型运输公司。卡耐基从13岁开始在一家织布厂工作,2年后他成为一家电报公司的员工。洛克菲勒在16岁时开始担任助理会计师,19岁时他已经是经纪公司的合伙人。

这三个人成功的秘诀除了勤奋、敢于冒险、快乐和适时的直觉之外,还有一种令人发指的无情。范德比尔特对他的前商业伙伴查尔斯·摩根曾这样说过:"先生!我不会抱怨您敢于欺骗我,因为正义的降临太慢了,所以我会毁了你。你真诚的科尼利尔斯·范德比尔特。"这段话也一直被视为他性格的一种标志。[3]范德比尔特将他的运输业务不断扩大,并于1817年升级为蒸汽轮船。杰克逊时代所大肆宣扬的普罗大众之说也被范德比尔特用来宣传他的价格极为低廉的人民航运公司。借由东海岸汽船行业的主导地位以及随后在中美洲开展的业务,范德比尔特进入了更为有利可图并真正使他富裕起来的铁路行业。

洛克菲勒几乎在同一时间发现了另外一座金矿:自1858年以来,他一直在购买、加工和运输他人开采的石油。1870年,洛克菲勒创立了他的标准石油公司。随着美国社会对能源的需求不断增长,该公司业务在短时间内就蔓延至其他商业领域,这最终使得美国政府认为有必要针对洛克菲勒制定一部反垄断法。1911

---

[1] 人物传记参见 Nasaw, D., *Andrew Carnegie*, New York, 2006, 24 ff.

[2] 人物传记参见 Stiles, T.J., *The First Tycoon.The Epic Life of Cornelius Vanderbilt*, New York, 2009, 11 以及 21。

[3] 出处同前,237。

年，洛克菲勒的商业帝国被分割为独立企业。尽管如此，他在1937年去世时的财富据估计依然有大约14亿美元。根据目前的购买力计算，他仍是迄今为止最富有的人之一。[①]

安德鲁·卡耐基是当时的第三富豪，尽管他最初也是以铁路运输起家的，但是主要是以钢铁工业积累了财富。在铁路运输业，他迅速地被提升为宾夕法尼亚铁路公司西海岸的部门主管。在繁荣发展的镀金年代，他在1873年成立了自己的第一家钢铁企业，这也是他的经济帝国的核心部分。直到19世纪80年代，卡耐基决定退隐，并于1901年将他的全盘生意卖给了银行家约翰·皮尔庞特·摩根。这笔当时总额大约为4.8亿美元的对横跨大陆铁路的巨额私人投资直到今天都被认为是自20世纪80年代起蓬勃发展的风险投资和私募股权市场的开端。对于卡耐基而言，他工作的一部分固然投入到了新的巨型企业——美国钢铁公司中去，然而他本人却将工作的重心转移到了另外一个领域，即利用他的大部分财产来造福大众的事业。

效率优先理念

卡耐基从事慈善事业的决定开启了一种在美国富人圈内持续到今天的社会风气，即以传统的古代仁爱思想为基础，建立种类繁多的基金会或者对教育进行投资。正如卡耐基于1889年发表的文章《财富的福音》所阐述的那样，慈善事业的背后存在着一

---

① Chernow, *Rockefeller*（见第387页注释②）。

个复杂的世界观，它将美国社会的传统基督教社会价值观与残酷的社会达尔文主义的论点相结合，而后者正是卡耐基的朋友、后来在美国被运用到教育领域的英国哲学家赫伯特·斯宾塞所持的观点。卡耐基认为财富的创造是一种合法的权利，一种跨阶级和跨等级的"财富的神圣性"是存在的。[1]每个人都必须被允许创造财富，因为这将带来社会利益。但是反而言之，巨额财富也自动地产生了社会责任。卡耐基认为："死时还有万贯家财是可耻的。"将财富和责任结合到一起，意味着一种富有成效的慈善。

在镀金时代的社会思潮下，卡耐基无疑在美国上层社会激发了一场革命。卡耐基不仅对常见的基督教式慈善——不加选择的慈善表示质疑，而且还关注至今为止一直被忽视的、对社会认同和社会进步有积极作用的资本运用。只有当人们看到这样一个事实时，才能理解卡耐基财富观的意义。而他的观点也成了专业捐赠的出发点，并且在全球范围内逐步地获得认可。

如果说在卡耐基生活的年代，职场成功以及社会认可的惯常表现形式主要是无节制地炫富，并将美国精神的那种表现，如托马斯·杰弗逊建造其蒙蒂塞洛庄园时富有表率作用的低调远远抛在脑后的话，卡耐基则无疑开辟了一条新的道路。他证明了，慈善可能远远超过无私的利他主义，尤其是在那些可以根据税法通过建立基金会撤回额外资金的不受信任的国家。因此，众多富豪对此迅速竞相效仿也就不足为奇了。约翰·戴维森·洛克菲勒在1907年对危险的钩虫病的防治进行了投资，这类钩虫不仅在远离

---

[1] Carnegie, A., *The Gospel of Wealth and Other Timely Essays*, New York, 1901 (^{1}1900 bzw. 1886/1889), 6. 下文引文出处同前, 19。

美国的地区肆虐，也困扰着美国境内的工人。此外，他在1915年还资助了在中南美洲尤其是修建巴拿马运河时造成巨大伤亡的黄热病的防治事业。时至今日，在美国大约有7万个基金会。

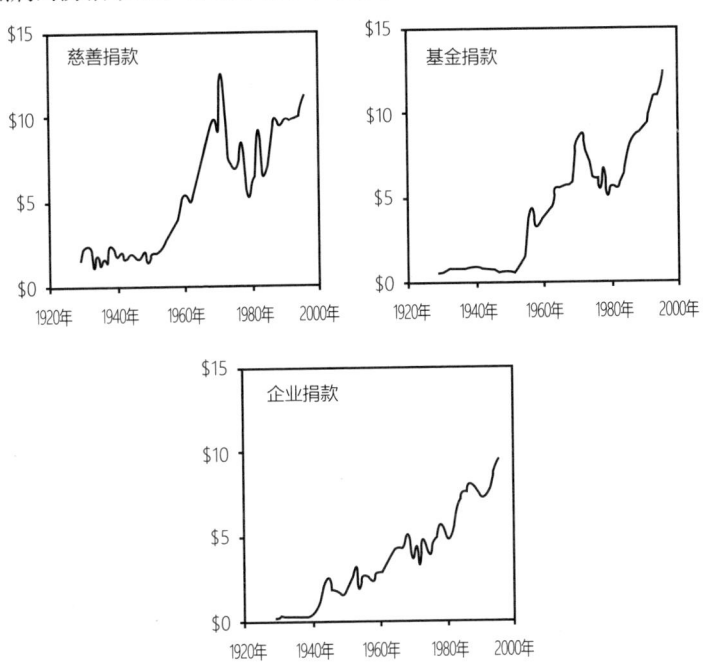

1920—2000年按类型划分的捐款额[1]（单位：10亿美元）

卡耐基于1904年开始他的慈善工作，并依托随后几年间在全球范围内复制的卡耐基英雄信托基金会帮助灾难中的受难者。6年之后，卡耐基国际和平基金会得以启动。这一由原陆军部部长、国务卿以及后来的诺贝尔奖获得者伊莱休·鲁特主持的和平基金会也继承了卡耐基的一个特殊政治诉求，即他作为当时唯一一位

---

[1] Caplow, Th.u.a., The First Measued Century. An Illustrated Guide to Trends in America, 1900—2000, Washington, 2001, 169.

投身于美国反帝国主义联盟的工业家的政治诉求。除此之外，卡耐基的遗产还包括在全世界范围内建立的科学机构。这些机构遵循着福音派尽可能广泛地进行全民教育的传统理念，这尤其体现在迄今为止已经创建的大约2500个任何人均可使用的图书馆上。而为了建立工人培训设施，卡耐基早在1900年就成立了自己的技术研究机构。该机构以及1913年在工业家理查德·比蒂·梅隆的倡导下成立的匹兹堡工业研究所（位于宾夕法尼亚州）是1967年成立的卡耐基梅隆大学的前身。1902年，华盛顿卡耐基研究所（现为卡耐基科学研究所）得以成立，该研究所主要活跃于包含优生学的自然科学领域。然而，卡耐基对于音乐的热情最为人所知。1890年，他出资在纽约建造了一座音乐厅，也就是直至今日仍然因其世界级的音响效果而备受瞩目的卡耐基音乐厅。这位工业大亨的剩余财富于1911年转入了同样为了公共目的而设立的纽约卡耐基公司。

经济上的成功以及成功人士的产生也使得这种经济类的文学题材长期受到了公众的欢迎。[①]镀金时代出现的经济小说赞扬了资本主义社会的可能性，但是也揭露了社会不公平的问题。1878年出版的《西部男孩》（又称《成功之路》）描述了一个街头擦鞋童在赞助下得到了社会地位的升迁的经历。而2年后出版的小说《死水镇悲剧》再次揭示了工厂主对那些就算是罢工也无济于事的工人的压迫。在其他文学作品中，反抗的工人不仅遭到解雇，他们的工会代表甚至还遭到谋杀，正如1884年出版的小说《养家之人》中所描绘的那样。19、20世纪之交社会批判小说对此的批

[①] Zapf, Amerikanische Literaturgeschichte（见第212页注释[①]），191 ff.

判更为尖锐，比如斯蒂芬·克兰或杰克·伦敦笔下对美国成功模式中存在的不公正现象的描写。然而这些并没有妨碍经济小说的成功，在一段时期内，这类小说就如同那些描写旧西部英雄的西部小说一样令读者欲罢不能。尤其是霍雷肖·阿尔杰的作品，描绘的基本上都是贫穷孩子取得经济和社会成功的情节，并很快成为畅销书籍。

卡耐基倡导的通过培训、教育和自信而非赞助来实现成功这一目标的模式，在美国引起了人们至今仍在讨论的一个问题，即教育对此可以有什么样的贡献。[1]如果美国宪法将对幸福的积极追求而非消极等待视为一项基本原则并将个人奋斗解释为社会成功标志的话，必将对教育的形式和内容产生重大的影响。然而这样的观念必然会导致一种情况，即失败只可能是个人的原因引起的。事实上，美国的教育机构一再经历的、那些充斥于报纸头版头条的所谓"校园大屠杀"的血腥事件不仅在于武器的泛滥，也与上述这种观念是分不开的。

直到今天，福音派传统以及白手起家的观念仍然对美国的教育有着巨大的影响。美国社会内核的专制思想依旧令人感到惊讶。儿童和青少年所从事的养家糊口的工作被看作是一种艰难但必要的"社会学校"，尤其是在19世纪。对儿童和青少年采取的严苛的有时甚至特别残酷的体罚直到今天还被大多数人认为是针对他们"不服从行为"的有效惩罚。这些惩罚措施就像绩效社会的权威性和要求那样，应该有助于他们重新回到"正确的道路"

---

[1] 以下内容参考 Raeithel, Geschichte I（见第47页注释②），58 ff.; Raeithel, Geschichte II（见第260页注释①），81 ff.

上。在相关的《圣经》经文的影响下，这种传统在美国比在西欧国家更为普遍地受到社会的公认。[①]正如1948年的《人权宪章》、著名的本杰明·斯波克数以百万计销量的教育书籍（《婴儿和儿童保育常识书》，1946年）或者目前关于儿童权利的国际辩论一样，自20世纪60年代起的社会变革对这种情况的影响也微乎其微。在2010年对父母进行有代表性的调查时，有79%的人仍然表示他们会习惯性地惩罚3～11岁的孩子，尽管这一百分比自1975年以来在持续地下降，而此前这一百分比曾经高达97%。[②]这也说明了，自1946年的盖洛普民意调查显示74%的美国人表示赞同以来，在对儿童和青少年的惩罚这一问题上没有出现任何改观。[③]事实上，除了明尼苏达州外，父母对孩子的体罚在美国的大约二十多个州是被允许的，甚至在公立和私立学校也一样。根据2008年8月发表的一项研究，体罚现象在整个"圣经"地区是普遍的。在南部的得克萨斯州和密西西比州，有色人种家庭的儿童和青少年遭到殴打更是家常便饭。[④]此外，试图通过军事训练磨灭年轻人反抗意识的所谓"新兵训练营"的持续盛行表明，那种压制性的教育方法仍然受到认可。不得不提的是，2011年由出生于中国的作家蔡美儿撰写的《虎妈战歌》一书所取得的巨大成功也证实了这一点，书中描述所谓的专制教育学在儿童教育方面具有更高的成功率。

[①] Marling, K.A., Norman Rockwell 1894-1974.Amerikas populärster Maler, Köln, 2005, 12 f.

[②] Meldung UPI, 10.8.2010.

[③] Gallup, G.H., The Gallup Poll.Public Opinion 1935-1971, Bd.1, New York, 1972, 632 f.（问卷调查时间：1946.8.30—1946.9.4.）

[④] Spiegel Online, 22.8.2008.

教育体系

尽管如此，美国制度化的教育体系最初深深受益于福音派特别是清教徒，因为他们早在殖民时期就将学习阅读和写作规定为一种义务。这当然与《圣经》的重要性是分不开的，宗教改革在欧洲为此进行了抗争。自18世纪90年代以来，罗德岛的工厂主塞缪尔·斯莱特创立了圣经和主日学校。学校主要服务于那些无法定期上学的人。在诸如美国前总统吉米·卡特等部分杰出教师的参与下，这些学校也接纳成年人。早在殖民时期，中产阶级家庭就已经习惯将他们的孩子送到学校接受教育。其中一些孩子甚至被送至远方或者国外的教育机构学习，尤其是军事院校，以便培养他们离家独立的能力。相较于欧洲，这种传统在美国出现得较晚。直到根据1862年的《莫里尔法案》建立大学之时，联邦政府资助的教育机构仅有西点军校（1802）和安纳波利斯海军学院（1845）两所军事培训机构。埃德加·爱伦·坡也对在那里的学习感到失望。他于1830年设法让自己脱离了西点军校的束缚。[1]马萨诸塞州的哈佛大学（1636）是殖民地的清教徒在新大陆创建的第一所新大学。而随着西部扩张的步伐，学校与大学教育体系也逐渐扩散至美国全境。

然而与此相反的是，美国原本寻求的国家教育政策从一开

---

[1] Lennig, W., Edgar Allan Poe in Selbstzeugnissen und Bilddokumenten, Reinbek, ⁹1980, 56 f.

始就基本上处于模糊状态。一个总纲性质的"全国课程设置"时至今日依旧不存在。当然，毫无疑问的是，具有"共和国式"和"美国式"特质的不仅应该包含教养，首先更要包含教育。[①]欧洲的教育模式由于过于理论化受到了像本杰明·拉什这样的教育家的抵制，正如他在《关于共和国教育模式的思考》（1876）一文中的观点所述。尽管美国对欧洲的态度不断改变，并且19世纪法国或德国的教育理念也一再取得了繁荣发展，但是今天的美国教育体系更多地体现的是历史中产生的分化。[②]联邦政府虽然没有规定课程设置，但是人们一致认为，基本技能必须得到传授。此外，国立教育机构，即那些为90%的儿童和青少年开办的"公立学校"，必须提供至少为期11年的免费学习，无论学生的宗教、种族、国籍和性别如何或者是否残疾。当然，义务教育也可以在极其昂贵的私立学校或者某些"家庭教育"的条件下完成。这种"家庭教育"的方式可以理解为对那些将公立学校制度视为信仰威胁的基督教团体的一种妥协。

目前被称为"K-12"（从幼儿园到12年级）的公立教育体系以一个被称为"学前教育"的阶段开始，然后是包含幼儿园教育的"初等教育"阶段。在顺利完成"中等教育"阶段【包含初中和高中教育、学生年龄介于11岁到18岁之间（到12年级为止）】之后，可以进入一所"学院"学习。这些学院已经属于大学的一部分并有学士学位授予权。但是真正的大学招收的是那些意欲获得

[①] 不同于英语中仅使用 education（教育）一词的情况，作者此处分别使用了德语中的"教养"（erziehung）和"教育"（bildung）这两个词。——译者注

[②] 关于教育体系的概览参见 Urban, W.J./Wagoner, J.L., *American education. A History*, Boston, ³2004; Cremin, L.A., *American education*, 3 Bde., New York, 1970–1988。

硕士或者博士学位的学生。进入大学这一教育阶段需要相当大的成本，但是这种成本至少可以部分地通过相比欧洲而言较为普遍的奖学金制度来弥补。

尽管如此，对美国社会的那种核心解读——只要肯努力，每个人都可以获得社会成功，现在被认为是已经过时了。波士顿美国联邦储备银行的一个研究团队在2003年对过去30年（其中也包含20世纪80年代和90年代的繁荣期）的收入流动性进行了细致分析，发现个人的上升机会已经显著下降。与此同时，财富分配的不平等迅速加剧，这使人联想到了镀金时代的资本主义原始积累。在千禧年之际，美国所有家庭净资产总和的34%掌握在只有1%的美国人手中。[①]然而令人惊讶的是，即使在2008年的全球金融危机之后，这种情况一开始也没有引发公众抗议，这令人大跌眼镜。关于这个问题，导演杰米·约翰逊在2003—2006年制作了《生来富贵》和《百分之一》这两部引起轰动的纪录片，他于2011年惊讶地发现，美国分配不平等的痛苦门槛不仅高，而且美国民众无论收入状况如何，往往只是要求更好地控制金融市场。他得出的结论是，"在这个问题上没有阶级斗争"。[②]但是自从主要由美国年轻人推动的占领华尔街运动出现以来，伴随着他们从2011年秋季起对全球金融市场进行根本性改革的持续呼声，这种情况似乎已经不再那么笃定了。尽管这一运动在很多国家被模仿，但是它直到今天仍只是少数群体的论战主题。约翰逊的观察也在另一方面得到了证明，即2012年，美国总统候选人之一米

---

① Der Spiegel, 21.7.2003. 概括性地参见 Adams/Lösche, Länderbericht USA, 1998（见第11页注释③），632 ff.

② Die Zeit, 1.6.2011.

特·罗姆尼最终战胜了另一位靠投机交易获得数百万资产的共和党候选人。

到目前为止，在关于国家应该向绩效较低人群提供何种支持以及在多大程度上参加诸如医疗保险等社会保障的问题上，仍没有一个统一定论。值得注意的是，直到美国大萧条时期发生的迄今为止最大的经济衰退之后，美国才在20世纪30年代开始转变为福利国家。而当时的欧洲国家早在几十年前就引入了社会保障制度。但即使是富兰克林·罗斯福总统的"新政"——国家针对失业和养老保险采取的有限措施，也被作为"社会主义式"和"非美国式"事物受到了广泛的反对。在这个问题上的进一步尝试仍是由民主党人完成的。因为越南战争的开销，林登·约翰逊总统的"伟大社会计划"在实施的早期阶段就宣告停摆，尽管国家通过强制执行这一计划对有需要的人也提供了一些支持，例如医疗保健（医疗补助）、食品券和公共住房。自比尔·克林顿在总统任上于1996年通过的《福利改革法案》以来，社会援助的范围得到了扩展，但仍远远落后于西欧国家的成就。直到2010年，在巴拉克·奥巴马总统的推动下，国会两院经过多次立法尝试，通过了《医疗保健与教育费用负担能力法案》来为所有美国人提供医疗保险。然而，许多人认为这种"社会主义式"的美国社会改革仍然存在争议。[1]

---

[1] Spiegel Online，28.3.2012.

不平等文化：种族—阶层—性别

尽管收入分配的不平等是效率优先原则所希望的，但是美国的不平等传统也不仅仅体现在收入分配方面。直到今天，尤其是在对不同族裔群体和社会阶层的不同待遇方面，美国社会存在着明显的社会歧视。事实上，非裔、伊比利亚裔和原住民族群不仅面临着高于平均水平的、过去50年里在拉美裔移民中有所增加的贫困，而且还承受着明显的社会歧视。[1]由于美国政府从1790年起就系统地进行了数据搜集，所以现在就这一方面可以拼凑出一幅相对完整的景象。

某些族裔群体处于特别不利地位的情形久已有之。1865年解放奴隶运动并未给非裔美国人带来平权，正如印第安人战争或边疆开拓的结束也没有给美洲印第安人带来平等一样。相反的是，在1876—1964年实行种族隔离法——"吉姆·克劳法案"时期，非裔美国人口继续受到歧视。这些歧视涉及生活的各个方面，尤其是在教育和法律制度方面。在南方的一些地区，国家在公共区域，比如学校或者公共交通领域，实行了赤裸裸的隔离政策。在经历了一系列轰动性的不服从行为，比如克劳德特·科尔文于1955年3月2日在公共汽车上拒绝使用有色人种专用座椅的案例之

---

[1] 下文数据参见 Adams, W.P.u.a.(Hrsg.), Länderbericht USA, Bd.II: Außenpolitik, Gesellschaft, Kultur – Religion – Erziehung, Bonn, ²1992, 310, 370 f.。

后，这些隔离政策被废止，但是这并不意味着歧视在日常生活中就得以消除。美国最高法院在1957年将"种族隔离"裁定为违反美国宪法第十四修正案并宣布臭名昭著的吉姆·克劳法案为非法之后，歧视的情况并没有太大改变。不管是在南方还是北方，这种歧视在美国社会是如此根深蒂固，已经成为一种阻碍。北方城市的一些城区自19世纪90年代起到第二次世界大战之前经历了包括两次大规模移民在内的迁徙浪潮，数百万非裔人口从南方各州移居至此，使得这些地区迅速变成了贫民窟。白人居民则大都从这些地区迁走，这一趋势在20世纪中期随着郊区独立住宅的建设以及城内居住区向办公区的转变而加剧。其结果是，城市中心在周末经常成为荒僻之地。直到第一次世界大战之前，将少数族裔限制在一定区域内居住和生活的政策还是合法的，而限制他们购买房产的政策则一直持续到第二次世界大战之前。

种族隔离

从根本上说，这种意味着蓄意的空间隔离的种族隔离政策在移民潮之后就已经常态化。虽然德国裔、爱尔兰裔或者意大利裔居民的社区也出现了贫民窟，比如纽约的五点区。但是，在19世纪仍大量居住在农村的非裔美国人、后来的西班牙裔，以及其他如阿拉伯裔居住区成为问题社区。而拥有较高收入、以白人为主的居民则逐渐彻底搬离了这些街区。这其中就包含纽约曾经的哈莱姆区和布朗克斯区，或者芝加哥西恩格尔伍德区、奥克兰区和劳恩区，它们均成为失业率和犯罪率居高不下的地区。人种的融合在这里也难以发生。在哈莱姆区,自20世纪50年代起西班牙裔移民的涌入导致这里出现了一个独立的"西班牙哈莱姆区",它与当地非裔族群社区不相往来。在一些城市如旧金山也存在着东亚裔族群社区,即所谓的"唐人街"。但总的说来,中国人、日本人、韩国人等亚裔族群如同白人族群一样,只要能够负担得起,都离开了这些非裔和西班牙裔美国人越来越多地涌入的社区。

这个不容忽视的事实深刻地表明,几个世纪以来,美国社会已经形成了一种族裔等级制度,其划界不仅限于"黑色"和"白色"。其典型结构包括种族群体和移民群体之间达成共识的地位和声誉阶层。威廉·劳埃德·华纳的社会学研究,如1941年的《现代社区的社会生活》、1942年的《现代社区的地位系统》,以及1945年的《美国族群的社会系统》,都已经证明了这一点。华纳在美国不同地区,如原南方地区以及位于中西部地区的芝加哥,尤其是在其主要研究对象、被称为"扬基城市"、位于马萨诸塞的纽波利伯特市,观察了社会排名产生的机制。[①]这些论文的结论是,在这些族群中的"啄食顺序"里,处于末端的不仅只有黑人和波多黎各人,其次还有爱尔兰人。这些结论最终也成为好莱坞电影的主题,比如1955年首映的《黑板丛林》,其中展开了一位教师在校园中面对这些通常是不成文的等级制度的情节。

非裔美国人在白人占多数的社会尤其会面临日常的敌意,即便是在工会中也是如此。美国劳工联合会作为最大的工会组织,虽然宣称代表了集体的利益,但是黑人只是在第一次世界大战期

---

① Warner, W.L., *Yankee City*, New Haven, ⁶1975, v.a.157 ff.

间作为例外被吸收为会员。歧视现象在那些美国的白人与黑人共同执行公务的领域尤为严重，其中首先是军队，其次是警察行业。黑人在美国建国之前就已经参与过包括针对印第安人和法国人的战争以及独立战争。1755年，所谓的汉考克和沃伦委员会就认定，黑人应该以自由人而非奴隶的身份作为美国士兵为北方而战。但是不清楚的是，这一规定在招募中是否始终得到了遵守。[1]而根据华盛顿"不要招募失去土地者、黑人或者流浪汉"的这项命令的作用也存在争议。被征召入伍的黑人士兵在1775年就已经在康科德、莱克星顿以及邦克山等几次战役中与英军进行了激烈的战斗。黑人士兵也参加了美国内战。他们不仅为了北方而战，而且还在个别情况下为南方而战。他们因其头发被印第安人称为"布法罗战士"（即野牛战士）。由于南方联盟军在内战中与黑人士兵的战斗有时极为激烈，所以黑人部队在内战中的损失尤为惨重。众所周知的是，在所谓的枕头堡（FortPillow）战役中，被南方军队俘获的非裔士兵于1864年4月12日遭到了屠杀。[2]在之后的军事冲突中，黑人士兵也投入了战场，其中包括1898年的美西战争、对中美洲的干预行动，尤其是第一次世界大战和第二次世界大战。1940年的所谓《义务兵役法案》通过后，总共大约有90万名非裔美国人，包括数千名女性，被征召入伍，[3]但是直到1945年才出现第一支混编部队。

---

[1] Franklin/Moss, *Sklaverei*（见第74页注释[2]），113，下文引用出处同前，第114页。

[2] Castel, A., *The Fort Pillow Massacre. A Fresh Examination of the Evidence*, in: Civil War History 4 (1958), 37-50. 以及 McPherson, Freiheit（见第244页注释[1]），737。

[3] Franklin/Moss, *Sklaverei*（见第74页注释[2]），624 f. 下文有关查尔斯·杨的内容出处同上，485。

虽然在军队服役并不能防止歧视,也不能保障日后作为平民的生活。但对于非裔美国人而言,这意味着一种新的自信,并且它得到了显著提升。而对于一些人来说,它甚至成了一块敲门砖。尽管如此,由于缺乏教育以及社会阻碍,他们在很长时间内不能晋升为军官。在西点军校训练的首位黑人军官是亨利·奥西恩·弗里伯尔,他在1877年成功地完成了他的军校课程,但在1881年,即遭到了无耻的解雇。根据这位有肤色的西点军校候补军官1889年的痛苦回忆录《西点非裔学员》的叙述,他的遭解雇可能是基于一个阴谋。在差不多100年之后的1976年,这一诉讼才被重新提起,并最终建议撤销之前的判决,而这一改判随后又持续了将近20年才得以画上句号。而查尔斯·杨的案例显得更为成功:他作为非裔美国人晋升到美国陆军上校军衔,但是也没能再进一步。直到20世纪60年代,非裔美国人才例外地得以晋升到更高的军衔。第一位非裔美国人将军是本杰明·戴维斯,1975年丹尼尔·詹姆斯成为晋升为四星级将军的第一位黑人。

但是,非裔美国士兵不仅在军事晋升方面长期受阻,他们在街头受到攻击或者至少是口头谩骂在20世纪是一种常态。在第一次世界大战以前,得克萨斯州境内针对黑人士兵的骚乱事件层出不穷,比如1899年在里奥格兰德市、1906年在布朗斯维尔市以及1917年在休斯敦市发生的骚乱。这些事件的影响是如此恶劣,以至于被德军的战争宣传所利用。这迫使威尔逊总统给蔓延的种族主义打上了严重削弱国家安全因素的烙印。据推测1946年南卡罗来纳州的白人警察对黑人士兵进行了残酷的虐待,这也导致杜鲁门总统于1948年7月签署了著名的9981号行政命令,明确禁止军队中的种族隔离。颇为讽刺的是,种族歧视在7年以前就已经被时任总统罗斯福定为刑事犯罪行为,所有部队,包括此前专属白人的海军陆战队,在当时就应该向所有族裔开放。然而直到1954年,最后一支黑人部队才被解散。

时至今日,带有明显种族动机的攻击依旧屡见不鲜。1992年偶发的罗德尼·金事件——洛杉矶警察在交通巡逻时对其进行了令人发指的虐待,引发了严重的骚乱,最终有50多人死亡,约2000人受伤,并造成了数十亿美元的财产损失。[1]2014年,在一名黑人少年被一名警察射杀之后,弗格森和巴尔的摩也发生了种族骚乱。这些情况也从侧面说明了,为什么非裔美国人在军队或平民生活领域得以晋升到最高阶层不仅是一种正常化的现象,也是美国社会的一次引人瞩目的重新调整。比如科林·鲍威尔在20世纪末取得的成功就是其中的一个例子。作为移民自牙买加的非裔美国平民之子,鲍威尔不仅成为美国陆军将军和参谋长联席会议主席,而且最终还成为美国国务卿。此外,这种正常化也影响了总统的选举,正如巴拉克·奥巴马在2009年当选为第一位非裔美国总统。而在此前,他已经成为美国国会第一位黑人参议员(即所谓的伊利诺伊州资浅参议员)。

尽管种族歧视涉及的主要是非裔美国人,但也影响到了亚裔、印第安裔和西班牙裔族群,其中的墨西哥人仍然是迄今为止最大的群体。来自东亚的移民,尤其是那些在19世纪40年代的淘金热中到达美国的移民,在淘金潮结束后主要作为廉价劳力被招募,他们的境遇也同样悲惨。针对"黄种人"(其中包含了所有其他东亚人种)的态度具有明显的种族主义歧视色

---

[1] Süddeutsche Zeitung, 30.7.2003.

彩，"黄色"一词也因此最终演变为"虚假"或"阴险"的同义词，并伴随了政治压迫。[1]日本人于1941年12月7日对美国海军基地珍珠港发动的突袭几乎可以认为是背叛的缩影。值得注意的是，尽管德国和意大利自1941年12月11日以来一直处于与美国交战状态，但政治压迫并未影响德国裔和意大利裔美国人。1942年10月，加利福尼亚有多达5.2万名没有美国公民身份的意大利人被明确地从"敌国公民"名单中删除。[2]罗斯福评论说他们更像是"一群歌剧演员"。据估计，1944年最高法院明确宣布为合法的拘禁波及总共超过10万名日裔美国人。[3]为此，20世纪80年代美国政府进行了部分赔偿。但在当时也出现了这样一个事实，即美国的许多基督教团体不仅在战争期间严厉批评这些措施，而且还试图将儿童和年轻人从拘留营中解救出来。类似的拘留措施随后又再次将矛头对准了中国人，并且从1949年起持续了数十年，因为毛泽东领导下的"红色中国"军队于次年参与了朝鲜战争并与美国人兵戎相见。

---

[1] Ogawa, D.M., *From Japs to Japanese: An Evolution of Japanese-American Stereotypes*, Berkeley, 1971, 9 ff.

[2] Hayashi, B.M., *Democratizing the Enemy.The Japanese American Internment*, Princeton, 2004, 77. 下文引用出处同上。

[3] 出处同上，105, Ogawa, *Japs to Japanese*（见本页注释[1]），III。

对印第安裔和西班牙裔的排挤

原住民族裔，即剩余的印第安部落以及在美国领土扩张中加入美国的西班牙裔族群，都遭受了类似的歧视。在20世纪70年代对自治作出严肃解读之前，主要是通过各种法案对这类族群进行打压。自从1830年臭名昭著的《印第安人驱逐法案》通过以来，那些已经适应的部落也受到了牵连。基于一些重要法案的关于对少数族裔进行保护的言论实际上掩饰了国家层面意欲推行的歧视，其中就包括1871年通过的《印第安人拨款法案》，它排除了未来缔结自由协定的可能，并赋予国会对印第安事务的完全权力；1885年通过的《重大犯罪法案》以及两年后通过的《道斯土地分配法案》将警察的职责移交给美国政府当局并且禁止了所有原住民的习俗。直到20世纪20年代，"印第安人的权利"才成为研究讨论的话题，比如官方的马理安报告。

然而，争论并未阻止这一情况的发生，即到1934年为止，主要通过法律附加条款的方式，印第安保留地中已然不多的土地有2/3落入了白人定居者之手。①在这件事情上，美国法院更像是歧视政策的帮凶。印第安人部落也相应地对美国政府的法律制度持批判态度。值得注意的是，这种态度甚至最终殃及善意的计划，例如所谓的终止政策——历经长时间讨论才于1953年艾森豪威尔总统就职典礼上启动的《108号两院共同决议》。该决议赋予印第安

---

① Adams, *Länderbericht II*（见第399页注释①），364。

人完全公民身份，但是也几乎停止了所有的政府援助。此外，它还将所有民事和刑事案件的责任移交给各州。总的来说，这一实施了大约20年的终止政策带来的后果是经济社会问题的增加。在20世纪60年代还出现了其他善意的但是在实践中往往不切实际的法案，比如《印第安民权法案》，该法案实际上是与美国在印第安保留区实行的部落法相悖的。

除了欧洲白人（高加索人）之外，西班牙裔美国人仍然是美国最大的族群。对于他们当中的许多人而言，他们在美国也必须面对同样的困境。西班牙裔美国人大多数来自墨西哥，也被称为"奇卡诺人"。他们现今主要分布在西南部和西部的联邦州，如亚利桑那州、科罗拉多州、内华达州、新墨西哥州和得克萨斯州。到19世纪末，在当时美洲墨西哥人占多数的得克萨斯州南部和亚利桑那州南部甚至还出现了一个西班牙裔政府。此外，来自拉丁美洲其他地区的移民形成的较大社区也在东海岸出现了。自20世纪50年代以来，前往纽约的哈莱姆区定居的主要是波多黎各人，前往佛罗里达州的以古巴人为主。而来自古巴的更大规模的移民团体则主要是在1959年菲德尔·卡斯特罗的革命之后到达美国。

1846—1848年的美墨战争以及随后为了建造计划中的南部横贯大陆铁路所购买的墨西哥领土导致了美国的领土上在短时间内出现了大批墨西哥人。在19世纪40年代的淘金潮以来日益增长的白人移民带来的巨大压力下，他们也很快成为一个特别受歧视的群体。值得注意的是，在这部分墨西哥领土划归美国之后的前30年间，大多数私刑处决都是针对墨西哥人的。到1928年为止，总共有597人被处以私刑。[①]与对待印第安部落的情况一样，美国法院在争取墨西哥土地所有权的斗争中发挥了相当不光彩的作用。在这件事情上，那些实际上是为维护墨西哥裔权益的美国法律，比如1851年的加州土地法案，往往产生了负面的作用。与非裔美国人的遭遇类似的是，从19世纪中叶开始，用以排挤墨西哥裔美国人的系列法案也得以迅速通过。不同之处在于，他们是被允许在美国陆军的白人部队服役的。

在被从原来的定居点驱逐后，出现了一批失去土地的墨西哥裔族群。虽然他们有时通过暴力抗争争取权益，但最终还是徒劳无功。这些人不得不在农业领域和当时中西部地区蓬勃发展的肉类加工业领域以打短工为生。尽管存在着各种歧视，移民率自19世纪以来仍保持了稳步上升的趋势，但随之而来的是社会问题的增加。历史上最大的墨西哥裔移民潮发生在19、20世纪之交到20世纪30年代之间，它与非裔美国人向北方的工业大都市迁徙是同时进行的。1910年发生的墨西哥革命一直持续至1920年并最终受到了美国军队的干预，自革命开始之初，墨西哥裔移民潮就到达顶峰。当时虽然建立了新的定居点，但是它们在很多情况下只能算是那些拖家带口前来寻找工作机会的移民打工者的暂住地。在1929年开始的经济大萧条时期，被遣返回墨西哥的人以数十万计。

自第二次世界大战以来，合法和非法的墨西哥劳务移民人数一直在增加。1942—1964年，仅仅是通过在战争经济推动

[①] Carrigan, W.D./Webb, C., *The Lynching of Persons of Mexican Origin or Descent in the United States, 1848 to 1928*, in: Journal of Social History 37（2003），411-438；此处：430。

下签署的《布拉塞洛计划》就有约200万墨西哥工人再次获准合法进入美国。[1]然而在经济不景气的时候,这些人也经常像那些来自拉丁美洲的非法劳务移民一样被遣返。美国移民归化局——现今美国公民和移民服务局的前身,在1954年通过臭名昭著的"湿背客"行动逮捕了大约130万没有有效证件的西班牙裔工人。其中大部分为墨西哥裔工人,他们被从美国西南部的联邦州遣送回了墨西哥。[2]这种被称为"摇摆"的人口流动一直持续到今天。据估计,非法移民的人数仅在20世纪90年代墨西哥面临严重的货币危机时就超过了900万。[3]如果在美国不存在非法劳工黑市的话,这种情况也不可能发生。对此,墨西哥方面和人权组织都颇为感叹。而这也成为文学作品的一个主题,比如博伊尔于1995年发表的小说《玉米饼窗帘》。自2006年在美墨边境设立围栏并投入更多的边防警察、国民警卫队以及私募民兵之后,相关的批评也大幅增加。更加安全的边界虽然将北美的繁荣与南方隔离开来,但同时也明显地成为毒品交易和人口贩运网络的一种阻碍,这一点是无可争议的。但是边境围栏是无法杜绝这些交易或者从北向南流动的武器贸易的。

---

[1] 数据引用自 Gutiérrez, D.G.（Ed.）, *Between two worlds. Mexican immigrants in the United States*, Wilmington, 1996, 45-85（Beitrag M.García y Griego）; 此处: 49 f。

[2] García, J.R., *Operation Wetback. The Mass Deportation of Mexican Undocumented Workers in 1954*, Westport, 1980, 227.

[3] Die Zeit, 12.10.2006.

反歧视法

自1964年民权法案颁布至今,显而易见的歧视现象导致美国制定了一系列的反歧视法。它们不仅针对种族、宗教和性别歧视造成的不平等待遇,而且还针对年龄歧视。然而直到2008年,一项防止由于疾病或残疾导致的歧视及无限制使用基因检测的法律才得以颁布。尽管妇女的权益争取运动自1848年以来就一直很活跃,但是直到1920年妇女选举权的实现才标志一个重要的局部成功。部分工会运动就这一问题也变得积极起来,例如上文提及的受女性和非裔美国人欢迎的劳工骑士团。反犹太人党在19世纪60年代之后在欧洲出现,但是它们在美国没有任何滋生的土壤。

尽管受到福音派普遍的反对,同性恋人群事实上甚至在19世纪末美国的某些地方就已经或多或少地公开生活了。这表明美国部分地区对非主流行为和亚文化的态度是多么宽容。夹缝生存的情况至少在某些地区是可能存在的,例如在纽约包厘街区以及后来的哈莱姆区或格林尼治村,那里同时出现了同性恋运动的早期中心。[1]这场运动的另一个中心地区自20世纪30年代以来出现在借助电影业蓬勃发展的加利福尼亚。在20世纪70年代,旧金山上升成为"同性恋运动"的实际中心。尽管这里仍然存在很大的社会压力,一些电影明星如蒙蒂·伍利或鲁道夫·瓦伦蒂诺都或

---

[1] 相关信息参见 McGarry, M./Wasserman, F., *Becoming Visible.An Illustrated History of Lesbian and Gay Life in Twentieth-Century America*, New York1998, 47 ff., 59 ff.。

多或少公开地以同性恋者的身份在此地生活。几乎得以在全世界范围内庆祝的克里斯托弗大街纪念日起源于1969年的"石墙骚乱事件",该事件是对纽约警察针对当地同性恋进行的一系列突击检查作出的一次反击。石墙事件的历史也清楚地说明,直到20世纪,性自由主义在美国多数社会中不仅被理解为一个道德问题,也是一个政治安全问题。[①]事实上,纽约市直到2011年才允许同性婚姻。

刑法中的歧视

在许多方面,美国实际上已成为反歧视的全球领导者。尽管如此,在某些领域仍显示出一些明显的不平等待遇。这在司法判决中尤为明显。自从联邦和州司法机构成立并发展出某些程度上差异明显的民法和刑法规定之后,美国的司法制度在实践中与欧洲大陆在以下三个方面显示出了最显著的差异:检察机关由选举产生并需因此强制性地向公众证明其判决的合理性,其强制程度远远高于欧洲;通常由非律师人员组成的陪审团也要求充分考虑公众的舆论,尽管被告人正式拥有无偏见的陪审团的权利。根据

---

① 出处同上,3 ff。

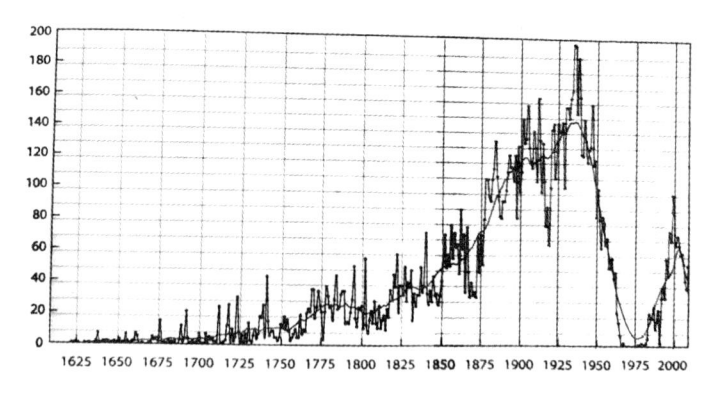

美国1608—2000年间的死刑实施情况[1]

作为"权利法案"的一部分的1791年的第六修正案对未成年人犯下的轻微罪行进行审判并非强制规定，但除此之外，对于其他所有人而言都是强制的；此外，它在很多方面都具有戏剧性的舞台特征。[2]然而与欧洲大陆刑法最大的区别仍在于：死刑判决在至少16个联邦州仍是可能的，并且它们在通常情况下都会被执行。[3]研究表明，自1608年首次死刑记录以来至2017年，约有1.58万人被处决。[4]

现今大约95%的民事和刑事司法程序在州法院进行，各自的

---

[1] Nach Daten des *Espy File*, zusammengestellt von M. Watt Espy und John Ortiz Smylka, und des U.S. Department of Justicd's Bureau of Justice Statistics（http://en.wikipedia.org/wiki/File:Executions_in_the_Unitde_States_from_1608_%28new%29.png）.

[2] 综合参见 Burns, R.P., *The Death of the American Trial*, Chicago, 2009。有关实践性的内容参见 Kadri, S., *The Trial: A History from Socrates to O.J. Simpson*, London, 2005, 286 ff。

[3] 以下内容参考 Adams, Länderbericht USA I（见第16页注释[2]），519ff。

[4] 数据来源于"Espy File"（http://www.deathpenaltyinfo.org/executions-us-1608-2002-espy-file），u.deathpenaltyinfo.org/executions-yea。根据其他数据源：Martschukat, Todesstrafe（见第53页注释[3]），9，一共有1.9万起死刑。

最高法院是州一级的最高上诉法院。另一方面，美国联邦最高法院作为终审机关主要对选定的总体性的宪法问题以及各州之间的争端进行裁决。由于美国检察机关和调查机关具有特别广泛的自由裁量权，由哪一位检察官处理起诉，以及他在何种程度上认为需要通过量刑尺度取得公众对自己认可的问题就起了关键性的作用。此外，几乎有90%的刑事案件都是通过一种认罪谈判来结案的，这是对殖民时代清教徒法律观念的一种回忆。同样重要的问题是，被告是否能够负担得起可能代价高昂的、专门负责其案件的律师的费用，或者他是否被分配给了任意一位公设辩护人。第三个不确定因素在于陪审团的构成，其成员的个人偏好和先入之见在判决中起着不可低估的作用。

根据美国司法部统计局2011年发布的最新信息，在当时最后一次对整个调查进行了评估后，2008年美国的违法行为数量达到了近2130万起。[1]其中约1/4属于个人犯罪行为，如抢劫、谋杀或强奸。其余部分可归于侵占财产罪，包括大量的与迷幻药及毒品相关的犯罪。尽管如联邦调查局所强调的那样，犯罪统计数据多年来已经呈下降趋势，[2]但是在2008年有232万人入狱，这一数字比以往任何时候都多。从百分比来看，几乎每160个美国人中就有1个人入狱，[3]这也是美国司法史上有史以来最高的比例，而且因此导致的每年大约490亿美元的巨大开销也达到了历史之最。截至

---

[1] Criminal Victimization in the United States, 2008, Statistical Tables, Table 1（bjs. ojp.usdoj.gov/content/pub/pdf/cvus08.pdf）. 下文数据出处同前。

[2] 参见 fbi.gov/about-us/cjis/ucr/crime-in-the-u.s/2010/preliminary-annual-ucr-jan-dec-2010。

[3] Süddeutsche Zeitung 29.2.2008. 下文数据出处同上。

2017年初，囚犯的数量已经降至约210万，[1]但这在全球监狱统计数据中仍然高居榜首。

然而，关于不平等待遇问题更具说服力的是，囚犯中非裔美国人和西班牙裔人的数量高于平均水平。在20~34岁的美国黑人中，2008年每9人中就有1人被关在监狱里。而对于这个年龄组的白人来说，这个比例只有1/30。普遍的犯罪统计数据表明的事实在定罪方面也可以得到证明。相关的定期性的科学研究，比如来自国际特赦组织的分析，多年以来已经证实，即使是在今天，非裔美国人或西班牙裔人被判处死刑的可能性也明显高于其他族裔群体。[2]针对这种情况，出现了不同方面的指责：首先是对大多数白人法官审理案件时起到重要影响的种族主义动机反复提出的指控，但是这是无法证明之事；其次，被告人的教育水平、经济状况以及与此相关的辩护机会在现实中具有重要的意义。而反对死刑的主要论点在于，不论种族、阶层和性别如何，在所有诉讼程序中都存在一个高错误率。这也是导致2011年4月在伊利诺伊州和2012年4月在康涅狄格州废除死刑的原因。根据密歇根大学法学院的一项研究，从1989年到2012年有891名犯人被证明无罪而获释，其中有101人是死刑犯。[3]美国司法机构历史上第一次可以明白无误地证明某个无辜的人被处以死刑了。

令人印象深刻的证据表明，终审结果为死刑或引起对死刑合

---

[1] https://de.statista.com.

[2] Martschukat, Todesstrafe（见第53页注释③），126。

[3] Süddeutsche Zeitung, 22.5.2012. 密歇根大学法学院2012年5月的研究文章。Exonerations in the United States, 1989-2012。Report by the National Registry of Exonerations, 参见 www.law.umich.edu。

法性的合理怀疑的失误判决一再出现。1966年针对外号"飓风"的拳击手鲁宾·卡特作出的3倍无期徒刑的判决通过相关的影视和音乐作品赢得了公众知名度。在民谣歌手鲍勃·迪伦等名人参加的大规模公众抗议活动后，卡特于1985年重获自由。与此结局相反的是，尽管存在着相当多的质疑，费迪南多·尼古洛·萨科和巴托洛密欧·万塞蒂2人还是于1927年被处以死刑。在对他们的判决中，政治压迫可能也与在12年前对工会成员乔·希尔的判决一样，扮演了同样重要的角色。上述3人都成为工人运动尤其是死刑的反对者的偶像人物。到目前为止最后一次被执行死刑的是非裔美国人特洛伊·戴维斯，尽管当时存在相当大的质疑与大规模的公众抗议，甚至是美国前总统吉米·卡特都曾参与对他的赦免请求。

第八章

违背天命的帝国：美利坚世纪的开端 1919—1941 年

在孤立主义者和国际主义者之间的徘徊

正如威尔逊所代表的那样，美国的政策在1917年以其战争目标——"捍卫世界和平与正义……反对自私和专制权力的原则"而向前迈进了冒险的一步，尤其是当时的总统之职正是以这种目标为标准来衡量的。[1]

在美国政府的自我理解中，美国并没有与敌对国的人民作斗争，而只是反对其非民主的领导阶层，他们的"专制"，传统上被认为是对整个世界自由的持续威胁。当法国人在1919年坚持认为德国人不应该根据威尔逊的十四点原则所希望的方式加入新世界秩序时，再一次表明了威尔逊关于"公正和平"的想法是无法实施的事实。相反，《凡尔赛和约》宣布德国人是战争的唯一罪魁祸首。该条约最初并没有确定最后的赔偿金额；1921年，德国被强加了需要在42年偿还完毕的高额赔偿金，其总金额达到了难以想象的1690亿金马克。这在当时就已经被证明是异想天开之事。[2]美国也获得了一些赔偿款，但是其金额更具象征性意义。此外，德国还向美国移交了作为战争赔偿的LZ126号齐柏林飞艇，后更名为"美国海军洛杉矶"号。

---

[1] 下文内容参见 Address to the Congress, 1917.4.2, 刊登于 Heckscher, Politics（见第309页注释①），273-279; 此处: 277 f. 作者的译文。

[2] Krüger, P., Versailles. Deutsche Außenpolitik zwischen Revisionismus und Friedenssicherung, München, 1986, 100.

威尔逊的失败

在威尔逊明确呼吁下所成立的、为了欧洲和平进程做准备而进行所谓调查的委员会被证明无法实现美国人对"积极和平"的渴望,因为总统本人在他的提议方面并不准备妥协。这场迄当时为止最大的外交军事雄心带来的是现实可能性的政治"幻灭",这成为当时许多美国人的主要感受。尤其这种感受的产生是因为,如果没有美国的帮助,英法这两个协约国成员几乎不可能战胜或如此迅速地战胜同盟国,但是美国政府未能成功地让英法两国提出适度的战后要求。不论是法国总理乔治·克莱蒙梭还是英国首相大卫·劳埃德·乔治,都敦促对德国人追究集体责任以及将主要人物尤其是威廉二世绳之以法并尽可能处以极刑。[1] "绞死德皇"与"让德国赔偿"成为1918年的流行词,并且一开始在美国也大行其道。

此外,十四点原则在内容上也被证明是非常有问题的,即使打算它们仅应用于欧洲范围内。欧洲大部分国家都存在民族混杂的情况,在奥匈帝国瓦解后建立某些民族国家的希望也是不可行的。在这些条件下,如何能够实现欧洲各民族的自决权利?与此同时,即便根据捷克斯洛伐克、南斯拉夫和波兰的解决方案,新的少数群体也会自动产生,这反过来又会导致新的报复思想。对

---

[1] Hankel, G., Die Leipziger Prozesse. Deutsche Kriegsverbrechen und ihre strafrechtliche Verfolgung nach dem Ersten Weltkrieg, Hamburg, 2003, 23 ff。下文出处相同,26。

德国殖民地的处理也极为矛盾。由于法国和英国拥有数量众多的殖民地，自决权也明确地规定不应适用于殖民地，因此德国殖民地被置于法国、英国（包括英联邦国家）、日本、比利时和葡萄牙政府的管辖之下。讽刺的是，这种处理方案至少在心理上增强了日本这一美国未来对手的自信。日本的帝国主义计划此时得到了非常迅速的发展：在20世纪30年代发动战争之后，1941年12月7日爆发的珍珠港事件标志着日本和美国之间战争的开端。

威尔逊无法解决其理想主义计划与现实政治诉求之间的矛盾，也无法与对手达成妥协，这使得国内的孤立主义思想得以加强。最重要的是，从人口的角度看，美国的参战造成了超过16万人死亡、超过23万人受伤的过高代价，这一结果令人难以接受。1918年11月的国会选举中共和党人所取得的胜利已经证明了在第一次世界大战结束时威尔逊的国内政治地位有多么羸弱。此外，威尔逊的健康也出现了问题，1919年遭遇的严重中风使得他半身不遂并几乎无法行动。而在1920年的总统选举中，即使是他的党内同僚詹姆斯·考克斯与副总统候选人富兰克林·罗斯福也没有能带领民主党人战胜来自共和党人沃伦·盖玛利尔·哈定的挑战。在这些背景下，当1919年《凡尔赛和约》的批准以及他所倡导的国际联盟相关章程在国会中遭到否决时，关乎威尔逊声望的两个项目均宣告失败了；这种失败也推翻了"国际主义"的概念。美国甚至没有参加他们自己发起的国际联盟，只剩下英国、法国、意大利和日本等常任成员国，以及从1926年起加入的德意志第三帝国（1933年退出）和1934年加入的苏联（1939年被除名）。在20世纪20和30年代用以反对欧洲独裁统治的国际联盟所暴露出来的弱点也成为美国在1945年第二次世界大战结束后更多参与联合国事务的动力。然而,联合国也没有实现原本计划的"世界政府"的职能。

孤立主义的实行

哈定在其反对民主党的竞选活动中以"恢复政治常态"为口号取得胜利之后,对外政策上的孤立主义在美国占了上风。"幻灭"的感觉又寻找到了新的载体,尤其是在美国文学领域,被营造成一种"以大博小"的氛围。此前作为战争志愿者的作家在他们的作品中将自己视为"迷惘的一代"的成员,如欧内斯特·海明威于1929年出版的小说《永别了,武器》。许多作者都将旧的理想主义福音派美国看作苦难真正的罪魁祸首。其价值观正处于批评的中心,就像辛克莱·刘易斯在其作品《主街》(1920)中或西奥多·德莱塞在其作品《美国悲剧》(1925)中所表达的一样。受到质疑的甚至是对此前通常以末世论来诠释的整个美国历史的理解。当时相关的最重要的作品仍然被认为是乔治·班克罗夫特于1878年完成的10卷《美国历史》,它描述了美利坚合众国在自由和爱国主义的基础上不断崛起过程中的救赎历史。到1930年,在沃浓·路易·帕灵顿的著作《美国思想史》中出现了与此相反的观念。帕灵顿认为,美国的历史实际上常常由代表"小人物"的真正民主与寡头精英政权之间的矛盾所主导,结果总是特权阶层受到保护,而弱势群体则离权力越来越远。第一次世界大战因此成为一个精英项目,而其受害者则成"迷惘的一代"。

在一致的批评下，欧洲和世界在其内部的争端应由他们自行解决的观点很快占了上风，而这种观点又再次和原本受到批判的殖民时代的清教加尔文主义传统以及18世纪的美国对外政策如出一辙：无论在何种情况下都不应该再次进行军事干预。直到1937年富兰克林·罗斯福著名的《隔离演说》之后，当时盛行的孤立主义才艰难但最终成功地被推翻，尤其是在被称为美国"心脏地带"（即北起北达科他州南至密苏里和堪萨斯州之间的地带）的中西部地区广泛流行，并以法律形式（如1935年的《中立法》）确立的孤立主义才得以遏制。而此前的哈定总统在他1921年的就职演说中纲领性地宣称："我们并不谋求去左右世界的命运。"[1]

哈定也相应地将他的对外政策集中于他认为绝对必要的事情上。即便是在他本人于1921年11月—1922年2月6日召开的华盛顿海军会议上，他也只是表现出了温和的兴趣。这次会议旨在统一限制五大海军强国（美国、英国、法国、意大利、日本）的舰队以防止军备竞赛，尤其是对极具野心的日本帝国的限制。此外，哈定只是在门罗主义定义下的美国利益的直接区域主要是拉丁美洲保持活跃。但在这个地区，他基本上也呼吁停止干预政策，特别是针对那些在某些情况下已经连续几十年受到美国军事干预的国家，比如墨西哥、加勒比海地区和一些较小的中美洲国家。哥伦比亚在1921年因《汤姆森-乌鲁蒂亚条约》的领土损失而获得赔偿，该条约是在建造巴拿马运河和建立巴拿马国时产生的。为此，哥伦比亚政府获得了2500万美元款项作为对运河区限时搬迁

---

[1] 刊登于 Lott, D.N.（Ed.）, *The Inaugural Address of the American Presidents, From Washington to Kennedy*, New York, 1961, 207。

的补偿。而德国和此前的奥匈帝国等同盟国家也从这种新的但实际上是传统的美国孤立主义政策中获益：美国与他们最终签署了单独的和平条约，最后一批美国军队于1923年从德国撤军。

同样重要的是，哈定的中立和不干涉政策还涉及美国国内政治，尤其是在经济和社会政策方面。美国经历此前的那些战争冲突之后，他努力实现了更多的政治共识和社会平衡。此外，在哈定担任总统期间，退伍军人事务部也首次得以成立，从而为那些为美国参战的人提供照顾。

禁酒令

哈定也恰恰是那位执行了臭名昭著的禁酒令的总统。这一禁令是19世纪的禁酒运动在1920年取得的成功，它同时实现了福音派计划的一个关键步骤，将禁酒列入了宪法第十八修正案。但是哈定只是参议院用以压制其前任总统威尔逊的一项法律的继承者。1920年1月16日，《沃尔斯特德法案》（又称《国家禁酒法案》）在国会得以通过，该法案一直持续到1933年，直到它被第二十一修正案废止。[①]

而在日常生活中，禁酒令的最终结果却与禁酒运动所预期的完全相反。其间不仅出现了非法的、经常伪装在合法餐厅背后且低调宣传的"地下酒吧"，而且有组织的犯罪也几乎没有受到控

---

① 下文内容参见Welskopp, Th., Die große Ernüchterung. Eine Kulturgeschichte der Prohibition, Paderborn, 2010, 125 ff.; Kobler, J., *Ardent Spirits.The Rise and Fall of Prohibition*, London, 1973。

制，许多其他后果也应运而生。即使在哈定的总统任期内，犯罪集团也呈现了不可阻挡的增长，和黑手党、科萨诺斯特拉和类似组织有关的帮派团伙层出不穷。

在哈定的继任者柯立芝和胡佛的任期内，情况的恶化达到了令人发指的程度。1922—1927年，仅仅是纽约的地下酒吧数量据估计就增长了6倍之多，从大约5000家增长至大约3万家。[1]在其他有组织犯罪活动的据点城市如芝加哥，与禁酒令相关的犯罪行为增长得尤为迅速。芝加哥也因此成为20世纪20—30年代具有传奇性的美国黑手党大都市，这一称号直到第二次世界大战以后才被拉斯维加斯取代。[2]在纽约，具有德国血统的亚瑟·弗莱德海默的外号"荷兰人舒尔茨"，可谓如雷贯耳，他于1928年在另一个黑帮大佬乔·诺伊手下开始其黑帮生涯，最终成为"布朗克斯的啤酒大亨"。在芝加哥，绰号为"艾尔"的艾尔方斯·卡彭则名声更甚，他已经成为有组织犯罪的代名词。两人都在禁酒时期成功建立了有影响力的黑帮帝国，同时将所获得的收益投资于合法行业。然而从1929年开始，尤其是1933年禁酒令废除以后，对黑帮的打击变得更加严厉。1933年，共和党人菲奥雷洛·拉瓜迪亚当选为纽约市长，他与首席检察官托马斯·杜威一起制订了遏制有组织犯罪的计划。这一计划的成功甚至使得杜威成为共和党总统候选人，但他在1948年不敌时任总统哈里·杜鲁门而败选。"荷兰人舒尔茨"在1935年由于帮派冲突被雇佣杀手谋杀，而卡彭只能在

---

[1] Durden Smith, J., *Mafia.Die wahre Geschichte des organisierten Verbrechens*, Münster, 2007, 65.
[2] 下列人物传记参见 Hendley, N., *American Gangsters.Then and Now.An Encyclopedia*, Santa Barbara, 2010.

税法的帮助下才于1931年被判入狱11年。在服刑期间，他被关押在旧金山附近臭名昭著的恶魔岛上一所戒备森严的监狱里。刑期结束后，他的影响不再，最终于1947年默默无闻地死去。另一个类似的成功案例是杜威成功地扳倒了同样臭名昭著、人称"幸运"的查尔斯·卢西亚诺（本名为萨尔瓦托雷·卢卡尼亚）。此人通过有组织的人口贩运敛财，于1936年被判入狱"30～50年"，最终在1946年被驱逐出境。此后他只能在意大利继续他的黑帮生涯。通过持续增加的打击力度，杜威还试图对禁酒令废止后出现的其他有组织的犯罪敛财行为（其中也包括卖淫和赌博）进行限制，以防止其背后的贩毒行为转变成为新的主要犯罪活动。作为打击手段之一的死刑判决也并不少见。

在美国的通俗文学描写中，就像旧西部的法外之徒一样，"荷兰人舒尔茨"、艾尔方斯·卡彭、"幸运"的查尔斯等人以及其他黑帮分子成为英雄。这些人作为在"喧嚣的20年代"里挑战国家的黑社会代表人物，往往在他们死亡几年后，甚至有时还在他们在世时，就已经成为电影或电视中的英雄。在电影业，关于禁酒时期这一主题的电影如《了不起的盖茨比》（1926/1949/1974/2001）、《棉花俱乐部》（1984）、《教父》（1972）以及《美国往事》（1984）均成为票房收入极高的作品。此外大获成功的还有早期拍摄、后又被一再翻拍的《铁面无私》（1987）。除此之外还涌现了一批喜剧作品，比如1959年比利·怀尔德导演的《热情似火》。该影片影射了1929年2月14日发生的耸人听闻的"情人节大屠杀"，即当时由卡彭的南边帮所雇佣的来自圣路易斯的杀手将"臭虫"乔治·莫兰领导的爱尔兰北方帮的部分首领屠杀于林肯公园附近的一个车库中的黑帮追杀事件。回顾起来，这场血腥的行刑式屠杀中所使用的冲锋枪所发出的声音更像是给禁酒时代敲响了丧钟。

红色恐慌

然而在美国国内，其他的问题此时已经凸显。其中包括对不可控的经济危机的担忧，以及甚至更为普遍的对可能蔓延到美国的欧洲革命尤其是布尔什维克的恐惧。当工会组织在大后方继续为战争进行有效动员时，和平主义团体受到了遏制，但1918年之后，战争期间的社会共识很快就不复存在。在其创始人和主席塞缪尔·戈普斯的领导下，强大的美国劳工联合会作为重要的工人代表团体已经在第一次世界大战期间容忍了足够长的时间并放弃了罢工，尽管他们有足够的罢工理由。日常需求的削减，如"无肉星期一"和"无麦星期三"，主要是为了保证美国海外军队的供应；但是，这些正如石油和煤炭私人消费的合理化一样，基本上仍然是自愿的行为。然而，加税已经使得中低收入群体家庭入不敷出。因此，在战争结束后，美国经历了一场历史性的、被称为"红色恐慌"的罢工浪潮。无政府主义者制造的爆炸事件以及种族骚乱引发一些歇斯底里的反应。美国当局对此作出了强硬的回应，并已经对20世纪30年代尤其是40—50年代的共产主义狂潮有所提防。在1919—1920年，就已经有数以千计的疑似共产主义者因涉嫌危害国家而遭到美国当局的逮捕。

对外政策

美国渴望对外政策上的安宁以着手处理内政方面的事务，此外美国所拥有的深厚德国传统即使在第一次世界大战中也只受到了局部的影响。这些对于战争的输家——德国而言无疑是一种幸运。无论德皇如何不受欢迎，无论其在美国的负面形象如何长久，也无论克里尔委员会使用的凶残的德国人照片如何深入人心，对于美国人而言，1918年之后的德国很快就在政治上得到了正式的认可。1927年，华盛顿政府宣布魏玛共和国成为欧洲最值得信赖的国家之一。正如美国大使雅各布·舒尔曼在传统的"斯托本节"所说的那样，两国的政治制度和国际理想都是如此一致。"两国均信任民选及为民服务的人民政府。无论独裁者是一个人还是一个阶级，两国都会本能地和坚定不移地反对独裁统治。"[①]这种普遍积极的评价最终也决定了美国对于德国战后赔偿的态度。以担任卡尔文·柯立芝的副总统直到1929年的美国金融家查尔斯·盖茨·道威斯命名的《道威斯计划》，在1924年给因1923年恶性通货膨胀而遭遇严重经济挫折及政治上摇摇欲坠的德国带来了一定的稳定。道威斯的政绩成为1926年将德国纳入国际联盟的基础，道威斯本人也因此于1925年获得了诺贝尔和平奖。《道威斯计划》的目标是借助美国债券的帮助来稳定德国货币和

---

① 引用自 Trommler, F.(Hrsg.), Amerika und die Deutschen.Die Beziehungen im 20.Jahrhundert, Sonderausgabe, Opladen, 1986, 15。

经济，以便最终为世界贸易带来和平。美国政府也最终说服了英法两国。此外，在道威斯之后，以美国工业家和美国无线电公司的传奇创始人欧文·杨格命名的《杨格计划》促进德国金融重组迈出了接下来的一步。该计划于1929年生效，它将德国的战后赔偿金额降低到约20亿帝国马克，分期50年偿还。如果不是因为该计划被1931年因经济大萧条催生的《胡佛缓债计划》以及1932年后续的《洛桑条约》所取代，它的有效期原本将一直延续到1988年。美国人同样为该计划投入了大量的时间和精力再次说服法国人。事实上，当1929年的大萧条令许多作为依靠的美国信贷崩溃之时，所有试图复苏世界经济的条约都已经失败了。这种情况间接地成为纳粹通过紧急法令夺取德国政权的跳板。

造成美国对德政策抱有天真想法的原因可能在于这样一个事实的影响，即1918年协约国取得胜利之后，原本几乎完全集中于德国人的负面形象上的注意力很快就被其他的专制统治所转移，特别是成为敌人的布尔什维克俄国。[1]1917年，被认为是合法的临时政府被推翻之后，威尔逊拒绝承认新的布尔什维克政府。西方盟国，尤其是法国、英国和美国所持的立场，在当时迅速升级并持续到1921年的俄罗斯内战期间，通过他们对反共产主义的"白卫军"的支持已经彰显出来。此次干涉的幕后推动力量是法国，因为法国人在1918年希望重新启动针对德国的东部阵线。在第一批较小的部队于1918年春天登陆俄国港口之后，英国海军抵达了阿尔汉格尔斯克。不久之后，又有3.5万名美国士兵于8月2日在西伯利亚符拉迪沃斯托克登陆。日本和捷克斯洛伐克的部队也参加

---

[1] Nolte, E., Deutschland und der Kalte Krieg, Stuttgart, ²1985, 74 ff.

了武装干涉,并持续到1920年。与此同时,西方情报部门也开始了反对布尔什维克的行动。英国情报部门在1918年策划了一系列暗杀行动和政变,其中最著名的是所谓的"拉脱维亚阴谋"——英国特工机构英国陆军情报六处和伦敦外交部在拉脱维亚卫兵的帮助下,于1918年8月发起了针对列宁和托洛茨基的暗杀计划。[1]

虽然成立于1922年的苏维埃社会主义共和国联盟(简称苏联)很快得到了德国这个一战大输家的外交认可,但直到1933年,在被认为是"头脑发热"的富兰克林·罗斯福领导下的美国才决定与苏联建立官方关系。1920年8月,威尔逊总统签署的备忘录总结了华盛顿方面持怀疑态度的原因:"美国政府不可能承认俄国现有统治政权是一个美国能够和对待其他友好政府一样与之继续保持友好关系的政府……与其意愿相反的是,美利坚合众国政府已经确信,俄国现有政权是在否定所有荣誉和优良信仰的基础上建立起来的……"[2]1921年4月,以前陆军部部长伊莱休·鲁特为首的共和党人甚至要求将俄国完全排除在文明国家范畴之外,如果该国不自行推翻其不民主政权的话。[3]因此,莫斯科的代表理所当然地没有被邀请参加1921年的华盛顿海军会议。

尽管对威尔逊在其他方面的批评不断,其继任者哈定、柯立芝和胡佛总统坚定不移地保持了对布尔什维克俄国的拒绝态度。

---

[1] Foglesong, D.S., *America's Secret War against Bolshevism.U.S. Intervention in the Russian Civil War 1917–1920*, Chapel Hill, 1995, 118 ff.

[2] 备忘录刊登于 Hanhimäki, J./Westad, O.A.(Eds.), *The Cold War.A History in Documents and Eyewitness Accounts*, Oxford, 2003, 8–10; 此处: 9。作者的译文。

[3] Root, E., Presidential Address at the Fifteenth Annual Meeting of the American Society of International Law, April 27, 1921, in: International Conciliation No.165 (August 1921), 11. 此外还可参见 Krakau, Missionsbewusstsein (见第289页注释[2]), 197.

他们也继承了威尔逊的观点,即苏联的专制统治与其他所有不民主的政府一样,基本上是薄弱的,因为领导阶层和人民之间存在着深刻的冲突,这会使其统治变得脆弱。华盛顿方面持这种不信任态度的背景不仅仅是1917年的十月革命;早在19世纪80年代,沙皇亚历山大二世被暗杀之后对反对派运动的镇压日益增长,意识形态的对抗随之再次明显升级,十月革命正是这种对抗过程中无可否认的高潮。对于美国政府而言,十月革命只是将另一个专制政权推上了权力的宝座。因此,1918年1月的威尔逊和平纲领中的"十四点原则"不仅是美国反对同盟国的纲领,也是反对布尔什维克及其无产阶级专政的纲领。意识形态的冲突、全球抱负以及结盟的做法已经明确地预示日后冷战的发生。布尔什维克政府于1918年3月在布列斯特-立陶夫斯克屈服于德国之后也只承认非友即敌的关系。由于布尔什维克政府拒绝偿还贷款或赔偿美国公司因遭到没收而造成的损失,两国间出现了进一步的龃龉。

自1922年苏联成立以来,华盛顿在拉脱维亚首都里加坚持设立了一个小型使馆。该使馆定期报告苏联的情况。所谓的"里加使馆"的报告一直持续到1940年苏联吞并拉脱维亚为止。这些报告恰恰细致入微地体现出了这种不断增长的不信任。[1]这里产生了自1931年以来在此任职的使馆秘书乔治·凯南有关共产主义的分析,它与凯南自1933年起在莫斯科的经历一起构成了他于1945—1946年提出的、用以在冷战中对抗苏联的"遏制政策"的基础。凯南认为,克里姆林宫的共产党政权与詹姆斯·门罗时代以来的

---

[1] Breuer, C., Die "Russische Sektion" in Riga.Amerikanische diplomatische Berichterstattung Über die Sowjetunion, 1922-1933/1940, Stuttgart, 1995.

沙皇俄国一样，是美国的主要威胁。[1]他还在第二次世界大战期间向他的上司阿弗雷尔·哈里曼建议，美国人至少要在心理上做好将苏联视为未来敌人的准备。[2]在凯南1945年5月的备忘录中如此写道："一旦回到好沙皇阿列克谢舒适的西部边界，布尔什维克主义可以毫无危险地重振17世纪的俄国政治传统：不受限制的专制中央集权、政治思想的拜占庭式学校、源于西方世界的自给自足的隔绝，甚至是不可思议的'第三罗马帝国'的梦……在短短的20年里，这个苏维埃国家现在已经重建了过去两个世纪沙皇时期的历史的很大一部分……在战争结束时，它的地位与拿破仑时代末期的亚历山大一世相似。"[3]在仔细的观察下，人们已经能够从这些论述中再次认识到当时美国总统门罗对神圣同盟的恐惧。而苏联作为沙皇帝国的政治继承者，也曾是神圣同盟的一部分，它在这一点上继承了沙俄的帝国遗产。

尽管苏联政府自1922年以来一直在其革命诉求和大国博弈之间前瞻后顾，但是这并未减轻美国的担忧。在20世纪20年代，对于莫斯科政府而言，欧洲国家尤其是英国、法国还有德国都比美国更为重要。虽然苏联与英法两国交好的尝试失败了，但是它与德国于1922年通过签订《拉帕洛条约》建立了外交关系。两国间的合作此后又延伸到了一种隐秘而且密切的军事合作上，即所谓的"黑色帝国国防军"与"红军"之间的合作。但是这些还不是

---

[1] 参见相关德语译文：Kennan, G., Memoiren eines Diplomaten.Memoirs 1925-1950, Stuttgart, ⁴1968, 501–534；此处：516 和 520。

[2] 引用自 Loth, W., Die Teilung der Welt.Geschichte des Kalten Krieges 1941–1955, München, ²1982, 120。

[3] Russlands internationale Stellung am Ende des Krieges gegen Deutschland, Mai 1945, in: Kennan, Memoiren（见本页注释[1]），535–552；此处：538。

苏联与其他强国间存在距离的全部原因。更深层次的不信任来自列宁的继任者——斯大林一再公开强调的苏联在世界革命中所扮演的先锋角色。

在努力取得外交承认的同时,苏维埃政府在20世纪20年代已经非常清楚地表明,苏联将竭尽全力强化有利于自身的"合法的资本主义糟粕"。①斯大林一生都坚信这一"规则",正如其外交部部长莫洛托夫在1945年1月向美国政府提出的"慷慨"建议所表明的那样。它提出减少美国经济中的生产剩余,从而避免盟军在第二次世界大战胜利后西方国家可预见的生产过剩危机。②自20世纪20年代以来,苏联的"共产国际"组织也对西方国家的工人罢工提供了支持。共产国际于1926年5月1日为英国矿工组织了一次捐赠,他们此后不久就进行了一次长期的罢工行动,这在当时甚至导致了英苏关系的破裂。

"红色三十年代":经济萧条与新政

在美国,20世纪30年代无疑被1929年起在所有工业国家爆发的经济大萧条打上了烙印。这场危机更令人感到不安的是,自从第一次世界大战结束以来,经济繁荣和相应的自信几乎是坚不可

---

① 1925年3月斯大林关于国际形势和共产党任务的讲话,发表于 Hanhimäki/Westad, Cold War(见第428页注释②),10-13。

② Zitiert nach: Dülffer, J., Jalta.4.Februar 1945. Der Zweite Weltkrieg und die Entstehung der bipolaren Welt, München, ²1999, 142.

摧的。显而易见的是，许多美国人认为是毫无建树的外交带来的羁绊已经被摆脱，美国更专注于自身的发展。在经历1920—1921年间的短暂衰退之后，20世纪20年代的10年时间如同50年代一样，基本上成为美国生活方式得以在全球范围内流行的缩影。在威尔逊下台后的共和党政府领导下，美国人对发展进步继续保持坚定不移的信念，直到1929年那场突如其来的经济崩溃。美国在"喧嚣的20年代"所取得的令人瞩目的成功在很大程度上取决于美国公众自身的消费欲望和消费需求，背后隐藏的是在很多领域已然出现的富裕社会的潜力。威尔逊担任总统期间开始的一系列社会改革也显示出了积极的作用。当时的流行词"泰勒主义"，特别是"福特主义"不仅是对流水线式的大规模生产的描述，也包含了逐步发展的工业流程标准化，这些都是使大规模消费成为可能的因素。

繁荣与经济危机

20世纪20年代也是试图通过提高劳动者富裕程度以最大限度地减少他们参与阻碍生产力发展的工人斗争的10年。从这个意义上说，福利国家和社会伙伴关系的发展理念完全符合经济的合理性。在实际情况中，主要是各联邦州进行了社会改革。华盛顿政府则主要着眼于尽可能地为经济发展创造更为有利的普遍条件。除此之外，联邦法律也出台了促进经济的海关规定。保护性关税使得美国本土产品的价格更为低廉，而外国产品则被征收关税。1922年9月19日的《福德尼-麦坎伯关税法案》是其中最为重要的手段之一。它与自由主义的"门户开放政策"形成了鲜明对比,但出于保护自身经济的目的显然已经被接受了。直到1929年人们才发现,保护性关税是阻碍生产力的。尽管如此,在1930年,美国又通过了旨在进一步提高关税的《斯姆特-霍利关税法》,这导致了国际贸易额再次大幅度下降,对于当时灾难性的局面而言也无异于火上浇油。

"汽车本身不会去购买汽车"是亨利·福特的金句原则之一,这位大规模生产的大师用这个原则阐明了为了刺激国内经济就必须相应地付给员工合理报酬的原因。实际上,从1921年到经济危机开始前,美国工人的平均收入确实增长了大约30%,这一数据略低于在此期间以每年5%速率递增的经济总增长率。[①] 1929年,美国国民生产总值达到了1000亿美元,比20世纪20年代初高出了约300亿美元。当时,汽车行业已经成为整体经济最重要的驱动因素,因为它也涉及玻璃制造、电气、橡胶、石油和化学工业等其他行业,建筑行业作为其中之一也不容忽视。汽车行业促进了美国范围内的相关产业改造以及与延续至今的大型企业之间的跨国联系的发展。

美国强大的经济实力也是美元上升为全球主要货币之一的背景。美国明显的政治霸权此时也在财政领域彰显出来。尽管存在诸多与经济大萧条相关的问题,美国还是于1933年4月19日取消了美元金本位制。当时刚当选为总统的富兰克林·罗斯福宣布了这一具有轰动性的、重磅炸弹般的消息。到第二次世界大战结束时,由于其他交战国事实上的破产,美元已经成为唯一的全球储

---

① 数据引用自 Heideking/Mauch, *Geschichte*(见第51页注释②),232。

备货币。这一点也在1944年布雷顿森林会议上得以确立。直到20世纪70年代初，主要由于越南战争的巨大开销，美元失去了它一直以来无可超越的地位。

然而，并非美国所有人都能从蓬勃发展的经济中受益。白领员工的数量在20世纪20年代和30年代已经占美国人口的1/4。[1]这些人普遍很好地参与了经济发展，以至于中产阶级得到不断壮大，并以此为基础建立起了消费经济。从整体上看，蓝领员工所获得的收益要少得多。据估计，其中约60%的人的年收入仅达到约2000美元。更为棘手的问题是农业的情况，早在1929年之前农业的问题就已经凸显出来。由于农业企业不断加速的工业化进程以及化学肥料的运用，农业生产率自19世纪中叶以来已经提高了约300%。[2]然而与此同时，整个农业领域所需的劳动力越来越少，而且他们得到的报酬也越来越低，因为那些农业公司几乎无法偿还贷款，而这些贷款除了其他用途之外，还要用于购买机械和化肥。另一个问题则是关于逐渐被公众意识到的土壤大面积枯竭的情况，尤其是在中西部地区。20世纪30年代，许多中西部地区的农民被迫放弃他们在大草原开垦出来的土地，因为大规模的沙尘暴愈加频繁地发生并带走了平原上稀薄的肥沃土层。[3]某些地区的自然灾害是如此严重，比如俄克拉荷马州，以至于该州有几乎1/7的人口向西部尤其是往加利福尼亚州方向迁徙。从芝加哥延伸到洛杉矶的主要公路——"66号公路"因此也与单词

---

[1] 数据引用自 Der Große Ploetz（见第269页注释[2]），1298。
[2] 出处同上。
[3] 参考 Radkau, Ära（见第347页注释[1]），90。

"Okie"[①]一样成为环境难民的同义词。尽管"喧嚣的20年代"出现了众多积极的发展,但贫穷与富裕之间的差距也因此越来越大。1929年,美国人口中5%的富裕人口占据了总收入的1/3左右。尤其是从1918年的第一次世界大战结束到1929年的经济危机期间,这些富裕人口的财富总量更是增加了近10%。[②]而这样的趋势至今也没有停止。

经济大萧条

全球经济的崩溃也如同自然灾害一样席卷美国。经济危机的起点是1929年10月24日——所谓的"黑色星期四"。当天,在经历了此前由于大量投机交易的疯狂上涨之后,纽约证券交易所的股票价格出现了出人意料的跌停。在由于时差而被称为"黑色星期五"的第二天,华尔街的银行家以及金融经纪人与其欧洲同行意欲消除价格下跌引起的恐慌并使交易恢复正常的尝试也宣告失败。情况在随后的周末也未有好转,气氛反而更为紧张。在1929年10月29日这个"黑色星期二",再一次出现巨额损失。美国乃至全球最严重的经济危机由此爆发,它同时也引起了深远的政治后果和心理阴影。1929—1933年间,"大萧条"使大约80%的股票市场资本化为乌有。

[①] 迁徙农民。——译者注
[②] 数据引用自 Der Große Ploetz(见第269页注释②),1298。

尽管爆发经济危机的原因是多方面的，然而，如果人们不考虑第一次世界大战从根本上使欧洲各国在经济上严重受损甚至破产的事实的话，经济危机最重要的根源还是出现在美国。虽然拥有政治和经济上的强大力量，华盛顿政府却不愿发挥主导性的作用。因此，从哈定到胡佛都发展出了一种高度矛盾且更为重商主义的经济政策。这一政策虽然确保了美国的全球首要地位，却很少表示为国际稳定或解决全球债务危机做出贡献。[1]第一次世界大战结束时，美国已成为世界上最大的债权国。同样重要的原因还有，美国自身经济的成功在某种程度上使它对经济过热带来的经济和政治危险视而不见，这种危险在1927年5月13日即首个"黑色星期五"那天已经强烈地显现出来了。

不管是在美国还是在德国或日本，这场经济危机导致的经济、政治和心理方面的后果都具有一样的破坏性。[2]到1933年经济危机达到顶峰时，工业生产总量几乎降至一半（40%），大宗商品价格（50%）和国民收入（50%）也是如此。在同一时期，就业人数下降了近1/3，工资下降了近2/3。到1933年为止，员工的平均收入减少了近60%。除此之外，根据1929—1933年的官方记录，这场经济危机造成了超过10万起破产案，其中仅银行破产案的数量就达到了几千起；到1933年为止，美国的失业率达到了此前令人难以置信的25%；大约1/4的雇员失业，失业人员总数达到了大约1500

---

[1] 下文内容参见 Adams, Länderbericht USA I（见第16页注释②），164ff。

[2] 以下数据参考美国人口普查局资料：Historical Statistics of the United States. Colonial Times to 1957, Washington, ²1961, 116, 139, 414, 73, 以及 Faulkner, Geschichte（见第283页注释①），666。有关美国"大萧条"的内容尤其可参见 Rothbard, M.N., *America's Great Depression*, Kansas City, ³2000, 186 ff.

万人。[1]不仅是单个家庭，而且是整片地区都陷入了贫困。某些地区甚至如19世纪一样出现了粮食短缺问题。教育系统也受到了重创：1933年年中，数十万名教师遭到解雇，200多万小学生无法继续上课。所有的中小学、学院甚至大学都停课了。

成千上万的人通过四处奔波打零工度日，但是也有人干起了半合法甚至违法的勾当。被诸多作家、音乐人和电影制作人作为题材的"邦妮和克莱德"这对雌雄大盗的故事就始于经济危机中最为萧条的1932年，他们不仅打劫了银行和商店，而且在此过程中还可能犯下了13起谋杀案。他们的故事也是一部关于在全球经济危机中变得一无所有的那些人的悲剧。经济危机因此也导致了犯罪活动的产生，尽管大多数人仍遵纪守法，并且没有依靠非法活动重新站稳了脚跟。那些通常与经济危机联系在一起的大型的或许也更为出名的犯罪行为一般来说早于1929年就已经开始了，比如约翰·迪林杰的犯罪活动。他在当时被冠以"头号公敌"，最终于1934年被击毙。

在20世纪30年代专门记录流动工人、福利救济者、罢工和示威活动的大量纪实照片，例如多萝西娅·兰格的作品，直到今天仍然向人们展示了灾难中日常生活的生动画面。全球经济危机不仅在文学中成为一个重要的主题，而且在20世纪20年代经历了第一次蓬勃发展的电影业中也占据一席之地。查理·卓别林1931年的故事片《城市之光》尤其具有说服力地描绘了美国社会的动荡。

虽然自1929年以来共和党政府已经尝试过各种措施来控制局

---

[1] Der Große Ploetz（见第269页注释[2]），1298。

势，但其中许多措施都宣告失败，因为胡佛总统长期以来一直信任市场的自我修复能力。直到1931年，华盛顿才试图通过扩大信贷来使欧洲和全球经济重新焕发活力。次年，人们又试图通过复兴金融公司、救济和重建法案以及专门为个人家庭设立的联邦住房贷款银行来促进国内经济。胡佛早在1930年就已推行的公共项目也在心理上起了一定的作用：众所周知的美国式乐观主义精神应当再次回归。最大的项目包括在内华达州和亚利桑那州之间建造博尔德大坝的计划（1947年起被称为胡佛水坝），这座大坝将为沙漠城市拉斯维加斯提供电力和水源。在大萧条的高峰时期，这座大坝的修建给数千人带来了为期几年又极度危险的工作。到1935年大坝完工时为止，有将近100人在修建过程中丧生。美国经济学家约翰·梅纳德·凯恩斯提出的观点认为，政府推动下的需求对于市场的治愈有重要的作用。这一所谓的凯恩斯主义已经被载入了经济政策的历史，在大萧条过后被认为是对抗经济危机的关键手段。

在胡佛总统任期内，孤立主义似乎正在衰落。然而1931年签署的《胡佛缓债计划》主要是出于内政方面的动机宣布将对国际债权人的债务偿还暂缓一年，并不想在对外政策方面体现出任何新的举措。此外，胡佛政府用来回应日本军队入侵中国东北的史汀生照会只是宣布美国不会承认任何损害中国独立和领土完整以及美国门户开放政策的条约。[①]这远远不能阻止当时日本帝国已然开始的扩张。

---

① Findling, *Dictionary*（见第289页注释①），491。此外可参考 Current, R.N., *The Stimson Doctrine and the Hoover Doctrine*, in: American Historical Review 59（1954），513—542。

罗斯福及其新政

事实上，直到1932年11月击败赫伯特·胡佛赢得总统大选的富兰克林·罗斯福就职之后，美国的国内政策和对外政策才发生变化。而罗斯福则是威尔逊卸任以来的第一位入主白宫的民主党人。罗斯福于1910年以纽约州参议员的身份开始他的政治生涯，1913年担任助理海军部部长，甚至在1920年大选中被提名为副总统。在担任总统前的多年中，他一直担任纽约州州长。①

即使是竞选活动本身就已经向美国民众表明，罗斯福正在计划一种彻底改变。虽然胡佛也启动了旨在消除危机的国家计划，但罗斯福则打算进行更大规模的国家干预，这些干预措施也成为新政的核心。②在经济危机引起的大崩溃之后，需要重新洗牌，以便每个美国人都可以赢得一次新的机会。对于美国国内一些惊魂未定的观察者而言，这无异于实行共产主义。针对这种指责，罗斯福在接下来的几年中不得不一次又一次地为自己辩护。这种指责的产生也与美国知识分子的态度有关，尤其是欧内斯特·海明威这样的文学精英，他们不仅为新政辩护，而且对马克思主义持有近乎狂热的态度，并毫无忌讳地为那些左翼立场明确的杂志撰稿。另一个重要的原因是，罗斯福的顾问、事实上的"新政之

---

① 其生平参见 Mauch, Präsidenten, 308–322（D. Junker 的文章）。
② 有关"新政"的历史参见 Faulkner, Geschichte（见第283页注释①），676 ff。以及 Badger, A. J., *The New Deal. The Depression Years*, 1933–1940, New York, 1995。

父"并拥有著名律师身份的路易斯·布兰代斯也对垄断和资本家持反对态度。[①]与此同时也出现了更多激进之举,其中不乏名人的参与:比如左翼作家厄普顿·辛克莱以"终结加利福尼亚州的贫困"[②]为口号参与了加利福尼亚州州长职位的竞选。保守派的企业主甚至在1934年组建了一个不乏名流的"美国自由联盟",并将"红色"新政视为对宪法的攻击而予以反对。该联盟也包含一些美国企业巨头,如固特异、标准石油以及通用汽车。在后来的冷战开始之后,这些企业也成为反对共产主义运动的主要资助者和游说者。[③]

实际上很明显的是,即使在胡佛总统任上,美国的联邦政策已经不再仅仅依赖市场的自由发挥了。而罗斯福采取了一种新的公关方式,在接下来的几年中针对那些近乎严苛和不公平的批评进行反驳。他使用的新手段之一就是广播节目,其中尤以《炉边谈话》最为著名。通过这个节目,罗斯福总统向全国解释了自己的政策。这位越来越意识到媒体重要性的总统所运用的另一个重要途径是与选定记者所进行的有针对性的时评讨论节目。罗斯福总统尽可能地向公众隐瞒了他患有小儿麻痹症的事实。然而自1921年以来,他越来越依靠轮椅。但是他多年以来邀请了数百名记者参与答记者问的活动。这种以平民化和简单明了的英语进行的炉边谈话节目开始于1933年3月12日,对经济大萧条和银行业危

[①] Paper, L., Brandeis, Englewood, Cliffs, 1983.

[②] 引用自 Raeithel, Geschichte der nordamerikanischen Kultur, Bd. 3: Vom New Deal bis zur Gegenwart 1930-1995, Frankfurt a.M., ³1997, 41.

[③] Wolfskill, G., The Revolt of the Conservatives. A History of the American Liberty League, 1934-1940, Boston, 1962.

机进行了讨论。在接下来的几年中，节目的话题主要着眼于内政方面，通常是经济政策方面的话题；直到1939年9月3日德国入侵波兰，对外政策的话题才成为热门。在英美联军于诺曼底登陆几天之后，1944年6月12日的《炉边谈话》以战时公债为主题突然为此节目画上了句号。

自罗斯福以后，没有任何一位总统愿意在不是定期广播讲话或记者会的情况下面对公众，尽管媒体渠道已经发生了改变。从这一点也可以看出罗斯福在利用新闻媒介方面有多擅长。德怀特·艾森豪威尔和约翰·肯尼迪时代以来对电视媒体的倚重在美国第四十四任美国总统巴拉克·奥巴马于2009年1月20日上任后也没有放弃，但他的定期讲话同时也公布在互联网上。但是罗斯福的继任者都没能像他一样连任三届。在他于1945年去世后，美国总统的任期被美国宪法第二十二修正案（1951年得以通过）限制为最长8年。

在经历了过去几年的经济衰落之后，罗斯福在任期几乎像弥赛亚一样受到了欢迎，他在1933年1月就职后不久，就着手推出了他的第一部综合法律和一揽子法规。在接下来的几年中，他的新政经历了多个阶段，其改革范围得以持续扩大。新政的背景是几乎贯穿了整个20世纪30年代且仍在继续衰退的经济发展。直到1938年，仍有大约1000万失业人口，社会问题也相应较为严重。[①]事实上，新政的作用甚至一直没有起到明显的作用，直到公众的需求在第二次世界大战前夕，尤其是在1941年美国加入战争之后产生了跳跃式的上升。在新政结束之后回顾一下，其中有八项措

---

① Caplow, *Century*（第391页注释①），47。

施尤为与众不同：除了国家机构对证券交易所进行必要的监督外，还组建了民间资源保护队，减少了大规模失业。尽管新政已经进行了公共采购，但是与其他许多受危机影响的国家一样，为了促进经济发展，大规模的公共就业措施是必不可少的，它由美国公共工程管理局与其他机构一同发起。其核心措施首先是大坝修建项目。除了科罗拉多河的大坝项目以外，该措施还包括田纳西河流域管理局（简称TVA）对田纳西河的水利整治。对于农业经济，农产品的最低价格政策得以实施；尽管这一措施使得一部分农场遭到淘汰，但至少确保了较大规模农场的生存。小农场的衰落在经济上带来的伴生影响是减少了农业生产过剩。1933年的《农业调整法案》已经相应地为此提供了补偿。此外在劳动力领域，工人获得了进行合法罢工的权利，当时仍然存在并引发竞争的童工雇佣遭到了彻底禁止。美国历史上首次将为工人提供失业和养老保险引入法定养老金计划，并同时引入了最低工资制度。罗斯福还对税制进行了改革，即根据资产总量按百分比递增征税的方式。与此同时，资本向其他货币尤其是贵重金属的逃离变得更为困难。

新政的第一阶段持续到1935年。罗斯福首先实行了著名的为期4天的"银行假期"，使金融市场尤其是银行客户冷静下来。1933年3月9日通过的《紧急银行法案》作为后续措施允许美国政府对银行业进行广泛的干预。1933年5月12日通过的《联邦紧急救济法案》和《农业调整法案》旨在通过限制价格、限制规模和提供补偿来帮助受影响最为严重的农业。1933年6月16日的《全国工业复兴法案》也创造了政府对自由市场机制进行积极干预的可能性。除此之外，企业主应当在自愿合作的基础上与工人和美国政府一起寻求共同解决问题的方案。这一点令人不仅强烈地联想到福特主义，还联想到德国纳粹党通过"企业共同体"弥合企业主与员工之间不同利益并将意识形态上的阶级斗争推向企业外部的尝试。①这种方式不仅限制了罗斯福眼中的企业恶性竞争，而且也最终为工薪阶层创造了公平的条件：除了关于最长工作时间、最低工资以及行业统一的工资待遇以外，正常的周工作时长被限制在40小时（职员）或35小时（产业工人）。这些被称为"规范"的规定由新建的权威机构——国家复兴管理局监督。以上这些措施也使工会的力量得到增强，尤其是美国劳工联合会和产业工会联合会。1935年起的新政第二阶段开启了补充性的社会改革。其中最重要的是1935年通过《社会保障法案》开始实施的社会保障和养老金制度以及通过所谓的《瓦格纳法案》赋予工人组建工会的合法权利。该法案的执行也同样受到一个新建立的机构——全国劳工关系局的监督。尽管至今存在着各种批评，但这种起源于新政、由劳资双方共同承担的社会保险，与失业保险、养老保险以及前所未有的、通过民众纳税支持的社会福利制度一起，发展成为一种至今存续的成功模式。然而，原本同样必不可少的国家全民医疗保险制度直到2009—2010年才得以引入。它应从2014年起为那些因收入过低而无法负担医疗保险的大约5000万美国人提供保障。美国最高法院已经于2012年将其纳入宪法。②

据推测，大约有2500万人通过公共就业合同至少是暂时重返职业岗位，尽管其中部分人获得的报酬极低。在此期间，一共修

---

① Schivelbusch, W., Entfernte Verwandtschaften.Faschismus, Nationalsozialismus, New Deal 1933-1939, München 2005.

② Washington Post, 28.6.2012.

建了大约41.5万千米的公路、大约7.7万座桥梁以及285个机场。①罗斯福新政也可以看作是创造就业的一项巨大举措，因为它大规模地扩建了公共服务系统。行政职能部门在罗斯福在任期间变得极为庞大：1933年大约有60万名联邦官员为华盛顿政府服务。而到了1939年，这一数字已经增长到了92万。其增长趋势一直保持到1941年底。当美国在日本偷袭珍珠港后参战时，仅联邦政府的公务员数量就达到了150万人。②而这一数字至今还在增加。

新政最终会被如何评价的问题主要还是取决于视角。从经济平衡的负面角度出发，新政中的部分措施被相对较快地宣布为非法。美国最高法院在新政第一阶段结束时进行了强硬的干预，并在1939年5月将主要的劳动规章宣布为非法。对此，罗斯福以《瓦格纳法案》进行了有效的反击。然而，一个不可否认的事实是，美国的失业现象直到第二次世界大战前仍然存在，完全就业并没有实现。尤其是在1938年，美国的失业人数再次上升到大约1000万时，新政就引发了相当大的争议。国会的调查委员会当时得出的结论是，新政措施与美国的竞争法和建立垄断的禁令相矛盾。整个新政明显地与300多年来美国社会视为基石的价值观背道而驰。在经济危机的压力下，极为注重"白手起家"和"先驱"精神的美国或多或少地进行了向国家计划经济的转变。尽管如此，其间并没有发生深层次的改变，某些改革甚至半途而废。此外，对于美国社会的很大一部分人，主要是妇女和少数族裔，尤其是非裔美国人而言，他们几乎无法从新政中获益。

---

① 数据引用自 Mauch, Präsidenten（见第91页注释①），316。
② Graphik aus: Caplow, Century（见第391页注释①），47。

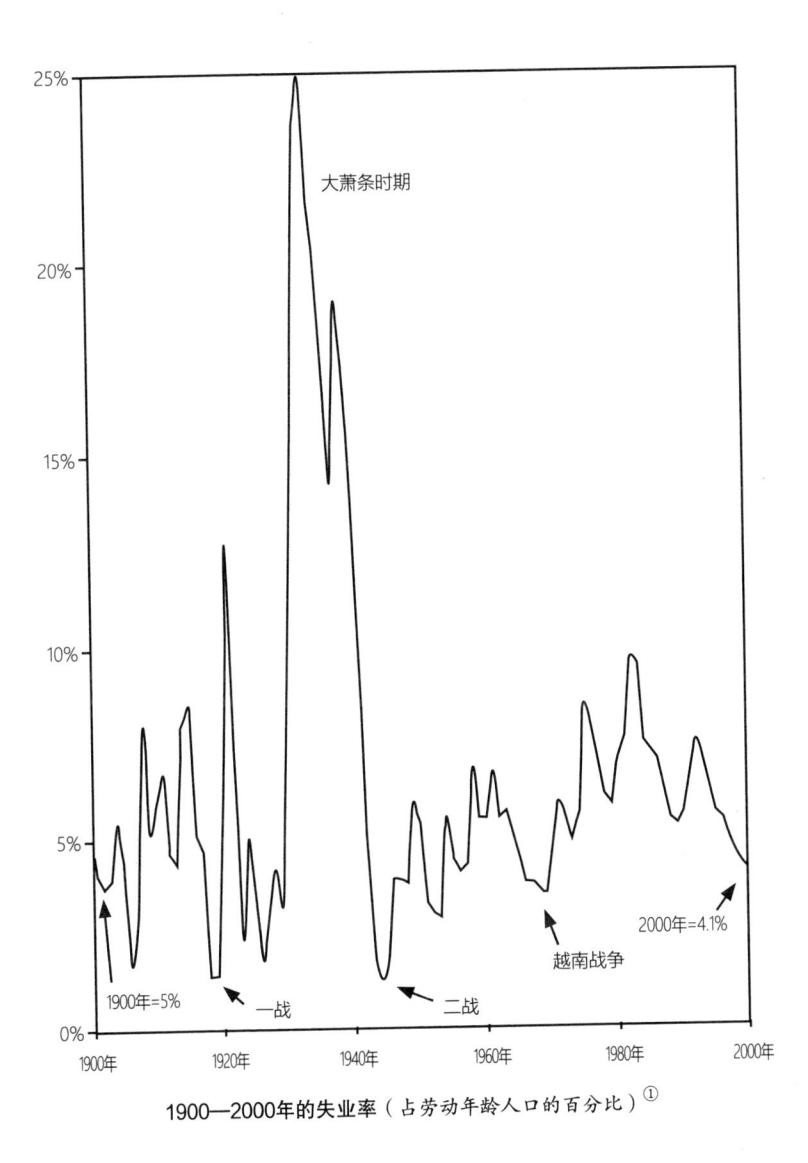

1900—2000年的失业率（占劳动年龄人口的百分比）[1]

① 数据引用自 Mauch, Präsidenten（见第 91 页注释①），313。

因此，在其1937年以来的第二个任期中的民调中，罗斯福的相关民调数据发生了巨大的转变，以至于许多观察家认为，如果没有纳粹德国，尤其是日本军国主义的挑战，他很难实现其第三个总统任期。罗斯福新政是有积极意义的，这首先表现在心理方面，它给予了美国人新的自信。正如罗斯福在1933年3月4日的就职演说中所宣称的那样，美国人唯一不得不恐惧的是恐惧本身。①

非美国的现象：国家社会主义和共产主义

自1929年大萧条开始以来，美国人一直在内政问题上忙得焦头烂额；因此，美国社会在对外政策方面持续表现出缺乏兴趣也就不足为奇了。富兰克林·罗斯福确信，面对欧洲独裁政权取得的巨大成功，美国需要更进一步加强对外政治的参与，但是他在向美国人传达这一点的努力上陷入了很大的困境，这一事实可以看出孤立主义在当时的美国社会赢得了多大的支持。因此，美国自1933年以来的对外政策最初一直处于各党派都承认的外交中立和不干涉状态。在罗斯福主要关于无畏精神和对上帝信仰的就职演说中，他宣布出于"自尊以及对别国权利的尊敬"实行"睦邻

---

① Inaugurationsrede, 4.3.1933, in: Schambeck, Dokumente（见第116页注释①），451–457；此处：452。此外可参见 Houck, D.W., FDR and Fear itself. The First Inaugural Address, College Station, 2002, 9 ff。

政策"。①对别国的干涉不被允许，但是美国愿意与其共同面对入侵者。

罗斯福时期的对外政策

事实上，直到1940年，美国即使在自门罗主义施行以来被定义为美国后院的地区也没有再采取过干涉行动。罗斯福之前的三位共和党总统分别进行了以下干涉行动：1924—1925年对洪都拉斯的干涉、1926年对尼加拉瓜的干涉以及1930年对多米尼加共和国的干涉。而罗斯福直到第二次世界大战之前都限制性地执行了单一的间接干涉政策，但是却意想不到地产生了深远的影响：1940年，华盛顿政府支持富尔亨西奥·巴蒂斯塔·扎尔迪瓦将军当选为古巴总统。他不仅以美国的政策为依靠建立了一个强硬的独裁政权，而且还在经济上以一种近乎殖民地的姿态将古巴岛向美国完全开放；这也间接为1959年菲德尔·卡斯特罗领导下的古巴革命埋下了伏笔。②尽管罗斯福早在1933年就已废除了1898年美西冲突的终结性文件——《普拉特修正案》的大部分条款，只保留了美国继续经营关塔那摩基地的权利，但是鉴于当时的古巴独裁政权可能导致的影响，罗斯福的这一举措并不太具有决定性的作用。罗斯福的新政策路线主要是1933年在蒙得维的亚和布宜诺

---

① Inaugurationsrede, 4.3.1933, in: Schambeck, Dokumente（见第116页注释①），451-457；此处：456。

② Argote-Freyre, F., *Fulgencio Batista. From Revolutionary to Strongman*, New Brunswick, 2006, 230 ff.

斯艾利斯以及1936年和1938年在利马的泛美会议上正式确立的。对美国经济极具影响力的菲律宾从1934年起通过《泰丁斯-麦克杜菲法案》获得了有限的自治权，在一系列血腥战争之后，直到1946年才实现独立，但美国在这里也保留了某些特权。

相比之下，在罗斯福上任之前，美国外交政策在东亚和欧洲面临真正的且明显更为危险的中长期问题已经部分地凸显出来。不容忽视的是，美国早在1921年就已经积极参与斡旋的欧洲战后秩序已经渐趋消亡。在东亚，日本新天皇裕仁于1926年登基。自此，在日益滋长的民族主义的压力下，日本的帝国主义进程愈加明显。随着日本议会制度的衰落，军队的权力也相应地增长起来。最晚在日本首相犬养毅在一次政变中被暗杀之后，日本就转变成为一个军事独裁统治的国家。此前日本政府于1930年签订的《伦敦海军条约》的内容被认为是对日本合法权益的歧视，因此掀起了民族主义骚乱的浪潮。不到一年，当时的日本首相滨口雄幸就遭到暗杀。而这只是一系列出于政治动机的暗杀的开端。同时期，通过一次精心策划的事件，日本军队侵占了中国东北，在1932年3月9日建立了实际上为日本殖民地的伪满洲国，并于1934年将1912年退位的中国末代皇帝任命为"皇帝"。自此，日本开启了武力扩张的进程。

原本应该阻止日本扩张的所谓史汀生照会对于日本人没有起到任何作用，从这一事实中可以看出美国在东亚地区的影响力已经变得多么微弱。[1]而威尔逊在第一次世界大战后建立起来的作

---

[1] Thorne, Chr., *The Limits of Foreign Policy. The West, the League and the Far Eastern Crisis of 1931–1933*, New York, 1973, 202 ff.

为战后秩序的一部分的国际联盟也没有起到什么作用。在纳粹德国退出后不久，日本稍后也彻底退出了该组织。从那时起，东亚的政治形势就开始不断升级。1936年，日本与纳粹德国以及法西斯意大利通过所谓的《反共产国际协定》相互勾结，并于次年，即罗斯福第二任期开始时发动对中国的公开侵略。1937年日本军队攻占南京时所犯下的暴行已经给日本最终于1938年宣布的所谓"东亚新秩序"定下了基调。尽管罗斯福在1938年12月31日发布的外交照会中以尖锐的语言坚持了其"门户开放"政策和恪守中国边界的观点，但是也并没有带来任何影响。[①]

即使在欧洲，专制政权显然也呈现不可阻挡之势。到1939年，议会制度仅在斯堪的纳维亚国家、荷比卢经济联盟国家、法国、英国以及捷克斯洛伐克仍然存在。20世纪30年代尤为膨胀的专制政权包含了法西斯意大利、纳粹德国以及布尔什维克苏俄。然而在美国人眼中也出现了显著的区别对待态度。从根本上说，这三个国家都被美国人视为反民主的暴政。到1933年罗斯福与苏联政府建立外交关系时，苏联在美国公众的眼中无疑排在了假想威胁的首位。在美国的外交范畴中，这仍然是一个普遍而重要的基本态度。乔治·凯南有关莫斯科的令人震惊的报道和备忘录也应当视为一种铭记那种类似于独裁统治的苏维埃专政的尝试。

事实上，尽管在美国存在暂时的意见分歧，但共产主义思想始终是一种异类现象。民主党的新政政策，尤其是罗斯福本人在当时被共和党人理解为共产主义的开门者和对美国生活方式的

---

① 刊登于 Schambeck, Dokumente（见第116页注释①），460-465。

一种破坏。成立于1919年的美国共产党的党员总数从未超过10万人，尽管该党对莫斯科政权的依赖程度远低于其对美国的开国元勋、《独立宣言》传统和宪法程序的依赖程度。早在第一次世界大战后的"红色恐慌"时期，相较于纳粹团体而言，美国的共产党组织通常会受到更为严重的迫害。此外，所谓的《史密斯法案》（又称《外国人登记法》）中的叛国条款在1940—1945年，即甚至是英美苏三国联盟期间，更为频繁地用于反对所谓的"共产主义梦想"，而非用于打击纳粹分子。回顾起来，麦卡锡主义最重要的基础之一可以于此略见端倪。

美国的国家社会主义

罗斯福本人则更多地将国家社会主义视为真正的威胁。正如众所周知的那样，希特勒在其众多表述中将罗斯福置于个人仇敌的位置。[1] 早在1941年德国向美国宣战之前，罗斯福就已经将美国国内的孤立主义及亲德派思想视为不忠诚的行为。罗斯福在美国最有影响力的政治对手、曾飞越大西洋并被视为美国英雄的查尔斯·林德伯格也被他看作是一个"纳粹分子"。[2] 而罗斯福的这一观点可能并非完全错误，因为随着林德伯格与纳粹政权的接近，在赫尔曼·戈林的邀请下，这位著名的飞行员至少在1936年和1938年毫不犹豫地前往德国接受了戈林颁发的勋章。其他的一些

---

[1] 参考 Hertzberg, R. E., *Roosevelt & Hitler, Prelude to War*, New York, 1989。
[2] Trommler, Amerika（见第426页注释①），29。

美国著名人士在20世纪30年代也并没有丝毫隐瞒他们对意大利法西斯主义、德国国家社会主义和反犹主义、种族主义及其"安乐死"灭绝计划的同情。在这些赤裸裸的希特勒崇拜者中，也包括了威廉·伦道夫·赫斯特和主流杂志《生活》和《时代》的出版人亨利·卢斯等有影响力的新闻大亨。亨利·福特明显的反犹主义思想在前文已经提及。他早在20世纪20年代就已经出版了一部四卷本作品，其内容也包含了当时就已被证明是俄国秘密警察伪造的、反犹太的《锡安长老议定书》，旨在证明犹太人的世界阴谋。①

尽管共产主义者也要求宪政，但是他们因其国际主义思想、反对私有财产、反对教会和宗教遭到了美国社会的大规模抵制。而美国的纳粹分子起初并不像共产主义者那样格格不入。比如臭名昭著的"美国银色军团"（又名"银衫军"）就是由拥有好莱坞演员和记者身份的威廉·佩利参照纳粹模式在美国组建起来的与"基督党"并存的组织。而该组织不仅宣称自己为爱国组织，而且还明确地援引了新教的教义。

然而与其迷惑性相对的是，该组织事实上的纳粹运动在美国是一目了然的，尽管它不仅涉及德国人，还涉及爱尔兰人、意

---

① Band 1: The International Jew: The World's Foremost Problem (1920); Band 2: Jewish Activities in the United States (1921); Band 3: Jewish Influence in American Life (1921); Band 4: Aspects of Jewish Power in the United States (1922).

大利人和俄罗斯人。[①]其成员总数只有大约2.5万人，虽然鉴于该组织的公开存在以及潜在的风险，美国当局认为最终的人数要高得多。该组织的纳粹活动早在20世纪20年代就已经开始。1924年，在政治上极具偏见的移民沃尔特·卡普——德国国家社会主义德国工人党的一个老资格成员，以"条顿自由社会"为名在芝加哥建立了美国第一个纳粹组织。1933年，该组织在德国纳粹党领导层的直接命令下与类似的其他纳粹团体一起组成"新德国之友"。为了进行协调工作，纳粹党官员弗兰克·斯潘克诺贝尔曾从德国前往美国，但在美国移民局的催促下，不得不于1933年10月从美国离境。"新德国之友"已经构成了1936年建立的、更为出名的"德美联盟"的前身。该联盟处于弗里茨·朱利叶斯·库恩的领导之下，他本人也是德国国家社会主义工人党的骨干成员，早在20世纪20年代就途经墨西哥移民至美国。然而，与斯潘克诺贝尔不同的是，库恩已经取得了美国国籍，因此不能轻易地驱逐出境。美国境内纳粹运动的重新组织已经处于国会主管移民事务的一些委员会的调查监管之下。其中主要包括所谓的"迪克斯坦委员会"和一个在它的建议下于1934年成立的特别委员会。该特别委员会由民主党议员约翰·W.麦科马克领导，也是1938年起在民主党人马丁·戴斯领导下运作的"众议院非美国人活动调

[①] 关于20世纪30年代美国的纳粹运动和反犹主义，综合参见 Raeithel, Geschichte III（见第440页注释②），138 ff.其他内容，尤其是关于"德美同盟"的内容参见 MacDonnell, F., *Insidious Foes. The Axis Fifth Column and the American Home Front*, New York, 1995, 29ff. 以及123ff.; Diamond, S., *The Nazi Movement in the United States, 1924-1941*, Ithaca, 1974; Bell, L.V., *In Hitler's Shadow. The Anatomy of American Nazism*, Port Washington, 1973。

查委员会"的前身。[①]萨缪尔·迪克斯坦同时还以克格勃特工身份在美国活动的事实直到1990年才为人所知。[②]不同于迪克斯坦的是,戴斯则将注意力主要集中在美国的共产主义者身上。

在库恩的领导下,当时在美国也出现了模仿德国模式的"纳粹党地区分部",它们从东部的纽约蔓延到中西部的密尔沃基,再到西海岸的洛杉矶。此外还出现了参照"希特勒青年团"建立起来的其他纳粹组织,比如"德美青年团"。由于德美联盟持续鼓吹美国的价值观和爱国主义精神,因此在该组织的活动中,相关的美国符号极为常见,尤其是在聚会和游行时。1939年2月22日德美联盟在纽约麦迪逊广场花园的集会上聚集了2.2万名会众,被公认为是该组织活动的高潮事件。会场上悬挂的乔治·华盛顿的巨幅画像甚为显眼。库恩针对罗斯福的反犹主义攻击虽然在种族主义-反共产主义的圈子中产生了一定的共鸣,但在中期也导致德美联盟的覆灭以及最终于1941年的解散命运。第二次世界大战开始几个月后,库恩即被定下包含欺诈的一系列罪名,并于1945年被视为敌国公民而被驱逐出境。

[①] 该机构名称被使用至1969年,随后改称为"众议院内部安全委员会"(House Committee on Internal Security),1975年起又改称为"众议院司法委员会"(House Judicary Committee)。参见 Schmidt, R., Red Scare. FBI and the Origins of Anticommunism in the United States, 1919-1943, Copenhagen, 2000, 349 ff.

[②] Weinstein, A./Vassiliev, A., The Haunted Wood. Soviet Espionage in America – The Stalin Era, New York, 2000, 140 ff.

与孤立主义的斗争

在上述背景下，对罗斯福而言，反对孤立主义的斗争早在1933年就变得越来越重要。他早就相信，美国这一拥有全球利益的国家无论如何都无法摆脱这场迫在眉睫的冲突。事实上，罗斯福不仅受到舆论的束缚，而且从1935年起还受到中立法的约束。他认为和他一样致力于反对独裁，尤其是反对纳粹政权的人士最初是很少的。乔治·盖洛普对美国人进行了一项问卷调查，这种民意调查的方式在当时可谓新颖并大获成功。这项调查使他于1936年作出了罗斯福将赢得大选的正确预判。他也于1937年3月公布了这一事实，即大约94%的美国公民都强烈反对美国参与到战争行动中去。[1]例外的是那些包含一部分美国知名人士的群体，他们在西班牙内战期间站在共和政府一方，参加了被称为"亚伯拉罕·林肯旅"的志愿部队以反抗受到纳粹德国"秃鹰军团"支援的佛朗哥政府。[2]然而，西班牙共和国最重要的盟友是苏联，因此当时的这一对抗已经在某种程度上预示了1941年的欧洲局势。共和政府一方的国际纵队中的美国志愿军当时主要从美国共产党以及其他左翼组织中招募，但也有部分来自世界产业工人联合会。其中包括了著名作家欧内斯特·海明威。自1937年起，他在西班牙内战中进行前线报道。他的小说《丧钟为谁而鸣》讲述了一个美国志愿军战士在西班牙内战前线经历的4天时间。这部小说也可

---

[1] Gallup, Gallup Poll I（见第394页注释③），13—39；此处：39.

[2] Rolfe, E., *The Lincoln Battalion. The Story of the Americans Who Fought in Spain in the International Brigades*, New York, 1974（¹1939）.

能在一定程度上弱化了美国国内反对参战的情绪,因为它被认为是对欧洲局势的真实描述。

罗斯福打破国内这种情绪的企图始于他1937年10月5日进行的"隔离演说"。当这次演说最初并未带来任何效果反而使得孤立主义思想更为严重时,更使他明确了他在未来对待反民主的独裁政权的态度。而10年之后,杜鲁门总统在一次演讲中提及了民主党的遏制政策,它作为冷战战略在原则上也表明了同样的态度。罗斯福在受到孤立主义深刻影响的美国中西部,尤其是芝加哥的讲话围绕着这样一个主题,即专制国家的扩张应该像传染病患者一样被隔离开来,以阻止其进一步蔓延。他也将他的观点与威尔逊的思路联系到一起,后者1917年在国会宣布参战时强调,在反对不民主的权力的斗争中是不可能实现中立的。罗斯福在1937年也重申,在抗击"在世界范围内肆虐的瘟疫"的斗争中,人们绝不能袖手旁观。[1]一个希望和平的社会有责任去孤立这种类型的侵略者,从而达到保护自身的目的。然而,他的讲话并未明确地提及德国、日本或者意大利。

当然,罗斯福所提出的意识形态论据并未显示出全部的真相。1941年参战以前在经济上的竞争就已具有"潜在的战争原因"的特征,而这一点遭到了隐瞒。从美国的角度看,真正存在的一种危险是,非民主的大国能够建立一个出于自己控制下的永久封闭且自给自足的市场。而美国完全依赖的全球自由市场在这

---

[1] 该讲话发表于 Rosenman, S. J. (Ed.), The Public Papers and Addresses of Franklin Delano Roosevelt, Vol. 1937: The Constitution Prevails, New York 1941, 406–411; 此处:410。引文出处同前, 411。该讲话的意义可参见 Jacobs, T. B., Roosevelt's "Quarantine Speech", in: Historian 24 (1962), 483–502。

种情况下则不复存在。[1]自1934年以来，在南美已经产生了经济利益上的冲突，德意志帝国在该地区对美国和英国取得了巨大的贸易顺差。类似的损失也同时体现在与意大利以及日本的贸易上。[2]罗斯福也担心这种经济损失迟早会对美国的社会制度产生影响。

为了避免这种情况的发生，罗斯福采取了一种相对于美国中立政策而言并非毫无危险的道路，它甚至比威尔逊政府在1917年参战以前采取的进攻性措施更具争议。尤其是针对原材料极度缺乏的日本实行的经济禁运从长远来看与某种要挟具有同样的意义，即便在没有宣战的情况下。早在1939年之前，罗斯福就明确地向德国及其盟国表示，在西方其他国家遭遇严重失败时，美国将会对这些国家施以援手。[3]事实上，美国于1940年9月向英国运送驱逐舰之事显然违反了1907年《海牙公约》所规定的中立义务。前英国首相丘吉尔在1948年也坦率地承认，这实际上已经赋予了德国政府向美国宣战的权力。[4]同样出现问题的是1941年3月的《租借法案》，它授予总统向交战国提供武器物资的权力。从1941年3月至1945年8月1日，仅此一项就交付了价值460亿美元的

---

[1] Junker, D., Der unteilbare Weltmarkt. Das ökonomische Interesse in der Außenpolitik der USA 1933—1941, Stuttgart, 1975, 282 f.; Kimball, W. F., The Juggler. Franklin D.Roosevelt as Wartime Statesman, Princeton, 1994, 13.

[2] Junker, Weltmarkt（见本页注释[1]），100 ff.。

[3] Gruchmann, L., Totaler Krieg. Vom Blitzkrieg zur bedingungslosen Kapitulation, München 1991, 131.

[4] Churchill, W. S., *The Second World War. Their Finest Hour*, Boston, 1949, 404。关于1941年12月之前美国违反国际法中立义务的问题也可参见Gruchmann, L., Völkerrecht und Moral. Ein Beitrag zur Problematik der amerikanischen Neutralitätspolitik 1939—1941, in: VfZ 8（1960），384—418.

军用物资，占美国军费开支的13%。[①]其他违规行为还包括同一个月中在美国港口对德国和意大利商船实施的扣押以及同年6月对轴心国资产的冻结，以及正式宣战3个月前下达的美国舰船对轴心国舰船主动射击的命令。早在1941年9月，美国海军部部长诺克斯就向参议院委员会坦诚，即使没有受到对方的攻击，美国自己的战舰也会向德国潜艇投掷深水炸弹。[②]

华盛顿政府的所有这些措施都已经表明，美国人至少已经接受了与德国的战争，而当时孤立主义的新闻界代表，比如《芝加哥论坛报》，以及报业界传统的反英媒体，特别是威廉·赫斯特的报纸，均由于它们对公众的欺骗遭到了严厉批判。尽管如此，对这些措施的如下解读依然遭到无视，即罗斯福意欲毫无妥协地与德国、意大利和日本进行战争；而美国除了正式宣战以外还有通过经济和政治手段对轴心国施加压力的可能性，遑论德意志帝国长期以来极为依赖海外原材料市场。这样的尝试也的确存在一些：在德国对美国宣战6个月之前，美国就于1941年6月搜集了与德国合作的拉丁美洲公司的"黑名单"，并将这些公司排除在对美贸易之外。

---

① Mau, H.-J./Stapfer, H.-H., Unter rotem Stern. Lend-Lease-Flugzeuge für die Sowjetunion 1941-1945, Berlin, 1991, 63.
② Gruchmann, Völkerrecht（见第456页注释④），395.

美洲的避难所

在历史回顾中显得尤为醒目的是，罗斯福政府与之斗争的美国纳粹分子通过美国自由的移民法在人数上出现了显著增长。1924年以来，美国纳粹组织的重要领导人均为来自德国的新移民。他们从华盛顿政府于第一次世界大战后不久重新批准的首要针对中欧和北欧地区的高移民比例中受益。其政治和法律依据是1921年通过的《紧急配额法案》。① 结合1924年的《约翰逊-里德法案》，其附注的"移民种族配额"被用来确保北美的白人总数保持多数优势并免受从东欧、南欧以及亚洲大量涌入的移民的影响；此外，拉丁美洲的移民份额被完全剔除。② 而美国原住民仍没有被计算在内，来自非洲的移民则从1870年以来就一直是被禁止的。

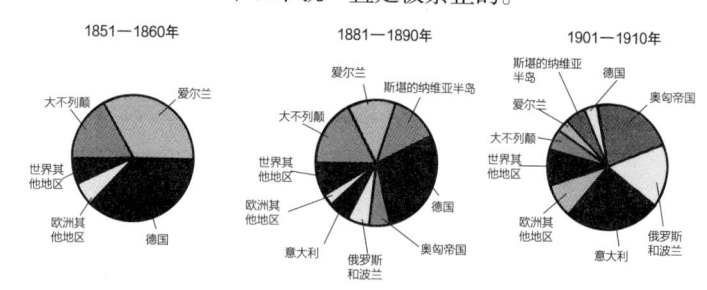

《设计中的国家》1851—1910年按原籍分类的移民③

---

① 刊登于：LeMay, M./Barkan, E.R.（Eds.）, *U.S. Immigration and Naturalization Laws and Issues. A Documentary History*, Westport, 1999, 133–135。
② 刊登于 Schambeck, Dokumente（见第116页注释①），443–447。下文数据出处同前，445 f.。
③ Diagramm aus: Der Große ploetz（见第269页注释②），1288。

"被设计的国家"

美国政府定期地将其配额政策收紧。因此,根据1921年的移民法,每年还有35万名移民被批准,这一数字在3年后仅为16.5万;再3年之后,只有15万人被允许移民。这一数量也在随后的1929年的修正案中被确定下来。同时,来自欧洲的实际移民人数从约80万下降至约15万。[1]然而仅在1925—1927年,包括德国在内的西欧-斯堪的纳维亚地区的年配额约为12.7万人,这已经占了移民总数的87%。[2]此外还获得批准的2.3万名移民大部分来自东欧和东南欧地区(约为1.8万人)。相比之下,只有大约4000名来自世界其他非欧洲地区的移民获得了批准。这些人数最初是以1890年的人口普查数据作为计算的基数,当时的新移民配额上限为相应民族人口的2%。自1927年起,美国政府开始采用1920年的人口普查数据为基数。由于德裔美国人的比例较高,因此配额法确保了仅从德国每年就有5.1万人被允许移民至美国。从1929年起,来自北欧、西欧和中欧的移民总共占据了移民总数的70%,其余30%来自东欧和南欧。这一移民配额于1965年被《移民与国籍法案》(又称《哈特-塞勒法案》)所取代,然而该配额法案部分内容的

---

[1] 引自 LeMay/Barkan, U.S. Immigration(见第458页注释①),130。

[2] U.S.Department of Commerce/Bureau of the Census, Historical Statistics of the United States 1789-1945. A Supplement to the Statistical Abstracts of the United States, Washington, 1949, 33. 此外还参见 Daniels, R., *Coming to America. A History of Immigration and Ethnicity in American Life*, New York, 1991, 287 ff.

有效性一直持续到1978年。[1]随着该配额的取消，美国人口的构成发生了近乎突然的变化，虽然当今的美国人口构成仍以白人为主，但欧洲裔美国公民的人口数量在千禧年前后下降到约为15%，而自1950年以来的总移民人数却增加了近3倍。[2]

1925—1927年的移民配额调整[3]

国家	配额/人	国家	配额/人	国家/地区	配额/人
德国	51227	波兰	5982	非洲（除埃及）	1100
大不列颠及北爱尔兰	34007	意大利	3845	亚美尼亚	124
爱尔兰	28567	捷克斯洛伐克	3073	澳大利亚	121
瑞典	9561	苏联	2248	巴勒斯坦	100
挪威	6453	南斯拉夫	671	叙利亚	100
法国	3954	罗马尼亚	603	土耳其	100
瑞士	2081	葡萄牙	503	埃及	100
荷兰	1648	匈牙利	473	新西兰/太平洋岛屿	100
奥地利	785	立陶宛	344	其他	1900
比利时	512	拉脱维亚	142		
芬兰	471	西班牙	131		
但泽自由市	228	爱沙尼亚	124		
冰岛	100	阿尔巴尼亚	100		
卢森堡	100	保加利亚	100		
		希腊	100		
总计	142483 (=86.5%)		18439 (=11.2%)		3745 (=2.3%)

然而，1924年的移民法规不仅是亲欧洲的，更是反亚洲的，这就是它们也被称为《亚洲排斥法案》的原因。[4]根据该法案，来自亚洲的移民应予强烈阻止，特别是来自东亚尤其是中国和日

---

[1] 刊登于 LeMay/Barkan, U.S. Immigration（见第458页注释①），257-261。

[2] 参见 The Foreign-Born Population, 2000, Chapter 17（census.gov）。

[3] Statistical Abstract of the United States, Washington, 1929, 100.

[4] Zolberg, A.R., *A Nation by Design. Immigration Policy in the Fashioning of America*, New York, 2006.

本以及包括太平洋群岛在内的南亚和东南亚的移民。此外，来自印度、锡兰、缅甸、马来西亚、新加坡等英国殖民地区以及柬埔寨、老挝、越南等法国殖民地区的移民也是不受欢迎的。菲律宾以及自1939年起称为泰国的暹罗尽管仍然处于美国控制下并且不受两个毗邻的英法殖民地区的直接控制，但是这些地区的移民仍应尽可能完全避免。在当时的术语中，也没有人回避那些在19世纪很普遍的种族主义论调。1916年麦迪逊·格兰特出版的著作《伟大种族的消逝》就推动了这一论调，并在当时美国广泛传播的优生学论战中发挥了特殊的作用。

已经极为严苛的联邦法律在西部的联邦州，如加利福尼亚州，还通过诸如《外国人土地法》等法案加以补充，这些法案的主要目的是阻止亚洲移民获得土地。[1]1913年通过的《加利福尼亚州外国人土地法》（又称《韦伯-希尼法案》）在生效7年之后再次大幅度地收紧，成为针对亚洲移民最为严苛的法律之一。它甚至立足于美国第一部移民法——1790年由当时的美国国会通过的《外国人归化法》的相关条例。[2]当时这一法案的主要目的是防止被释放的非洲奴隶归化，这些奴隶当时因为不是"自由的白人公民"而被剥夺公民身份。不可否认，在1868年的第十四修正案中，美国公民身份也授予已经在美国出生的许多第二代移民。然而，当时遭到美国政府灭绝迫害的原住民以及亚裔移民均不在此列。直到30年之后在美国联邦最高法院审理的著名的黄金德案

---

[1] 有关特别针对日本移民的法规参见 Daniels, R., *The Politics of Prejudice. The Anti-Japanese Movement in California and the Struggle for Japanese Exclusion*, Berkeley, 1977, 58 ff, 以及 877 ff。

[2] Statutes At Large, First Congress, Session II, 103.

中，在美国出生的亚裔移民才得以确信,他们从美国出境后再次入境美国并不妨碍他们在美国的永久居留权。该案的背景是1882年通过的《排华法案》,其中规定,华人一旦离开美国国境就无法再次入境,即便该华人出生于美国。这一针对华人的限制直到1943年才最终被废止。

除了这一以地区和"人种"——当代关于"种族"的术语来划分的移民政策以外,强烈的功利主义因素也左右了这场论战。1790年的移民法已经规定了入籍前为期两年的考察期。自1875年镀金时代的经济危机以来,妓女和罪犯等群体的移民首次完全排除在外。1882年,弱智人士和所有其他被认为无法维持生计的人群的移民也遭到禁止。这条被称为"社会净化"的政策在之后的法规中一直得以延续。1903年,遭到禁止移民的人群也明确包含了癫痫病患者和职业乞丐。1907年又增加禁止结核病患者的移民。自1910年以来,在3年前提高移民税之后,贫困人口也被明确地排除在移民许可之外。因此,1891年美国的第一个移民局隶属于财政部的情况并非偶然。1年后在纽约州埃利斯岛设立的中央移民局也相应地不但对职业技能,而且对身体素质进行细致的检查。此外,自1907年以来,无成人陪伴的16岁以下未成年人可以被遣返。10年后的美国入境法已经要求入境者具备英语能力,并设置了一个针对16岁以上入境者的阅读和写作测验。埃利斯岛对于移民而言尽管是一个重大的障碍,但是仍不如西海岸旧金山附近、主要受理亚裔移民入境事宜的天使岛那样臭名昭著。根据对亚裔移民的歧视性法律,1910—1940年,有数千名移民在这里首先遭到关押,然后才对其移民申请作出判决。根据第二次世界大战期间的《外侨敌人法案》,该岛自然而然地充当了第二次世界大战时日裔美国人的拘留中心。

持续提高的条件相应地导致了入境许可的减少，这反过来又造成了所谓的回迁比率的增长。回迁的原因不仅在于被拒绝入境，移民在美国遭遇的失败甚至所取得的巨大成功都有可能是他们决定回迁的原因。1899—1924年，德国移民回迁的平均比例约为20%，远低于意大利移民（50%）和西班牙移民（45%）的水平，但高于爱尔兰移民（12%）的回迁率。在诸如19世纪70年代的美国经济危机时期，回迁率通常会有规律地上扬：1875年德国移民的回迁率几乎达到了50%。[①]1908—1957年，美国政府也系统地记录了最终离境率，其平均数值达到了33%。1570万入境者中有1/3（约480万）再次离开美国。[②]这一比例一直保持到今天。[③]

1924年的移民法规得到了国会两院的大力支持并获最终批准。几乎没有众议员和参议员反对这些规定，尽管它们明显违反了一些最重要的宪法准则。尤其对这一法规持批评态度的是当时刚刚当选为众议院众议员的民主党人伊曼纽尔·策勒。策勒原本出生于犹太家庭，后来皈依了天主教。自1933年起，他也对罗斯福的移民政策做出了尖锐的批评。事实上，直到1952年《移民和国籍法案》（简称INA，又称《麦卡伦-沃尔特法案》）获得通过之后，"种族"一词才得以从移民法中删除。但该举措的背景

---

① 相关数据参考 Bade, Deutsche（见第34页注释①），179-185（K. Schniedewind 的文章）；此处：180。

② 相关数据参考 Angenendt, St.（Hrsg.），Migration und Flucht. Aufgaben und Strategien für Deutschland, Europa und die internationale Gemeinschaft, Bonn, 1997, 190-199（O. Stark 的文章），190。

③ 数据引用自 Population Reference Bureau（www.prb.org/Publications/Population Bulletins/ 2010/immigrationupdate1.aspx）。

表明它与压制种族主义的目的无关，而更多地与将具有战略意义的、人口多数为亚裔的太平洋岛国关岛作为所谓的"合并岛屿区"同美国绑定的必要性有关。自1952年12月以来，关岛的居民与后来的北马里亚纳群岛、波多黎各和维尔京群岛的居民一样，甚至在出生时就可以取得美国公民身份，只是他们在总统选举中均没有投票权。

自1933年起的移民情况

策勒自1923年起就一再提出一个论点，即美国给自己设定的角色——成为全世界受迫害人群的避难所，只能以有限的形式得以实现。这一点至少在1933年德国纳粹政权开始对政治上或"种族上"不受欢迎的人群进行大规模迫害和驱逐之后，就部分地得到了证明。1933—1945年，受到德国政府驱逐的大约50万人中，其中超过1/4的人前往美国避难。在这个总数将近13万的人群中，仅犹太人就达到大约10万之众。[1]

考虑到纳粹实行的大屠杀政策，在1945年之后，美国为何不接受更多受迫害者成为重大疑问之一。不仅是1929年更新的每年15万人的移民配额，政治和意识形态上的保留态度也被证明起到了尤为不利的阻碍作用。此外，20世纪30年代的经济危机也迅速聚集了一批自由移民政策的反对者，其中就包括实力强大的美国

---

[1] 数据引用自 Krohn, C.-D. u. a. (Hrsg.), Handbuch der deutschsprachigen Emigration, Darmstadt 1998. Zahlen zur jüdischen Emigration bei Bade, Deutsche (见第34页注释①)，345-353（W.Röder 的文章）；此处：348。

劳工联合会，它首先希望保护的是已经在美国工作生活的工人的权益。基督教电台牧师如臭名昭著的查尔斯·科夫林利用了广泛传播的反犹主义偏见，在极右翼组织以及部分政治孤立主义者的支持下，要求实行集中化居住，尤其是对犹太移民进行限制。①查尔斯·林德伯格的"美国第一委员会"和亨利·福特的出版物也起到了不光彩的作用。反犹主义在美国实际的传播范围之广已被当时的民意测验所证明：在第二次世界大战爆发之前，近半数的受访者对犹太人表现出了深深的偏见。1942—1944年，认为犹太人拥有过多权力和财富的人群比例从52%上升到65%。②但是同期在美国，只有12%的美国公民认为自己是反犹主义者。

但是这些反犹主义者也不仅只存在于社会。1940年当选为美国国务院助理国务卿的布雷肯里奇·朗以其对欧洲威权政体的同情态度而闻名，因此在他的领导下，签证的签发数量明显下降就绝非偶然了。这种情况在纳粹对欧洲犹太人实行大规模屠杀时期尤甚。1941年初，有移民意愿者中只有1/7能够入境美国，其中有些人甚至没有合法签证。1939年就发生了一个引起轰动的事件：当时有900多名没有入境许可的犹太难民乘坐"圣路易斯"号客船被遣送回了欧洲，他们当中的一部分人没能在大屠杀中得以幸存。回顾历史可以更清楚地看出，不仅是美国政府，美国的公众舆论长期以来也对欧洲犹太人遭到谋杀的消息持一种无视的态

---

① Warren, D., *Radio Priest. Charles Coughlin, the Father of Hate Radio*, New York, 1996, 129 ff.

② Feingold, H. L., *A Time for Searching. Entering the Mainstream 1920-1945*, Baltimore, ²1992, 251. 下文数据出处同前。

度，因为其真相太令人难以置信。①许多美国人希望获得更多的证据，尤其是在相关报道来自苏联的情况下。1941年纳粹在巴比亚尔山谷杀害上万名犹太人的消息被当时《纽约时报》的一篇报道认为是不真实的新闻。②

这一问题重重的移民政策也间接地成为1948年通过的《战时错置人员法案》的出发点。在该法案的基础上，受迫害的犹太人以及其他难民或受驱逐者得以允许入境美国。通过该法案，又有大约40万移民得到收留。③在随后的几十年中，该法案的替代法案又使数十万人得以进入美国。这些人很快就不只是来自欧洲，还来自其他地区，比如中国、匈牙利、古巴和越南。

第二次世界大战开始时，美国的移民政策远远没有实现德国、奥地利以及其他欧洲国家难民前往美国的期望，这一点是毋庸置疑的。④成千上万的人都在徒劳地等待签证的发放。巨大数量的难民仍然得以到达美国的原因是其间一再开放的边界。尤其是在1940年德国战胜法国之后，罗斯福就着手制定一个所谓的"紧急访客签证计划"以使配额之外的一些处于极度危险境地的人获准前往美国。大约有1000名难民通过这种途径获得了签证，尽管这一小规模的限制取消政策遭到美国国务院及其对欧洲移民持保留态度的人的一再阻挠。1939年，在白宫的直接压力下，一小部

---

① Wyman, D. S., *The Abandonment of the Jews. America and the Holocaust, 1941—1945*, New York, 1984, 5; Lipstadt, D.E., *Beyond Belief. The American Press and the Coming of the Holocaust 1933—1945*, New York, 1993, 240 ff.

② Lipstadt, Beyond Belief（见本页注释①），245 ff。

③ 数据源于LeMay/Barkan, U.S. Immigration（见第458页注释①），132。法案刊登出处同前，210-213。

④ 下文数据引用自Krohn, Handbuch（见第464页注释①），454 ff。

分幸运者得到了入境许可，比如直接从集中营逃离的犹太心理分析家布鲁诺·贝特尔海姆。

许多私人援助组织在难民援助方面尤为活跃。其中包括一些犹太人协会，比如美国犹太人联合分配委员会；此外还包括基督教团体，如贵格会维持下的美国公谊服务委员会；工会组织和各类基金会，如卡耐基基金会或洛克菲勒基金会，以及遍布全球的科学家网络，它们不仅在入境事宜上提供帮助，而且还常常在难民的融合问题上施以援手。仅洛克菲勒基金会就为大约300名科学家提供了重返社会的职业机会。纽约新学院大学社会研究学院的流亡大学也成了一个重要的难民中心，它早在1933年就接受了众多受到威胁的德国教授。到1945年，它已经接纳了超过170名来自欧洲的学者。从欧洲逃离的大约2000名顶尖科学家当中，有2/3以上到达美国。这种被迫的人才流动对于美国而言无疑是一种幸运，它使美国在某些领域，如理论物理、数学、心理分析和实证社会研究等领域，获得了顶尖人才。这些人才为美国在第二次世界大战后的迅速崛起奠定了必不可少的基础。从移民人才中获益良多的还有小型的大学和学院。此外还有数千名杰出或极为杰出的艺术家、作家、演员或政治家在1945年之后留在美国。最早的一批杰出新公民之一就是诺贝尔物理学奖获得者阿尔伯特·爱因斯坦，他在1934年正式从德国移居美国。但自1932年底以来，他已经身在美国，并从1933年开始在普林斯顿高等研究院任职。1939年8月2日，正是爱因斯坦通知罗斯福德国可能已经拥有制造原子弹的能力，从而促成了美国的核军事研究。[1]在爱因斯坦之

---

[1] 刊登于 Schambeck, Dokumente（见第116页注释[1]），470-472。

后还有29位诺贝尔奖获得者以及科学和艺术领域的27位功勋勋章获得者前往美国，其中相当一部分人也最终定居于美国。其他来自德国移民的杰出人物还有作家托马斯·曼、利翁·福伊希特万格、埃米尔·路德维希、贝尔托·布莱希特、卡尔·楚克迈尔、埃里希·玛利亚·雷马克和斯蒂芬·海姆等。在哲学以及方兴未艾的社会学领域，涌现了齐格弗里德·克拉考尔、赫伯特·马尔库塞、汉娜·阿伦特、麦克斯·霍克海默和西奥多·阿多诺等人，他们的研究在第二次世界大战期间以及随后的冷战期间对于美国政治和军事领域也有特殊的意义。

作为已经成名的建筑师，魏玛包豪斯的创始人沃尔特·格罗皮乌斯于1937年前往美国。一年后，他的同事、曾经幻想能在德国逗留更长时间的路德维希·密斯·凡·德·罗也抵达美国。他们的作品成了现代建筑的典范，例如格罗皮乌斯在20世纪50年代为纽约设计的泛美大厦（现为大都会人寿大厦）或者密斯·凡·德·罗设计的西格拉姆大厦。欧洲戏剧和电影行业也有当时世界闻名或年轻但名声显赫的导演和编剧移居美国，比如弗里兹·朗和比利·怀尔德。与他们一同前往美国的还有著名演员马琳·迪特里希或弗里茨·科特纳。在1939年获得美国国籍后，玛琳·迪特里希和许多其他人一样，自愿参加了美国的战争宣传，甚至以美国军官的身份返回德国。

此外，德国和奥地利政党的逃亡成员在美国组成了独特的移民群体，他们在那里将重建祖国民主视为己任，也扮演了重要的角色。这一群体也时常与美国的政党和组织产生深入的联系。其中尤为活跃的社会主义流亡者团体是其纽约分部领导人卡尔·弗兰克领导下的"新起点"。①弗兰克在美国以保罗·哈根的名字出现,是德国社会主义者移民最重要的联络人之一,他们的美国民主德国协会也包含了托马斯·曼、保罗·提利奇或莱因霍尔德·涅布尔等人。然而,"新起点"组织的发展历史也说明了美国的德国政治流亡群体的分歧有多严重。弗兰克甚至没能成功地说服同在美国的,由弗里德里希·斯坦普弗和鲁道夫·卡茨领导的德国社会民主党(所谓的"SOPADE"),也未能达成共同的政治主张。正是由于这个原因,卡尔·弗兰克在1945年之后也不再有可能返回德国。直到在美国去世之前,他一直以心理分析为业。

许多德国移民甚至就职于美国政府高层,例如罗伯特·坎普纳,他在1933年被普鲁士邦内政部解雇之前一直担任法律顾问。1945年,坎普纳在针对主要战犯的纽伦堡审判(作为普鲁士邦内政部前帝国委员赫尔曼·戈林此前已经受到了审判)过程中被任命为副首席检察官。而经济学家格哈德·科尔姆则担任罗斯福的顾问。在组建美国战略情报局即1947年成立的更为著名的中央情报局的前身的过程中,流亡美国的德国社会学家如奥托·基希海默、弗朗兹·诺伊曼和汉斯·赫兹均做出了贡献。②如果把目光投向1945年之后,便可以看出有哪些与之相关的长期影响。亨利·基辛格于1938年与父母一同逃离德国,成为理查德·尼克松以及杰拉尔德·福特政府的美国国务卿;迈克尔·布鲁门塔

---

① Stöver, B., Volksgemeinschaft im Dritten Reich. Die Konsensbereitschaft der Deutschen aus der Sicht sozialistischer Exilberichte, Düsseldorf, 1993, 86 f.

② Söllner, A.（Hrsg.）, Zur Archäologie der Demokratie in Deutschland. Analysen politischer Emigranten im amerikanischen Geheimdienst, Bd. 1: 1943-1945, Frankfurt a.M., 1982.

尔一家经由中国逃离后，直到1947年才到达美国，他后来升任吉米·卡特政府的财政部部长。对于其他许多知名度较低的难民而言，最简单的情况就是参加新的职业考核。最坏的情况则是在一个全新的专业领域重新开始其职业生涯，这对于那些已经长期受母语束缚的职业尤为明显，比如作家和演员。

自1945年起的移民情况

第二次世界大战之后，普遍来说表现得较为积极的经历促使美国对那些寻求在美国避难的团体采取了更为积极的政策，这一趋势一直持续到今天。1945年开始并于1947年正式宣布的冷战使得那些即使是受到政治压迫的专家也能够立即有时甚至以绕开现有法律的方式进入美国。这些专家中一方面包括了科学技术精英，比如德意志第三帝国的火箭专家韦恩·冯·布劳恩；另一方面则包括自1917年俄国十月革命以来，尤其在苏德战争期间活跃于反共组织中的政治专家。此外，相关的私人机构，尤其是有移民组织参与运作的私人机构，也得到了美国国务院的资助，比如欧洲自由国家委员会。自1949年以来，该机构一直以纽约为中心运营主要向中东欧传播西方价值观念的"自由欧洲之声"。[①]在20世纪50年代初期又为此设立了另一个电台对苏联进行宣传，即最初称为"解放之声"后又与"自由欧洲之声"统称为"自由之

---

① Stöver, B., Die Befreiung vom Kommunismus. Amerikanische Liberation Policy im Kalten Krieg 1947-1991, Köln, 2002, 283 ff.

声"的机构。此外，负责东亚地区宣传的"自由亚洲电台"随后也得以设立。所有这些电台都是在美国由美国负责人和反共移民一起运营的。除此之外，在美国还有众多其他反共组织，例如在全国范围内聚集了反对苏联人士的"国家反布尔什维克集团"，以及之前提及的反纳粹移民的筹款组织，如隶属于"国家反布尔什维克集团"的"美国之友"。类似的组织还包括针对中南美洲的"美洲大陆防卫联盟"（简称ICOC或IACCD）以及针对亚洲的"亚洲人民反共产主义联盟"。许多这类组织都受雇于美国政府尤其是美国中央情报局，直到冷战结束。[1]

1945年以来，除了美国所希望的政治难民外，总体的移民压力也再次增加，政治评估在此依然是一个重要的标准。除了已通过的明确反共的《内部安全法案》以外，1952年的《麦卡伦-沃尔特法案》尤其证明了这一点。它明确地维持根据1920年的人口普查制定的配额，并且（主要是在冷战的背景下）保留了意识形态和政治方面的移民理由以及相关的豁免规定。《麦卡伦-沃尔特法案》还承认以下三种移民[2]：（一）每年接收的总数不超过27万的普通移民；（二）允许在配额外接收的、具有对美国而言有益的特殊职业技能的移民；（三）根据具体情况接收的不受配额与职业技能限制的难民。1953年生效的《难民救济法案》在1953年朝鲜战争结束后，鉴于在东亚发生的人道主义灾难，也将难民范围扩大到了欧洲以外的人群。1956年匈牙利事件爆发后，这一

---

[1] Anderson, S. u. a., *Inside the League. The Shocking Exposé of how Terrorists, Nazis, and Latin American Death Squads have Infiltrated the World Anti-Communist League*, New York, 1986.

[2] United States Statutes at Large, 64 Stat. 993.

法案通过对数万名难民的支持再次得以扩展。根据1958年通过的法律，大约有3万名匈牙利人（其中包括许多学者）得以入境美国。[①]类似的情况也发生在1959年起从古巴前往美国的大约40万名难民身上。[②]1973年，美国从越南撤军；2年后，北越共产主义政权取得胜利；老挝和柬埔寨随后也建立了共产主义政权。这些都要求美国制订一些新的计划。到冷战结束之前，美国仅越南难民一项就接收了大约50万人。[③]直到1980年，新的难民法才将反共产主义这一加分项正式取消，尽管它在冷战结束前一直是一个重要的依据。根据国别的配额限制也于1965年被正式废除，但是它的影响一直延续到1978年左右。此后的配额分配则以绝对人数为基准，而配额本身也不时得到调整，正如1990年的《移民法》所规定的那样。

尽管限制重重，美国作为避难所以及梦想国度的吸引力直到今天仍然存在。美国公民及移民服务局近年来记录在案的移民人数一直高于110万，但尽管非法移民现象已呈下降趋势，非法移民的人数仍然几乎与此持平。回顾起来，美国的总人口于2006年达到3亿，但美国移民人数的显著变化并不是直到1965年对移民法进行自由化之后才发生的。20世纪30年代的合法移民人数不到25万人，到50年代就已经达到了10倍的规模；在此基础上又在80年代翻了三番，在90年代更是增长到1000万以上。尽管如此，移

---

① 数据引用自 LeMay/Barkan, U.S. Immigration（见第 458 页注释①），245. Gesetz vom 25.7.1958，出处同前，245 f.

② 出处同前，263 f。

③ 出处同前，267–269。

民人数所占百分比却随之下降了。[1]非欧洲的移民群体目前显然呈现出人数过多的状态。人数最多的是墨西哥移民,其后依次是来自菲律宾、中国和越南的移民。根据美国人口普查局现在的估计,到2050年,约有1/4的美国公民将具有西班牙裔血统。这种情况也使此前关于对"白人美国"可能产生威胁的论调死灰复燃。

1981—2001年前往美国的移民人数[2]

单位:人

根据大洲计算	1981—1990年	1991—1999年	2000年	2001年	小计人数
北美洲和中美洲	3125000	3917400	344800	407900	7795100
亚洲	2817400	2892200	265400	349800	6324800
欧洲	705600	1311400	132500	175400	2324900
南美洲	455900	539900	56100	68900	1120800
非洲	192300	383000	44700	53900	673900
总计人数	7338100	7732500	849800	1064300	16984700
根据单个国家计算					
墨西哥	1653300	2251400	173900	206400	4285000
菲律宾	495300	505600	42500	53200	1096600
中国	388800	424600	45700	56400	915500
越南	401400	421100	26700	35500	884700
韩国	338800	171300	15800	20700	546600
印度	261900	383300	42000	70300	757500
多米尼加共和国	251800	340900	17500	21300	631500
萨尔瓦多	214600	217400	22600	31300	485900
牙买加	213800	173500	16000	15400	418700
古巴	159200	180900	20800	27700	388600

---

[1] Williams, M. E., *Immigration*, San Diego, 2004, 82.
[2] U.S Censes Bureau, Statistical Abstract of the United States, 2003, 11(www.census.gov).

但是自20世纪90年代以来，对于美国政府而言，关键问题并不是来自拉丁美洲的合法移民，而是美国墨西哥边界上的大规模非法偷渡现象，其中的劳务黑工与毒品犯罪行为相互混杂。克林顿政府早在1996年就已经开始计划建造、直到现在才完工的边境围墙可谓是为了控制这种行为并解决当地美国居民恐惧而采取的最为激进的措施。同时，人们也试图通过使已经身处美国的非法移民获得合法身份这一措施来不时地对非法移民现象进行打击。

美国史
撕裂的帝国
（下）

GESCHICHTE DER USA

[德] 贝恩德·斯托弗
———— 著 ————

徐聪 何剑
———— 译 ————

从第一块殖民地到现在

Von der ersten Kolonie bis zur Gegenwart

湖南人民出版社·长沙

目 录

第九章　一个超级霸权的诞生：
1941—1945 年第二次世界大战期间的美国　　　　475
珍珠港事件以及 1941 年美国的参战　　　　477
正义的战争　　　　491
民主和专制：非自然的联盟　　　　506
从一场战争走向另一场战争：1945 年以及冷战的开始　　　　519

第十章　如临深渊：1945/1947—1991 年的冷战　　　　537
意识形态和原子弹：一个激进的时代　　　　539
对共产主义者的迫害以及"庇护所争论"　　　　557
美利坚合众国与第三世界　　　　577
冷战的代价与收获　　　　593
美国的胜利？　　　　603

第十一章　超级文化　617

富足社会　619

流行文化　650

美国梦及其实现之地：以好莱坞为例　668

全球化和美国化　688

第十二章　面临新对手的唯一霸权：自1991年起的美国　711

一个新的世界秩序　713

世界警察　725

宿敌的回归：2001年的"9·11"事件　737

1991年之后的内政和经济政策　757

21世纪：美国梦的终结？　780

缩略语及译名对照表　826

人名及译名对照表　834

美国历任总统一览表　869

美国联邦州（根据建州时间先后排序）　871

印第安人战争　873

美国重大对外干涉事件　876

出版后记　883

第九章

◆

一个超级霸权的诞生：
1941—1945年
第二次世界大战期间的美国

珍珠港事件以及1941年美国的参战

尽管罗斯福的"隔离演说"提到的普遍性灾难场景并没有明确指向德国、意大利和日本，但大多数人都知道希特勒政权已经越来越引起罗斯福的注意了。将日本边缘化的举措可能能够避免美国的对外政策与太平洋地区不利于美国的威胁之间所产生的严重冲突。回顾历史可以很明显地发现，日本早在1937年7月发动对中国的全面侵略战争之前就已经认为，美国政府主要会将其注意力集中于欧洲。而事实上，华盛顿方面的反应也的确相当温和。[1]

华盛顿政府的缄默无为

1937年底日本人在南京制造了骇人听闻的、持续了数周的南京大屠杀事件，即便是这一消息传到美国时，罗斯福仍未认为已经做好了正式回应的准备。然而，参加对日战争的志愿军也是在罗斯福的秘密命令下前往中国的，美国政府也对日本实行了禁运。1941年4月，在昆明成立了由克莱尔·李·陈纳德领导的美国

---

[1] 下文内容参考 Weinberg, G. L., Eine Welt in Waffen. Die globale Geschichte des Zweiten Weltkriegs, Stuttgart, 1995。

志愿航空队（又称"飞虎队"）。已经开始的对蒋介石所领导的中国国民党部队的支持也显得敷衍了事，使其反共军队在很大程度上被边缘化，直到日本在中国的侵略结束为止。1949年，在苏联的支持下，毛泽东取得了革命的胜利，蒋氏军队则不得不前往位于东南部的台湾岛……该政权作为分裂中国的前沿阵地直到20世纪70年代都获得美国全面的资金支持。

在日本政府眼中，美国政府在东亚和太平洋地区的软弱还体现在下面的事实中，即1940年，美国政府从夏威夷的珍珠港撤出了太平洋舰队的大部分舰船。珍珠港始建于1887年，其规模自1898年以来一直在扩大。在1940年6月法国对抗德国军事进攻的最后一次失败之前，珍珠港一直是美国安全政策中毋庸置疑的重点。此时，战斗力强大的新型战舰和航空母舰已经转移到大西洋海域，以所谓的"中立巡逻"的名义站在英国人一方并很快介入了战争行动。令日本军事领导层越来越坚信的是，在美国人眼中，为了应对更为危险的来自德国的威胁，将军事重心集中于大西洋显然更有意义。1940年6月12日，日本政府拟定了后续的计划：为了向东南亚方向继续推进，首先与泰国建立一个同盟，进而为西进占领英属殖民地印度创造可能性。堪称无能的法国维希政府在亨利·贝当的领导下与德国纳粹政府密切合作，无论如何都只能同意日本在前法国殖民地的印度支那建立基地。由于政局不稳的泰国（1939年前被称为"暹罗"）一直与法国在边境问题上有冲突，因此也将当时的局势看成实现己方计划的机遇。这使得日本人于1942年占领了泰国以西的邻国——与之对抗了数百年的缅甸。作为对泰国予以配合的奖励，日本许可泰国占领主要包括柬埔寨的相邻地区。尽管诸多不情愿，泰国在日本战败后还是不得不退还他们占领的领土。在美国纪念文化中影响深远的还有英国战俘被迫在泰国北碧府附近的桂河地区从事强制性劳动而修建铁路的事件。由大卫·利恩执导、英美联合摄制的故事片《桂河大桥》于1957年首映，它揭露了第二次世界大战中普遍违犯1907年各国在海牙商定的交战规则的行为。由于日本一开始的扩张步伐较为缓慢，美国直到1940年法国战败之后仍然认为己方有足够的时间将其舰队从美国西海岸派遣至菲律宾，以保护自己在太平洋海域的利益。实际上，驻扎在圣地亚哥的美国舰队当中的部分舰船已经于1940年驶向珍珠港。除此之外，罗斯福当时仍只限于指出日本违反国际条约的行为，并警告他们不得进一步占领当时已经毫无防御的法国、荷兰以及英国位于东南亚的殖民地。与以前一样，日本显然不会正视罗斯福的警告。自1940年7月以来，日本军队向法国殖民地的北部推进。到1941年底，越南、老挝和柬埔寨基本上都被并入1940年8月1日东京政府宣布的"大东亚共荣圈"。日本人在东亚-太平洋地区进行地缘战略重组的企图也是建立在被征服者对欧洲殖民统治者的仇恨之上的。然而，殖民地将反殖民主义解放运动工具化的实践却遭到了彻底的失败，因为日本天皇的部队有时甚至比欧洲殖民者更为残暴。但是日本人所做的宣传已经为第二次世界大战后该地区的非殖民化奠定了基础。为了进一步确保其"大东亚共荣圈"，日本于1940年9月27日与德国和意大利签署了所谓的《德意日三国同盟条约》。该条约无疑也包含了获取军事援助的途径，这一途径在第二次世界大战期间时隐时现，但实际上一直延续至意大利和德国战败为止。战争结束时，攻占德国的美国人发现有证据表明，即便是在1945年3月，还有日本专家在位于德国德绍的容克工厂里查看飞机引擎的设计图。[1]此外，在大西洋海域的战争结束时，仍不时有目的地为日本并且携带了火箭、喷气式战斗机设计图以及相关技术人员的德国潜艇被捕获。[2]而事实上，日本生产的飞机型号，例如中岛J9YKikka式或中岛Ki-201式战斗机等已经清楚地表明，即便是当时最先进的德国喷气式战斗机，如梅塞施密特Me262型的技术资料已经为日本所获取。

禁运政策与"四项自由"

1940年秋天，美国政府对日本实施全面禁运政策。除了原油和航空燃料以外，禁运政策也涉及钢铁废料。到1941年中期，对这些物资的禁运扩大到极点。由于日本极度缺乏原材料，所以美国的政策在日本眼中无异于间接宣战。而日本经济在美国实施禁运政策之前所需的原油有超过3/4都是从美国购买的。[3]美国的禁运政策还通过南亚和东南亚的英国以及荷兰殖民地，即印度和印度尼西亚之间的整个区域的加入得到加强。当华盛顿方面最终从东亚撤出所有美国公民时，显而易见的是，罗斯福此时预计到了即将面临的冲突，并且不打算与日本人媾和。今天，人们从罗斯福的内部谈话内容中得知，这对他而言也关系到原则性的问题。1938年在首相张伯伦领导下的英国政府所奉行的"绥靖政策"已

---

[1] Henke, K.D., Die amerikanische Besetzung Deutschlands. München, 1995, 742 ff.

[2] Weinberg, Welt（见第477页注释[1]），436f。

[3] 出处同前，277。

经被罗斯福理解为不仅是在政治上为令人不能容忍之事，而且更是对柏林、罗马以及东京的专制政权的一种纵容。此后的美国政治中几乎没有出现过像"绥靖主义者"这样令人厌恶的政治术语。在第二次世界大战之后，这一原则也被持续地贯彻执行，并在冷战时期成为美国政治的一个重要基础。

美国政治的中心思想一再试图与美国独立战争和殖民时代的传统与原则相结合，这一点甚至在战争开始之前就以美国政府发表的两份声明得以明确。首先，罗斯福于1941年1月6日在其年度国情咨文中提出了所谓的"四大自由"；另一方面，美国政府于1941年8月14日与英国签署了《大西洋宪章》，将有关不容改变之自由的思想以书面形式确立为目标协议。

罗斯福将四大不容改变的自由定义为言论和表达自由、信仰自由、免于匮乏的自由和免于恐惧的自由。有关这四大自由的演说不仅在语言上通俗易懂，在内容上也简单明了。这表明，罗斯福总统的这次演讲主要还是以美国中西部地区农民中的孤立主义者为对象。尽管如此，每个愿意接受的人都可以在这个演讲中理解到16、17世纪第一批欧洲移民的主要传统，以及该演讲与1789—1791年的美国宪法第一修正案（其中将言论自由、宗教信仰自由、新闻自由和集会自由解释为公民不容改变的基本权利）之间的关联。①

仅仅在数个月前，孤立主义者还在名流众多的美国第一委员会中再次公开发表激烈而具煽动性的言论。因此在这一时刻，克服愈演愈烈的孤立主义思潮即便是对于大受欢迎的罗斯福而言也

---

① 演讲稿刊登于 Schambeck，Dokumente（见第 116 页注释①），472-477。

是极为艰难的。这一点可以从以下事实中看出,即罗斯福认为很有必要同时发起大规模的宣传运动以开启美国参与世界政治的责任和义务。1941年他就委托了雕塑家沃尔特·罗素来建造"四大自由纪念碑"。1943年,纪念碑在纽约的麦迪逊广场花园落成,它被用来纪念日本偷袭珍珠港事件3天后坠机的飞行员科林·凯利。除此之外,为了将罗斯福的对外政治原则更为清晰地向公众传达,诺曼·洛克威尔也于1943年创作了《四大自由》系列作品。洛克威尔的这些作品发表于在农村地区颇受欢迎的杂志《星期六晚邮报》上,由于它们广泛的传播和接受度,最后甚至成功用于战争债券的广告宣传。[1]

罗斯福和丘吉尔于1941年8月14日——在关于"四大自由"的演讲半年后以及纳粹德国对苏联发动进攻后不久联合发表的《大西洋宪章》,总体上是对罗斯福先前提出的、基于英美共同的国际政治基本原则的一种承续。同时,《大西洋宪章》所提出的目标是如此地具有说服力,以至于到1945年,美国不仅说服了几乎所有不与德国或日本结盟的强国包括苏联加入进来,而且该宪章还成为《联合国宪章》的基础。此外,罗斯福的政治榜样伍德罗·威尔逊以及他的十四点原则也体现在《大西洋宪章》的指导思想之中。宪章文件涉及放弃暴力扩张以及放弃以暴力作为国际政治手段、自由的世界贸易以及海上航行自由、不受阻碍的原材料获取、人民的自决权,尤其还涉及最终消除纳粹德国威胁的目

---

[1] 刊登于 Marling, Norman Rockwell(见第 394 页注释①),30, 36 f., 39。也可参考 Wright, T., *The Depression and World War II. American Art and Artists*, New York, 122 ff。

标。①虽然这在许多方面都与英国的殖民地及英联邦制模式完全抵触，但是鉴于英国所面临的越来越棘手的战争局势，丘吉尔遂表示无条件同意。《大西洋宪章》在世界范围内唤起了极为强烈的公众利益意识，这一点尤其可以在纳粹德国的反应中看出来。当这一协定公布后，它引起了"一些轰动"，也招致了愤怒的警告。②

由于同盟国的联合抵制，日本最终失去了大约90%的石油进口。从日本人的角度来看，他们在1941年已经面临了某种最后通牒。东京政府要么不得不要求取消禁运，但这也将意味着他们必须放弃那个"大日本帝国"的计划，要么只能决定为了必要的原材料进行扩张。而这一决定对于日本来说并不困难，其原因在于：一方面，如果屈服于美国及其他相关国家的要求，就意味着日本将颜面无存，因此，不管出于心理原因还是出于政治以及军事的原因，日本都一定会避免作出这样的选择。另一方面，日本人和德国人一样，都认为自身在几个世纪以来的世界利益分配中姗姗来迟，因而有权力肆意妄为。除此之外，日本也认为当时的战略形势对他们而言并非不利，因为从1939年9月至1941年，纳粹德国控制了除英国以外的几乎整个欧洲，甚至与苏联这一可能会在东亚对日本造成巨大威胁的强国也结成同盟。日本对其在35年前以1905年对马海战达到顶峰的日俄战争中的侥幸取胜仍记忆犹新。出于这个原因，为了保险起见，日本于1941年4月13日又与斯大林政府达成一项中立条约。

---

① 刊登于 Schambeck, Dokumente（见第 116 页注释①），479-481。
② Stöver, Volksgemeinschaft（见第 469 页注释①），223。

1941年5月12日，日本人再一次发动外交攻势，并再次呼吁美国进行谈判以参与解决东亚局势问题。但是，作为先决条件，日本要求华盛顿方面接受其在东亚建立的新秩序并接受其继续占领其他原材料产区，因此这一要求获得成功的可能性从一开始就很小。美国政府在接下来的几个月中对此表示拒绝，正如他们拒绝日本其他所有的提议一样。相反，美国于1941年11月26日向日本递交了己方的政策文件，即著名的《美日协议基础大纲》，它也以国务卿科德尔·赫尔的名字命名，称为《赫尔备忘录》。该文件再次向日本提出了从中国和东南亚撤军而被其视为最后通牒性质的要求。尽管美日谈判持续了一段时间，但是东京政府已经将该备忘录看作采取军事行动之前的外交斡旋的终结篇章。《赫尔备忘录》递交当天，有一支日本舰队驶向美军最大的海军基地珍珠港，而日本裕仁天皇已于大约3周前就已经批准对珍珠港的攻击计划。1941年12月1日，日本内阁正式下令对美国发动战争。

珍珠港事件

为了使其扩张政策不受阻碍，日本计划首先摧毁美国的太平洋舰队，尤其是停泊在珍珠港的军舰。由于整个太平洋地区只有珍珠港拥有适合大型军舰停泊的码头，因此它的地位对于美国政府而言也是至关重要的。此外，在珍珠港也储存了大量的燃料，而且还建有在广阔的太平洋海域相对稀少的机场。根据日本政府有依据的计算，对珍珠港的全面彻底破坏将迫使美国海军把受损的舰船转移到美国西海岸，这样它们就不能长期投入到战争中使用了。而美国部署在菲律宾的军队规模都比较小，尤其是驻扎在吕宋岛的军力，除了潜艇以外只有30多架轰炸机，而且还分布在各个小型岛屿上，比如菲律宾北部的巴丹岛。关岛是马里亚纳群岛中最大的岛屿，而中途岛和威克岛则位于夏威夷和菲律宾之间的位置，到当时为止还不如珍珠港的发展那么完备，其主要作用只是作为飞机的中转站以及较小的军事基地。除此以外，美国的泛美航空公司也在珍珠港、中途岛、威克岛、关岛以及菲律宾群岛经营着相关机场。在珍珠港以及其他美军基地被摧毁之后，东京对美国政府的占主流的决心作出了误判，认为美国人将会因为自身在太平洋地区的损失撤回本土；留下来的将是马来半岛的那些早已衰弱不堪且走投无路的英国人，他们的领地也会像美国人的一样，很快就被日本征服。与纳粹德国入侵苏联一样，日本对其"大日本经济区"的政府范围也只有一个模糊的概念。除了1910年以来被殖民的韩国和1932年以来依附于日本的伪满洲国以外，它涉及的地区主要是东起夏威夷群岛西至印度之间的美国和英国的领地。①

日本对珍珠港的偷袭发生在1941年12月7日。这一天被美国总统罗斯福在第二天的国会讲话中称为"永恒的耻辱之日"（"活在耻辱中的一天"）。直到今天，这个日子在美国人的集体记忆中仍留下了深刻的印记，这种情况一点也不令人惊讶。②尽管偷

---

① 综合参见 Dull, P.S., *A Battle History of the Imperial Japanese Navy (1941-1945)*, Annapolis, 2007。
② 事件经过参见 Chambers, *Military History*（见第108页注释①），538 f., 以及 Prange, G.W., *At Dawn We Slept. The Untold Story of Pearl Harbor*, New York, 1981, 89ff.; ders.u.a., *December 7, 1941. The Day the Japanese Attacked Pearl Harbor*, New York, 1988, 3 ff.

袭的具体日期未明，但是当时华盛顿方面已经注意到了明显的迹象。自1941年11月底以来，美日两国之间的外交关系已经崩塌，美国人对于日军往菲律宾、英属马来亚以及荷属东印度群岛（印度尼西亚）方向的持续调动并非一无所知。更为重要的是，日本方面进行了大量的无线电通信，而美国人至少能够部分地截获这些信息，因为他们的密码专家自1940年以来已经逐步破译了被称为"PURPLE"的日军密码机的密码，这也使得破译日本驻柏林大使馆往东京发送的消息成为可能。在日军从千岛群岛向夏威夷进发之后，除了航空母舰的无线电保持通信以外，日军领导层在袭击珍珠港之前实行了绝对的无线电静默。美国人和英国人都错误地认为日军的航空母舰仍旧停靠在日本。破译后的电报转交到了太平洋地区的众多美国指挥官，尤其是与此次偷袭相关的夏威夷指挥官赫斯本德·金梅尔、沃尔特·肖特以及美军驻菲律宾总司令道格拉斯·麦克阿瑟的手中。后来，金梅尔和肖特两人被宣布为12月7日珍珠港的灾难担负主要责任，这一指控直到1999年才得以修正。[①]

大多数人尤其是美国历史学家今天仍然同意这样的观点，即日本对珍珠港的偷袭是无法预测和不可避免的。但是，美国海军部参谋长哈罗德·斯塔克已于1941年11月底向太平洋地区的所有美国驻军发布了警告，尤其是针对东南亚、关岛以及菲律宾地区。无论如何，英国人所得到的信息足够促使其加强在新加坡驻扎的海军部队。今天众所周知的是，其他可疑活动在偷袭之前就已被

[①] Beach, E. L., *Scapegoats. A Defense of Kimmel and Short at Pearl Harbor*, Annapolis, 1995, 154 ff.

察觉了，比如檀香山的日本特工向东京政府提供了有关珍珠港的详细信息，甚至是纳粹德国也将其间谍派遣至此。[1]即便是在日本人发动袭击的前一天，即12月6日，美国人还截获了日本的秘密电报并将其破译，其中虽然没有提及日本具体的袭击目标，但是其中的内容显得极为迫切，以至于罗斯福及其顾问团都认为日军的某个军事行动已经一触即发。但是由于国务卿赫尔、陆军部部长史汀生以及海军部部长诺克斯仍然对此表示怀疑，因此并未及时对此事做出反应。

1941年12月7日早晨，当地时间7：55（华盛顿时间12：55），日本开始了对珍珠港的空袭。在一无所知的情况下，这次空袭对于驻扎在此的美军而言无疑是一场突如其来的劫难，他们也来不及采取进一步的防备措施。日本军机和潜艇对港口停靠的舰艇、码头和机场造成的破坏是毁灭性的，但仍没有日军领导层想象的那么严重。袭击中共有2400多名美国人丧生，近1200人受伤。[2]21艘战舰遭到了完全或部分损毁，但是最终只有"亚利桑那"号和"俄克拉荷马"号两艘军舰被视为全损，而其他所有的军舰不仅得到了修复，而且在太平洋战争和1944年6月6日的诺曼底登陆中再次投入使用。日本人所期望的两艘航空母舰——"列克星敦"号和"企业"号由于袭击时正在重型巡洋舰的护航下前往中途岛和威克岛，因此躲过了这次劫难。除此之外，美军总共有323架飞机在袭击中遭到损毁。

日方的损失除了29架飞机和5艘小型潜艇以外，仅限于65名

---

[1] Chambers, Military History（见第108页注释①），539。
[2] 数据出处同上，538。下文数据出处同上，538 f.

士兵丧生。而日军指挥层并没有下令发动彻底摧毁船坞和燃料仓库的第三波攻击，因为在前两波攻击之后，美国太平洋舰队就已经名存实亡，因此日方希望避免给自己这支对于随后在东南亚战争中必不可少的航母舰队造成不必要的损伤。此外，其他一系列的袭击是与珍珠港偷袭行动同时开始的。由于时差，这些美军据点事先得到了警告，然而他们实施真正防御的可能性也微乎其微。

亚洲的战争进程

华盛顿方面于1941年12月8日首先以宣战作为对日本的答复。当鱼雷轰炸机已经在前往珍珠港的途中时，日本发出的中断外交谈判的信件也已经离开了东京，但仍未送达目的地。在罗斯福12月8日提及"永恒的耻辱之日"这一著名说法的国会演说之后，[①] 美国国会议员通过了一项联合声明，"正式宣告了美利坚合众国与日本皇室之间的战争状态"。总统被授权派遣"海军和其他军事力量……以及其他政府权力对日本帝国政府宣战，以成功地结束战争"。在此之前，日军已经进一步进攻了包括关岛、菲律宾、威克岛与中途岛，以及前英国占领的香港和马来亚等在内的地区。3天之后，当德意日三国结成轴心国同盟并对美国宣战时，美国与纳粹德国和法西斯意大利的战争状态也随之而来。美

---

① 参见 Address to the Congress, 8. 12. 1941, in: Rosenman, S. I. (Ed.), *The Public Papers and Address of Franklin D.Roosevelt*, Vol. 1941: The Call to Battle Stations, New York, 1950, 514-516; 此处: 514。下文出处相同, 516。作者的译文。

国在欧洲战场原本仅间接参与军事装备的供应，然而此时这场战争已经最终演变成为一场世界大战，全球几乎所有的国家都参与其中。

1941年12月8日对日宣战的决议仅以一票反对得到国会的批准。随着日本对珍珠港和其他太平洋基地的进攻，自1939年起曾长期抵制欧洲战局的孤立主义势力不仅在国会中，而且在美国公众中也最终垮台，并被集体爱国主义所取代。当时的招募办公室几乎无法容纳踊跃而来的志愿者。美国国内对日裔美国公民也掀起了尤为猛烈的攻击，而第一次世界大战期间因其故国政策遭到指责的德裔美国公民此时所受的影响要小得多。大约有10万名日裔美国人最终遭到拘禁，其中约96%的人居住在加利福尼亚州。[①]在这些拘留营中，谈论与日本之间的战争也被禁止。即便是在集会中，日语的使用也是不受欢迎的。直到战争结束后这些拘留营才被废止。而美国政府约30年后才对这一历史事件正式表示遗憾。

这种集中对日裔人群的仇恨首先是源于这样的事实，即珍珠港事件后，美国军队在太平洋地区一度转入防御态势，并且仍未与纳粹德国交战。战斗力强大的美国部队几乎没有驻扎在太平洋地区；此外，在水面舰船和潜艇的数量上，美军也远远落后于日本。该地区的美国军队所受到的致命一击在这种情况下也就不足为奇了。菲律宾群岛几乎未经战斗就沦陷了，马来亚的英国殖民者也几乎没有任何抵抗力。在占领东南亚的法国殖民地后，日本

---

① 参见 Ogawa, *Japs to Japanese*（见第 405 页注释①），III（110 000 人）；Hayashi, *Democratizing*（见第 405 页注释②），105（101766 人）。百分比引用自 Hayashi, *Democratizing*（见第 405 页注释②），61。

489

军队得以继续推进，在泰国几乎没有遭到任何阻碍。在美国宣战2天后，美英双方8月曾于其上共同签署《大西洋宪章》的英国战列舰"威尔士亲王"号与另一艘军舰"反击"号在关丹附近被击沉，这些损失被美国政府认为是极大的灾难。自此之后，英国在东南亚的殖民地几乎失去了防御能力。

在日本发动袭击数周后，美国政府在缺乏有利机会的情况下就已经针对日本采取了军事上虽然乏善可陈却在本土鼓舞人心的尖刀行动。1942年4月18日，美国派遣航空母舰上的飞机对东京进行了空袭。尽管该行动对军工行业几乎没有造成任何破坏，但还是造成日本数十人丧生，并打破了日本统治层一直精心维护的日本本土坚不可摧的形象。直到1944—1945年，美国才对日本发起最为集中的空袭行动。以重新占领的太平洋岛屿尤其是关岛为基地，美国的空袭严重地破坏了日本的大城市，特别是东京。在1945年3月10日的一次空袭中，东京就有大约10万人死亡。①

太平洋战区对美国有利的变化始于1942年中期。当时，美国海军在6月5日的中途岛战役中成功地击沉了4艘日本航空母舰。在所谓的"越岛战术"（或称为"蛙跳战术"）的帮助下，日军防线受到了逐步的压制。一个月之后，美军在巴布亚新几内亚以东受日本控制的所罗门群岛登陆，此地距荷兰殖民地印度尼西亚只有很短的距离。又过了半年，通过一次极为惨烈的战役，美国人又成功地于1943年2月将日军从所罗门群岛中的瓜达尔卡纳尔岛驱离。同年年底，英军也将日本军队赶出了缅甸。盟军的军事行动在1944年持续进行，在巴布亚新几内亚北部马里亚纳群岛之一的

---

① Weinberg, Welt（见第477页注释①），906。

塞班岛，盟军在著名的航空母舰大战中赢得了如此辉煌的胜利，以至于包括首相东条英机在内的日本内阁也不得不引咎辞职。自1944年6月25日以来，军事上转入防御的日本在一段时间内以因蒙古战争①而得名的"神风特攻队"发动袭击，作为对盟军所获胜利的回应，然而，其帝国的失败是不可避免的。在日本本岛外围进行的一些战役，尤其是1945年4月1日发起的冲绳战役，美军均遭受了重大的损失。

因此，冲绳战役成为美国政府在战争结束前做出向日本本土投放两颗原子弹的决定的一个重要原因，这也是原子弹迄今为止唯一一次被应用到战争中。根据现在的估算，原子弹造成的死亡人数在1945年底就达到了20万。而受长期辐射或因其他后遗症死亡的人口总数无法确定，但应该有3倍之高。②

正义的战争

对于美国以及罗斯福而言，更为重要的与纳粹德国及其欧洲盟国意大利的冲突却形成了更为偶然的结局。希特勒和墨索里尼于1941年12月11日履行了双方在一年前签订的《德意日三国同盟条约》的责任，正式对美国宣战。罗斯福是否可以在德国没有宣战的情况下在内政上与希特勒进行军事对抗，这还是一个问题。希

---

① 元太祖忽必烈两次派兵攻打日本，皆因遇强台风而船毁人亡。日本人便称这种强台风为"神风"。——译者注

② Coulmas, F., Hiroshima. Geschichte und Nachgeschichte, München, 2010, 22.

特勒却一再强调，"大陆战争"主要是针对美国的战争对他而言可能是未来的一项计划。

对于美国而言，德国宣战的益处在于，这也将决定孤立主义者与国际主义者之间自第一次世界大战结束以来的争斗。在共和党内部尤为普遍的孤立主义者只想维护美国在大西洋和太平洋地区之间对外政策、军事和经济方面的直接利益，并因此强烈反对参与1939年起的欧洲战争。值得注意的是，罗斯福于1940年的大选中在中西部战胜了共和党竞争对手温德尔·威尔基。[1]与此相反的是，民主党内部以罗斯福为首的国际主义者认为，美国的根本利益在全世界各地，而美国有必要在有争议的情况下做好进行干涉的准备。就此而言，最晚从1936年开始的、在欧洲及东亚发展自给自足经济空间的尝试对于罗斯福总统来说起到了一个决定性的作用。

罗斯福和希特勒

罗斯福自从1933年上任以来就一再强调他的明确立场。他反对中立法的斗争和他在经济、军事以及外交方面的决定，尤其是他对美国纳粹团体的行动都传达了明确的信息。其中包括著名的"隔离演说"之后，自1938年5月17日至1941年12月23日通过的四项《海军扩张法案》。这些法案保证了美国海军在数十亿美元的资金支持下进行全球范围内的长期部署。1940年的所谓《两洋海

---

[1] 1940年大选参见 uselectionatlas.org/RESULTS。

军扩张法案》所制定的内容因此得以实现。除了战列舰以外，使在全球范围内使用战斗机成为可能的航空母舰也越来越明显地成为美国海军的骨干力量。在第二次世界大战中，美国海军军力最终超越了英国，一跃成为世界首位。这一事实也是1945年后美国成长为"超级大国"的一个重要起点。作为超级大国，美国除了拥有核武器之外，还特别需要快速展开全球行动的能力。

罗斯福于1939年1月4日向国会提交的年度国情咨文可能是这方面最具计划性的内容之一。他的这份报告比"隔离演说"更为清楚地解释了与英国当时仍在推行的绥靖政策划清界限并有必要使美国遵循殖民时代以来的历史传统从而更多地参与到世界政治中去的原因。罗斯福做了这样的阐述："我们已经认识到，世界上那些敬畏上帝、尊重合约神圣性并信任与其他国家所签订合约的民主国家对任何地方都可以看到的国际不法现象都不能漠不关心。它们应进行有效的抗议行动而不能任由针对有关国家的侵略发生，否则，这种现象将自动成为对我们国家一切事情的一种质疑。"[1]而那种观点，即美国作为建立在宗教基础之上并受天命的国家必须为维护权利挺身而出，也成了战后政治的一个关键词，比如1945—1946年在德国进行的针对主要战犯的审判以及1946年初在东京军事法庭对日本战犯提起的诉讼。

除了将德国人视为破坏世界和平的最大威胁这一普遍的基本观点之外，对德国原子弹的恐惧在罗斯福的政策中是否起到了决定性作用，这一问题只存在于猜测之中。1939年8月2日，爱因斯

---

[1] Annual Message to the Congress, 1939.1.4, in: Rosenman, S. I. (Ed.), *The Public Papers and Addresses of Franklin D.Roosevelt*, Vol.1939: War-And Neutrality, New York, 1941, 1-12; 此处: 3。作者的译文。

坦认为他必须直接向罗斯福总统指明这种危险。这一事实表明，在那些能够想象到核武器破坏力的人群中产生了怎样普遍而强烈的担忧。罗斯福当然无须进一步的理由来认识希特勒所带来的危险，但是他对通过美国银行家亚历山大·萨克斯为爱因斯坦转交的信件的反应表明，他至少对制造这种武器持有一种开放的态度。此后不久，在罗斯福的委托下成立了首个铀咨询委员会，并持续加强对核能的研究。但是这些研究并未直接为核武器提供资金支持，核武器研究实际上始于1942年的曼哈顿计划。

丘吉尔也很清楚必须首先战胜纳粹德国。正如这位英国首相在日本偷袭美国海军基地珍珠港以及随后德国对美国宣战之前几天强调的那样，最重要的任务是"一劳永逸地消除德国的威胁"。①当罗斯福和丘吉尔于1941年圣诞节后在华盛顿举行的所谓阿卡迪亚会议期间会晤时，美英双方约定优先考虑对德作战。这一计划被称为"欧洲优先"和"德国优先"计划，它同时也接受了一个长期的太平洋战争的事实。并非偶然的是，在这次会晤中各国也签署了《联合国宣言》，这一宣言也促成了联合国这一机构最终在取得对轴心国的胜利后建立。②阿卡迪亚会议带来的信息是很明确的：为了一个更美好的世界，具有高尚道德的国家在此向一系列邪恶的国家发动战争。

对于美国人而言，第二次世界大战作为一场"正义的战争"

---

① Mitteilung des sowjetischen Botschafters Maisky an Außenminister Molotow, 5.12.1941, in: Kynin, G.P./Laufer, J.P. (Hrsg.), Die UdSSR und die deutsche Frage 1941-1948. Dokumente aus dem Archiv für Außenpolitik der Russischen Föderation, Bd. 1, Berlin, 2004, 16-18；此处：17。

② Hoopes, T./Brinkley, D., *FDR and the Creation of the U.N.*, New Haven, 1997, 45 ff.

不仅仅存在于回忆中。[1]希特勒是一个否认一切根植于美国集体意识中的事物的反对者，他"完美地"匹配一个长期的敌对形象。他反对民主和宗教并迫害少数群体，因此符合类似于第一次世界大战中威廉二世的那种专制者的形象。意大利法西斯政权及杜斯·贝尼托·墨索里尼在这方面则远远不及希特勒。另一个重点是，希特勒向整个盎格鲁-撒克逊人地区发起了挑战。尽管曾与其母国发生了冲突，但美利坚这个国家仍然与之保持着密切的联系。在这种情况下，罗斯福在其颇受欢迎的《炉边谈话》中试图营造美国人的另一种重要形象就并非偶然了。在1940年12月29日的晚间讲话中，他明确地强调了美国作为反专制的自由的保护者角色以及作为"民主的军火库"的作用。[2]罗斯福根据1941年3月的《出借和租赁法案》将驱逐舰运抵英国并向其"出借"武器时，就已经运用了相同的论点。同样，美国于"中立巡逻"期间在大西洋对德国潜艇的轰炸以及1941年7月7日对冰岛的占领也因此被合法化。

非自然的联盟

罗斯福于1939年向英国、1940年向法国以及1941年向苏联提供的所有援助在这场正义战争之初带来的成效是令人失望的。1939年9月1日—1940年6月底，德国军队几乎未经战斗即令人惊讶地征

---

[1] Terkel, St., *The Good War. An Oral History of World War Two*, New York, 1984.

[2] 刊登于 mhric.org/fdr/chat16.html.

服了波兰，然后是丹麦和挪威，最后是荷比卢经济联盟，甚至是法国。自1940年中期以来，德国空军对英国进行了更为猛烈的轰炸。英国在一定程度上并未遭受很大的损失，这是因为德国决策层已从军事目标转移到了平民目标，并为了东南欧、东欧和北非战场最终在9月甚至放弃了原本进攻不列颠群岛的计划。1941年2月，希特勒首先派遣了一支小型部队前往北非支援陷入防御状态的意大利部队，而对墨索里尼的这种支持在此后不久又扩展到了南斯拉夫、阿尔巴尼亚和希腊。1941年年中，在德国于6月22日对苏联发动进攻前不久，轴心国已经实实在在地统治了挪威与地中海之间的广阔领土。1939年8月19日与其意识形态死敌苏联缔结的一项互不侵略条约是希特勒在对外政治上的转变，它似乎推翻了所有的政治预测。在美国，希特勒的国家社会主义和斯大林的布尔什维克专政之间的联盟当时首先导致了所谓的极权主义理论的兴起，这一理论实际上阐明了殖民时代的旧专制主义模式。尽管这个理论只是在冷战开始后在自1926年以来担任哈佛大学教职的卡尔·约阿希姆·弗里德里希的推动下，尤其是1956年的兹比格涅夫·布热津斯基出版了《极权专政和独裁统治》一书之后，才得以流行起来，但在1939年8月，这一理论与当时美国社会的总体情绪极为相符。1940年，因背离斯大林主义而于1928—1929年被开除出德国共产党，后又被德国驱逐的历史学家和社会学家弗朗茨·博克瑙也出版了他的著作《极权主义敌人》。而对于罗斯福来说，这使得美国难以信赖苏联在遭到德国入侵后与美国签订的盟约。当德军不断向东方进攻时，罗斯福还于1941年7月派遣了他最亲密的同事哈里·霍普金斯前往莫斯科提供援助。众所周知，这是一个"非自然的联盟"，其之所以发生的原因在于，当时希特勒被认为是更大的危险。1941年底，德军被严寒阻止在莫斯科城外。为了防止苏联的溃败，美国向苏联运送了大约35万吨货物。至1945年底，美国人总共向苏联提供了价值约26亿美元的战争物资。[①]对于那些不仅牢记反对专制论调，而且对美国在约20年前的第一次世界大战后利用白卫军对俄国革命进行的干涉记忆犹新的外交实用主义者来说，这也意味着美苏关系的一种根本性改变。在第二次世界大战以前，这一关系由于政治原因仍极为脆弱。在经济危机之前，由于苏联对西方的技术感兴趣，产生了与美国之间的私人商业关系。布尔什维克政府热衷于引进机器设备以加速其国家的工业化进程，其中也包括美国汽车工业在苏联建立的分厂；而美国起初也采购了苏联出口的食品、原材料和燃料。1929年股市崩盘后，美国又遭遇了反美禁运；而尽管从1933年起开始实施第二个五年计划，苏联的情况也不容乐观。[②]

早在1941年9月，第一架美国飞机就抵达了苏联，此后的供货量得到了稳步增长。1941年12月11日纳粹德国对美国宣战后，美国政府通过数条路线将援助物资运送到苏联北部海岸的摩尔曼斯克和阿尔汉格尔斯克，以及东海岸的符拉迪沃斯托克。另一条救援路线是通过阿拉斯加的诺姆到达西伯利亚的阿纳德尔，这条线路主要用于将飞机移交给苏联。在南部的陆地线路上，美国物资通过波斯湾、伊朗（从1941年8月起由英、苏两军共同占领）以及印度运抵苏联。因此，美国于1941年夏末在伊朗成立了本国的军

---

① 数据引用自 Herring, G. C., *Aid to Russia, 1941-1946. Strategy, Diplomacy, and the Origins of the Cold War*, New York, 1973, 46 以及 296。

② Hildermeier, M., Geschichte der Sowjetunion 1917-1991. Entstehung und Niedergang des ersten sozialistischen Staates, München, 1998, 506.

事特派团,并于1942年建立了波斯湾美军司令部,并有目的地扩建了港口城市巴士拉和乔拉姆沙尔。美国向苏联提供了总计超过14000架飞机、约7000辆坦克、超过40万辆吉普车和卡车、约13000辆火车和机车、将近300艘猎潜舰艇和鱼雷艇以及90艘货船。[①]此外,苏联还得到了英国和加拿大的支援。

1941—1945年美国对苏联的援助（选录）[②]

援日类型	数量
飞机	14795
坦克	7056
吉普	51503
卡车	375883
摩托车	35170
拖拉机	8071
大炮	8218
机关枪	131633
货运车皮	11155
火车、机车	1981
运输船	90
猎潜舰艇	105
鱼雷艇	197

美国的军备

美国向苏联、英国和其他盟国的慷慨援助只能通过美国在经历20世纪30年代大萧条之后于第二次世界大战期间所展现出的强

[①] Schlauch, W., Rüstungshilfe der USA 1939-1945. Von der "wohlwollenden Neutralität" zum Leih—und Pachtgesetz und zur entscheidenden Hilfe für Großbritannien und die Sowjetunion, Koblenz ²1985, 152-157（Tabelle 7-12）. 有关空运的内容参见 Mau/Stapfer, Stern（见第457页注释①）, 63。

[②] Schlauch, Rüstungshilfe（见本页注释①）, 155。

大经济力量来实现。①从1939年的欧洲战争爆发到第二次世界大战末期,美国的工业生产总量增长了大约两倍。1943—1944年,美国生产的战争物资约占全球生产总量的40%。其国民生产总值在1933年罗斯福总统任期之初曾暴跌至560亿美元,而这一数值在1945年飞速增长至约2110亿美元。随着1939—1945年工业生产量的翻番,登记在册的失业人数最终从近1000万人下降至大约100万人。然而,其代价也是高昂的:到1945年,美国的联邦债务增加到了惊人的2580亿美元,其中有500亿美元被用于对盟国的援助。

虽然美国战争产业的巨大生产力与大量的资源和先进的自动化技术分不开,但是它之所以运行得如此顺利,也依赖于延续了一战期间的威尔逊模式的社会整体共识。罗斯福还借助工会的参与来防止罢工或类似的生产延误。此外,他还为自1942年以来大型康采恩发挥了重要作用的经济生产设定了明确的目标,例如每年需要完成6万架飞机的生产。②战争的融资也与产品生产相互关联。巨大的生产量至少可以部分地通过著名的战争贷款来承担。为此,人们有组织地针对美国民众的爱国热情进行了广泛而全面的宣传活动。到1945年为止,资金募集总额达到了大约1860亿美元,这几乎相当于一个战争年度的国民生产总值。③

---

① 下文数据引用于 Adams, Länderbericht USA I(见第16页注释②), 164-185(D. Junker 的文章);此处:173。
② 出处同上,174。
③ 出处同上,175。

原子弹

原子弹的研发对于美国经济而言是一个尤为巨大的开销。[1]在爱因斯坦于1939年提出警告以及奥托·哈恩和弗里茨·斯特拉斯曼于同年发表了关于铀核裂变的论文之后,自匈牙利移民至美国的原子物理学家利奥·西拉德和爱德华·泰勒对德国人可能研制出利用核裂变链式反应造成难以想象的破坏力的炸弹表示了担心。因此,罗斯福于1939年8月做出对原子物理学进行进一步研究的决定。在这项工作的基础上,1942年又开始了出于军事目的的曼哈顿项目。为了制造出"超级炸弹",在莱斯利·格罗夫斯将军的领导下,该项目召集了以罗伯特·奥本海默为首的国际核研究领域的最顶尖科学家。[2]驱使所有人的动力也源于恐惧。不仅是德国的研究被认为是一种威胁,日本也在物理学家仁科芳雄的领导下拥有了核聚变反应堆的技术。

罗斯福1939年的指示使得原子能研究获得了更多的资金,这使得很多专家可以加强他们的项目研究,比如在纽约哥伦比亚大学任教的意大利裔诺贝尔奖获得者恩里科·费米这样的专家。为了躲避意大利法西斯政权,费米于1938年流亡到美国。4年之后,他在芝加哥大学斯塔格运动场建立了第一个可控的核反应堆——

---

[1] 参见 Schwartz, St. I. (Ed.), *Atomic Audit. The Costs and Consequences of U.S. Nuclear Weapons since 1940*, Washington, 1998。

[2] 下文参见 Rhodes, R., *The Making of the Atomic Bomb*, New York, 1986, 424ff, 以及格罗夫斯将军的回忆录: *Now it can be told. The Story of the Manhattan Project*, New York, 1962。

"斯塔格运动场费米堆"。从1940年起，在卡耐基研究所及其所长万尼瓦尔·布什的主持下，各种研究工作得以重组，研究速度也得到了明显加快。而将核物理科学作为重要军事项目的研究直到珍珠港事件才得以开启。自1942年初以来，第一个用于建造炸弹的中央设施"X场所"在田纳西州橡树岭国家实验室内建成。其中包含了石墨反应堆、气体扩散装置以及同位素分离器——"Y-12Beta-3跑道装置"，这些最终为1945年8月6日在广岛引爆的第一枚铀弹"小男孩"提供了原料。1944年，世界上第一个钚反应堆在位于汉福德的"W场所"建成。这个小镇后来也以"原子城"之称而闻名于世。此地著名的"B反应堆"也为投放于长崎的核弹"胖子"提供了材料。在冷战期间的几十年中，汉福德作为核武器生产基地拥有无可取代的地位。此外，位于新墨西哥州的洛斯阿拉莫斯国家实验室的"Y场所"则担负起了进行最后组装的任务。1945年7月16日，在阿拉摩高德试验场进行了代号为"三位一体试验"的首次核弹试爆，当时的负责人员甚至不清楚大气是否会被点燃。尽管一切都是高度机密，但是自1943年以来，在洛斯阿拉莫斯工作的德裔核科学家克劳斯·福克斯持续性地窃取了大量相关技术，并将之交给了在对德战争以及与对美国的竞争中自己所支持的苏联。[1]

---

[1] Sibley, K.A. S., *Red Spies in America. Stolen Secrets and the Dawn of the Cold War*, Lawrence, 2004, 133 ff.

501

欧洲的战争进程

美国于1941年12月在与纳粹德国之间的军事冲突中表现得满不在乎。与之相反的是,德国海军领导层在向美国宣战后不久就立刻在不设防的美国东海岸采取了被称为"击鼓行动"(德语为Paukenschlag)的潜艇攻击行动。在6个月之内就有397艘美国船只被击沉,其总吨位达到了大约200万吨。[1]这种巨大的损失促使了护航行动的实施,也是美国造船工业再次增长的起点。通过缩短的工期,标准化生产的"自由级"和"胜利级"轮船的完工量迅速超过了纳粹潜艇造成的损失量。

直到1942年,美国才终于有了积极投入欧洲战场的能力。盟军以英国为基地,针对德国城市进行了空袭并采取了以摧毁德国抵抗能力为目标的"大面积轰炸"战术。这些空袭行动在1943年达到了第一个顶峰。在这些空袭中,华盛顿方面又再次犯了此前在大西洋造成巨大损失的错误。美国空军不仅出于对形势的误判作出了白天轰炸的错误决定,而且在一开始还出于对己方轰炸机尤其是"飞行堡垒"轰炸机配备的重型武器的过度信任没有配备足够的护航力量,这使美军在这一年遭受了巨大的损失。而美国人根据1943年1月卡萨布兰卡会议期间与伦敦方面达成的联合轰炸行动协定,甚至同意在白天对轴心国重兵把守的工业设施进行攻

---

[1] Gannon, M., Operation Paukenschlag. Der deutsche U-Boot-Krieg gegen die USA, Neuausgabe, Berlin, 2010, 439.

击。[1]1943年8月在对罗马尼亚普洛耶什蒂油田发动的袭击中，美军损失了大约2/3的轰炸机。同月，在针对德军位于雷根斯堡和施韦因富特的重要军工厂进行的"双重打击"行动中，有超过230架美国轰炸机被击落或遭到无法修复的严重损坏。此外，这一行动中还导致了大约600名美军士兵的丧生。同年10月在施韦因富特进行的第二次空袭也造成了类似的灾难性结果，有200多架轰炸机被击落或者受损。直到1944年2月，通过大量使用护航战斗机，再加上纳粹德国在燃料供应问题上日益捉襟见肘，战局才迎来了转折。

地面战争最初在德国势力范围的外围打响。从1942年11月8日在北非与英国军队共同开展的"火炬"行动开始，直到1943年5月，整个北非的轴心国军队被迫投降。美国决定对北非发动进攻的原因在于，英国政府认为美军所倾向的针对欧洲西海岸的进攻可能过于冒险。事实上，美军士兵已经在1942年8月参与了代号为"庆典"、针对迪耶普港的登陆战役，其结局之血腥令人始料不及。斯大林敦促的所谓"第二战场"的建立被一再推迟，使得苏联军队不得不承受了最大的压力，这最终也成为西方同盟国与苏联之间日益疏远的一个重要原因。在北非的军事行动取得成功之后，作为下一阶段的联合行动，盟军随即于1943年7月10日在地中海进行登陆并攻占了西西里岛。这一现今为人所知的是在当地黑手党家族帮助下进行的代号为"哈斯奇"[2]的登陆行动也揭开了登

---

[1] 下文参见 Boog, H. u. a., Das Deutsche Reich und der Zweite Weltkrieg, 10 Bde., Bd. 7: Das Deutsche Reich in der Defensive. Strategischer Luftkrieg in Europa, Krieg im Westen und in Ostasien 1943-1944/1945, Stuttgart, 2001, 46 ff.

[2] Durden Smith, Mafia（见第 423 页注释①），91 ff.

陆意大利本土的序幕。这次地中海登陆行动的指挥官同样是此前指挥"火炬"行动的德怀特·艾森豪威尔将军。

美军所承受的巨大压力在参与西西里岛登陆的几位将军之间展开的某种竞争中就已经表现得很明显了。在后来对两名在比斯卡里参与射杀德国和意大利战俘的美国士兵的军事审判中，被告人坚称是执行了有"莽汉"之称的乔治·巴顿将军的相关命令。[1]随后对意大利本土的占领最初被认为是极为困难的，却迎来了幸运的转折：巴勒莫被盟军攻占后，墨索里尼政权于1943年7月24日被推翻，其继任者彼得罗·巴多格里奥则立即开始了与西方盟军的谈判。针对德军日益加强的回应行动，盟军采取了步步为营的推进方式，特别是在当德国人最终修筑了所谓的古斯塔夫防线之后。那里发生的一系列血腥战斗，其中也包括争夺蒙特卡西诺修道院的血战，一直持续到1944年5月。

在斯大林紧急且充满不信任的催促下，他所期待的针对欧洲西海岸的英美联合进攻行动终于在1944年6月6日得以展开。这次行动代号为"霸王行动"，由艾森豪威尔将军担任总指挥。在被称为"决定日"（即D日，编者注）的6月6日之后，盟军经过一系列血战于8月25日攻占了由于守军将领抗命而基本未遭到破坏的巴黎。在此前10天，另一代号为"龙骑兵"的登陆行动也在法国南部的土伦和戛纳之间取得了成功。

在接下来的几个月中，盟军部队以柏林为目标，攻克了前往德国的三大桥头堡，但柏林已被1944年年中即抵达魏克瑟尔河并

---

[1] Weingartner, J., *Massacre at Biscari. Patton and An American War Crime*, The Historian 52（1989）, 24-39.

攻至华沙以及更南的保加利亚和罗马尼亚的苏联军队攻占了。尤其是在1944年12月和1945年1月，美军在阿登地区再次意外地遭到了德军的集中抵抗。德军也事实上收复了一些失地，但最终还是由于燃油短缺以及美军更为优良的空军支援而最终陷入困境。

纳粹德国领导层此后将重心集中在已经逼近柏林并产生威胁的东线战场，但同时也希望同盟国的联盟在1945年4月12日罗斯福去世后能够瓦解。然而这一希望也遭到破灭，因为促成联盟团结的原因是建立在战胜希特勒的基础之上的。尽管如此，另一个众所周知的事实是，这个联盟生存于西方民主与苏联专政夹缝之中，其原动力在罗斯福去世后已经不复存在了。他的副总统以及继任者哈里·杜鲁门对这个"非自然联盟"已经持有一种更为批判的态度。无论如何，此时美国在欧洲的军事行动已经势如破竹，更不用说几乎所有的德国民众都对美军的到来表示欢迎。在3月7日攻克了位于雷马根的著名大桥之后，美军进攻的步伐也更为迅速。尽管仍需要不时回击德国军队的激烈反抗，但是美军统帅所担忧的、纳粹宣传部部长戈培尔所叫嚣的游击战已经瓦解。意大利的纳粹军队于1945年3月28日向美军投降。这一轰动性的投降是在党卫军将领卡尔·沃尔夫与瑞士特勤局和美国战略情报局的秘密协商下达成的。沃尔夫此前曾担任党卫军首脑海因里希·希姆莱的私人参谋长多年，在当时又被任命为意大利防区的党卫军全权总指挥。这样的局势很明显给已经日益紧张的美苏关系带来了沉重的负担。

1945年4月18—19日，美军抵达了马格德堡和莱比锡。6天后，美军和苏军的两支部队在易北河的托尔高首次会师。众所周知，那张广泛流传、气氛欢快的会师照片只是一种宣传。当

505

希特勒几天后在柏林的地堡中吞枪自杀时，英美苏三国联合作战的真正动机就最终消失了，各方的分歧对于所有人而言都变得显而易见起来。美军随后不久再一次参与了解放集中营的行动，位于奥地利的最后一个集中营——毛特豪森集中营于1945年5月5日被美军第11装甲师解放。两天后，一个德国代表团在兰斯的西方盟军最高指挥部签署了无条件投降书。1945年5月8日，所有战线全部停火，这一天在美国被称为"欧洲胜利日"（简称VE-Day）。

民主和专制：非自然的联盟

美国与苏联的"非自然联盟"从一开始就是在政治思想方面互相保持克制的前提下建立起来的一种联盟。双方都很明确这一点，并尽可能地避免在战争期间可能引起政治爆炸的任何事情。两方都想寻求妥协。当苏联内务人民委员部在卡廷屠杀了4000名波兰军官之事被德军宣传部门作为敲入盟军与苏联联盟之间的楔子来利用时，丘吉尔于1943年4月向苏联大使伊万·梅斯基保证，"我们必须击败希特勒，现在不是相互争吵和指责的时候。"[①]这一将联盟继续下去的意愿也贯穿于战争会议期间。即使是日本在东亚太平洋地区的成功扩张似乎已经对美英两国在该地区的地位

---

① 引用自Fox, J. P., Der Fall Katyn und die Propaganda des NS-Regimes, in: VfZ 30（1982）, 462-499；此处：492。

造成严重威胁的时候，西方盟军的敌人名单上处于首位的仍然是纳粹德国。

战争会议和战后秩序

1943年9月30日，英美两国在所谓的《莫斯科宣言》中与斯大林达成协议，针对当年年初在卡萨布兰卡商定的主要目标取得了一致，即迫使轴心国无条件投降。在两个月后举行的德黑兰会议期间（1943年11月28日—1943年12月1日），斯大林首次亲自与罗斯福会面，并得到了盟军将于1944年5月在欧洲开辟"第二战场"的承诺。反之，由于美军担心遭到日军越来越疯狂的抵抗，斯大林也同意将在欧洲战争结束大约3个月后对日军发动进攻。当时，即便在盟国占领太平洋地区主要岛屿的情况下，日军仍可以继续进行抵抗。亚洲地区的战争据估计会一直延续到1949年。因此，在1945年2月举行的雅尔塔会议上，苏联在东亚战场上的介入与一个大规模的整体计划绑定在了一起。[1]作为兑现承诺的回报，苏联要求收回日俄战争后于1905年割让给日本的千岛群岛和南部的萨哈林岛。此外，苏联拥有对蒙古人民共和国以及伪满洲国和朝鲜部分地区的控制权，而亚瑟港[2]则应再次被允许用作苏联的海军基地。西方盟国作出让步的意愿如此之大，以至于美国甚至没有向当时一心反共的蒋介石政府告知雅尔塔协定的内容。当国民党拒

---

[1] 会议内容参见 Schambeck, Dokumente（见第 116 页注释①），485-493。
[2] Port Arthur，西方旧称，即大连旅顺港。——编者注

绝接受雅尔塔协议时，美国甚至认为有必要迫使蒋介石政府同意并使其颜面无存。在距离苏联加入对日战争仅一周之后的1945年8月14日，蒋介石政府被迫与斯大林缔结了具有侮辱性质的《中苏友好同盟条约》。[①]这一条约也完全考虑了苏联的利益。杜鲁门是否在这个时刻就已经预感到斯大林所签署的不干涉中国内政的承诺一文不值？这一问题的答案尽管是未知的，却也是可以作出肯定假设的。正如关于欧洲的协议一样，关于东亚的协议也包含了即将到来的冷战的冲突核心。

为了建立战后的政治秩序，各方也尽可能地寻求一致。罗斯福和丘吉尔在1943年底德黑兰会议期间就已经接受了斯大林与希特勒于1939年谈判中取得的东欧地区的苏联领土权益。苏联被允许保留波罗的海沿岸国家以及与希特勒商定的波兰东部，波兰则通过获取德国东部领土得到补偿。在罗斯福缺席的情况下，1944年10月莫斯科举行的一次会议甚至更为具体地划分了苏联在东欧和东南欧的势力范围。丘吉尔当时在纸上手写了相关的百分比并交由斯大林逐项确认：苏联的影响力应该在罗马尼亚占90%，在保加利亚占75%，在匈牙利和南斯拉夫占50%，在希腊占10%。[②]这次会议在其他问题方面也取得了令斯大林非常高兴的成果。除此之外，斯大林对那些被俘、被抓壮丁或部分出于自愿留在德国的苏联公民的移交要求也获得了同意，但这些人都被斯大林不加区分地视为叛徒。所谓的托尔斯泰会议期间的秘密协定的细节在

---

① Rönnefarth, H.K.G. (Bearb.), Vertrags-Ploetz, Teil II, Bd. 4 A: Neueste Zeit 1914-1959, Würzburg, 1959, 277-280.

② 刊登于 Steininger, R., Deutsche Geschichte seit 1945. Darstellung und Dokumente in vier Bänden, Bd. 1: 1945-1947, Frankfurt a.M., 1996, 29。

20世纪70年代才得以公开，在当时引发了激烈的辩论。那些被移交给苏联的人大多数遭到了被处决的命运，或者于古拉格劳改营中消失了。

关于德国问题，相互达成的协议起初也同样没有根本的区别：自1941年以来，战后对德国领土的划分似乎为所有参与的联盟国家提供了有利的、可行的共同基础。在雅尔塔会议时，这一方案仍被视为各与会国的共识，但此后不久就导致了严重的争论。在将德国划分为小州的过程中，英美两国愈加发现他们获得的坏处要多于好处：人们不仅要担心民族主义的增强，还要担心必须不断地在经济上支持这一残余国家。但是，苏联人怀疑在西方大国的轮换中产生新的反苏阴谋。莫洛托夫在一份报告中指出，有人要在公开场合故意将苏联抹黑为导致德国分裂的始作俑者。①

令罗斯福个人尤为自豪的是，他在雅尔塔会议中与斯大林就1945年4月25日在加利福尼亚州的旧金山市成立联合国以及组建他尤为看重的联合国安理会事宜达成了一致。斯大林在战争期间也在一些重要方面向西方各强国作出了妥协：1943年5月，斯大林正式解散了自1919年以来一直被西方国家怀疑是世界革命中心的共产国际，尽管它秘密地继续存在；1941年9月，苏联也加入了于同年8月通过的以各国人民的自决权，政府的自由选择权，反对扩张、放弃暴力手段以及自由贸易等作为战后秩序重建原则的《大西洋宪章》；此外，斯大林还于1945年2月在雅尔塔会议

---

① Schreiben Molotow an Gusew, 24. 3. 1945, in: Kynin/Laufer, Die UdSSR und die deutsche Frage, 1（见第494页注释①），555。

上对类似于"解放欧洲宣言"的内容表示赞同。[①]而苏联在占领中东欧的过程中对《雅尔塔协定》的违反,从西方和美国的角度来看,成为1944—1945年胜利大国的联盟土崩瓦解的主要原因之一。

美苏分歧

美国人甚至罗斯福本人在对外展现的所有团结中对斯大林不信任的最重要的标志是核武器项目。在战争期间发现的间谍活动震惊了罗斯福。从1943年起,斯大林通过苏联间谍对曼哈顿计划的了解几乎是一清二楚。在1945年波茨坦会议期间,杜鲁门暗示了美国已经开发出了一种新的武器,但并没有令斯大林动容。杜鲁门后来在1945年7月24日的一次令人难忘的谈话中说:"这一次,我向斯大林提到我们拥有了一种具有非凡破坏力的新武器。"但是这位苏联总书记并没有表现出特别的兴趣。他所说的只是他很高兴听到这个消息,并且希望可以"成功地使用它们来对抗日本人"。[②]双方之间的不信任是相互的。斯大林只有在特殊的情况下才会向盟友发送重要的情报信息。这种做法甚至影响了军事合作的问题,正如美国驻苏联军事行动负责人约翰·迪恩将

---

① 刊登于 Schambeck, Dokumente(见第 116 页注释①),489-491。
② Truman, H. S., *Memoirs of Harry S.Truman*, Vol. I: Years of Decisions, Garden City, 1955, 416.

军所抱怨的那样。①

尤其令罗斯福感到恼怒的是,苏联政府明显地故意隐瞒了西方对苏联人民的大量援助。同时人们也得知,作为斯大林的最大让步、本应在1943年解散的共产国际实际上依然存在。它摇身一变,成为苏共中央委员会领导下的一个不起眼的"国际信息部",直到它在1947年以"共产党和工人党情报局"的名义再次出现。在第二次世界大战期间,该国际信息部在格奥尔基·季米特洛夫的领导下不断地向欧洲被占领区的共产党传达指示。②西方和苏联之间最大的利益冲突应当发生在1944年,与波兰的解放紧密相关,并形成了导致所谓的"三巨头"③于1947年正式宣布进入冷战状态这一根本危机的一个重要阶段。

1944年8月1日,当波兰的地下反抗军,即所谓的"国内军",在华沙发动起义以反抗纳粹军队时,斯大林却下令苏军先头部队暂停前进甚至后撤,直至反抗军于10月2日在德军的镇压下遭到失败。此外,他还拒绝了西方盟友给起义军提供任何帮助的尝试。斯大林的意图因此明显地暴露出来。这一丑闻的背景不仅在于苏联和波兰之间一直存在的两国关系问题。斯大林最担心的是波兰抵抗运动的加强,因为这可能会使他已筹划好的战后秩序受到更为复杂的影响,这一点是众所周知的。1944年7月,斯大林在起义发生前不久明确地表示,二战以后他只接受亲苏的"卢

---

① Deane, J.R., *The Strange Alliance. The Story of Our Efforts at Wartime Co-Operation with Russia*, New York, 1947, 107 ff.

② Mark, E., *Revolution by Degrees. Stalin's National-Front Strategy for Europe 1941-1947*, Washington, 2001(= CWIHP-Working Paper 31).

③ 即英美苏三国领导人。——译者注

布林委员会", 而不接受斯坦尼斯拉夫·米科拉伊奇克领导的、1940年以来一直在伦敦流亡的资产阶级政府。尽管这个流亡政府更受美国和英国的青睐，但是对苏联几乎不可能作出让步, 特别是该政府在流亡期间得知苏军于1943年在卡廷附近屠杀波兰军官的消息之后，更加剧了其对苏联政府的抵触。

虽然反希特勒政权的同盟并未因1944年华沙起义的被镇压而受到破坏，但是受到了持续的负面影响。正如1944年10月31日美国副国务卿爱德华·斯退丁纽斯在其备忘录中清楚地表明的那样：在波兰取得政治影响力的幻想消失了。他对递交给罗斯福的评论中如是说："战后的波兰将笼罩在苏联的强大影响之下。"在这种局势下，美国只能希望它可以在贸易、投资和信息方面寻求一些对波兰的影响力。[①]罗斯福对此事表示了"最深切的失望"。斯大林此后也因此加强了与西方强国的联系。他在1945年2月对《克里米亚声明》的同意态度以及他当时所表现出的对波兰问题的商讨意愿也是出于他不得不再次向西方盟国作出部分妥协的理智判断。

除了波兰问题以外，双方的互不信任在1944年到二战结束期间日趋严重。盟国仍可以与德国人达成单独的和平协议。一方面，1944年7月20日对希特勒的暗杀对信任问题造成了重要的影响，因为德国宣传部门此后公布了本国反叛者与西方，尤其是与美国的关系。另一方面，纳粹政府在这一阶段也与西方同盟国进行了一系列的秘密接触；当这些西方国家被公布出来以后，在斯大林与西方盟国之间便额外地造成了极为紧张的关系。这一紧张

---

① 引用自 Kimball, Juggler, 169。下文引用出处同前。

关系在1945年3月28日意大利的纳粹军队向美军投降之后达到了顶峰。被美国称为"日出"的秘密行动对于反希特勒同盟而言也因此是一个最为沉重的打击，因为此前苏联参与谈判的要求被美国拒绝了。斯大林在给美国人的信件中愤怒而轻蔑地指责他们在实施反苏联的阴谋。[1]然而他本人于数月前也在没有通知西方盟友的情况下与罗马尼亚进行谈判，并达成了1944年9月12日的停火。自雅尔塔会议以来身体状况每况愈下的罗斯福对此事也极为愤怒，他在1945年4月12日去世之前不久再次对苏联的指责进行了严厉的回击。实际上，德国针对西方强国所作的所有其他和平努力都以失败告终，其中包括极为了解希特勒的德国外交部部长里宾特洛甫在1945年2—3月间通过梵蒂冈作出的那些努力。里宾特洛甫又再次提及西方盟国最大的担忧，他在1945年2月16日的信中写道："斯大林将不会满足于他迄今为止所取得的成果。……根据德国的观点，如果德国在英美的同意下向布尔什维克主义屈服的话，英美两国能够通过划分德国的被占区成功地阻止斯大林的计划的想法是天真而又不切实际的。即使斯大林在'三巨头'会议上达成了这样的协议，维持其计划的唯一策略就是实现欧洲的布尔什维克化，并使欧洲完全屈服于克里姆林宫的统治。……只有一种取代战争集团并且德国愿意积极参与的世界大国的合作才能够阻止第三次世界大战的爆发。"[2]

---

[1] Grose, P., *Gentlemen Spy. The Life of Allen Dulles*, New York 1994, 239. 下文内容出处同前。

[2] 引用自 Stehle, H., Deutsche Friedensfühler bei den Westmächten im Februar/März 1945, in: VfZ 30（1982），538-555；此处：550 f 以及 555f。

波茨坦会议

正式名称为"柏林会议"的波茨坦会议于1945年7月17日开始举行,并以一份不同于"协约"、显然不再具有国际约束力的联合"公报"的发表结束。这次会议的宗旨因而比此前所有针对盟国之间的冲突的共同谈判都显得更为清晰。这也是已明显遭受多重打击的反希特勒联盟召开的最后一次会议。杜鲁门在他7月1日新任命的国务卿詹姆斯·伯恩斯的支持下首次代表美国出席了会议。伯恩斯其人可谓是华盛顿方面拥有多年丰富经验的老手,在他面前即便是斯大林的愚弄也不再奏效。尽管杜鲁门没有从罗斯福那里了解到所有的信息,但是他对苏联在中东欧地区的行动的愤怒在上台后不久就发泄到了斯大林的外交部部长莫洛托夫身上。即使在波茨坦,杜鲁门也表露出了他的不满。他在会议上的第一个主题就是苏联对《克里米亚声明》的无视。斯大林因此在会议上也显得很恼怒。他将美国在1945年5月8日欧洲战争结束后立即终止的对苏援助看成是一种侮辱。实际上,这个终止可能只是对于欧洲而言已显多余的租借协议导致的一种官僚主义后果,尽管它也稍带了心理上的暗示。无论如何,在东亚地区对苏联的补给丝毫未受影响,在其他地区稍后也都得以恢复。经验丰富的英国首相丘吉尔和他的外交大臣艾登短期地参加了会议之后,就被国际经验较少的继任者、工党新任总理克莱门特·艾德礼和他的外交大臣欧内斯特·贝文代替。这使得相关的误解又加深了。西方第四个胜利大国法国尚未有资格参与波茨坦会议。但是巴黎方面已经于5月1日认可盟军在德国的控制体系,并在8月4日也承认了《波茨坦公告》。法国人于1945年8月中旬进入本国在柏林北部的占领区。在此之前，德国的萨尔兰已经在经济上依附于法国，而莱茵兰-普法尔茨的一部分也移交给了法国。直到1945年9月10日，法国才正式参加盟国外长理事会的第一次会议。①

杜鲁门对丘吉尔1945年5月12日提出的建议——先在没有斯大林参与的情况下见面商讨的回应清楚地表明，美苏关系在波茨坦会议召开之前存在很大问题。尽管杜鲁门同意召开这次会议，但他强调，鉴于已经存在的不信任感，不要引起苏联对西方盟国提前达成的协议的怀疑是很重要的。这就是罗斯福的前特使哈里·霍普金斯于1945年5月再次被派遣至莫斯科的原因。当时的霍普金斯已经身患癌症，但在他于6月6日返回美国之前，他还是设法解决了当务之急，从而使斯大林同意举行一个最终联合会议。在此过程中，霍普金斯甚至向斯大林提及了美国的公众舆论对他的批评，而这一点也明显说服了这位专制统治者。②

会议的具体分歧在1945年6月的一份美英共同备忘录中得以体现。包含各种单独问题的十个分歧领域生动地展现了胜利大国之间远远超出欧洲范围的冲突维度：（一）波兰：德国领土的接管方式；（二）德国：占领区、行政管理、赔偿、流离失所者、物资；（三）奥地利：占领区的建立、政府的组建，补给供应；（四）南斯拉夫：与奥地利及意大利的边界问题；（五）巴尔干地区：苏联在罗马尼亚、保加利亚和匈牙利的行为；（六）波

---

① 综合参考 Poidevin, R.（Hrsg.）, Die Deutschlandpolitik Frankreichs und die Französische Zone 1945–1949, Wiesbaden, 1983.

② Aufzeichnung, 26.5.1945, in: Deuerlein, E.（Hrsg.）, Potsdam, 1945. Quellen zur Konferenz der "Großen Drei", München, 1963, 102–107；此处：103。

斯：苏联和英国的撤军；（七）意大利、希腊、土耳其：西方同盟利益的重新定义、与意大利的和平条约；（八）苏联对出海口的要求：波罗的海、达达尼尔海峡、波斯湾；（九）苏联对《克里米亚声明》的违反；（十）巴勒斯坦问题。①

由于波茨坦会议并非针对整个德国的和平会议，而这样的会议直到1990年才得以召开，美国和苏联这两个主要战胜国最终与联邦德国以及民主德国缔结了所谓的《二加四条约》②。在波茨坦会议上悬而未决以及未彻底解决的所有问题都在随后的冷战时期继续发酵。经过漫长的讨论之后，各国就德国问题达成了五项决议，它们也被归纳为"四个D"，即非军事化（德语：Demilitarisierung）、去纳粹化（德语：Denazifizierung）、分权化（德语：Dezentralisierung）以及民主化（德语：Demokratisierung）。这其中具体包括了以下五点：（一）消除民族主义和军国主义；（二）将德国划分为四个占领区直至缔结最终的和平条约，奥得河-尼斯河边界以东的领土应由苏联和波兰控制；（三）将波兰、捷克斯洛伐克和匈牙利境内的德国人重新安置；（四）在联合控制委员会的监督下建立德国地方自治政府和中央部门；（五）实行经济上的统一，但对工业进行管控并解散卡特尔、辛迪加集团以及托拉斯等垄断组织。各地区均应进行战争赔偿，而由于苏联遭受了特别巨大的损失，因而有权额外征用工业设施。

然而，更多的问题仍未得到解决，仅仅是"哪个德国"这

---

① 出处同前，136-143。
② 即美、苏、英、法四国于1990年9月12日与德意志联邦共和国和德意志民主共和国在莫斯科签订的《最终解决德国问题条约》。——译者注

一问题的答案都还是含糊不清的。杜鲁门提出的"以1937年的德国"为基础将纳粹德国"吞并的奥地利"以及1938—1939年占领的土地加以排除的建议,被认为是切实可行但并非有约束力的。奥德河-尼斯河边界被确定为波兰的西部边界,东普鲁士则被割让给苏联。波茨坦公告中关于"适当转移德国部分人口"的决议也被证明是多此一举,因为在这些地区中,对德国人的驱离已经开始实施了。与之相关的对人道主义灾难的关注与同情并未在《波茨坦公告》中出现。针对苏联外交部部长莫洛托夫重新提及的关于如何对待那些仍滞留在西方但想回归苏联的苏联公民的问题,西方国家也作出了类似的冷酷无情的反应。在遭到遣返的近550万人中,大多数人是在西方国家的协助下被送回苏联的,其中也有部分人的明确意愿遭到了违背。早在1945年1月的雅尔塔会议之前,美国国务院就对苏联表态,美国没有保护其公民免于遣返的要求。[1]斯大林不加区别地将他们视为叛徒,并进行了相应的处理。在被遣返的人中,大约有20%被判处死刑,大约有60%被判处长期监禁并关押于古拉格劳改营,只有约20%的人平安无事。[2]也有一些人出于偶然或幸运避免了"遣送",尤其是西方国家的积极合作者。他们在接下来的数十年中以反共移民的形式被组织起来,通过电台广播为冷战时期的美国宣传发挥了巨大的作用。[3]

---

[1] 引用自 Buhite, R.D., Soviet-American Relations and the Repatriation of Prisoners of War, 1945, in: The Historian 35(1973), 384-398; 此处: 386。也参见 Elliott, M.R., *Pawns of Yalta. Soviet Refugees and America's Role in Their Repatriation*, Urbana, 1982, 80 ff。

[2] 数据引用自 Tolstoy, N., Die Verratenen von Jalta. Englands Schuld vor der Geschichte, München, 1977, 573。

[3] Stöver, Befreiung(见第 470 页注释①), 283 ff。

波茨坦会议期间，关于东亚仍在进行的艰苦战争的话题很少被提及。但是，中美英三个战胜国于7月26日共同促令日本无条件投降。这也是战争联盟瓦解的一个明显迹象，即苏联已经不再参与《波茨坦公告》的起草。杜鲁门也直接拒绝了苏联的建立日本境内苏占区的要求。鉴于苏联在中东欧地区已经获取的实际利益，杜鲁门的拒绝可以解读为一种明确的声明，即至少在即将到来的对苏冲突中将这一空间保留出来。

丘吉尔在波茨坦会议前期多次向华盛顿表达了他对欧洲苏维埃化危机的担忧。这与他于1946年3月5日在美国富尔顿所做的著名演讲的内容极为一致。他在1945年5月12日致杜鲁门的信中写道："欧洲局势使我深感忧虑……我一直在寻求俄国人的友谊；但是他们对雅尔塔决议的误解、对波兰的立场、从巴尔干半岛直至希腊的压倒性影响……以及在许多其他国家中受到他们启发的共产主义政策，最重要的是他们长期大部队野外作战的能力，都使我和您感到一样的担心。……他们面前落下了一道铁幕。我们不知道铁幕背后发生了什么。但毫无疑问的是，吕贝克-特里斯特-科孚线以东的整个地区都将很快掌握在他们手中……然而，我们各国人民的注意力将放在对已成为废墟且国力虚弱的德国进行惩罚之上。因此，如果苏联人愿意的话，他们可以在很短的时间内进军北海和大西洋沿岸。"[①]其他的人也清楚印证了1944—1945年间对整个世界地缘政治划分的讨论。乔治·凯南当时正在美国驻苏联大使阿弗雷尔·哈里曼手下担任特命全权公使。在雅尔塔会议召开之前，他在致后来的美国驻莫斯科大使查尔斯·博伦的一

---

① 引用自 Churchill, W. S., Der Zweite Weltkrieg, Bern, ²1995, 1080。

封信中已经就一个问题进行了讨论,即完全公开地在欧洲划分势力范围是否是更为明智的做法——"这样我们就可以和苏联人井水不犯河水"。[①]

从一场战争走向另一场战争:1945年以及冷战的开始

在美国及其盟友所解放或占领的欧洲地区,1944—1945年的地缘政治和安全政策也同样处于"铁幕之后"。美国人的地缘战略利益旨在确保领土安全和防止共产主义接管。这主要涉及希腊、意大利、法国以及德国。

欧洲的危机和冷战的准备

1944年12月,英国人在华盛顿方面的首肯下,对希腊进行了积极的干预。他们的目标是支持乔治·帕潘德里欧领导下的希腊政府以及希腊民族解放军的君主主义者反对被认为是共产主义组织的民族解放阵线和希腊人民解放军。但是这并没有阻止1946—1949年希腊内战的升级。这场内战更多的是由希腊邻国南斯拉夫领导人约瑟普·布罗兹·铁托而非莫斯科方面挑起的。但是,英

---

① 引用自 Bohlen, Ch. E., Witness to History 1929-1969, London, 1973, 175。

美提供的支持最终将这一地区稳定在了西方的范围之内。①

对于美国人而言,自从1945年驻意大利的纳粹军队投降以来,该国的政治局势仍然是复杂而危险的。②许多观察家认为,意大利在1945年已经处于内战爆发的边缘。意大利左翼组织如意大利共产党(简称PCI)和意大利社会主义党(简称PSI)在当时实际上极为强大。但是,在帕尔米罗·陶利亚蒂领导下的意大利共产党和德国共产党一样,得到了莫斯科的明确指示,首先要与资产阶级政党进行合作,尤其是与阿尔契德·加斯贝利领导下的基督教民主党。在1947年由美国和苏联资助的那场著名的竞选活动中,其胶着状态达到了顶峰,双方都将其视为社会制度之间的一种厮杀。1948年4月,美国支持的意大利天主教民主党终于成为竞选获胜方和意大利战后时期的长期执政党。天主教民主党人一直不间断地担任意大利总理之职,直到1981年。

法国的局势也与之类似。③人们最初也认为有爆发内战的可能。然而这种局势却得到了缓和,因为莫里斯·多列士领导的共产党接受了1944年移交给前流亡政府首脑夏尔·戴高乐的民政管理权。在1945年10月26日举行的制宪议会第一次自由选举中,左翼党派的强大显而易见,其中最强的三大政党包括共产主义的法国共产党(法语简称PCF)、社会主义的工人国际法国支部(法语简称SFIO)和左翼基督教民主主义的人民共和运动(法语简称

---

① 综合参考 Woodhouse, Chr. M., The Struggle for Greece 1941–1949, London, 1976。
② Woller, H.(Hrsg.), Italien und die Großmächte 1943–1949, München, 1988, 69–94(H.Woller 的文章);ders., Geschichte Italiens im 20. Jahrhundert, München, 2010, 213 ff.
③ 参见 Rémond, R., Frankreich im 20. Jahrhundert, Erster Teil: 1918–1958, Stuttgart, 1994, 390 ff., 尤其是 466 ff。

MRP）。但是，在法国共产党于1947年中期被排挤出政府以后，最初于1945/1946年达成的联盟就被打破了。此后，当一次明显受到苏联控制的罢工浪潮席卷整个法国时，大多数法国人还是支持西方。

在第二次世界大战的发动国——德国，战胜国的地缘战略利益产生了最清晰的冲突。[1]这在当时仍未结束的对德国领土的占领过程中就已经表现出来。美国人和苏联人已经开始划定他们的利益范围。此外，考虑到与当时仍处于盟友关系的双方之间的潜在冲突，美苏两国也开始网罗军事或政治方面有用的知识技术。仅在二战结束后的头两年，西方国家通过公开或隐秘渠道获取的技术赔偿总额约为20亿美元。[2]

专家的招募

不同于由于技术落后而主要寻求核武器技术的苏联人，美国人对德国的导弹专家以及其他军事和科学精英更为关注。尽管美国也寻找并扣押原子能科学家，但是由于美国的核技术水平先进得多，所以这通常只是为了不让苏联人得到这些专家。韦纳·海森堡和他的同事奥托·哈恩、马克斯·冯·劳埃、卡尔·弗里德里希·冯·魏兹泽克或沃尔特·格拉赫一样，都在所谓的阿尔索

---

[1] 下文相关内容参见 Stöver, B., Der Kalte Krieg. Geschichte eines radikalen Zeitalters 1947–1991, München, 2011, 48 ff.。

[2] Eckert, A.M., Kampf um die Akten. Die Westalliierten und die Rückgabe von deutschem Archivgut nach dem Zweiten Weltkrieg, Stuttgart, 2004, 45.

斯任务框架下受到了五角大楼调查人员的追踪和拘捕。对此，负责曼哈顿计划的美国将军莱斯利·格罗夫斯在后来的回忆录中说："海森堡是世界上领先的物理学家之一，在德国崩溃时，他对我们来说比德军的10个师更有价值。如果他落入俄罗斯之手，那对他们来说将是无价之宝。"①

最晚在英国人于埃普西隆行动中对德国核科学家进行监听时，此前所有的担心都不复存在了，因为德国的原子物理学精英显然从未能够为希特勒制造出可以投入使用的原子弹。②盟军的轰炸行动导致了德国人需要的重水极度缺乏。然而也有证据表明，由党卫军将军汉斯·卡姆勒、物理学家库尔特·迪布纳和沃尔特·格拉赫领导的一个较小的独立研究小组可能已经成功地制造出了一种作用类似于某种中子弹的核爆炸装置。亚临界材料已于1944年送至吕根岛进行爆炸试验，并于1945年4月送往图林根州奥尔德鲁夫的军事训练场再次进行试验。除了目击证人的报告以外，美国的文件备忘录以及苏联核计划负责人伊戈尔·瓦西里耶维奇·库尔恰托夫于1945年3月呈交斯大林的报告都证实了这一点。③但是美国人对此只表现出了有限的兴趣。美国科学家在1945年7月16日的"三位一体"试验中所实现的可应用于核弹的链式反应对于德国人来说仍未取得成功，这一点已经得到了证明。

---

① Groves, Now it can be told（第500页注释②），243 f.

② Walker, M., Selbstreflektionen deutscher Atomphysiker. Die Farm-Hall-Protokolle und die Entstehung neuer Legenden um die "deutsche Atombombe", in: VfZ 41（1993），519-542.

③ Karlsch, R., Hitlers Bombe. Die geheime Geschichte der deutschen Kernwaffenversuche, München, 2005.

因此，对于美国人来说，获取德国的导弹技术是最具重要性的任务。一方面，导弹技术在应用到对英国本土进行空袭之后，与其技术主管韦恩·冯·布劳恩一样，在当时成为一种神话。另一方面，人们担心尚未被击败的日本人可能会从德国获得令战争得以持续的技术。不管怎样，美国人已经在图林根州德绍市的容克斯工厂发现日本专家不久之前在此出现过的证据；而在大西洋上被俘获的德国潜艇中，也一再出现火箭和喷气式飞机设计图纸以及相关的技术人员。①因此，至1950年，美国通过其秘密行动"阴天行动"和"回形针行动"有目的地将数千名德国专家转移至美国。②根据盟军的预先安排，在美军于1945年6月下旬从德国中部撤军之前，他们还负责向西方转移了约1500名技术人员和科学家，以免他们落入苏联人手中。③此外，美国人还收集了大约100枚完整的V-2火箭，它们也是后来美国研发出首枚短程和中程导弹的基础。同时被运走的V-1型飞行炸弹成为美国发展巡航导弹的起点。此外，还有大量的单个零件以及成吨的科学文献被运送到美国。相关的评估工作在"赫尔墨斯"计划的框架下早在1944年11月就已经开始。那里最终聚集了来自德国火箭生产领域的118名专家。④

韦恩·冯·布劳恩于1945年9月19日被带到美国，他以V-2为原型研制的"红石"火箭最终实现了载人航天，并因此成为

---

① Henke, K.-D., Die amerikanische Besetzung Deutschlands, München, 1995, S. 742 ff.; Weinberg, Welt（见第477页注释①），436 f.。

② Lasby, C.G., Project Paperclip. German Scientists and the Cold War, New York, 1971.

③ Henke, Besetzung（见本页注释①），745。

④ Winter, F.H., Rockets into Space, Cambridge, 1990, 52.

美国"导弹计划之父"。除了冯·布劳恩的案例，德国炮兵部队将军及工程师瓦尔特·多恩贝格尔的案例也属于美国在这段时期的典型做法。①他的职业生涯更加清楚地表明，美国所获取对于即将到来的冷战而言是多么重要的专家的选择性考虑。多恩贝格尔直到1947年才被转移至美国。由于他在纳粹强制劳动体系中的工作，多恩贝格尔比冯·布劳恩面临更大的政治问题：他在图林根州诺德豪森市附近的多拉-米特尔堡工厂（Dora-Mittelbau）担任过管理职位。在那里，成千上万的囚犯曾经在火箭生产过程中丧生。但在1947年冷战正式开始时，这一政治考虑因素比以往更为明确地被抛在了一旁。在20世纪50年代，多恩贝格尔已经在洲际弹道导弹（ICBM）的研发中发挥作用。针对这类情况，当时美国公众看法的变化程度之大可以通过一个比较看出来：1946年底，当美国公民被问及是否也应招募纳粹分子为抗击苏联做准备时，考虑到世界大战是由德国发动的，还有超过一半的受访者认为这是一个"坏主意"。②而在11年后的冷战高峰期，由于苏联人在1957年发射了第一颗人造卫星，因此大多数美国人认为，苏联人之所以在火箭技术领域更成功的原因是在于他们招募了更多的德国技术人员。③

美国为获得军事专业知识所作的努力也揭示了在1944—1945年关于冷战中即将出现的各个领域的考虑对决策的影响之强烈。韦恩·冯·布劳恩在战争结束至1945年9月移居美国这段时间内

---

① Simpson, Chr., Der amerikanische Bumerang. NS-Kriegsverbrecher im Sold der USA, Wien 1988, 45 ff 以及 88。
② Gallup, Gallup Poll I（见第394页注释③），618（Umfragen: 13.-18.12. 1946）。
③ 出处同上，1521（Umfragen: 10.-15. 10. 1957）。

就已经有机会为赫尔墨斯计划写下他对于将火箭应用于军事的想法。为此，他于1946年4月在美国提出了关于一种能够携带核弹头的火箭的详尽方案（彗星计划）。[1]军事方面的专业知识主要是那些相关的德军军官提供的，他们也被要求提供关于苏联的信息，因为美国情报人员以及众多的智囊团对此基本上一无所知。遭到问询的将军有一直担任陆军参谋长的弗兰兹·霍尔德和一直在苏联地区担任第11军总司令直到1944年春的埃里希·冯·曼施坦因，以及德国国防军前副参谋长沃尔特·沃利蒙特。对于美国人而言，更为重要的是前陆军总参谋部东线外军处的负责人莱因哈德·格伦。战争结束后，格伦在1945年5月立刻为美国人所用。他也很清楚这些美国人在寻找什么。他带去的政府文件向美国提供了急需的有关苏联的情报，这些信息据内部人士估计构成了冷战初期美国对苏联所了解的全部情况的70%[2]；而且，它们还进一步加强了美国当局对苏联的负面印象，尤其是当格伦不厌其烦地保证，德国1941年的袭击是一次预防性战争并且是在斯大林计划进攻德国不久前才仓促进行的。在冷战酝酿发酵的这一阶段，美国人最秘密，但政治名声也是最不好的行动之一是对疑似战争罪犯的招募，其中最为臭名昭著的案例是乌克兰的米科拉·列别德案，它与多恩贝格尔和格伦的案例有明显的相似。列别德属于反共的乌克兰民族主义者组织的领导层，这一组织在二战中与纳粹

---

[1] Eisfeld, R., Mondsüchtig. Wernher von Braun und die Geburt der Raumfahrt aus dem Geist der Barbarei, Reinbek 1996, 161 和 178 f。

[2] Simpson, Bumerang（见第524页注释①），76。

德国有着紧密的合作。①同时，列别德还与他人共同创建了乌克兰起义军并且涉嫌积极参与针对欧洲犹太人的暗杀，这在政治上是令人发指的。鉴于他的这段历史，当冷战正式开始之后，他向美国当局进行了坦白。1947年，他上交了他的秘密服务文件，并在两年之后绕过移民法规，通过匿名的方式进入美国。列别德也因此可以说是德国纳粹反共专家组织的一员。自1948年起，在乔治·凯南主导的"血石行动"中，这些人受到了有目的的追踪并为潜伏到苏联做好了准备。列别德也最终成为反共产主义组织与美国政府之间最重要的联系人之一。此外，其他的乌克兰民族主义者组织成员也得到了重用。其前领导人斯捷潘·班德拉在格伦招募下服务于西德联邦情报局。在此人的建议下，在联邦德国成立了激进的、在美国也同样出名的反布尔什维克国家集团，它也是冷战中历史最悠久的反共游说团体之一。

尽管东西方都明显地为可能发生的冲突做了准备，而且随着德国在1945年的政治分裂，1949年德国进行双重建国，但这种政治分裂也绝非定局。②美国人的安全利益需要一个经历了两次世界大战之后不再危险的德国。

1945年夏天，在苏联占领区中，3个直接从莫斯科派来的共产主义小组开始以苏联控制下的一种盛行于东欧的人民民主制度形式对该地区进行政治重组。而西方大国在其占领区也加快了以西方民主标准建立各种机构的步伐。但是在1945年，不论是对于

---

① Zusammenfassend zur OUN/UPA: Bilinsky, Y., The Second Soviet Republic: The Ukraine after World War II, New Brunswick, 1964, 122ff.

② Kleßmann, Chr., Die doppelte Staatsgründung. Deutsche Geschichte 1945-1955, Bonn, ⁵1991, 177 ff.

苏联还是美、英、法三国而言，德国人过多的政治独立性都不是他们所乐见的。对于西方占领区的一位军政府代表所说的那句话——"革命是不可容忍的"，苏占区的政府官员也一样表示赞同。①

重新教育和惩罚

为了在各自占领区实行"四个D"政策，即非军事化、去纳粹化、分权化以及民主化，美国人进行了制度改革，尤其是对德国人进行个人清洗或者全面的教育改造。正如在战争期间人们所借鉴的殖民时期以来的那套传统说辞那样，战争的目的是矫正德国人不守规矩的行为。需要多久才能将这些"不法分子"改造过，这在当时还不清楚。1918年之后的错误无论如何是需要避免的。挑起战争的"专制者"以及他的帮凶这一次必须受到法庭的审判。②这也在美国国务卿科德尔·赫尔、英国外交大臣艾登以及苏联外长莫洛托夫1943年10月30日举行的一次会谈上明确地提出来。这一方针最初由于担心德国会对盟军战俘进行报复而省略了官方声明这一步骤，但英美已经在内部组建了联合国战争罪行委员会，并通过该委员会整理出了一个战犯名单。尽管如此，某些报复性计划还是向公众公开了，比如部分地受到罗斯福支持的、由美国财政部部长亨利·摩根索制订的一套夺取德国的计划，

---

① 引用自 Steininger, Deutsche Geschichte（见第 508 页注释②），108。
② 下文内容参考 Smith, B. F., Der Jahrhundert-Prozess. Die Motive der Richter von Nürnberg-Anatomie einer Urteilsfindung, Frankfurt a.M., 1977, 32 ff.

主要是出于对德国罪行的愤怒。然而，这类计划的公开最终仅使纳粹德国的舆论宣传受益，事实上它们支持了坚守德国前线直至"12：05"的命运共同体的陈词滥调。[1]感到震惊和愤怒的还有那些自1944年起从西欧向第三帝国方向推进的美国军队，当他们面对集中营中堆积成山的尸体以及对此竟然一无所知的德国人所表现出的难以置信之时。在愤怒的驱使下，美国人强迫当地居民去亲自看看集中营里的恐怖景象。如果由于地理原因无法做到这一点的话，则会通过电影、小册子或者报纸来揭露这些罪行。

4个战胜国直到1945年8月8日才通过所谓的《四国伦敦协定》（其正式名称为《国际军事法庭伦敦宪章》）来作为审判战犯所需的基本依据。《国际军事法庭伦敦宪章》是《国际军事法庭章程》（简称IMT）[2]以及1945年12月20日通过的《管制委员会第十号法案》对战犯进行进一步起诉的基础。"战争罪""危害和平罪"以及"危害人类罪"等罪行均应受到调查，欧洲轴心国的主要战犯也应受到惩处。[3]在1945年11月18日于前纳粹人民法院的柏林大厅中宣读的最终起诉书中，最初以"阴谋危害和平"名义提出的指控此时被最终定性为排名第四，后来甚至上升至第一位的罪名——"阴谋罪"。这一在英美司法体系中极为常见但在德国法律体系中却完全陌生的指控使德国人认识到，西方国家更多地

---

[1] Greiner, B., Die Morgenthau-Legende. Zur Geschichte eines umstrittenen Plans, Hamburg, 1995。有关该计划在德国的影响参见 Stöver, Volksgemeinschaft（见第 469 页注释[1]），220 ff。

[2] Der Prozess gegen die Hauptkriegsverbrecher vor dem Internationalen Militärgerichtshof. Nürnberg, 14. November 1945–1.Oktober 1946, Nürnberg, 1947（Nachdruck o.O. o.J. [Köln 1994]），Bde. 1–2, 7–9 以及 10–18。

[3] 出处同上，Bd. 1, 11 f。

将这一审判程序看作针对黑手党的审判传统,正如20世纪30年代美国所采取的那种方式。1945年11月14日,首次审判在纳粹口中的"党代会之都"——纽伦堡拉开序幕。这次审判一直持续到1946年10月1日,最终以12人死刑、7人监禁、3人无罪释放的判决告终。1946年4月29日—1948年11月12日在日本远东国际军事法庭以同一方式进行的东京审判也被载入史册,最终有7名战犯被判处死刑,18名战犯被判处监禁,并且没有一项无罪释放的判决。[①]此外还有6名战犯在狱中死亡。澳大利亚人也在新几内亚针对日本人进行了类似的审判。

在纽伦堡和东京进行的审判也打上了主要战胜国之间争端的烙印。纽伦堡审判记录中的"国际军事法庭苏联成员的不同意见"也证明了这一点。无论如何,斯大林派来的代表不同意3人无罪释放的判决以及监禁的刑期。此外,他们也对未宣布第三帝国内阁以及德国联邦国防军最高司令部作为犯罪组织这一事实表示反对。与苏联相反的是,美国将这一审判视为一种成功,这也体现在自1946年12月9日开始的一个历时3年、共有12项所谓纽伦堡后续审判的程序上。该程序针对的是军事人员、医生、律师、纳粹各机构和各部委成员、工业家以及工厂管理人员。这些诉讼以24人死刑、118人监禁和35人无罪释放的判决而告终。在这些诉讼中,特尔福德·泰勒以将军身份代替美国联邦法官罗伯特·杰克逊担任了军事法庭战争犯罪首席检察官。[②]后续审判也以1946年

[①] Maga, T. P., Judgment at Tokyo. The Japanese War Crimes Trials, Lexington, 2001, 134.

[②] Ueberschär, G.R. (Hrsg.), Der Nationalsozialismus vor Gericht. Die alliierten Prozesse gegen Kriegsverbrecher und Soldaten 1943-1952, Frankfurt a.M., 1999, 73 ff. (W.U. Eckart 等人的文章)。

10月26日美国军事法庭办公室第七号法令为基础，遵循了英美法律传统。但这一系列的后续审判尤为声名狼藉，因为与其原本的崇高目的相反的是，与此前针对主要战犯的审判程序相比，它们更为强烈地陷入了战胜国之间争执的旋涡。德意志联邦共和国成立后，德国占领区的美国高级专员约翰·麦克洛伊在1951年出于政治考虑大刀阔斧地进行了减刑，最终只有一半（12名）死刑犯遭到处决，11名罪犯被判处有期徒刑，其中有一部分后来又得到了赦免。东京审判的情况与此类似。作为占领军总司令的道格拉斯·麦克阿瑟此前曾敦促不要起诉日本裕仁天皇，因为他认为这样的定罪指控会破坏美国占领政策的目的。尽管日本前首相东条英机一开始就已经表示战争也得到了天皇的同意，但美国人仍然坚持如此。最终作出的判决引起了极大的争议，特别是因为前首相东条英机和广田弘毅仅以"阴谋罪"遭到起诉，但仍于1948年遭到处决。而其他战犯，如土肥原贤二、板垣征四郎、木村兵太郎、松井石根以及武藤章，则是因为他们对战争罪行的责任被判处死刑。因此，3名盟国的法官并未签署东京判决书。但是，自1950年以来，甚至是被判无期徒刑的日本战犯也已获释。至1958年，最后一批战犯得到了赦免。

对于美国方面而言，纽伦堡审判和东京审判都是重新教育的组成部分，也应该是一个更加和平的未来之保证。为了对所有轻信国家社会主义的德国人以及类似的日本人进行重新教育，美国为两国各自制订了一项全面的计划，但它们在许多方面最终被认为是失败的。然而，一开始，仍有希望在引起和维持战争的社会精英之间进行深层次交流。

在德国执行的具有决定意义的美军占领指令——《参谋长

联席会议1067号指令》是极为强硬的。该指令由美国武装部队高级司令部于1945年4月26日向前进中的美军发布,此时距离纳粹德国的最终投降仅两周时间。此指令明确强调,美国在德国的目标是:"使德国人明白,正是德国的残酷战争以及狂热的纳粹的抵抗摧毁了德国的经济,造成了德国的混乱并使德国遭到了不可避免的痛苦……德国的被占领不是出于解放该国的目的,而是作为一个战败的敌国……盟军的主要目标是,阻止德国再次成为世界和平的威胁。"[1]去纳粹化应该通过从关键职位上解散所有纳粹分子来实现。这一出于善意的计划在美占区沦落成为一种大多数德国人似乎都愿意但几乎没有罪恶感地身处其中的"随大流者工厂",这种情况也与冷战的开始有关。[2]杜鲁门自1947年以来要求尽快完成审判的指示极为明确,以至于占领军机构总指挥卢修斯·克莱竭尽全力才在去纳粹化的官方截止日期之后成功地在1948年5月8日对情节严重的案件进行审理。在美占区最终有130198名德国人被定罪,其中只有1654名是主犯。[3]战后的奥地利同样被划分为四个占领区,包括首都维也纳一部分、多瑙河和萨尔茨堡以南的上奥地利州地区以及施蒂里亚州的萨尔茨卡默古特的美占区,其情况与德国的美占区基本一致。其中的一个不同之处是,被视为战犯的人员是由奥地利人民法院而非盟军特别法庭审判

---

[1] Vollnhals, C.（Hrsg.）, Entnazifizierung. Politische Säuberung und Rehabililitation in den vier Besatzungszonen 1945-1949, München, 1991, 98-100；此处：98 f.

[2] Niethammer, L., Die Mitläuferfabrik. Die Entnazifizierung am Beispiel Bayerns, Bonn 1982.

[3] 数据引用自 Vollnhals, Entnazifizierung（见本页注释[1]）, 23.

的，但是这并没有带来更为积极的最终结果。①

　　与在欧洲一样，美国人也在日本实施了对该国国民的重新教育政策，但是他们在这一地区无须顾忌苏联人的影响。重新教育政策在日本部分地区的实施甚至比在德国更为严格。德国基本上是以一定程度上的开放心态对待西方和美国的政策，与此不同的是，日本则试图通过法规向西方臣服。美国在德国占领区实施的学校改革由于遭到了包括教会在内的各种团体的抵制而失败，并且最终也因此未得到其他西方盟国的效仿。而日本的学校制度经历了严格的修改：它直到1945年都以德国为榜样，此时则改为包含初中和高中的美国模式。高等学校也以类似的方式进行了改革。另一项措施是1945年12月15日颁布的所谓"神道教"法令，该法令实际上将此前的国教加以禁止，因为美国当局认为该宗教的内容和仪式需共同对日本的民族主义和军国主义负责。对日本的重新教育还包括严格的审查制度，不仅是军事民族主义文学，还有中世纪传统戏剧，如歌舞伎和武士题材的戏剧，以及相关的文学素材都在审查范围之内，这一点不同于德国。

与苏联在欧洲外部的争端

　　在欧洲以外，西方国家与苏联因地缘战略利益在远东、中东地区，尤其是土耳其和伊朗以及巴勒斯坦问题上发生了冲突。斯

---

① 概括性地参见 Meissl, S. u. a.（Hrsg.）, Verdrängte Schuld, verfehlte Sühne. Entnazifizierung in Österreich 1945–1955, München 1986, 28–36（D. Stiefel 的文章）。

大林意欲修改土耳其东部边界（卡尔斯/阿尔达罕）和1936年的《蒙特勒海峡条约》，该条约使土耳其能够通过防御设施再次保护黑海的出海口——博斯普鲁斯海峡和达达尼尔海峡，这在1945年已经不是秘密了。当莫斯科当局的要求在1946年变得更为急迫时，鉴于战略形势和希腊内战已经十分紧张的局势，美国立即作出了反应，派遣了一支舰队前往地中海东部。根据美国向苏联提交的相应照会，如果有必要的话，土耳其也可以通过武力对抗苏联以自保。①

在稍往东南方向的伊朗，美苏之间产生了更为直接的利益冲突。②自1941年以来，伊朗一直由英国和苏联军队共同占领，以确保西方盟国向苏联提供补给，尤其是为了确保波斯湾地区油田的安全。自20世纪30年代以来，美国人也显示出了对这一地区日益增加的兴趣。因此，罗斯福在1945年去世前就与沙特阿拉伯国王伊本·沙特进行了磋商。穆罕默德·礼萨·巴列维成为西方国家保障伊朗安全的底牌，他早在1941年就取代了他的父亲，因为从西方盟国的角度来看，他的父亲与德国的关系过于友好。直到20世纪70年代末，巴列维一直在美国的支持下掌握着政权。1945年末，由于苏联方面开始对这个地区施加压力，局势也因此恶化。伊朗政府不得不发放石油开采许可证。莫斯科方面为此利用了马克思主义的伊朗人民党以及自己成立的一个"民主党"。同年12月，伊朗分离主义者确实成功地在北部即伊朗的阿塞拜疆人地区

---

① 有关分歧参考 Leffler, M. P., *A Preponderance of Power. National Security. The Truman Administration, and the Cold War*, Stanford, 1993, 123 ff。

② Kuniholm, B.R., *The Origins of the Cold War in the Near East, Great Power Conflict and Diplomacy in Iran, Turkey, and Greece*, Princeton, 1980, 130 ff.

组建了一个自治的共产主义政府。伊朗德黑兰中央政府理所当然地将其视为非法分裂领土，并在1946年1月呼吁英国和美国的支持。但是斯大林也随之增加了对伊朗的压力，最终，在苏联军队进入伊朗内陆的情况下，总理艾哈迈德·卡瓦姆被迫批准成立苏伊石油公司和成立亲苏的吉兰人民共和国北部自治区。受到惊动的杜鲁门总统将此事视为一种完全的"不正当之举"。[①]他在给伯恩斯的信中写道：人们在波茨坦被迫同意苏联的要求。但事实并非如此，实际上，斯大林再次屈服于西方列强的联合压力。从1946年3月25日起，苏联军队撤离了伊朗，该国北部的自治地位也被撤销。

早在1945年6月在英美备忘录中就已经提及的巴勒斯坦问题被认为是一个严重的安全问题，很快就显示出了其威力。波茨坦会议期间，中东问题应美国的要求不再讨论，因为美国人不想在法国未参会以及中东国家代表缺席的情况下对此进行讨论。直到1947年英国将此问题的解决方案移交给联合国之后，巴勒斯坦分治决议才于11月29日以33票赞成、13票反对以及10票弃权的投票结果，获得通过。此后不久，以色列于1948年5月14日建国。分治后的巴勒斯坦作为冷战的前沿阵地立即成为持续产生冲突的温床。以美国为首的西方国家支持以色列，而东方集团则支持巴勒斯坦人和阿拉伯国家。出于与阿拉伯国家交好的目的，莫斯科方面起初对以色列表示的同情转而不复存在。[②]

除了在欧洲、近东以及中东地区以外，美苏两国于1945年夏

---

① Truman, *Memoirs*（见第 510 页注释②），551。
② 概括性地参见 Rucker, L., *Moscow's Surprise: The Soviet-Israeli Alliance of 1947-1949*, Washington, 2005（= CWIHP Working Paper 66）。

也在东亚产生了直接的竞争关系。①苏联在雅尔塔会议上已经达成对日宣战的协议并在波茨坦会议期间再次重申，尽管美国人的担心越来越强烈，但鉴于1944—1945年日本发动的狂热战争，华盛顿方面仍认为苏联的参战至关重要。斯大林在1945年夏天投入了大约150万兵力。苏联根据1945年8月8日达成的协议首先出兵日占伪满洲国，然后进军被日本吞并的朝鲜北部，最后夺回了俄国于1875年失去的千岛群岛以及1905年丧失的萨哈林岛②。在这一过程中，美苏之间的敌意就像在欧洲一样变得愈发强烈起来。尽管两国在欧洲的相互仇视由来已久，但在美国于1945年8月6日和9日先后向日本投放两枚原子弹并迫使日本投降之后，这种情形发生骤变。当东京政府于8月14日接受《波茨坦公告》并于两天后停止战斗时，苏联在东亚大陆所提供的战争协助以及占领日本的要求对于美国人而言就更加没有立足之处了。斯大林在给杜鲁门的一封简短而愤怒的信中写道："我必须承认，我和我的同志们并未想到您的答复是这样的！"这样和对待战败国毫无区别。在这种前提下，美国不会得到希望获取的千岛群岛基地。③

在日本战败后出现的政治权力真空中，美苏之间保持了持续的竞争关系，特别是在具有重要地缘政治意义的中国。在遭到日本侵略之后，中国陷入了贫困并被破坏殆尽的状态。然而在二战

---

① 综合参考 Gallicchio, M. S., *The Cold War Begins in Asia. American East-Asian Policy and the Fall of the Japanese Empire*, New York 1988. Zum Beispiel Korea: Stöver, B., Geschichte des Koreakriegs. Schlachtfeld der Supermächte und ungelöster Konflikt, München, ³2015, S. 36ff。

② 即库页岛。——编者注

③ *Stalin's Correspondence with Churchill, Attlee, Roosevelt and Truman 1941-1945*, Part 2, London, 1958, 267 f.

结束后，早在20世纪30年代就已经开始的内战于1945年[①]又再次爆发。从战略上看，受到苏联支持、由毛泽东领导的共产党更具优势，因为在日本侵华期间，它在后方进行军事行动。而拥有美式装备、由蒋介石指挥的国民党军队则几乎被压制在西部。此外，毛泽东也因为苏联占领中国东北地区而获得了有利条件。由于1949年成立的中华人民共和国最初继续与苏联保持了紧密联系，对于美国人而言，他们从此便失去了对中国大陆的控制权。这在美国，尤其是在竞选活动中，针对谁应为"中国的失败"负责这一问题引发了激烈的论战。此后，华盛顿方面将注意力主要集中在蒋介石军队退守的台湾岛，1950年3月1日，亲美的"中华民国"建立。1950年末，美国就与毛泽东建立的中华人民共和国产生了冲突，北京方面则在朝鲜战争中支援了后撤的北朝鲜人。

1945年，由于几个殖民大国——英国、法国，甚至是荷兰开始重建第二次世界大战期间失去的殖民地，这使得东亚本已复杂的地缘政治局势进一步恶化。这些军事干预和地缘政治决策反过来又加剧了已存在的冲突。这一点从1945—1946年的法国印度支那、后来的英属马来亚以及荷属印度尼西亚就可以看出来。所有这些最初以迟来的殖民地战争形式产生的冲突在全球冷战的边缘造成了血腥的"小规模战争"。[②]除了1950年到1953年间的朝鲜战争以外，自1945年起持续了将近30年的越南战争成了规模最大且最血腥的战争。

---

① 应是1946年。——编者注
② Greiner, B. u. a.（Hrsg.）, Heiße Kriege im Kalten Krieg, Hamburg, 2006.

第十章

如临深渊：1945/1947—1991年的冷战

意识形态和原子弹：一个激进的时代

"冷战"这一名词早在1946年就已经在美国出现了，此后在世界范围内得以使用。冷战的爆发不仅使美国升级为超级大国，而且也使此前的大国，如英国和法国，降级为二等强国。[①]随着核武器的数量、规模的增长以及研发速度的加快，人们也愈加担忧美国以及整个世界可能会遭到灭亡，这一担忧成为数十年以来政治考虑的一个重点问题。

"冷战"一词的起源

"冷战"一词出现在美国人和苏联人于1946年1月24日在纽约成立的联合国"国际原子能（控制）委员会"进行的联合谈判中。从美国的角度来看，他们的任务在于如何在某种程度上将迟早会拥有核武器的苏联纳入全球核不扩散协定。这一计划基于英国、美国和加拿大通过长期讨论并于1946年11月最终签订的有关核武器的"联合声明"。[②]根据这一声明，所有基于新的核技术的项目都应该受到国际管制。这在和平会议期间部分地引起了

---

① 下文内容参见 Stöver, Der Kalte Krieg（见第 521 页注释①），11 ff.
② 刊登于 Schambeck, Dokumente（见第 116 页注释①），502–506。

激烈的争辩。当时美国谈判代表团的负责人伯纳德·巴鲁克在威尔逊时代就久经考验,其同事赫尔伯特·斯沃普最终甚至认为这是第三次世界大战的前奏。之所以被称为"冷"战的原因在于它发生在"炽热"的军事冲突背景之下,因为美国的对手——苏联的武器水平在当时还不能与之抗衡。对未来战争有可能迟早是核战争的担忧已然产生,这一点在巴鲁克后来的回忆录中也详细地证实了。[1]实际上,正是这种"炸弹"使1917年十月革命以来的东西方意识形态冲突得以升级。冷战在此时已经成为一种永久且活跃的"非和平"因素。这一因素包含了人们认知的所有军事冲突,除了核武器的使用。值得注意的是,自20世纪40年代后期以来,对于是否应该将冷战的"中间状态"作为一个"单一"的基本事实纳入国际法的问题,也在美国引起了激烈的争论。[2]

从1945年8月在日本广岛和长崎的原子弹爆炸到1946年6月14日巴鲁克递交美国的提案的大约一年中,到处都充斥着世界末日的氛围,这在公众之间也被大肆渲染并蔓延开来。1945年8月9日,在第二枚核弹刚刚袭击日本时,美国总统杜鲁门在广播讲话中就已经明确地表达了作为第三次世界大战的核战争爆发的危险。[3]诸如《生活》等美国杂志也立刻配发了相应的核战争场景的文章并迅速得以传播。[4]甚至那些以前曾在曼哈顿计划中研制出第一枚

---

[1] Baruch, B.M., *Public Years*, New York, 1960, 388.

[2] Jessup, P. C., *Should International Law Recognize an Intermediate Status between Peace and War*, in: American Journal of International Law 48(1954), 98-103; 此处:101 ff。有关当时法律争端的内容也可参见 Grob, F., *The Relativity of War and Peace. A Study in Law, History, and Politics*, London, 1949。

[3] 发表于 Deuerlein, E., Potsdam 1945. Quellen zur Konferenz der "Großen Drei", München 1963, 375-381; 此处:375。

[4] Life, 29. 10. 1945.

美国原子弹的美国核物理学家精英也于1946年在题为《一个世界或没有一个世界》的小宣传册中描绘出了一个世界末日降临的场景,希冀"东方"和"西方"之间互不信任的危机得以成功地消除。核弹的发明使科学家确信此前所有的民族国家政治都会因此宣告终结。只有彻底交换核武器技术的所有秘密并进行国际合作才能防止核毁灭。[1]和罗伯特·奥本海默一样,当时仍在普林斯顿高等研究院工作的阿尔伯特·爱因斯坦也是这些科学家中的一员。他后来这样说过,他不知道第三次世界大战会怎样进行,但是他很确定第四次世界大战将会通过石头与木棍进行。[2]奥本海默也是原子弹得以发明的幕后科学家,没有第二个人像他那样在原子能的研究意愿与道德良心之间有如此的撕裂感了。[3]1946年巴鲁克代表美国提出核武器控制提案所做演讲的世界末日基调也是与上述这些心理上的氛围互相吻合的。

从苏联人的角度来看,他们自1943年以来一直借助从美国研究所中泄漏出来的信息来开发自己的核武器,这一所谓的巴鲁克计划不仅令人无法接受,而且是一次赤裸裸的挑衅。如果同意这一计划,不仅会危害苏联在武器技术上追赶美国的目标,而且,如苏联谈判代表之一迪米特里·斯科尔贝辛后来强调的那样,将先前已经取得的研究结果"交付给美国人"无异于一种自我缴械。[4]在第二次世界大战中期,斯大林就已经开始担心西方会用

---

[1] Masters, D./Way, Y. (Eds.), *One World or None*, New York, 1946.

[2] 引用自 Caloprice, A. (Hrsg.), *Einstein sagt. Zitate, Einfälle, Gedanken*, München, 1997, 239。

[3] 人物传记参见 Pais, A., *J.Robert Oppenheimer. A Life*, Oxford, 2006。

[4] 引用自 Holloway, D., *Stalin and the Bomb. The Soviet Union and the Atomic Energy, 1939-1956*, New Haven, 1994, 164。

原子弹在政治上勒索他。对他而言，这一点从杜鲁门自战争结束以来尤其是在波茨坦会议期间的行为看来表现得似乎非常明确。因此，斯大林在1945年8月20日——美国向日本长崎投下第2枚原子弹的11天后，就签署了正式法令，将时任内务部部长的拉巴连季·贝利亚任命为核武器计划的负责人，就并非一种巧合。相关人员在巨大的压力下，终于在将近4年后的1949年成功引爆苏联的第一颗原子弹。在此期间，苏联人在美国纽约的谈判桌前进行拖延。他们在与美国人进行的长达数月的会谈中提出了各种对于美国而言不可接受的反建议。杜鲁门对此再三强调："在任何情况下，只要我们不确定世界其他国家是否会针对美国装备核武器，我们都不会放弃核武器。"①美国对苏联反建议的拒绝再次成为莫斯科方面继续针对美国的理由。1946年9月17日，沮丧的巴鲁克最终告知杜鲁门，他根本没有机会调和美国与苏联各自的观点。当年12月30日，联合国原子能委员会在苏联和波兰未投票的情况下通过了巴鲁克计划。但是莫斯科的弃权使得其他国家所达成的这一共识实际上不具任何效力。几天后的1947年1月4日，巴鲁克提交了他的最后辞呈。3个月之后，在他的一次演讲中，"冷战"一词可能是第一次被公开地使用：在南卡罗来纳州首府哥伦比亚的众议院，他首次公开使用斯沃普发明的这一词语，从而将与苏联的冲突描述为"一种新型的战争"。②巴鲁克也曾说过："我们不应该自我麻痹，现在我们正处于冷战之中。无论在国内还是在国

---

① 引用自 Baruch, *Public Years*（见第 540 页注释①），374。
② 出处同前，388。

外都有我们的敌人。"[1]巴鲁克认为这已经是军事冲突的先兆。不久之后的1947年秋天，出现了对"冷战"一词的传播影响最为深远的出版物：著名的纽约记者沃尔特·利普曼撰写的一本62页的小册子，首次以《冷战》为标题。在政治上与共和党人关系密切的利普曼在新闻界一直与民主党人特别是杜鲁门政府发生争执，此前曾在《纽约先驱论坛报》上发表过一系列批评民主党的外交政策的重要文章。这些文章此时被集结为这本名为《冷战》的小册子。[2]然而，读者在这本出版物中只能徒劳地寻找"冷战"这一概念，因为利普曼只是使用了这一词语作为标题而制造出卖点。但是这也很清晰地表明了这一词语在公众中的知名度有多高。而利普曼在其著作中所描绘的冷战的特征——"特殊的战争"（Particular War）并未受到异议：它充斥了敌对势力的阻挠政策、外交战争、宣传攻势以及秘密渗透。[3]利普曼还强调了关于这场冲突的革命性的新观点：进行冷战的原因在于，如他在文中所写的那种"全面爆发并使用核弹的世界大战"型的军事冲突对当时的苏联来说尚不可行。

---

[1] 引用自 Schwarz, J.A., *The Speculator. Bernard M. Baruch in Washington, 1917-1965*, Chapel Hill, 1981, 508.

[2] Lippmann, W., *The Cold War. A Study in U.S. Foreign Policy*, New York, 1947.

[3] 出处同上，25 f. 下文引用出处同上。

一个"全面的冲突"

不仅对美国人而言,而且在全球范围内,1947年都成为这一冲突的关键一年。它越来越以一种"全面"的形式展现出来,直到美国的对手苏联及其东欧集团于1991年崩溃才宣告结束。在这场争端中,除了核武器之外,双方实际上运用或准备了其他所有物质的和非物质的资源以便己方的生存并最终赢得胜利。冷战甚至直接或间接地蔓延到了乍一看与之无关的领域。它升级成为一种在政治思想、经济、科学技术以及社会文化方面无止境的冲突,其影响渗透至日常生活的方方面面。这种全面的冲突的中心悖论在于,其全面战争的设想与迄今已知的全面战争中所使用的全部手段不相符合,因为使用军事手段的可能性与大多数不愿使用军事手段的意愿产生了矛盾。与此同时,美国也认为有必要对可能受到的攻击做好全面的准备,其中就包括对盟友的寻找和招募,对直接或潜在利益领域的开发,制造业的发展,对经济、技术、军事、民用、政治资源的拓展与持续现代化,以及内部团结的建立和维护。

1949年,美国通过成立北大西洋公约组织建立起了全球同盟概念中的第一部分。根据这一概念,原本应该形成一种对苏联的包围圈并防止其进一步扩散,但这种包围圈最后并未得以完整建立。与美国人主导的北约组织并存的是1951—1955年在亚洲地区建立起的一系列组织,其中包括:澳新美安全条约组织(包含澳大利亚、新西兰和美国),东南亚条约组织(包含澳大利亚、法国、英国、新西兰、巴基斯坦、菲律宾、泰国、美国、南越、柬埔寨、老挝）以及巴格达条约组织（包含英国、巴基斯坦、伊朗、伊拉克和美国），后者最终于1959年改组为针对中东地区的中央条约组织，但其影响是有限的。作为分崩离析的东南亚条约组织的替代品，1967年又成立了非军事性的东南亚国家联盟（即东盟），该组织从东南亚扩展到韩国，并一直延续到1989年。为了确保政治军事的领导在可能的核战争中得以发挥作用，美国投入了数十亿美元的资金。冷战时建造的掩体（不仅在美国境内）在质量和数量上都远超第二次世界大战时期。在结盟国家内部，关于如何在核战争中幸存的话题也得到了讨论，这些讨论也持续地决定了冷战的心态。①

在诸如文化生活等看似非政治性的领域中，冲突的全面性和普遍性可以得到尤为具体的体悟。此外，冷战也导致了社会各阶层间明显的两极分化现象。亲近敌对方或者中立的态度不仅仅在美国受到质疑。因为在这一点上，冷战实际上只承认对立的双方，即敌我双方。"冷内战"一词早在20世纪50年代就已经是对这种在假定的外部压力下产生的"内部封锁"现象的一种流行称谓，而这种外部压力也在很多方面唤起了美国人对殖民时代以来的阵营思想的回忆。②

---

① 综合参见 Stöver, Der Kalte Krieg（见第 521 页注释①），188 ff. Zum amerikanischen Bunkerprogramm: Rose, K.D., One Nation Underground. The Fallout Shelter in American Culture, New York, 2001。

② Heydte, F.A. v., Kalter Krieg, in: Staatslexikon, Bd. 4, Freiburg i.Br. ⁶1959, Sp. 750-753; 此处: Sp. 752 f。

545

冷战的战略

1947年3月12日,杜鲁门阐述了美国对于冷战的中心战略思想,即人们熟知的杜鲁门主义。它可以看作是自1945年以来进行的、乔治·凯南在其中起到决定性作用的大讨论的终结。杜鲁门明显借鉴了前任总统罗斯福的"隔离演说",不仅呼吁在全球范围内遏制共产主义,而且承诺美国将对所有受到苏联及其盟国威胁的国家提供支持。杜鲁门说:"在世界历史的当下,几乎每个国家都需要选择自己的生活方式。很多时候,这不是一个自由选择。其中的一种生活方式以多数人的意志为基础并体现在自由的机构、自由的选举、对个人自由的保障、言论和宗教自由以及不受政治压迫的自由等方面。另一种生活方式是基于少数人的意志,这种意志被强加于多数人……我认为,美国的政策必须是向那些屈服于拥有武装的少数派或者外部压力的自由民族提供支持。"[①]苏联领导人也意识到了杜鲁门讲话的重要意义,因此,斯大林的官方喉舌安德烈·日丹诺夫于1947年9月直接以"两大阵营理论"——一种全球性的阶级斗争理论,作为对杜鲁门的回应。回顾地看,杜鲁门主义和日丹诺夫的两大阵营思想都是冷战的准战争宣言。此外,杜鲁门的演讲在美国的对外政策中具有如此重要的意义,以至于它在20世纪被一再提起。正如巴拉克·奥巴马在2009年诺贝尔奖致辞中所指出的那样,杜鲁门主义也是21世纪

---

① 刊登于 Schambeck, Dokumente(见第116页注释①),506-513;此处:511。

处理与独裁统治冲突的基础。①

二战结束后的一段时间内，美苏关系不断恶化。杜鲁门的演讲更是将这种形势推向了高潮，它也是美国部分公开地为应对冷战而进行的国内准备的一个暂时终点。在战略辩论中，任职于美国驻莫斯科大使馆，但在华盛顿的政治世界中鲜为人知的乔治·凯南于1946年2月22日发来的长文电报带来了第一次突破。他的这封电报被美国国务院用作辩论的指导性文件，其核心观点在当时颇具轰动性，即美国与苏联领导人之间，正如与18或19世纪的沙皇之间一样，不可能产生一种"永久性的妥协"。②在杜鲁门政府的一些部长要员的支持下，凯南甚至于1947年7月在作为最重要的外交政策论坛之一的杂志《外交事务》上发表了自己的见解。③

为了更准确地阐明美国的冷战政策并使之极端化，到1947年时，不仅是与苏联的冲突越来越强烈地被认为是关乎存亡的威胁，除此之外，在总统选举中的内政冲突也被作为重要的手段。共和党外交政策专家约翰·福斯特·杜勒斯自1946年国会选举以来，对共产主义专政采取了更具攻击性的态度。他依据门罗主义将其理念称为"解放政策"或"推回政策"。在随后的6年中，尽管民主党和共和党双方都指责对方对共产主义的不作为和过于松懈的态度，但在艾森豪威尔就任总统之后，双方在共同传统信念背景下的跨党派的遏制政策以及"解放"政策便归于一体，"日

---

① 重刊于德意志新闻通讯社2009年12月10日的报道。
② 刊登于Kennan, Memoiren（见第430页注释①），553-570；此处：566。
③ The Sources of Soviet Conduct, in: Foreign Affairs 25（1946/1947），566-582。

光浴行动"也应运而生。这一在1953年产生的一体化的遏制-解放战略包含了在必要的情况下在任何地方对共产主义进行遏制，以及在有可能的地区，比如苏联及其盟国，采取更为积极的行动。有针对性的冲突的界限应该设置在可能受到核战争威胁的地区，这一政策也以"战争边缘政策"的称呼而为人所知。

正如1953年德意志民主共和国的东柏林事件以及1956年的波兰和匈牙利革命所体现的那样，这一战略特别是在欧洲带来了巨大的成功希望。由此引起的恐慌可能更为强烈。从组织上看，"遏制"和"解放"这两种策略在1953年以前就已经融合在一起。在1946年2月撰写了被看作是捍卫防御性遏制政策的标志性电报的乔治·凯南于1949年就得到了美国国务院的重任，出任政策研究室的主任。他在该机构参与了招募那些在一定程度上受到国家社会主义政治迫害的人员以便对共产主义进行攻击的工作。除此之外，他还领导策划了当时最为机密的进攻行动，即在苏联势力范围内实施的传统的"回退行动"。凯南在国务院政策研究室的工作也涉及自1949年10月起开始的、由美国中央情报局在阿尔巴尼亚和南斯拉夫策划但却以惨败而告终的政变。[1]在一些新招募人员的帮助下，在欧洲不同人指挥下的此类突击队行动的开展一直延续到20世纪50年代，其中也包括在苏联境内的行动。出身于美国战略情报局的美国中央情报局反间谍及反情报部门负责人詹姆斯·安格尔顿也于1976年表示，自东欧地区于1956年开始实行去斯大林化运动之后，美国已对数百名东欧志愿者进行了暴动培

---

[1] 此处参见 Stöver, Befreiung（见第470页注释①），500 ff.

训。[①]从20世纪60年代起,"回退行动"的目标转移到了第三世界国家。

1947年的欧洲复兴计划成为遏制政策的一部分,该计划的目的不仅在于消除饥饿,而且还在于传播乐观情绪。这一计划在心理上取得的巨大成功也促使美国政府于同年下半年在蒋介石控制的台湾也推行类似计划。

关键的1947年

1947年也是美国人和苏联人一样,开始将其整个军事政治与情报机构及冷战相结合的一年。为了满足当时的需要,美国借助《国家安全法案》从根本上就重组整个国防综合体系进行尝试,其中包含政治和军事机构的协调、情报机构的重建、仍处于起步阶段的心理战的纳入以及各种外部和私人服务机构的培养。除此之外,冷战中最重要的两个机构也应运而生,即作为总统咨询机构的国家安全委员会和作为全球情报机构以及冷战"肮脏一面"重要组成部分的中央情报局。这两个机构直到今天仍在继续运行。

在美国人的暗中推动下,基督教民主人士在1947—1948年的意大利大选中取得了胜利,中央情报局也因此经受了第一次考验,这使得1947年成为美国情报部门在冷战中实际诞生的年份。

[①] Binder, D., '56 East Europe Plan of C.I.A. is described, in: New York Times, 30.11.1976, 13; Stöver, Befreiung(见第470页注释①), 517。

规模不断扩大的中央情报局还成立了专门部门来为推翻政权和发动革命做准备,例如政策协调办公室,该机构在早期处于"解放政策"最具说服力的代表之一的弗兰克·威斯纳的领导之下。[1]现今的"情报团体"中仍有17个机构。[2]通过这种方式,部分军事部门也经营了一些重要的间谍机构。其中包括冷战早期在欧洲境内活动的重要机构——反情报组织,它在1961年升级为美国国防部的国防情报局。此外还有1952年成立的同样重要的,但也更为神秘的国家安全局,它是对敌方进行监听并破译信息的机构。它与其竞争对手中央情报局一样,其规模在冷战结束后扩大了2倍并活跃于全球,尤其是在产生冲突的前沿国家境内。在西柏林的魔鬼山,该机构建造了著名的中东部欧洲监听和观察哨所,其雷达穹顶即便在远处都清晰可见。其他的美国特殊情报机构也在冷战中随着技术的飞速发展得以建立,比如1970年成立的国家侦查局,它是一个专门负责间谍卫星运作的机构。

1947年也是美军军种转型的关键一年。尽管陆军和海军逐渐装备了核武器,但是这种转型最开始主要是空军,它在当时对具有核弹投放能力的喷气式轰炸机有着越来越多的需求。[3]到1947年中,康维尔公司生产的B-36轰炸机成为首批服役的喷气式轰炸机。波音公司也于1947年开始设计B-47"同温层"轰炸机或者B-52"同温层堡垒"轰炸机,并在1952年交付了首批原型机。

---

[1] 参见 Stöver, Befreiung (见第 470 页注释①), 217ff. Zur Geschichte der CIA: Stöver, CIA (见第 24 页注释①)。

[2] 概括性地参见 Richelson, J.T., *The U.S. Intelligence Community*, Boulder, ⁷2016。

[3] 关于冷战中的美国空军概况参见 Angelucci, E., *The Illustrated Encyclopedia of Military Aircraft 1914 to the Present*, Edison, 2001, 394 ff.。

这些型号的轰炸机在20世纪50年代后期开始服役,它们共同构成1946年组建的美国战略空军司令部战略轰炸机编队的骨干力量。[①]从1958年到1968年,它们不间断地执行持续性行动任务。在此期间,每个轰炸机编队由60架轰炸机组成,每架飞机挂载了8枚A型炸弹或者4枚H型炸弹,这使得美国在空中持续性地保有3000兆吨当量的轰炸能力,以便在得到相应的命令之后可以立即向苏联境内的预定目标,即所谓的"故障安全点"进行投放。与此同时,空中加油机的研制也为机队的空中加油提供了必要的保障。由于B-52后继机型的生产自20世纪60年代以来一直被推迟,因此这种飞机在冷战期间一直是美国的标准轰炸机,因此同时也是全球冲突中最著名的标志之一。

同样在1947年,美国和苏联分别成功地发射了基于德国V-2导弹的火箭,即美国的"飞行蜜蜂"火箭和苏联的"胜利"火箭。这些火箭开启了核导弹时代,尽管洲际弹道导弹直到1959年才投入使用。美国的"蛇鲨"SM-62(B-62)导弹是洲际弹道导弹研发的一个里程碑。对于冷战时期的火箭技术以及整个技术发展历史而言,"蛇鲨"导弹属于弹道导弹,因为人们首次能够系统地利用计算机来研发和控制这些导弹。同时研发的还有1960年投入使用的美国"阿特拉斯"SM-65型导弹,其射程已经超过14000千米,可将375万吨当量的弹头投射至距离目标4千米之内的范围,从而极大地减少了敌方的预警时间。此外,由于"阿特拉斯"系列导弹无须再存储在掩体之中,而是垂直安置在发射井中,因此不需要费时费力地将其移动以添加燃料。尽管如此,和后续型

---

① 数据引用自 Peacock, L.T., *Strategic Air Command*, London, 1988, 44。

551

号相比，第一代洲际弹道导弹的速度还是非常慢的。但是自1962年的"民兵"LG-30型导弹投入使用以来，这种情况就发生了改变。仅该型导弹就生产了2400枚。后来的改进型中，这种射程约为11500千米的导弹能够在半个小时之内到达世界上任何地点。随着1959年开始研发，其晶体管技术向微芯片技术的过渡也最终完成。这不仅使得导弹的精度得以提高至200米误差，而且还使得多个弹头的装载成为可能。1970年投入使用的"民兵"III型导弹已经可以将3枚当量各为33.5万吨的弹头分别投掷到不同的目标。除此之外，新一代火箭，其中包括中短程导弹改进型的破坏力也提高了很多倍。在冷战最后阶段的1986年投入使用的"和平卫士"MX（LGM-118）型导弹作为"民兵"III型的升级版本，可以将10枚各重500千克的弹头投放至目标所在地，其精度达到了100米。

导弹技术的发展使核武器成了导致必然的军事结构转型的主要因素。这也涉及迄今为止完全未知的针对核武器的保护措施。由于美国战略空军司令部将不可避免地成为敌人攻击的首要目标，因此它于1948年从安德鲁空军基地迁至位于美国中西部华盛顿附近的奥福特空军基地。但是，即便是深入地底的指挥中心也不再被认为是安全无虞的，这就是从1961年起直至冷战结束，又特别建立了一个被称为"窥镜"的空中指挥中心的原因。除了一个空军战术指挥部以外，在科罗拉多州的洛基山脉的岩洞中还设立了一个防空指挥部。战略空军司令部在这个所谓的"战略三位一体"的设施中一直负责洲际轰炸机和洲际导弹事务，直到冷战结束。

冷战的过程

1947年以半官方方式开启的全球冲突一直持续到1991年才结束，其局势跌宕起伏，经历了过山车式的升级与缓和。双方的对抗与缓和经常交织在一起，即便是同时代的人也难以把握。冷战从回顾的角度来看可以分成六个阶段：第一阶段为成型阶段，始于1945年，到1947年在杜鲁门主义的推动下达到顶峰为止。第二阶段以1948—1949年的第一次柏林危机开始，最终以美国在1950年至1953年的朝鲜战争以及两大阵营的形成而终结。1948—1949年，美国通过数月的空运对西柏林进行援助，这至少在一定程度上表明了利用核弹来保护联邦德国及其城市自由的决心。1950年6月25日杜鲁门也做出了保护韩国不受斯大林主义的朝鲜民主主义共和国攻击的决定。双方对抗的各条战线至此得以确立。杜鲁门总统于1950年签署的国家安全委员会第68号政策文件明确传达了这样的信息，即在冷战中，军事冲突与形式上的和平之间不应有任何差别。[1]事实上，自1953年起，欧洲局势就随朝鲜战争同时升级，并一直延续到1961年德国柏林墙的修建。在冷战的第二阶段中很明显的一点是，美国在不冒核战争风险的情况下，便无法对1953年德意志民主共和国的"东柏林事件"以及1956年的波兰和匈牙利革命进行干预。对"解放政策"相应的严厉批评决定了1960年约翰·肯尼迪和艾森豪威尔的副总统——理查德·尼克

---

[1] NSC 68号文件刊登于 Etzold, Th. H./Gaddis, J. L.（Eds.）, *Containment: Documents on American Policy and Strategy, 1945–1950*, New York, 1978, 385-442。

松之间的总统大选结果，这随即也导致中欧地区上演的各种闹剧广泛地得以平息下来。

与此相反的是，美国的关注点自1961年冷战的第三阶段开始明显地转移到了发展中国家，即所谓的第三世界国家，并一直持续到1991年。在肯尼迪以及在他被刺杀后继任的林登·约翰逊的领导下，美国尤其在东南亚地区参与了大量的活动，因为他们对共产主义在这一地区多米诺骨牌式逐渐向印度蔓延尤为担心。正因为这个原因，美国在1965年发动了耗费巨大的越南战争，但最终在1973年以其第一次真正意义上的重大失败而告终。在20世纪80年代，阿富汗和中美洲成为美国的主要关注地区。在冷战升级阴影笼罩下的第三世界，很早就实行了某种缓和政策，尽管1952年在斯大林授意下为实现德国统一而递交的照会是否真的是一种缓和措施还有待商榷。直到1953年才起草出来的后续照会可能由于同年6月17日发生的"东柏林事件"未能递交，但是它们也清楚地表明了冷战的第四阶段在当时并行地开始了。这一阶段一直持续到1979年苏联入侵阿富汗时，并记录了缓和政策在20世纪60—70年代取得的主要成果。尽管这些成果不一定是出于相关国家的政治立场，而更是出于情报部门对军备竞赛造成的环境污染的担忧以及国民经济为此所付出的巨大代价。因此，1963年缔结的所谓《部分禁止核试验条约》也具有明显的生态学原因，因为放射性尘埃造成的负担据认为已经有极为巨大的规模。美苏因此同意不在太空、大气层和水下进行核试验。1962年的古巴导弹危机发生时，世界几乎面临一场核战争，这一事件也加强了推行缓和政策的意愿。

然而美国人并不希望进行彻底的裁军，因为核武器和对敌威慑无论在哪一阵营都被视为维持和平的手段。两个阵营为互相示好所作的努力以1975年美苏之间最终签订的《欧安会协议》为高潮。即便如此，双方还是貌合神离，冷战的结束在此时仍未能实现。正如美国总统吉米·卡特1977年3月24日在一次著名的新闻发布会上坦率宣布的那样，人权问题现在已成为冷战期间美国的一种武器。①

以对抗重新开始的冷战第五阶段始于1979年12月24日苏联对阿富汗的入侵，即便美国人认为当时的国际氛围此前就已经遭到了破坏。造成这种局面的原因不仅是苏联的帝国姿态，也有美国在中东地区导致1979年伊朗危机的外交政策问题。重新对抗的第五阶段直到1989年苏联最终撤出才宣告结束。但从1985年起，冷战的第六阶段就已然并行开启。这一阶段持续到1991年，使得东方阵营逐步瓦解。该阶段以和其前任领导人相比显得与众不同的米哈伊尔·戈尔巴乔夫就任苏联总书记为起点。他作为苏联领导人首次释放了缓和的信号，但是并未引起自1981年起就任美国总统的里根及其欧洲盟友的重视。当戈尔巴乔夫发现通过尝试性的转型和新的开放政策明显不能满足期望时，此时的他展现出了他历史的伟大，仍然坚持了改革。苏联最终于1991年解体，冷战也随之结束。

在对冷战时代进行回顾时，它明显表现出来的一致性对于那个时代的人而言几乎是难以察觉的。美国的报纸即以这种方式定期地参与到这一全球性的游戏中去，将每个实际性的或者表面性

---

① 引用自 Hacke, Zur Weltmacht verdammt. Die amerikanische Außenpolitik von J.F.Kennedy bis G.W.Bush, München, ²2001, 226。

的缓和都宣称为冷战的结束,并在不久之后再对此进行更正。一些美国作家早在1947年就毫不掩饰地提出了这场冲突的全球性和全面性,并造成了较为突出的巨大而持久的影响,其中就包括美国社会学家詹姆斯·伯纳姆。与许多其他相关的冷战反共主义者一样,尽管他最初也是一位坚定的马克思主义者,但是也对苏联的表演秀感到震惊,并因此在20世纪30年代背离了社会主义。1947年,他以《世界斗争》为题,发表了自己的第一篇系统论述冷战的文章。他在文中对人们身处于一个真实的"第三次世界大战"之中的论断进行了形象的描写。① "我们生活在被列宁准确地描述为'战争和革命的时代',正处于一场世界大革命的中心"。从这个角度来看,苏联所有的措施对于伯纳姆而言都是一个大规模"计划"的不同阶段。单个事件也会不断发生。这个关于第三次世界大战开始的论断对他而言是如此的重要,以至于他从1955年起甚至在《国家评论》杂志中设立了同名专栏,以便读者能够定期地了解冲突的最新进展。许多人直到冷战的最后十年,亦即冷战的最后一个也是再次升温的时期,在时任美国总统的罗纳德·里根将美国最高平民奖——自由勋章颁发给伯纳姆,并在颁奖颂词中对其论断表示赞同时,才意识到其政治影响实际上有多深远。②

---

① Burnham, J., *The Struggle for the World*, New York, o. J. [1947], 1. 下文出处同前, 11.

② 引用自 Stöver, Befreiung (见第 470 页注释①), 851。

对共产主义者的迫害以及"庇护所争论"

自1947年起,在美国也出现了一场社会内部的冲突,即与另一阵营假想或实际的追随者之间的对抗。这场"冷内战"持续了四十多年之久并在20世纪50年代达到了高潮。

麦卡锡与"冷内战"

反共狂热此时也反映在怪诞的故事片以及当时美国民众对太空入侵的广泛担忧之中[1],美国共和党参议员约瑟夫·麦卡锡则是反共方面的领头人物。1947—1954年的麦卡锡主义主要是基于这样一个论点,即一种被误解的自由主义已经使冷战时期共产党对西方的渗透成为可能,己方阵营中的共产主义者和自由主义者应对外交政策中的失败,例如在中国和东欧的"损失"负责。麦卡锡主义可以追溯到一种悠久的传统思维,即移民在北美大陆面对恶劣的自然环境和"野蛮人"时发展的一种集体意识的危机感,正如19世纪美国面临暴君强权入侵时产生的政治担忧一样。值得注意的是,麦卡锡主义主要是在20世纪重大的外交参与背景下产生的。美国在投入第一次世界大战以后建立起的臭名昭著的美国公共情报委员会将内政上的动员与对臆想的持不同政见者的

---

[1] McCurdy, H.E., *Space and the American Imagination*, Washington, 1997, 72 ff.

强势打压结合在一起。①1917—1918年通过的《间谍和暴动法》则使对几乎任何形式的"蜕变"和"背叛"行为的肆意迫害成为可能。除了当时几乎从骨子里被怀疑从事间谍活动的德裔美国人之外，左翼分子，无论他们来自什么种族，也都遭受了严重的迫害，有时甚至被判重刑。类似的心理也造成了20世纪30—40年代对"非美国的"倾向的迫害。

冷战中用于区分敌友的公开听证会早在1947年就以更为尖锐的方式得以开始，这一情况鉴于上文提及的历史背景就并非巧合了。但是它的发生也与以下的事实有关：1946年，国会中的共和党人赢得了多数席位，然后他们开始利用1938年成立的"众议院非美国人活动调查委员会"（简称HUAC）作为攻击杜鲁门政府的舞台。同年，针对公务员政治忠诚度的当时最为全面的调查计划得以启动，大部分人都受到了影响。最终在300万公务员中有大约3000名遭到解雇，这也仅仅是评判标准极为严苛所致。麦卡锡本人通过进一步的指责和阴谋指控继续煽风点火，他甚至在1950年2月明确地宣称有205名共产党员在美国国务院任职。②那些具有轰动性的案件，例如在美国国务院工作的左翼官员阿尔格·希斯案，尽管很少见，却像真实的间谍案一样越发助长了这种疯狂。虽然希斯案也无法得到证实，但他仍在1950年以作伪证的罪名被

---

① United States Committee On Public Information, The Creel Report. Complete Report of the Chairman on Public Information, (1917—1919), New York, 1972 (1920^1).

② Fariello, G., Red Scare. *Memories of the American Inquisition*, New York, 1995, 27. 此外还可参考 Ford, J.W., The McCarthy Years inside the Department of State, in: Foreign Service Journal 60 (1980), 12-16。

判44个月的监禁。①共和党议员理查德·尼克松因希斯案的审讯而闻名,他在这一反共浪潮中被提拔为艾森豪威尔的副总统。而美国国务院的其他官员因为对莫斯科政府持所谓的非批评态度遭到免职。在缺乏证据的情况下,人们则试图找到其他的罪证。美国驻波恩大使馆的工作人员查尔斯·泰耶在被指控为同性恋者并受到麦卡锡公开的电视直播听证会的威胁后于1953年4月辞职。②

这种类似"女巫寻猎"的行为也对图书馆员、教师、科学家、艺术家以及演员产生了越来越大的影响。除了令人不快的政治作品之外,社会批判的,甚至是完全无关政治的作品也被揭发为"非美国的",因而从图书馆被撤出甚至遭到公开焚毁。被众议院非美活动调查委员会调查的最著名科学家之一是核物理学家罗伯特·奥本海默,因为他从未掩饰自己对左派不时表现出来的同情,也毫不掩饰自己对氢弹的批评。因此,在这个被称为"科学家内战"的时代③,尽管他对美国忠诚,但他还是作为安全隐患,在其右翼竞争对手爱德华·泰勒的积极推动下遭到解雇。1963年,他在肯尼迪总统任期中得到了平反。有的人则不得不等待更长的时间或者面临被完全拒绝其平反的命运。在麦卡锡看来尤为可疑的电影巨星如查理·卓别林等人也于1954年收到了众议院非美活动调查委员会的警告。面对将受到审判的巨大威胁,出

---

① 希斯案在很大程度上是当年迫害共产党的典型案件,关于此案可参见 Weinstein, A., Perjury, New York, 1978; Theoharis, A.G.(Ed.), Beyond the Hiss Case, Philadelphia, 1982。希斯本人也在1988年出版了他的回忆录《人生往事》(Recollections of a Life, New York, 1988)。

② Simpson, Bumerang(见第524页注释①), 285。

③ Jungk, R., Heller als tausend Sonnen. Das Schicksal der Atomforscher, Stuttgart, 1956, 320.

生于英国的卓别林选择了在一次欧洲旅行时不再返回美国。他自1953年以来一直在瑞士生活，直到1972年他才以一名访客的身份回到美国。他的电影《纽约王》于1956—1957年在英国拍摄，该影片叙述了一位君主以移民身份到美国却被怀疑成共产主义者的故事，它也成为麦卡锡时代的美国的自我总结。但是，即便是在相对自由的好莱坞，也有麦卡锡的拥趸。后来的美国总统罗纳德·里根在这段时期曾担任演员协会负责人，也是美国联邦调查局最重要的线人之一。

盟友和敌人

麦卡锡只是冷战期间美国具有激烈反共情绪的代表人物，但也是重点人物。就像所有对渗透的恐惧在美国社会蔓延那样，最高法院在1951年著名的丹尼斯案[①]审查程序中以颠覆美国政府罪对其作出判决。对共产主义者的迫害甚至在联邦法官眼中也被认为没有违反宪法，因为政府不能坐以待毙地等待被推翻，安全当局认为左派正计划在美国进行革命的普遍看法也似乎煞有其事。[②] 反共主义和对苏联的恐惧在内政方面产生的压力如此强大，以至于连艾森豪威尔总统都不敢对麦卡锡采取行动。直到麦卡锡开始冲

---

① 即丹尼斯诉合众国案。冷战时期，美国共产党总书记丹尼斯等12名高级领导人被联邦司法部指控散布教唆和鼓吹以暴力推翻和破坏美国政府的煽动性言论，并被联邦地区法院依据《史密斯法》判罪。丹尼斯等人认为他们并没有任何主张以暴力颠覆政府的实际阴谋，并援引宪法修正案第1条对言论自由的保护提起上诉，此即丹尼斯诉合众国案。——译者注

② Belknap, M.R., *Cold War Political Justice. The Smith Act, the Communist Party, and American Civil Liberties*, Westport, 1977, 136 ff.

击在冷战期间最受公众信任的美国军队机构时，他才于1954年在国会参议院的谴责下结束了政治生涯。

尽管如此，与冷战前沿的不同政见者的斗争仍在继续。在20世纪60年代，麦卡锡的工作由其民主党同僚帕特里克·麦卡伦接替。这一时期的越南战争也导致了新的鸿沟的产生。政府当局继续对"左派"进行镇压，特别是成立于1962年的高校团体——学生民主会。悲剧性的顶峰事件发生在1970年5月4日，在美国俄亥俄州肯特州立大学的一次反战示威中有4名学生遭到枪杀。即使在这一事件之后，美国当局主要还是对"左派"继续进行打压，并认为对自由和民主的解释过于宽泛。甲壳虫乐队成员约翰·列侬也因为涉嫌毒品犯罪而进入了联邦调查局的视野，但是他1971年发行的唱片——《两个处子》据称包含色情图片的封面给他带来了更大的麻烦。在随后的岁月中，由于他公开代表和平主义并在美国以及世界范围内向"左派"靠拢，特别是准备针对尼克松总统进行政治运动等原因被美国政府宣布为危害国家安全人士。尽管共和党人试图用外国人法的有关条款将他驱逐出境，但并未获得成功。直到几年之后尼克松的任期结束以及民主党可预见的执政，列侬才于1976年获得美国的永久居留许可。

敌友范畴所具有的类似自动性发展的特点使得美国甚至不断招募恐怖组织，尽管恐怖组织这一概念是极为含糊不清的。[1]通过暴力改变权力关系从而实现目标的人应由美国当局授予正面称呼"自由战士"还是负面称呼"恐怖分子"，这个问题即使在冷战

---

[1] 综合参考 Hoffman, B., Terrorismus. Der unerklärte Krieg. Neue Gefahren politischer Gewalt, Frankfurt a.M., 2001, 13 ff.

时期也更多地取决于观察者的视角。在20世纪50年代美国所称的"自由斗士"中，就包括"反不人道斗争组织"（简称KgU），它以破坏、纵火和暗杀为手段，旨在颠覆苏占区民主德国的共产主义政权。[1]这一组织从苏联人和德国社会主义统一党的角度来看无疑是一个恐怖组织。该组织将自身理解为一个反极权主义的解放组织，其合法性来自其创始人曾经反对纳粹主义的事实。此外，诸如"德国青年联盟"等大量的极右翼组织都得到了美国的资助和培训。尤其是德国青年联盟，直到1953年德意志联邦共和国政府强迫其解散之前，它一直是遍布西欧的北约网络中军事应急组织的重要组成部分，代号为"短剑"。仅在冷战时期的欧洲，该组织旗下、专门从极右翼分子中招募的小组就在16个国家进行活动。[2]同样在中美洲、南美洲、亚洲和非洲，美国与传统恐怖组织都保持着这种联系，这些恐怖组织也被视为反对共产主义的"自由战士"。[3]尽管这些高度机密的活动的范围已经在1991年之前遭到揭露，例如臭名昭著的伊朗与伊斯兰共和国事件，其全部内容直到今天仍不为人知。但是，在两大阵营对抗结束后，由于对激进伊斯兰主义者（特别是在苏联占领阿富汗期间）的临时支持所产生的一些严重后果也显现出来，就连9·11恐怖袭击背后的基地组织创始人奥萨马·本·拉登都是1980年代获得美国广泛

---

[1] Stöver, Befreiung（见第 470 页注释①），274 ff。

[2] 综合参考 Ganser, D., *NATO's Secret Armies. Operation Gladio and Terrorism in Western Europe*, London, 2005。

[3] 概括性地参见 Anderson, S./Anderson, J. L., *Inside the League. The Shocking Exposé of how Terrorists, Nazis, and Latin American Death Squads have Infiltrated the World Anti-Communist League*, New York, 1986。

资助的受益者之一。①

选择与所受威胁相抗衡的手段也表明了冷战中感到受威胁的程度有多强烈。早在20世纪50年代，中央情报局就开始考虑如何逼供。通过所谓的大脑控制计划和蓝鸟行动，人们开始初步尝试使用测谎仪、能引起意识涣散的"吐真药"，甚至是严刑拷打。②这些手段于2001年美国遭受伊斯兰主义激进者的袭击之后，在古巴的关塔那摩监狱、阿富汗的巴格拉姆监狱以及伊拉克的阿布格莱布监狱得到了广泛的运用。不容忽视的是，美国安全当局在面临伊斯兰团体的威胁时再次将无辜的美国公民作为了目标，对穆斯林裔、阿拉伯裔以及貌似阿拉伯裔的美国人的普遍恐惧，以及针对那些自己认为与伊斯兰教联系在一起的艺术家采取的措施都达到了顶峰。美国流行歌星卡特·史蒂文斯于1977年皈依伊斯兰教并在后来以尤素福·伊斯兰的名字生活。2004年，美国出于安全方面的考虑拒绝他的入境，他从伦敦出发的航班甚至被迫改道，最终只被允许在缅因州的一个偏远机场降落，而非原来的华盛顿。③

---

① 综合参考 Napoleoni, L., Die ökonomie des Terrors. Auf den Spuren der Dollars hinter dem Terrorismus, München, 2004。

② McCoy, A.W., Foltern und foltern lassen. 50 Jahre Folter-Forschung und-praxis von CIA und US-Militär, Frankfurt a.M., 2006, 36 ff.; Streatfeild, D., Gehirnwäsche. Die geheime Geschichte der Gedankenkontrolle, Frankfurt a.M., 2008, 21 ff.

③ Washington Post, 22. 9. 2004.

冷战成为日常生活

充满危机场景的冷战在其持续的45年间不仅对于美国人，而且对于世界上大多数人而言都成为一种司空见惯的日常生活。相应地，不同的社会也在尝试中得以建立。这一系列事件的中心也绝不仅仅以长期恐惧或者歇斯底里为特征。对看似不可改变的事实的安排以及最沉重的现实带来的压力占据了上风并持续如此长的时间，直至它们不能再继续被忽视。不同于二战中的苏联人，美国的平民并未经历任何城市被轰炸，因而20世纪的战争对于他们而言仍然显得有点遥远。通过媒体的报道或者从前线归来的士兵的叙述，他们才能更贴近地感受到一战和二战。此时的美国人在受到核导弹威胁的情况下仍然有意愿保持自己的常态来应对国际间的事态升级。然而，冷战的危机却不时地使这一意愿成为泡影。

美国普通民众在1945年最先面临的难题就与和平时期的消费习惯和住房供应有关。这种被称为"再次转换"的转型总体而言进行得非常迅速，私人消费也迅速增长，美国社会甚至在不久之后率先达到了一个富足社会的状态，然而担忧继续存在着。但是这种由核导弹引起的威胁为美国大多数人所忽视，正如西欧或者东方阵营的情况一样。在美国潜在的核武器攻击目标城市，生活也回归日常，因为最终而言，每个大都市均已成为核打击的目标，而且即便是这些中心城市以外的地区也同样不安全。自20世纪50年代以来，在美国各地，如亚利桑那州、蒙大拿州、怀俄明州、南达科他州、北达科他州、堪萨斯州、密苏里州以及阿肯色州，都计划并建造了数百个洲际弹道导弹发射井。在这些地区附近，所能感受到的只有危险的逼近或者对必然性的一种宿命论信念。

冷战的常态化对日常生活的影响有多深远，可以从各类杂志的宣传中看出来。20世纪50年代，美国的飞机制造业通过这种方式对其核武器装载系统的可信任度进行了宣传（"B-47是我们速度最快的轰炸机"），钢铁行业则对其生产的新型火箭赞不绝口（"满足未来火箭的一切要求"），机械制造企业卡特彼勒则利用一枚原子弹爆炸的场景图来宣传对道路建设工程的更大投入（"建造更好道路的最好理由"）。[1]就连玩具制造业也生产了所期望的玩具产品：从1958年起，他们也开始对其极为精细地缩小并复制的世界上第一台280毫米口径的原子炮——"原子安妮"玩具进行宣传。在冷战期间，美国的盟友国家，例如西德的儿童卧室里，也经常会摆放火箭以及坦克编队的模型。[2]核武器在生活中的常态化也激发了20世纪40—50年代流行歌曲的创作。在比尔·哈利的一张专辑的B面，就有一首销量达到1600万张的著名单曲——《昼夜摇滚》，该作品的标题影射了一场只有13名女性幸存者以及仅有1名男性幸存者的核战争。[3]此外还有多丽丝·戴演唱的歌曲《痉挛》中的"你给了我放射性的一脚"、费伊·西蒙斯演唱的《宝贝，你像原子弹一样给我致命一击》以及

---

[1] 此处所有引用参见 Heimann, J.（Ed.）, The Golden Age of Advertising–the 50s, Köln, 2005, 54 ff.

[2] 更多例子参见 Schäfer, H.（Hrsg.）, Spiel Zeit Geist. Spiel und Spielzeug im Wandel, New York, 1994, 53ff.

[3] 其他例子参考音乐光盘 Atomic Platters. Cold War Music. From the Golden Age of Homeland Security, Bear Family Records（2005）。

大受欢迎的《核弹男孩》中的"100万吨TNT炸药"、《放射性妈妈》中的"抱紧我/好好待我/我们今晚将达到临界质量",或者是乔治·麦凯维的《辐射宝贝,我的青少年原子尘女王》等。哈利那个看似怪异的歌曲名中的基本思路——只有一小部分人在核战争中得以幸存,在几年后斯坦利·库布里克执导的影片《奇爱博士》又再次得到体现。如果有人想知道"原子小姐"或者"原子弹小姐"长什么样子,可以在1946年的众多选美大赛中找到答案,这些比赛有一部分是在位于美国赌城拉斯维加斯地区的核试验场附近举办的。这个沙漠中的城市本身就因为临近核试验场而名声大噪。1946年美国于太平洋比基尼环礁进行核试验几天之后,时装设计师路易斯·里德在法国展示了一套在当时被认为设计大胆的两件式泳衣,其名称便为"比基尼",正如与他有同样想法的竞争对手雅克·海姆设计的"原子"主题一样。里德也因此很快(即便是在习惯上被认为保守的美国)获得了不可思议的巨大声望。①

常态化的感觉与危机意识之间如何相互影响的问题,通过1947年的《原子科学家公报》标题页中出现的所谓"世界末日钟"表现得淋漓尽致。②自从世界末日钟作为核战争可能性的晴雨表并作为杂志的标识之后,它就形象地展示了日常生活会多么迅速遭到核战争的完全毁灭。此后,在危机加剧或缓和的时期,它也相应地受到人为的调整。1947年,世界末日钟的指针位于距离12点差7分的位置。1949年,随着苏联第一颗原子弹的引爆,指

---

① Alac, P., Der Bikini. Geschichte, Mode und Skandal, New York, 2002, 21 u. 28.
② Homepage des Bulletin of the Atomic Scientists (www.thebulletin.org).

针则移动到离末日差3分钟的位置。到了1953年苏联成功引爆氢弹时，指针甚至被移动到离末日差2分的位置。此后，世界末日钟的指针再也没有回到过这种戏剧化的位置。在此之后所预计的世界末日发生在里根就任美国总统之时，末日钟的指针在1981年指向差4分钟的位置，在1984年则指向了差3分钟的位置。

核能：灾难和期许

核能引发的灾难和日常生活常态实际上的联系有多紧密，这一点可以从1954年3月美国迄今为止最大当量的氢弹Mark-XVII的失控测试可以看出。在比基尼环礁的一个名为那姆的小岛进行的"布拉沃"系列试验中，美国引爆了这颗氢弹。爆炸不仅产生了比原来的计算高出2.5倍的威力，而且在更大的范围内产生了比预期量大得多的放射性污染。美国当局虽然匆忙撤离了其位于预计安全区内的天气和爆炸观测站，但是他们直到2天后才将位于4个受到严重辐射污染的环礁上共236名当地居民转移至安全地区。在附近进行金枪鱼捕捞工作的日本捕捞船船员面对这种扩散性极强的放射性污染却毫无躲避的机会。这一著名事件中的日本船员的命运通过世界范围内的文学加工和传播，成为冷战时期所面临的、毫无预警的情况下会出现在日常生活中的永久威胁的一个缩影。"福龙丸"的船员最终带着明显的辐射症状返回了日本。美国原子能委员会最初对此事件保持完全沉默，并在10天后的媒体解释中仅以5行文字对这次"例行试验"一笔带过。但是当这艘日本渔船在几天后返回日本时，该委员会立刻处于极大的公众舆论压力之下。这些受到高辐射危害的船员，包括其他渔船船员的遭遇在日本变得广为人知，由于此前的广岛和长崎原子弹爆炸，它已经不能再被称为一种生活常态了。有关这一事件的消息最终导致日本渔业的严重恐慌和崩溃。①1954年9月，其中的1名船员成为首位死于严重辐射的受害者，而其他的船员则罹患永久性肝病和甲状腺疾病。事实证明，将被摧毁的环礁重新变得完全适合人居的承诺也是一张空头支票。在试验基地的选择问题上，种族主义也有作祟之嫌。然而这次事件主要是引发了普通民众对与之息息相关且极为直观的命运的一种全球性反应。日本渔民的遭遇很清楚地表明，几乎每个人的日常生活都有可能陷入这种境况。最终，美国原子能委员会被迫对此事件详细地表明了态度。在3年之前与美国缔结了和平条约的日本，对此事件的评论也清楚地展现了一些反美倾向。此外，印度总理尼赫鲁也对日本渔民遭遇的不幸向美国表示了明确的抗议，他于次年作为首批成员之一加入不结盟运动组织。

尽管"布拉沃"试验激起了众多不安，但是它并不意味着对于冷战乃至美国使用核能的任何根本性批判的开始。总而言之，试图将核试验解释为冷战时期的常态及对自身安全具有必要性之举更接近于时代精神。1953年12月，在"布拉沃"试验前几个月，艾森豪威尔在联合国的一次重要讲话中强调了核能对实现世界和平的好处。这位总统将"以核能为和平服务"作为保障世界安全、经济复苏、解决发展中国家的问题和人类和平共处的一

---

① Lapp, R.E., Die Reise des Glücklichen Drachen. Eine moderne Odyssee, Düsseldorf, 1958, 104 ff.

个关键词。他在演讲中激情洋溢地说道:"美利坚合众国知道,这种破坏力最为强大的可怕力量——原子能能够成为造福全人类的伟大恩赐,如果人们能够成功地停止这一日益加剧的核武器扩张的可怕趋势并将之逆转的话。美利坚合众国知道,出于和平目的对原子能进行利用不再是一个未来的梦想。实现这一目标之可能性就存在于现在、这里、今天。"[1]这次演讲甚至被同时代的一部分人看成是一种全球缓和政策的开端,并在这些人内部被冠以"坦率"行动之名。它有时也被理解为1946—1947年的《巴鲁克计划》的新版本,但是艾森豪威尔本人却希望更为广泛地理解为"以核能为和平服务"计划。其中最重要的是建立一个"原子能时代"而非"原子弹时代"的尝试。自20世纪50年代初起,原子能就具有双重含义:它一方面是威胁,另一方面是期许——可以说,存在着"好"或者"坏"的原子。在期许中,原子能被誉为"取之不尽、用之不竭的聚宝盆"。[2]从这个角度出发,原子能的利用在大众的视野中有了广泛的拓展,其中包含了直至当时仍未涉及的众多未来前景:对北极、沙漠和海洋的开发利用,对道路和运河的建设,各种机动车辆的动力,包括船舶、飞机、直升机、汽车和火车机车。原子能不仅在技术或者政治发展方面(尤其是第三世界)成为一种解决方案,在医学领域也是如此。在个

---

[1] 该演讲刊登于 Public Papers of the Presidents of the United States. Dwight D. Eisenhower 1953, Washington, 1960, 813-822;此处:820。

[2] 下文内容参考 Radkau, J., Aufstieg und Krise der deutschen Atomwirtschaft 1945-1976. Verdrängte Alternativen in der Kerntechnik und der Ursprung der nuklearen Kontroverse, Reinbek, 1983, 78 ff.; Clarfield, G.H./Wiecek, W.M., *Nuclear America. Military and Civilian Nuclear Power in the United States 1940-1980*, New York, 1984, 177ff.; Boyer, P.S., *By the Bomb's Early Light. American Thought and Culture at the Dawn of the Atomic Age*, Chapel Hill, 1994。

体家庭中，原子能的应用可能性也激发了人们的想象：微型反应堆也应该为此提供无限的能源。作为洛斯阿拉莫斯曼哈顿计划的负责人之一以及美国氢弹研制推动者之一的爱德华·泰勒一直在鼓吹对核能的广泛使用，直到他去世。为了验证使用核爆作为建筑手段的可行性，1962年7月6日在内华达州的弗伦奇曼平原试验场进行了一次11万吨当量、地下190米深度的核爆，并形成了一个深180米、直径360米、后被人称为"色当弹坑"的巨坑。尽管与这一技术相关的使用建议有很多，比如在亚洲或中美洲作为运河建造的爆破手段，但是它在西方国家并未投入使用。

美国也成了民用核能方面的先驱。20世纪50年代，美国广告业以巨大的核爆炸作为背景，传达了积极的信息："即使这朵云也意味着一线希望。"[1]第一个用于生产原子弹的军工企业于1940年建立之后，此时的美国也拥有了民用核电站。1953年在宾夕法尼亚州希平波特市开工的美国第一座核电站于1957年建成。此后，美国分别于1959年在芝加哥（德累斯顿-1）以及1963年在新泽西州的牡蛎溪建成了沸水反应堆。直到这一尝试阶段之后的20世纪60年代后期，民用核电的发展才一路高歌，并一直持续至20世纪80年代。但是1986年4月26日苏联切尔诺贝利核电厂发生的爆炸成为核能狂热降温的一个重要事件。此后，核反应堆甚至在美国也被关闭。在切尔诺贝利核电站爆炸很久之前就已经出现了抗议活动，随着灾难的发生，这类活动变得越来越频繁。重大事故还包括1966年在底特律发生的费米快速增殖实验反应堆事故以及1979年在哈里斯堡发生的三里岛压水反应堆事故。后者发生在

---

[1] Heimann, *Advertising*（见第 565 页注释①），60 f.

当年3月28日，其间发生了在第一时间被认为不可能发生的、按照国际核事故分级标准（简称INES）达到五级的"造成更广泛后果的事故"。①达到六级的"严重事故"或者达到七级的"重大事故"，如1957年在苏联基什蒂姆和英国塞拉菲尔德发生的事故（均为六级）、1986年在苏联切尔诺贝利核电站和日本的福岛核电站发生的事故（均为七级），在美国至今还没有发生过。

鉴于公众接受度的缺乏，并且放射性废料的存放成本极高，早在切尔诺贝利核电站爆炸事故发生之前，核能在政治、民众以及能源经济中的热度已经回落。然而核能在军事领域的应用仍然是个例外。1954年，第一艘美国核潜艇"鹦鹉螺"号下水并造成了全新的威胁局势。1958年，该潜艇首次在北极冰层下穿越，展示了它的强大潜航功能。从1955年起，华盛顿方面还考虑了核动力航母的建造。5年之后，这一设想就通过"企业"号航母的建成得以实现。自1957年起，美国也开始尝试将核反应堆技术应用于飞机。其愿景是制造可以像核潜艇那样可无限使用的核动力战略轰炸机。然而，出于各种考量，没有人敢于在自己的领土上空让这种飞机航行。这一项目据估计共花费了70亿美元，最终于1961年终止，仅在爱达荷州国家工程实验室遗存两台约7米高的喷气发动机。

---

① International Nuclear and Radiological Event Scale（INES）。

核武器的保护以及"庇护所争论"

即便是在美国的尤卡平原或弗伦奇曼平原试验场,放射性物质的处理也极为随意。但是与其他国家相比,对军事或平民的核防护在美国更早就成为一个课题。1950年6月朝鲜战争开始时,美国出版了第一本有关核武器的正式官方手册《核武器的影响》。该手册由洛斯阿拉莫斯和其他机构的科学家撰写,任何人都可以以1.25美元的价格购买到它。此后,它又多次再版并根据新的研究发展进行了修订。[1]在铁幕后的东西方将洲际导弹大规模投入使用之后,该手册于1962年4月得到了根本性的修订和扩展,它甚至包含了一个以简单的计算尺为形式的核弹效应计算器。借助这个计算器,人们可以确定生存所需的安全距离应该离爆炸原点有多远。[2]根据火球的大小,人们还可以计算出爆炸当量为多少万吨:比如直径3.4英里意味着100万吨的爆炸当量,直径9.4英里则意味着2000万吨的爆炸当量。

由于这些出版物的观点存在争议并且偏向于技术官僚主义的盲目乐观,它们与几年之前就已经产生的一种在美国引起恐慌且更为批判的观点形成了鲜明的对比。戴维·布拉德利是1946年美国在比基尼环礁进行"十字路口行动"原子弹试验的医学顾问之一,他于1948年出版了题为《无处躲藏》的纲领性书籍。美国政府不得不试图通过发行数百万份民防手册以及对核弹危害的最

---

[1] Glasstone, S. (Ed.), *The Effects of Atomic Weapons*, Washington, 1950.
[2] Glasstone, S. (Ed.), *The Effects of Nuclear Weapons*, Revised Edition, Washington, 1962.

小化介绍来抵消这本书所产生的影响。1950年出版的第一套题为《在核攻击中生存》的官方宣传手册提供了最简单的保护措施。后来还拍摄了《卧倒并掩护》等相关儿童影片。上述影片中的一个角色"乌龟伯特"演示了如何利用一张普通的书桌在遭受原子弹袭击期间提供有效的保护。[1]美军士兵也被一种类似的方式系统性地蒙骗了。大约有19.5万名美国士兵前往广岛和长崎的核污染区,却没有事先被告知可能的后果。将士兵派往核爆附近地区以便他们适应这种场景的情况早在1946年的美国就已经极为普遍。在比基尼环礁的"十字路口行动"中,总共有4.6名美国士兵参与,他们被用舰船运送到核爆原点处。根据1985年的一项研究,在这些人中也发现了较高的白血病和前列腺癌的患病率,这明确地归因于他们所参与的核试验。一位美军前水手在1984年因癌症去世前不久说道:"我那时才17岁,我们当中没有一个人对盖革计数器或辐射是什么有丝毫的认识,这些从来没向我们解释过。我当时所穿的……只是短裤、网球鞋这类东西,还有头上所戴的水手帽……蘑菇云的尘雾落到了甲板上,夹杂着沙子、金属小颗粒以及碎石。我们尽可能地试着去清洗它们。蘑菇云在空中停留了将近2天……由于船舱内可怕的高温,我们尽可能地待在了甲板上……为了降温,我们还去潟湖游了泳。"[2]针对士兵的类似实验还有名为"沙漠岩石"的行动,它发生在1951—1957年,对士兵

---

[1] 相关出版物有比如《冷战中的核恐怖故事》(*Nuclear Scare Stories of the Cold War*)(DVD 2004)。其他例子参见纪录片《原子咖啡馆——20世纪40-50年代的原子能宣传》(*The Atomic Cafe. Amerikanische Atompropaganda der 40er und 50er Jahre*)(USA 1982)。

[2] 参见 J. Smitherman 1983 的论述,刊登于:Hall, J., Lebenszeit, Halbwertszeit. Reportagen aus einer Zeitenwende: Vom Atomzeitalter ins Zeitalter des Atommülls, Frankfurt a.M., 1998, 119。

也造成了类似的后果和损伤。①根据美国在1996年的重新计算，可以确定的是，仅仅是直到1963年都被允许的大气层实验这一项就大约有21万人参与。②

美国舆论研究早在20世纪50年代就已经明确指出，相关信息以及定期进行的、当时的确被艾森豪威尔公开称为"战争游戏"的核战争紧急演习并未减轻民众的恐惧，反而加强了这种恐惧感。③1954年1月17日，国务卿约翰·福斯特·杜勒斯也公开表示，一旦受到袭击，美国将以一切可能的手段进行反击，这就是著名的"大规模报复"的表述。直到10多年后，人们才决定使用一种"灵活应对"政策，即既允许常规反击也允许核反击的政策，来替代这种让美国政府陷入危机的僵化模式。所谓的"庇护所争论"始于苏联取得核爆成功，尤其是20世纪50年代火箭技术发展后，一直持续到20世纪60年代。它不仅是一种关于民防的讨论，也是关于核战争意义的讨论，因为即使是幸存者在核战争之后也将无法重新进行日常生活。

这场争论的焦点人物是一位被认为是毫无情感的核战争唯技术论者代表——美国未来主义科学家赫尔曼·卡恩。在斯坦利·库布里克于1963年上映的电影《奇爱博士》中，他作为主人公的原型被塑造成了一种颇具讽刺意味的经典形象。然而作为库布里克作品讽刺的代表人物的并非只有卡恩一人。除了他

---

① 具体案例参见 May, Das Greenpeace-Handbuch des Atomzeitalters. Daten -Fakten -Katastrophen, München, 1989, 115 ff.
② 数据引用自 Schwartz, *Atomic Audit*（见第 500 页注释①），404 f.
③ Weart, S.R., *Nuclear Fear. A History of Images*, Cambridge, 1988, 132 ff. 以及 Greiner, B., u.a.（Hrsg.）, Angst im Kalten Krieg, Hamburg, 2009, 7 ff.

574

以外，还有使用自己开发的计算机来计算战争机会和损失的约翰·冯·诺伊曼以及直到去世之前都认为核武器必不可少的爱德华·泰勒，此外还有许多其他通过"精确计算"为政治决策提供依据的一些科学家。而库布里克也会在苏联发现完全一样的情况。赫尔曼·卡恩自1948年以来便就职于为美国政府就国防问题提供建议的重要机构，其中也包括著名的兰德公司和普林斯顿国际研究中心，因此他的名字广为人知。他也自称为"十个最著名的不知名美国人之一"。[1]这不仅是因为他被《生活》杂志呈现给读者的照片中的胖硕身体，最主要的是，他颇具争议的著作被一些评论家直截了当地认为是毫无道德的。[2]

卡恩在库布里克的电影发行前不久就已经出版了他的两部最重要的作品：1960年的《论热核战争》以及1962年的《想入非非》。一方面，这两项研究向美国人演示了从一开始就排除核战争的做法是错误的，必须假设对手也使用了所有可用的手段。另一方面，卡恩根据模型计算清楚地表明，有充分准备的核战争在任何情况下都不意味着美国的灭亡或者人类的灭绝：对157个大城市的热核袭击会使美国的死亡人数最多在8500万～1.6亿。如果有实施一项民事保护计划的准备，受害者的人数甚至还可以减少。[3]对于一场世界范围内的热核战争造成的后果——破坏、污染等，卡恩估计，西方和苏联都有可能在"相对较短的时间内"恢复

---

[1] Die besten Photos aus Life, o.O. ^{5}1981, 239.

[2] Goldstein, W./Miller, S.M., Herman Kahn: Ideologist of Military Strategy, in: Dissent 10（1963）, 75-85; 此处：81。

[3] Kahn, H., *On Thermonuclear War*, Princeton, 1960, 113, Tab. 25., 下文数据出处相同, 71。

核战争之前的生活水平。卡恩的抽象模型计算及其后来的著作如《2000年》[1]反复做出的假设是：随着核武器的迅速扩散，这种核战争极有可能会发生，这将使得对庇护所的需求在美国变得极为强烈。

自20世纪50年代初以来，在美国以及其他西方国家已经建造了庇护设施以及避难所，比如一个在白宫下方建造的核安全掩体以及一个位于华盛顿北部总统庄园戴维营的掩体。在华盛顿以南的弗吉尼亚州布鲁蒙特也建造了唯一被政府保留的维泽山地下掩体。在邻近的西弗吉尼亚州的白玫瑰泉，专为国会议员及其家人与工作人员准备的格林布赖尔掩体也于1959—1962年得以建成，该掩体可以容纳大约800人。美国政府各部也在距离首都华盛顿几百公里的范围内建立了约100个用于存储文件的设施，比如作为五角大楼的替代、位于宾夕法尼亚州的乌鸦岩地下军事基地。此外，与其他国家相比，美国所谓的"自我防护"工业也得到了更多的发展。例如，总部位于芝加哥的波特兰水泥协会早在1955年就在其广告中自称为建造"耐核房屋"的专家。这种建筑根据建筑公司的数据来看，可以抵御距离爆炸原点1千米范围之内的、由一颗2万吨当量的炸弹造成的冲击波，因此它能够"比传统房屋多承受40%的冲击"。人们也不无自豪地称，这种建筑是"广岛、长崎、埃尼威托克环礁以及尤卡平原"的经验总结。[2]

---

[1] Kahn, H./Wiener, A. J., *The Year 2000. A Framework for Speculation on the Next Thirty-Three Years*, London, 1967, 316 ff.

[2] Heimann, *Advertising*（见第 565 页注释①），69.

美利坚合众国与第三世界

美国自19世纪以来与欠发达国家之间的关系可以看作该国的干涉及吞并历史。对于美国政府来说，经济和政治军事的利益通常扮演了决定性的角色。尤其是加勒比海在内的南美和中美洲等门罗主义地区，它们自19世纪20年代以来就被理解为"美国的后院"。1946—1948年，美国人以国家安全的名义甚至有权对印第安人进行人体实验，而与此同时，纽伦堡审判正在处理战争罪犯所犯下的此类罪行。尽管太平洋地区并不在门罗主义的范围之内，尽管美国政府认为它并未将这一地区作为自己的殖民地，但是该地区的所有岛屿群都被美国政府宣布为本国利益地区并行使了类似的殖民宗主国权力。这一点也可以从美国对核试验地区的无偿使用中得以看出。

去殖民化

美国与发展中国家或者如它自1952年所称的第三世界国家之间的关系随着第二次世界大战的结束，以及当时关于战前欧洲殖民地区的去殖民化还是重新殖民化之争而发生了改变。华盛顿方面担心这些地区会转入共产主义阵营。杜鲁门在1947年3月12日关于遏制政策的讲话中，特别是在著名的"第四点"中明确指出了这一担忧,该词语也成了1949年美国第一个发展援助计划的名称。[①]1947年9月,斯大林的首席思想理论家安德烈·日丹诺夫在他的"两个阵营"演讲中给出了答案,该演讲提到,将争取自由的殖民地国家作为天然盟友的说法,这被华盛顿方面认为是对其担忧的一种确定证明。出于这种担忧,也产生了在美国流传多年的多米诺骨牌理论。然而,直到艾森豪威尔于1954年4月7日、在参加日内瓦会议(5月8日至7月21日)之前发表的有关法国在印度支那大败后安全局势的演说中,这一理论才被正式命名为"多米诺骨牌理论"。这一灵感再次来源于战时与德国人的交战经验,尤其是20世纪30年代就遭到强烈反对的绥靖政策的明显无用性。

1945年之后,美国政府眼中的首个形势严峻的威胁出现在东南亚地区。在这一地区,法国人、荷兰人以及英国人分别在其殖民地印度支那(包括越南、老挝、柬埔寨)、印度群岛(印度尼西亚)以及印度以不同的方式变得活跃起来。尽管法国人和荷兰人试图通过军事力量收复它们在第二次世界大战中失去的殖民地,但英国在1947—1948年给予了其殖民地自由,使它们得以独立,其中包括锡兰和缅甸在内的整个印度次大陆以及马来半岛,然而英属印度在划分为巴基斯坦和印度这两个国家时却显得尤为仓促。尽管法国得到了美国的大力支持,但在1954年的奠边府战役中还是遭受了惨败。此后,对于政治上仍不稳定的前英属殖民地印度而言,印度支那地区成了一种持续威胁。西方普遍的观点认为,如果失去印度,它们也将失去整个亚洲。对于这种观点的形成,1949年毛泽东率领的成功革命起到了决定性的作用,中

[①] "第四点计划"参见 Schambeck, Dokumente(见第 116 页注释[①]), 525-528。

华人民共和国的建立也随之加强了苏联阵营的力量。直到1960年中苏关系恶化之后，中苏联盟的关系要脆弱得多的事实才得以确认。然而这也并没有改变美国对威胁的评估。

美国对第三世界的发展援助的原因主要在于对这些地区成为共产主义阵营的担忧。发展援助与人道主义支援一样，是冷战期间最重要的政治手段。且先不论这种援助通常混杂在一种公共的、由政府部门筹集的官方发展援助中，具有多种隐藏的经济和军事援助形式，该援助始终含有对援助者所期望的政治行为的一种奖励的意味，而撤销该援助则是对受援者的一种政治惩罚。在那些政治局势仍然不明朗的地区，美国推行这种发展援助的力度可谓相当巨大。苏联的所作所为也如出一辙。对于某些国家而言，尤其是那些自1955年以来加入不结盟运动的国家，这种援助一方面也会暂时带来非常积极的后果，以埃及为例，它最终从西方和东方集团均获取了利益；另一方面，这种援助在某些特别受到垂涎的地区，比如安哥拉或者非洲之角的奥加登也导致长达数十年的争端。

发展援助和军事援助

正如已故的罗斯福所主张的那样，针对发展中国家的援助实际上更多地被认为是联合国的项目，尽管在造成原先富有的欧洲实际上破产、具有毁灭性的第二次世界大战结束时，被西方殖民强国瓜分的第三世界国家几乎没有引起什么特别的注意。1944年布雷顿森林体系确定了金本位的美元作为储备货币的地位并实施

579

了固定汇率，同时也开始关注发展中国家。为了经济的发展，国际货币基金组织及其附属的世界银行于1945年成立，1947年又缔结了关税与贸易总协定。但意料之中的是，在冷战的背景下，20世纪50—60年代大量参与发展援助的世界银行、国际货币基金组织以及关贸总协定组织几乎自动被认定为是美国机构并代表了美国的利益。1948年在美苏两国主导下成立的联合国国际贸易组织与其说是冷战的前沿，不如说是工业国家之间竞争思想的产物。这一组织之所以失败，是因为当时已经有人担忧一些发展中国家的地位会过于强大。20年后，一些第三世界国家的纺织工业与西方工业国家形成真正竞争并使美国的相关产业成为牺牲品，这些担忧便成为现实。然而，大规模的全球竞争直到1991年之后才真正形成，此时的中国已经在很大程度上摆脱了冷战的政治限制，部分地实行了市场开放政策，并从此积极地投身国际事务。当美国将发展援助通过1949年1月20日杜鲁门的就职演说以及随后实行的《第四点计划》作为官方对外政策来推行时，就已经确立了这样一个事实，即受援者的政治独立性是不可能保持的。这一正式名称为"对外援助"的政策由多个部门负责实施。其中，美国国务院拥有政策指导的权力。其他各个部门，如商务部、农业部、财政部和国防部，也有相当大的发言权。军事和安全援助则是由五角大楼负责。[1]直到肯尼迪就任时的1961年，美国自己的"国际发展机构"才得以建立，美国的《对外援助法案》也于同年得以通过。美国发展援助的重点虽然在冷战期间产生了变化，但是被称为"美国后院"的拉丁美洲一直是美国的主要关注地区，正如

---

[1] 表格见 Adams, Länderbericht II（见第 399 页注释①），71。

1948年美洲国家组织的成立宪章以及同年通过的《维护和捍卫美洲民主的宣言和决议》所清楚表明的那样。①

对拉丁美洲的偏爱只是部分地在官方数据中得以体现，因为那些秘密赠款并未公布。因此，在冷战进行到一半时，只有哥伦比亚出现在最重要的12个受援国名单上。该地区的其他国家所接受的援助主要以秘密军事援助和安全援助为主。例如在危地马拉，政治改革家哈科沃·阿本斯·古斯曼的政府在美国的干涉下于1954年被亲美的卡洛斯·卡斯蒂略·阿玛斯推翻，这使得美国的联合果品公司免遭没收。②随后，流向危地马拉的资助款项增加了60%，它们根据美国的要求被投入到针对左派游击队的战争中。③这种做法一直持续到冷战结束。直到1988—1989年，华盛顿方面就对以下4个拉丁美洲国家提供了秘密军事援助：萨尔瓦多、危地马拉、哥斯达黎加和洪都拉斯。④中东地区，尤其是东南亚地区自20世纪40年代以来也一直得到美国的支持。冷战结束后，以色列成为美国在中东地区的首选国家之一，其次是与以色列人进行和平谈判的埃及。同一时期，美国在这个地区也进行了大量的暗中援助。在伊朗与伊拉克从1980年到1988年的第一次波斯湾战争中，伊拉克独裁者萨达姆·侯赛因因美国的支持而受益。而在冷战结束后，美国反过来通过两次战争来反对萨达姆的

---

① 刊登于 Czempiel, E.-O./Schweitzer, C.-Chr.（Hrsg.）, Weltpolitik der USA nach 1945. Einführung und Dokumente, Bonn, 1989, 62。

② Bucheli, M., *Bananas and Business. The United Fruit Company in Colombia, 1899-2000*, New York, 2005, 58 ff.

③ Gleijeses, P., *Shattered Hope. The United States and the Guatemalan Revolution, 1944-1954*, Oxford, 1991, 383.

④ 引用自 Adams, Länderbericht II（见第399页注释①）, 69。下文数据出处相同。

帝国野心，特别是第二次已被证实是旷日持久的。

在东南亚，美国已经在第一次（法属）印度支那战争中投入了大量的军事援助。到1954年法国在奠边府战役中被击败时，美国资助了被认为是反共斗争的大部分殖民地战争。[①]1954年以后，被作为反共据点建立起来的南越政府此时得到了美国相当巨大的支持。1955—1961年，美国在经济和军事援助上投入了大约20亿美元。在1975年北越军队占领南越之前，南越政府还通过一个"商业进口计划"得到了高于平均水平的秘密财政援助。在1970—1971年的冷战中期，其他3个第三世界国家也位列美国发展援助名单之首：印度（13.9%）、印度尼西亚（7.8%）和巴基斯坦（5.0%）。[②]自相矛盾的是，这种援助先是帮助印度造出了本国的核武器，而且也使得巴基斯坦成为有核国家。印度利用1955年受援的加拿大重水反应堆于1974年制造并成功引爆了原子弹。20世纪80年代，美国通过阿富汗的反苏势力将援助物资秘密转运到巴基斯坦，这使得巴基斯坦向本国原子弹研发迈出了第一步。

相反，华盛顿很长一段时间以来似乎对非洲大陆缺乏兴趣。直到艾森豪威尔任期结束时，国务院才成立了一个单独的非洲办事处，而这一办事处从肯尼迪时代起才执行更为活跃的非洲政策，尽管这起初只是为了压制东方阵营在非洲的影响。在20世纪70年代，美国首先是以此对假想的或者实际的苏联行动作出反

---

① 数据引用自 Frey, M., Geschichte des Vietnamkriegs. Die Tragödie in Asien und das Ende des amerikanischen Traums, München, ^{6}2002, 26 ff. 下文数据出处相同，55。

② 引用自 Adams, Länderbericht II（见第 399 页注释①），69。

应。①卡特任职期间，对外援助是严格从发展政策的角度考虑并加以分配的。在冷战的最后几年中，罗纳德·里根再次明显地将对外援助聚焦于战略目标。1980—1981年，美国对埃及的援助达到了1260万美元，其总量超过了对印度的援助，排在第一位。②在20世纪80年代末，美国对埃及的援助仍然以950万美元的总量名列第二。摩洛哥与突尼斯也同样被美国的安全援助囊括在内。美国在北非的大量投入应该不仅能够遏制共产主义，而且能够击退伊斯兰主义的威胁。然而在2013年，在埃及和利比亚革命之后，华盛顿方面却依旧认为当前的这种危险与冷战时期不相上下。

非洲之角的索马里发展成了冷战期间美国在非洲的第三个战略重点。索马里的邻国——苏丹和肯尼亚也成为这一援助的对象，因为这3个国家之间的埃塞俄比亚持续地成为东方阵营的影响地区。在苏丹以南，大部分的资金在1991年之前流入了被认为是美国在非洲的第四个战略重点——刚果（1971—1997年：扎伊尔）。在这一地区的援助，一方面是为了确保自1965年以来执政的蒙博托·塞塞·塞科亲美政府的存续，以对抗由东方阵营支持的安哥拉军队以及赞比亚；另一方面，西方阵营的援助由此秘密地流入安哥拉，从而对与东方阵营——如中国——支持的势力自20世纪60年代起几乎持续了30年之久的内战进行支持。美国的其他大部分援助都是通过半官方组织或可靠盟友实施的，其中就包括了法国、比利时、英国和中国台湾。

---

① 综合参考 Leimgruber, W., Kalter Krieg um Afrika. Die amerikanische Afrikapolitik unter Präsident Kennedy, Stuttgart, 1990。
② Adams, Länderbericht II（见第399页注释①），69。下文数据出处相同。

第三世界的战争和联合国

在冷战期间,一共发生了大约170次所谓的小型战争,它们共造成了大约2200万人死亡,其中大部分死亡人数出现在非洲:仅仅是47次战争就造成了将近600万人的死亡。[①]并非所有的战争冲突都与冷战乃至美国有直接的关系。但是这些战争只有得到财政、军事援助或者直接受到干预时才可能进行,因为外界对于战争的消除根本毫不关心或者缺乏兴趣。联合国在这段时间中所起的作用经常微乎其微,因为它的作用往往是被成员国所希望赋予它的权力所决定的。这一点在所谓的联合国安全理事会表现得尤为明显。根据《联合国宪章》,安理会应承担起"维护世界和平与国际安全的主要责任"(第24条)。[②]它由5个常任理事国(美国、英国、法国、苏联和中国)以及在联合国大会选举中获得2/3多数票的6个非常任理事国(从1965年开始为10个)组成。按照1945年的《雅尔塔协定》,某一决定只有得到常任理事国一致同意才能生效。这就意味了每个常任理事国的否决都可以阻碍一项联合决议的通过。自1953年以来,联合国大会就一直在纽约东河畔建成的总部大楼中举行,此处也因此不可避免地成了冷战中

---

① Gantzel, K. J./Schwinghammer, T., Die Kriege nach dem Zweiten Weltkrieg 1945-1992. Daten und Tendenzen, Münster, 1995, 58 ff. 和 R-215ff; Greiner, Heiße Kriege(见第 536 页注释②)。

② Charta der Vereinten Nationen vom 26. 4. 1945, in: Opitz, P. J./Rittberger, V. (Hrsg.), Forum der Welt. 40 Jahre Vereinte Nationen, Bonn, 1986, 318-334; 此处: 322。

两个阵营的另一个战场，美国在此也出于政治原因使用了其否决权，比如1975年在华盛顿方面的反对下，统一的越南被拒绝加入联合国。

越南战争

对于美国而言，第三世界最重要的长期冲突无疑是越南战争。这也表现在以下这一事实上，即民主党和共和党在外交事务上的跨党派共识在1973年美国大败之后已经分崩离析。在1954年法国人失败后，越南一分为二，此后不得不经历漫长的再次统一过程。美国在第二次印度支那战争——越南战争中的政策并非是预先设定好的，但是在法国失败以及越南分裂的情况下，美国毫不犹豫地认为，从安全政策方面出发越南地区是极为重要的，因为自1949年毛泽东革命成功起，尤其是越南独立联盟的影响力自1954年以来一直在稳步地增长。1941年成立的越南独立联盟最初是一个反法反殖民主义的解放组织，在其领袖胡志明的领导下，该组织主要聚集了一批知识分子，他们将共产主义这一意识形态作为其解放的指导思想，因为欧洲的殖民大国是反共产主义的。[1]成为联盟主要领导人的胡志明已经明确地表示对毛泽东思想的追随，这使得越南独立联盟的成员数由于自1949年以来70万

---

[1] 综合参考 Dommen, A. J., *The Indochinese Experience of the French and the Americans. Nationalism and Communism in Cambodia, Laos, and Vietnam*, Bloomington, 2001, 113 ff. Zu Hô: Großheim, M., Ho Chi Minh. Der geheimnisvolle Revolutionär, München, 2011, 139 ff.

名积极分子的加入而得到爆炸式的增长。这一情况同时也令南越西贡的吴庭艳政府几近绝望。①从1958年开始，游击战争得以全面爆发。

在遏制政策以及日内瓦会议前提出的多米诺骨牌理论的指导下，美国在越南大约投入了70亿美元，这已经达到了第一次印度支那战争总开销的80%②。1954年在美国怂恿下建立的东南亚条约组织也清楚地表明了美国的态度，即共产主义势力范围在该地区的进一步扩大是不可接受的。除了财政上的援助之外，美国从1954年底起也向该地区派遣"顾问"。这些在1954年到达越南的美国中央情报局特工就包括爱德华·兰斯代尔，他作为格雷厄姆·格林1955年出版的小说《文静的美国人》中的主人公原型而声名远播。自1957年底以来，美国政府在越南北部越来越多地进行破坏活动并在其邻国增加了反共游击队的训练。与老挝保皇派游击队也有千丝万缕的联系并向其提供武器的美国中央情报局直属的美国航空突击队组织在冷战结束后爆出丑闻，因为其行动被证实通过毒品交易获得资助。

在拉丁美洲，美国在危地马拉、古巴、巴拿马、尼加拉瓜、洪都拉斯、萨尔瓦多、波多黎各、智利、玻利维亚、巴西、阿根廷、秘鲁和多米尼加共和国都进行了活跃的反共产主义活动。对于杜鲁门和艾森豪威尔而言，东南亚已成为继拉丁美洲之后美国在第三世界进行此类活动最为重要的地区。而艾森豪威尔的继任

---

① Frey, Geschichte des Vietnamkriegs（见第 582 页注释①），17。
② Horlemann, J./Gaeng, P., Vietnam. Genesis eines Konflikts, Frankfurt a.M，³1967, 71, 以及 Frey, Geschichte des Vietnamkriegs（见第 582 页注释①），28。

者约翰·肯尼迪也持同样的观点。①他面临做出决定的压力,并担心美国会在不断趋同的"柏林-古巴-越南危机"中完全丧失主动权。关于这一点,他至少在1961年11月15日举行的国家安全委员会会议上已经强调过,因此他下令进一步强化美军的军力。对于肯尼迪而言,中国是破坏这一地区稳定的主要因素,正如他在1960年6月关于其对外政策原则的演讲中所阐述的那样。他认为,中国政府在亚洲威胁着整个地区的安全,"从印度和越南南部边界到老挝的丛林,它竭尽全力地寻求对其……独立的保护"②。2年后,美国在这一地区的顾问人数已经增加到约1.65万名。③由西方阵营支持的南越政府和东方阵营以及中国支持的北越政府(自1957年起称为越南共产党,简称"越共")之间的严重冲突事件数量也急剧上升。仅在1957年,越共就在南部地区处决了大约500名拒绝合作的老年村民和当地官员。这一数字在1959年上升到大约1600名,在1960年则达到大约4000名。④吴庭艳领导下的南越西贡政府作为对抗手段采取的政策是所谓的"农庄计划",这一政策以法国人的"农庄战略"为基础,包括了强迫农民的大规模搬迁。它导致南越的局势几乎每天都在恶化,尤其造成了村民不断投奔越共政权的局面。1959年,应越南南部游击队的要求,北越河内政府决定向其提供更为积极的支持。因此,数千名北越战斗人员被派往南越地区,吴庭艳政府遂在几个月之内失去了大约3/4

---

① Biermann, H., John F.Kennedy und der Kalte Krieg. Die Außenpolitik der USA und die Grenzen der Glaubwürdigkeit, Paderborn, 1997, 34 f.

② Schoenthal, K.(Hrsg.), Der neue Kurs. Amerikas Außenpolitik unter Kennedy 1961-1963, München, 1964, 31-41; 此处: 35。

③ Frey, Geschichte des Vietnamkriegs(见第582页注释①), 87。

④ 数据引用自 Horlemann/Gaeng, Vietnam, 111(见第586页注释②)。

的南越农村地区的控制权。在这些地区，成立于1960年、作为越共在南方地区政治分支的越南南方民族解放阵线（简称FNL）的追随者掌握了控制权。

在肯尼迪于1963年11月被暗杀之后，其继任者林登·约翰逊明确承认了在东南亚地区已经采取的干涉政策。著名的但也可能是部分地被事先策划好的"东京湾[①]事件"成为常规战争得以扩大化的直接原因。1964年8月，美军自称其军舰遭到了北越快艇的袭击，约翰逊立即对越南北部各港口进行空袭，以作为被袭击的回应。比事件的实际情况更为重要的是，这成为1964年8月7日美国国会接受《东京湾决议案》的理由，也成为美国向第二次印度支那战争转变的起点。从1965年2月起，美国和南越空军正式开始对北纬17度、越南与老挝交界的边境地区的北越基地和补给线进行轰炸，这一行动此后又扩展到越南与柬埔寨的边界地区。与此同时，美军的士兵人数也得以迅速增加：1965年，美军在南越地区的人数约为7.5万名，而这一数字在2年之后就上升到了46.3万名。[②]到1968年，美军士兵的人数达到了历史最高的54万名。[③]

从军事角度讲，如今众所周知的是，这种不对称的"无前线战争"常常导致敌友难分的情况出现，这使美国乃至美国民众都感到束手无策。[④]1968年在越南猴年年初发生的所谓

[①] 北部湾旧称。译者注

[②] 数据引用自 Czempiel/Schweitzer, Weltpolitik（见第581页注释①），259。

[③] Angermann, E., Die Vereinigten Staaten von Amerika seit, 1917, München, ^{8}1987, 402.

[④] Greiner, B., Krieg ohne Fronten. *Die USA in Vietnam*, Bonn, 2007.

"春节攻势"中，美国人在阻止西贡被北越军队占领之事上费尽心机后才勉强得以成功。这表明当时美军距离在越南取得军事胜利的目标有多遥远。这也是约翰逊的继任者理查德·尼克松于1969年将这一冲突的范围扩大到柬埔寨，柬埔寨成为越共维持补给基地的原因，尽管它在此之前一直保持中立状态。1971年，美国人对北越军队使用的通往柬埔寨南部的"胡志明小道"经过老挝的路段发动了直接攻击。同时，美军进行的地毯式轰炸的次数也不断地增加。但是在同一年，由于美国国内进行的大规模抗议，很长一段时间以来就已经失去公众支持的美国军队开始逐渐撤离该地区。对于华盛顿而言，此后的任务就是将冲突"越南化"，即将责任移交给南越政府。到1972年底，美军士兵人数已降至约2.4万名。在猛烈的空袭中，随着1月份巴黎和谈的结束以及美军于1973年3月29日完成的撤军，这场战争对于美国人而言终于宣告结束。[1]失去了美国支持的西贡政府最终于1975年4月30日投降。随后发生的事情在那时似乎是对多米诺骨牌理论的一种明确的证明：1976年，越南社会主义共和国宣告成立。在南越政府投降前不久，美国支持的朗诺将军领导下的柬埔寨政府也被推翻，取而代之的是红色高棉政权。不久之后，老挝也成立共产党政府领导下的老挝人民民主共和国。这场战争给美国留下的是一场创伤巨大的"越南大崩溃"，直到今天，它还体现在众多的电影作品以及随处可见的对死亡或失踪者的纪念中。在越战结束20年后，美国原国防部部长罗伯特·麦克纳马拉声称，美国对越南战争的参与根本就是

---

[1] 相关数据参考 Frey, Geschichte des Vietnamkriegs（见第582页注释①），198 ff.。

一种错误,这场战争对西方的安全而言并非必需之物。[1]

尼克松政府自1969年起将战争扩大到越南邻国特别是柬埔寨的举动,值得做进一步的观察。它一方面颇具典型性地表明了美国政治本身以何种方式参与多米诺骨牌理论在东南亚的作用过程,另一方面也体现了美国撤军带来的政治后果是极具戏剧性的。对于美国在亚洲发动的战争而言,柬埔寨的意义实际上是微不足道的,正如当时华盛顿政府对此广泛使用的"无关紧要之事"一词清楚传达出的信息一样。[2]处于高空的美国轰炸机将居民区、稻田和历史悠久的庙宇无差别地作为轰炸目标,其结果主要是人们投奔北越支持的红色高棉游击队。众所周知的是,随着美军的每一次轰炸,就有越来越多的孤儿投奔红色高棉政权。在西贡被北越攻占两周之前,1975年4月17日北越军队的参战对于红色高棉的权力夺取而言是最具重要意义的事件。

在政治、军事和经济方面尤其受到中国支持的人民共和国"民主柬埔寨",由波尔布特领导并执政至1979年的红色高棉政府成为专政程度最高的共产主义政权之一。这个几乎孤立的国家的外交关系游走于冷战以及中苏冲突造成的边缘地带。波尔布特于1977年还获得了中国总理华国锋的接见并与中国的亲密盟友进行了接触,其中就包含朝鲜领导人金日成。柬埔寨与苏联及其他东方阵营国家的联系相比之下就相应地稀少了很多,相反,红色高棉的行径甚至遭受这些国家的谴责。波尔布

---

[1] McNamara, R., Vietnam. Das Trauma einer Weltmacht, Hamburg, 1995, 425.

[2] Shawcross, W., Sideshow. *Kissinger, Nixon and the Destruction of Cambodia*, London, 1993。下文内容参考 Stöver, B., Geschichte Kambodschas. Von Angkor bis zur Gegenwart, München, 2015, S. 127 ff。

特对共产主义的激进诠释夺走了柬埔寨当时（1975年）拥有的将近700万总人口中的至少167万人的生命，这一数字甚至可能更高，达到300万人。[1]

第三世界的武器：石油

当然，第三世界不仅仅只是美国霸权的受害者，而且也能给美国人施加一定的压力。1973年的（第一次）石油危机正说明了各个发展中国家能够有多少可以利用的力量。时年31岁的穆阿迈尔·卡扎菲早在4年前的1969年12月不仅推翻了亲西方的利比亚君主政权，而且立刻走上了与在当地参与石油企业经营的美国进行对抗的道路。1970年5月，卡扎菲示威性地将其石油部部长派往莫斯科与苏联领导人进行会谈，并同时向西方石油公司施加更多要求其离开利比亚的压力，这给华盛顿方面敲响了警钟。尽管卡扎菲1971年在石油输出国组织会议上试图将原油价格提高30%的尝试失败了，但在2年后取得成功。在阿拉伯国家输掉第四次中东战争——1973年所谓的"赎罪日战争"之后，阿拉伯石油输出国组织仍能够通过石油产业进行政治抗议以推动其诉求。1973年的石油危机不仅让美国，而且让整个西方世界都清楚地认识到，生产石油的发展中国家完全有能力通过这种方式破坏全球经济。这种石油冲击一方面导致了更大规模的战略石油储备机制的

---

[1] Kiernan, B., *The Pol Pot Regime. Race, Power, and Genocide in Cambodia under the Khmer Rouge, 1975-1979*, Chiang Mai, 1999, 458. Stöver, Geschichte Kambodschas（见第590页注释②），S.173。

产生，另一方面也逐渐使人们对使用化石燃料的后果问题进行重新审视。但当时的美国依靠亲美的阿拉伯国家迅速地增加了其石油产量。在1967年的"六日战争"之前，这些国家就给美国提供了超过50%的石油。[1]但是，这种依赖带来的后果以及政治威胁对美国而言再清楚不过了。华盛顿方面自冷战以来就一直强调对保有波斯湾蕴藏的大量石油资源的必要性，并将在必要时通过武力加以保护。在苏伊士危机后于1957年得以推行的艾森豪威尔主义就已经表明，如果美国的重大利益在中东地区受到威胁的话，美国将对该地区实施军事干预。[2]美国在20多年后——苏联入侵阿富汗以后的1980年1月所宣布的卡特主义更强化了这一点。卡特总统宣称，如果另一个大国试图切断波斯湾的石油供应，美国将立即进行军事干预。[3]随后，美国也立即成立了首个针对沙漠战争进行专门训练的单位。在2012年初，仅仅是伊朗政府封锁霍尔木兹海峡的威胁就导致了原油价格上涨，也引起了华盛顿方面的激烈反应。

在冷战结束之前，原油价格一直是所有工业化国家一个严重的经济问题。但是对于石油生产国而言也并非只有优势可言。一方面，由于西方工业国家的石油需求，石油生产国获得了巨大的财富，因此一些阿拉伯产油国的社会生产总值按人口比例来说甚至上升到了领先美国的水平。然而石油并非消除贫困的武器，石油财富最终加剧了产油国对西方的依赖，因为其他生产行业，如

---

[1] Mejcher, H., Sinai, 5. Juni 1967. Krisenherd Naher und Mittlerer Osten, München, ²1999, 159 以及 179。

[2] 刊登于 Schambeck, Dokumente（见第 116 页注释①），539 f。

[3] 刊登于 Czempiel/Schweitzer, Weltpolitik（见第 581 页注释①），377-381。

农业、消费品工业以及技术研发行业的扩大发展也缺乏动力。除此之外，石油资源仍是第三世界国家产生冲突的根源之一。但与非洲相比，尽管发生了海湾战争，波斯湾地区仍然保持了相对的稳定，因为美国至今在这一地区不会容忍重大的政治动荡。

冷战的代价与收获

根据美国政治的一致观点，冷战是美国生活方式所面临的最根本、最全面的威胁。大多数美国公民也对此表示认同。很明显，从这个角度出发，美国是不允许在这场冲突中失败的，因此其代价并非关键问题。这一假定的威胁局面导致了军备竞赛，它广泛地涉及核武器以及常规军备。[1]在冷战的最后几年，美国与北约国家和华约国家仅仅在军备方面的开销就达到每年7000亿美元之巨。[2]

---

[1] 关于常规军备以及核武器的内容参见 Yenne, B., *Secret Weapons of the Cold War. From the H-Bomb to SDI*, New York, 2005; Hutchinson, R., *Weapons of Mass Destruction*, London, 2003; Miller, D., *The Cold War. A Military History*, New York, 1998; *Conway's All The World's Fighting Ships, 1947-1995*, London, 1995。

[2] 数据引用自 Kaiser, K./Schwarz, H.-P.（Hrsg.）, Die neue Weltpolitik, Bonn, 1995, 147-156（J.Krause 的文章）；此处：148。

军备竞赛的原因

然而，全球军备竞赛迅猛发展的动力不仅在于冷战中的威胁局面，也在于核武器自投入使用以来就一直被认为是享有盛誉的武器，这一点从美国各种武器类型之间的竞争也可以看出。每一支部队都从一开始就坚持拥有自己的核武器。20世纪90年代冷战结束时，美国仅1940—1996年制造和维护核武器的成本根据计算就已经达到5.8万亿美元。[①]在周期越来越短的军备竞赛中，不仅是军备的范围扩大了，其技术复杂性也大大提高。

冷战的一个重要特征是，军备竞赛即使是在缓和阶段也从未停止过。尽管进行了一系列的谈判，双方的核能力仍然继续增长并定期地聚焦于协议中未涵盖的那些武器系统的研发。这一现象背后的原因不仅是双方之间多年来不断增长的不信任，也在于双方对缓和政策的共同理解：裁减军备协议不能危及己方的安全。而在20世纪60年代后期出现的局面，即从口头军备裁减向实际军备裁减过渡，与以下几个方面的因素有关。其中起到最重要作用的因素是，不仅是华约组织在昂贵的洲际导弹方面取得了同等优势，中国在这方面也是如此。在西方，促使实际军备裁减的原因也是多种多样的：面对持续威胁而产生的厌战情绪、高昂的代价以及当时劳而无功的强国政治。美国的内政问题也导致了对冷战的重新思考：冷战消耗了大量资源，同时导致了社会问题的增加。艾森豪威尔也在卸任演说中提及了在非民主制度控制下运作

---

① Schwartz, *Atomic Audit*（见第 500 页注释①），Figure 1, o. S.

的一种军工复合体会带来的诸多危险。[①]林登·约翰逊也认为其"伟大社会"的宏伟计划尤其受到了越南战争的威胁。冷战不仅耗费了巨额资金，1971年还导致了布雷顿森林体系的解体，因为美国不再具有将美元与黄金挂钩的实力。[②]事实也证明，冷战也成了美国与其防御联盟意欲达成内部统一时所面临的问题，因为它引发了美国盟国，尤其是位于冷战"前沿"的德意志联邦共和国的抗议活动。从长远来看，西方民众更为广泛的政治化甚至具有特别的意义：西德"1968年运动"直接导致了20世纪70—80年代的和平运动。这类运动在美国也针对新一轮军备竞赛进行了抨击，从而为冷战的结束做出了它们的贡献。

冷战期间的环境破坏以及事故

令人感到惊讶的是，美国以及其他相关国家对冷战造成的隐藏代价表现得毫不关心，其中尤其包括对环境的巨大破坏。在核武器生产厂区，生产废料直到20世纪60年代都是直接倾倒至露天矿坑或者附近的池塘中，这些地点在当时被认为是天然的过滤器。此后，核废料又被保存在或多或少具有安全隐患的料筒中。位于汉福德的臭名昭著的"101SY"号废料存放点因此与1957年被炸毁的、位于什蒂姆附近的苏联核设施一样，带来了相同的风险。汉福德已经成为美国受放射性污染最为严重的地区，包含

---

① 刊登于Schambeck, Dokumente（见第116页注释①），541-546；此处：544。
② James, H., Rambouillet, 15.November, 1975. Die Globalisierung der Wirtschaft, München, 1997, 133 f.

1377个高污染区。20世纪90年代，该地区急需的翻新工程估价约为500亿美元。①

核武器带来的类似事故也产生了环境污染问题，但很少受到关注。冷战期间的安全理念依赖于技术的完善和精密程度。②如果自某一时刻起，人们将安全问题以及最终的核战争决定交由机器负责的话，它们必须完美地进行工作，但是这从来都是不可能之事。因此，根据如今赫赫有名且常被用来作为讽刺的"墨菲定律"描述的情形——在只有一种可能性存在的情况下必然会发生失误，在1947年美国针对美军导弹事故的一项调查结果表明，事故的发生绝非偶然。③正是由于这个原因，在冷战期间只有极少数关于反复发生的不幸事故的信息得到公开。2005年，环保组织"绿色和平组织"估计，在冷战的近45年中，发生了约1200场重大核灾难，其中包括爆炸损失和各类事故，还有涉及飞机、轮船、潜艇、导弹、卫星以及核设施的各种灾难。④其他一些来源，比如《原子科学家公报》，对此类灾难所报道的数字要高得多。⑤为了对此类事故进行分类，美国军方在1945年之后甚至建立了自己的术语体系："断箭"一词描述一场预计不会导致核战争发生的意外核事件，"弯矛"成为代表可能导致相互核打击的事故的代码。"衰落的巨人"和"钝剑"被用于不受控制但没有直接涉

---

① Hall, Lebenszeit（见第573页注释②），30。
② 概括性地参见 Mackenzie, D., *Inventing Accuracy. A Sociology of Nuclear Missile Guidance*, Cambridge, ⁴2001。
③ 参考 May, Greenpeace-Handbuch（见第574页注释①），11 f. 其中亦详细罗列了冷战中发生的核事故。
④ 参见 Greenpeace-Homepage（www.greenpeace.de）。
⑤ 参见此处总结 Hansen, Ch., The Oops List（www.thebulletin.org）。

及核武器的核反应堆事故及其他事故。在冷战期间，这些类别的每一个术语都屡次出现。

美军最具轰动性的事故发生于战略空军司令部的轰炸机编队。直到1968年，该编队都保持着24小时不间断巡航，其事故风险也因此居高不下。其间一共发生了6次"断箭"事件，这些事件也令人联想起斯坦利·库布里克讽刺核战争的作品《奇爱博士》中的某些场景。1956—1961年，美军的核爆装置在美国柯特兰、佛罗伦斯、戈尔德斯波洛上空以及英国莱肯希思上空进行作业时均发生了丢失事件，这些引起轩然大波的事件每次都靠运气才避免了核灾难的发生。然而在1966—1968年终于发生了两次最为严重的事故：1966年1月17日，在西班牙的帕洛玛雷小镇上空，一架持续巡航的美军B-52轰炸机在空中加油时与空中加油机发生碰撞，造成了3枚核弹坠落地面以及1枚核弹坠入地中海的结果。这使得超过1700吨受到放射性污染的土壤必须被清除，而落入地中海、拥有145万吨爆炸当量的那颗核弹也必须通过特殊设备从849米深的地中海海底打捞出来。在2年后发生的另一起严重事件中，有一架B-52轰炸机坠毁，但其细节仍不清楚：1968年1月21日，这架轰炸机在位于格陵兰岛、作为美国导弹预警站之一的美国图勒空军基地坠毁。机载4枚氢弹的去向在当时作为国家机密并未公布，尤其是在与丹麦人的协议中规定了在格陵兰禁止使用核武器的情况下。根据公开的说法，4枚氢弹因为撞击和燃烧遭到损毁。直到冷战结束很长时间后，美军才于2000年向国际原子能机构递交的解密报告中承认，1枚代号78252的氢弹已经被冰层推到海底并因此无法再进行回收。[1]在此次事件中，事故抢险队也遭到了辐射伤害。图勒事件作为短短11年以来发生的第10次核事故，标志着美国24小时不间断巡航的核武器轰炸机编队战略走到了尽头。随着火箭技术的发展，这种轰炸机编队也变得毫无意义。但是即使在20世纪80年代，战略空军司令部的轰炸机编队仍有1/4的力量处于警戒状态。

冷战的积极影响

除了代价以外，冷战也带来了一定的积极影响。尽管20世纪50年代美国社会政策的改善是否可以归因于系统性竞争的问题还确实存在疑问。美国的左派工会和共产主义者并未掌握真正的权力，对美国人大规模移民至东方阵营的担心也不存在。尽管如此，福利资本主义仍得到了继续发展，大型康采恩如福特公司在这一框架下甚至自发地提高了工人的工资。就连从不厌倦对社会主义制度发出警告的艾森豪威尔在其第一个四年任期结束时，也做出了修改可追溯到美国社会政策的"红色十年"、已施行了20年的《社会保障法》的决定，以延续和拓展福利国家制度。这使得美国成立了独立的卫生部、教育部以及社会福利部，最低工资也得以提高，退休金以及失业保险金制度也得以改善。在随后的几十年中，福利资本主义也在一定程度上针对保守派大规模的抵制得到了进一步发展。直到20世纪80年代，它才再次受到保守的

---

[1] Schwartz, *Atomic Audit*（见第500页注释①），395 ff。

里根政府的严格限制。①福利国家制度的发展原因不仅在于美国的一系列国家特点，实际上也与冷战的间接影响有关。因为这一全球性的冲突尤其是军备竞赛耗费了不可估量的巨额财政资源，而社会问题却不受控制地增长。因此，增加公共福利被视为维持或恢复国内共识以及社会和平的必要条件。

冷战对于美国在经济、科学、研究和教育方面的益处更为明显。对于赫鲁晓夫关于和平共处的言论——两个大国应该展开自由的较量，美国方面则以肯尼迪著名的"和平战略"作出回应。肯尼迪在1963年6月10日给知识分子所作的著名讲话中说道："我们……愿意并且能够与世界上任何其他制度进行和平竞赛。"②这种竞争以及在技术和经济上可能的合作可以通过许多例子来说明。这一点在美苏登月竞赛中体现得尤为明显。最晚从1957年10月4日起，当第一颗苏联人造卫星"斯普特尼克"号从哈萨克拜科努尔航天中心发射至运行轨道时，冷战也开始出现在太空中。当苏联人将第一个活体生物成功运送至太空并使之成功返回时，他们无疑处在了领先地位。美国人在运载试验中使用的恒河猴（"阿尔伯特一世"至"阿尔伯特四世"）并未存活或者仅存活了很短的时间，而苏联人使用的名为"莱卡"的雌犬却毫发无损地回到了地球。

出于登月竞赛的匆忙，美国在1957年作为对苏联"斯普特尼

---

① 综合参考 Raeithel, Geschichte III（见第 440 页注释②），409 ff.；Adams, Länderbericht II USA（见第 399 页注释①），415–438（A.Murswieck 的文章）；此处：422 ff.

② 刊登于 Bundesministerium für Innerdeutsche Beziehungen（Hrsg.），Dokumente zur Deutschlandpolitik（DD）, IV. Reihe, Bd. 9, Frankfurt a. M. 1978, 382–388；此处：386。

克"号的回应而进行的发射任务遭到完全失败,这使美国深受打击。这一年的12月7日,在众多受邀名人惊恐的目光中,1枚"先锋"火箭在发射台上的爆炸形成了一个巨大的橙色火球。时任参议员后又登上总统之位的林登·约翰逊指出,苏联实际上已经在美国自己开始的游戏中战胜了美国。《纽约先驱论坛报》也写道:"这是人类对于太空的征服……其结果是苏联人不仅在卫星领域超越了我们,他们在导弹的致命射程方面也超越了我们……《原子科学家公报》月刊封面上的'世界末日钟'指向了12点差2分的地方。时间已经很晚很晚了。"①事实上,美国的回应速度相当迅速。1958年1月,美国使用1枚"红石"火箭将首颗美国卫星"探索者"送上了太空。

所谓的斯普特尼克危机同时也成为1958年美国通过《国防教育法案》来实施的一项教育提案的出发点。这一提案旨在增加对于科学人才的招募。同年,美国国家航空航天局作为政府航天机构得以启动,发起了一项全面的计划以促进年轻科学家的培养,其预算支持比原来增加了50%。当苏联人在1961年4月通过载有加加林的太空舱"沃斯托克"号再次领先于美国时,刚刚就任总统的约翰·肯尼迪承诺,尽管遭受了这些挫折,美国人还是可以在60年代结束之前领先于俄国人而率先登上月球。②美国于同年发射的"水星-红石三"火箭就已经将宇航员艾伦·谢泼德顺利地送入太空,他是首位航行太空的美国人。1961—1969年——从苏

---

① 引用自 Kraushaar, W., Die Protest-Chronik 1949-1959. Eine illustrierte Geschichte von Bewegung, Widerstand und Utopie, Hamburg, 1996, 1723。
② Pressekonferenz, 21. 4. 1961, in: The Kennedy Presidential Press Conferences, New York, 1978, 84-92; 此处: 87。

联"东方"号到美国的尼尔·阿姆斯特朗成功登月，美苏两国在科学技术方面进行了持续的竞争。长期以来的一种观点认为，苏联会取得最终的胜利，特别是当美国的"阿波罗"登月计划最初并未按照计划进行时：1967年1月27日，仍在发射台上的"阿波罗1"号发生爆炸，这一事件不仅造成了3名宇航员丧生，也使得整个计划出现重大延误。而1969年则成为美国航天的胜利之年："阿波罗9"号和"阿波罗10"号实现了绕月飞行，1969年7月20日"阿波罗11"号不仅成功实现了第一次登月，而且将3位宇航员——尼尔·阿姆斯特朗、埃德温·艾尔德林和迈克尔·柯林斯毫发无损地带回了地球。对于美国的这次成功，苏联方面的失望是显而易见的，因为美国人原本担心苏联的"月球十五"号会抢先登陆月球，登陆的美国宇航员会看见苏联插在月球上的红旗。

冷战中的合作

全球对抗在很大程度上对于美苏合作和技术信息交流的阻碍是不可避免的。经过多年谈判之后于1975年7月17日进行的美苏"阿波罗-联盟号联合任务"可谓是其中的一个例外。直到冷战结束很长时间之后的1998年，俄美联合太空站ISS才得以建立。但这一合作中也出现了问题，因为太空技术不仅是宣扬国威的极致表现，而且也代表了机密的军事尖端科技。鉴于刚开始不久的冷战以及第二次世界大战期间除核技术之外其他重要军备技术相对自由流通的背景，这种太空技术已经不再允许自由转让。早在1947年的马歇尔计划生效之前，东西方阵营之间的贸易已经通过选择性禁运加以限制。①1948年3月，美国商务部列出首批两份禁运商品清单：1A清单涉及的是原则上禁止出口到东欧和苏联的军事物资，1B清单则包含了可以间接应用于军事领域但无法完全禁止向东欧出口的物资。1952年，这一禁运政策也开始针对中国。此外，在一些不愿受摆布的盟国中则发生了政治转向，东西方的贸易总额也因此得以相应地平稳上升：1954年达到了9150万美元，1955年则上升至1.138亿美元。②

在禁运条例的解读方面，经常导致西欧国家与美国的外交冲突。最严重的联盟危机之一出现在里根就任美国总统之后，当时的西欧国家试图通过与苏联进行大规模的补偿贸易来回应美国方面的抵制。这一贸易的具体内容是，苏联供应的天然气价款需通过西欧制造的天然气管道偿还。但是根据美国的解释，在这个当时引起激烈讨论的"管道交易"中，出现了美国不希望看见的苏联对西方技术的获取行为。当康拉德·阿登纳领导下的联邦德国政府仍旧屈服于北约的管道禁运政策时，意大利和英国却无视这一政策。因此，不同于1962年的是，这种补偿贸易实实在在地得以进行。但是直到1983年底美国仍然能够在很大程度上切断西欧与苏联的合作。1979年签订的三十五项合作协议在当时仅有七项仍然有效。③

从长远来看，在冷战初期就已经呈现出一种机制，从中可以得出冷战最终阶段的一些结论。在军事和民用领域的竞赛产生的

---

① 下列内容参见 Stöver, Befreiung（见第 470 页注释①），466 ff.
② 出处同前，475。
③ 出处同前，862。

巨大挑战成为美国和苏联沉重的负担。尽管如此，至少从回顾的角度看，美国经济能够更有效地应对这一问题。这种对于计划经济而言巨大且最终无法承受的负担以及一些针对其他领域的限制要求，对于市场经济而言，倒不如说是生产力方面的一种挑战。计算机技术的飞速发展便是有力的证据，而东方阵营只能通过部分合法但主要是非法的进口和仿制在这一领域进行竞争。自1959年以来，美国电子巨头通用电气的子公司——英国艾略特公司的各种型号的计算机已经可以通过合法渠道交付给苏联。而非法进口的国际商用机器公司的计算机则是苏联自1968年起生产并特别应用于军事的电子计算机统一系统和RYAD系统的基础，就连苏联1983年出现的第一台个人计算机AGATHA都是美国苹果计算机的仿制品。东方阵营特勤部门的重要能力最终也被用于这类物资采购。苏联共建造了7架原型机的航天飞机"暴风雪"号也是通过这种模仿手段而制造出来的，正如苏联的许多战斗机和轰炸机一样。"暴风雪"号的设计师明显是以美国航天飞机为原型。但是即使在美国，太空竞赛中的忙乱所带来的技术问题也彰显出来，这一点在1986年"挑战者"号起飞之后不久便发生的灾难性爆炸事件中表现得尤为明显。

美国的胜利？

冷战以1991年苏联的解体而宣告结束。苏联自1922年以来就一直在与资本主义国家进行斗争，但是它被美国认为是与美国的所有理想背道而驰的。在苏联解体的6年之前，被华盛顿方面认为完全不同于以往苏联领导人形象的米哈伊尔·戈尔巴乔夫出任苏共总书记。在外交政策方面，他立即向西方证明了他的"新思维"。在他上任仅仅1天之后的1985年3月12日，他便令人惊讶地重启了军备谈判。此外，多年来一直争议不断的中程导弹问题也被纳入所谓的《削减战略核武器条约》（简称START）谈判。在其他方面，戈尔巴乔夫也顾及了西方的要求。1986年12月，他特别撤销了遭到美国多次谴责的对著名的持不同政见者安德烈·萨哈罗夫的流放。萨哈罗夫1980年1月由于批评苏联对阿富汗的入侵被隔离在偏远的哥尔克地区。其他持不同政见者也得到释放。即使对于美国人而言，他们最初也不清楚戈尔巴乔夫和苏联付出的代价将变得如此巨大。而持不同政见者，例如萨哈罗夫和其他激进的改革派，对戈尔巴乔夫所提出的变革并不满意。戈尔巴乔夫指出了一个公民社会的可能性表象，却又不想使其得以实现至最终阶段。这一事实仅仅在不久之后便成为引发苏联解体的导火索。

戈尔巴乔夫、美国和西方国家

在这种情况下，西方不得不首先越过戈尔巴乔夫的阴影。此时冷战中敌对关系的根深蒂固，可以从1986年的美国杂志《新闻周刊》对赫尔穆特·科尔的采访中看出来。这位联邦德国总理于1985年5月5日与美国总统里根在德国比特堡市附近的科麦斯怀厄战争公墓进行了一次极具争议的会晤，自此之后，他便成为华盛顿的共和党政府尤为信赖的盟友。由于此前这两位政治家之间所表现出的政治默契，科尔也因此被认为是美国立场的代言人，而他在一次采访中将戈尔巴乔夫与纳粹宣传部部长约瑟夫·戈培尔进行了比较，这在全世界范围内引起了轩然大波。[1]反之，里根则从根本上拒绝戈尔巴乔夫，并对"战略防御计划"的范围进行讨论。这可能是因为美国激进反共组织在20世纪80年代大受欢迎并且对与这位新的苏联领导人进行和解持反对态度。

尽管如此，预知的信任已经逐渐展现其效果，因为即使是里根最终也发现自己不得不应对美国公众的压力，尽管冷战在其他地区仍在继续。在中美洲地区，当反共的反对派在美国的支持下试图推翻由苏联支持的尼加拉瓜桑地诺政府时，里根于1986年9月30日向戈尔巴乔夫表示同意参加莫斯科方面提议的冰岛会议。在这个后来被亨利·基辛格称为"雷克雅未克革命"的会议中[2]，一次性地商定了拆除欧洲所有中程导弹并将所有战略武器减少50%的协议。在1987年的《美苏消除两国中程和中短程导弹条约》（简称《中导条约》）签订以后，不仅欧洲此前曾激烈争议的所有中短程导弹都被撤除，其他地区的冷战问题也打破了旷日持久的僵局，例如苏联从阿富汗的最终撤军、两伊战争的结束以及古巴和苏联部队从安哥拉撤军。

正如美国政府所怀疑的那样，戈尔巴乔夫的提议当然并非无私的。他的改革措施首先应该解决苏联当前面临的问题，并且加强面临巨大财政赤字压力（其中军备花费占主要部分）的国家在未来的实力。根据计算，在1987年《中导条约》签订前不久，苏

---

[1] 引用自 Der Spiegel, 10. 11. 1986。
[2] Washington Post, 18. 11. 1998.

联在武器装备上的投入几乎不比经济强大的美国少：相比于华盛顿方面在军事上的2900亿美元投入，莫斯科政府同一年也在军事领域投入了等同于2600亿美元的资金。[1]因此，戈尔巴乔夫最终提出的外交退让也是一项金融政治方面的减负政策。然而对该政策实施原因的解释是不同的：戈尔巴乔夫的"新思维"将其解释为进一步发展社会主义的必要手段，这不是软弱的标志，而是提高苏联声誉的一种方式。最重要的是，这一"新思维"终结了社会主义国家之间"有限主权"的概念，即所谓的"勃列日涅夫主义"——它也是苏联1968年入侵捷克斯洛伐克以及1981年在波兰宣布戒严的基础。勃列日涅夫主义的终结也是美国政府最为重视的要求之一，里根就任总统以来也对此一再强调。戈尔巴乔夫通过苏联外交部发言人根纳季·杰拉西莫夫1989年回顾颇具讽刺意味的"西纳特拉主义"（"走自己的路"），将"勃列日涅夫主义"加以代替。[2]自1986年4月以来，戈尔巴乔夫就多次重申，每个社会主义国家均可以自由地选择"走自己的路"。回顾过去，许多人（不仅在美国）都将对勃列日涅夫主义的放弃视为东方阵营终结的真正开始。

对于美国的共和党人而言，所有的这些似乎都是对他们在冷战中所坚持的强硬立场的一种莫大表彰。事实上，在1979年伊朗革命以及苏联于同年入侵阿富汗之后，被认为遭遇失败的民主党温和派政治家卡特为里根开启了强国政治的复兴之路。里根则曾经多次要求取消温和的外交政策。这在他1985年2月6日发表的国

---

[1] SIPRI Yearbook 1987.World Armaments und Disarmament, Oxford, 1987, 124.
[2] 引用自 Beschloss, M.R./Talbott, St., Auf höchster Ebene. Das Ende des Kalten Krieges und die Geheimdiplomatie der Supermächte 1989–1991, Düsseldorf, 1993, 176。

情咨文演讲中表现得最为明显,后被称为"里根主义"。它在美国国会两院关于区域安全问题的讲话中被这样表述:"首先,我们必须面对苏联的被称为勃列日涅夫主义的自以为是的主张:即苏联的利益是不可逆转的……对民主越来越高的呼声以及所有国家对真正独立的渴望,对于下一世纪和平与安全的新世界而言,是其充满希望的基础。为了实现这些目标,美国拥有许多外交政策上的手段。我们的干预应该始终是明智和现实的,但我们应该牢记,只有当我们的手段被综合起来并始终贯彻于一致的战略中时,它们才将发挥最佳作用……对于美国利益的保障而言不可或缺的这两种工具就是我们自身的军事力量以及经济的活力。"[1]

里根在1983年宣布的美国反弹道导弹防御系统[2]的建立是苏联在戈尔巴乔夫时代之前所面临的最为明显的挑战之一。所谓的战略防御计划的提议可能来自美国的"氢弹之父"之一的爱德华·泰勒。自第二次世界大战之后,泰勒经常持特别激进的观点并以奥本海默的对立者的面貌出现在公众的视野中。"战略防御计划"使苏联阵营承受了巨大的压力,这不仅是因为其自身的所有战略体系在政治军事上将会因此突然变得毫无用处,而且也因为苏联很快认识到,应对这一经济技术层面的挑战将再次涉及苏维埃公民因大幅削减已经捉襟见肘的生活条件。根据里根及其继任者乔治·布什领导的美国共和党政府的说法,阿富汗和"战略防御计划"都给苏联真正地敲响了丧钟。一些作家认同了以下观

---

[1] 刊登于 Czempiel/Schweitzer, Weltpolitik(见第581页注释①),434—441;此处:437。
[2] 1983年3月,里根发表著名的演说,后来被视为战略防御计划的起源。战略防御计划亦称星球大战计划。——编者注

点，即苏联自里根担任总统以来被军备拖垮了。[①]这一点也对政治记忆产生了重大的影响。[②]对于苏联这一此前曾经解散了许多盟友及其附属国的联盟的消亡史，人们可以进行不同的解读。但是历史上的专制统治从来没有因为成本的压力而导致自我灭亡，即使是破产的专制统治也可以继续存在，当今的朝鲜即为一个明证。

美国与德国统一

对于第二次世界大战的胜利大国而言，柏林墙的倒塌是它们尤为感到惊讶的。美国也是如此。尽管东西方阵营相互靠拢，但德国的统一仍然是一个大问题。[③]德国的分裂是冷战的一个最明显的表现，不仅如此，由德国发动的第二次世界大战也是冷战的起点。就这方面来说，在一切缓和努力中获取的胜利国对1990年联邦德国与民主德国统一的认可就不仅仅是迈出了普通的一步，更可称得上是一次政治飞跃。在伦敦和巴黎，人们对通过这一充满民族主义的德国的统一而产生的、可能会统治欧洲或者破坏欧洲稳定的"第四帝国"的恐惧是相当普遍的。然而华盛顿方面则迫切地希望阻止各方要求统一后的德国保持政治中立。正如里根的

[①] 例如：Ploetz, M., Wie die Sowjetunion den Kalten Krieg verlor. Von der Nachrüstung zum Mauerfall, Berlin, 2000。

[②] 此处也可参考德国政客对于在柏林以里根命名公共场所的要求。可参考 Die Welt, 22.12.2010。

[③] Henke, K.-D. (Hrsg.), Revolution und Vereinigung, 1989/1990. Als in Deutschland die Realität die Phantasie überholte, München, 2009, 473-483（B. Stöver 的文章）。

继任者乔治·布什在1989年10月24日（此时距离柏林墙倒塌还有三周，距离苏联解体仅有一年多的时间）所宣称的那样，不结盟在美国仍然被认为是政治上的一种不可靠。因此，西方大国和苏联一致同意东德和西德参与相关谈判，而不仅仅将它作为二战胜利国之间的会议。值得注意的是，著名的"二加四会谈"中从语言上赋予联邦德国和民主德国的独立地位，是来自美国的建议。①而苏联人——戈尔巴乔夫及其顾问阿纳托利·切尔纳耶夫更希望的"四加二谈判"形式没有得到采纳，这一形式更为清楚地强调了二战胜利大国的重要性。当然，这不仅只局限于语义层面，而且也是西方，尤其是美国当时愈加清楚地表明自己是冷战胜利者的政治心态的明显投射。

1990年9月12日签署的《二加四条约》规定，东西德之前的外部边界应该构成统一后的德国边界。此外，根据华盛顿的要求，该条约也规定，统一后的德国可以继续留在北约组织，东西德军队人数将逐步限制在34.5万人，并重申德国应当放弃对大规模杀伤性武器的生产、拥有和使用权。该条约第七条对德国的主权也做出了描述：第二次世界大战的4个胜利大国"兹终止其对柏林以及整个德国的权利和责任"。②即使在最后一幕中，象征意义仍然是显而易见的：1990年9月12日在莫斯科举行的《二加四条约》庆祝活动中，民主德国的洛萨·德·迈齐尔和联邦德国的汉斯-迪特里希·根舍就坐于胜利大国代表的旁边，这标志着第二次世界大战

---

① Plato, A. v., Die Vereinigung Deutschlands-ein weltpolitisches Machtspiel, Bonn, ²2003, 220 ff.
② 条约内容刊登于 Münch, I. v.（Hrsg.）, Dokumente zur Wiedervereinigung Deutschlands, Stuttgart, 1991, 372-377；此处：377。

的最终结束。

戈尔巴乔夫的改革被认为是将苏联在第二次世界大战中取得的胜利果实拱手让出了,他的这一形象给他带来了巨大的国内影响。1991年8月,在他的激进改革派对手鲍里斯·叶利钦的帮助下,他才勉强在保守强硬派发动的政变中得以生存。这次政变事件在美国几乎没有取得同情。布什后来评论说:"如果他(指戈尔巴乔夫)在退让的时候感觉到我们在向前逼近的话,他会承受不住的。"[1]几天之后的8月24日,戈尔巴乔夫辞去了苏共中央总书记之职。此后不久,苏联共产党由于策划政变而被禁止继续参与任何政治活动。1991年12月,苏维埃社会主义联盟在其成立近69周年后正式解体。

自1990年年中以来,冷战的结束已经被多次提及,比如1990年在伦敦召开的北约峰会、同年9月于波恩举行的"二加四会谈"以及同年11月《巴黎宪章》的签字仪式上。即便在美国,人们也不禁有这样一个疑问,为什么苏联以及整个东方阵营在经过数十年的经济、政治和意识形态的冲突对抗甚至是经常性地游走于核战争边缘之后,最终悄然无声地走向了衰亡?美国政府十分确定的是,在苏联政府于1992年1月28日发表政府声明宣布解散的四周之后,布什总统宣告自由的西方于这一场全球冲突中击败了专制统治,从而也取得了冷战的胜利。原总统卡特的安全顾问兹比格涅夫·布热津斯基对此也持类似的看法。但是获得1990年诺贝尔奖的戈尔巴乔夫却坚称没有任何一方获得了胜利,而对抗的结束是双方对冷战的共同胜利。双方富有分歧的诠释早在1989年12月

---

[1] 引用自Beschloss/Talbott, Auf höchster Ebene(见第606页注释②),220。

于地中海岛国马耳他举行的美苏峰会上就成了一个焦点议题。戈尔巴乔夫在那次会议上抱怨西方具有"挑衅性"和"侮辱性"的言论,即西方广为流传的西方价值观的胜利之说。[1]人们最终一致同意使用一种折中的说法,即在中东欧地区实行的不是西方的价值观,而是民主的价值观。

对于冷战结束的解释

如果人们试图将当时流行的对于冷战结束的解释进行梳理的话,可以发现它们主要包含两种说法。[2]根据第一种解释,内部因素是造成苏联衰亡的原因。这种内部因素早在苏联成立之初就已经存在:由于缺乏智力资源和经济资源,苏联无法扮演列宁原本打算的"世界革命"的意识形态先驱角色。在斯大林的统治下,由于政治军事方面的压力,坚持意识形态的信念之路最终被放弃。由此,在苏联的势力范围内对莫斯科政府以及共产主义的抵抗,无论它们在细节上有何不同,都会发展起来。第二种解释即所谓的"冷战凯旋主义",[3]它认为外部原因是苏联衰亡的主要原因。根据这种解释,西方通过针对共产主义的进攻行动,尤其是战略防御计划的宣布击败了苏联,其中贡献特别巨大的是里根总

---

[1] 出处同前,213。

[2] Summy, R./Salla, M. E. (Eds.), Why the Cold War ended. A Range of Interpretations, Westport 1995; Schild, G., Wer gewann den Kalten Krieg? Reflexionen in der amerikanischen Literatur, in: ZfG 43 (1995), 149–158.

[3] Schrecker, E. (Ed.), *Cold War Triumphalism. The Misuse of History after the Fall of Communism*, New York, 2004.

统和布什总统,因为他们所持的强硬的西方态度迫使东方阵营做出了让步。此外,人们也可以提出第三种观点,它将前两种解释结合到一起,但是更加强调反对共产主义的较为温和的版本——缓和政策的意义,比如约翰·肯尼迪的"和平战略"或埃贡·巴尔"以接近求变化"的理念。这两种理念作为"解放政策"的一部分都以磁铁理论为基础,但却明确地拒绝运用具有攻击性的反共产主义形式。20世纪60年代初,肯尼迪和巴尔明确地提出了有针对性的信息和贸易政策,尤其是人与人的接触,以此作为瓦解东方阵营的战略。不可否认的是,这些策略至少在欧洲被证明是成功的。

最终而言,这三种解释之间的联系是最有可能触及历史真相的:在20世纪80年代,苏联在内部和外部都面临巨大挑战,而按照当时的方式似乎不存在持续可行的解决方案。西方宣布的极为昂贵的战略防御计划又进一步加剧了苏联的危机。如果该计划得以成功实施,将会使苏联经营多年并不断升级的核武器瞬间变得毫无用武之地。除此之外,整个苏联势力范围内的消费需求在西方电子媒体的大力推动下变得更为强烈,随之而来的是对更多个人自由和政治自决的需求。但是在赫尔辛基欧洲安全与合作会议的决议文件签署后,东方阵营对此并未表示反对。美国原国务卿亨利·基辛格对于冷战的结束也作出了类似的复杂解释。[1]

除了这种有区别的论点外,美国新保守主义的目的论解释被证明是不能令人信服的,即使它在美国的历史背景下在该国范围内赢得了许多支持者。其中最为著名的是弗朗西斯·福山的文章

---

[1] Kissinger, H., Diplomacy, New York, 1994, 762 ff.

《历史的终结及最后之人》，该文1989年在美国保守的《国家利益》月刊上发表，并在1992年的扩版中再次发表。福山遵循因克瑞斯·马瑟与考顿·马瑟等17世纪美国神学家以及乔治·班克罗夫特等19世纪美国历史学家的传统，呼吁对历史进行一种救世史观的解释，从而向最终的积极目标迈进：全球自由的推行、民主和开放的世界市场。[1]根据他的结论，苏联以及苏联体系从一开始就注定会失败。这一从深度上讲相当浅显的论文竟在美国获得了广泛的认可，以至于福山成了一位畅销书作家。与此同时，该文也使人们对许多美国人的意愿有了一种深刻的了解。

如果人们现实地认为苏联原本不一定非要采取改革的冒险道路，并且东方阵营的一部分本可以以某种形式继续存在下去的话，那么可以确定的是，引领这一切的"特例政客"更有可能是对于冷战结束起到了决定性作用的戈尔巴乔夫。他的改革并非为了废除苏维埃联盟，而相反地正是为了使该联盟在与美国和西方制度的进一步冲突中更具可持续性。然而，戈尔巴乔夫的历史伟大之处在于，当他发现自1922年开始进行专政统治的苏维埃体系不可能存在自由民主因素时，他继续执行了他自己的政策。他起初设法说服了苏联的国家和政党机构并使他们相信，如果苏联要更成功地领导与西方的对抗的话，就必须通过内部改革对苏联的国内和外交政策进行根本性的重新定义。戈尔巴乔夫的改革在苏联历史上首次将从已获得的外交阵地所作出的退让解释为一种成功和社会主义模式的一种必要手段，而非一种失败。这也相应地是与那种认为"兄弟国家"中任何一国的独立决定都必须受到

---

[1] Fukuyama, F., The End of History and the Last Man, New York, 1992.

制裁的信念背道而驰的。关于在未来对第三世界国家的影响力方面，莫斯科方面也持类似的观点。

美国政治学家迈伦·拉什认为，鉴于戈尔巴乔夫的年龄及其改革意愿，他在战后苏联的各个总书记中是一个绝对的例外，因为他的任命对于苏联体系而言更多的是一种"意外"。[1]按照这种观点，冷战的结束主要是因为历史的巧合，而1989年变革中的许多重要事件都被认为是幸运的偶然，人们只需考虑导致柏林墙倒塌的种种情况或者是这一事实：考虑到变革的体量和政治影响，流血冲突几乎没有发生。西方原本只需跨过自己的阴影并将戈尔巴乔夫视为一位诚恳的谈判伙伴。

正是在这一阶段，东西方的冲突又再次清晰地显示出了冷战到底是什么：一场绝对关于政治思想的战争，其对抗前线基于传统的权力主张尤其是敌对双方各自的理解。随着观念的变化，对抗的前线也得以瓦解。戈尔巴乔夫的出现也彻底地改变了苏共中央总书记此前的形象。他最终展现出了他的个人道德品质。从这个意义上来说，冷战并非终止于对抗或越来越先进的军备竞赛，而是终止于冷战双方阵营的谨慎对待。从这个角度看，正如某些观点所认为的那样，缓和政策的确为冷战的结束作出了巨大的贡献。[2]令人感到矛盾的是，一贯坚持缓和政策的戈尔巴乔夫本人却在冷战结束后未能延续其政治生命。

尽管存在以上诸多解释，对于冷战的胜败问题，在美国还出现了一种截然不同的答案：《我们都输了冷战》。这是1994年在

---

[1] Rush, M., Fortune and Fate, in: The National Interest 31（1991），19–25.
[2] 对此有分歧的研究观点参见 Westad, O.A.（Ed.），Reviewing the Cold War. Approaches, Interpretations, Theory, London, 2000, 326–342（J.M.Hanhimäki 的文章）。

美国进行的一项调查研究所得出的富有挑战性的论点。[①]这一论点认为,不管冷战的结局可以归因于何种策略和其他因素,冷战的进程都影响了每个人的生活品质;与此相对的是,随着冷战的结束,每个人都以某种方式成为赢家。然而,事实上情况远非如此。但是显而易见的是,战后的这场全球性冲突在美国同样带来了胜利者和失败者、如愿或不如愿的遗产,也留下了一系列其他影响,其中的部分影响只有在长期条件下才得以显现。

---

① Lebow, R.N./Stein, J.G., *We All Lost the Cold War*, Princeton, 1994.

第十一章 ◆ 超级文化

富足社会

1954年，美国刚从朝鲜战争的泥潭中脱身一年时间。这场冷战期间的第一场大规模"局部热战"的结局对于美国而言虽然不尽如人意，但也没有丢很大的脸面。这一年，在美国出现了一本名为《国富民丰》的书。在这本书中，其作者，美国历史学家大卫·波特将富足社会解释为美利坚特征的一个缩影。[1]这个话题本身并不是什么新鲜事物，众多的公共杂志早就发现了这一点："以前从未像今天这样有如此丰富的物产可供使用！"《生活》杂志如是写道。[2]这种富足社会在后来被称为"消费社会"，即该社会大多数成员有购买和消费超出其基本需求之物的能力。它在20世纪20年代后期的美国已经表现得极为明显，并且最终成了美国生活方式的一部分。[3]战后时期的"婴儿潮"也建立在这种生活方式的基础之上，它也被美国经济所接纳。与欧洲相比，不同的是，这种以"沉迷购物"为原则的国内消费甚至被认为是经济繁荣发展的前提。因此，"电视购物"这种方式产生于美国也就不足为奇了。

---

[1] Potter, D.M., *People of Plenty. Economic Abundance and the American Character*, Chicago, 1954.

[2] 引用自Halberstam, D., *The Fifties*, New York, 1993, 496。

[3] 此处参考König, W., Geschichte der Konsumgesellschaft, Stuttgart, 2000, 109 ff.; Caplow, Century（见第391页注释①）。有关持续调查问卷的内容参见约有七十年历史的盖洛普问卷调查（www.gallup.com/poll/101905/gallup-poll.aspx）。

"国富民丰"

大规模消费是否能够得到发展是以充裕的消费品供应和足够的实际收入为前提的。美国丰富的自然资源以及1790年左右开始的第一次工业革命和1865年开始的第二次工业革命构成了大规模生产必不可少的基础。对于首先在东海岸建立的大型工业中心城市的持续供应得以实现的原因正是在于农业经济的迅速工业化。美国因此也发展成为世界上首个持续实现粮食过剩生产的国家。这从长远来看也影响了消费行为。肉类产品尽管在其他国家仍被视为奢侈品,但是随着19世纪中期美国中西部的大型肉类加工厂如古斯塔夫-斯威夫特的建立,"便宜的肉"就成了19世纪生活标准的一部分。但是,不受控制的消费也出现了负面影响,这一问题直到今日仍然影响着美国。根据美国公共卫生部最新发布的2012年、2015年的数据,约有75%的成年美国人超重,其中肥胖者则占近28%。[1]

---

[1] Frankfurter Rundschau, 20. 1. 2012; Tagesspiegel, 26. 1. 2015.

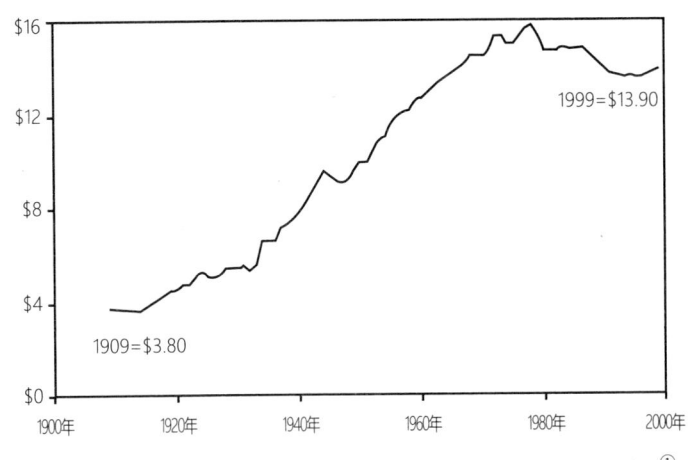

1900—2000年的收入：美国产业工人平均时薪（按1999年购买力计算）[1]

带来足够高的实际收入的措施是专业化和自动化，这实际上是基于技术工人的持续短缺。这些措施也开辟了一个劳动力市场，即使是未经培训或半熟练的工人也可以在这个市场中赚取相对较高的收入。19世纪之初，其他国家的平均工资已经远远落后于美国，其中甚至包括工业发源地英国。那些像汽车制造商亨利·福特一样的美国企业家所支付的高于平均水平的工资也促进了自身产品的销售和国内经济的发展。然而，以国内消费为真正引擎的整个美国经济也极易受到经济危机的影响，这种情况今天仍然如此。

---

[1] Graphik aus: Caplow, Century（见第 391 页注释①），161。

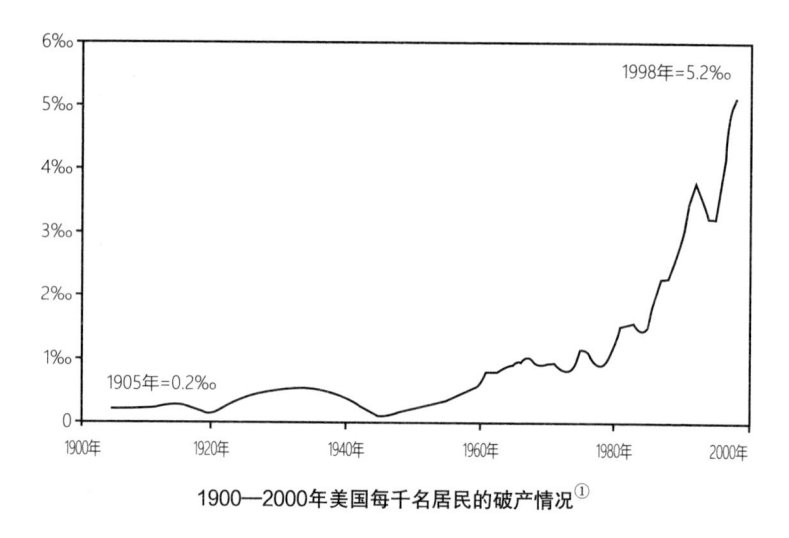

1900—2000年美国每千名居民的破产情况[1]

除了低廉的价格外,企业家还很早就推行了消费信贷,这使低收入的美国人也可以购买较为昂贵的消费品并分期偿还。尽管节俭原则在几十年之前,尤其是在20世纪20—30年代以及第二次世界大战期间,更受到注重,但是自50年代开始,分期付款的行为就已经成为一种标准,它不只局限于汽车和房产等耐用商品的购买。因此,在美国于1949年出现所谓的"晚餐卡"之后,信用卡就迅速成为日常支付的手段,以至于人们如果没有信用卡的话,连汽车租赁都无法实现。分期付款的期限主要基于消费品的价值。在美国,房产贷款的偿还通常持续30年以上,而汽车的偿还时限也可长达7年。美国早期的一些购买调查就已经表明,即使有现金支付能力,美国公民也会使用贷款。[2] 这种情况产生了毁

---

① Graphik aus: Caplow, Century(见第 391 页注释①),171。
② Katona, G., Der Massenkonsum, Wien, 1965, 287. 此外: Adams, Länderbericht II(见第 399 页注释①),489。

灭性的影响，尤其是在银行业和房地产业自2007年底以来发生重大危机之后：尽管家庭财政在利率上升时将失去偿还贷款能力的情况是可以预见的，但是金融机构却仍然批准了他们的分期付款行为。

经济的转型

即使到了今天，美国最富裕的地区仍位于美国东北部，纽约及其华尔街也是美国最重要的金融中心。[1]此外，太平洋沿岸地区在20世纪也取得了巨大的飞跃。这种飞跃不仅得益于20世纪20年代以来蓬勃发展的电影业，更是得益于第二次世界大战和冷战，因为该地区是军事工业尤其是航空和航天业的重要组成部分。在中西部地区，位于五大湖以南的伊利诺伊州、密歇根州、印第安纳州和俄亥俄州的工业区也得到了繁荣发展。然而尽管如此，上述地区中的某些部分还是处于困境之中，比如遭遇了纺织业大规模外流的新英格兰。时至今日，美国经济薄弱的地区仍然集中在西南部和南部。特别是美国的最南部地区仍然缺乏训练有素的专业人员，而且黑人和白人之间的紧张关系也产生了负面影响。在东北部地区，尽管自1973年以来持续的石油危机造成了该地区就业岗位的减少，但因为女性就业率的提高被部分地抵消了。这种发展趋势如今可以在全美范围内观察到。在1960年，只有

---

[1] 关于二战后的收入分配，参见 Adams, Länderbericht II（见第 399 页注释①），440。下文数据出处同上。

37.7%的女性从事有酬工作；而到了1980年，这一比例已经达到了51.5%；[1]到20世纪90年代中期，美国的职业女性比例上升到了大约59%，其中单身女性的就业人数虽然仅增加了约8%，但是已婚女性的比例几乎翻了一番，从31.9%上升至60.7%。

结构转型的长期受益者多为那些位于"阳光带"地区的联邦州，即美国南部和西部阳光资源丰富的地区，尤其是早在1963年就取代纽约而成为美国人口最多的州——加利福尼亚州。在以采矿业和纺织业为主的传统工业衰落，而新兴行业，例如计算机技术，渐次产生的同时，服务行业也在各联邦州的税收中发挥了重要的作用。在人们选择居住地时，生活质量和休闲价值比以往任何时候都显得更为重要，这种现象后被形容为"加州情结"，即越来越多的地区因其良好的气候条件和受欢迎程度而被选择为居住地，这使美国南部气候温暖的联邦州受益颇多。例如，佛罗里达州成为退休人士的天堂，是20世纪80年代经济增长率最高的联邦州之一，该数据达到了美国平均水平的2倍。[2]这种特定的人口迁移反之也相应地吸引了一些服务产业的到来，特别是医院、教育以及休闲娱乐产业。除了受到退休人士青睐的佛罗里达州和崇尚自由主义的加利福尼亚州之外，亚利桑那州和得克萨斯州也是这种重新定位的受益者。甚至在传统意义上的南方的许多地区也最终重新出现了一个自信且高薪的中产阶层。然而在整个美国范围内，自1991年以来，随着后工业服务行业和休闲社会的发展，收入差距继续恶化。与20世纪80年代相比，这一时期的平均工资

---

[1] 数据引用同前，634。下文数据出处同上。
[2] 出处同前，444。

水平仅略有上升；自2008年金融危机以来，这一工资水平甚至部分出现了急剧下降的情况，以致中产阶级的人数明显减少。这恰恰引发了新的关于美国社会正义的持续至今的激烈辩论。与此相关的书籍也定期成为畅销书。①

消费和广告

在20世纪，成功引起美国消费者购买欲望的不仅包括技术创新，而且还特别包括符合时尚的新版产品。例如，20世纪50年代的汽车根据时尚需求增加了巨大的尾翼。无论是在专门的贸易展览会上，还是在公司的个别展示中，产品展示已经变成了一种媒体活动，正如计算机制造商苹果公司多年来习以为常的那样。②尽管产品推销作为一种促进消费的手段在19世纪已经成为美国的普遍做法，但是它直到20世纪30年代才演变成为具有自身独特风格的日常生活事物。其中就包括广播或者电视上的"肥皂剧"、许多购物频道的销售节目，或者如今几乎遭到遗忘的"创新旅行"——一个由通用公司在20世纪40和50年代展示其独有的"未来干线"的节目，该车被用于穿越美国，甚至行驶在最偏远的地区，以展示当时的技术创新，例如立体声音响、微波炉或电视。

"我们事实上是从美国那里学会了不关注锅里煮的汤，而是关注

---

① 参考例如 Hacker, J. S./Pierson, P., *Winner-Takes-All Politics. How Washington Made the Rich Richer - And Turns Its Back on the Middle-Class*, New York, 2010。

② 关于20世纪50—60年代的产品设计，参见 Hine, Th., *Populuxe: The Look and Life of America in the '50s and '60s, from Tailfins and TV Dinners to Barbie Dolls and Fallout Shelters*, New York, 1986。

煮汤的锅。人们过去常常问一种药物如何起作用，如今却问它是如何包装的。真是一个标题至上的王国！"库尔特·图霍夫斯基早在1914年便如是嘲笑道。[①]

1932年开始的家庭连续广播剧《贝蒂和鲍勃》是一系列著名肥皂剧的开山之作。在20世纪40年代，生产行业，特别是诸如宝洁公司之类的洗涤剂巨头，赞助了数十个同种类型的节目。从1947年起，该类型的节目也出现在越来越快速而广泛普及的电视中。其中最著名的当属《指路明灯》（又称《斯普林菲尔德镇的故事》），这部作品自1937年开始就在电台播出，1952年又被搬上了电视屏幕，最终于2009年停播。如果广告活动没有取得那么大的成功，那么这一长寿的节目无疑是不会存在的。早在20世纪50年代，美国人就购买了全球所有技术的3/4。[②]因此，美国人配备家用电器比其他工业化国家的人要早很多，而在城市中，尤其是大城市中，美国人更是处于遥遥领先的地位。在第二次世界大战之前，就有大约一半的美国家庭拥有了吸尘器、冰箱、烤面包机、洗衣机、带热水的浴室、室内卫生间以及中央供暖系统，尤其是汽车。[③]而德国直到第二次世界大战结束20年之后才达到同样的水平。

[①] Tucholsky, K., *Gesammelte Werke 10 Bde.*, Bd. 1（1907–1918），Reinbek，1989, 182 f. 此处：182。

[②] Heimann, *Advertising*（见第576页注释②），7。

[③] König, *Konsumgesellschaft*（见第619页注释③），240。下文数据出处同前，233。

媒体社会

工业化的美国社会在其自我认知和自我描述方面及其对外视野上都注重速度和变化，从而满足了消费需求。这在第二次世界大战之后也涉及个人的家庭生活。人们通过日常生活的自动化，比如洗衣机或者吸尘器的使用，以便在家庭生活中节省出更多的时间。除了电话以外，信息的迅捷也催生了广播、电视甚至是互联网。自1920年国家广播公司、哥伦比亚广播公司、美国广播公司和相互广播公司等大型广播公司正式成立以来，广播已迅速成为信息媒体，并快速地成为美国政治的工具。这一点可以从罗斯福的《炉边谈话》节目中得以证明。直到电视发明之前，广播不仅定期播出新闻和美国总统的重要演讲及其出席竞选活动的内容，而且也播出对于很多美国人而言更受关注的体育赛事。1938年10月30日晚，哥伦比亚广播公司播出了由奥森·威尔斯创作的关于入侵地球的广播剧——《世界大战》，它使纽约市民陷入了真实的恐慌之中。[1]这一事件展现出广播作为当时的新兴媒体具有多么强大的影响力。20世纪50年代逐渐取代家用收音机或者至少是作为广播的一种辅助媒体的电视机虽然不一定更为快捷，但是通过图像和声音的同步播出，电视机的消费也变得越来越容易，并得以更快速地增长。1928年，电视节目在美国首次播出。到了1930年，它在各个电视台，比如位于帝国大厦的国家广播公

---

[1] 有关公众的反应，参见 Gosling, J., *Waging The War of the Worlds. A History of the 1938 Radio Broadcast and Resulting Panic, Including the Original Script*, Jefferson, 2009, 49 ff.。

司的播出已经常态化。罗斯福于1939年成为第一位在电视上发表讲话的美国总统。1953年，2/3的美国家庭至少拥有一台电视机。这一比例在1965年更是上升到了94%。[①]与此前的收音机相比，电视机更多地成了美国普通家庭不可或缺的一部分，它不仅可以作为家具摆放，甚至通过"电视晚餐"的形式与饮食文化结合在一起。在这种情况下，印刷媒体尤其是书籍受欢迎程度的持续下降就显得不足为奇了。人们似乎不再有阅读的时间了。颇具代表性的是，由于没有与商业节目竞争的能力，由福特基金会资助并于1952年在国家教育电视台开播的电视教育节目的发展还不完善。时间因素此时在广播电台和电视台也变得越来越重要。快速播报的新闻以及有限的采访时间，包括政论节目中给各个政党预留的同等时间，已经成为衡量一切的标准。

对于美国公民而言，20世纪不仅意味着日常生活节奏的加快，而且也对灵活性和流动性提出了更高的要求。直至今日，美国人无论出于自愿还是不得已，仍然比欧洲大陆人更愿意为新工作改变居住地。[②]然而这种意愿随着收入水平的下降而降低。住房市场的调控、食品供应系统、适于汽车出行的城市基础设施发展理念以及工作与休闲在空间上的分离理念，满足了与其他工业化国家相比能够更快更简单地找到新工作的美国劳动力市场对于流动性的需求。在全球范围内，所有的这些也都逐渐成为"现代生活"的一个缩影。

---

① Raeithel, *Geschichte III*（见第440页注释②），322。
② U.S.Census Bureau, Mobility Status of the Population by Selected Characteristics: 1981–2010（www.census.gov/compendia/statab/2012/tables/ 12s0030.pdf）。下文数据参见：Dass., Mobility Status by Households by Households Income: 2010（http://www.census.gov/compendia/statab/ 2012/tables/12s0032.pdf）。

居住

1945年后出现的史无前例的住宅建设潮最开始是为了解决退伍士兵的居住需求，他们当中大约有5万人在战后仍然不得不长期地居住在军营甚至废弃的公共汽车上。[①]1944年只有大约11.4万套单户住宅得以建造，但是这一数字在2年之后就已经上升到大约93.7万套。1948年的新建房屋数量大约为110万套，1950年继续上涨至170万套。随着经济适用房的大量建设，拥有房产逐渐成了一种趋势。基于福特T型车标准化方案、用预制房屋建造的新居民区受到了极大的欢迎，比如当时最大的房地产大亨之一、绰号"比尔"的威廉·莱维特所建的住宅区。莱维特的第一个战后项目是1947年动工的、位于纽约附近长岛"莱维特小镇"的近郊项目。到1951年，这里已经建造了大约1.7万套"莱维特-科德角"型单户住宅，价格为7990美元。[②]这种住宅的后续户型面积更大，但其购买价格也不到1万美元，因而能够以极低的月还贷率分期付清。这种住宅区取得的成功是如此之大，以至于在新泽西州、宾夕法尼亚州、伊利诺伊州，甚至在波多黎各，又建造了更多的"莱维特小镇"。莱维特在收获众多赞美以及巨大成功的同时也遭受了指责。他所建的房屋最初并不出售给有色人种，因为他认为"莱维特小镇"应该仅供白人中产阶级使用并尽可能形成同质化的定居点。此外，这些产生于图纸并且房屋外观千篇一律的住宅区被认为是没有个性的。与那些自然发展的小城不同的

[①] Halberstam, *The Fifties*（见第619页注释②），134。下文数据出处同上。
[②] 出处同前，135。相关内容参考 Kelly, B.M., *Expanding the American Dream. Building and Rebuilding Levittown*, Albany, 1993, 21 ff。

是，形同路人的匿名性在这些住宅区里属于一种常态。它们不仅风格极为单调，甚至在社会和政治层面都颇受质疑。据推测，一些科幻电影或恐怖电影，比如唐·西格尔于1956年拍摄的《人体异形》，就或多或少地受到了这类住宅区匿名性的启发。同样，约翰·厄普代克的《兔子》系列也追溯了20世纪50—90年代美国社会的发展。在他于1960年出版的第一部作品《兔子快跑》中，"莱维特小镇"象征了个性的丧失，但同时也象征了共性的丧失，尤其是"美国梦"的丧失。该系列具有连续性的后续作品还包括：1971年的《兔子归来》，描写了20世纪60年代向嬉皮世界的突然转变；1981年的《兔子富了》，描写了资产阶级的回归；以及1991年的《兔子歇了》，描写了故事主角在令人窒息的美国生活方式里注定的结局——因心脏病突发而身亡。

这种轻量级的预制房屋在遭受飓风威胁的地区常常不堪一击，但是尽管如此，这种快速拥有房产的实现途径普遍被接受，尤其是银行贷款自20世纪70年代以来变得日益简便后。直到2008年借予低收入群体的"不良贷款"（次级贷款）引发大规模金融危机后，这种令人窒息的发展才终于告一段落。同时，对于那些预算不足或已沦落至社会底层的人，所谓的"活动房屋"也很流行。这种轻便的房屋只可与原型房车相比较。它们甚至往往能够提供与昂贵的传统房屋相同的居住空间。这些预制好的活动房屋通过半挂车被运送至安置地点，有些也被送到专门建立的"活动房屋公园"中去以便出售或者长期出租。至20世纪末期，大约有1250万美国公民居住在此类活动房屋中。①

---

① König, Konsumgesellschaft（见第 619 页注释③），241。

汽车社会

在如今的机动化美国社会之初，汽车就已经是所有社会成员均可负担之物了。1905年在美国登记了大约7.5万辆私家车以及4000辆其他汽车。[①]至1910年，即福特T型轿车问世两年后，汽车生产和获得的数量翻了两倍多（18.1万辆）。1930年，至少有20%的美国人拥有一辆汽车。根据2009年美国人口普查的最新数据，2006年在美国登记了约2.44亿辆汽车，其中有1.34亿辆是私家车。这说明大约90%的美国家庭平均至少拥有一辆汽车。然而实际情况表明，许多家庭自20世纪60年代以来都购买了多辆汽车。到20世纪60年代末，已有65%的家庭购买了第二辆汽车。仅此一项就使汽车的保有量在不到10年的时间内翻了三番。[②]鉴于这种趋势，甚至是学校也通过设立大型停车场进行应对，因为美国驾驶执照的颁发年龄为17岁，所以学生也多拥有自己的汽车。如今美国大约有1.05亿个停车位，其总面积现已达到某些美国联邦州（如佐治亚州）的规模。[③]2006年汽车密度最高的联邦州为加利福尼亚州，汽车总数达到了大约3320万辆，其次是得克萨斯州的1750万辆和佛罗里达州的1640万辆。至2008年，美国每1000位居民中的汽车保

---

① 下文数据参见 US-Zensus（www.census.gov/newsroom/releases/ pdf/cb08-ffse04.pdf）sowie Lutz, C./Lutz Fernandez, A., *Carjacked. The Culture of the Automobile and its Effect on Our Lives*, London, 2010, 3 ff.。

② Lutz/Lutz Fernandez, *Carjacked*（见本页注释①），3。

③ 出处同上，5。

631

有量为451辆,这一数字在世界上并不领先,仅与爱尔兰持平。① 一些国家如卢森堡(673辆/千人)、冰岛(661辆/千人)和意大利(596辆/千人)在这方面遥遥领先。

汽车的注册数量并未全面反映出整个发展的情况。早在1973年的第一次石油危机中,"公路巡洋舰"的购买者就已经明显减少。这种车型在20世纪50—60年代极为常见,其声誉并不仅局限于美国社会内部,而且对外也成为代表美国的一种形象。与之相反的是,耗油量较小的车型——主要是日本生产的小型车以及部分欧洲生产的小型车越来越多地行驶在路上。尽管这场持续到20世纪80年代的经济危机并没有动摇通用汽车、福特和克莱斯勒这样的大公司,但是它的确改变了美国的街景。20世纪90年代关于基督教道德和耗油量巨大的"运动型多用途车"——人们熟知的城市越野车之间兼容性的问题再次进行的激烈辩论表明,大多数美国公民所期望的生活态度实际上依旧停留在50年代的所谓"骄傲的10年"之中。尽管电视广告上会提出诸如"耶稣会驾驶什么"之类的问题以推广更为环保的替代方案,但是重型越野车的销售却飞速增长,即便这种车几乎不会被用于荒野地形。对此,针对越野车的税务减免——众所周知的"悍马减税"也起到了推波助澜的作用。该减税政策正是以通用公司在1992年之后投放市场的"悍马H1"型军用车的同名民用改装版命名的。②汽车工业迅速提供了各种超大型全轮驱动车辆,其销售量在这一时期也由于

---

① Daten Statistisches Bundesamt Deutschland (www.destatis.de/jetspeed/portal/cms/Sites/destatis/Internet/DE/Content/Statistiken/ Internationales/InternationaleStatistik/Thema/Tabellen/Basistabelle_Pkw, templateId=renderPrint.psml).

② Lutz/Lutz Fernandes, *Carjacked*(见第631页注释①), 3。下文数据出处同前。

国家的大力支持增长了2500%。

没有其他任何时代能够像20世纪50年代那样受到了汽车文化以及与之相关的生活态度的影响。一方面，短途和长途公共交通，特别是城市轻轨系统，受到了很大限制；在汽车企业、石油企业以及轮胎制造企业的大力支持下，甚至有一些城市的轻轨轨道被拆除，轻轨车辆也遭到废弃。另一方面，通过联邦政府和州政府进行的有针对性的基础设施建设，私人交通量有了显著的增长。自从1907年建成的布朗克斯河公园大道于1924年被宣布为世界上第一条高速公路以来，其他各种类型的州际公路、林荫公路、高速公路、快速公路也在30年代涌现出来，并在1956年成为促进私人交通发展的真正动力。随着《联邦援助公路法案》的实施，州际公路系统（正式名称为德怀特·艾森豪威尔州际公路及国防公路系统）开始得以大规模扩展。值得注意的是，此时受托进行有史以来最大规模的私人交通发展的实施者正是曾任通用汽车公司董事会主席的国防部部长查尔斯·威尔逊。

这些美国联邦公路可以用于快速军事部署或者作为临时跑道，因此，它们时至今日仍然是所谓的战略公路网的一部分。针对这些公路的规划也可以追溯到20世纪20年代。这一项目耗资约4250亿美元，建造了总长度大约为7.5万千米的道路，但是颇具讽刺意味的是，该项目直到冷战结束一年后的1992年才最终宣告结束。美国科罗拉多州的70号州际公路正式成为1955年原始计划的最后完成部分。美国人对高速公路系统进行的调整有多少以及该系统因其重要部分在很短时间内失效而造成的问题有多严重，这些都可以在2011年洛杉矶405号州际公路关闭事件中得以显示。媒体借用了诸如《末日天劫》这样的灾难电影将这一事件称为"末日堵车"。这条美国最繁忙的高速公路的关闭也的确造成了一个巨大的后勤问题，它不仅是连接机场的交通要道，也是前往繁华的圣费尔南多山谷——众多著名公司如哥伦比亚广播公司、国家广播公司、美国广播公司、迪士尼公司以及华纳兄弟公司所在地的必经之路。一些旅游景点，比如保罗·盖蒂博物馆（J.PaulGettyMuseum），也在这一事件中被迫关闭。

飞机带来的流动性

自20世纪50年代以来，在私人交通大规模扩张的同时，美国也越来越关注民用航空运输业的发展。从长远来看，这不仅改变了中长途交通运输业，而且也带给美国人一种全新的、以快速航班连接为主的出行方式。这也对铁路运输以及洲际轮船客运产生了影响，而轮船运输先前的行业领头地位更是在1945年之后拱手让给了飞机运输。[①]1939年以来，泛美航空公司在华盛顿和里斯本之间建立起了定期的飞艇航班。这一航线在战争结束后作为美国国际航空公司的跨大西洋航线继续保持运营。更为舒适快捷的机型，比如洛克希德公司制造的"超级星座"（1950年起投入运营）或"星际客机"（1956年起投入运营）的引入，使得美国东西海岸之间的飞行以及洲际飞行成为可能。随着活塞式飞机自20世纪50年代以来越来越多地被喷气式飞机取代，机票的价格也得

[①] 下文内容参见 König, Propyläen Technikgeschichte 5（见第347页注释[②]），441 ff.。

以下调,这使得乘坐飞机的旅客人数迅速增加。在1978年空中交通管制放宽后,美国的航空交通业得以向所有航空公司开放,使得这种趋势愈加明显。对于大多数美国公民而言,最晚在这一时期,中长途飞行已成为他们出行的常规方式。

美国的航空工业出乎意料地因为冷战的军备竞赛而获益。第一种大规模生产的喷气式客机——波音707,就是B-47和B-52战略轰炸机的研发成果。而在民用航空领域获得的经验也反过来应用在军事领域。比如波音KC-135型加油机就借鉴了波音707而成为战略轰炸机编队中的第一款喷气式空中加油机。就连1970年首飞并且数十年来一直是世界上最大客机的波音747客机,实际上也是美国空军生产大型运输机的竞争产物。波音747客机目前已经可以容纳近500名乘客,而且拥有众多不同版本,其中就包括美国总统使用的"空军一号"专机以及目前已经停止的航天飞机计划中的运载母机。

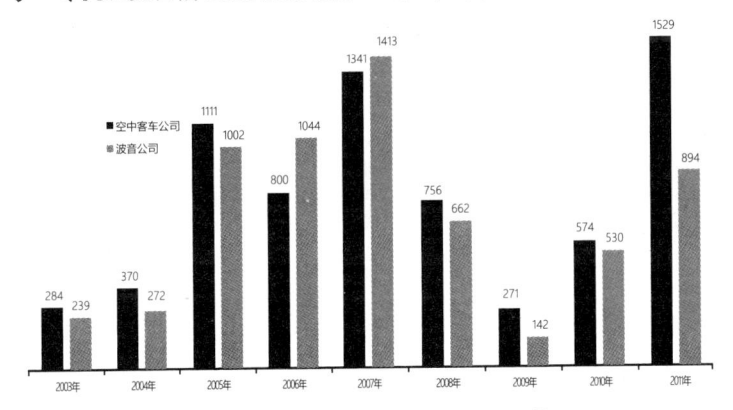

2003—2011年向波音公司和空中客车公司的订货数据[1](单位:架)

---

[1] Graphik zusammengestellt nach: de.statista.com; www.finanznachrichten.de, 10.5.2012., und www.airliners.de/airbus-ziel-auslief-erung-flugzeugen/40479.vgl.auch(亦可参见第745页注释[2])。

635

美国公司在这个市场上的统治地位直到欧洲的"空中客车"联合项目出现后才被打破,该项目的第一款机型——空客300型于1972年投入运营。但是直到千禧年前后,欧洲人才成为美国航空制造业的一个真正的竞争对手。当美国航空公司于20世纪70年代推出的舱位与舒适度等级概念——头等舱、商务舱和经济舱,以及同时实行的例如被称为"常旅客"的客户忠诚度计划被其他航空公司照搬之后,竞争也变得更为激烈。无论如何,美国的航空公司花了将近十年时间才从市场开放中恢复过来。其中一些公司尚是依靠税收优惠才得以生存下来。20世纪80年代是廉价航空公司诞生的时代,它们在随后的几十年中以最为基本的报价征服了市场。美国的航空公司面临的另一次严重危机发生在2001年9月11日的袭击事件之后,它们在袭击中损失了300亿美元并导致了数以万计的裁员。对此,美国政府通过新的安全法案《航空运输安全与系统稳定法》[1]以及巨大的国家援助等措施做出了回应,从而帮助它们克服这场危机。

便利文化

在发展私人交通的同时,公共交通业的规模日益萎缩,其目前可用车辆总数仅为12.9万辆。[2]这种情况进一步给美国人的日常生活和心理带来了长期的后果。美国的第一批汽车驾驶者最初不

---

[1] Public Law 107-142.

[2] Lutz/Lutz Fernandes, *Carjacked*(见第 631 页注释①),5。

得不在药店、零售商店甚至是当地的铁匠铺购买燃油。1905年，圣路易斯已经开设了第一家加油站。[1]而全美第二家加油站位于西海岸华盛顿州的西雅图市，其地理位置并非美国的中心之一。但是到了1930年，美国已经出现了大约12.3万家加油站，其数量的峰值出现在1970年，更是达到了21.6万家。[2]这些加油站的运营也逐步被大型石油公司，如标准石油公司、海湾石油公司、雪佛龙石油公司或德士古石油公司所控制。

新建门店的标准化步伐也很早就开始了，这也得益于一种用于提高客户忠诚度的特殊设计——主要是一个具有极高辨识度的商标。[3]带来成功的另一个因素是在加油站旁边设立的提供其他服务的门店。1956年起的州际公路系统建设最终在高速公路沿线带来了一种提供集中服务的基础设施方案，其中也包含休息区和旅客中心。根据1956年《州际公路法》的要求，这些设施应当保持公立性，并因此被明确禁止出售给私人。作为例外的主要是在那些1960年以前完工的快速公路边所设立的受原有约束保护的设施。今天，几乎没有一个美国人会住在离最近的加油站几公里之外的地方，因为这些加油站在很大程度上已经转变成为"便利店"或者超市。现今美国的大约12万家加油站中，有超过9万家带有超市。[4]机场也逐渐发展成为购物中心以及公共会面场所。这些机场也有了与传统的购物城市以及在大城市近郊出现得越来越多

---

[1] 下文内容参见 Jakle, J.A./Sculle, K.A., *The Gas Station in America*, Baltimore, 1994, 48ff.

[2] 出处同上, 58, Tabelle 3.1。

[3] 出处同上, 130 ff. 和 163 ff.。

[4] 数据引用自 Economic Census 2002（www.census.gov/econ/census02/data/us/US000_44.HTM#N447）。

的大型购物中心一较高下的能力。

实际上，汽车文化也是建设大型购物和休闲中心的唯一动因。19世纪末，在美国的城市中心就已经出现了大型百货商店。但是它们与欧洲主要城市中的购物圣地并无二致。第一个专门针对驾驶机动车的顾客设计建造的购物中心是1923年在密苏里州堪萨斯市建成的乡村俱乐部广场。在第二次世界大战之后广泛出现的新兴卫星城镇中，这种只有通过开车才能方便到达的大型购物中心雨后春笋般出现。第一个直接用于郊区购物场所建造的大型购物设施是1950年兴建的，位于华盛顿西雅图市的北门购物中心，它引发了全美其他地区的建筑热潮。作为一种购物文化真正的全新突破，这种模式立即在美国乃至全球范围内引发了无数的模仿。1956年在明尼苏达州明尼阿波利斯市附近的伊代纳镇建成了南谷购物中心，它是在城市郊区建造的第一个全封闭并装有空调的购物中心，完全适应了汽车消费文化的需求。直到今天，1992年开业的明尼阿波利斯市美利坚购物中心仍然保持着全美最大购物中心的纪录，它拥有超过500家商店以及大约50家餐厅、电影院、夜总会以及体育设施。

节省时间的便利文化逐渐影响了许多其他日常和休闲活动。即使在今天，快餐店尤其会被认为是美式的餐厅，特别是当它们给客人提供免下车的Drive-In和被称为"得来速"的Drive-Through服务时。1902年在费城出现了一家自动化餐厅豪恩和哈达特，它开启了快餐厅或者快速服务餐厅的传统。①这种服务形式此前仅普遍应用在那些售卖热狗的街道流动小贩群体中。还有那些所谓的"简餐厅",即那些给赶路的旅客以及午休的工人提供餐食种类有限的餐馆,在美国内战之后就已经出现。10年后,豪恩和哈达特餐厅的分店在纽约著名的百老汇大街开业,这是用餐方式的一种新突破:已经按量分配好的食品被放置在玻璃橱柜中,并由服务人员不断地补充,顾客既可以在餐厅享用,也可以将其作为所谓的"外卖"带回工作场所、家中或者在旅途中享用。

快餐

1916年于堪萨斯州威奇托市开设的"白色城堡餐厅"被认为是现代社会所认同的第一家真正的"快餐店",而这一名称直到20世纪50年代才获得普遍使用。石油的发现使这个以前以"奇泽姆牛道"著称的城市在短时间内成为美国最重要的新兴城市之一,在此地工作的人也希望得到有效的供应。同时,白色城堡餐厅的所有者沃尔特·安德森通过其汉堡快餐店业务,也成为特许加盟原则、连锁模式以及标准化的发明者,也是受控生产和通过诸如销售门店展示产品的创立者。该餐厅在当地之所以如此显眼,也在于其建筑的小型白色城堡造型完全不能融入城市景观。

---

① 下文内容参见 Hogan, D.G., *Selling'em by the Sack. White Castle and the Creation of American Food*, New York, 1997, 6ff.; Kroc, R., *Grinding It Out. The Making of McDonald's*, Chicago, 1977; Levenstein, H., *Paradox of Plenty. A Social History of Eating in Modern America*, Berkeley, 2003.

除此之外，还有一个颠覆性的变化：因为安德森了解肉末食品的声誉不佳，所以他引入了统一的质量保证体系，并且他的汉堡包都是在顾客的面前制作的。

然而，最为成功的汉堡连锁餐厅诞生于1940年，即理查德·麦当劳和莫里斯·麦当劳在加利福尼亚州圣贝纳迪诺所开设的第一家主要为开车顾客提供服务的烧烤餐厅。1948年，他们又开设为过路顾客服务的餐厅。这些快餐店前的停车场迅速地发展成为青少年聚集的场所。通过对福特的流水线生产的借鉴，麦当劳通过配方和烹饪时间的标准化以及分销加盟政策，令汉堡包生产的标准化系统得到了进一步完善。但是直到1954年餐厅设备生产商雷·克拉克成为麦当劳的掌舵者之后，它才真正开启企业全球化的发展。克拉克不仅为麦当劳在美国其他州的扩张奠定了基础，而且还将企业形象的概念不断发扬光大。除了诸如"巨无霸"之类的标准餐食外，包括员工着装在内的整体配置也开始统一化。尽管极具辨识度的"M"标识（即"金拱门"）早在1953年就已出现，但直到克拉克时代才成为享誉全球的商标。与竞争对手不同的是，麦当劳在与美国食品行业的知名企业的合作中获利颇丰，例如成立于1892年，如今已经上升为国民企业的可口可乐公司。此外，麦当劳还与娱乐业企业"迪士尼"进行合作，尽管它最开始并未能获得在迪士尼主题公园中建立麦当劳餐厅的机会。克拉克于1961年从麦当劳兄弟手中购买了麦当劳餐厅的所有权并创建了属于他自己的麦当劳公司。尽管此时的行业竞争，例如1953年至1955年间汉堡王的推出很抢眼，麦当劳公司还是在克拉克的带领下发展成了连锁餐饮企业中最成功的企业之一。迄今为止，它在全球100多个国家或地区拥有约3.25万家门店，其中仅在美国就拥有约1.4万家。[1]

连锁餐饮业的发展对于美国而言被证明是具有前瞻性的，因为它节省时间、适合开车的顾客并且舒适方便，因此在这些方面完全符合美国梦的要求。除此之外，它不会引发任何社会差异，这也使其成为美国主导下的全球化中最重要的因素之一。在20世纪50年代，"得来速"服务的概念也被证明对美国的汽车友好型社会具有开创性的意义，以至于这种形式也逐渐成为其他行业必不可少的参考。它甚至在宗教领域也得到了应用：1991年在娱乐之都拉斯维加斯就建造了这样一座小教堂，以便作出快速的婚姻决定并举行婚礼。除了购物中心和快餐店以外，汽车友好型社会的另一个重要设施是汽车电影院，可追溯的最早的汽车剧院建造于20世纪20年代后期的新泽西州，1933年还获得了官方的专利认证。同年就已经出现了提供餐食和饮料的汽车电影院，它们也很快发展成为年轻人的聚会场所。像整个汽车文化一样，汽车剧院在20世纪50—60年代经历了全盛时期。它在流行文化中留下的深刻印记仍然可以在诸如1973年的《美国涂鸦》等故事片中发现。

休闲娱乐

迅速发展的汽车文化也顺带着以这种方式极大地改变了美国人的休闲习惯。自主的休闲娱乐时间也属于战后美国富足社会

---

[1] McDonald's Corporation, Annual Report 2009, 22.（www.aboutmcdonalds.com/etc/medialib/aboutMcDonalds/investor_relations0.Par.17264.File.dat/2009%20AR%20Report%20-%20Print.pdf）.

的一个方面，这与现今的情况截然不同，并且早于其他工业化国家。当时的美国人也乐于对其休闲时间进行规划安排。因此，"休闲"一词从20世纪50年代以来就已经带有正面的意义。而在此前，尤其是在1899年美国的马克思主义社会学家托斯丹·凡勃伦出版的颇具争议的书籍《有闲阶级论》中，休闲被理解为"炫耀式的闲散"，因此成为一种富人所热衷的且违背上帝旨意的浪费性消费的同义词；而这种消费实际上应该发生于工作时间之外并且只用于"休息"，即身体机能的恢复。[①]

这种变化是随着工作时间的减少而发生的。不仅是工会对此提出了要求，而且在经济萧条的年代，有酬工作的缺乏也导致了闲暇时间的增加。有两天空闲的周末就是美国的一项发明。甚至在第二次世界大战之前，美国的公务员就已经享受到每周35小时工作的待遇。这种待遇自20世纪60年代起在私营企业也成为常态。尽管美国员工的平均年休假时间远远低于欧洲大陆的水平，仅为两个星期，但是1945年以后不断增加的许多法定假日至少给人们提供了利用"长周末"出行的机会。1971年，在尼克松总统任职期间，大多数联邦假期，除了传统的元旦（1月1日）、独立日（7月4日）、感恩节（11月4日）、圣诞节（12月25日）和老兵纪念日（11月11日），被改到了星期一。这些节日包括马丁·路德·金纪念日、华盛顿诞辰纪念日、阵亡将士纪念日、劳动节和哥伦布日。除此之外，各个联邦州还有众多的公共假日。20世纪

---

① Veblen, Th., Theorie der feinen Leute. Eine ökonomische Untersuchung der Institutionen, Köln o. J., 51. 关于该词词义的变化也参见 Kaplan, M., *Leisure in America. A Social Inquiry*, New York, 1960. 下文相关内容参见 Adams, Länderbericht USA II（见第 399 页注释①），491 ff。

50年代以来迅速发展的休闲产业很快地适应了这些假日的需求。1950年美国环球航空公司的广告这样问道:"您在两周假期中可以去哪儿?"这些广告保证旅客可以在10个小时之内从西海岸到达东海岸并在不到13个小时的时间内从东海岸抵达欧洲。[1]然而,比飞机旅行更重要的是以汽车为交通工具的休闲活动。旅行拖车及其升级版本——被称为"休旅车"的房车的迅速普及,可能也是因为这种旅行方式唤起了人们那种自边疆时代以来就具有的独立精神和对于征服大陆的想象。尽管旅行拖车早在20世纪20年代就已经出现,但是直到20世纪50年代才得以发展,旅行房车聚会此时也成为社交活动的一部分。[2]

美国社会其他类型的娱乐活动在战后也显示出了与欧洲大陆同类活动的不同之处。这种差异有时甚至极为明显,即便这些活动在欧洲被认为是符合或至少是近似于那些"摩登"的美国范本的。[3]典型的"美国式"主要指的是积极参与社会活动的愿望,尤其是参加教堂活动。[4]在18世纪末创建的与慈善活动紧密相关的星期日学校,与在农村地区进行的周日教堂参观活动一样,至今仍然是许多美国公民普遍接受的一种社会责任,很少会有人退出这样的活动。对于学校或者大学举办的活动而言也是如此。除此之外,共同参与体育赛事,不管是学校的比赛还是职业联赛的体验也非常受欢迎。自1960年以来,赛马吸引了最多的观众,其次是

---

[1]　Heimann, *Advertising*(见第565页注释①), 326 f.

[2]　Burkhart, B./Hunt, D., *Airstream. The History of the Land Yacht*, San Francisco, 2000.

[3]　Caplow, Th. u.a., *Recent Social Trends in the United States*, 1960-1990, Frankfurt a.M., 1991, 454 ff.

[4]　出处同上, 279 ff.

643

篮球比赛和橄榄球比赛。①高尔夫球运动则从20世纪中叶以来成了富裕阶层美国公民的一种娱乐活动，尤其是因为它那种以独立乡村俱乐部设施为基础的具有社会融入特点的活动形式。这使得它在其他很多国家也受到欢迎。

从20世纪50年代起，媒体消费在休闲时间中所占的比重呈增长趋势。这其中主要包括电视节目以及20世纪80年代以来出现的互联网。两者都被视为便利文化的组成部分。它们自20世纪中叶以来对教育和社会交际产生的负面影响是人们关注的一个长期主题。以对印第安纳州蒙西县"米德尔敦"（即县中镇，现已成为一个固定名词）②的美国普通家庭的研究而闻名的西奥多·卡普洛证明了不仅仅是父母会对消费的影响感到越来越震惊。他的研究表明，美国人的阅读水平从整体上看几乎没有提高。早在20世纪80年代，就有大约2300万美国人被认为是文盲，他们甚至都无法理解简单的文章。③

性

社会学家此外还指出，随着便利文化和休闲文化的发展，美国社会的其他方面在战后不久也发生了变化。尽管马克斯·韦伯仍在将源于《圣经》内在价值观的自我成就以及竞争意识作为

---

① 出处同前，466。

② Caplow, Th., *Middletown Families. Fifty Years of Change and Continuity*, Minneapolis, 1982.

③ Adams, *Länderbericht II*（见第399页注释①），494。

具有积极意义的美国社会特性来宣扬,但是1945年之后的科学研究调查越来越显示出人们对这些特性的缺失所持的普遍担忧。社会学家大卫·里斯曼于1950年出版了开创性的作品《孤独的人群》,该书迅速地成为畅销书。里斯曼与合著者认为,自工业革命以来,美国人已经成为缺乏自主性的个体,其主见性和传统导向性价值观已经持续回落。[1]根据他们的观点,美国人已经不仅变得易受外部批评的影响,对外界评价的寻求也使之变得更易受操纵;美国人比以往任何时候都更希望受到外界的宠溺,并通过外界的评价来衡量自己。

在这种背景下,里斯曼认为"性"在20世纪60年代的"性解放"之前仍是消费社会推动下的一种商品。而他并非唯一持这种观点的人。正如所谓的新弗洛伊德主义者早在20世纪30年代就已提出的那样,竞争对抗与绩效原则作为社会的组成部分会有规律地导致神经质人格。[2]因此,1948年和1953年的两项开创性研究的出现绝非偶然。美国生物学家阿尔弗雷德·肯锡在研究中首次在经验基础上对美国人的性行为进行了系统的研究。[3]由著名的洛克菲勒基金会赞助的《金赛性学报告》在被认为仍然是清教徒社会的美国多次成为畅销书。而这些报告事实上确实揭示了一些令人惊讶的结论,这些结论与里斯曼等人的观点是一致的。其中的一个观点就是婚前性行为自然而然已经成为美国的休闲时间与社会

---

[1] Riesman, D. u.a., *The Lonely Crowd. A Study of the Changing American Character*, Garden City, 1953, 19ff. (¹1950).

[2] Horney, K., *The Neurotic Personality in Our Time*, New York, 1937.

[3] Kinsey, A. C. u. a., *Sexual Behavior in the Human Male*, Philadelphia, 1948; dies., *Sexual Behavior in the Human Female*, Philadelphia, 1953.

竞争的组成部分，至少比美国人自己愿意承认的要多。在接下来的几十年中，《金赛性学报告》也启发了许多其他类似的调查研究。它们最终也证明，尽管存在着清教徒的基本价值观，美国男女性人口的平均"约会"年龄仍然呈低龄化趋势，在当时就已经降至14岁左右。而在20世纪中叶，男性和女性的平均结婚年龄分别是23岁和20岁。①

当时社会学领域尤其是心理学和精神分析学的这种繁荣，也与美国在第二次世界大战后作为政治军事超级大国所面临的新挑战和不确定性有关。由于愈发认识到囤积的核武器没有实际效用，早在20世纪50年代，美国人就对心理战给予了特殊的重视。对于冷战而言，心理战此时似乎是可以应用于敌国领土的唯一有效手段：它不仅不会直接危害到人类的生命，而且也很难抵御。自20世纪40年代末以来，大多数美国人都确信这种手段的加强对于冷战的胜利将至关重要。②然而，心理学似乎也能够解释为什么人们在面对消费供给时会显得如此经受不住诱惑。1957年，记者万斯·帕卡德发表了这项名为《隐藏的说服者》的研究，揭示了广告策划师如何巧妙并有针对性地利用人类心理来推动更高的销售额以赚取更多的利润。

---

① Raeithel, Geschichte III（见第440页注释②），253。
② Gallup, Gallup Poll I（见第394页注释③），z. B. 929 u. 937（1950），1309（1955）. 相关内容参见 Stöver, Befreiung（见第470页注释①），413 ff。

对于消费社会的批判

对于消费社会的批判尽管不是第二次世界大战之后才出现的，但是这种批判直到20世纪60年代才显著地增加。[1]凡勃伦早在他1899年出版的《有闲阶级论》中就已经将过度消费视为一种具有浪费性和寄生性的富人特权。他也反对西蒙·帕滕的观点，后者在10年之前出版的《财富的消费》中将消费描述为通往共同繁荣的王道。在20世纪30年代的大萧条时期，对于消费的批判作为文化批判的一部分再次浮出水面。海伦·林德和罗伯特·林德在1929—1937年的"米德尔敦"研究中也提出了消费导致美国文化遭到破坏的论点。[2]除此之外，这种尖锐的批判还包括1944年在美国首次使用胶版印刷并于1947年也在欧洲发行的，由来自流亡的法兰克福学派的西奥多·阿多诺和马克斯·霍克海默所著的《启蒙的辩证法》。在这本著作中，美国的"文化产业"被彻底驳斥为"大规模的欺骗"并且是反启蒙的。[3]这两位流亡人士总结说："文化产业的地位越巩固，它就越能敷衍地对待消费者的需求：产出、控制、纪律监督……"最后同样重要的一点是，20世纪50年代以来在美国的抗议活动

---

[1] 下文相关内容参见König, Konsumgesellschaft（见第619页注释③），439 ff.。
[2] Lynd, H./Lynd, R., *Middletown. A Study in American Culture*, New York 1929; dies., *Middletown in Transition. A Study in Cultural Conflicts*, New York, 1937.
[3] Horkheimer, M./Adorno, Th.W., Dialektik der Aufklärung. Philosophische Fragmente, Amsterdam, 1947, 144。下文出处相同，171。

和民权运动中也存在着大量针对消费和文化的批判。诺曼·梅勒早在1955年就通过他的小说《鹿苑》对好莱坞的虚幻世界进行了批判。2011年去世的说唱音乐先驱吉尔·斯科特·赫伦也在1970年发表了他的著名诗作《革命不会被电视转播》。

提起消费者权益的保护，人们会联想到安德鲁·杰克逊或西奥多·罗斯福领导下的美国政府进行的反卡特尔斗争。但是如果注意到那些早期的消费者权益律师的话，可以发现对于产品的评价早在20世纪初就已经出现了。其中包括成立于1912年的美国"商业改进局"，它作为公平竞争的守护者，在有疑问的情况下甚至毫不胆怯地对那些已经被认为是国家形象的大型公司如可口可乐公司提起诉讼。成立于1936年的消费者联盟甚至进行了产品测试并颁发"最佳商品"评级。然而，直到20世纪60年代，当产品评价将消费者评价与环境评价相结合时，突破性的变化才得以产生。它与拉尔夫·纳德这个名字的联系尤为紧密。纳德在1965年出版了图书《任何速度都不安全：美国汽车设计埋下的危险》，在当时仍处于上升期的美国汽车界和消费界掀起了轩然大波。这使得纳德在汽车界遭到敌视的同时，在消费者中受到了极大尊敬。此后，他越来越多地以维护消费者权益律师的身份出现，并于1971年成立了非官方组织"公众公民"，并以此为基础在2001年作为精神领袖成立了美国绿党，尽管它并未取得什么成功。实际上，纳德今天可以当仁不让地宣称他为更有效地开展美国的消费者保护和环境保护运动打响了第一枪。这一点在例如以追求工人阶级利益而闻名的皮特·西格等其他政治活动家于1969年加入进来时表现得更为明显。西格也成为"清水"这一环保组织的联合创始人，该组织也曾经为哈德逊河的环境进行了斗争。那些严重的环境问题，比如20世纪70年代在尼亚加拉大瀑布附近的洛夫运河非法倾倒化学废料的事件得到了公开，可以看作是美国社会意识发生变化的一个标志。对于一次性、快捷舒适以及垃圾食品文化的批判也可以追溯到这种社会意识的改变。这种批判运动的顶峰事件当属2004年首映的纪录片《超大号的我》。

然而，最严厉的批判从未导致美国消费社会的某些象征受到严肃的质疑，比如汽车友好型社会。众所周知，自行车的使用在欧洲城市中极为普遍，但是在美国却几近于无。同样极少被认真讨论的是替代能源的问题。即便是1979年在美国哈里斯堡、1986年在苏联切尔诺贝利以及2011年在日本福岛发生的严重核事故几乎也没有改变这一状况。美国的政府部门通常在小事上显得更为计较：由于内城区快餐店的广告宣传数量过多并过于显眼从而破坏了城市景观，在东海岸的城市对这些快餐店宣战之后，洛杉矶甚至出于医疗方面的考虑在其知名的"中南城区"禁止了新快餐店的开设。[1]但是这种情况仍然属于例外。相关的调查研究通常认为其原因在于一种对于未来的持续乐观态度。不管这种态度带来哪些问题，它自殖民时代以来始终造就着美国的与众不同。[2]2007年的金融危机以及2011年的债务危机才引发一定程度上的重新思考。

---

[1] Die Zeit, 7.2.2011.
[2] Adams, Länderbericht, USA II（见第399页注释①），507。

流行文化

美国富足社会所特有的简单朴素以及对人类舒适度的关注，无疑也是美国文化作为一种超级文化风靡全球的秘密。[1]"大众文化"的概念早在20世纪20年代就已经司空见惯，与此同时，建立在汽车基础上的便利文化也得以盛行。这对于许多人而言是19世纪以来得到更为广泛认可的流行文化的自然延续。这种流行文化在第二次世界大战之后的美国得到了发展并成为整个西方青少年文化的代名词，甚至迅速地成为美国超级文化的重要内容之一。但是具有讽刺意味的是，这一"流行文化"原本应该有截然不同的表现：一种非大众的精英品味和一种对现有文化具有批判性的文化。英国的先锋艺术家理查德·汉密尔顿于1956年创作的一幅对消费进行批判的拼贴画作品——标题烦琐的《是什么使今天的房屋如此与众不同，如此具有吸引力？》，恰恰阐明了这一点。在这幅画中不仅呈现了所有受欢迎的消费品，"流行"这个概念也首次出现。[2]

20世纪50年代逐渐产生的流行文化在视觉艺术、建筑、时装、工业设计、音乐、文学以及社会行为等方面带来了全球性的

---

[1] 有关超级文化的概念参考 Bigsby, Chr./Banham, R., *Superculture. American Popular Culture and Europe*, London 1975。

[2] Pierre, J., *DuMont's kleines Lexikon der Pop Art*, Köln 1975, 16, 以及 Francis, M., *Pop*, New York, 2005, 89。有关历史讨论的内容概要参见 Hecken, Th., *Pop. Geschichte eines Konzepts 1955–2009*, Bielefeld, 2009。

影响并打上了长期的烙印，因此它被认为是亚文化或者反传统文化。对于这种文化而言，没有什么比超越这种有限的群体共识而得到社会的普遍接受并成为主流文化甚至超级文化更为糟糕的事情了。然而，正是这一点对各种反传统文化产生了延续至今的影响，无论它们最初显得多么地格格不入。在这一方面，音乐是最容易理解的例子。

反传统文化——摇滚

20世纪50年代的摇滚乐对于民众而言最初主要是一种惊骇。由利奥·芬德发明的、如今极为流行的电吉他演奏出的坚硬而声响巨大的节奏、原始而狂野的曲调、几乎毫不隐藏的性暗示、暴力而不顾一切的舞台表现、听众和乐队清一色的皮革服装以及各自的（摩托）帮派，所有这些都构成了资产阶级保守派的对立面，正如他们在美国社会的多数派眼中应该呈现出的那样，因此，比尔·哈利、杰里·李·刘易斯、埃尔维斯·普雷斯利，甚至电影演员詹姆斯·迪恩等第一批偶像最初都是以资产阶级所恐惧的形象出现的，尽管他们的本意并非总是如此。哈利的热门歌曲《昼夜摇滚》最初是米高梅1955年出品的青少年暴力电影《黑板丛林》的主题曲，但最终哈利对于他的这一形象也感到颇为困扰。在1958年的欧洲巡演中，德国歌迷两次摧毁了音乐厅以及舞台。因此，哈利的演出遭到西班牙独裁者佛朗哥的完全禁止也就不足为奇了。埃尔维斯·普雷斯利因其带有在当时被认为是色情动作的舞台表演而获得了"电臀猫王"的著名称号，该称呼多少有一丝"声名狼藉"的意味。当他的那首被认为极为淫秽的《甜情蜜意》问世后，他的名声似乎变得更为可耻。普雷斯利最终也被贴上了商业标签，例如他主演的于1957年首映的电影《监狱摇滚》。

与普雷斯利相比，将自己包装为"（女性）万人迷"的杰瑞·李·刘易斯甚至不得不更多地与其注定但也长盛不衰的形象作斗争。刘易斯的舞台秀也被许多人视为一种丑闻。他的作品被认为更具冲击性。其歌曲《大火球》根据不同的观点被认为是性别歧视或者是对神灵的亵渎。最为轰动的事件是1958年他与当时13岁的迈拉·盖尔·布朗的婚姻，此后他又经历了与极为年轻的女性的两次婚姻，这也断送了他的音乐前程。相比而言，詹姆斯·迪恩的生活可称得上毫无丑闻，直到他1955年在加利福尼亚发生的一场致命车祸中去世，享年仅24岁。迪恩在电影中也同样有意地塑造了叛逆形象，尤其是在1955年的《伊甸园之东》和同年的《无因的叛军》中。

与唱片和电影制作人强加给他们的形象形成鲜明对比的是，这些通常来自美国各州的早期流行文化明星都对美国传统乡村音乐表现出了极大的兴趣。刘易斯与普雷斯利一样，都在乡村音乐界大受好评，哈利甚至还在牛仔秀中出现过。尽管摇滚乐主要来自黑人文化，但是首批成功的摇滚乐代表人物却是来自南部城市的白人音乐家：普雷斯利来自田纳西州；刘易斯来自路易斯安那州；哈利尽管本人出生于密歇根州，但是他的父亲来自肯塔基州。

与此相反的是，黑人音乐家，例如雷·查尔斯和山姆·库克直到20世纪60年代都一直占据着节奏布鲁斯的金曲榜，这也说明购买他们音乐的人不只局限于黑人听众。[1]这些音乐家在当时通过起源于世俗的福音音乐的灵魂音乐作品,如1959年的《我该说什么》或1962年的《将爱带回家给我》大获成功,并在汽车城底特律成立了众多录音室,如"摩城/底特律之声"或"摩城之魂"。[2]他们作为黑人音乐家以及跨种族音乐团体取得的突破在所有人群中都取得了确定无疑的成功,比如著名的、拥有非裔和印度裔血统的爱尔兰吉他手吉米·亨德里克斯的"成功经历"。底特律的录音室早在20世纪60年代中期就以美国百强金曲榜单上超过50%的入选率主导了音乐市场,并成为迪斯科音乐的先驱。20世纪70年代,这种音乐在商业上取得了更大的成功,并且在所有族裔群体中都受到了欢迎。[3]而对于白人音乐家来说,这种成功的过程从20世纪50年代起就更为简单,特别是当诸如普雷斯利于1955年录制的《伤心旅店》等作品也吸引了布鲁斯爱好者之外的听众。因此,尽管摇滚音乐源于黑人音乐,但总体说来,不管制作人还是听众都是白人青少年,正如音乐评论家们乐此不疲地强调的那样。

与其内在形象相反的是,白人摇滚乐手的外在形象更为合宜。西装、领带、通常较短但也经过精心设计的发型,这些都标志着对美国社会传统的保留,也使他们在美国社会中那些长期保守的圈子也获得了认可:当猫王服兵役并履行其爱国义务时,这位"摇滚之王"的音乐甚至于1958年被当时由共和党领导的美国

---

[1] Nicholls, D. (Ed.), *The Cambridge History of American Music*, New York, 1998, 352.

[2] Monteith, Sh., *American Culture of the 1960s*, Edinburgh, 2008, 66.

[3] 引用自 Rauhut, M., *Rock in der DDR 1964 bis 1989*, Bonn, 2002, 7。

国防部认为是美国的"冷战枪炮"。国防部将他直接派到了作为冷战最重要前线之一的西德。在那里,"猫王"同时成为人们对美国化的一种正面理解以及超级文化的一个代表人物。对此,即便是保守派本身也哑口无言。作为被更多地认为是反对美国社会中僵化道德成规的叛逆者,即便是哈利都无法忽视这些道德成规的压力。他的那首销量达到1600万张,位于唱片B面的著名单曲《昼夜摇滚》影射了一场只剩下13名女性和1名男性的核战争[①],但是该单曲的标题完全不具有批评性,这首曲子实际上更应该出现在唱片A面。

垮掉的一代

流行文化不仅成为当今美国文化的重要组成部分,也展现了青少年反抗意愿的潜能。它直到20世纪60年代才得以真正突破。音乐成为其中最重要的表现形式之一。杰克·凯鲁亚克1948年在对其同事——作家约翰·克列农·霍尔姆斯进行的一次著名访谈中所描述的、在"被击溃"与"亢奋"状态之间转换的"垮掉的一代"[②],不仅涉及音乐,而且还包括文学以及电影在内的视觉艺术。直到大约1960年,"垮掉的一代"的年轻人在纽约著名的格林尼治村区、旧金山的北滩区或者洛杉矶的威尼斯海滩地区聚集。其代表人物主要包括生命短促的法国诗人阿蒂尔·兰波、

---

① 该唱片中的其他例子参见 Atomic Platters(见第 565 页注释③)。
② Charters, A./Charters, S., Brother-Souls. John Clellon Holmes, Jack Kerouac, and the Beat Generation, Jackson 2010, 100, 267 f.

纪尧姆·阿波利奈尔以及超现实主义理论家安德烈·布勒东。对于美国生活方式的主要方面以及根深蒂固的道德习俗激进的拒绝态度，如同能够使心灵产生迷幻的药物一样，被认为是一种解放。视觉艺术家也是这场运动的一部分。他们来自抽象表现主义和超现实主义领域，甚至来自所谓的行为艺术领域。这些艺术都被认为是"波普艺术"。相关作品包括了理查德·汉密尔顿的早期拼贴画以及罗伯特·印第安纳——原名罗伯特·克拉克创作的著名作品《爱》，后者成了20世纪60年代和嬉皮运动的标志。罗伊·利希滕斯坦和安迪·沃霍尔更清楚地质疑了对艺术的传统理解：前者将普通的漫画加以放大，后者则创作了以永垂不朽的电影明星玛丽莲·梦露和政治巨人毛泽东为主题的画作，此外还有被他称为装饰艺术作品的美国著名食品公司坎贝尔的罐头。1968年，安迪·沃霍尔宣布，从此时开始一切都是艺术，而且每个人都可能在15分钟内变得举世闻名。[1]

在文学作品方面，约翰·克列农·霍尔姆斯早在1952年出版的作品《走吧》就已成为"垮掉的一代"文学的奠基作品之一，这甚至比凯鲁亚克的作品《在路上》早5年。尽管如此，凯鲁亚克的作品成为某些人的参考点，他们宁愿重拾19世纪美国流浪工人的传统，并以此逃离熟悉的美国社会。他的避世小说以这样的语句开始："我常常梦想前往西部，去看看这片土地，然而这总是一个虚无缥缈的计划，从未开始。"[2]这种逃离在现实生活中可能

---

[1] 引用自 Kaplan, J.（Ed.）, *Bartlett's Familiar Quotations. A Collection of passages, phrases, and proverbs traced to their sources, in ancient and modern literature*, Boston, [16]1992, 758。

[2] Kerouac, J., *On The Road*, New York, 1972, 7（[1]1957）。作者的译文。

发生在高速公路上的旅程之中，但也可能发生在酗酒或者吸毒的行为之中。

1937年移民至美国并在那里广受欢迎的英国作家阿道司·赫胥黎便选择了利用毒品的逃离之路。他早在1932年就凭借《美丽新世界》一书取得了作家生涯的突破，其1954年用来介绍毒品迷幻作用的书——《众妙之门》也具有类似的强大影响力。赫胥黎的这本书极有可能是1965年时22岁的音乐人吉姆·莫里森将其乐队称为"大门"的原因。1967年，他与乐队成功地演绎了他们大获成功的原创作品《冲至彼岸》。在赫胥黎的《美丽新世界》出版5年之后，另一位"垮掉的一代"作家、对毒品产生依赖的威廉·西沃德·巴勒斯也推出了既扣人心弦又令人反感的小说《裸体午餐》。该小说在20世纪80年代再次掀起了热潮。所谓的"地下"音乐人，如汤姆·怀特斯以及科特·柯本等，再次将巴勒斯作为"垮掉的一代"的作家发掘出来。

"垮掉的一代"文学的代表人物还包括艾伦·金斯伯格，其批判消费的诗歌《加利福尼亚的一家超市》收录在他1956年出版的诗集《嚎叫》之中。而更为著名甚至更具影响力且在商业上更为成功的文学作品是1951年就已出版的《麦田里的守望者》，其作者为时年32岁的杰罗姆·大卫·塞林格。在其处女作取得意想不到的成功之后，塞林格便几乎过上了一种与世隔绝的孤僻生活，这发生在20世纪末的那些与计算机相关的所谓"书呆子"和"极客"之类的人群被社会接受并得到尊重的好几十年之前。这本书中的主人公——年仅16岁的霍顿·考菲尔德被看作是近乎理想的、完全无视美国社会传统的反英雄人物。这种文学类型在20世纪50—60年代初不仅定期涌现，而且在文化界越来越为人所接受。在塞林格的《麦田里的守望者》出版12年后的1963年，肯·克西的一部关于精神病人的小说《飞越布谷鸟巢》也得以面世。该书聚焦于社会的边缘人群，塑造了"布罗姆登酋长"这一角色——一位通过假装聋哑人来表达对美国社会的抗议的美国原住民。克西本人也成为边缘人的一个原型。在其小说出版之后，他于旧金山建立了一个社区。该社区因其公开宣称的为了艺术表现而进行的吸毒活动而名声大噪。当时产生的一些与"美国梦"相关的尤为激进的作品直到很久之后才得到重视，其中就包括《笨伯联盟》，其作者约翰·肯尼迪·图尔于1969年自杀。而这本无情抨击美国社会所有领域的小说直到1980年才有一家出版公司愿意出版。

代表"垮掉的一代"的重要影视作品当属电影《逍遥骑士》。极为讽刺的是，该影片拍摄于1969年，这也正是凯鲁亚克因多年酗酒而死于看电视时所坐的单人沙发上那一年。《逍遥骑士》的最后一幕就像大多数"垮掉的一代"小说的结局一样令人沮丧：是为美国作为自由国度这一神话唱响的挽歌。驾驶着摩托车漫无目的地旅行的主人公并非偶然地以旧西部的法外之徒的形象登场，最终却遭到枪杀，因为他们看上去与美国社会格格不入。这种主题色彩对于此时的"西部"而言可谓是越来越浓重。

在音乐领域，自20世纪60年代初摇滚乐衰落以来，美国流行文化的变革一直处于压倒一切的英国甲壳虫乐队的主导下，该乐队在全世界几乎所有地方都以其朗朗上口的流行歌曲而在商业上大获成功。而歌词简洁旋律简单的所谓的"冲浪音乐"在美国也渐渐兴起并蓬勃发展。诸如1964年的《好玩、好玩、好玩》和1965年的《加利福尼亚女孩》等热门歌曲，不仅在"垮掉的一代"眼中,已经将对美国消费社会无所谓态度作为主题,而且也遭到教育界更为强烈的批评。1961年,汉娜·阿伦特的文章《文化危机》便感叹在文化领域,尤其是娱乐领域对市场机制毫无反抗的接受。①

抗议运动

对已陷入僵局、保守家长制的艾森豪威尔时代的不满最终发展成为广泛的反抗。艾森豪威尔本人则以"明显的失望感"卸任总统一职。②1960年的美国迎来了第一次政治变革。出身于民主党的约翰·肯尼迪从一开始就对美国政治以及整个美国社会的改革寄予厚望。在1963年11月肯尼迪遇刺之后,其继任者林登·约翰逊也没有回避改革。肯尼迪的"伟大社会"思想至少在某种程度上得以实现,直到它由于越南战争的原因陷入困境。约翰逊的共和党继任者、曾任艾森豪威尔的副总统并于1969年就任总统的理查德·尼克松在美国社会遭到许多青年学者和左翼人士的抵制,这不仅是因为他在东南亚采取的更为激进的战争政策。而水门事件后,尼克松在遭到国会弹劾之前不光彩的辞职使得这些抗议行动有所缓和。

回顾此前不久的历史可以发现,针对美国政治的畸形发展,

---

① Arendt, H., *The Crisis in Culture: Its Social and Its Political Significance*, in: Between Past and Future. Six Exercises in Political Thought, New York, 1961, 197-226.

② Abschiedsrede, 17. 1. 1961, in: Schambeck, Dokumente(见第 116 页注释①), 541-546。此处:545。

尤其是冷战机制的抗议活动在第二次世界大战之后迅速展开。美国前轰炸机飞行员加里·戴维斯1949年4月15日的举动在巴黎就引起了轰动。这位自称为"世界第一公民"的美国人宣称："我们呼吁人民自愿动员起来争取和平，以使他们今后不会被国家动员起来进行战争。"[1]戴维斯早在1949年1月就已在巴黎联合国大楼前扎营，并随即以一家巴黎咖啡馆为依托开始颁发"世界公民护照"。而他实际上也获得了惊人的成功，尤其是当他受到诸如耶胡迪·梅纽因等美国文化界知名人士的支持时。然而与居住在美国的阿尔伯特·爱因斯坦不同的是，戴维斯始终对冷战的双方持否定态度。1958年4月，在法国和美国当局的压力下，他不得不放弃他的活动并返回美国。

此后发生的全球性抗议活动以加利福尼亚大学伯克利分校为中心，并被概括性地称为"六八运动"。该运动相当迅速地席卷整个美国，并最终扩散到其他地区，尤其是西欧。它也因此取得了良好的效果，因为人们可以随着运动中的相同目标找到自己的身份认同。然而，无论是抗议活动的内容，还是政府机构歇斯底里的反应都以惊人的相似性重复出现。但是20世纪60年代后期的抗议活动真正令人感到惊讶的是，它的发展伴随着示威活动取得的突破，甚至是对冷战时期的敌友传统形象的颠覆。例如，后来成为"七七宪章"异见组织以及1989年捷克斯洛伐克"温和革命"领导人之一的捷克作家瓦茨拉夫·哈维尔就于1968年初夏——苏联军队击败捷克斯洛伐克的共产主义改革派之前不久，在纽约逗留了6个星期的时间。他在那里获得了美国杂志《乡村

---

[1] 引用自 Kraushaar, Protest-Chronik（见第600页注释①），55。

之声》的一个奖项。①而在3年以前，艾伦·金斯伯格作为"垮掉的一代"的主要发声者之一拜访了捷克斯洛伐克并受到了热烈欢迎，尤其是在布拉格。当以"黑人权力""黑色美洲豹"以及"黑人穆斯林"运动团体为中心的非裔美国人民权运动示威性地寻求与菲德尔·卡斯特罗领导的古巴政府和毛泽东领导的中国政府建立联系时，美国在政治方面受到的示威挑衅也更为明显。"黑人权力"运动主要领导人之一的斯托克利·卡迈克尔甚至于1967年8月在哈瓦那举行的第一届拉丁美洲团结会议上发表了讲话。罗伯特·威廉姆斯和来自美国全国有色人种协进会的其他民权活动家一起前往中国这一在当时的越战背景下在美国甚至引起许多恐慌的国家进行长时间的拜访。除了毛泽东以外，被视为抗议运动偶像的还有1967年在玻利维亚遇害的古巴革命家埃内斯托·切·格瓦拉以及由东方阵营支持的巴勒斯坦游击队领袖亚西尔·阿拉法特。阿拉法特与美国支持的以色列之间进行了一场血腥而艰苦的地下战争。而格瓦拉则被华盛顿视为特别危险的人物，因为他投身于拉丁美洲的革命战争并影响了第三世界的许多马克思主义运动和受到美国打压的解放运动，例如秘鲁的"光辉道路"运动以及后来在乌拉圭出现的"图帕克·阿马鲁"运动，此外还有尼加拉瓜的"桑地诺民族解放阵线"运动。格瓦拉头戴贝雷帽的形象不仅在许多美国学生的抗议活动中出现，而且在美洲和欧洲大城市的示威活动中也屡见不鲜。

---

① 关于东方阵营"六八运动"的历史参见 Berman, P., Zappa meets Havel. 1968 und die Folgen - Eine politische Reise, Hamburg, 1998。

嬉皮士

随着那些部分遭到政府血腥镇压的示威活动的开展，以及如静坐、游行或集会的产生，社会批评之风在美国文化界再次盛行。嬉皮运动尤其被公众视为其中一种引起了轰动的反文化表达。它的发展在1965年和20世纪70年代后期之间达到了顶峰，但是当它在1967年发展成为一种广泛的运动时，它也被象征性地摒弃了。[1]然而颇具讽刺意味的是，嬉皮运动中的杰出代表恰恰为商业化本身做出了贡献。"嬉皮"（Hippie或者hippy）这一词语从1953年以来在媒体上的使用率越来越高，它可以被认为是形容词"hip"——自19和20世纪之交以来一直很流行的尤其被用于描述最新最现代事物的一个派生词。在第二次世界大战期间，爵士乐界已经产生了名词"赶时髦之人"。而"嬉皮"一词直到20世纪60年代中期才开始盛行，它最初所指的是"垮掉的一代"中的代表人物。与其意相对的词语是"老古董"，意指极为老派保守之人。[2] "hip"一词的特征是对于尽可能以轰动的方式打破那些被视为故纸堆的美国社会传统的重新尝试。其中包括对于和平主义和反权威主义态度的强调，尤其是反对当时的越南战争。早在1956年，艾伦·金斯伯格就曾经想以"花之力量"这一字眼来表

---

[1] 相关概念和运动参见 Ayto, J./Simpson, J., *The Oxford Dictionary of Modern Slang*, Oxford, 1992, 101. Zur Bewegung: Miles, B., *Hippies*, München, 2005; Booth, M., *Cannabis. A History*, London, 2004。

[2] Ayto/Simpson, *Oxford Dictionary*（见本页注释[1]），239。

达这种态度[1]，但这对于当时的美国公众而言却是一种不寻常的甚至是挑衅的表现。长长的头发、尽可能破的牛仔裤、颜色鲜艳且经常显得过于肥大的衣服是嬉皮士的标准装扮。此外，对资产阶级社会主流生活以外的各种不同生活方式进行尝试的强烈意愿也是嬉皮士生活的一部分。这些生活方式也毫不奇怪地遵循了受迫害以及被边缘化的印第安人的文化，以及拉丁美洲和亚洲，尤其是印度的文化。这一点从诸如"哈瑞·奎师那"以及向南亚和东南亚传播的、后来成为传奇的"嬉皮小径"之类的宗教运动得到了说明。[2]赫尔曼·黑塞早在1922年就已经出版的小说《悉达多》也在这一时期成为畅销书，类似的情况还有1967年首演的音乐剧《毛发》。

与嬉皮士运动相关的是对于各种社会传统的示威性背离，其中就包括以"自由的爱"为口号的性行为以及对"致幻"毒品的非法使用。此时，19世纪由于淘金潮以及后来电影工业的发展而成为人们趋之若鹜之地的旧金山以及整个加利福尼亚州成为嬉皮士运动的重要中心。越来越多的避世者、亚文化和少数群体汇集于此地，同性恋运动也在此涌现。《去西部》这首歌在20世纪70年代最初是作为"同性恋运动"的音乐出现在排行榜上的，它对当时拥有更大自由度的美国西海岸不吝赞美之辞："我们将爱上沙滩/我们将学习和教育/改变我们生活的步履/我们将奋斗与努力……平和的生活就在那里/在广阔的天地/宝贝啊，我和你/这便是

---

[1] Ginsberg, A., *Demonstration or Spectacle as Example, as Communication, or How to Make a March/Spectacle* (Berkeley Barb, 19.11.1965)，刊登于：Charters, A. (Ed.), The Portable Sixties Reader, New York, 2003, 208-212.

[2] 参见相关资料集 Tomory, D., *A Season in Heaven. True Tales from the Road to Kathmandu*, Melbourne, 1998.

我们的命运。"其他一些嬉皮士运动中的音乐作品也在商业上迅速获得成功，例如艾伯特·哈蒙德于1973年推出的《南加州永不下雨》，其歌词也同样被理解为嬉皮士运动的口号："登上一路往西的747，在决定好做什么之前无须考虑。"1967年斯科特·麦肯齐的歌曲《旧金山（记得在头上戴几朵花）》成为这场运动的终极旋律。深受嬉皮士文化影响的20世纪60—70年代的摇滚音乐经典也包括那些诸如桑塔纳乐队等音乐团体演唱的乐曲，其热门歌曲如《为你跳的桑巴舞》和《黑魔法女人》汲取了拉丁美洲和非洲的传统，并因此独创出拉丁摇滚风格。

然而，这种转而更为诚实的并且原本被视为较少商业色彩的音乐表达方式首先是抗议歌曲的一种复兴。其传统主要源于19世纪后期和20世纪的美国工人运动中的民谣音乐。由1915年遭到处决，而在20世纪30年代大萧条时期与"红色十年"中成为偶像的乔·希尔所创作的朗朗上口的旋律及歌词成为这一时期的榜样并非偶然。皮特·西格因此在1969年著名的伍德斯托克音乐节上明确地将乔·希尔列为他的偶像之一。西格的歌曲，例如《我们终将胜利》或《花儿都到哪儿去了》，也在世界范围内继续鼓舞反抗运动、和平运动以及工会运动。在美国，鲍勃·迪伦和琼·贝兹通过改编他（西格）的歌曲而成为抗议运动的偶像人物。西格在1966年用来对约翰逊总统进行猛烈抨击的翻唱歌曲《我耳中的豆子》也成为经典。伍迪·格思里在20世纪40年代创作的工人歌曲和抗议歌曲，例如《这片土地就是你的土地》（1940/1944），在当时大受欢迎。冷战行动也提供了包括原子弹毁灭威胁在内的更多主题。1965年，巴里·麦圭尔的《毁灭之夜》成为嬉皮士运动取得商业成功的第一首抗议歌曲。

当嬉皮士及其左派传统在抗议歌曲领域占据主流时，它们最初主要是以鲍勃·迪伦的作品为代表，例如1962年的《随风飘散》、1963年的《谈谈第三次世界大战布鲁斯》和《战争大师》，或者是1964年的《正在改变的时代》。迅速成名的鲍勃·迪伦与从事美国民权运动的马丁·路德·金一起出现在1963年著名的"向华盛顿进发"大游行中。就连菲尔·奥克斯和尼尔·杨等许多其他抗议歌手也获得了意想不到的知名度。然而就抗议运动的广泛影响而言更为重要的是，摇滚音乐、灵魂音乐、放克音乐甚至迪斯科音乐也涉及相关主题。1969年伍德斯托克音乐节的成功最为显著地展现了这一点。吉米·亨德里克斯表演的电吉他版本的《星条旗永不落》，伴随着炸弹落下的呼啸声，成为批评的另一种表达方式，不仅对在越南发生的残酷战争进行了谴责，而且也批评了那些被认为是背叛了美利坚根本价值观的美国政府的许多其他决定。

20世纪70年代

20世纪70年代的美国政治经历了东南亚的失败战争、导致尼克松辞职的水门事件、美元作为唯一全球储备货币地位的丧失以及第一次石油危机的挑战。它对于美国政治而言是一个充满绝望的时代，然而它却造就了美国文化的繁荣发展。尽管部分地受到了"六八运动"的不利影响，20世纪50年代的进步乐观态度仍然持续到了60年代。此后，人们最终认识到自我肯定的时代已然终结。这种认识也体现在由法国哲学家让·弗朗索瓦·利奥塔于

1979年提出的后现代主义概念之中。70年代因此成为历史清算的关键10年。在文学领域,约翰·欧文在他1978年的小说《盖普眼中的世界》中总结了由于妇女权利运动和传统榜样的沦丧而变得令人不安的美国男性世界的生活:小说的主角最后遭到了一位女权主义者的谋杀。在历史科学领域,霍华德·津恩在他1980年从失败者角度出发所撰写的《美国人民的历史》中对此前的主流历史提出了激进的质疑。借用马克·吐温有关如果美洲从未被发现的名言,津恩在商业上的成功以及影响力巨大的观点可以被理解为哥伦布发现美洲之时就是产生压迫直至灭绝的开始。在音乐领域,20世纪50—60年代音乐的各种形式和激进诠释也伴随它在70年代的发展,比如"硬摇滚"以及70年代末从英国起源并流传而来的朋克音乐的产生。而值得一提的是,后者在美国表现出愈加进步乐观的态度,但从未像在欧洲那样拥有众多的拥趸。

也许正是由于这个原因,被认为是非政治性的迪斯科音乐在商业上取得了巨大成功,并对当时的美国产生了重要影响。迪斯科音乐作为农村地区大受欢迎的摇滚音乐的都市对抗运动而产生,和美国的许多其他音乐形式一样,最初只是东海岸地区的一种亚文化现象。直到70年代中期,它才逐渐成为一种在商业上取得成功的音乐类型。自20世纪60年代以来,在纽约非裔美国人和西班牙裔占主导地位的工人阶级社区,尤其是在同性恋场所,产生了一种新的舞蹈音乐类型。它起源于黑人灵魂音乐、放克音乐以及拉丁美洲音乐。尽管没有人确切知道迪斯科音乐是什么时候作为一种音乐类型而诞生,但是它确实可以追溯到像巴里·怀特、艾萨克·海斯或马文·盖伊等拥有灵魂音乐传统的音乐家。根据人们所能追溯的极限,在所谓的迪斯科文化发展之初,只有一个仅向内部圈子成员开放的酒吧——"唱片骑士"（即DJ）戴维·曼库索的"阁楼"酒吧。①

迪斯科音乐在1973年第一次被报道。一年之后，第一个相应的广播节目也得以推出。除了诸如怀特、海斯、盖伊或唐娜·萨默这样的黑人音乐家外，诸如英国比吉斯这样的白人音乐家也成为迪斯科音乐的明星。1977年的电影《周六夜狂热》根据前一年在《纽约杂志》发表的名为《新星期六晚上的部落仪式》的报道所拍摄。该影片不仅记录了迪斯科时代的音乐，更是把握住了它的社会历史意义。迪斯科不仅作为一种音乐类型出现，而且也是逃离无产阶级劳动世界沉闷的日常生活以及不受出生和教育水平等因素限制而取得社会成功的一种方式。②

迪斯科音乐也成为嘻哈音乐和说唱音乐走向成功的起点。两者也成为一种美国青少年新的亚文化的一部分。它们最初也是于20世纪60年代末在纽约的贫民窟中形成，但时至今日已经传播到了世界上的大多数地区。③说唱歌手的音乐形式也源于美国黑人的传统。直到进入迪斯科舞厅等场合，它才形成自己独特的风格，其主题也逐渐地从一开始所局限的，在70年代初仍然常见的政治内容中摆脱出来。此时，由于说唱乐易于消费的特点，说唱团体"糖山帮"通过其音乐作品《说唱者的快乐》取得了首次成功并因此身价百万。但说唱文化的利基随后就结

---

① 综合参考 Lawrence, T., *Love Saves the Day. A History of American Dance Music Culture, 1970–1979*, Durham, 2003。

② Nicholls, *American Music*（见第 653 页注释①），372。

③ Rose, T., *Black Noise. Rap Music and Black Culture in Contemporary America*, Hanover, 1994。

束了,特别是因为越来越多的白人表演者带着完全不同的主题涌入说唱市场。自20世纪80年代以来,说唱音乐才在世界范围内获得成功。

在其他领域,20世纪60—70年代也一起构成了美国文化的真正转折点。随着60年代起由于避孕药的发明而引发的性革命,美国女性的自信日益增强,激进的女权主义思想也在公众社会中表现得愈加明显。贝蒂·弗里丹的畅销小说《女性的奥秘》甚至在女权运动之外也取得了巨大成功,以至于它为所谓"女权主义的第二次浪潮"的产生以及更多的女性平等诉求铺平了道路。[1]肯尼迪甚至下令撰写一份关于性别平等的调查报告,即呼吁实现性别平等的《关于美国女性的总统报告》。1963年,《同工同酬法》生效,随后是1972年的《妇女教育平等法》、1974年的《平等信贷机会法》和1978年的《怀孕歧视法》。当时的其他重大变化还包括无过错离婚法以及从1975年起女性加入美国军队的可能。但是,性自由也导致了20世纪70年代以来美国非婚生子女数量的大幅度增加。

1981年,美国疾病预防控制中心的《发病率和死亡率周报》首次公开描述了获得性免疫缺陷综合征。该病状首先在美国加利福尼亚的男同性恋中被确诊,并且似乎更为普遍地出现在海地人、血液病患者和吸毒者等人群中。它终结了此前相当随意的性放任期。当作为名人和广受欢迎的演员洛克·哈德森,这位自20世纪50年代以来一直是好莱坞影片的万人迷并拥有忠实丈夫形象

---

[1] Roth, B., *Separate Roads to Feminism. Black, Chicana, and White Feminist Movements in America's Second Wave*, Cambridge, 2004, 1 ff.

的明星，于1985年因艾滋病离世时，这种疾病已经深入传播到美国社会。

美国梦及其实现之地：以好莱坞为例

好莱坞首先成为实现美国梦、社会升迁之梦、名望迅速增长和巨额财富获取的著名地点。它在全球范围内似乎成为制作精良、有口皆碑的"美国"大片的代名词。[①]这一成功故事的开端始于1910年。当时以史诗影片闻名的导演大卫·格里菲斯受比奥格拉夫电影公司的委托拍摄了一部17分钟的无声电影《在古老的加利福尼亚》——讲述美国占领之前的墨西哥时期的情节剧。[②]仅仅在大约20年前，托马斯·爱迪生的公司才发明了被称为摄影机和放映机的电影设备。大约在同一时期，乔治·伊士曼的公司生产出了赛璐珞胶片，这使得连贯的电影叙事方式以及20世纪电影工业包括影剧院的兴起成为可能。[③]作为首批戏剧性电影作品之一的是在所谓的"5分钱电影院"上映的《火车大劫案》，它由埃德温·波特于1903年拍摄，是一部片长为12分钟、具有传奇性的西部片。从1896年起，这种人们能够以一枚5分硬币的代价

[①] 综合参考 Anger, K., *Hollywood Babylon*, Frankfurt a.M., 1985.
[②] Schickel, R., D.W.Griffith. *An American Life*, New York, 1984, 149 f.
[③] Nasaw, D., *Going Out. The Rise and Fall of Public Amusement*, New York, 1993, 174 ff.

观看配有音乐的无声电影的电影院在美国如雨后春笋般出现。那些后来在电影工业获得巨大成功的企业家，如杰克、山姆、哈罗德以及阿尔伯特等华纳四兄弟，都是各自从1918年开始由电影制作起家并于5年后在好莱坞成立了华纳兄弟电影制片厂，从此开启了他们的职业生涯。

好莱坞的崛起

随着受阳光宠爱的加利福尼亚地区的崛起，同时因爱迪生通过其专利技术控制并因此在一定程度上受阻的东海岸电影业开始丧失其重要地位，一些电影公司，比如已经在好莱坞落户的派拉蒙影业公司的纽约分公司仍然运作了相当长一段时间。其他一些公司则留在纽约，例如坐落于皇后区、在20世纪20—30年代以"马克斯兄弟"（奇科、格鲁乔、哈珀、甘默以及泽波等五兄弟）系列喜剧取得巨大成功的考夫曼·阿斯托里亚影业公司，尽管该公司的明星最终都移居至加利福尼亚州了。他们在那里先是投奔1919年由格里菲斯和查理·卓别林创立的联美电影公司麾下，随后不久又转至塞缪尔·戈德温和路易·迈耶的米高梅影业公司（简称MGM）。另外一些人，比如喜剧演员菲尔茨，则继续同时在这两个地方工作了相当长时间。然而，纽约考夫曼·阿斯托里亚影业公司在后来只能依靠政府的订单维持生存。它在第二次世界大战期间也制作了至今仍为人知晓的尚处于起步阶段的心理战宣传片，直到20世纪70年代，美军仍在使用这些影片。此后，在其演播室中制作的主要是电视节目，比如大获成功的儿童节目《芝麻街》以及后来美国音乐电视频道最新开发的视频节目。

尽管电影行业在佛罗里达、古巴和芝加哥展开了一段时间的竞争，但好莱坞依然成为美国电影业无可争议的据点。自1910年以来，出现了一系列引起相当大的轰动并具有史诗特点的无声电影作品，比如1915年上映的具有右翼思想和明显种族主义色彩的内战剧情片《一个国家的诞生》，其导演格里菲斯在剧中刻画了南方各州的那种"败局命定"情怀。1916年，他在技术设备的支持下又拍摄了一部更为宏伟的史诗影片《党同伐异》。随着各大影业公司的建立以及"好莱坞"标志高耸在圣塔莫尼卡山上，好莱坞从此时起就成为一种传奇并吸引着世界各地的朝圣者纷至沓来。

对于长期处于统治地位的米高梅影业公司而言，最为重要的竞争对手是在电影巨头——匈牙利移民阿道夫·祖科领导下的派拉蒙公司。此外，介于无声电影和有声电影之间的好莱坞经典时代，还涌现了联美电影公司、1912年由卡尔·雷姆尔创立的环球影业、华纳兄弟、1935年通过合并建立的20世纪福克斯以及雷电华影业公司。

然而要取得成功的话，影业公司需要出色的演员和导演。20世纪福克斯公司在1939年通过运作将原本就已很成功的喜剧二人组——史丹·劳雷尔和奥利弗·哈迪签至麾下。雷电华影业则在戴维·塞尔兹尼克的领导下，将诸如英国的阿尔弗雷德·希区柯克这样有才华的导演请到了好莱坞。后者在1940年拍摄了他的第一部美国电影《丽贝卡》。在第一次世界大战，尤其是希特勒掌权之后，众多这样的导演仿佛上演了真实的"出埃及记"一般投奔好莱坞：德国导演恩斯特·卢比奇和弗里兹·朗分别于1922年和1936年来到美国，法国演员让·雷诺阿则于1939年来到美国。随着他们的到来，许多欧洲演员也陆续前往好莱坞。鲁道夫·瓦伦蒂诺这位20世纪20年代的万人迷从1914年开始就在加利福尼亚拍摄他的第一批电影。玛琳·迪特里希在1930年与恩斯特·卢比奇共同出演电影《蓝色天使》之后便成为性感偶像，并于同年移居美国。

1927年华纳兄弟公司的有声电影《爵士歌手》上映，第一次使"5分钱影院"的现场音乐相形见绌，好莱坞的无声电影时代也随即宣告终结。几乎没有任何作品能像比利·怀尔德1950年的电影《日落大道》那样如此生动地描述了有声电影的出现给无声电影带来的巨大冲击。它以琐碎的叙事手法刻画了无声电影明星葛洛丽亚·斯旺森的经历：她的生活随着职业生涯中所出现的突然变化而变得支离破碎。

好莱坞的"经典时代"

随着有声电影的出现，20世纪30—50年代的好莱坞伟大时代得以开启，好莱坞作为"梦想工厂"的声誉也持续地深入人心。当时涌现了众多世界著名的史诗电影，例如塞尔兹尼克所拍摄的《乱世佳人》（1939），该片再次表现了传统的"败局命定"主题，至今仍然被认为是有史以来最成功的电影。在有声电影中，不仅是演员的嗓音以及尽可能真实的现场声音成为决定性的因素，而且电影配乐也变得至关重要。电影音乐以及优秀的演员甚至可以挽救一些剧情较差的影片，比如1942年首映的战争故事片《卡萨布兰卡》。

就剧情而言，很多方面保持了传统。爱国主义的历史主题在有声电影中依然吸引着观众，其中也越来越多地出现了史诗西部片。正如霍华德·霍克斯1948年拍摄的电影《红河》那样，好莱坞西部电影最终成为意识形态最为丰富的影视作品类型之一：传统的美国价值观以及明确的敌对形象。除了这些比较严肃的话题之外，好莱坞的制片厂也在同时期拍摄了令人难忘的喜剧作品，但正是它们看似不具政治性的朴素表达方式使它们同样适用于政治信息的传达。今天几乎不为人所知的是，就连喜剧二人组的劳雷尔和哈迪也拍过诸如1942年的《傻蛋特工》、1944年的《惊天巨响》和1951年的《K岛乌托邦》等关于二战和冷战主题电影。多丽丝·戴自1948年以来主要出现在主题轻松的电影中，她的作品也经常成为理想的社会政治规范及社会角色范例，而这些因素也自然地体现在广告之中。

20世纪40年代末以及50年代的大规模反共运动尤为明显地体现出这样一个事实，即好莱坞绝非未沾染社会政治的清白之地。实际上，不少优秀的演员、导演和制片人因为所谓的好莱坞遭到了共产主义渗透的指责而被驱逐。其中最著名的为查理·卓别林于1952年离开美国。令人尤为感到充满戏剧性的是，在这个原本自由而富有生活乐趣的好莱坞，一些行业同僚不遗余力地参与到驱逐行动中来，其中就包括时任电影演员协会主席的罗纳德·里根、加里·库珀和罗伯特·泰勒，同时也包括借助马克斯兄弟喜剧而出名的萨姆·伍德。这种恐吓行为造成的后果是，即便是路易斯·迈耶和塞缪尔·戈德温这样的电影制片厂老板也不得不就1947年12月针对"好莱坞十君子"的职业禁令做出回应,在所谓的《华尔道夫宣言》上保证将来不再雇用任何共产主义者。①但是在反共产主义狂潮的顶峰时期,一些自由主义派演员,如汉弗莱·鲍嘉及其妻子劳伦·巴考尔、丹尼·凯、爱德华·罗宾逊或吉恩·凯利不仅在1947年9月向第一修正案委员会提出辩护,而且为捍卫言论自由在美国国会示威。

后古典时代:新好莱坞

20世纪60年代,美国电影业的发展进入了一个新的阶段,这一时期被一些人称为"新好莱坞"时期或者"后古典时期"。②随着民权运动的开展、"迷惘的一代"的产生以及对价值观的质疑,出现了一些诸如1967年上映的《毕业生》之类的影片。达斯汀·霍夫曼在剧中扮演一位迷失了方向的大学毕业生,与其适应美国生活方式和对未来充满信心的父母那代人相反的是,他对这一生活方式产生了深深的怀疑。具有社会批判性的影视作品也包括1967年上映的、表现一对在经济大萧条期间四处杀人的雌雄大

---

① 所谓的"好莱坞十君子"包括:阿尔瓦·贝西(Alvah Bessie)、赫伯特·比伯曼(Herbert Biberman)、莱斯特·科尔(Lester Cole)、爱德华·德米特里克(Edward Dmytryk)、小灵·拉德纳(Ring Lardner Jr.)、约翰·霍华德·劳森(John Howard Lawson)、阿尔伯特·马尔兹(Albert Maltz)、沙米尔·奥尼茨(Samuel Ornitz)、艾德里安·斯科特(Adrian Scott)和达尔顿·特朗勃(Dalton Trumbo)。

② King, G., *New Hollywood Cinema. An Introduction*, New York, 2002, 1ff.; Monaco, P., *History of American Cinema*, Vol. 8: The Sixties: 1960–1969, New York, 2001, 179 ff.

盗的电影——《邦妮和克莱德》；除此之外，还有前文已经提及的于1969年问世的《神枪手与智多星》。这两部电影都以某种方式对资产阶级安稳和规范之外的生活进行了美化，正如此前由詹姆斯·卡格尼或爱德华·罗宾逊主演的道德沦丧的黑帮电影那样。黑手党的话题也因此引起了公众的关注，例如弗朗西斯·福特·科波拉1969年导演的电影《教父》。

"新好莱坞"也打破了美国社会的其他禁忌话题。在好莱坞的电影中也出现了被开拓西部的美国白人无情屠杀并驱赶至贫民窟的印第安人形象，影片中的他们被煞有介事地当作拥有自己风俗习惯的少数族裔，在行为方式上时常表现得和那些白人征服者大同小异。一些特色之作也涌现出来，比如1970年的《蓝衣士兵》和1990年的《与狼共舞》。这两部作品都描绘了印第安人战争中妇女和儿童受到的残酷对待。然而，2001年上映的因纽特人电影《冰原快跑人》（德语片名为：DieLegendevomschnellenLäufer）的情节在印第安人的眼中才被认为是真实的。

自20世纪70年代起，好莱坞也开始批判性地看待越南战争。在1968年由约翰·韦恩主演的电影《绿色贝雷帽》中，美国在东南亚地区的战争中取得了广泛胜利。然而10年之后由迈克尔·西米诺执导的史诗战争片《猎鹿人》则最终未经修饰地将战争的恐怖展现给了美国观众。继20世纪60年代的印第安主题电影之后，对于血腥暴力的描绘成为好莱坞战争片的主旋律。1979年，由弗朗西斯·福特·科波拉导演的电影《现代启示录》上映。尽管当时的国际电影发行公司无法为这部影片找到一个合适的译名，但是这部电影将越战这一主题推向了前所未有的高潮，而此前从未有任何一部作品像它那样揭示了战争的无情与冷酷。于1986年首映的，由奥利弗·斯通执导的《野战排》甚至在此基础上对自愿兵役制视为爱国义务的观点提出了质疑。尽管其他的爱国影片仍继续被制作出来，但即便是2001年的恐怖袭击事件发生之后，那种对美国军方已经产生的质疑和批评也没有停止。2005年首映的反映在伊拉克发生的第二次海湾战争①的故事片《锅盖头》，从越战电影的传统来看，更像是为军事手段唱响的一首挽歌。

卡通电影、漫画和动画片

自20世纪20年代以来，好莱坞也开拓了另外两个在商业上获利颇丰的领域。其一是动画电影的制作，沃尔特·迪士尼在这一领域大名鼎鼎。沃尔特·迪士尼与他的兄弟罗伊于1923年在洛杉矶成立了迪士尼兄弟卡通工作室。事实证明了该行业是如此有利可图，以至于从1930年起，华纳兄弟的竞争对手就已经进入了市场。其二是成人电影的制作，它主要是在20世纪60年代兴起的性革命发展过程中获得了商业成功。在这一领域，来自加利福尼亚的各个制片厂也迅速在全球范围内成为行业老大，直到他们丧失了在东亚（尤其是中国、韩国和日本）的领先地位。

动画电影如此早就在美国取得成功的原因首先是与美国人传统的阅读文化分不开的，这种文化在19世纪通过廉价小说和黄色

---

① 本书中作者提及的"第二次海湾战争"指的是发生于1990—1991年、现一般称为"海湾战争"的局部战争，而非2003年开始的"伊拉克战争"，下同。——译者注

媒体而得到了巨大推动。通过易于理解的图像、漫画和图片故事，信息在民众间得以广泛传播。这尽管被认为对民主化起到了推动作用，但同时也给操纵民主提供了便利。早在19世纪90年代，一些漫画作品，如《黄色小子》或者《穆特和杰夫》，就已经出现了。又过了30年，人们开始以这种方式来改编文学作品，例如《人猿泰山》——埃德加·赖斯·伯劳斯于1912年撰写的一部通俗小说。通过这种方式，漫画书在二战之前就已经变得极为畅销。据估计，漫画书的出版量到1955年仅在美国就有大约6000万本，其消费人群绝不仅限于未成年人。①漫画书的读者数量也尤为众多：在6~17岁的所有美国儿童和青少年中，有80%~90%的人阅读漫画刊物。

沃尔特·迪士尼于1923年开始制作无声动画电影，例如《爱丽丝漫游奇境》。而卡通新星"米老鼠"则早在1928年就已经出现在有声电影中，而那些来自"鸭堡"的居民则在随后的几年中出现在观众面前。②此外还有由迪士尼动画师、人称"阿特·巴比特"的亚瑟·哈罗德·巴比特斯基所创作的"高飞"等动画形象。巴比特斯基还负责制作了首部适于影院放映的动画电影《白雪公主和七个小矮人》，它于1937年首映，也成了迪士尼在第二次世界大战之前取得的最大成功之一。由华纳公司制作的《鲁尼兔八哥》以及1935年起创作的"猪小弟"形象借鉴了迪士尼作品《三只小猪》并取得了成功。"猪小弟"形象出现2年和5年之后，又分别出现了"达菲鸭""兔八哥"以及其他卡通形象，例

---

① Savage, W.W., *Comic Books and America, 1945-1954*, Norman, 1990, Ⅵ.
② 有关迪士尼，参见 Platthaus, A., Von Mann und Maus. Die Welt des Walt Disney, Berlin, 2001。

如1953年以西班牙裔为原型的"飞毛腿冈萨雷斯"。而尽管这一形象有着积极的特征,也尽管遭受了很多批评,但针对拉丁美洲影迷的"墨西哥最快的老鼠"的银屏形象还是保留了下来。这使得黑人民权主义者最晚从20世纪60年代以来就一直对此前由华纳、迪士尼、环球影业或者弗莱舍等公司制作的明显带有种族主义色彩的动画作品表示愤慨。而实际上,拥有厚嘴唇和巨大鼻环、肤浅、愚蠢甚至食人的黑人形象正是当时很多动画影片的标配。它们中只有少数作品在60年代的净化运动中得以留存。在互联网上仍然可见的11部此类作品,包括《白雪公主》的其他版本《煤黑德萨宾矮人》以及两部兔八哥主题故事片《炖兔子大餐》和《汤姆叔叔的平房》。

在20世纪30年代大萧条期间还出现了进一步的竞争,即无论是情节还是内容上都比迪士尼和华纳公司的作品更针对成年读者的漫画作品。其中主要包括"超级英雄"以及"动作漫画"系列,它们讲述的是那些不起眼且通常遭到误解的普通人获得超自然的力量后解决美国社会主要问题的故事。《超人》出现在1932年大萧条最严重的时期,《蝙蝠侠》的故事产生于1939年欧洲战争爆发之初,而《美国队长》的形象则创造于日军偷袭珍珠港的1941年。与纳粹分子进行斗争的唯一女性超级英雄形象《神奇女侠》也在同一年登上了漫画舞台。此外,漫画英雄也经常出现在30或40年代的广播中。《超人历险记》系列在相互广播公司的电台节目中,一直播放到1951年。除了DC漫画出版社之外,漫威出版社也以其创造的超级英雄形象成为业内数十年的标杆。从1939年起,漫威队长一直在与纳粹和其他潜在入侵者进行斗争,7年之后他在读者中的形象甚至使超人相形见绌。

其他的漫画制作公司不能也不愿意逃避政治宣传的要求。在二战期间，迪士尼制作了一些战争宣传片，例如1942—1945年的《我们为什么战斗》或者1943—1945年的《了解你的敌人》。在这些动画片中，米老鼠和脾气暴躁的唐老鸭还与德国人和日本人进行过战斗。1943年上映的影片《元首的面孔》讲述了唐老鸭试图在军事化管理的纳粹德国生活的故事，其情节类似于查理·卓别林三年前首映的讽刺电影《大独裁者》。高飞这一善良的形象也被用于战争宣传，而热门的《鲁尼兔八哥》和《梅里小旋风》也出现在当时的政治宣传之中。此外，能够一再进行自我嘲讽的能力也是美国流行文化的一部分。对此不得不提的是诸如1987年首播的《辛普森一家》或1997年起开播的《南方公园》之类的系列漫画。除此之外还应提及的是类似《陆军野战医院》（1972年首播）的战争讽刺剧系列。

动画片和故事片中的冷战

1945年之后，冷战也决定了影视作品的主题。在卡尔·巴克斯1947年的作品《唐老鸭在鸭堡的原子弹》中不仅出现了苏联间谍，而且还发生了原子弹爆炸；在爆炸中，所有的居民都失去了头发；而故事的终极讽刺在于资本主义取得的最终胜利，因为所有人都必须购买增发剂。早在1946年，漫威队长就已经出现在诸如《漫威队长与可怕的核战作斗争》之类的冒险故事中处理核武器以及核战争的威胁。[1]在随后几年的故事中，他不仅与激进、腐败和无知的政治家进行斗争，而且坚持不懈地针对即将发生的核战争与放射性辐射危险提出警告。类似的核战争批评态度也体现在《怪异幻想》和《怪异科学》等系列漫画中。

然而，许多漫画作者认为以一种富有想象力的方式描绘核技术带来的后果要有趣得多。由于受到辐射而产生的超人类以及怪兽自1946年以来在美国的漫画世界中频繁地出现：在内华达州的核试验场上，巨大的蚂蚁或者蜘蛛在四处觅食；漫威的《神奇四侠》也在1961年首次亮相；一年之后出现的性格暴躁的超级英雄——不可思议的绿巨人在受到高剂量的辐射后拥有非凡或者极大增强的超能力。[2]绝大多数漫画系列都经历了冷战的缓和时期，但是没有坚持到冷战结束时。

对于美国故事片而言，第一次柏林危机爆发标志着其主题向"冷战电影"转变。在影院中，1948年的《柏林特快》是最后一部亲苏电影，而同年的《铁幕之后》则是首部明确的反共主题电影。此后，又出现了数十部类似的电影制作。1950年的《我嫁给了一个共产党》描绘了对于渗透和入侵的偏执恐惧。同年上映的著名电影《地球停转之日》也与对入侵、技术优势以及受到永久围困的传统恐惧感紧密联系在一起。但是该片的情节——外星生物进攻地球以终结核军备竞赛，即便在善意的观众中也未能引起共鸣。除了冷战主题之外，外来生物的入侵也是好莱坞电影的热门主题，正如1996年的电影《独立日》所展现的那样。

---

[1] Stöver, Der Kalte Krieg（见第 521 页注释①），264。
[2] 综合参考 Wright, B.W., *Comic Book Nation. The Transformation of Youth Culture in America*, Baltimore, 2001, 180 ff.

很多的电影都改编自此前已经部分地获得成功的书籍。著名的"007"系列电影，如《来自俄罗斯的爱》，在很大程度上借鉴了英国作家伊恩·弗莱明自1953年起出版的系列小说。在这些电影中，冷战的对抗情节也持续再现，比如约翰·勒·卡雷于1963和1966年出版的小说《柏林谍影》。原名戴维·康威尔的卡雷曾经供职于英国情报机构军情六处，因此这本书甚至是卡雷根据其自身经历写成的。而电影大师也热衷于此类主题。由此产生了1968年由阿尔弗雷德·希区柯克执导的间谍惊悚片《黄宝石》，它描述了1962年古巴导弹危机爆发前的背景故事。

此外，电影对于冷战时期细致入微的刻画也明显地反映在对冷战缓和时期的描绘之中。在1977年的惊悚片《电话》中，查尔斯·布朗森饰演了一名克格勃军官。在超级大国之间的关系趋缓之后，他被派遣至美国指挥那些在紧急情况下进行敌后破坏活动的潜伏特务。

核战争的恐怖也很早就成为电影主题之一。1959年，在那些仍然以漫画为基础的B级影片如1955年的《世界末日》之后，上映了一部更为严肃地对这一主题进行尝试的故事片，即《海滨》。该影片以一场核灾难后的日常生活中的恐怖景象为主题，给观众留下了深刻的印象。然而在当时，此类电影的时机不甚成熟。在评论家眼中，尤其是从公众喜好的角度出发，该影片并不受欢迎。然而相反的是，在实行缓和政策的冷战时期，1967年的《人猿星球》尽管展现了一个被灵长类动物接管的成为废墟的地球，但是却受到公众追捧并得以拍摄了4部续集。1983年的《翌日》再次将全球核战争后徒劳的生存作为主题。因在当时美苏欧部署新型核导弹的背景下，这部电影也受到了全球的关注。与此同时，以进一步强调核意外和核事故引发战争危险为主题的电影也在市场上涌现，其中就包括早在1963年就已上映的《失效安全》。它描绘的是：负责发起反击的自动装置一旦出现故障将会导致什么情况发生。1967年的电影《鱼死之日》则描述了发生在帕洛玛雷的臭名昭著的核事故。而1982年的美国惊悚片《战争游戏》则令人印象深刻地讲述了一名学生意外激活国防部的计算机险些引发全球核战争的故事。此前表现不俗的《失效安全》和《海滨》这两部影片作为一种全新的核战争讽刺题材电影而产生了重大影响，因此在1964年又发行了特别版本。在由美国演员主演的英国讽刺喜剧片《奇爱博士》中，冷战被刻画成为男性的性神经官能症，这种荒诞的幽默正是对核战争讽刺题材的最好诠释。在设计角色时，美国导演斯坦利·库布里克借鉴了那些以怪异见解而闻名的军方人物。在影片一开始"想一劳永逸地解决问题"并因此派出B-52轰炸机攻击苏联的"杰克·瑞珀"将军的原型，就是美国空军著名的指挥官柯蒂斯·李梅、托马斯·鲍尔，抑或是道格拉斯·麦克阿瑟这些曾在朝鲜战争中要求使用核武器的将军。

禁忌的打破

在狂野的20世纪60年代，"垮掉的一代"与嬉皮士文化在美国文学中占据了主要地位，它们也成为一部分流行文化的突破口。这种流行文化乍看之下与当时仍多方面受到清教徒影响的美国文化似乎已经没有什么联系了。在地下漫画领域，由罗伯特·克鲁姆创作的角色——吸毒成瘾且性欲旺盛的怪猫菲力兹成为针对美国大学界的讽刺剧。[①]而在几年之前，1962年被授予"年度最佳局外人"称号的查尔斯·布可夫斯基就发表了他的第一批经常涉及类似主题的诗歌和短篇小说，并在短短几年内成了地下文学中最受欢迎的作家。[②]

此时，成人影片在美国仍远未成为一种题材，而在欧洲的一些隐秘场所已经开始播放拍摄性行为的短小影片。然而，美国人对此所保持的距离从一开始就不能令人完全理解，因为各种在边远地区被称为"沙龙""会客厅"或者"手摇风琴之家"（即妓院）等隐秘场所已经提供有偿性服务。一些被称为"红粉佳人"的妓女甚至在业内外都赫赫有名，比如来自科罗拉多，直至19世纪90年代还从事此业的珀尔·德维尔；昵称为"莉比"、被称为"松鼠牙爱丽丝"的玛丽·伊丽莎白·海莉·汤普森，是得克萨斯州人，十几岁时就与科曼奇人生活在一起并且还在道奇城的牛道上工作过；原名为艾米·海伦·桃乐丝·珀秀的朵拉·杜芙兰，她作为黑山城的一家妓院老板享有盛誉；因其上唇的胡须而闻名，被称为"胡子女士"的埃莉诺·杜蒙；此外还有在蒙大拿州有一定名声、被称为"芝加哥·乔"的约瑟芬·汉斯莉。即便是在清教主义盛行的东海岸，诸如遭到嫖客谋杀的海伦·朱维特这样的性服务提供者也并非无名之辈。来自东亚的女性移民不仅在加利福尼亚州的城市从事妓女职业，南部地区，尤其是类似于声名依旧狼藉的"法国"新奥尔良地区，在这一特殊领域也被抹上了传奇色彩。

---

① Crumb, R/Poplaski, P., *The R. Crumb Handbook*, London, 2005.

② 引用自 Kindlers Neues Literaturlexikon, Bd. 3, München, 1998, 338。布可夫斯基的传记也参见 Miles, B., Charles Bukowski, London, 2010。

这种扎根在边远地区附近一览无余的小镇日常生活中的文化的大规模衰落引发了19世纪末出现的反卖淫"十字军"运动。这一运动也常常与教堂的反酒精运动以及妇女运动同时进行。实际上，妓女的工作条件往往很恶劣，她们之中也不是所有人都像"胡子女士"那样成为依赖毒品的吸毒者。1908年，美国调查局（1935年起改称为联邦调查局）首次对强迫卖淫行为进行了调查追踪。两年后的《白人奴隶流动法案》（又被称为《曼恩法案》）制定了反强制卖淫的法律，并得到不断完善，其中的部分法规直到今天仍被作为判决的依据。[①]根据这一法案，查尔斯·曼森（1960年被判有罪）、查理·卓别林（1944年被判无罪）以及音乐家查克·贝里（1962年被定罪）被告上法庭。即便是在特别自由的20世纪60年代，反对"不道德目的"的立法也得以保留下来。一个相当大的例外是内华达州，当地的性服务业和赌博业在一定范围内仍然合法。但是就像在整个美国一样，这仅仅意味着其他地区的赌博和卖淫活动更为隐蔽。

在电影经济中，这种已经存在于美国社会清教思想中的双重道德标准在20世纪初通过成人电影的制作开启了全新的商业领域。根据哥伦比亚广播公司的统计，今天大约90%的成人电影都是在加利福尼亚拍摄的。[②]其登记在册的市场总销售额在2007年就已经达到了大约100亿美元。但是促成成人电影普及的不是对性的过度描绘，反而更是出于对性的难以启齿。直到20世纪50年代，

[①] Langum, D. J., *Crossing over the line. Legislating Morality and the Mann Act*. Chicago, 1994。1910年6月25日重印的《曼恩法案》出处相同，261-264。

[②] Leung, R., Porn in the U.S.A., CBS News, 5.12.2007. 相关内容参见: Schlosser, E., *ReeferMadness: Sex, Drugs, and Cheap Labor in the American Black Market*, New York, 2004, 111 ff。

在美国的故事片中甚至连一个简单的吻戏都被认为是伤风败俗的行为。1953年，时年27岁的记者休·赫夫纳创办了《花花公子》杂志，从而给所谓的"男性杂志"设定了一种标准。[①]他本人也因此收益颇丰。该杂志的第一期借由封面上穿着仍算得体的玛丽莲·梦露（她刚刚通过《绅士爱美人》和《如何嫁给百万富翁》等电影而名声大噪）取得了令人难以置信的5万册销量。在接下来的3年中，该杂志的销量更是翻了六番。然而，即便是裸露的玛丽莲·梦露本人也对此并不感到意外，因为她早在1952年就作为日历女郎展示了自己。赫夫纳也正是通过这本日历获得了照片素材。梦露在20世纪福克斯公司以其几乎成为经典的"我很饥饿"形象对这种激动的反应发声。[②]

尤为突出的一点是，在创办杂志时，赫夫纳正确地预测到了类似于金赛效应的现象在受清教思想影响的美国的出现。这一令人羞于启齿的性话题在同年发表的第一篇《金赛性学报告》中受到了科学的推崇。但是根据相关的法律条文，赫夫纳曾一再遭到逮捕。那些模仿赫夫纳向市场推出类似产品并走上成功之路的人都经历了同样的遭遇。自1974年起开始出版政治上较为激进的杂志《皮条客》的拉里·弗林特不仅面临法律诉讼（尽管他援引美国宪法第一修正案成功地为自己开脱了罪名），而且还在4年后的一次暗杀中身受重伤，以致他从那以后不得不在轮椅上度过余生。1997年的电影《不羁夜》回顾性地讲述了色情行业所受到的压力。在这种压力中，越来越多的发行商如鲁本·斯特曼以及被

---

① Halberstam, The Fifties（见第619页注释②），571。下文内容出处同前，571 ff.

② 引用出处同上，570。

黑帮成功控制并产生日益严重影响的硬性毒品交易从20世纪60年代中期开始涌现并变得司空见惯。

好莱坞作为潮流引领者

从1945年起，电影受观众喜爱的程度由于电视的普及出现了急剧下降，在1951年仅剩40%左右。尽管如此，好莱坞对美国人的视听习惯以及行为方式产生了如此巨大的影响，以至于美国政治也向它靠拢。[1]理查德·尼克松就是善用此道的那些人中的一员，没有人比他更了解这种方式的利弊了。在1952年的总统选举中，在当时已被报纸称为"狡猾的迪克"的尼克松就将政坛搅得天翻地覆。作为加利福尼亚州参议员和共和党副总统候选人，尼克松因为被发现获取非法资金而在当年的9月23日进行了一次由电视和电台同步转播、对他而言背水一战的演讲。然而他的这次演讲表明，只要运用得当，被情绪化表达出来的家庭和道德价值观也能带来成功甚至是选举的成功。他的家庭宠物小狗"跳棋"带来了转机。《周六晚间邮报》上情节感人的著名故事《灵犬莱西》在1943年首次被好莱坞改编成电影，而这部电影则为尼克松提供了灵感。在这个后来被称为"跳棋演说"的演讲中，尼克松向全美民众保证，他所接受的唯一礼物就是那只被他的女儿帕特里夏取名为"跳棋"的小狗。尼克松当时说："您知道，正如所有的孩子一样，他们都爱狗，在这一刻我想说，无论别人怎么说，我们

---

[1] Raeithel, Geschichte III（见第440页注释②），322。

都会将它留下来。"①他在这次演讲之后甚至被允许留任,并且在1952年获得美国副总统的职位。在电视媒体起到主要作用的1960年总统大选中,尼克松输给了媒体表现更为灵活且更具吸引力的约翰·肯尼迪:"跳棋演说"整整8年之后的1960年9月26日,那场著名的电视辩论最终以当天表现得富有进攻性且没有认真刮胡子的尼克松的失败告终。②然而在1974年的水门事件丑闻持续发酵至顶峰时,鉴于尼克松所犯下的严重罪行,这位总统的外表也不再起决定性的作用。但是从此之后,几乎没有一位总统愿意放弃这一将自家宠物犬应用于政治的手段。

此外,好莱坞也引领了电影风格的形成。为了记录"好的战争",美国政府在二战中就已经将著名的导演和摄影师从电影片场派遣至各个重要的战场。通过好莱坞的票房大作,如1941年的《愤怒的水果》,而大获成功的导演兼奥斯卡奖得主约翰·福特被委以记录1942年中途岛之战和1944年夏诺曼底登陆的重任。无论如何,好莱坞所表现出的观点直至今日仍然越来越多地决定了很多美国人特别是美国女性对于自我形象的理解。这种宣传原则——表现手法比内容更为重要,不仅对包括选举在内的政治演说,也对美国公民的日常生活产生了越来越多的影响。

尼尔·波兹曼恰恰强调了这一点。这位自1959年以来一直在纽约大学工作的传播学者在1985年以其著作《娱乐至死》成为针对大众传媒中日益戏剧化、情感化的现象以及严肃话题的最著名批评家之一。早在大约1980年,"信息娱乐"一词在美国已经成

---

① Wortlaut der Rede: http://watergate.info/nixon/checkers-speech.shtml
② Hellweg, S.A. u. a., *Televised Presidential Debates. Advocacy in Contemporary America*, New York, 1992, 71.

为一种习以为常的概念。在其1992年的著作《技术垄断——文化向技术的屈服》中，波兹曼不仅将这种碎片化的肤浅谈话归咎于人们对于书籍文化日渐减少的兴趣，也归咎于美国民众对于政治背景日益匮乏的理解。他尤其认为，从好莱坞影视作品中产生的标准将会越来越多地在青少年中鼓励性暴露狂行为。此外，他也提出了有关童年和教育缺失的观点，正如他在1982年所著《童年的消逝》和在1995年所著《教育的终结》中所阐述的那样。他在书中认为，孩子们将会越来越早地面对成年人世界的堕落，而他们最终甚至会认为这是正常的现象；除此之外，他们的成长环境也会同时适应那些越来越普遍的幼稚行为方式。为了证明这一点，他进行了实证研究并发现了这一事实，即战后时期的儿童往往不仅更多参与了严重犯罪，而且还越来越早进入青春期。[①]

好莱坞式的行为方式以及时尚与美的理念无疑对演员和电影、电视中表现出来的观念造成了自然而然的影响，这一点如今已经无人质疑。相反的是，美国社会中"加利福尼亚化"一词以及受其严重影响的全球性的"超文化"一词都与好莱坞有千丝万缕的关系。[②]评论家们也越来越多地考虑美国文化的全球性影响，他们一再发现了支持波兹曼有关肤浅幼稚观点的证据。"主业"是以一个酒店业帝国公主的身份出席各种场合活动的帕丽斯·希尔顿成为21世纪初美国流行文化中的一个令人瞩目的代表人物。根据众多观察家的观点，她最显著的特征就是她毫无任何特点

---

① Postman, N., Das Verschwinden der Kindheit, Frankfurt a. M., 2009, 152 f. 以及138。
② 此处参考1999年由"红辣椒乐队"（Red Hot Chili Peppers）录制的专辑《加州靡情》（Californication），它列举出了与此相关的最重要的刻板印象。

可言，却在媒体中保持着全球性的存在感，尤其是当她的性爱图片和视频看似无意地暴露于公众面前时。在2005年，她被一个视频电影频道评选为"它女郎"之一，这一称谓是由好莱坞在几十年前发明的。1927年，第一个成为美国"它女郎"——"拥有一定特质的女孩"的是无声电影女主角克拉拉·鲍。她出演了以《它》为名的电影，其最突出的特点就是：想尽一切办法在媒体上露面以促进自身事业的发展。

全球化和美国化

对于美国人而言，世界的政治、经济、文化、社会以及交流网络，即人们自20世纪中期以来使用"全球化"这一术语所描述的所有事物，一直是他们自身历史的一个重要组成部分，只是这一点他们很晚才意识到。与此相反的是"美国化"和"美国主义"这两个术语，它们从19世纪，尤其是从20世纪初开始所勾勒出的更多的是外界的看法。

原始全球化—全球性—全球化

当第一批英国殖民者在后来的美国领土范围内建立定居点时，"原始全球化"已经如火如荼地发生了，因为这些殖民者注意到他们进入了当时已经在世界范围内活跃的西班牙人的领地。[1] 正如这些殖民者长期以来试图不给伦敦政府向他们发起进攻的把柄那样,他们也竭尽全力避免与西班牙人发生冲突。然而在美国于1776年最终取得独立后,这种担忧大大地减弱了,"美国人"也获得了更大的自信。美国与其宗主国所进行的两次大规模独立战争都以胜利告终,这为它在全球维护其利益打开了局面。然而,无论是为保护美国商船而进行的臭名昭著的巴巴里战争或者对拉丁美洲的干预,还是根据《鸟粪岛法》对看似"被遗弃"的岛屿的没收或者使用武力迫使日本港口开放,都没有理解为"世界政治层面"的行动。相关的争辩直到19世纪90年代才开始。

1893年,美国历史学家弗雷德里克·杰克逊·特纳在其影响巨大的、关于边疆地区重要性的论文中指出,征服北美大陆的时代已经结束,开启新任务的时代已经到来。特纳的结论正是基于这样的观点,即美国人的"本地历史"——他眼中的美国历史,只有"从世界历史的角度出发"才能被理解。[2]特纳认为,"每一件事都取决于另一件事。诸如商品流通之类的观念对国家间的联系持拒绝态度。一切都是密不可分的,这使得人们不得不用一件事来解释另一件事。对于拥有复杂贸易关系和了解程度的现代世界来说尤其如此"。事实上,在19世纪70年代初的大萧条时期,即使是资源丰富的美国也是不堪一击的。不但是当时兴起的阴谋论,而且还有第一次世界大战后美国所顽强坚持的孤立主义都清

---

[1] 关于术语的争论可参考 Grandner, M. u. a. (Hrsg.), Globalisierung und Globalgeschichte, Wien, 2005.

[2] Turner, F. J., The Significance of History, in: ders., History, Frontier, and Section. Three Essays, Albuquerque, 1993 (^{1}1891), 30–58. 此处: 50. 下文引用出处同.

楚地表明，美国民众对这种世界范围内的联系仍然持极不信任的态度。正因为如此，许多美国人对美国在1941年出于其全球需求参加第二次世界大战感到特别突然并认为存在很多不安全因素。这种感觉随着1945—1947年冷战的开始愈演愈烈，直到冷战结束时仍然有迹可循。

尽管"全球化"这一概念直到1983年才通过西奥多·莱维特的著作得到普及①，但"全球性"的概念最迟在第二次世界大战期间就已成为最终决定思维与辩论的关键参考标准。这不仅有政治经济方面的原因，而且还有文化方面的原因。美国除了在政治军事上崛起成为第一个拥有核武器的超级大国之外，它无与伦比的强大经济实力也向其公民展示了它在全球范围内必须扮演的角色。无论如何，美国公司在从1918年到1991年的"短短的20世纪"中成为成功的"全球玩家"，它们甚至能够对政治决策产生巨大的影响。无论是苏联还是其解体后的国家，抑或是包含亚洲四小虎以及印度在内的西方竞争对手，甚至是中国，都没有能力在未来科技方面对美国的经济创新潜力提出真正的挑战。今天美国人对于消费，尤其是对流行文化消费的理解也是如此。这种超级文化总而言之能够征服地球上的几乎每一个角落。如果说文化带来了自信的增强，那么大多数美国人会认为军事技术的成果是特别危险的因素。在几个世纪以前人们担心的是别国的直接入侵；但是现在，由于洲际导弹技术的发展和相应地变得越来越短的预警时间，敌方士兵甚至不需要踏上美国领土，美国就可能已经成了

---

① New York Times, 6. u. 11. 7. 2006. 使得莱维特在媒体中成为"全球化"这一术语发明者的主要文章是他的著作《市场全球化》（The Globalization of Markets）（Harvard Business Review, Mai-Juni 1983）。

受攻击的目标。最后，互联网技术在20世纪50年代原本作为一种阻止可能的全球核战争发生的装置而产生；但是自20世纪90年代以来，由于互联网技术的普及以及恶意软件的发展，它就被人们视为一把既带来便利也带来威胁的双刃剑。

"美利坚"的魔力

两次世界大战以及随后发生的冷战，一方面是全球化的基本条件；另一方面，美国此时在全球范围内的政治军事参与是美国的商品、服务以及生活方式取得全球胜利的基础。在欧洲，"美国化"的概念在19、20世纪之交就已经为人所熟知。此外，"美国主义"一词在第一次世界大战之后也随即出现。①然而这两个概念所强调的都是美国那具有明显压倒性的经济实力，而非政治实力。英国记者威廉·托马斯·斯蒂德是这一发展趋势的批评者之一，他在其1901年的著作《世界的美国化还是20世纪的趋势》中写道，美国化首先代表着一种进入大众社会的道路，人类在这种社会中只能成为驱动经济发展的一个齿轮。纵观整个19世纪，持同样态度的还有比如尼采这样的哲学家、海涅这样的诗人或者托克维尔这样的政治家。②

1918年以后，至少在诸如德国之类的欧洲国家中，经济衰落

---

① 下文内容参见 Trommler, Amerika（见第 426 页注释①），276-286（F. Trommler 的文章）；Becker, F./Reinhardt-Becker, E.(Hrsg.), Mythos USA. "Amerikanisierung" in Deutschland seit 1900, Frankfurt a.M., 2006, 19-47（F. Becker 的文章）。

② Trommler, Amerika（见第 426 页注释①），276。

的严峻形势发生了变化。正如尤里乌斯·赫希在其1926年出版的《美国经济奇迹》一书中所阐述的那样,此时的美国工业基本上被认为是一种领先的工业文化。直到魏玛共和国在1933年1月屈服于纳粹政权时,这种情况仍在持续。[1]即使在德国,那些大型的公共建设项目,如胡佛水坝,也被视为是对抗全球经济危机的奇迹。众所周知,希特勒的大规模机动化和消费计划也明显地受到了福特的启发。而与此同时,尤其是在战前时期,他的经济学专家所担心的是人们"将永远无法用收音机、吸尘器和厨房用具战胜英国"。[2]苏联的专制统治在20世纪30年代已经通过许可证模式对福特轿车进行了复制生产,它梦想着在冷战期间在消费方面超越美国并取得领先地位。苏联领导人在1957年苏联人造卫星发射成功之际曾说过,苏联人民的富裕"将比坦克更为有效地摧毁西方世界"。[3]

欧洲文化此时也同样为"美利坚"所深深吸引。不仅是好莱坞从中大获其益。1925年4月,当时已经拍摄了近280部电影的西部冒险电影明星汤姆·米克斯借着宣传其电影的机会在德国首都柏林的大街上穿着牛仔服装供人拍照。出生于美国的著名女舞蹈家约瑟芬·贝克在欧洲比在自己的祖国取得了更大的成功。而一些电影,比如1927年上映的由弗里茨·朗格导演的表现主义影片《大都市》等,都极为明显地以那些摩天大楼,尤其是纽约的摩

---

[1] Prinz, M./Zitelmann R. (Hrsg.), Nationalsozialismus und Modernisierung, Darmstadt, 1991, 199-215 (H.D. Schäfer 的文章)。

[2] 引用自 Mason, T., Sozialpolitik im Dritten Reich. Arbeiterklasse und Volksgemeinschaft, Oplade, 21978, 232。

[3] 引用自 Grinevskij, O., Tauwetter, Entspannung, Krisen und neue Eiszeit, Berlin, 1996, 153。

天大楼为蓝本。

尽管存在着各种各样的反美言论，美国的魅力在1933年之后依旧存续。受到盖世太保怀疑、监督并迫害的"摇摆青年"组织力求模仿英美并尽可能欣赏路易斯·阿姆斯特朗的爵士乐以及艾灵顿公爵或格伦·米勒的大乐队音乐。早已广为人知的是，即便是希特勒或者戈培尔，也梦想着创立好莱坞规模的文化产业，其中不仅包含史诗故事片的制作，也涵盖以沃尔特·迪士尼为蓝本的动画片制作。在二战接近尾声时，德国士兵更愿意向西方投降，这不仅是因为他们担心苏联方面的报复，而且也主要是因为他们认为这样能够更为接近美国人。尽管在二战结束之后，德国人与美国占领军之间并非毫无冲突，在巴伐利亚的某些地区甚至组织起了民兵以应对和防范美军犯下的诸如强奸等严重刑事案件。[①]但是西德人基本上很快就向占领军妥协了，尤其是当人们清楚地认识到联邦德国及西柏林地区完全处于美国的保护之下时。因此，在1948—1949年的第一次柏林危机得以成功解除后，西德人对美国的认可达到了前所未有的高度。1949年，当纽伦堡的阿诺德玩具公司发行战后第一个军事题材的玩具——以"威利"为原型的玩具吉普时，尽管先前出现了重重波折，它还是成了畅销品。人们最终对此的解释是，即使是"吉普车"也象征了对美国人的美好回忆。[②]

但是在世界其他地区，这种关系并没有得到积极发展。日本作为美国在二战中的第二大敌人在战后的表现有所不同，它的美国化

---

① Müller, Chr. Th., US-Truppen und Sowjetarmee in Deutschland. Erfahrungen, Beziehungen, Konflikte im Vergleich, Paderborn, 2011, 245 ff.

② Schäfer, Spiel Zeit Geist（见第 565 页注释②），55。

程度并未像西德那样彻底。鉴于日本人在战争中的疯狂抵抗，美国最初设想的是东亚地区的战争将一直持续到1949年。实际上，日本在美国于1945年8月投下两颗原子弹之后投降了。乍看之下，美国对德国的占领政策与对日本的占领政策之间的区别似乎并不十分明显，而且美国在这两个国家实施的"四个D"政策——非军事化、去纳粹化、分权化以及民主化到大约1952年都已经完成，虽然这种完成或多或少也受到了朝鲜战争的影响。尽管人们在两国都采用了相同的指导方针，比如惩罚战争责任人、从占领区撤出武装部队、社会非军事化和民主化以及对军工企业进行部分拆除与转型，但在执行上，尤其是民众观念上产生了很大的差异。日本尽管自1868年明治维新以来就已经接受了西方的生产方式，因此至少在国外观察家眼中在某种程度上出现了"西化"，但是在文化上，日本几乎没有受西方任何影响，除了从德国借鉴来的学校政策，而这一点在美国看来也是错误的。尤其令占领军政府机构恼火的是，他们的建议只是被日本阳奉阴违地接受。[1]

位于日本的美国机构为推动日本向西方政治文化开放并促使其融入世界经济作出了更大努力，因为这两者作为安全政策不可或缺。尽管如此，日本国内对此的抵触甚至是阻碍却越来越强。日本的神龙文学继续鼓吹本国和本国文化的优越性，但对于战争的反省几乎没有涉及。对于所谓的"靖国神社"的狂热崇拜仍在继续，而在该神社中所供奉的都是为了"天皇事业"死于19世纪日本内战和日本侵略战争的士兵，以及在东京审判后被处决的战争罪犯的亡魂。这也正说明了通过法令很难在文化传统上给日本

---

[1] Morgan, Th. B., Unter den Anti-Amerikanern, Düsseldorf, 1968, 69 f.

带来根本性的改变。美国人的"工人权益"和"工会权益"概念也与日本的传统观念相抵触,因为这种传统观念认为雇员应该为了企业做出牺牲。[1]

尽管德国平民担心遭到苏联入侵,但是他们却很少受到西方盟军的侵犯。然而在付出重大代价才占领的日本冲绳岛,美军士兵侵犯行为的数量却居高不下,相关报告也提及群体强奸事件。[2]直到今天,这些此前及近期发生的侵犯事件依旧左右着当地居民与仍在该岛驻扎的美军之间的关系。[3]1945年9月,即日本投降一个月前[4],日本当局甚至设立了专门为美国人提供服务的妓院。这种妓院一直存续到1946年。1945—1946年每天会发生大约40次强奸事件,而这一数量在妓院关闭后据估计增加到了每天330次。设立这种妓院的原因除了对于强奸事件的担忧以外,可能还由于人们想以此阻止美日后裔的出现这一事实。[5]然而,人们与此同时不得不认识到,当时的日本职业妓女也不愿意与美国人接触。除此之外,美日关系也因为美军的轰炸尤其是原子弹轰炸而不堪重负。在日本人的集体意识中,该国已经成为美国暴力的受害者,而因为这些暴力,日本自己在战争中所犯下的罪行甚至也"烟消云散"了。[6]美国人的观点当然正与此截然相反。

[1] Flath, D., *The Japanese Economy*, Oxford, ²2005.

[2] Tanaka, Y., *Japan's Comfort Women. Sexual Slavery and prostitution during World War II and the US occupation*, London 2002, 110ff.; Takemae, E., *Inside GHQ. The Allied Occupation of Japan and Its Legacy*, New York, 2003, 67.

[3] Der Spiegel, 20.2.2008.

[4] 此处应为一个月后。——译者注

[5] Dower, J.W., *Embracing Defeat. Japan in the Wake of World War II*, New York, 1999, 579, 脚注16。下文数据出处相同,123 ff。

[6] Coulmas, Hiroshima (见第491页注释[2]), 106。

695

有计划的美国化

在冷战之初，美国正面临着一个艰巨的任务，即此时正需要团结己方阵营并与敌对的苏联阵营进行斗争。为了达到宣传自己正面形象的目的，美国运用了各种各样的渠道和手段。其中最重要的事件之一当属1950—1967年存续的、由中央情报局资助的"文化自由大会"。它不仅包括了西方文化生活中的一些最杰出的人物，例如乔治·奥威尔、亚瑟·科斯特勒、马奈斯·斯帕伯、伯特兰·罗素和伊格纳齐·西隆，而且还向世界各地派遣了整支交响乐团，举办重要会议并发行国际知名杂志，例如《月刊》和《邂逅》。美国特勤局还维持了大约170个各类基金会，即所谓的"傀儡基金会"，目的仅仅是掩盖背后真正的赞助人并以此作为政治宣传的工具。然而在"文化自由大会"的幕后金主于1967年被公布之后，这一组织随即寿终正寝。

广播电台同样起到了重要作用。早在战争期间，全球播送的"美国之音"就已经大获成功。与此同时，为军队服务的"美国军中广播"（简称AFN，从1954年起称为广播电视服务频道）得以成立。在战后时期，其音乐节目使之在年轻人中特别受欢迎。随着美国在外交政策上越来越多地参与欧洲、亚洲和拉丁美洲事务，电台的海外驻地也纷纷出现。自20世纪90年代以来，美国在巴尔干、科威特、沙特阿拉伯和阿富汗等地开设了更多的电台，它们都成了美国化的媒介。

华盛顿政府眼中"信息政策"的重要程度在1953年为此建立的政府机构中可见一斑。美国新闻署的权重不仅体现在其高额预算上，还体现在其部门主管直接由美国总统任命，甚至从1955年起被允许参加国家安全委员会会议这一事实之中。从1954年起，美国新闻署还成立了自己的研究所用以分析全世界敌对势力各自的"宣传路线"以及制作针对特定国家的节目，即所谓的"国家策划"。除了官方的美国新闻署以外，自20世纪40年代末还出现了半官方的频道，它们都从美国政府获得秘密资金。从"自由欧洲之声""解放之声"到从西德播出的"自由之声"等电台，都针对东方阵营进行节目的制作和播放。以此模式运转的类似机构还有位于台湾岛并面向东亚地区的电台。在美国新闻署的控制下，对于民主德国最为重要的西方电台——1946年成立的"美国占领区广播电台"也得以成立并运营。它成了许多其他"前线电台"的模板，东方阵营甚至宣称它需要为民主德国于1953年发生的暴乱事件负责。

美国新闻署的另一个主要支柱是"美国之家"和"美国前哨站"。至1951年，美国的最后一个前哨站在铁幕形成之后被迫关闭时，"美国之家"不但存在于西欧，也曾出现在保加利亚、捷克斯洛伐克、匈牙利、波兰、罗马尼亚、苏联和南斯拉夫。在西欧地区，尤其是在西德，它们在战后第一阶段通过其图书馆和文化活动成为战争胜败双方的桥梁。美国新闻署还派出了诸如迪兹·吉莱斯皮或路易斯·阿姆斯特朗之类的著名音乐家，甚至是《波吉与贝丝》等百老汇音乐剧团作为其全球大使。1953年，德意志联邦共和国有大约一半的公众表示他们对美国的看法通过这些机构产生了积极变化。①用于从最佳角度展示"美利坚"的各类展览也是该计划的一部分,对此,甚至是身处铁幕之后的民众也表现出了极高的兴趣。甚至在1959年第二次柏林危机爆发期间,美国国家展览会也得以在莫斯科举行。尽管这次展览在美国被人称为"最有效的宣传形式",但是必须承认的是,这个现代艺术展可能还是"与普通俄罗斯民众相距太远了"。②

美国化进程如何,可以在冷战的交汇地带最好地体现出来,比如在被划分为四块的柏林地区。在柏林墙被建造之前,西柏林尤其是1957年创建的汉萨区一直是展示(归根到底还是美国的)现代性的窗口。除此之外,美国人在这一地区的投资也高于平均水平。③在柏林市中心选帝侯大街附近的动物园火车站理所当然地建起了一所"美国之家",它后来最终成为反美游行的聚集地。此外,美国还通过私人或半私人性质的基金会为其他文化机构提供大力支持。其中不仅包括随着汉萨区的出现,在蒂尔加滕城区同时进行建设并于1958年竣工的会议厅,也包括作为美国赠送给克罗伊茨贝格区的礼物而于1954年开放的美国纪念图书馆。除了这些以外,新成立的柏林自由大学以及新的西柏林歌剧院也获得了慷慨的捐赠。④

---

① Junker, D.(Hrsg.), Die USA und Deutschland im Zeitalter des Kalten Krieges 1945–1990. Ein Handbuch, 2 Bde., Stuttgart, 2001, Bd. I, 612–622(J.Gienow-Hecht 的文章);此处:620。

② 引用自 Krenn, M. L., Fall-Out Shelters for the Human Spirit. American Art and the Cold War, Chapel Hill, 2005, 167 以及 147。

③ Rudder, St. de, Der Architekt Hugh Stubbins. Amerikanische Moderne der Fünfziger Jahre in Berlin, Berlin, 2007.

④ Berghahn, V.R., *America and the Intellectual Cold Wars in Europe. Shepard Stone between Philanthropy, Academy, and Diplomacy*, Princeton, 2001, 143 ff.

在其他领域，美国化进程仍在继续，而冷战的战略家并不必采取主动措施。世界上很多受到西方承认的国家在军事方面不仅得到了美国的财政支持，而且他们的军队也得到了"美国化"的制服和装备，这不仅仅发生在西德。从1957年起出现在联邦德国大街上的新"联邦国防军"的车牌号均以字母"Y"开头，这被大众揶揄为"德国的末日"[①]。与民主德国军队在二战中就已设计定型的钢盔相比，联邦国防军所谓的"M56式"钢盔明显有借鉴美军的痕迹。1960年，联邦国防军的军服也模仿了美军式样。这些情况在其他同属于西方联盟并拥有美式军事装备的国家，尤其是北约和东南亚条约组织国家中都很普遍。在引进武器系统之后，相关课程的学习也自动提供，而其中的部分课程必须在美国完成。不应忘记的是，经济援助对于美国化而言是一种尤为重要的心理胜利。这些援助不仅提供了财政上的帮助，而且还带来了"正确的意识"。因此，在西德的马歇尔计划于1947年开始实施后，大量的资金投入到宣传活动中，一些企业家甚至被直接带到美国来体验美国模式的优势。[②]

---

① "Ende von Germany"这一说法中的"德国"（Germany）一词也以字母"Y"结尾，"Ende"一词在德语中有"末日"之意，故称"德国的末日"。——译者注
② 此处可参考克里斯托弗·韦伯（Christoph Weber）和贝娅特·施兰斯坦（Beate Schlanstein）拍摄的纪录片《市场经济初探》（*Marktwirtschaft für Anfänger*）（WDR 2008）。关于经济方面，可参见 Fink, H., Amerikanisierung in der deutschen Wirtschaft: Sprache, Handel, Güter und Dienstleistungen, Frankfurt a. M., 1995。

"美国化——无心插柳之举"

在非强制的情况下，日常生活中顺带进行的美国化似乎总是能够取得极大成功。[1]这一阶段早在20世纪50年代中期随着与占领国的关系"正常化"之后，在西德地区就已经开始了。对于美国化而言，最具有影响力或者正如批评家所强调的那样最易受影响的是语言。[2]在联邦德国很快就有美式英语的词语出现，比如"工作""漫画""粉丝"或者"业余爱好"等。一些杂志，如1946年创刊的《明镜》以及从1956年起专为年轻人出版的《喝彩》，成为重要桥梁。美式英语的词汇甚至渐渐被民主德国的民众接受，有些词语如"烤鸡"（Broiler）或者"调度员"（Dispatcher）等，都只是在这个地区使用。总的说来，在东西德两个地区，许多被认为是特别先进的事物都可以用美式英语来表示。对于民主德国来说，最重要的切入口还是广播和电视。人们可以合理地假设，这正是东西德双方大多数民众最终共同选择美国的超级文化以及"西方"的途径。[3]随着"阶级敌人"的音乐一起来临的还有其他词语：单曲、歌曲、布基-伍基、布鲁斯、节拍、摇滚、流行或迪斯科等。尽管德国社会主义统一党，尤其

---

[1] Linke, A./Tanner, J. (Hrsg.), Attraktion und Abwehr. Die Amerikanisierung der Alltagskultur in Europa, Köln, 2006.

[2] Polenz, P. v., Geschichte der deutschen Sprache, Berlin（W）1978, 173 ff.; Schmitz, H.-G., Die Amerikanisierung und Internationalisierung der deutschen Sprache nach dem Zweiten Weltkrieg, Starnberg, 1999.

[3] Bigsby/Banham, Superculture（见第650页注释①）。

是瓦尔特·乌布利希，对此进行了强烈的持续抵制，但是他们未能阻挡这种美国化在民主德国的蔓延。[①]在20世纪60年代后期，东柏林甚至利用美国音乐进行自己的宣传。美国反抗运动中出现的反越战主题唱片，比如琼·贝兹、皮特·西格和鲍勃·迪伦的专辑，在民主德国甚至能够在官方许可下得以发行。自1959年以来一直居住在东德的加拿大民间音乐家佩里·弗里德曼成为另一座重要的桥梁，美国音乐甚至通过他进入了德国社会主义统一党官方举办的"歌唱运动"。弗里德曼因此也成为示范性的北美人物之一，他不仅出现在主要的宣传影片，比如特工电影《最高机密》之中，而且也出现在联邦德国的复活节游行现场。直到1972年才移居东德、被称为"红色猫王"的美国音乐家迪恩·里德的情况也是如此，他甚至作为东德的音乐大使被派遣回美国。[②]德国社会主义统一党将这类行动的政治价值看得如此之高，使得他们甚至容忍了这一事实，即这一切实际上更加促进了美国化。在20世纪80年代，当美国音乐以及诸如蓝色牛仔裤之类的消费品在民主德国的青少年人群中完全流行起来时，将西方音乐有目的地用于自身政治目标的策略已经成为德国社会主义统一党的日常政治任务。美国摇滚巨星布鲁斯·斯普林斯汀于1988年7月19日在民主德国举办的演唱会成为冷战时期最令人震惊的事件之一，当时有成千上万的东德人在现场合唱了他的热门歌曲《生于美国》。

---

① 有关语言方面的内容参见 Junker, USA und Deutschland II, 496-506（H.Kämper 的文章）。有关音乐方面的内容参见 Rauhut, M., Rock in der DDR 1964 bis 1989, Bonn, 2002。

② Ernsting, St., Der rote Elvis. Das kuriose Leben eines US-Rockstars in der DDR, Berlin, 2004.

成功的历史：可口可乐与李维斯牛仔裤

美国文化，尤其是其流行文化在世界范围内大行其道的原因主要在于两个方面：其一是美国在世界范围内主动推销其产品的意愿；其二是美国通过政治军事手段，尤其是1917年以来那些看似自己争取或积极创造的机遇。富有进取精神并进行针对性宣传游说的一个典型案例就是在19世纪末成立的可口可乐公司的全球成功历史。[①]回顾其发展历史，1943年可能是最重要的一年，当时的美军驻欧洲总司令艾森豪威尔将军要求向他的士兵们供应"性感瓶子"装的"可乐"。[②]可口可乐公司为此在各地建立起灌装点时，它便取得了持久的优势。"性感"一词也成为该公司品牌在战后时期的主要标志。

就连二战爆发以及德国对美国宣战之后，这家来自亚特兰大的公司的管理人员仍然继续在纳粹德国进行产品的生产。通过这种方式，在二战之后，可口可乐公司的身影出现在五个大洲。然而，成功之外也有失败：在针对纳粹德国主要战犯的纽伦堡审判中，尽管该公司做出了一切努力，但最终没有得到安放可口可乐机器的许可。其亚特兰大总部直到现在还耿耿于怀

---

① 下文内容参见 Pendergrast, M., *For God, Country and Coca-Cola. The Definitive History of the Great American Soft Drink and the Company that Makes it*, New York, 2000, 195 ff.; Biedermann, U., Ein amerikanischer Traum. Coca-Cola: die unglaubliche Geschichte eines 100jährigen Erfolges, Hamburg, 1985。

② 艾森豪威尔的电报刊登于 Biedermann, Traum（见本页注释①），98。

的类似失败还发生在朝鲜、缅甸和古巴的市场，可口可乐产品在这些地区至少是没有正式销售许可的。就像1950年的广告中暗示的那样，整个世界都在喝可口可乐，也许它一定程度上征服了世界。①

当然，一个更为有趣的问题是，为什么世界各地的人们在很大程度上自愿并乐于购买而且仍然会继续购买美国的产品？美国以及美国产品的本质吸引力究竟是什么？就这一点，前文已经提及了不少因素。一方面，它毫无疑问地包括了美国混杂文化从新世界的生活方式中发展的历史起源，其折中主义使其内容在原则上无须因其简单性受到责难从而易于得到人们的接受。另一方面，随着工业社会的发展，对更简单、更快捷和更安全的供应品的需求也越来越普遍，正如这一点在快餐和便利店行业中所实现的那样。

1853年由李维·施特劳斯发明的"李维斯"蓝色牛仔裤自20世纪20年代起所取得的成功是建立在不同机制的基础之上的。牛仔裤原本是作为一种耐穿的工作服装发明的，这一用途一直得以保持。它取得全球性成功的历史始于19世纪末在美国兴起的对于"旧西部"印象的一种浪漫改良。随着电影业的繁荣发展以及在19、20世纪之交出现的数百部西部片，牛仔裤也逐渐在世界范围内获得了知名度。这种怀旧情结在1901年西奥多·罗斯福的总统任期开始后达到了第一次高潮。罗斯福本人不厌其烦地强调他在19世纪80年代曾经短暂地尝试成为北达科他州一个农场的牛仔的经历，并试图以相应的照片证明此事。

---

① vgl.die Abbilduugin: biedermann, Traum（见第702页注释①），160。

703

第一次世界大战后，当美国人仍然对自己是否应该参与国际政治持迟疑态度时，所谓的"宾客农场"就已经出现了。它们主要针对那些想要为自己寻求忙碌生活之外的边疆感受的东海岸男性。这些在度假农场体验艰苦农村生活的新来者被称为"纨绔子弟""新手"或"没经验的人"。早在1926年，一群富有进取心的农民和牧场主在西部联合成立了"度假农场主协会"。在接下来的几十年中，这种经营理念使其发展成为一个综合性行业，其中不仅包含农场，还涉及钓鱼和狩猎旅行活动以及相关专业设备的提供。反过来，好莱坞又在一些喜剧片中刻画了笨手笨脚的城里人作为"新手"的经历，比如1937年由奥利弗·哈迪和史丹·劳雷尔二人组合演绎的《西部之路》以及1991年的《城市乡巴佬》，这些影片直到今天还受到观众的喜爱。对于美国服装工业而言，这种潮流已变成一座金矿。特别是自20世纪30年代以来，农家乐游客开始更多地购买那些被认为是符合农场特点的典型服饰。

对于李维斯公司来说，这种潮流使它的成功一直延续到20世纪50年代。当时首先是热衷于城市亚文化的青少年发现了这种仍主要被当作工作服来穿的牛仔裤并使之成为日常穿着的代表元素。由于当时的美国社会和现在一样对"着装要求"有所规定，这使牛仔裤的影响力得到了增强。众所周知的"正装"要求对于在办公室工作的人群而言几乎无一例外，即男性只允许穿西装，女性则只允许穿连衣裙、短裙或者职业套装。只有在"休闲星期五"时才能在极有限的场合下例外地打破这一规定。这使得服装的与众不同从一开始就被怀疑带有可疑的野心。1955年因车祸意外去世的詹姆斯·迪恩所主演的那些故事片使得牛仔裤在青少年人群中更具叛逆的鲜明特色，而当时甚至连比尔·哈利和猫王埃尔维斯·普雷斯利这样的摇滚明星仍穿着西装登台演出。通过20世纪60年代的嬉皮士运动，牛仔裤取得了最终的突破。然而，现在的牛仔裤已经成为一种被伪装的民主化，人们已经无法根据它来分辨阶级了。

互联网：全球化作为美国化的表现

到1991年冷战结束时，书籍、电影、报纸、杂志、广播和电视已经使美国人的生活方式在全世界大部分地区为人所知，余下的任务就交给了自20世纪80年代以来蔓延至世界剩余地区的互联网。通过加快新闻传播和自动化速度来进行的工业社会革命源于美国，或者说至少是由美国推动的，这种革命又反过来导致了信息社会的产生。而军队在这一过程中有时也会起决定性的作用。就连"信息社会"和"信息时代"这两个概念都是源于军事研究领域。其发明者是美国数学家诺伯特·维纳，他以其1948年发表的论文《控制论——关于在动物和机器中控制和通信的科学》被视为控制论的创始人。[①]

通过互联网连接的信息社会分两个步骤获得了重要的推动力。第一个步骤是1983年"阿帕网"对民用领域的完全开放，这与个人计算机在美国的普及是同时进行的。除了IBM之类的大型

[①] Conway, F./Siegelman, J., *Dark Hero of the Information Age. In Search of Norbert Wiener, the Father of Cybernetics*, New York, 2005.

康采恩以外，扮演先驱角色的还有那些最初规模极小的"车库公司"，比如比尔·盖茨和保罗·艾伦创建的微软公司及其竞争者——由史蒂夫·乔布斯建立的苹果公司。随着互联网规模的扩大，特别是通过用户友好度的改善，无论是微软公司还是苹果公司都发展成为数十亿规模的世界级公司。1984年生产的苹果"麦金塔计算机"装载了视窗操作系统程序①，它已经成为普通市民可以负担得起的第一款个人电脑并在商业上取得了成功。仅仅一年后，比尔·盖茨就研发出了可用于IBM电脑的程序，它直到此时才被称为"视窗操作系统"。复杂编程语言的学习对于计算机使用者而言从此成为多余。

然而直到第二个步骤，即随着阿帕网在冷战末期的1990年消亡后，互联网才开始在美国和世界范围内取得真正的胜利。在这一时期也出现了第一家民用的网络供应商。计算机在全球范围内变得越来越便宜；此外，通过搜索引擎（浏览器）和书写程序的应用，它也变得更加易于操作。然而颇具讽刺意味的是，当时就已经非常关注安全问题的美国政府对此进行了积极参与。今天（2013年）大约有20亿人通过互联网被"联接"起来。②这一切也顺带再次彻底改变了已经具有便捷移动性且倚重科技的美国社会。此时的人们已经无须出门就可以进行购物。如果没有计算机和信用卡的话，就连预订旅行或购买电话卡都会成为问题。而所谓的电子商务也随即征服了全球。除此之外，邮政业务也受到了电子邮件的强烈冲击，以致历史悠久的美国邮政局在2011年濒临

---

① 原文如此，实际应为 System（系统）。——译者注
② 2010 年的数据为 19.7 亿人（Der Spiegel, 18.1.2011）。

破产。今天美国人已经不再寄送传统的信件了，它被人们贬称为"蜗牛邮件"。至2010年，全球发送的电子邮件总数已达到约107万亿。①然而，即便是互联网中的习惯也在不断地变化：在美国，对于电子邮件的使用人们也已经变得越来越提不起兴趣。目前更受欢迎的是所谓的社交网络，例如最初于2004年为中学生和大学生建立的社交平台"脸书"。它已经发展成为全球性的成功典范。②传统的个人计算机的使用现在也呈下降趋势，它已经被诸如笔记本电脑、上网本、平板电脑之类的移动设备，尤其是具有上网功能的智能手机取代多年。

时至今日，在美国也出现了众多虚拟的世界。想要在这些虚拟世界中找到出路的人在很大程度上仍然需要依靠英语，确切地说是依靠美式英语。英语自1945年以来已经被普遍接受为科学和商业语言；而最晚从互联网开始发展时起，它也成为技术语言。即使在引入全球通用的可接入网络时，美国仍然谨慎地确保被称为"路由器"并用于互联网分配的根服务器完全设立在美国。其实际原因首先涉及安全问题。此外，于1998年推向市场的美国谷歌搜索引擎在2011年为整个互联网大约80%的查询提供了服务。显而易见的是，互联网的使用还可以促使行为模式的美国化。因此，在一些国家，如伊朗等，对网络进行严格的监控和审查，甚至出现完全断开互联网连接的想法也就绝非偶然了。

综上所述，美国文化为何能在世界范围内取得胜利的奥秘就很容易解开了：自美国积极参与全球事务以来，它就一直存在并

---

① Der Spiegel, 18. 1. 2011.

② 见 www.comscore.com/Press_Events/Presentations_Whitepapers/2011/ 2010_US_Digital_Year_in_Review。

随处可见而且可接触，有时甚至被认为是具有颠覆性的。美国的产品以及促使其他传统逐渐淡出人们生活的美国生活方式的基本理念，即便在世界上最偏远的角落都能扎根下来。事实证明，全球化和美国化进程也可能意味着多样性的丧失。

毫无疑问，所有这些都可能为传统反美主义的严厉批判提供依据。其首要论点是，如果在一个由美国统治的世界中，民族认同将面临丧失的危险。第二个论点在于在一定程度上言之成理的对于文化贬低现象的总体担忧。这两个论点在早期都被用于反对所谓的"可口可乐文化"，直到现在还被用于反对全球化的后果。如此，早在联邦德国成立之初，就已经出现了归结于民族主义的两条战线之争。人们一方面反对美国化，另一方面又反对"文化的布尔什维克主义"，双方都将其理解为反对"欧洲西方文化消亡"的斗争。[①]在联邦德国的"六八运动"中，对于美国化批判的方向产生了一种完全不同的转变，它主要针对的是美国的全球主导地位以及霸权政策。这些攻击的剧烈程度常常是出于对"美国的真实嘴脸"的一种失望，因为该国的表现远不能和人们所期望的解放和自由主义之国度相提并论。但是，这些"六八运动派"与此同时却恰恰比其他人更多地接受了美国的行为模式，并因此为众多大学的进一步美国化作出了最为持久的贡献。

在欧洲范围之外，人们同样可以听到批判美国在政治文化上的主导地位以及害怕失去民族认同感这两种论调。然而在欧

---

① 引用自 Jarausch, K./Siegrist, H.（Hrsg.）, Amerikanisierung und Sowjetisierung in Deutschland 1945–1970, Frankfurt a.M. 1997, 17。

洲，无论是西方美国化的影响还是东方苏维埃的影响在这些地区都经常遭到一种利用各民族传统，主要是宗教传统的对抗。值得注意的是，相关的抗议活动通常是由这些国家的宗教要人支持的，它们主要针对美国的文化机构。这种现象在南越以及伊朗都可以看见。①

---

① Stöver, Der Kalte Krieg（见第 521 页注释①），247 ff。

第十二章

面临新对手的唯一霸权：自1991年起的美国

一个新的世界秩序

出于多种原因，冷战的结束对于美国而言是一个重大的转折。一方面，冷战的结局为由于越南战争的失败而感到不安的美国人打了一针强心剂；另一方面，美国也似乎不再有强有力的对手了。从这种自我理解以及对联合国长期以来不信任的背景出发，美国人坚信，其单方面的行动要比与盟国和国际组织进行的长期多边协调更为行之有效。

纪念文化与历史政策

然而，那种对于冷战的胜利感并未在美国国内得到很多体现，这在美国的西方盟国也是如此。虽然这次没有设立所谓的"胜利纪念日"，但是美国人直到今天都对冷战有一种普遍的积极回忆，尽管这种回忆无法与那场"好的战争"——第二次世界大战的纪念文化相提并论。众多退伍军人协会不仅要求对其贡献进行褒奖，而且也在一定程度上强烈要求建立用于纪念冷战胜利的场所。他们的诉求早在1991年就已经给美国国民警卫队成员颁发"冷战胜利纪念章"而得到回应。

实际上，关于冷战的历史遗迹在美国其他的公众群体中也同样很受欢迎。早在1991年，华盛顿方面就已经通过所谓的"遗迹资源管理项目"对这些遗迹进行了保护。这一项目的任务应当是对"与冷战有关的国防部有形……资产进行登记、保护和维护"。[①]为此,美国政府一开始每年提供1000万美元的经费,后来又上涨到每年5000万美元。美国能源部也在为类似的保护项目提供资金,它主要是用于第一批核武器生产设施的保护。人们甚至在努力申请将这些设施列入联合国教科文组织世界遗产名录。通过这个项目以及部分私人支持,一些导弹发射井、武器库以及掩体都得以向公众开放。除了那些在19世纪对于西部发展起到重要作用的牛道,仅美国西部就拥有近5000千米长的"冷战路线",它们在广告语中被称为"赢得冷战的地方"。感兴趣的游客可以在这些地方参观位于地下的巨型泰坦洲际弹道导弹——它于2006年退役并被转移到科罗拉多州埃尔帕索县彼得森空军基地的北美防空司令部,或者参观位于洛斯阿拉莫斯的核研究设施。[②]除了对这些与诸如南北战争之类的纪念场所并存的历史遗迹进行维护以外,还出现了一系列的冷战博物馆。其中的一所取得了巨大成功,它位于首都华盛顿,其展出内容只与间谍战有关。值得注意的是,这些设施中有很多是以罗纳德·里根总统的名字命名的,因为他在20世纪80年代冷战的后两个阶段中曾对美国的政策作出了重要决定,并在1987年6月12日于勃兰登堡门前的演讲中向戈尔巴乔夫呼吁,"打开这扇门,……拆除这堵墙"。[③]被更名的还有

---

① 引用自 Schmidt, L./Preuschen, H. v., Auf beiden Seiten der Mauer. Denkmalpflege an Objekten aus der Zeit des Kalten Krieges, Berlin, 2005, 53-60(K.Allen 的文章);此处:54。

② 记录于 www.cnn.com/Specials/cold.war/experience/the.bomb/。

③ 引用自 Heideking/Mauch, Geschichte(见第 51 页注释②), 378。

位于华盛顿特区的国家机场、一艘于2003年服役的航空母舰以及美国的各种官方建筑。

世界新秩序

自1991年以来，无论是在共和党总统乔治·布什还是民主党总统比尔·克林顿的领导下，美国对在这场不时徘徊于核战争边缘的冷战中所取得的无可争议的胜利均作出了克制的反应，主要原因是苏联及其后继国家局势的不明朗。一方面，冷战的关键就是苏维埃帝国垮台。[①]在东欧以及苏联地区产生的新民族国家寻求新的政治联系，其中最具迫切现实意义的就是他们想要加入何种联盟体系的问题。这对于中东欧地区的苏联卫星国家而言是最为简单的，他们在传统上历来都感觉与西欧有更多的联系。波兰、捷克斯洛伐克共和国、匈牙利、保加利亚、罗马尼亚、波罗的海国家以及南斯拉夫的部分地区在冷战结束后立即以成为欧洲共同体——1993年起称为欧盟的成员为目标。对于其中的很多国家而言，这种选择是有道理的，因为在二战以后冷战的爆发以及阵营分化突然阻断了它们的发展希望。这种失望感在美军于1945年曾经到达过的那些地区（例如捷克斯洛伐克）尤其强烈。这种几十年来对于"解放"的期望在流亡欧洲的反共组织中继续得以保持，它们在美国也成立了长期的民族"抵抗团体"，其中一部分

---

① 下文内容参考 Stöver, Der Kalte Krieg（见第 521 页注释①），471 ff。

也得到了美国官方的支持。[1]欧盟的东扩作为冷战结束的成果也没有遭到美国反对。相反，在关于扩大战略上被认为尤为重要的新成员事宜上，美国甚至对欧盟施加了一定的压力。这一点在2000年之后北约伙伴国土耳其试图加入欧盟的案例中可以看出。虽然华盛顿方面认为土耳其的加入将对近东和中东产生积极影响，但是这在可预见的未来并不会实现。最初加入欧盟的三个中立国家是奥地利、芬兰和瑞典。到2007年为止，匈牙利、波兰、捷克共和国、爱沙尼亚、斯洛文尼亚、拉脱维亚、立陶宛、斯洛伐克、保加利亚和罗马尼亚也相继加入，使得欧盟成员国数量增加至27个。然而这也逐渐引发了一个问题，即美国的一个强有力的对手也随之发展起来，其大约5亿的总人口数量甚至远远超过了美国。

军事上的重新部署

华盛顿方面将此时已不适用的阵营结构中的军事重新部署视为冷战结束后的第二项核心任务。对于北约组织以及当时还存在的华约组织而言，最大的共同成就之一就是通过1990年缔结的《欧洲常规武装力量条约》在欧洲进行的裁军。仅通过这一措施就有大约4万个大型武器系统遭到销毁，裁军人数也达到了大约50万人。在统一后的德国进行的裁军也首次使很多人对实际的军事规模有所了解。当时的坦克和装甲车保有总量分别为7133辆和9598辆，其中的4166辆坦克以及6152辆装甲车遭到报废或赠送给

---

[1] Stöver, Befreiung（见第470页注释①），217 ff. u. 283 ff.。

其他国家。[1]如何处理核武器的问题则更为迫切。早在1990年6月1日戈尔巴乔夫访问美国期间，双方已经商定对战略核武器进行削减并停止化学武器的生产。通过1991年7月新签订的《削减战略核武器条约》，战后的新框架条件也得以确立。双方共同商定，各方所拥有的核弹头上限为8640枚并且禁止研制能够装载10枚以上核弹头的导弹，这使双方在较低水平上出于安全需要保有其核平衡力量。1992年，俄罗斯和美国也承诺进一步削减核弹头，使双方各自的核弹头总数到2003年减少为3500枚。然而，核武器的完全销毁直至今日仍未有计划。更具讽刺意味的是，不受控制的核武器扩散仍在继续并日趋迅速。从冷战以来，仅超级大国就生产了约1750吨高浓缩铀和约230吨钚，独联体（德语简称：GUS）在这一时期储存了多达160吨钚以及大约900吨武器级铀。[2]

1994年，来自苏联武器生产领域的走私钚和铀就首次出现在德国。这种情况通常出现在薪水不足或者失业的机构工作人员之中。这些"冷战遗留"被证明是一个十分棘手的问题，特别是当恐怖组织或者某些国家对这些材料表现出极大的兴趣时。俄罗斯作为苏联继承成员之一接管了920项在冷战中用于武器研究和新武器系统开发的设施。至1995年，其中的270项遭到关闭，因此遭到

---

[1] 数据引用自 Buchbender, O. u. a.（Hrsg.）, Sicherheit und Frieden. Handbuch der weltweiten sicherheitspolitischen Verflechtungen, Militärbündnisse, Rüstungen, Strategien. Analysen zu den globalen und regionalen Bedingungen unserer Sicherheit, Herford, ^{3}1987, 131。

[2] 数据引用自 Albright, D. u.a., *World Inventories of Plutonium and Highly Enriched Uranium*, Oxford, 1993, 39 以及 57 ff。

遣散的人员达到了大约25万名。[1]在20世纪90年代的确出现了有关俄罗斯技术人员投奔利比亚、伊拉克、伊朗、巴基斯坦和朝鲜的传闻。早在1991年11月，美国国会就因此发起了一项立法动议从而为冷战时期的失业武器专家提供新的就业前景，这最终体现在一项名为《合作削减核威胁项目》的计划之中。正如人们在随后几年中所看到的那样，这一计划仅取得了部分成功。一些专家还是被招募到了诸如伊朗或者朝鲜这样的国家。而两者今天都毫无疑问地走上了拥有核力量的道路。

除此之外，美国还在努力发展一种安全策略以拉拢中东欧地区在政治上迷失方向的原华约成员国，在可能的情况下甚至将它们争取为北约的新成员，但同时又不能让苏联的政治继承者俄罗斯感觉受到羞辱。当人们想确保苏联的核武器能够处于控制之下时，这一点就变得更为重要。因此，美国总统克林顿于1993年4月4日——颇具讽刺意味地与北约在1949年的成立纪念日一致，批准了对莫斯科方面的一揽子援助计划。16亿美元的援助旨在稳定俄罗斯经济并同时促进民主的发展。尽管没有得到明确的表述，这一举措仍旧遵循了杜鲁门总统在1947年作为遏制政策的基础而确立的传统前提：极权主义政权在贫困和争执中不断地成长，并总是在对于一种更好生活的希望破灭之时得到更为繁荣的发展。克林顿总统与俄罗斯总统鲍里斯·叶利钦在温哥华举行的会议上所发表的宣言也同时包含了关于美俄在国际政治和裁军问题上进行合作的伙伴关系协定。[2]仅一个月后的1993年5月13日，美国

---

[1] 数据引用自 Urban, K., Das heiße Erbe des Kalten Krieges: Hinterlassenschaften und Hinterbliebene, München, 2000, 129 f.

[2] U.S.Department of State Dispatch, 12. 4. 1993.

就放弃了备受争议且一直少有成效、在冷战中用于太空导弹防御部署的星球大战计划。由于不论是此前的戈尔巴乔夫还是当时的叶利钦所面临的政治阻力都呈增长趋势，这一举措也显得更加重要。叶利钦在1996年只能凭借更多的好运在大选中击败其共产主义对手根纳季·安德烈耶维奇·久加诺夫。而在1998年的经济危机——自1991年以来发生的最严重经济危机之中，就连莫斯科方面也不得不承认其破产的事实。

然而，部分裁军协议，尤其是导弹防御系统的裁撤在美国也引发了越来越多的抵制。在参议院自1994年起就占据主导地位的共和党人对此发起了强烈的抵制，而新的国家导弹防御系统（NMD）在克林顿的共和党继任者小布什当选之后不久就得以启动这一事实也就毫不令人感到意外了。这一防御计划对俄罗斯尤其构成了挑战，特别是因为已解散的前华约组织成员国波兰都被纳入这个体系。尽管在国内政治领域有诸多冲突，美国的两党仍然达成了必须继续实施该计划的共识，这也导致民主党总统巴拉克·奥巴马继布什之后于2011年明确作出了进一步扩大该导弹防御体系的决定。尽管克林顿在1999年与俄罗斯已经达成了合作伙伴关系，但是匈牙利、波兰和捷克共和国仍然被纳入北约。2012年，美国国家导弹防御系统正式启动。

同一时期在华盛顿举行的北约峰会上，所谓的"新战略概念"也得以通过。这一概念无非是自1991年起期待已久的对整个冷战后西方安全政策的一种重新定位。[①]它一方面确立了基本的价

---

① www.nato.int/cps/en/natolive/official_texts_27433. 作者的译文。下文数据出处相同。

值和任务,在官方的媒体声明中这样表述道:"联盟体现了一种横跨大西洋的联系并将北美安全与欧洲安全永久性地绑定在了一起。"另一方面,它也从根本上重新定义了军事任务以及与原东方阵营国家的关系。美国政府此时也将在北约地区之外的干预作为任务之一。美国在1999年3—6月已经在科索沃地区实施了这种超出北约范围以外的干预行动,它与北约一起在这里与塞族领导的试图以武力保持领土完整并同时向当地穆斯林和阿尔巴尼亚人算"旧账"的南联盟进行战斗。美国甚至都没有等待类似于1950年在朝鲜战争中获得的联合国授权文件就发起了进攻,从这一点也可以看出美国对联合国已经缺乏兴趣的迹象。而华盛顿方面几乎就不向联合国支付任何会费。尽管如此,在接下来的干预行动中,联合国与欧安组织的职能仍被加以利用。在北约司令部的指挥下,巴尔干战区也部署了国际性的多国军事执行部队(IFOR)和联合保护稳定部队(SFOR)。

除此之外,美国及其盟国此时也正在为全新的危机场景做准备。这种危机尽管从根本上已为人所知,但是直到千禧之交才明确地显现出来。直到今天仍然鲜为人知的是,早在2000年夏天——在克林顿执政的最后一年中,一篇题为《美国军队——为明天做准备》的报告就已经发表。这篇文章阐述了美国未来二十年的战略规划。文中不仅特别指出了对于新的"不对称"威胁,比如全球恐怖主义和互联网的防范,而且也对继续推行基于卫星的导弹防御提出了思考。[1]恐怖主义自冷战时期起就已经为人所

---

[1] Joint Vision 2000. America's Military-Preparing for Tomorrow, Documentation, Summer, 2000, 71(www.dtic.mil/doctrine/jel/jfq_pubs/1225.pdf).

知，1993年2月26日在纽约世界贸易中心发生的一起由穆斯林激进组织发动的袭击宣告了恐怖主义活动的死灰复燃。通过互联网恶意程序威胁国家安全的所谓"网络战争"在1991年之前还完全不为人知，但是它在2010年就已经被北约明确地列入当前的实际威胁清单。[1]

核战略

最为重要的问题仍然是在新的历史条件下易于实施的核战略问题，正如巴拉克·奥巴马自2009年就任总统以来所反复强调的那样。自20世纪60年代以来，美国一直奉行"灵活反应"战略，它与1954年宣布的"大规模报复"战略截然不同；除了全面核战争以外，"灵活反应"战略也允许采取其他不同的军事手段。随着老对手苏联的解体，这一战略也变得过时了。然而，鉴于未来可能出现拥有核武器的新对手这一情况，核战略的制订并未显得多余。尽管美苏两国在1968年商谈的《不扩散核武器条约》（NPT）于1970年生效，但是它仅涉及将核武器限制在特定范围内以避免发生核战争的危险。这被逐渐证明是一个不可解决的难题。[2]最初的签署国，即美国、苏联和英国，在试图将所有国家（无论其是否已经拥有核武器）纳入这一条约时遇到了强烈的抵制。尽管到冷战结束时已经有超过140个国家加入进来，但是表示

---

[1] 参见 www.nato.int/lisbon2010/strategic-concept-2010-eng.pdf。
[2] NPT, 1. 7. 1968, 刊登于 Cirincione, J., *Deadly Arsenals. Tracking Weapons of Mass Destruction*, Washington, 2002, 371–376; 此处：371。

拒绝加入的正是那些在核武器方面坚持国家主权并同时担心其加入将意味着大国的力量会得到进一步加强的国家。这样的抵制早在1991年之前就在东西方阵营中此起彼伏。中国和法国直到1991年和1992年才加入这一条约。在该条约签署期间正处于本国核武器试验即将成功之前的印度则对此表示完全拒绝，与其竞争对手巴基斯坦一样，它在冷战结束后仍然对这一条约敬而远之。主要将核武器视为自我保护并对抗那些不承认其存在的阿拉伯国家的以色列也拒绝加入《不扩散核武器条约》。而在冷战期间，该条约的监督控制力也被证明是有问题的，这一点在利比亚、伊朗、伊拉克、南非和朝鲜核问题上表现得尤为明显。尽管自1975年以来每五年举行一次会议，但是国际原子能机构实际上只能对那些欺骗检查人员并有能力继续进行核生产的国家进行登记。

  冷战结束后，华盛顿方面的反应体现在对于众所周知的导弹防御系统进行更新。这个新版本在美国以外的地区也遭到了诸多谴责，因为这一计划早在20世纪80年代就引发了激烈的争论。一个导弹接近时便能够将之摧毁的有效防御系统将会使自20世纪70年代以来辛苦建立的安全体系崩溃。1972年5月26日美苏签署的《反导条约》最终明确规定，为了保证威慑力，全面的防御也应当被禁止。因此，乔治·布什在2001年再次宣布作为重要安全政策计划的国家导弹防御系统要求退出原有的《反导条约》。当年9月美国便退出了该条约。在同一时期，穆斯林极端分子于2001年9月11日发起了臭名昭著的恐怖袭击，造成了将近三千名民众死亡。此时，核战略与反恐怖主义战略几乎自动地融合在一起，正如在一年之后的2002年9月17日宣布的《国家安全战略》所展现的那样。[1]这一政策也以"布什主义"之名著称，它旨在实现以下两个目标：保护美国免受那些应对9·11恐怖袭击负责的所谓流氓国家以及那些不愿受到《不扩散核武器条约》制约的国家的突袭。国家导弹防御系统的建设于2002年12月7日正式宣布。五年之后，其中的十几项设施已经建造完毕。

第三世界和中国

关于穆斯林恐怖主义，布什在2002年9月提出的国家安全战略也明确指出了第三世界对美国的威胁。冷战结束后留下的真空无疑会引发各种反应。从世界范围内看，其中有两种趋势表现得尤为明显。相比于中国在20世纪70年代中美共同签署《上海公报》之后的崛起，来自第三世界的激进伊斯兰运动的发展无疑更令美国担忧。最初作为世界范围内反共势力扶植的伊斯兰原教旨主义者早在1991年之前就已经表现出试图为第三世界利益而战斗的明显迹象。因此，随着阿富汗反苏圣战的结束，美国不仅在冷战外围的伊斯兰国家（如印度尼西亚），而且在欧洲（如阿尔巴尼亚和南斯拉夫），都采取了某种伊斯兰发展援助。除了国家以外，此时还出现了许多伊斯兰捐助者，其中就包括1998年成立，后于2001年9月11日在纽约发动恐怖袭击的基地组织。[2]这就是其首领奥萨马·本·拉登在第三世界部分地区上升为政治偶像，有时甚

---

[1] 刊登于 Schambeck, Dokumente（见第 116 页注释①），770-794。
[2] Brisard, J.-Ch./Dasquié, G., Die verbotene Wahrheit. Die Verstrickung der USA mit Osama bin Laden, Zürich, ⁵2002, 113 ff.

至像大众明星一样受到欢迎的原因。伊斯兰主义在富裕工业化国家留下的第三世界的部分地区成功地将自己作为一种意识形态融合推销出去。美国政治学家兼美国国务院顾问塞缪尔·亨廷顿早在1993年就已经指出了这一点。1972年在中美会晤的最终备忘录《上海公报》提到的"反霸权条款"主要是为了在东亚地区遏制苏联。然而在美国眼中,中美之间的和解并不会真正地吓倒苏联。国务卿基辛格奉行的所谓的"世界三角政治"——三边关系的建立,仍然意味着针对冷战另一方进行敲打,但同时也不令局势升级。①

尽管如此,中美双方共识仍然存在边界。……②中美两国才于1979年1月1日正式建立了外交关系。这种针对中国并始终避免通过西方的专业知识使中国过于强大的方针政策直到里根时代才有所改变。冷战结束后,中国得以在短短几年之内继续向西方工业国家展现了自我,更重要的是,它也确立了自己在东亚地区的领先地位。具有讽刺意味的是,甚至是那些在美国帮助下最初加入东南亚条约组织,之后又加入东盟且位于反共前线的国家也成了中国的经济伙伴。与此同时,中美之间可能产生冲突的框架条件仍然清晰可见。除了双方在人权问题上的分歧以外,中国在世界市场上似乎不可阻挡的力量也给冲突的产生提供了足够的理由。③……

---

① Huntington, S.P., Der kampf der kulturn.The Clash of Civilizations.Die Neugestcltung der Weltpolieik im 21。Tahrhundert, München, 1996. 334ff. u.335ff.
② 作者对中美关系正常化过程中毛泽东的决策以及中国台湾地位问题的阐述不准确。——编者注
③ Kissinger, H.A., Memoiren 1968-1973, München, 1979, 182.

724

世界警察

2003年的《金融时报》称,"美国的命运就是捍卫世界"[1]。如何解决在这个过程中产生的相关冲突问题,在五角大楼于2006年提交给美国国会的战略文件中得到了阐明。该战略文件提出了"长期战争"的中心概念。[2]冷战的获胜,特别是在冷战期间于1953年建立的"遏制-解放"一体化战略,成为一种借鉴模式。1998年10月7日,当时的参议院共和党多数派领袖特伦特·洛特在关于克林顿签署《伊拉克解放法案》时的辩论中声称:"在冷战的高峰期,我们支持了亚洲、非洲和拉丁美洲愿意为民主的未来而战斗和牺牲的自由斗士。我们现在能够也应该在伊拉克做同样的事情……我相信,您现在已经开始理解为何有必要从遏制转为推回政策的战略依据了。仅进行遏制是不够的。"[3]

对于遏制政策是否足够还是谋求解放的问题,美国已经通过它首次以"世界警察"身份进行的朝鲜战争作出了明确的解答。尽管面临朝鲜的解放可能需要通过向中国进行核战争的代价来达成的事实,但是为了进行遏制,美国在当时还是决定发动这场

---

[1] Boot, M., America's Destiny Is to Police the World, in: Financial Times, 19. 2. 2003.

[2] Quadrennial Defense Review, 6. 2. 2006, 9.

[3] Establishing a Program to Support a Transition to Democracy in Iraq (Senate-Oct. 7, 1998), 11811.

"在错误的时间与错误的对手进行的错误的战争"①——正如参谋长联席会议主席奥马尔·布莱德莱将军所说的那样。如果美国有必要发动核战争的话，它只可能针对莫斯科这一主要敌人。外围地区的"小型战争"仍需以常规方式进行。朝鲜战争也是这样。

失而复得的外交共识

从冷战期间的外交政策过渡到冷战之后的外交政策的过程并非那么悄无声息，首先是因为共和党继续制定政府的政策，又或者是因为在20世纪80年代投入了大量精力来再次强调外交政策中的意识形态依据。②甚至是因冷战结局失而复得的两党共识也是解释的一部分。在灾难性的越南战争后，民主党与共和党在外交政策上重拾的共识基础更有可能与从1979年11月4日至1981年1月20日在伊朗发生的人质事件有关。在这一事件中，美国已经无法对其所受的集体屈辱视而不见。伊朗当时在两党眼中就已经是传统的"流氓国家"，尽管这一称呼当时还没有出现。虽然20世纪80年代里根政府的外交干预，例如臭名昭著的伊朗门事件，遭到了民主党人的一些严厉批评，但他们从未涉及外交政策的那些基础性问题，其中也包含"警察行动"。1983年10月在格林纳达采取的"紧急狂暴"行动、1988年3月在洪都拉斯采取的"金雉"行动以及1989年12月在巴拿马采取的"正义事业"行动，均是美

---

① Besson, W., Von Roosevelt bis Kennedy. Grundzüge der amerikanischen Außenpolitik 1933-1963, Frankfurt a.M., 1964, 165.

② Davis, A.(Ed.), *For Better or Worse*, Westport, 1981, 119-131（E. Ahmad 的文章）。

国在门罗主义势力范围内对共产主义的威胁所采取的明确的打压措施。在格林纳达总理莫里斯·毕晓普被谋杀并且左翼军事委员会接管权力之后，华盛顿方面决定出兵占领该岛。针对洪都拉斯的行动主要是因为此前来自邻国尼加拉瓜的左派桑地诺民族解放阵线已经渗透到洪都拉斯境内。1989年下半年，里根的继任者布什总统感到有必要干预具有战略意义的巴拿马。此前受美国扶植的军政府首脑努埃尔·诺列加因为不愿在本国训练受到华府资金支持、在尼加拉瓜与桑地诺民族解放阵线作战的反对派成为美国的弃子。除此之外，诺列加早已因其亲苏态度而引起了美国的怀疑。

随着20世纪90年代两次重大冲突的爆发，1992年的南斯拉夫解体以及1990—1991年的第二次海湾战争，美国跳出了其狭小的利益范围并开始扮演世界警察的角色。[1]

南斯拉夫战争

南斯拉夫领导人铁托自1948—1949年与莫斯科决裂并在1955—1961年决定实行不结盟政策以来，他非常成功地在各阵营之间取得了平衡，尤其是与美国保持了良好关系。[2]华府方面长期以来甚至确信铁托有意支持西方，但这一判断被他后来写给斯大林的

---

[1] Smith, W., The U.S. and South America: Beyond the Monroe Doctrine, in: Current History 90, No. 553, 49-88, 以及 Maehling, Ch., Washington's Illegal Invasion, in: Foreign Policy 75（Spring 1990）, Sp. 113-131, passim.

[2] 下文内容参见 Stöver, Der Kalte Krieg（见第521页注释①）, 442 ff.

公开信证明是错误的。他于1980年5月4日去世，这起初只是使民族谈判所达成的平衡的脆弱性更为明显。但是当果断的塞尔维亚民族主义者斯洛博丹·米洛舍维奇于1987年5月接任南斯拉夫总统时，局势迅速地升级。1989年夏，在科索沃波尔耶举行的对土耳其人战争600周年纪念活动上，塞尔维亚的民族主义情绪短暂地达到了顶峰。

对于铁托在科索沃和沃伊沃迪纳两省实行自治的质疑立刻对南斯拉夫各加盟共和国产生了影响，但其波及范围起初无论是在美国还是在整个西方都未引起重视。人们迷惑不解地把目光投向了苏联及其卫星国。南斯拉夫似乎与由戈尔巴乔夫在中东欧引起的变革没有什么关系，但是苏联的改革也对南斯拉夫联邦非塞族共和国在政治自信心方面产生了影响。1989年，当斯洛文尼亚向受到塞尔维亚民族主义严重打压的科索沃阿族人表示支持时，米洛舍维奇立即发起了贸易抵制，而经济实力雄厚的斯洛文尼亚共和国则做出了停止向位于贝尔格莱德的联邦政府缴纳财政的反应。当斯洛文尼亚共产党人于1990年2月在南斯拉夫共产党党代表大会上威胁退出联邦政府时，这场国家危机就变得一触即发。在1990年4月举行第一次自由选举之后，斯洛文尼亚于1991年6月25日成为首个独立的南斯拉夫加盟共和国，而克罗地亚也在同一天宣布独立。

然而与华府和西方普遍希望的情况相反的是，混乱的局势并没有因此得到控制：1991年12月，当独立后的克罗地亚境内的塞族人控制区宣称依附于塞尔维亚时，一场血腥的民族战争就爆发了。这场战争尽管与冷战无关，但最终还是要求华府介入，因为欧洲人在此时已经不能独立解决这场冲突了。作为联合国特使，卡特总统任下的国务卿赛勒斯·万斯于1992年1月2日居中调停，促成了克罗地亚与塞尔维亚之间的一个和平计划以及在有争议地区部署联合国保护部队（UNPROFOR）的措施。直至1995年，联合国安理会根据同年2月21日的一项决议所派遣的维和部队的任务一再被延长。

但是，维和部队的任务授权主要限于在场观察，而非阻止暴力。因此，即使在所谓的安全区中，暴力的过度使用也未得以禁止。塞族部队于1995年7月在波斯尼亚的斯雷布雷尼察和热帕对平民的屠杀，最终促使美国战机在美国总统克林顿的授意下于同年8月参与了北约对包括波斯尼亚城市萨拉热窝的空袭行动，以终结塞族人的进攻。1995年11月21日由理查德·霍尔布鲁克起草的针对塞族人、克罗地亚人和波斯尼亚人的休战协定，使美国的这场外交努力达到了顶峰。这一在美国俄亥俄州代顿谈判达成的所谓《代顿和平协定》于12月14日在巴黎得以正式签署。

为了随后的维和行动，美国国会甚至批准了约有2万名士兵参与的"联合奋进"行动，但是并未因此而达到对于这场冲突所期望的终点。尽管在美国代顿达成的针对波斯尼亚战区的和平协定似乎带来了和平，但是自1997年以来，塞尔维亚部队与阿尔巴尼亚解放组织——科索沃解放军（UÇK）之间在科索沃地区又发生了新的冲突。对此，人们再次试图首先以联合国决议（1998年3月31日第1160号决议、1998年3月2日第1199号决议）来阻止再次加剧的，尤其是针对平民的暴力。但是直到北约于1999年3月24日在"盟军作战行动"框架下以及美国的韦斯利·克拉克将军的指挥下进行空袭之后，塞尔维亚议会才最终在6月3日同意科索沃的和平计划并从科索沃地区撤出部队。1999年6月21日，这一由美军主导的行动宣告结束。这场战争也在三天后正式终结，但科索沃地区仍然是一个持续酝酿危机的火药桶。

第二次海湾战争及其后果

然而，从华府的角度来看，同样发生在冷战结束之前、从1991年1月17日持续至2月28日的第二次海湾战争则更为重要。华盛顿方面再次将主动介入理解为"警察行动"。这次行动是自朝鲜战争以来，美国在联合国委托下进行的最大规模的军事干预，但它的结局也同样令美国人感到大失所望。这场战争以1990年8月2日伊拉克部队对科威特的入侵为开端。巴格达政府的独裁者萨达姆·侯赛因试图利用一触即发的东西方冲突导致的国际动荡来实施一项此前的计划，即占领科威特这一通常被伊拉克视为分裂省份的邻国。对于伊拉克而言，战争的条件并非不利于它。1979—1981年，超过50名的美国外交人员在其邻国伊朗被扣押为人质并遭到羞辱；而在1980年，伊拉克政府与以阿亚图拉·霍梅尼为首的伊朗新伊斯兰政权展开了长达8年的流血边界战争。在此之后，萨达姆领导下的伊拉克被美国视为世界政治中极为重要地区的某种稳定因素。1988年，在萨达姆受到在伊拉克北部针对库尔德人使用化学武器的国际指控时，美国政府甚至对他进行了庇护。然而美国政府在此之后放弃了萨达姆，其原因只能在冷战趋于结束的时代背景下得到解释。

在华盛顿方面决定介入中东事务的背后，主要是1980年的卡特主义。它宣布美国将在这一地区的油田以及与此相关的美国和西方能源安全受到威胁时对中东进行干预。伊拉克发动入侵几天之后的1990年8月8日，美国布什政府就向与科威特相邻的沙特阿拉伯派遣了军队（即"沙漠之盾"行动）。在联合国安理会于1990年11月29日通过了具有决定意义的第678号决议之后，为了将科威特从伊拉克手中解放出来，美国于1991年1月17日对科威特地区发起了进攻（即"沙漠风暴"行动）。在这场所谓的第二次海湾战争中，美国与33个国家结盟，其总兵力甚至超过了越南战争达到了大约66万人。此外，他们也拥有具有压倒性的供给优势。其他国家，如德国和日本等，也提供了其他方面的支持，但是没有进行直接干预。

在此期间，军事的冲突也毫不意外地产生了。在美国使用战斗机和巡航导弹进行大规模空袭之后，伊拉克不久就丧失了大部分防空能力，而美方的损失极小。根据自身统计，美国总共只损失了30架飞机。美军真正意义上的进攻直到一个多月后的2月24日才开始。首都科威特城仅仅三天就被占领。又过了一天，美军便停止了军事行动。虽然这次军事行动在军事上取得了毋庸置疑的胜利，但是后来的第二次伊拉克战争以及十多年后的第三次海湾战争却带来了巨大的环境灾难。早在1991年撤退时，伊拉克军队就引燃了科威特的油田。

尽管1991年美国在海湾地区的"警察行动"以卡特主义为核心思想，但是1953年提出的传统的遏制-解放战略也起到了同样的作用。布什总统甚至引用美国开国元勋之一托马斯·潘恩的话明

731

确地指出：这是一场合法的、用以遏制暴政的解放战争。①除此之外，这也向世界公众清楚地表明，美国之所以干预是因为目前除了美国以外没有其他国家可以完成这项任务。②实际上，第二次海湾战争正表明了，在冷战之后只有美国具有发动此类战争的军事能力，这一情况至今都未改变。在利比亚内战中，这一点表现得亦尤为明显。尽管美国在初期表现得极为克制，但是它还是自2011年3月9日最终加入了干预行动，因为在欧洲只有英法两国准备向利比亚反对派提供军事支持。

当然，以这种形式进行的科威特解放战争只有在第三世界以及冷战结束之后才有可能。这场战争从最开始就被限定在一定的范围之内且具有明确行动目标，即恢复科威特的合法政府并且不会给美国带来进一步的麻烦。而忙于从东欧以及第三世界国家撤军的苏联也的确没有参与其中。巴格达政权也因此不再拥有武器方面的支持。美国无须担心出现类似于朝鲜战争中那样不仅造成长期冲突，而且其结局对于各方而言都不甚满意的国际支持。这场冲突保持了有限的规模，而且苏联在冷战结束时也乐于解决这一冲突。因此，在苏联的调停下，伊拉克统治者萨达姆·侯赛因于1991年2月22日提出的停火要求终于达成。然而，这次干预行动的结局对于老布什而言并不令他满意，这主要是由于，尽管对于伊拉克独裁者的"遏制"确实取得了成功，但该独裁者作为地区稳定影响因素仍然在执掌政权。"解放"的任务仅完成了一部

---

① Rede an die amerikanische Nation, 17.1.1991, 刊登于: Krell, G./Kubbig, B.W. (Hrsg.), Krieg und Frieden am Golf. Ursachen und Perspektiven, Frankfurt a.M. 1991, 209-212; 此处: 211。

② 下文内容参见 Krell, Krieg (见本页注释①), 86-97 (B. W. Kubbig 的文章); 此处: 88。

分。中期看来，这一点也是促使其子小布什于2003年发动了针对萨达姆政权的第三次海湾战争的原因。

从美国的角度看，在这场针对伊拉克独裁者的战争中，它以相对较低的己方损失（383人死亡）较为轻松地取得了胜利。这时的美国人的政治自信心大为增强，因为自1979—1981年的德黑兰事件以来，美国在近东和中东几乎没有取得任何成功。[①]然而，有关布什政府领导的第二次海湾战争中越来越多的令人不快的细节也逐渐浮出水面，其中尤其包括了美国政府，为了避免越南战争时期在公共关系方面所犯的错误，对战斗行动信息进行蓄意操纵，而这种行为正是东南亚地区的失败的原因之一。海湾战争期间，军方对新闻稿进行了大量的审查，而且通常只提供给精心挑选的记者。此外，媒体的代表也特别喜欢报喜不报忧，这其中就包括保守的福克斯电视台。美国有线电视新闻网凭借其播放的美国袭击巴格达的画面获得了很高的收视率。虚假的新闻也被认为是一种最为龌龊的媒体操纵行为，例如关于伊拉克士兵据称在科威特医院实施暴行的假新闻。在2003年的第三次海湾战争中据说也出现了类似的事情。

尽管美国乍看之下在巴格达的暴乱中确实取得了巨大的军事成功，但其不尽如人意的结局也留下了一系列悬而未决的新冲突，只有通过对其整体影响的观察，它们才逐渐地得以显现。海湾战争的结果令共和党和保守游说组织中的强硬派，例如"新美国世纪计划"（PNAC）恼羞成怒。其创始人威廉·克里斯托尔在20世纪70—80年代出版的《评论》就已经是重组的新保守主义

---

① 数据引用自 Powell, C., Mein Weg, München, 1997, 551。

的重要舆论杂志。自1997年以来，在克里斯托尔的周围不断聚集了对伊拉克发动新战争的支持者。其中不仅有2001—2006年担任国防部部长的唐纳德·拉姆斯菲尔德这样的政客，而且还会集了重量级的政治顾问，比如前文提及的美国政治学家弗朗西斯·福山，他在其1989—1992年所著的《历史的终结及最后之人》中提出了一种将冷战视为西方价值观胜利的独特解释。"新美国世纪计划"组织在1998年致时任总统的民主党人克林顿的信中尤其表达了这种不满之情，他们要求克林顿用更为积极主动的措施包括必要的战争来最终取代"遏制政策"。①其他著名的新保守主义者也联名签署了该信件，比如罗伯特·卡根、保罗·沃尔福威茨、理查德·珀尔、罗伯特·佐利克、宝拉·多布里安斯基、约翰·博尔顿、扎尔梅·哈利勒扎德和理查德·阿米蒂奇等人。他们之中的许多人后来加入了2001年上任的共和党总统小布什的政府。

一方面，正如前任总统老乔治·布什一样，比尔·克林顿直到1993年像冷战中那样对反对派进行资助，其中包括对伊拉克移民以及相关解放电台的支持；另一方面，美国试图加强实施联合国批准的、用以防止伊拉克生产大规模杀伤性武器的经济制裁和武器检查行动。然而，美国对于联合国的彻底不信任以及之后的武器检查方式引起了很大的争议。众所周知，克林顿政府也是出于情报侦查的目的对伊拉克的设施进行检查，然而它从未能提供伊拉克正在从事核武器研究的真凭实据。相反，不同的迹象表明，伊拉克政府制造了化学武器并至少有可能为生物武器的生产

---

① 刊登于 www.newamericancentury.org/iraqclintonletter.htm。

进行了准备。无论如何,1988年3月16—17日,伊拉克军队在北部的库尔德地区就对哈拉卜贾市发动了骇人听闻的化学武器战,造成了无数人丧生。

正是大规模杀伤性武器在所谓的"切尼主义"中成为小布什政府再次进攻伊拉克的主要理由。2001年11月,小布什的强势副总统、昵称为"迪克"的理查德·切尼在同年9月11日的恐怖袭击发生之后不久就已经表示,在伊拉克的大规模杀伤性武器问题上,哪怕只有百分之一的微小概率也足够对伊拉克发动进攻了。[1]切尼在这里提出的建议,与美国"世界警察"的形象一致,类似于所谓的预防犯罪的设想。然而出于充分的理由,这种先发制人、旨在消除处于萌芽阶段的危险而提前进行的战争目前仍然不受国际法的支持。

切尼副总统的考量建立在前文提及的布什主义之上,即小布什在9·11恐怖袭击之后不久于2001年9月20日发表的讲话中所阐述的重新制定美国全球战略的思想。差不多一年之后,即2002年9月17日,这一思想作为"国家安全战略"得以正式确立。[2]和前任总统比尔·克林顿以及老乔治·布什相比,小布什也以在冷战中被认为获得成功的遏制-解放战略为依据。从言辞的角度看,其《国家安全战略》首先是对1947年杜鲁门主义和1960—1963年

---

[1] 见 Suskind, R., *The One Percent Doctrine. Deep Inside America's Pursuit of Its Enemies Since 9/11*, New York, 2007, 65. 以及:Nichols, J., *Dick. The Man Who Is President*, New York, 2004, 197ff. 以及:Mayer, J., *The Dark Side. The Inside Story of How the War on Terror Turned into a War on American Ideals*, New York, 2008。

[2] 刊登于 Schambeck, Dokumente(见第 116 页注释①),742-751,以及 770-794。

肯尼迪的"和平战略"的呼应。这可以被理解为下列事实的一种佐证，即共和党与民主党也在寻求相互合作，不仅如此，外交政策也与冷战时期一样被理解为跨党派事务。克林顿也在1998年的《伊拉克解放法案》中表明了这一点。《国家安全战略》指出："20世纪中自由与极权主义之间的伟大斗争以自由派的明显胜利以及一种对于国家成功而言唯一的可持续模式——自由、民主和自由创业精神而告终。"自17世纪以来，国际社会"现在拥有一体化的最佳机遇；在这个一体的世界中，大国之间展开和平的竞争，而不是不断地为战争做准备。它们此时应同舟共济，在恐怖主义暴力和混乱带来的共同威胁下团结到一起……我们将积极努力地把民主、发展、自由市场和自由贸易的希望带到全球每个角落。2001年9月11日的事件告诉我们，阿富汗这样的弱国会与强国一样对我们的国家利益构成巨大威胁。贫穷不会使穷人变成恐怖分子或凶手。但是贫穷、孱弱的政府机构以及腐败会使脆弱的国家易受恐怖主义网络和毒品垄断集团的侵蚀。美国将通过保障公民自由带来的利益以协助任何有决心创造更美好未来的国家。自由贸易和自由市场已经证明，整个社会都可以通过它们使自己摆脱贫困。因此，美国将与世界上推行自由贸易并因此繁荣发展的各个国家、地区以及所有贸易国开展合作"[①]。

具有讽刺意味的是，1991年的第二次海湾战争之所以为第三次海湾战争的发生埋下祸根，不仅是因为华盛顿方面对战争结果不甚满意，而且也是因为在9·11恐袭事件的发动者眼中，美国和

---

① National Security Strategy, 17.9.2002, in: Schambeck, Dokumente（见第116页注释①），770-794；此处：773，以及775 f.

西方为解放科威特而向沙特阿拉伯派遣的大规模部队构成了恐怖袭击的主要理由。无论如何，涌入沙特阿拉伯这一包含伊斯兰教圣城麦加和麦地那的国家的"异教徒们"对于激进穆斯林而言不仅是一种冒犯，尽管该国对于美国而言是这一地区最为安全的盟友。长期以来，尤其是自1978—1979年的伊朗伊斯兰革命和几乎同时发生的苏联入侵阿富汗事件以来，沙特国王法赫德一直向华盛顿方面寻求更为强大的支持。即便是那个时期，尤其是1991年冷战结束以后，沙特阿拉伯国内对于"异教徒"涌入的批评之声就一直没有中断过。现在人们知道，激进的伊斯兰主义者自1991年的第二次海湾战争以来就已经集中力量对西方，尤其是美国进行袭击。基地组织策划了1993年对纽约世贸中心的第一次袭击、1998年对美国驻坦桑尼亚和肯尼亚使馆的袭击以及2000年在也门对美国驱逐舰"科尔"号的袭击。

宿敌的回归：2001年的"9·11"事件

美国与伊斯兰世界的关系中所出现的问题由来已久。美国自1948年以来为了确保以色列建国而担起的责任赢得了特别的意义。美国因此引起了阿拉伯民族主义和激进的阿拉伯集团的注意。在1944—1945年建立并最终发展为非洲及近东、中东邻国的一个共同防御与经济联盟——阿拉伯联盟之中，反美主义和泛伊斯兰主义已经形成了一种混合意识形态。[1]冷战的阵营机制则完成了其余的部分：正如西方同样毫无退让地站在以色列一方那样，东方阵营有时候也毫不妥协地与阿拉伯世界并肩而战。

"现代恐怖主义"的产生

1964年成立的巴勒斯坦激进组织巴勒斯坦解放组织的例子尤其证明了这一点。该组织在美国和西方被视为恐怖组织，在东方阵营则被视为解放组织。巴勒斯坦难民营中政治激进的贫困居民为阿拉伯集团提供了近乎取之不尽的招募资源并被用以打击以色列及其支持者，特别是美国。在这种趋势下，进一步的反美和反西方抗议活动，作为亲巴勒斯坦运动也带着同样的必然性而愈演愈烈。这一点在西德学生运动左翼激进部分和左翼恐怖主义活动中也很明显，其中，反犹太复国主义和巴勒斯坦问题与越南战争一起成为20世纪60年代以来的重点主题。

但是从1968年起对以色列实施有针对性的国际恐怖行动的并非巴勒斯坦解放组织，而是其六个独立团体之一的、从法塔赫（Fateh）分裂出来的巴勒斯坦解放人民阵线（PFLP）。这也同时标志着此前仅针对以色列境内设施进行攻击的阿拉伯解放战士开始采用一种全新的战术。为了使团体成员得到释放，阿拉伯解放战士首次针对以色列航空公司（ELAL）的一架国际航班进行劫

---

[1] 综合参考 Mejcher, H., Sinai, 5. Juni 1967. Krisenherd Naher und Mittlerer Osten, München, ^{2}1999, 31f.

持。回顾过去，至少在当今的公众看法中，这一劫持事件已经有了"现代恐怖主义"的影子。①但是，最受国际社会关注的是1972年慕尼黑奥运会上发生的巴勒斯坦恐怖分子袭击事件，其间有11名以色列运动员被杀害。冷战时期的反美反西方恐怖主义国际网络也首次浮出水面。

尽管进行血腥的尝试失败了，但是阿拉伯-巴勒斯坦运动还是取得了一个成功。这次袭击带来的后果之一是，巴勒斯坦解放组织领导人亚西尔·阿拉法特随后不久就被邀请到联合国发表讲话。至1970年代末，他甚至在国际外交关系方面取得了成功。巴勒斯坦解放组织与其他国家建立的外交关系甚至超过了其对手以色列。但是在冷战期间，成立一个单独的巴勒斯坦国的目标未能得以实现。这一重大政治目标的失败为巴勒斯坦的斗争进入新的阶段奠定了基础。在1987年起开始在加沙发动（首次）起义的同时，反以色列的恐怖主义也首次带有了明确的宗教性质。伊斯兰抵抗运动组织——哈马斯也在此时得以成立并开始了针对以色列及其支持者，尤其是针对美国的圣战。

伊斯兰主义在冷战最后几年所持的立场已经无法清晰地界定了。就像不结盟运动一样，泛伊斯兰主义的代表人物早就已经学会了如何为了自身利益利用全球冲突的前沿阵地。由于对不受伊朗欢迎的沙特阿拉伯提供了支持，美国成为伊朗伊斯兰主义的目标，因为沙特阿拉伯的现代化进程激怒了该国的穆斯林神职人员。但这种情况在阿富汗并未对接收美国援助的武器装备以抗击

---

① Hoffmann, B., Terrorismus. Der unerklärte Krieg. Neue Gefahren politischer Gewalt, Frankfurt a.M., 2001, 85 ff.

苏联入侵造成阻碍。因此，自1979年12月以来，出现了一种奇特的情况，即美国在支持对苏维埃发动"圣战"的反苏穆斯林游击队的同时，完全没有意识到这也是在帮助伊斯兰主义甚至恐怖主义。[①]同样，基地组织等伊斯兰组织也认为与华盛顿方面的合作只是战略需要。

阿富汗战争中对"圣战者"的支持

对于阿富汗这个直到1973年仍在君主制统治下，以传统部落方式进行管理的伊斯兰邻国，莫斯科方面早在1919年就提供了军事和发展援助，尽管该国在二战后正式宣布了其不结盟立场。与美国人在伊朗的做法一样，苏联坚决地推行工业和社会现代化，但这种做法引发了民族抵抗活动。在1973年消除君主制并于1979年在巴布拉克·卡尔迈勒领导下建立了坚定的亲苏政权之后，各部落的反抗随即爆发，这使得阿富汗朝着反苏斗争并最终建立伊斯兰国家迈出了决定性的一步。苏联政府入侵阿富汗的决定主要取决于将伊斯兰教作为政治力量进行镇压的想法。总体而言，克里姆林宫担心宗教会发展成为苏联的萧墙之患，而美国的冷战战略在一段时期内实际上也的确是以此为目标的。由于苏联境内的穆斯林有90%属于逊尼派，因此，那些与阿富汗一样、逊尼派占多

---

① 参见 Braun, D./Ziem, K., Afghanistan. Sowjetische Machtpolitik-islamische Selbstbestimmung, Baden-Baden, 1988。

数的穆斯林邻国的政治动荡始终被视为威胁苏联安全的问题。[1]这一观点也同样说服勃列日涅夫和安德罗波夫作出了出兵阿富汗的决定。[2]

从冷战的前线对抗角度看,苏联对阿富汗的入侵也可以解释为美国软弱的一种表现。尽管华盛顿方面发出了五次警告,但苏联军队还是于1979年12月24日越过边境线并于几天之后占领了阿富汗首都喀布尔。对于冷战并不稳定的平衡而言,此时的局势可谓一触即发:阿富汗和美国同为成员、于1960年建立的亲西方同盟"中央条约组织"在1979年3月开始瓦解,伊朗也立即开始了对阿富汗圣战者组织的支持。除此之外,华盛顿方面此时也担心巴基斯坦这一亲西方的伊斯兰教邻国遭到入侵。巴基斯坦不仅与华府关系密切,而且还或多或少地获得了中国的公开支持。而后者自1979年与美国建立正式外交关系起就已明确加强了与美国政府和该地区亲西方国家的合作。阿富汗的反苏斗士也因此在长达几年的时间里得到了中国的装备支援。

鉴于该地区极具爆炸性的局势,尽管美苏之间并没有发生直接的冲突,但是卡特以其他的方式对苏联的入侵行动作出了反应。美国的官方抗议活动通过1980年对莫斯科奥运会的抵制最终达到了顶峰,而四年之后,苏联人也以同样的方式抵制了洛杉矶奥运会。美国在阿富汗作出的非官方反应是对圣战者的秘密支

---

[1] 数据引用自 Bütow, H.G.(Hrsg.), Länderbericht Sowjetunion, Bonn, 1986, 508-518(G. Simon 的文章);此处:517。此外可参考 Ende, W./Steinbach, U.(Hrsg.), Der Islam in der Gegenwart, Bonn, ^{5}2005, 277-318(R. Freitag-Wirminghaus 的文章)。

[2] Mitrokhin, V., The KGB in Afghanistan, Washington, 2002(= CWIHP Working Paper 31), 6.

持，这种支持正如人们从卡特的顾问布热津斯基以及美国众多外交官的回忆录中了解的那样，甚至在苏联入侵阿富汗之前就已经开始了。①美国的援助起初就像在越南一样，仅限于"咨询"和训练。②但是随着1981年里根的执政，美国的援助得到了迅猛的增加。正如人们今天在历史重建中了解的那样，不仅是美国和中国向阿富汗抵抗者提供了武器以及其他装备，而且还有伊斯兰国家参与了支援，比如北约成员国土耳其、不结盟的埃及、伊朗以及与美国密切合作的沙特阿拉伯。大量武器和其他支持取道沙特阿拉伯被输送到巴基斯坦的卡拉奇和拉瓦尔品第等城市，再从那里通过走私穿越边境到达阿富汗。除此之外，沙特阿拉伯王室更是将流入阿富汗以支援反苏抵抗斗争的每笔美元援助增加了一倍。

最具决定意义的美方军事援助是"毒刺"防空导弹，在它的帮助下，苏联压倒性的空中优势甚至最终被打破。众所周知，里根本人甚至还观看了相关的录像视频。自1981年中央情报局局长威廉·凯西上任以来，试图将伊斯兰世界作为反苏武器，比冷战以往任何时候更为有力地联合起来的背后推动力量就一直很活跃。他也与巴基斯坦三军情报局（ISI）的负责人阿赫塔尔将军保持了联系，以此对来自西方、流经"阿富汗管道"的物资流动进行中途管控。今天人们知道这种做法并未获得成功。仅1983—1987年，每年向反苏的伊斯兰圣战组织吉哈德提供的武器支援数

---

① Brzezinski, Z., *Power and Principle. Memoirs of the National Security Adviser 1977-1981*, New York, 1983, 429.

② Amstutz, B., *The First Five Years of Soviet Occupation*, Washington, 1986, 202; Hubel, H., Das Ende des Kalten Krieges im Orient, München, 1995, 69.

量就从1万吨增加至6.5万吨。①据估计，美国每年花费了约50亿美元来维持游击战争。正如越战期间一样，这些资金也来自地下基金以及毒品交易的事实已经成为一个公开的秘密。

在冷战的冲突战线上，华府的高额投入获得了成功。尽管苏联也年复一年地向阿富汗投入年均约60亿美元的巨额资金，战局却没有取得任何进展。苏联不仅失去了空中优势，其地面部队也在游击战中筋疲力尽，而且还有三分之二的阿富汗政府军向圣战组织倒戈。在联合国的调解下，1988年4月14日签订的协议最终确定了苏联从阿富汗撤军。

反美"圣战"的开端

正如在几乎所有的冲突中那样，在自身目标成功实现后，支持其中一方的美国就会相应地结束其援助。随着苏联人在1989年2月撤离，美国的援助便突然终止并撤出了阿富汗。大约30个不同的圣战组织填补了权力的真空，他们立刻于1989年成立了一个反政府机构用以对抗苏联留下的由穆罕默德·纳吉布拉领导的喀布尔官方政府。两者对于该国的未来走向问题完全没有达成一致。②美国支持下的由前共产主义者古尔布丁·赫克马蒂亚尔领导的激进"伊斯兰党"对成立一个伊斯兰统一国家投了赞成票。赫克马

---

① Napoleoni, L., Die ökonomie des Terrors. Auf den Spuren der Dollars hinter dem Terrorismus, München, 2004, 143 f. 下文数据出处相同。
② 综合参考 Ende/Steinbach, Islam（见第 741 页注释①），264-277（A. Poya 的文章）；此处：270 ff。

蒂亚尔本人的确在1993年被任命为总理。与之有竞争关系的组织有塔吉克·艾哈迈德·沙阿·马苏德领导下的"伊斯兰社会"以及沙特阿拉伯支持的、同样激进的、由阿卜杜勒·拉苏尔·沙耶夫领导的"伊斯兰团结组织"等。另一个激进的原教旨主义者团体"统一党"则受到伊朗的资助。旨在复辟阿富汗君主制的另外两个派系分别是阿瑟夫·穆塞尼领导下的什叶派伊斯兰革命运动和西卜加图拉·穆贾丁迪领导下的温和的民族解放阵线。由于这些派系间毫无妥协的分裂,阿富汗不得不在联合国的监督下成立了以穆贾丁迪为首的温和派过渡政府,但它仅持续到1992年,此后该国便重新陷入内战。

1997年,一个激进的伊斯兰"神国"在不受任何力量控制的极端伊斯兰组织"塔利班"的驱使下产生了,这无异于华盛顿政府所遭遇的一次外交破产。① 具有讽刺意味的是,塔利班在美国于1991—1992年制定冷战后的新对外政策时,也制定了利用美国在20世纪80年代向他们提供的资金支持来实施其全球圣战的战略。这一战略在1993年2月26日对纽约世界贸易中心大楼的第一次袭击中已经表现得很清楚了。在造成6人死亡的暗杀行动中,埃及人乌马尔·阿卜杜·拉赫曼作为"伊斯兰组织"的首领后来也受到了审判。

尽管种种迹象表明这种反美"圣战"将会在全球范围内进行,但是当时的美国对此几乎没有做好任何准备。② 而来自沙特阿拉伯名门望族、最初还与美国进行成功合作的建筑商人奥

---

① 综合参考 Rashid, A., Taliban. Afghanistans Gotteskrieger und der Dschihad, München, 2001.

② The 9/11 Commission Report. Final Reports of the National Commission on Terrorist Attacks Upon the United States, New York, 2004, 71 ff.

萨马·本·拉登也出乎所有人意料地成为圣战的决定性因素。本·拉登此前曾经在阿富汗参加了圣战者组织的战斗，也因此可能与美国军事顾问团有了接触。但与此同时，他在战争期间对"大撒旦"，自霍梅尼时代以来伊斯兰教徒口中对美国的称呼，以及整个西方社会都产生了强烈的仇恨。这种转变何时产生，以及他何时视自己处于与西方社会的"世界大战"之中[1]，确切的日期已经无从考证，而这些也并非他当时的实际理由。从伊斯兰主义者的角度看，无须太久便可以发现：通过对被其他国家（尤其是伊朗和其他伊斯兰国家）称为"小撒旦"的以色列一如既往的支持以及通过干涉包含宗教问题在内的阿拉伯内部事务，美国使自己变得声名狼藉。早在苏联最终从阿富汗撤军前不久的1988年，本·拉登就已经建立了基地组织网络。该组织除了在1993年对纽约世贸大楼进行了袭击之外，也应该对9·11事件之前针对美国及其设施进行的一系列失败或者成功的袭击负责。[2]其中包括1993年在纽约和华盛顿特区的袭击未遂事件、1995年和1996年对沙特阿拉伯的美国机构实施的袭击（26人死亡）、1998年对美国驻内罗毕（肯尼亚）及达累斯萨拉姆（坦桑尼亚）使馆的袭击（共224人死亡）、1999年对洛杉矶机场的一次未遂袭击以及前文提及的对驻亚丁港（也门）的美国"科尔"号驱逐舰的袭击（17人死亡）。与此同时还发生了针对美国人前往的旅游度假区进行的一系列袭击，例如1997年埃及恐怖袭击事件和2000年的菲律宾恐怖袭击事件。这些袭击也造成了众多受害者。

---

[1] Heine, P., Terror in Allahs Namen. Extremistische Kräfte im Islam, Freiburg, 2001, 152.
[2] The 9/11 Commission Report（见第744页注释②），71 ff。

2001年的9·11事件

2001年9月11日发生的恐怖袭击成为美国在和平时期遭受的最严重袭击事件之一。恐怖分子秉承了20世纪70年代以来的现代恐怖主义传统并且力求造成巨大的公众影响。他们劫持了4架客机并以世界闻名的美国政治和文化象征性建筑为袭击目标。当地时间上午8：10—9：30，两架飞机撞向纽约世贸中心的双子塔，第三架飞机则撞击了华盛顿特区的五角大楼。第四架飞机于不久之后的10：06分在宾夕法尼亚州的尚克斯维尔附近坠毁。据猜测，该机的乘客与劫机者之间可能产生了打斗。这架飞机的袭击目标未知，可能是国会大厦或华盛顿的白宫，也可能是美国总统在马里兰州戴维营的乡间别墅。真实的受害者人数已经无法得知，根据官方数据，有大约3000人丧生。[①]在双子塔倒塌之前，有1万多人成功从大楼中疏散出来。最终有19人被确定为直接主犯，他们主要是不起眼的阿拉伯学生，这些人受到了基地组织的招募、培训以及最终派遣。

在2001年初上任的小布什领导下的美国共和党政府对于危机的处理早就存在种种问题。作为1992年在与比尔·克林顿的选战中失利而仅仅担任了一届总统的老乔治·布什之子，小布什自1994年起就以得克萨斯州州长之职开始了他的政治生涯并在1998年再次当选，成为该州首位连任两届的州长。总的说来，他被认

---

① 综合参见 Greiner, B., 9/11. Der Tag, die Angst, die Folgen, München, 2011.

为拥有不多的政治经验。他之所以在2000年与克林顿的副总统艾伯特·戈尔的选战中以微弱优势当选为美国第43任总统,仅仅是因为美国选举制度的特殊性以及美国最高法院根据四比五的法官投票结果而宣布的禁止重新计票的禁令。此外,上届总统克林顿的丑闻也对小布什的胜选起到了促进作用。克林顿的自由主义时代结束后,布什想再次代表"圣经地带"中具有强烈宗教保守思想和民族意识的传统美国。在经历了许多严重的个人问题并于1986年改信循道卫理公会之后,他将自己视为重生的基督徒,并因此继承了殖民时代以来对于新世界的原始思想传统。

2001年发生的9·11事件带来的影响是深远的,尽管并非像某些评论员断言的那样改变了"一切"。穆斯林恐怖分子的袭击并未开启一个新的时代。然而,美国也遭受了令人无法想象的严重打击。从美国人的角度来看,这一事件至少与日本在1941年对珍珠港的袭击或者1942年初突如其来的德国潜艇袭击一样严重。美国也因此作出了极为强硬的反应,因为此前不太令人信服的美国总统布什此刻表明了他试图改变他在内政中的负面形象并证明其对外政策力量的强烈意愿。

美国政府用于描述对入侵根深蒂固的恐惧感、敌人形象以及著名的摩尼教异端的说辞在内政上已经表明,9·11事件所涉及的远远超过了一次针对美国的恐怖袭击。正如布什于2001年9月20日在国会两院发表的、赢得热烈掌声的讲话中所强调的那样,"每个国家现在都必须做出一个决定:他们要么站在我们这边,要么站在恐怖分子那边"[1]。他宣称,这是一场文明世界反对恐怖主

---

[1] 刊登于 Schambeck, Dokumente(见第116页注释①),742-751;此处: 747 f.

义的战争。在这次演说中，他也宣布了国土安全部（DHS）这一新机构的成立。这一由宾夕法尼亚州州长——共和党人汤姆·里奇领导的机构将首次负责美国国内安全的方方面面。然而，由于与先前的规划产生冲突，联邦调查局或中央情报局并不受里奇的领导。在里奇及其继任者詹姆斯·米尔顿·洛伊、迈克尔·切尔托夫，还有奥巴马任期内的珍妮特·纳波利塔诺的领导下，国土安全部成为美国第三大联邦机构。该机构的扩张在心理上已经十分紧张的形势下再次加剧了国内的政治气氛，这使它受到了广泛的批评，尽管美国公民对于反恐斗争仍然持一致的认可态度。各地日趋严格的安全预防措施在最好的情况下只是导致机场大排长龙，但在最坏的情况下则会导致美国即使在冷战顶峰时期都未曾放弃的国际交流的中断。如今，类似于华盛顿时常进行的仓促疏散表明，这种局势直到今天依旧非常紧张。①

从战略角度讲，9·11恐怖袭击将传统的遏制-解放战略的重心再次推向了解放战略那一侧。2001年9月11日下午，中央情报局局长乔治·特内特在内布拉斯加州战略空军司令部发表讲话时首次明确地表示，美国正处于一场新的全球战争中。②同一天，美国总统正式成立了"战争委员会"。联合国安理会也认为这是对美国的无端军事攻击并在第二天通过的1368号决议指出，恐怖袭击是对世界和平与国际安全的威胁，而个人和集体必将行使捍卫自己的"固有权利"。10月4日，北约也随之发表声明并根据第五款径直宣布，对美国的袭击将被视为对北约全体成员国的袭击。

---

① 比如飞行员失误引起的白宫恐袭警报（德国新闻通讯社报道，24.4.2009），飞行员失误：华盛顿白宫遭到疏散（德国国际通讯社报道，1.1.2011）。
② 引用自 The 9/11 Commission Report（见第 744 页注释②），326。

阿富汗战争及本·拉登之死

仅仅10天后，一场针对塔利班独裁政权控制下的阿富汗的战争就打响了。阿富汗被视为对恐怖袭击负责的基地组织藏身的大本营。早在三年以前，在肯尼亚和坦桑尼亚的恐怖袭击发生后，克林顿政府就已经对基地组织在阿富汗的训练营进行了导弹攻击。2001年9月30日，一场大规模的巡航导弹轰炸拉开了针对塔利班和基地组织的战争序幕，轰炸持续了将近两天。直到2001年年底，诸如昆都士省等地区的塔利班据点才被彻底攻占。据估计，这几个月中，尤其是随后进行的2002年的"蟒蛇行动"中，有数百名明显属于基地组织网络的阿富汗人丧生。但是这些人之中并不包括在20世纪80年代中期甚至可能通过其沙特建筑公司与美国情报部门进行了合作、据信为集团首脑的奥萨马·本·拉登。据猜测，藏身于托拉博拉山区错综复杂洞穴系统中的本·拉登此时被驱赶至靠近巴基斯坦边境的山脉中。尽管布什总统的继任者巴拉克·奥巴马于2009年上任后不久便再次向阿富汗增派了3万多名士兵，但在2011年夏天美国士兵开始逐步撤离时，稳定阿富汗局势的目标仍未达到。美国的撤军何时才能真正完成以及阿富汗政府何时才能独立行使权力的问题直到今天仍无定论。

尽管美国使出了包括2007年美国参议院开出的高达5000万美元悬赏在内的浑身解数，本·拉登在很长一段时间内还是没有被擒获。这表明，当时他在阿富汗和邻国巴基斯坦仍得到了广泛的支持。这一点令人感到尤为担忧的原因在于，巴基斯坦被认为是美国在该地区的重要盟友。目前人们已经了解的是，本·拉登很可能在2003年初就已经逃到了巴基斯坦境内。①他在巴基斯坦军事重镇阿伯塔巴德拥有住所的事实早在2005年就已被推测出来。这些消息不仅基于在有争议的美国关塔那摩监狱中关押的犯人在酷刑之下的供词。相关的传闻在2008年变得如此密集，以至于这一消息当时甚至传到了美国有线电视新闻网的著名记者克里斯蒂安·阿曼普耳中。②2009年刚刚当选为总统的巴拉克·奥巴马最终授意中央情报局制订一项计划，以擒获藏身于巴基斯坦境内的本·拉登。在巴基斯坦当地时间的2011年5月2日，海豹突击队的一个特别行动小组执行了"海神之矛"行动（又称"杰罗尼莫行动"），从而使这位基地组织首领最终被猎杀。当这一新闻于当地时间5月1日晚10：45抵达华盛顿时，巨大的欢呼声也清楚地表明了美国民众在那些恐怖袭击事件中遭到的打击有多沉重。

第三次海湾战争

对于美国的小布什总统而言，这些在阿富汗只取得了一定成功的军事行动很快就变成了某种意义上的支线战争。他直到2001年才下定决心将针对基地组织的战争与计划多年的中东新秩序绑定到一起。在此之前，共和党和保守游说集团就已试图说服克林顿政府对伊拉克发动新的战争。在布什取得大选胜利后，许多这样的战争支持者进入了政府机构，美国的出兵只是一个时间问题

---

① Der Spiegel, 7. 5. 2011.

② ABC News, 3. 5. 2011. 猎杀本·拉登的行动参见 Bergen, P. L., Die Jagd auf Osama Bin Laden. Eine Enthüllungsgeschichte, München, 2012。

了。理查德·切尼被任命为副总统，唐纳德·拉姆斯菲尔德被任命为国防部部长，理查德·阿米蒂奇被任命为副国务卿。甚至那些以前不知名的人士，例如被任命为民主与全球事务副国务卿的宝拉·多布里安斯基，也担任了更高的职务。

因此，在针对伊拉克的攻击开始后，诸如因揭露水门事件丑闻而名声大噪的《华盛顿邮报》记者鲍勃·伍德沃德之类的批评家就已经对小布什总统进行了指责。他们认为这场战争只是布什主观上臆想的一个有利机会，以弥补其父亲老布什总统当时所欠的旧债并为结局不尽如人意的第二次海湾战争进行修饰。虽然伍德沃德的观点现在已经得到了证实，但是他的论断在当时并未对布什或者公众舆论造成影响。如今众所周知的是，官方的宣战理由从一开始就不是令人信服的，尤其是当时的美国国务卿科林·鲍威尔在联合国大会发言中对伊拉克在2001年卷入9·11袭击事件以及对伊拉克正在研发大规模杀伤性武器的指控。小布什的安全顾问康多莉扎·赖斯甚至在2002年9月8日煞有介事地谈及了伊拉克境内的核武器生产。所有这些都已被证明是不真实的，它们很有可能在那时就已经被美国政府作为战术理由，以便美国发动一场蓄谋已久的先发制人的战争。从今天的角度看，华府所依据的别名"曲线球"的拉菲德·艾哈迈德·阿尔万（一个向德国联邦情报局寻求庇护并提供了有关大规模杀伤性武器情报的伊拉克线人）的报告是无足轻重的。美国人从未审问过艾哈迈德本人。

由于对小布什发表了公开的批评，美国国务卿鲍威尔未能继续任职。2004年11月，在小布什取得连任之后不久，鲍威尔辞职并被康多莉扎·赖斯取代。赖斯于2005年1月接任美国国务卿之职。除了赖斯成为有史以来领导美国国务院的第一位女性和非裔美国人以外，其他的所有一切都保持原样。而她也致力于明确地执行此前延续下来的保守外交政策。然而，无论对于真相是如何敷衍，小布什政府在2003年发动第三次伊拉克战争所进行的准备阶段仍然相信，美国民众会像冷战初期一样对政府表示支持。这种情况直到2008年大多数人转而反对布什之后才得以改变。

美国的欧洲盟友或者对美国友好的国家对这场战争的态度却截然不同。尽管英国政府历来乐于为伊拉克的军事行动贡献自己的力量，但是美国的重要盟国如德法两国却表示拒绝。正如悬而未决的联合国决议一样，这些国家公开地要求美国提供所缺少的证据。自1998年以来由社会民主党和绿党组成、在总理格哈德·施罗德领导下的德国左翼自由联邦政府在2001年的9·11事件发生之后，虽然立即应允"全方位团结"，但是却只愿意在有限的范围内加以执行。① 由此可以看出这些国家与美国之间已然出现了鸿沟。无论如何，德国当局未能发现的恐怖分子"汉堡支部"已经对跨大西洋关系造成了不可逆转的伤害。②

当北约将恐袭事件正式宣布为针对北约全体成员国的袭击时，此前对于参战事宜仍然存在的司法疑虑在10月1日随之得以消除。然而，许多德国人对于此类空头支票的不信任并未解除，而联邦总统约翰内斯·劳于9月14日在勃兰登堡门的一次讲话中也表达了这种不信任。尽管如此，根据2001年10月7日通过的联合国第1368和1373号决议，德国人仍然向阿富汗战场派遣了近四千名士兵以支援美国发起的这场战争。然而，在有关德国承诺

---

① Fischer, J., "I am not convinced". Der Irak-Krieg und die rot-grünen Jahre, Köln 2011, 15.

② 出处同上，13。下列引用出处相同：44。

的"积极团结"应该如何表现以及绿党作为反战政党如何为此辩护的问题上,执政联盟的分歧仍然很大,以至于施罗德甚至将联邦议院对于参战的表决与信任问题联系在一起。但这样造成的结果是,即使是保守的基民盟(CDU)和基社盟(CSU)等在野党代表此时也投了反对票,许多国会议员还发表了个人声明。此后,德军便没有参加在伊拉克的军事行动。当施罗德在2002年赢得大选而小布什甚至没有向他表示祝贺时,德美两国的敌意达到了暂时的顶峰,这是两国之间前所未有之事。但是,德国外长费舍尔却认为布什此举"并非外交上的丑闻,而更是一种诚实的表达……因为白宫方面鉴于格哈德·施罗德的连任原本有可能会进行相当强烈的指责"。①

美国不仅对于德国人的保留态度,而且令某些欧洲观察家大为惊讶的是,也对法国人的保留态度作出了公开的回应。这一回应建立在美国的自我认知中根深蒂固的、自美洲殖民时代初期以来就广为人知的传统论据之上。在荷兰记者2003年1月22日的采访中,之前曾在杰拉尔德·福特总统任下担任国防部部长、被称为强硬派的唐纳德·拉姆斯菲尔德说:"我认为那是以前的欧洲。如果您今天对整个北约欧洲进行观察,重心已经向东部转移了。那里出现了很多新的成员。如果您列出所有北约成员国的名单,包括刚刚加入的那些,那么您一共有多少?二十六个还是什么?……德国曾经是一个问题,法国也是。"②在提及有关冷战的

---

① 出处同前,175。

② U.S.Department of Defense, Office of the Assistant Secretary of Defense (Public Affairs), News Transcript, 22. 1. 2003 (www.defense.gov/transcripts/ transcript. aspx?transcriptid=1330). Hervorh. im Original.

教训和策略时，美国这一次也更为明显地参照了自己的历史并因此听起来更具挑衅性。小布什在2003年11月19日发表的关于反恐战争的另一场重要讲话中说道："在第二次世界大战和冷战中，我们了解到理想主义……会促使民族力量、道德勇气以及面对艰巨任务时的耐心的产生。而我们这一代此时此刻正需要这些品质。"①9·11袭击事件调查委员会于2004年提交的正式报告也持相同的论调。②而沙特阿拉伯对此则独自采取了另一种态度，它不仅拒绝进行新的战争，甚至还拒绝以其领土为基地发动袭击。美军因此转而在卡塔尔进行集结。

第三次海湾战争以"伊拉克自由"行动的名义于2003年3月20日开始。但是几天之前，在边境地区已经进行了秘密行动。萨达姆·侯赛因政权于5月1日的覆灭宣告了战争的正式结束。正如第二次海湾战争那样，伊拉克军队也表现得不堪一击，以至于伊拉克在战争开始后的48小时之内就不得不放弃超过两百公里的防守区。又过了两天，美军就推进到了自2003年4月4日起被攻占的首都巴格达的近郊。美国总统布什的首要目标萨达姆·侯赛因在美军的追捕下直到2003年12月13日才被擒获。作为美方拘留的战俘，他于2004年6月30日被移交给伊拉克司法机构，并于2006年12月30日的一次审判后遭到处决。然而这时的冲突已经转变为与伊斯兰组织的长期游击战。尽管美军已于2011年12月最终撤出了该地区，但这些冲突至今仍在继续，其真正的终结就像阿富汗的情形一样，是无法预见的。

---

① 公开发表于 www.whitehouse.gov/news/releases/2003/11.html。
② The 9/11 Commission Report（见第744页注释②），377。

仍然驻扎在当地的美国机构的安全保障任务，尤其是使馆的安保，在2012年交给了留守的美军士兵。但是从长远来看，这些任务将按计划交由那些在战争期间已经参与了战斗行动、极具争议的私人安保公司。这其中就包括至2009年已经成立12年、拥有数千名雇佣军的美国"黑水公司"（现名XeServicesLLC），它因其极端残暴和侵犯人权的行为在伊拉克引起关注。尽管美国国会成立的一个调查委员会对"在战争地区雇用以利润为导向的企业"[1]也持极为批判的态度，而且有几起针对黑水公司雇员的诉讼仍在进行中，但是该公司依旧获得了价值数十亿美元的订单，直到其运营执照在伊拉克政府的压力下被撤销为止。此外，该公司作为最大的安保服务公司也曾被派遣到索马里和巴基斯坦，其中不乏中央情报局的委托；它也曾受雇在世界范围内对基地组织个别成员进行追捕。[2]

美国政府在正式任务中使用私人军事公司并不是什么新鲜事。在1854年对尼加拉瓜的干涉中美国就已经招募了一支私人军队。但是在这一方面，冷战的结束意味着某种转折点，因为此时雇用私人军事公司的情况已经越来越普遍。在1992—2002年的十年间——历经老布什、比尔·克林顿和小布什等总统的民主党或共和党美国政府，有3000亿美元的巨额资金流入了这些公司。[3]这

---

[1] 引用自 Handelsblatt, 29. 9. 2007。

[2] Hamburger Abendblatt, 4. 1. 2010。

[3] Heck, D., Grenzen der Privatisierung militärischer Aufgaben. Eine Untersuchung staatlicher Beauftragung privater Militärunternehmen anhand der Verfassungsordnungen Deutschlands und der Vereinigten Staaten von Amerika sowie des Völkerrechts, Baden-Baden, 2010, 141. 相关内容也可参见：Singer, P.W., Die Kriegs-AGs-über den Aufstieg der privaten Militärfirmen, Frankfurt a.M., 2006.

些计划迎合了以国防部部长拉姆斯菲尔德为代表的观点，即常规部队只能掌握一个核心地区。尽管这种观点最终并未得到贯彻，但是这种利用私人公司对美国在军事上持续活跃的世界某些地区的活动进行掩饰的趋势发展起来了。

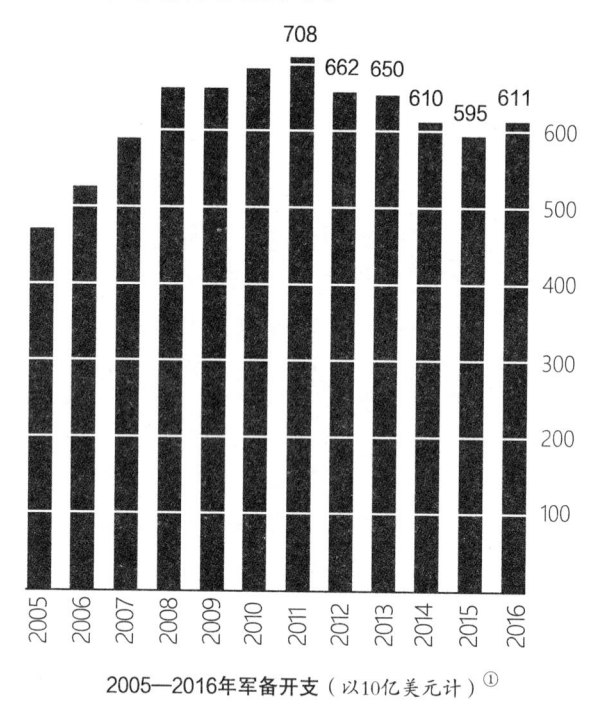

2005—2016年军备开支（以10亿美元计）[①]

将军事任务以及主权任务交由私人军事公司的情况一方面可以回溯到20世纪80年代私有化的基本趋势。另一方面，自90年代以来，美国作为唯一超级大国对全球事务进行长期介入在经济上

---

① Graphik nach: Der Spiegel, 2011 und Angaben des US-Verteidigungs-ministeriums.2016 Wurden 611 Millarden Dollara aufgewandt（vgl.https://statista.com）.

已经捉襟见肘的事实也愈加明显。因此毫不令人感到奇怪的是，美国在2011年对利比亚内战的干预有所减少，并且将其冷战时期广为人知的"责任分担"式的介入行动转嫁给了北约。从2012年初开始，美国已经公开放弃了其"两场战争战略"。在可预见的未来，美国将不再同时进行两场战争。尽管如此，2012年的国防开支并未遭到削减，但是军事预算在随后几年中持续下降。在美国人眼中，这意味着其盟国在未来将更多地以"世界警察"的身份参与行动。

1991年之后的内政和经济政策

相比在外交政策方面取得的跨党派统一，1991年之后的美国内政和经济政策则展现出一种更为尖锐的矛盾，这种矛盾一直持续到今天。冷战结束后，美国的经济增长尽管略有下降，但仍取得了相当积极的发展。在经历了20世纪40年代以及年平均增长率约为4%、被称为"骄傲的十年"的50年代的繁荣发展后，美国的经济增长率在70年代回落至3%以下，直到80年代才再次回升。[①]从1991年起，摆脱了冷战束缚的美国经济的发展从根本上而言更为积极。但是贫富之间的差距也因此进一步加大。堪称1929年大萧条以来最为严重的、于2007—2008年开始爆发的经济危机宣告了美国经济发展的终结。

---

① Heideking/Mauch, Geschichte（见第51页注释②），362。下文数据出处相同。

经济发展

美国经济变化起伏的原因是多方面的。冷战时的军备竞赛带来了持续的积极影响。除了开销巨大却遭遇失败的越南战争以外,最严重的问题还包括20世纪70年代初开始的第一次石油危机,它导致能源成本从此长期居高不下。美国自身的石油生产长期以来也只能使这种状况稍微得到一些缓解,尽管美国的能源成本和欧洲相比至今仍然处于相对低廉的水平。除此之外,在经济上也同样具有灾难性的一个事实是,美国经济的各行各业自20世纪60年代以来就已基本崩溃。来自欧洲,特别是亚洲的新竞争者——其产生部分是由美国自己造成的,对美国在全球国民生产总值中所占的份额进行了挤压。该份额在1945年接近一半,在90年代初则仅占1/3。

某些特定行业,如纺织、采矿和汽车行业的长期低迷改变了整个城市和地区的面貌。在被称为"汽车城"或者"摩城"并曾经在文化上备受崇拜的底特律,所有的城区都变得一片荒芜。这些损失在一定程度上受到了服务行业,尤其是蓬勃发展的计算机行业创造的新工作岗位的弥补,这些行业在第一次石油危机到1995年之间的大约二十年中奇迹般地创造了4300万个新工作岗位。与欧洲相比,美国的失业率也因此能够保持在极低的5%～7%的水平。[①]然而,许多新的工作并不能或仅能勉强维持生活,这导

---

① Caplow, *Century*(见第391页注释①),46 f.

致许多美国人长期以来不得不同时承担几份工作以维持生计。而这也是自"骄傲的50年代"以来，贫富之间，特别是极端富裕与极端贫穷之间的差距不断扩大的原因之一。

"里根经济学"

美国社会的贫富分化在20世纪80年代通过保守的里根政府开始推行的新自由主义经济政策再次明显加剧。这种政策被称为"里根经济学"，它立足于所谓的"芝加哥学派"，尤其是里根的经济政策咨询委员会中最为重要的顾问亚瑟·拉弗尔的理论。根据该理论，减税政策一方面应该能够改善企业的初始条件，这就是最高税率从70%持续降到33%的原因。另一方面，通过此前的政府支出向家庭财政的转移，对美国公民的个人绩效提出了进一步的要求，同时压缩了国家福利的责任并总体上降低了工会的影响力。通过这种方式，里根经济学对从罗斯福时代开始以民主党为主导的经济政策构成了挑战。里根时期的经济可以说是基于这样的信念，即个人绩效决定一切，而市场最终将会进行自我调节。如果说20世纪70年代仍然是个人主义者的10年，80年代则被认为是利己主义的10年。这一时期的特点是，城市中年轻且无子女的人群一味追求迅速获得财务成功，而不进行任何更深层次的社会考虑。其中的著名群体包括"雅皮士"（Yuppie，即YoungUrbanProfessional，意为"受过高等教育、住在大城市、有专业性工作的人"）以及"丁克族"（Dink，即DoubleIncomeNoKids的缩写，意为"双份收入、没有孩子"）。毫无道德可言的股票投机者或追求利益最大化的"企业狙击手"的原型也在好莱坞的一些电影中得到追捧、嘲讽或谴责,比如1987年的《华尔街》、1990年的《风月俏佳人》以及2000年的《美国精神病人》。而在欧洲,比如在撒切尔主义强调相似重点并导致类似后果的英国,也能发现对此类代表作品的模仿,这也印证了美国的文化吸引力。

极为明显的是,某些特定的发展并非直到20世纪80年代才得以开始。在里根经济学的严厉措施下,它们变得尤为令人关注。在政府的刺激下,股票和资本市场的确取得了蓬勃的发展,并明显呈现出一种向高风险高回报的投资理念转变的趋势。[1]直到1981年左右,私募股权和风险投资业务更多的是在少数人手中进行。私人资本市场的融资在19世纪横贯大陆的铁路建设中发挥了重要作用。对公司的资本密集型收购,例如约翰·皮尔庞特·摩根在1901年对卡耐基钢铁公司的收购,或者对多家公司的战略参股主要是鲜为人知的大公司的业务。

直到两家资本投资公司于1946年建立之后,这种情况才得以改变。由哈佛商学院教授乔治·多里奥特创立的美国研究与开发公司,以及由经验丰富的投资者约翰·海·惠特尼建立的J.H.惠特尼公司成为首批专门从事"杠杆收购"(LBO)的公司。那些完全或部分地通过低息债务资本获取资金支持的企业尽管被整体收购,却遭到拆分并按部分出售,这种操作方式在后来被称为"企

---

[1] 下文相关内容参见 Ante, Sp. E., *Creative Capital. Georges Doriot and the Birth of Venture Capital.* Cambridge, 2008, 241 ff.; Gladstone, D. J., *Venture Capital Handbook.* Englewood Cliffs, 1988; Burrough, B./Helyar, J., *Die Nabisco-Story. Ein Unternehmen wird geplündert*, New York, 1991。

业狙击"。自20世纪50年代以来，当美国在冷战中与苏联展开了新一轮的技术竞争时，这类"蝗虫"般的公司也加大了对新技术的投资。诸如"苹果"或"康柏"等由风险资本支持的信息技术公司已经通过这种方式长期地跻身于世界一流公司的行列。

迄今为止具有可比性的商业模式还包括所谓的"对冲基金"，它也是在20世纪40年代末首次推出，被认为是阿尔弗雷德·温斯洛·琼斯的一种发明。然而，该领域最为成功、最具争议且被视为美国乃至全球经济和金融体系榜样的当属乔治·索罗斯。他在20世纪90年代进行的货币投机活动不仅为他带来了数十亿美元的利润，而且也是造成1997—1998年大规模亚洲金融危机的罪魁祸首。这场危机中，东南亚国家的货币遭受了尤为沉重的打击，这也部分地造成了极为严重的社会后果。[1]索罗斯在其1987年的著作《金融炼金术——解读市场的想法》中针对大多数人对于经济过程的"缺乏理解"表示哀叹，并提出了他的"反射理论"，该理论首先要求人们抛弃常见的有关市场平衡的观点而只关注市场的可能性。他的这种理论在当时被认为是具有革命性的并得以广泛传播。[2]然而，人们在2006年发现，索罗斯之所以能够成功地完成他的部分交易业务，仅仅是因为他可以通过机密的内部信息获得利益。[3]

---

[1] 当时仅自杀率就上升了大约三分之一。关于索罗斯，参见 Horowitz, D./Poe, R., *The Shadow Party. How George Soros, Hillary Clinton, and Sixties Radicals Seized Control of the Democratic Party*, Nashville 2006; Morris, Ch. R., *The Sages. Warren Buffett, George Soros, Paul Volcker and The Maelstrom of Markets*, New York, 2009。

[2] Soros, G., *The Alchemy of Finance. Reading the Mind of the Market*, New York, 1987, 31 ff. 以及 41 ff.。

[3] Spiegel Online, 14. 6. 2006.

经济增长的亢奋和互联网经济泡沫的破灭

随着1991年冷战结束,经济中的良好氛围也大大地增强了。不再只有新保守主义者才认为,西方及其政治经济体系的优越性会随着苏联和东方阵营的垮台自动显示出来,而此时不受干扰的众多全球化可能性将会引发一种世界范围内的繁荣。很多美国人也愿意相信,正如弗朗西斯·福山在1992年的《历史的终结及最后之人》中所阐述的那样,历史是如此简单地、符合目的论地以那些积极目标为目的,比如实现全球自由、自由民主以及对于所有人都具有积极作用的市场。各种成功貌似证明了这一点,不仅是因为此前的东方阵营社会、中国以及很多新兴经济体的积压需求是巨大的,而且还因为,从20世纪90年代中期开始,互联网和移动通信市场的新经济作为全球经济的一个特殊组成部分亦取得了蓬勃的发展。所谓的"互联网泡沫"后来被用于形容那些迅速发展,有时甚至能获得巨大股票市值但通常规模很小的公司。这些公司的商业发展通常在互联网上实现,因此被冠以".com"的标签。对这些企业的期望导致投资者健康的怀疑态度常常被置若罔闻,而上市企业本身则被高估了。2000年互联网经济泡沫的破灭,对于成千上万人而言,不仅造成了他们的经济损失,还导致了他们失业。[①]

[①] Lowenstein, R., *Origins of the Crash. The Great Bubble and Its Undoing*, New York, 2004.

然而，经济和财政上的疯狂导致的最严重的长期后果是，在前主席艾伦·格林斯潘（1987—2006）和本·伯南克（2006年起）领导下的美国联邦储备系统（美联储）实行了一种以极低利率来抵御危机的政策。这鼓励了更多的美国人，甚至是低收入的美国人去购置房产。向那些在通常情况下不会获得银行贷款的人授予所谓的次级信贷，当这些人无法偿还那些在美国普遍以浮动利率申请的贷款时，也导致了房地产经济泡沫的破灭。这种大量累积的，还被银行在国际上进行转让但此时无法偿还的"不良贷款"直接导致了2007—2008年全面爆发的一场全球性金融危机。

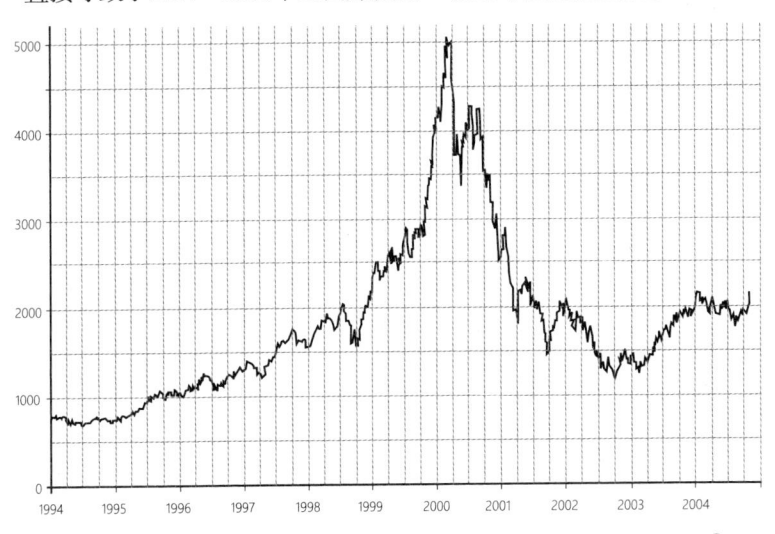

2000年互联网泡沫的发展和崩溃（1994—2004年纳斯达克股票指数的表现）[1]

这场危机意味着自1929年"黑色星期五"以来金融市场所面临的最严重的崩溃。美国的众多银行也宣告破产，不得不通过拆

---

[1] 图表来自：http://news.bbc.co.uk/2/hi/business/8558257.stm.

分业务或者仅靠政府担保才能生存。主要与抵押融资进行合作的银行美国新世纪金融早在2007年4月2日就已破产。次年，美国银行业的重量级企业——拥有近2.9万名员工、销售额约为590亿美元的雷曼兄弟银行也申请破产，而它在此前不久还收购了美国最大住房公司之一的阿克斯顿-史密斯公司。[1]当雷曼兄弟于2008年9月15日申请破产并立即解雇几乎所有员工时，连锁反应随之而来。布什政府没有对该银行施以援手的原因仍不为人所知。

人们如今认为，美国政府在当时试图惩一儆百，但却低估了正在产生的损失。其他的银行，比如美国四大银行之一的花旗银行集团等，仅靠450亿美元的国家援助得以幸存，它们也不得不出售了诸如德国分支机构之类的部分业务。[2]即便是美国最大的金融机构——著名的美国银行也陷入了困境。"实体经济"中的许多公司都跌入了深渊，其中最著名的失败者之一便是通用汽车公司。根据销售数据，它在2007年已成为全球最大的汽车康采恩，却在2009年6月1日宣告破产。在通用公司于2010年11月再次上市之前，它也只能依靠政府贷款艰难度日。

银行危机对就业市场的打击更为严重。当民主党的美国总统巴拉克·奥巴马于2009年1月上任时，美国记录了自1967年以来最高的失业率（9.3%），失业人口总数达到了478万。[3]这一数字在接下来的一年中继续上升，直到2012年底才下降至7.8%，但是仍

---

[1] McDonald, L.G./Robinson, P., *A Colossal Failure of Common Sense. The Inside Story of the Collapse of Lehman Brothers*, New York, 2009.

[2] Joint Statement by Treasury, Federal Reserve and the FDIC on Citigroup（www.federalreserve.gov/newsevents/press/bcreg/20081123a.htm）.

[3] Meldung AP, 29.1.2009, 以及 U.S. Census（www.census.gov/compendia/statab/2011/tables/11s1366.pdf）。

然处于一个很高的水平。①在危机发生之前，失业率一直在4.0%（2000）和5.1%（2005）之间徘徊。即便在危机发生后，这一数据在2008年也只增长到5.8%，仅比冷战末期（1990）的5.6%略高。②人们之所以对出现衰退仍然表现出担忧之情，主要是因为失业率对美国人的购买情绪产生了负面影响，进而对极为重要的美国国内市场产生了负面影响。

国内政治氛围的激化

美国民众对于与个人收入息息相关的经济政策的极度敏感在1991年后的总统大选中已经明确表现出来。老布什出人意料地仅在一个任期之后于1992年输掉了大选并不得不将权力移交给比尔·克林顿。这一失败直到2012年的总统大选仍历历在目。如今，大多数人认为，对于不再征收更高税款的1988年大选承诺（当时布什字正腔圆地宣布："请看我的口型：不征收新税款。"）的违背使得老布什输掉了他的第二次大选。而克林顿则成功地展现了他从20世纪60和70年代保持下来的轻松心态并因此为其竞选活动加了分。在理查德·尼克松由于水门事件最终失去了政治支持并辞职的1974年，时年28岁的克林顿开启了他的民主党政治生涯。尽管他差一点而未能获得众议院职位，但他在接下来

---

① Bureau of Labour Statistics, Jan. 2013.

② www.census.gov/compendia/statab/2008/tables/08s1328.xls-2008-10-10（Civilian Labor Force, Employment, and Unemployment, by Country: 1970 to 2006）以及www.census.gov/compendia/statab/2011/tables/11s0625.pdf（Unemployment Rates 2000-2009）.

的几年中成功当选为阿肯色州的司法部部长（1976年），甚至是州长（1978年）。

为人所津津乐道的是，克林顿早在与老布什进行总统竞选期间，甚至是后来他以总统身份进行国事访问期间都一直保持了演奏萨克斯的习惯，这也巩固了他不同寻常的青年政治家的形象。克林顿为其竞选呈现的作品包括了美国流行音乐偶像弗利特伍德·麦克的《不要停止》，这一作品也成了克林顿竞选活动的主旋律。除此之外，克林顿还受益于他对约翰·肯尼迪形象的纪念。他在1960年的竞选活动中就已经成功使用了肯尼迪的形象，以打击性格暴躁、时任副总统的强硬反共分子理查德·尼克松。克林顿作为"六八运动派"和"伍德斯托克"一代的代表人物，以43%的支持率不仅战胜了黑马候选人罗斯·佩罗（19%的支持率），而且还战胜了老布什（约38%的支持率）。此后，美国的两个主要政党在国内政治方面产生激烈冲突的新阶段得以开始并一直持续。直到今天，即便是巴拉克·奥巴马仍然可以感受到这种冲突的影响。[1]

在这种氛围下，共和党人的普遍口吻和破坏民主党人内政计划的企图都变得更为强硬。不同寻常的是，此时还出现了针对克林顿的私生活和人格的大规模攻击，尽管这种丑化自19世纪以来就已经是美国政治中的家常便饭了。这种攻击也波及克林顿的副总统艾伯特·戈尔，他由于对环境问题的关注直到今天仍然饱受异常严厉的抨击。尽管如此，克林顿和戈尔还是以49.7%的选票率

---

[1] 数据引用自 www.uselectionatlas.org/RESULTS/index.html。

为民主党赢得了竞选。①相比之下，共和党的竞选对手罗伯特·多尔和杰克·坎普的选票率要低大约9%，只有40.7%。其他候选人——再次参选的来自改革党的企业家罗斯·佩罗以及来自绿党的律师拉尔夫·纳德，则以符合预期的巨大差距远远落后（分别为8.4%和0.7%）。

然而，事实证明克林顿不只在私生活方面是有懈可击的。他曾在1992年大选中作出了很多承诺，但是鉴于国会中的共和党多数，这些承诺未能或者没有充分得到执行。从1993年起，遭到共和党人强烈抵制的社会问题已经成为美国内政的焦点。其中不仅包括对于低收入者极不公平的美国医疗体系的转型，还包括与暴力、贫困和疾病的斗争。在疾病方面的当务之急是艾滋病这种自20世纪80年代迅速蔓延的免疫缺陷综合征，而同性恋和吸毒者这些主要危险人群在当时早已经被忽视了。除此之外，还涉及种族和人种平等问题以及顾及同性伴侣关系的婚姻法自由化问题。在副总统戈尔的推动下，环境问题也被纳入了政府政策。继约翰·肯尼迪于1956年出版的《勇者的画像》之后，戈尔的著作《濒临失衡的地球》再次成为由一位在任的美国政治家所撰写的畅销书。

改革的僵局

共和党人在国会参众两院占多数这一情况从1994年起一直延续到克林顿任期将近结束之时，这导致很多内政项目因此受到了

---

① 数据出处同前。

阻挠或不能得以完全实施。同时，克林顿也并未表现得像最初想象中那样是一个温和的、对政治对手持开放态度的所谓"新民主党人"。最终的结局明显是负面的，因为某些承诺，比如降低中产阶级税收、将赤字减半以及对外为人权事务做出更多贡献等，并未能得到兑现。[①]在社会政策方面，克林顿打算为所有美国人提供医疗保险的尝试也宣告失败。这一计划直到2010年巴拉克·奥巴马就职以后才再次着手处理并于2014年实施，尽管共和党对此依旧表示了强烈的反对。对于1996年《社会援助法》的适度修订工作最终也没有取得民主党人原本期望的成功。对于该法案所涉及的人群而言，如果他们不积极争取的话，社会援助反而将会减少。

原本计划进行修正的武器法案只是得以适度收紧。尽管半自动武器的销售受到了管制，但并未受到禁止。这种结局不仅应归咎于各种游说团体，许多普通民众也认为这是对他们传统权利的无理干涉。即便是那些20世纪90年代刚刚在美国发生的、极具轰动性的持枪杀人案和袭击案都没能带来任何改变。这些案件中就包括1995年4月19日在俄克拉荷马城发生的致命炸弹袭击案，它造成了168人死亡，其作案者很可能来自右翼民兵组织。由于炸弹被引爆的时间恰逢得克萨斯州"韦科惨案"（以大卫·考雷什为首的藏有重型武器的基督复临教派总部遭到暴力围剿）的两周年纪念日，因此人们猜测，爆炸案主谋蒂莫西·麦克维的作案动机也与该惨案有关。

然而，给公众带来更大冲击的是，接下来的几年中，在学

[①] Clinton, B., Mein Leben, Berlin, ³2004, 704.

校和大学里相继发生了致命的校园枪击事件，比如1998年3月和5月分别在阿肯色州琼斯伯勒和俄勒冈州斯普林菲尔德发生的校园枪击案等。其中最为耸人听闻的是1999年4月20日在科罗拉多州利特尔顿市发生的科伦拜恩高中大屠杀事件。在这三起案件中，都是持有武器的儿童或青少年屠杀了自己的同学。琼斯伯勒校园枪击案的作案者只有11岁和13岁。在利特尔顿校园枪击案中，两名分别为17岁和18岁的作案者在开枪自杀之前，用自动武器处决了12名学生和1名老师。他们此前通过其成年的朋友囤积了大量武器。尽管科伦拜恩高中大屠杀只被视为针对美国教育设施的重大屠杀案件之一（1927年密歇根州巴斯案造成45人死亡，1966年得克萨斯州奥斯汀案造成66人死亡，2007年弗吉尼亚州布莱克斯堡案造成33人死亡），但这是首次由未成年人造成的如此多人死亡的案件。利特尔顿校园枪击案也因此成为对美国武器文化进行争论的起点，并引起了公众的广泛关注，其中包括美国著名导演迈克尔·摩尔为此拍摄的纪录片《科伦拜恩的保龄》。但是，这些并没有唤起人们对于有时甚至能够通过超市获得武器的自由武器政策的认真思考。在2012年12月14日的康涅狄格州纽顿枪击案——一名20岁的枪手在一所小学中枪杀了27人并自杀的案件发生之后，相关的讨论又被重新提起。然而在纽顿案发生后的两周之内，仍有大约400人因枪支死亡。[①]在今天，每年仍有大约3万人死于与枪支有关，其中有40%的人死于凶杀，60%的人死于自杀。

---

① 数据源自www.slate.com，该网站每天公布最新数据。下文数据参见美国联邦调查局报告（*Crime in the U.S. 2010* 以及 2011）（www.fbi.gov）。有关利特尔顿事件，参见 Larkin, R.W., *Comprehending Columbine*, Philadelphia, 2007。

克林顿政府减少高额武器开支的计划被证明面临同样复杂的困境。共和党人与工业游说团体对此也进行抵制。除此之外，日常政治方面的挫折也使大多数美国人对裁军的合理性问题产生怀疑。除了裁军会和国际贸易协定一样以工作岗位减少为代价［正如1993年克林顿在签署《北美自由贸易协议》（NAFTA）和《关税及贸易总协定》（GATT）等自由贸易协定时亲身经历的那样］这样的基本担忧以外，安全问题也受到越来越多的关注。克林顿就职不到一个月，纽约世界贸易中心于1993年2月26日遭受了第一次炸弹袭击。同年底，美国人又目睹了由老布什政府于1992年开始的联合国索马里任务的灾难性结局。在电视观众前播放的对死于摩加迪沙街头的美国士兵尸体的侮辱，唤起了人们对于1980年美国驻德黑兰大使馆人质解救失败事件的不良记忆。当时，美国公民的尸体也是如此呈现在世界媒体面前，作为超级大国的美国同样显得束手无策。而在美国自认为刚刚赢得冷战的背景下，这一事件似乎是彻头彻尾的讽刺。

在环境保护举措方面，克林顿首先尝试对能源价格加大征税力度。这一举措因大规模反对没有取得预期的成功，但还是逐步取得了一定的进展。针对环保措施的攻击主要涉及戈尔于1994年提出的有关环境政策、旨在同时推动与环境政策相关的科学与社会政策的"全球倡议"。戈尔本人也因此常常处于保守派政治宣传活动的风口浪尖。共和党候选人以及诸如《政客》杂志的相关媒体都不遗余力地对气候变化辩论进行嘲讽。[1]后来，针对戈尔参与的电影作品《难以忽视的真相》也出现了相应的抵制，但是该

---

① Politico, 25.11.2008.

作品在华盛顿的政党政治圈子之外却广受好评：它于2006年由罗伯特·雷德福德创立的犹他州圣丹斯电影节上获得颁发的优秀电影作品的奖项。两年后，戈尔因其环保举措与著名的政府间气候变化专门委员会共同获得了诺贝尔和平奖。

"共和党革命"

在1993年就任总统后不久，就连克林顿本人也越来越明显地成为公开攻击的标靶。对于包括在媒体上频频露面的电视传教士杰里·法尔维尔以及1995—1999年担任国会共和党发言人的纽顿·金里奇等代表性人物在内的美国保守主义基督教原教旨主义者而言，对总统个人的批判近乎成了一种令人印象深刻的执念，正如法尔维尔针对比尔·克林顿包括其夫人希拉里每周进行的抨击演说表现出来的那样。金里奇作为"共和党革命"的领袖人物以及2012年总统大选的候选人，是试图通过弹劾促使克林顿下台的推动力量。相关的媒体，尤其是福克斯电视台，对他进行了支持。但是，金里奇在1999年的政治失败也表明，民主党人完全有能力以肮脏的手段进行反击。此外，金里奇的失败也与其竞争对手——佐治亚州民主党人托尼·森特的一个广告短片有关。片中，森特指控金里奇背叛了其身患绝症的妻子。①

在公众的追问中，克林顿本人由于其笨拙的自我表达也常常陷入窘境。他含糊不清地对他学生时代的吸毒经历以及与希拉

---

① AP，8. März，2007.

里·克林顿的婚姻作出了回应。然而影响最为严重的应该是,他在关于其婚外情的事情上明显地说了假话。早在1992年,当他在民意调查数据和政治捐款方面都是极为成功的候选人时,在接受《纽约时报》采访时说,他此前曾在英格兰"尝试过一两次抽大麻",但"并未吸入"。①他1992年的大选胜利也说明他的这一声明并未对他造成真正的影响。但是这已经成为一种流行的桥段,此后在深夜节目和情景喜剧中被不断使用。除了涉嫌逃税(对此尤其值得一提的是克林顿在任时发生的所谓"白水事件")以外,数次有关性骚扰的调查也给公开贬低克林顿并对其造成政治损害提供了机会。最终,对于白水事件以及克林顿与实习生莫妮卡·莱温斯基的婚外情案的调查被联系到一起。这两起调查均由曾与共和党前司法部部长威廉·法兰克·史密斯共事、政绩颇丰且没有党派倾向的"独立特别检察官"肯尼思·斯塔尔负责。他于1998年提交了一份大约400页的调查报告。②尽管如此,美国参议院在1999年并没有听取他关于弹劾总统的建议。公众氛围也受到了蛊惑,其程度也可以通过苏珊·麦克杜格的著名纪录片《竞选总统》体现出来。

因此,在2000年总统大选后小布什获得的选票少于其民主党对手阿尔·戈尔的情况就不足为奇了,这也是特殊的选举人制度在美国历史上第四次起到决定作用并终止两党内政争端的大选。与此前的共和党人相比,民主党人的克制更为明显,尤其是自2001年的9·11事件以来形成的跨党派共识更使得两党之间的冲突

---

① New York Times, 29. 3. 1992.
② 总结性地刊登于 Schambeck, Dokumente(见第 116 页注释①),724 f。

有所减弱。批评者的角色也由其他力量接手。

9·11袭击事件发生以后，布什政府国内政策的核心不仅是对美国公民权利进行明显的限制，而且首先是在对外边界上对安全控制的力度进行进一步加强。美国的一些批评者，比如电影导演迈克尔·摩尔怀疑，对于保守党而言，这仅仅是他们用来削减不受其欢迎的民权的绝佳机会。摩尔的电影《华氏9·11》在2004年大选前夕再次有利于共和党人的局势下得以首映，它对布什家族的背景以及与沙特阿拉伯和本·拉登家族之间隐藏的经济关系提出了疑问。

实际上，在9·11事件后的合理愤怒浪潮中，布什政府得以制定了《紧急状态法》，这在冷战结束后是无法想象的。而在袭击发生后不久的10月26日在极大压力下被批准并在之后的几年中又得到强化的《美国爱国者法案》，①在众议院中以357对66的投票结果、在参议院中更是以仅有一张反对票的投票结果得以通过。根据该法案，在无须提供证据的情况下，就可以更为简单方便地通过电话监控、房屋搜查以及其他诸如银行账户等信息的调查对美国公民的自由进行限制。除此之外，该法案还限制或阻挠外国人的停留或访问，并因此主动或被动地回归到20世纪20—30年代的孤立主义传统以及50年代的仇视外国人的传统之中。从此，赴美游客不仅要面对签证规定方面的严格限制，而且如果他们通过美国航空公司的话，还必须在入境之前提交其个人信息。安检现在也需要更长的时间。尽管大多

---

① USA PATRIOT Act（Uniting and Strengthening America by Providing Appropriate Tools Required to Intercept and Obstruct Terrorism Act of 2001）. 刊登于：Schambeck, Dokumente（见第116页注释①），756-758。

数人对安全问题表示认可，但是它在某些情况下甚至会阻碍某些人员的入境，比如一些公司或机构迫切需求的人员。根据该法案于2001年10月成立的国土安全部特别是在机场进行了即便是许多美国人自己也往往觉得过分的严格管制。在随后的几年中，越来越多的相关事件在美国媒体上被披露出来，其中包括有价证券被从受到美国联邦运输安全管理局（TSA）检查的手提箱中盗出并转售的案例。[1]而外国人从此在没有具体违规行为的情况下也有可能会被处以长达7天的拘留，而且在遭到怀疑的情况下，甚至还会被关押在不受国际法和美国法律保护的古巴关塔那摩监狱里。对于谁会受到怀疑这一问题的唯一决定权掌握在司法部的手中。

然而，这种怀疑主要是针对美国境内的穆斯林。无论如何，这种自殖民时代以来对世界的二分法——敌友之间、善恶之间的明显区分，已经深深植根于美国人的自我理解之中，并在此时又再次复兴。值得注意的是，在这种受威胁的观念以及一种内部戒严的感觉下，法治又再次被废除。其中包括将囚犯从"反恐战争"转移到古巴关塔那摩监狱并进行严刑逼供的做法，它违反了美国的司法制度以及国际协定。[2]除此之外，早在2002年就对此进行报道的美国媒体《华盛顿邮报》披露出来的美国驻阿富汗巴格拉姆监狱的残酷审讯方法，以及自2003年建立的伊拉克阿布格莱布的酷刑都得到了正式的批准。小布什总统也在其回忆录中写道，他亲自下令使用酷刑对与本·拉登一起被认为是9·11恐怖

---

[1] 可参考 Bericht *CBS Evening News*, 13.9.2004; examiner.com, 18.5.2011。
[2] McCoy, Foltern（见第 563 页注释②），114。下文数据出处同前，111 ff。

袭击事件的真正主谋,并于2003年在巴基斯坦拉瓦尔品第被擒获的哈利德·谢赫·穆罕默德进行了审讯。① 今天人们知道,犯罪嫌疑人甚至还被移交给了叙利亚和利比亚极其残酷的秘密警察手中,而相关的审讯问题清单显然是由中央情报局提供的。② 所有这些都表明,2001年宣布的"反恐战争"就像此前的冷战一样,也极大地改变了评估的标准。③

仅仅几年后,美国当局也开始表示质疑。但是,尽管最高法院早在2004年1月就宣布《爱国者法案》的某些条款违宪,但面对一如既往愤怒的公众舆论,两党的国会议员仍然继续投了赞成票。美国总统奥巴马甚至也在2010年通过《第51号国家安全总统令》将该法案的有效期又延长了4年。

在自2005年起的第二个任期中,小布什政府在内政和外交政策方面的重点与第一个任期相符。除了反恐战争以外,此时也对堕胎及婚姻法的进一步自由化加强了打击。受到特别任命的联邦法官和州总检察官,例如阿尔贝托·冈萨雷斯,为此提供法律支持。小布什的顾问卡尔·罗夫直到2007年辞职之前,都被认为是对美国法院独立性进行大规模干预的真正策划者。在2008年11月大选之前,布什的民意调查满意度已降至19%的历史最低点,④ 这一数据甚至比理查德·尼克松的纪录还要低。

任期结束时,除了反恐斗争的加剧以外,小布什实际上没有

---

① Bush, G.W., Decision Points, New York, 2010, 170.

② Die Presse, 3. 9. 2011.

③ Greenberg, K. J./Dratel, J. L. (Eds.), The Torture Papers: The Road to Abu Ghraib, Cambridge, 2005; Greenberg K. J. (Ed.), The Torture Debate in America, Cambridge, 2005.

④ 数据引用自 Heideking/Mauch, Geschichte(见第51页注释②),455。

什么政绩可言：美国的负债甚至更多，普通美国民众可支配的金钱变得更少；失业率也上升了，关键技术方面的对外贸易顺差下降并显然转移到了中国人手中；不同于此前承诺的那样，美国的政府支出也极大地增长了；同时，对巨额财产进行的片面减负使得贫富之间的差距变得更大。小布什政府执政的最后一年恰逢世界经济危机，尽管他为了给共和党争取民意支持而进行了紧锣密鼓的准备并于2008年9月提出了银行拯救措施，但是仍然以失败告终。

在过去的几年中，美国国内的政治斗争已经呈现两极分化的局面，在某种程度上也表现得极不公平并且伴随了持续的人身攻击，这些在2008年的大选中仍没有丝毫减弱。但是这次大选还是带来了一些惊喜。尽管共和党在民意测验中表现不佳，但是其中的很多人还是表现出开放的态度。约翰·麦凯恩的参选使得共和党再次拥有了一名来自右翼的候选人，而他也是美国历史上首次提名一位女性担任未来副总统的候选人。当时的阿拉斯加州州长萨拉·佩林于1964年出生在中西部的爱达荷州，明确地代表着共和党基督教原教旨主义阵营的立场。作为五旬节派的实践福音派信徒，佩林对创世论者的理论持开放态度并希望看到它们在公立学校得以讲授[1]。她也毫不怀疑这些理论在社会自由化、环境和物种保护方面的重要影响。

---

[1] Los Angeles Times, 28. 9. 2008.

奥巴马的竞选胜利

然而，麦凯恩的民主党对手在竞选中也打算运用他的个人魅力。巴拉克·奥巴马的母亲是一位美国白人女性，父亲则是非洲人。由于当时美国大陆仍然禁止混血婚姻，因此其父母于1961年在夏威夷岛结合。不久之后，由于父母的离异以及母亲与继父的第二次婚姻，奥巴马在继父的祖国印尼上了小学。他最初以支持比尔·克林顿活跃于政坛。1996年，他当选为伊利诺伊州参议员，从而取得了他在政治上的首个成功。那时他就已经以社会政治话题为自己赢得了名声。正如在这个问题上遭遇失败的克林顿一样，一个惠及全体美国人的普遍强制性健康保险成为奥巴马的计划的核心，其口号是"变革的时候到了"。很快，他也成为政敌的关注焦点。早在他于2007年2月10日在伊利诺伊州的斯普林菲尔德市——1858年亚伯拉罕·林肯宣布打算废除奴隶制的地方，宣布成为总统候选人3个月后，他就不得不处于个人保护之下。在美国总统竞选史上，从未有候选人如此一早就被列为受到严重威胁的人物。

奥巴马于2008年11月当选为第一任非洲裔美国人总统。他强大的总统初选对手希拉里·克林顿被任命为美国国务卿。奥巴马以52.9%的得票率遥遥领先于他的对手麦凯恩，而麦凯恩只获得了45.6%的选票。①奥巴马2009年1月上任，美国国内的政治交流在当时达到了新的高度。同年，以莎拉·佩林、纽顿·金里奇以及保守派电视台福克斯的一些主持人（例如格伦·贝克）为首的共和党人成立了"茶党"，他们借鉴1776年以前明确反抗英国的美国独立运动而发起了一项政治运动。然而，这实际上只形成了一个没有自己的计划、保守的抗议奥巴马的动员平台。然而在接下来的两年中，"茶党"设法相对成功地争取到了那些怀有不满情绪的人，尤其是那些传统上对于华盛顿任何政府都深深不信任的人群。

这种"茶党"现象并非新生事物。在20世纪80年代的共和党里根政府时期，这样的团体也产生了巨大的推动力。那时，注重宗教权利的保守派团体，所谓的"基督教新权利派"，再次变得比20世纪60—70年代更具影响力。具有影响力的电视传教士杰里·法尔维尔领导的游说组织"道德多数派"（后称为MoralMajorityCoalition，即"道德多数派联盟"）对于里根的选举动员而言几乎是不可或缺的。法尔维尔成功地将这一组织用于反对性自由化的运动，尤其是反对堕胎、反对性别和种族权利平等以及反对环境保护等。在其他方面，他与共和党右派之间也取得了明显的一致。他在2007年将关于全球变暖和气候保护的研究结果视为"恶作剧"，甚至是"撒旦的阴谋"，认为这仅是为了劝说人们脱离基督教。②1989年成立的美国基督教联合会（简称为CC或CCA）由另一位电视传教士帕特·罗伯逊创立，是最成

---

① 数据引用自 www.uselectionatlas.org/RESULTS/index.html。
② The Guardian，17.Mai 2007.

功的后续团体之一。该组织也依靠媒体,并且自20世纪90年代以来越来越明显地利用互联网进行传播。[1]据估计,仅在1995—2005年,其成员就增加到35万人左右。[2]该组织声称今天拥有超过100万的注册追随者,并且每年发放数百万份所谓的"选民指南";到2000年这一选举年,他们的追随者将会达到7000万。[3]

自2009年以来,"茶党"运动一直在为反对奥巴马的许多举措进行动员。内政改革是该运动的反对重点,尤其是强制性医疗保险。正如克林顿夫妇在20世纪90年代成为保守派团体的仇恨对象一样,此时的奥巴马和其他民主党政客也成了"茶党"的目标。面对佩林在2010年3月23日使用的战争言辞——"不要退缩,快装弹!"以及他们在佩林个人网站首页上此时甚至添加了十字准线的头像,奥巴马等人不得不愤而反击。令这种尤为恶毒的新式冲突达到暂时顶峰的是,当国会民主党众议员加布里埃尔·吉福兹于2011年1月8日在亚利桑那州图森市的一次选民交流活动中头部中弹倒下并几乎丧命的事件发生后,奥巴马随即将该事件公开谴责为"新希特勒"式的行为。

---

[1] Stöver, Befreiung(见第470页注释①),246 ff. u. 851 ff。
[2] Heideking/Mauch, Geschichte(见第51页注释②),364。
[3] www.cc.org/about_us。

21 世纪：美国梦的终结？

在21世纪的前20年，美国看似稳固的世界霸主地位似乎遭到了动摇。当来自共和党的房地产大亨唐纳德·特朗普在2016年11月的总统选举中击败民主党候选人希拉里·克林顿时，甚至连美国梦本身也都丧失了力量。那些在布什和奥巴马总统任期结束后的2016年大选中选择特朗普的人，都是抱着这样的希望，即特朗普能够"重建伟大的美国"并复兴美国社会。① 特朗普之所以获胜，是因为他向70%的选民展现了这一愿景。②

希望承载者奥巴马

具有讽刺意味的是，巴拉克·奥巴马也以近乎完全一致的承诺赢得了2008年大选的胜利。他也寄希望于改变和"美国梦"的影响。他的著作，1995年的《我父亲的梦想：种族和继承的故事》和2006年的《无谓的希望：关于重拾美国梦的想法》，从20世纪90年代中期开始就一直围绕着这些主题，并很快成了美国的畅销书。出现这种令人惊讶的巧合的原因在于，美国多年以来一

---

① 有关特朗普的目标，着重参见"Presidential Anouncement Speech"（2015年6月），"America First Foreign Policy Speech"（2016年4月），"Acceptance Speech"（2016年11月），"Inaugural Address"（2017年1月）及其首次国会演说（2017年2月）。
② 竞选分析详情参见 FAZ, 9.11.2016。

直面临着巨大的新挑战,然而在美国民众的观念中,用于应对这些挑战的解决方案并未被找到。在对外政策方面,与2016年时一样,恐怖主义和不对称战争在2008年就已经是极大的威胁;从经济角度讲,一直是美国核心目标的全球化也面临问题,这尤其表现在对外贸易的萎缩之中;在内政方面,美国社会在社会和政治上的分化也越来越严重。

人们对于一种可能的根本性改变的普遍希望促使奥巴马在2008年当选为美国总统。而诺贝尔奖委员会授予奥巴马2009年诺贝尔和平奖的决定也使这一对于美国政治新起点的希望得到了增强。但是,2/3的美国公民认为诺贝尔奖委员会的这一决定为时过早,因为与此前获得诺贝尔和平奖的总统西奥多·罗斯福(1907)和伍德罗·威尔逊(1919)相比,奥巴马甚至连兑现其竞选承诺——美国从阿富汗和伊拉克撤军并化解中东冲突的时间都没有。[1]而奥巴马本人作为获奖者在2009年12月的致谢辞中对于他获得的光环也表现得极为谨慎。

但是,诺贝尔奖委员会的理由听起来更像是一种以此来敦促这位提前获奖者信守诺言。该委员会在2009年10月的声明中说:"巴拉克·奥巴马因其对加强国际外交和人与人之间合作的非凡承诺而获得了诺贝尔和平奖。委员会特别重视他对于无核世界的愿景和承诺。奥巴马总统已经为国际政治创造了新的氛围。多边外交重新成为重点,联合国和其他国际组织所发挥的作用也得到了特别的重视。对话和谈判是解决哪怕最为困难的国际冲突的首选手段。无核世界的构想极为有力地为关于裁军和军备控制

---

[1] Handelsblatt, 9. 12. 2009.

的谈判注入了新的活力。通过奥巴马总统的提案，美国现在在克服世界面临的巨大气候挑战方面发挥了更具建设性的作用。民主和人权将会得到加强。很少有人能像奥巴马总统这样以这种方式引起世界的关注并点燃对于更美好未来的新希望……委员会希望支持奥巴马总统的呼吁：对于我们所有人而言，现在已经是为应对全球挑战来承担我们各自责任的时候了。"①

奥巴马与美国对外政策的传统

与公众看法不同的是，奥巴马将他的某些重要的对外政策承诺与非常特定的前提联系在了一起。早在奥斯陆的诺贝尔奖颁奖典礼致辞中，他就再次明确地表示打算关闭关塔那摩监狱，并促使美国遵守《日内瓦公约》，从而结束酷刑行为；但是他同时仍令人惊讶地表明，在对外政治中将继续依靠军事力量。②奥巴马对于那些在美国已经得到了跨党派认同的内容，比如自1823年詹姆斯·门罗发表的宣言以来就已经成为美国信条、与反民主力量进行的斗争进行的援引，是奥巴马也完全致力于美国对外政策传统这一事实的另一明证。此外，这一点在被美国政治主题演讲中几乎无一例外会提及的反绥靖政策，以及1941—1945年为消灭希特勒而进行的绝对必要的"好战争"带来的榜样作用证明。

除此之外，奥巴马也援引了美国在冷战中的政策，尤其是

---

① 引用自德国新闻通讯社2010年10月9日的报道。

② 此处根据德国新闻通讯社2009年12月10日的翻译稿件引用，刊登于Die Presse, 10. 12. 2009. 此外还可参见 Woodward, B., Obamas Wars, London, 2010。

1947年杜鲁门主义针对苏联专政的"战争宣言"。奥巴马这样开始了自己的发言:"我看到的是现实世界,我无法对给美国人民带来的威胁视而不见。很明显,世界上存在着邪恶。非暴力运动不可能阻止希特勒的部队。谈判也不能使基地组织领导人同意放下武器。使用军事力量有时是必要的说法并不是一种讽刺,而是对于历史、对于人类的不足和理性的局限的一种认识……另外一点是关于我们所追求的和平的形式。因为和平不仅仅是消除可见的冲突。只有基于个人不可剥夺的权利和尊严的和平才是一种真正的持久和平……一种公正合理的和平不仅包括公民权利和政治权利,而且还必须能保障经济的安全。真正的和平不仅要摆脱恐惧,而且要摆脱匮乏。"

奥巴马的讲话中没有提及的只是1947年杜鲁门讲话中的著名语录,即独裁政权"在贫困的土壤中"发展,并在对于更美好生活的希望破灭时达到它们的发展巅峰。在这一基调中也可看出奥巴马的暗示,即美国和以前一样将自己理解为这场斗争的"旗手"。值得注意的是,这一点在2002年9月20日的所谓"布什主义"中早已得到了强调。

实际上,赤裸的党派关系和内政方面的前沿斗争掩盖了奥巴马及大多数民主党人与共和党人的一致主张,即必须捍卫美国自1991年起的唯一超级大国地位。特朗普以后也会遵循这一点。这种民主党与共和党之间达成的基本路线自1998年《伊拉克解放法案》通过以来就已经变得十分明确。因此,在奥巴马的讲话中找到许多已经用于布什主义的核心短语并不是巧合。这一点即使在2001年后美国对外政策何去何从的问题上所产生的最激烈争执中也表现得显而易见。

正如美国国防部于2006年2月6日在一份详细的战略文件中表述的那样，美国至少自9·11事件起就处于一场可与冷战相比较的、与反民主力量进行的"长期战争"之中，美国应该运用类似的毅力和手段与这些力量进行斗争。奥巴马原本也可以和以往的小布什以及之后的特朗普一样对此表示支持。小布什在2006年任命的无党派国防部部长罗伯特·盖茨——唐纳德·拉姆斯菲尔德的继任者，直到奥巴马任下的2011年还在负责五角大楼，这一事实乍看之下似乎只是附带的人事政策，但实际上却是美国对外政策的可持续性以及两党共识的一个明证。

更为明显的是通过奥巴马政府对于敌对形象和战略的表述而在安全政策基本问题上所表现出的一致性。尽管奥巴马没有使用布什首先提出的"流氓国家"或"邪恶轴心"等词语，但是他眼中的敌对形象并没有根本性的不同。对他而言，与不值得信任的国家以及基地组织发动的完全或几乎不再受制于国家的恐怖行动进行斗争也是首要任务之一。从他亲自指挥针对本·拉登的突击行动这件事中可以看出这一任务压倒一切的重要性。奥巴马也认识到美国自二战后首次在本土遭受基地组织恐怖分子的攻击给国内政治带来的紧迫性。尽管该组织头目已于2001年被歼灭，但是华盛顿方面仍然对那些投奔不同伊斯兰恐怖组织的人员进行持续的追捕行动。其焦点首先是沙特阿拉伯、科威特和也门[1]；到奥巴马任期结束时，伊拉克、巴基斯坦、阿富汗、利比亚、索马里和叙利亚等国也成为行动的重点。[2]

---

[1] Die enthüllte Supermacht. Amerikas Geheim-Depeschen, Spiegel Spezial, Dez. 2010, 108-110（J. v. Mittelstaedt 的文章）；此处：110。

[2] Stöver, CIA（见第 24 页注释①），112.

奥巴马与独裁政权

然而，基本上就像他的前任总统一样，奥巴马与独裁政权的关系也是模棱两可的。这一点可以从2010—2011年开始的"阿拉伯之春"运动中看出。当时，中东、近东以及北非的反对派团体开始对其政府进行反抗。这些专制政权在短短几个月之内就崩溃了：突尼斯的本·阿里政府于2011年1月垮台；在随后的一个月，埃及的穆巴拉克统治也宣告结束；利比亚的卡扎菲政权于2011年10月被颠覆；也门的萨利赫政权则灭亡于2012年1月。当叙利亚反对派试图迫使巴沙尔·阿萨德政权着手进行民主改革时却遭受到极为残酷的迫害时，叙利亚内战于2011年爆发并一直持续到今天。由于叙利亚在近东的重要性以及自海湾战争以来中东权力关系遭受破坏，这场冲突迅速演变成各族的混战，而其改变政治制度的初始目标反而被抛诸脑后。取而代之产生的是一场各种政治和宗教利益交织在一起的代理战争。

奥巴马也实行了那种不可靠的、在传统上（尽管用于表述的措辞不尽相同）对那些利于美国的独裁政权进行支持从而将某个地区按照自身理解维持稳定的安全政策，即便是布什在任时还极为普遍的、将嫌疑恐怖分子送往利比亚和叙利亚秘密警察手中的政策被终结以后。独裁政权，比如2014年起由在美国接受训练并一直严厉镇压伊斯兰主义者的埃及（尤其是穆斯林兄弟会）的总统阿卜杜勒·法塔赫·阿西西统治下的埃及，在美国的安全政策框架下被奥巴马认为是可以接受的。而此前的埃及就曾出现过数种敌对势力。随着2011年穆巴拉克政权的倒台,对于奥巴马以及此前的很多美国总统而言,伊朗就成了对整个地区构成根本威胁的国家。这一点最迟在"维基解密"将美国大使馆的电报公开之后就变得很清楚了。[①]自埃及于1979年与以色列达成和平条约以来,对于处在一个既憎恨犹太人又仇视美国人的地区的以色列的国家安全而言,开罗政府被认为是不可或缺的担保人。

几十年来,华府一直在向埃及安全机构并优先向军队提供价值数十亿美元的援助。在奥巴马执政期间,这一举措既没有受到穆巴拉克2011年倒台的重大影响,也没有因为(过渡)政府的建立、紧急状态法或者无视选举结果的尝试等因素而出现很大改变。不过,当埃及军方于2013年推翻民主选举的总统穆罕默德·穆尔西时,奥巴马短暂地冻结了援助。而继任者阿西西随后也作出了极大努力以满足华府对埃及的期望。2015年,埃及再次向以色列派遣了一名大使,因为此前的三名大使被埃及政府召回以示抗议。同年,美国再次完全恢复对埃及的军事装备供应。

奥巴马政府最初对"阿拉伯之春"持批评态度。它担心整个地区的稳定可能会受到影响,并在2011年慕尼黑安全会议上表明了这一态度。奥巴马在会上提出了不要仓促地进行政治改革的警告。[②]正如人们今天所了解的那样,他实际上更愿意看到谨慎周到的改革,而不是革命般的演变。从美国对待利比亚的事情上可以看出,在此时动荡的阿拉伯地区,美国的举措受临时政治决定影响的程度有多高。

---

① Die enthüllte Supermacht(见第784页注释①), 82-84(M. v. Rohr 的文章)。此处:83。

② Der Spiegel, 6. 2. 2011.

卡扎菲在华府眼中被认为是美国的主要敌人之一的原因有很多，更不用说他后来还被证明参与了针对美国人的恐怖袭击。当卡扎菲在2011年3月开始打压利比亚境内的"阿拉伯之春"运动时，奥巴马就是对他声讨最为响亮的批评家之一。和突尼斯或者埃及的情况不同的是，美国和北约随后就进行了大规模空袭以支持反对派，从而削弱卡扎菲政权，尤其是防止其屠杀平民。起义军最初也的确取得了很多胜利，而受人痛恨的卡扎菲几天之后便遭枪杀。后来遭到"维基解密"公开的电子邮件显示，国务卿希拉里·克林顿将此事作为她的个人成功而加以庆祝。[1]

卡扎菲的特殊地位因奥巴马敦促希拉里进行干预的事实得到了进一步的强调。自1969年初以来，卡扎菲统治下的利比亚就一直巧妙地利用冷战阵线与华盛顿方面进行对抗。他于1970年5月公然派遣其石油大臣前往莫斯科进行会谈，并对西方公司施加了更多要求他们离开利比亚的压力。这种大胆的举动已经严重破坏了与华盛顿的关系。后来，美国公司被允许重新开采利比亚的油田，但是，对于巴基斯坦解放组织的收留、对其他恐怖组织的支持以及众多针对美国人的袭击使得在1977年转变为社会主义人民共和国的利比亚成了美国的永久敌人。自20世纪80年代中期以来，这些问题不断升级。1985年，一位美国公民在"阿奇·劳罗"号游轮上遭到巴勒斯坦人谋杀，美国因此在1986年1—3月针对利比亚船只采取了行动。而卡扎菲于同年4月5日以对美国士兵经常光顾的"百丽"夜总会进行炸弹袭击作为回应，并造成了两名美国人死亡。华盛顿对这一事件的回应则是对班加西和首都的

---

[1] Tick Tock on Libya, 2. 9. 2011（wikileaks.org/clinton-emails/emailid/23898）。

黎波里进行空袭。卡扎菲又在1988年12月21日再次进行了报复。在针对泛美航空公司的一架客机的炸弹袭击中，飞机在苏格兰小镇洛克比坠毁，共造成了270人死亡。[①]然而，美国随后对利比亚采取的制裁收效甚微。此外，2002年针对这次袭击进行的法律诉讼令美国感到不能平静，尤其是已被判刑的主犯阿卜杜拉·巴塞特·阿里·迈格拉希由于身患癌症，不久之后就从英国监狱中释放出来。在卡扎菲向此次袭击的每位遇难者家庭支付了约800万美元的赔偿金之后，美国人还是取消了对利比亚的制裁。

第一次轰动事件发生在奥巴马担任总统后的2009年9月，当时美国首次允许卡扎菲入境并在位于纽约的联合国大会上发表演讲。这次演讲成为利比亚典型的离奇表演之一，卡扎菲在演讲时还撕毁了《联合国宪章》的副本。2010年"维基解密"公布的秘密文件揭露，卡扎菲也曾（尽管是徒劳的）试图在2009年以核计划勒索美国。这也清楚地表明了奥巴马政府约束卡扎菲的能力是多么薄弱。

在对这些冲突进行回顾时，几乎不可避免地可以看出，奥巴马在2011年2月"阿拉伯之春"运动期间是极其愿意向反抗卡扎菲独裁统治的利比亚反对派提供支持的。美国不仅是第一个谴责利比亚政府对示威者施加暴力的国家，而且还在2月25日对该国实施了新的制裁，包括对其国外资产进行冻结。随后的一个月里，美国不仅向反对派保证提供帮助，而且还任命克里斯·史蒂文斯为特使。他在不久之后就与利比亚反对派代表在巴黎举行了会谈。3月17日，美国又敦促联合国对利比亚设立禁飞区事宜作

---

① www.gov.uk/government/news/lockerbie-remembered.

出决定；回顾过去，这也是迫使政府军于2011年10月底最终放弃抵抗的原因。

然而，美国政策也未能给利比亚带来一种能够持久解决冲突的方案。相反，在反对派通过"阿拉伯之春"走向街头并驱逐独裁者的所有国家中，都产生了混乱不堪的局势。它带来的戏剧性后果一直延续到今天。一方面，伊斯兰团体再次利用了这种混乱局势进行了袭击，其中最为严重的事件之一是2012年的9·11纪念日当天对美国驻班加西大使馆的攻击，美国大使也在此次事件中丧生。希拉里·克林顿后来承认未在当地采取足够的安全措施。①针对此事件的批评始终伴随着她，直到2016年的总统竞选。

"阿拉伯之春"波及的国家所陷入的混乱也引发了最近几十年来最大的难民潮。它始于2013年，并在2015—2016年达到暂时的顶峰，当时有成千上万的难民试图取道地中海前往欧洲。②大多数难民来自2011年开始于政治反对派和政府之间爆发残酷内战的叙利亚。一些欧洲国家尽可能便捷地提供人道主义救援并接收许多寻求庇护者，这也成了2016年美国大选的一个主题，因为对于入境者的检查常常遭到忽略。对于希拉里·克林顿的共和党竞选对手唐纳德·特朗普来说，在欧洲发生的、部分由移民发动的恐怖袭击已经成为支持对某些伊斯兰国家人员采取拒绝入境措施的重要理由。

---

① Die Zeit, 22. 10. 2015.

② Daten：http://data2.unhcr.org/en/situations/mediterranean.

叙利亚内战

在奥巴马的第二个任期内，叙利亚日益不明朗的争端成为一个巨大的对外政策问题。由于该地区的重要性，各方势力也迅速介入。站在阿萨德政府一方的国家是与美国交战已有数十年之久的伊朗，以及希望与美国竞争以确保其在地中海的战略性入海口的俄罗斯。支持另一方的是美国及其北约盟国，比如英国、法国、德国和土耳其以及沙特阿拉伯。与布什政府不同的是，奥巴马此时只把叙利亚独裁政权视为敌人。

反对派本身也显示出局势变得有多么复杂。萨达姆·侯赛因死后，两个联盟的主要对手变成了由伊拉克逊尼派成立的所谓伊斯兰国（IS）。尽管美国从一开始就指责苏联对阿萨德的对手而非伊斯兰国进行了过多轰炸，但是在美国主导的联盟内部，敌友关系依旧非常模糊。这一点从土耳其的情况就可以看出来：作为北约盟友的安卡拉政府至少同时与反阿萨德同盟中的库尔德佩什梅格武装进行了短暂的战斗，并且甚至长期对痛恨大马士革政府[①]并与之战斗的伊斯兰国进行支持。然而，由于冲突很有可能会给该地区极不稳定的平衡以及国际政治局势带来巨大的破坏，奥巴马政府也尽量避免向该地区派遣更大规模的地面部队。

---

① 即叙利亚政府。——译者注

伊朗作为长期问题

尽管奥巴马与前任总统小布什在叙利亚问题上存在意见分歧，但在伊朗问题上，双方的意见在奥巴马整个任期内几乎都保持一致。对于奥巴马而言，直到2013年在任的马哈茂德·艾哈迈迪-内贾德为首的伊朗政权仍是美国的敌人，不仅仅是因为他们向伊拉克什叶派民兵等恐怖组织袭击美国部队提供支持。此后，在新总统哈桑·鲁哈尼领导下，美伊两国的关系有所缓和。自2012年以来，奥巴马根据中央情报局的报告认为，伊朗的核计划已经终止。[1] 此前他完全遵照其前任总统们的意就中止伊朗的核计划进行了尝试。正如人们今天知道的那样，奥巴马在2010年曾直接下令美国情报部门借助计算机病毒——"震网病毒"（又称为Rootkit或Tmpider）成功破坏了伊朗的核计划。

正如"维基解密"公布的报告所表明的那样，奥巴马直到2012年甚至都没有排除采取军事行动的可能性。[2] 以色列空军1991年在华盛顿方面的支持下采取了先发制人的行动，摧毁了伊朗的奥斯拉克核反应堆。2016年1月14日，奥巴马借助所拥有的联合国安理会否决权，与德国一起迫使德黑兰政府签署放弃核武

---

[1] Die Zeit, 25. 2. 2012. 此外参见：Stöver, CIA（见第24页注释①），以及 Lüders, M., Der falsche Krieg. Wie der Westen seine Zukunft verspielt, München 2012, 81f. 下文引用参见：New York Times, 1. 6. 2012, 以及 Sanger, D.E., Confront and Conceal. Obama's Secret Wars and Surprising Use of American Power, New York 2012。

[2] Enthüllte Supermacht（见第784页注释①），70-77（J. v. Mittelstaedt 的文章）；此处：71。此外可参见 Spiegel Online, 2. 3. 2012。

器生产的协议。尽管美国在伊朗再次发射导弹并无视联合国决议之后不久又对伊朗实施了新的制裁，但是这些制裁并未阻止已经达成的协议以及被伊朗拘押的5位美国公民的获释。[①]其中包括因从事宣传和间谍活动而在2015年被判入狱的《华盛顿邮报》记者杰森·雷扎安，于2012年被捕并被判颠覆罪的基督教牧师赛义德·阿贝迪尼。作为回应，美国也释放了7名伊朗人。

总体而言，美国政府和保守且一贯反西方的伊朗政府之间的关系并未真正恢复正常。无论如何，美国国家导弹防御系统得以进一步发展的部分原因包括德黑兰政府构成的威胁。正如奥巴马的继任者特朗普在讲话中所明确指出的那样，美国将来也不会容忍伊朗，因为它危及中东地区脆弱的平衡，进而危及美国和西方的能源供应。尽管美国与伊朗在一些方面也有一致的利益和愿望，比如遏制毒品贩运与贸易，但是这些共同点常常隐藏在对立关系的背后。[②]德黑兰方面在2016年还与波音公司签订了价值数十亿美元、用于购买80架客机的合同。[③]

次要舞台

除了这些对于美国对外政策而言动荡不安的地区之外，其他传统危机地区的问题从奥巴马任职之初直至2017年，似乎也变

---

① Spiegel Online, 16.1.2016, 17.1.2016.
② 出处同上，78 f.（B. Zand 的文章）；此处：79。
③ FAZ, 11.12.2016.

得愈加清晰起来。自2006年以来一直进行核试验的朝鲜正在建造射程甚至能够覆盖美国的制导导弹。这些导弹的发射通常而言都伴随着对美国的强烈威胁。当朝鲜宣布在奥巴马任期内退出1953年的停火协议时，华盛顿方面尽管认为朝鲜半岛的局势一如既往的危险，但是在2013年3月并未看到朝鲜真正的战争意愿。直到今天，华府都在担心金正恩领导下的朝鲜政府做出疯狂的举动。对此，美国总统特朗普在2017年上任之后立即采取了措施：自同年3月起，美国开始在韩国建造"末段高空区域防御系统"（THAAD）——萨德反导系统，并部署了武装无人机；4月，美国还向朝鲜半岛派遣了一支海军部队。特朗普于2017年4月宣布，"北朝鲜的问题"必须"……得以解决，在必要时不惜一战"。这一论调明显地加剧了那里的局势。[①] 与奥巴马不同的是，特朗普不再将北朝鲜视为世界政治的次要舞台，而是可能发生"重大冲突"的地区。

除此之外，美国也对穆斯林统治下的巴基斯坦表示了怀疑，尽管该国是美国的军事盟友，并且还是美国对阿富汗采取军事行动的一个主要基地。这一行动目前仍在继续，而且自特朗普就任总统以来甚至得到了加强。自1987年以来一直拥有核武器且从1998年起因拥有多达九十多枚核弹头而被正式认为是有核力量的伊斯兰堡政府，早在冷战时期，就因对同样拥有核武器的印度的敌视而成为一个动荡地区。巴基斯坦的反美示威和在邻国伊朗以及阿富汗一样普遍。2011年，奥巴马政府没有向阿西夫·阿里·扎尔达里领导下的巴基斯坦政府通报在阿伯塔巴德针

---

① 引用自 ntv-Nachrichten，27.4.2017。

对本·拉登进行的突击行动。这成为两国间严重不信任的一个明显信号。"维基解密"文件显示，美国政府与阿富汗总理哈米德·卡尔扎伊的长期信任关系在他2014年卸任之前就已瓦解。[①]而卡尔扎伊的继任者阿什拉夫·加尼早在就职时就被华府认为不值得信任。

核战略的连续性

在核战略方面，奥巴马也忠实地遵循了前任总统的想法。由小布什发起并在西欧和俄罗斯引发部分批评的国家导弹防御系统得到了进一步的扩建。尽管奥巴马表示有意在2009年连任时对这一计划再次进行审核并将因为移动设施的发展而放弃波兰和捷克共和国的固定基地，但是新的扩建合同自2010年起得以签订。自2016年5月起，该防御系统位于罗马尼亚德瓦塞卢的一个新增的导弹与雷达设施正式投入使用，另一个设施将于2018年在波兰建成。东欧所有相关设施的全部调试工作将于2022年完成。奥巴马的继任者特朗普也强调了核政策在2017年以后的连续性，但是他于2016年12月还宣布，不仅要使整个核武库现代化，而且还要使其规模扩大。[②]

令人惊讶的是，这些跨党派的政策连续性当然不仅仅体现在以上所提及的方面。早在克林顿当政期间，于2000年发表的战略

---

① Enthüllte Supermacht（见第784页注释①），112-115（M.Gebauer/ M.Rosenbach 的文章）。

② Handelsblatt, 23. 12. 2016.

文件《美国军事——为明天做准备》就已对未来20年作出了相应规划。它包含了自1991年以来作为跨党派安全政策战略进行讨论的所有内容：常规战争、核战争，包括网络战争在内的不对称冲突以及导弹防御。

新的危险：网络战争

奥巴马已经将网络战争视为除了伊斯兰恐怖主义之外最难以预测，但可能造成巨大破坏的威胁。在他任职期间，网络战争不再局限于利用互联网图谋发动恐怖袭击和利用向来几乎无法控制的网络通信了。对于所谓的"暗网"、加密的通信服务器以及电脑游戏控制台的监控似乎是一个几乎无法解决的安全问题。2015年，在法国就曾出现伊斯兰恐怖分子通过游戏控制台进行沟通配合的事件。同时，包括能源供应在内的通过互联网控制的基础设施也容易受到攻击。为了达到破坏的目的，敌人甚至不必进入目的国领土。

就连2016年美国总统大选也受到了相关讨论的波及。2016年12月，国家广播公司电视台声称，为了帮助据称更为亲俄罗斯的特朗普获胜，俄方总统普京设法利用黑客伪造了美国大选结果。[1]可以证明的是，特朗普与克里姆林宫的接触甚至在他当选之前就已经开始了，这一事实直到特朗普担任总统期间都对他造成了困扰。奥巴马则以严厉制裁作为对俄罗斯的回应，35名俄罗斯外交

---

[1] Handelsblatt, 15.12.2016.

官也不得不因此离开美国。①尽管莫斯科方面否认了对美国大选的操纵，但正如国家情报总监在2017年1月6日提交的报告所显示的那样，中央情报局、联邦调查局和国家安全局均已发现了足够的证据。②

早在2010年，奥巴马政府的中央情报局局长莱昂·帕内塔就已明确表示，来自互联网的攻击只会被美国理解为另一种形式的军事攻击。③早在1983年的好莱坞电影《战争游戏》就已经描绘了这种危险可以达到何种严重的程度。影片讲述了一名学生通过互联网入侵美国国防部最重要的计算机几乎引发核战争的故事。这部电影也受到评论家和观众的好评，因为它至少真实地向不明内情的人展示了新兴的黑客文化。通过受操纵的电话网络以及电话号码的自动拨打（在后来的影视作品中被引申为"拨号攻击"），利用家用计算机破解外国计算机甚至是高度受保护的设备（比如学校计算机或者负责国防的数据中心）的可能性，就和电影中所展示的其他技术一样，在当时只有入门者才了解。但是对于安全专家来说，多年以来就已经是一个大问题了。

这也是美国很久以前就确定将负责管理全球"网际互联协议"地址（IP地址）并由此主导互联网的根服务器放置在自己领土上的另一个原因。这提供了在有疑问的情况下将整个国家排除在互联网之外的可能性。这一美国坚持不变的做法在2005年11月于突尼斯举行的所谓"信息社会世界峰会"（WSIS）上得到了重申，

---

① Spiegel online, 30. 12. 2016.
② 相关报告公布于 www.dni.gov/files/documents/ICA_2017_01.pdf。
③ golem.de, 27. 4. 2010.

尽管它在美国以外继续遭到严厉的批评。

对于华盛顿方面而言，在安全政策方面同样成问题的还有所谓的"维基"页面，即基于互联网社区"集体智慧"并可以由用户不断更改的那些网页。当里克·盖茨这样的学生于1992年在加利福尼亚州开始进行系统化的互联网研究以收集开放信息时，首个也是最著名的网站便在美国出现了。"维基"页面从2006年起成为一个严重的问题，因为"维基解密"网站在黑客和举报者（所谓的"告密者"）的帮助下，开始在网上发布机密文档。而"维基解密"的创始人澳大利亚人朱利安·阿桑奇最初也是一名黑客。①

"维基解密"从一开始就受到美国当局的严厉打击。阿桑奇也因此成为美国千方百计——即使是不择手段——想要消灭的敌人。他不仅公布了美国大使馆的电报，而且还公开了关塔那摩囚犯的非人生活。②奥巴马的副总统乔·拜登在2010年12月接受美国国家广播公司采访时甚至将阿桑奇视为"恐怖分子"。③在对此事的评价上，拜登没有将自己与萨拉·佩林这样的共和党强硬派加以区分；民主党人和共和党人之间对此没有任何分歧。④在"茶党"运动中甚至出现了判处阿桑奇死刑的要求。⑤

2010年以来，美国中央情报局发展了自己的"告密者"队伍。然而，美国政府指控"维基解密"建立者的难度很快就得以

---

① Der Spiegel, 24. 1. 2011.
② Der Spiegel, 2. 5. 2011 u. 29. 11. 2011.
③ The Guardian, 19. 10. 2010.
④ Die Welt, 2. 12. 2010.
⑤ Der Spiegel, 23. 12. 2010. 此外还参见"维基解密"的相关网页www.peopleokwithmurderingassange.com.。

显示。美国需在某些情况下援引世界大战或冷战期间的特别法律才能提起合法的诉讼。自2008年起，那些已经遭到逮捕的举报人也遭到了更为严厉的盘问。其中就包括2010年5月被捕、现名切尔西·伊丽莎白·曼宁的美国士兵布拉德利·曼宁，他涉嫌将令美国政府难堪的使馆电报以及控诉美国政府罪行的伊拉克战争录像带交给了维基解密。这些录像带包含了2007年7月12日美国攻击直升机在巴格达有针对性地杀害伊拉克平民和记者的视频，维基解密以《附带谋杀》为标题发布了这一震惊世界的视频。

2013年，曼宁被美国一家法院判处35年徒刑。但是，在审判开始之前很久所显示的，真正的安全问题并不在于像曼宁或阿桑奇这样的人，而在于美国当局过分依赖技术的传统以及将订单外包给私人公司或个人的做法。真正的安全漏洞是对机密信息获取渠道的巨大扩展，这才是下级人员能够获取并传送那些爆炸性信息的原因。在袭击事件发生后由于信息交换的缺乏被认为是恐怖分子成功隐匿的主要原因，因此美国政府决定将机密数据访问权的范围进行扩大，以至于最终有超过两百万人可以访问这些数据。不管怎样，奥巴马在2017年1月离任前不久对曼宁进行赦免的原因也多少与这一点有关。

对策：网络指挥部

在概念和制度上，那些可能的对策在五角大楼最晚于1992年12月21日发布《信息战指令》（TS-3600.1）以来就开始成型，这些对策首先基于当时已实施了数十年的心理战、电子战、信息政策和反间谍经验。这一战略文件尤其针对供应和通信系统网络进行的破坏。①

同年，于冷战初期的1947年成立的战略空军司令部升格为"战略司令部"（STRATCOM），它在2002年不仅负责核武器力量的指挥和控制，还承担了网络战争的主要职责。与此同时，五角大楼、联邦调查局、中央情报局和国家安全局也于1993年各自成立了"信息作战中心"。在奥巴马的领导下，这种新的定位在2010年通过一个处于战略司令部框架内、由国家安全局管辖的独立的"网络指挥部"的建立得以继续。自2015年以来，中央情报局还一直在努力扩大反恐中心的规模，其中不仅包括针对近东、中东以及非洲进行数字监控的"任务中心"，还有中央情报局的数字创新部门等新出现的机构。对社交媒体和通信服务器进行监控的"开放源中心"也是机构重组的一部分。②

网络指挥部主要负责三方面的任务：第一是防御任务，即通过从电子邮件和其他数据流中收集大量信息以尽早识别危险。第二是进攻任务，即互联网提供了更多可能性，不仅可以通过传统方式（例如远程控制无人机）来进攻敌人，还可以通过渗透的计算机病毒（例如特洛伊木马程序）对敌人进行破坏。第三是进行间谍活动的任务，即互联网被视为进行传统间谍活动，尤其是能确保自身经济领先于竞争对手的经济间谍活动的工具。

有关从电子邮件和其他数据流中收集信息的任务主要由国家安全局负责。除了坐落于马里兰州米德堡的总部之外，该机构

---

① 下文内容参见 Clarke, R., *World Wide War. Angriff aus dem Internet*, Hamburg。
② Stöver, CIA（见第24页注释①），112。

在纽约拥有大落地窗的摩天大楼中也设有分部。来自世界各地不同机构（其中一些甚至是产生于冷战时期但不断得以现代化的设施，如埃施朗系统）的信息在此汇总到一起。美国国家安全局与英国、加拿大、澳大利亚和新西兰合作建立的"埃施朗"监听站点原本是用于对苏联及其盟友的全球数据交流进行监听的。但是已获证实的是，该设施也参与了对欧洲进行的经济间谍活动，甚至连北约成员国都未能幸免。

如今，来自美国国家安全局各个机构的已经极为庞大的数据还得到了一些私营搜索引擎的补充，比如谷歌公司。自1998年成立以来，该公司已发展成为一家大型监控机构，与其他互联网服务提供商一样，在奥巴马于2010年再次延长四年时效的《爱国者法案》的推动下，将所有数据移交给了美国当局。这一情况在2011年已经得到了公开的确认。[1]这一庞大的数据库还得到了电话公司、航空公司以及众多无关紧要的计算机配件销售公司的补充。[2]如今在全球无数私人计算机上运行的"谷歌地图"源自谷歌间接从美国国家安全局收购的"钥匙孔"程序，这对于阴谋理论家而言也是让人起疑的另一个方面。

除此之外，诸如微软之类的大型软件公司过去也曾通过在其产品中系统地安装"后门"程序来与美国国家安全局合作，1999年人们在"视窗操作系统"（即Windows）中发现臭名昭著的"美国国家安全局密钥"（NSAKey）事件之前就成为一个话题，[3]

---

[1] Der Standard, 16.9.2011.
[2] The Nation, 20.3.2006.
[3] BBC News, 3.9.1999.

直到几年之后，微软才在与美国国家安全局合作的其他"视窗操作系统"版本中确认了这一点，尤其是在"视窗远景操作系统"（即WindowsVista）的开发中，甚至有来自国家安全局的程序员的积极参与。[1]甚至连苹果公司和网络开发商网威公司（Novell）都为这种令人疑虑的合作做出了贡献。[2]美国中央情报局于1999年成立的英奇特公司在2009年成功进入了一家名为"可视科技"的小型公司。通过这一公司，美国情报部门可以对诸如推特、油管、部落格以及其他网络内容实施监控。[3]

直到今天，这一切的背后体现的不仅是美国安全部门意欲收集几乎所有信息并随后过滤出可能的重要数据的野心，而且还有对公民社会产生的一种几乎无止境的普遍不信任。从赞成对互联网进行完全控制的支持者角度看，他们的前辈从20世纪50年代起创造出的成功典范被一遍又一遍地证明是一种诅咒："阿帕网"的发明者原本想要的是一种可以在全球核战争中幸存下来的分散化的信息安全。因此从长远来看，信息分散化远比数据安全性更为重要。

如今，众所周知的是，通过互联网对可疑人员和事件尤其是恐怖主义进行全面监视是不可能的，而且与此相反的是，受到监视的往往是无关紧要的其他人员。全网监控国家中每个人都可能遭到监视并且只有完全隔绝才能防止私人生活受到侵害的恐怖景象早在1998年的好莱坞电影《国家公敌》中就得到了呈现。然而从那

---

[1] Die Welt, 10. 1. 2007.
[2] Deutschlandfunk, 20. 1. 2007.
[3] Wirtschaftswoche, 10. 8. 2011.

时起，监控的可能性再一次得到极大提升。相关数据量的大小也可以从美国国家安全局为了建造新的数据中心不得不持续购买地皮（比如2011年在得克萨斯州和犹他州）的事实中可以看出。

无人机战争

美国网络战争中的第二部分，即进攻性的任务，则是通过上文已经简单提及的、在与其他国家陷入冲突时对于网络攻击的使用。从根本上说，遥控无人机（UAV）和电子战对美军来说并不是什么新领域，尽管利用无人机进行针对性杀戮的手段在奥巴马政府的领导下得到了大力推广。2009—2014年，仅在巴基斯坦就发生了2400场事实上或疑似针对基地组织和塔利班分子的无人机攻击。[1]基地组织的第三号人物哈利德·哈比卜以及行动指挥官赛义德·马斯里也在这些袭击中丧生。但是，在到目前为止的3888次无人机攻击行动中丧生的人，有近四分之一的死者是未参与战斗的平民。目前，无人机攻击的重点地区是伊拉克、也门、巴基斯坦、阿富汗、利比亚、索马里和叙利亚。

直到今天，无人机行动仍分为由空军负责的军事行动和由中央情报局负责的秘密情报行动。不同于前者的是，后者基本上是既未被证实也未被否认或评述的秘密行动。然而，两者使用的无人机是相同的：美国军方和中央情报局使用的是由通用原子公

---

[1] Stöver, CIA（见第24页注释①），111。下列数据引用出处同上，112，2016年8月出版的有关无人机应用的《最高机密》（*Top Secret*）手册。参见网站：www.aclu.org。

司生产的、配备了导弹的"MQ-1捕食者"无人机及其后继产品"MQ-9死神"无人机。为此，中央情报局还在其总部所在地兰利设立了卫星支持的地面控制站（简称GCS），如今隶属于国家特勤局（NCS）特别行动司（SAD）的特别行动小组（SAG）负责这个控制站的运作。

经济间谍活动

美国网络战争中的第三部分，即将互联网视为进行传统间谍活动，尤其是用以确保本国经济领先于竞争国的经济间谍活动的手段，在外交上对于美国而言是最为棘手的任务，因为它也涉及盟友的利益。前中央情报局局长詹姆斯·伍尔西早在2000年就在一次具有轰动性的新闻声明中亲自证实，埃施朗计划已被用于而且很可能会继续被用于经济间谍活动。他的声明在欧洲引起了强烈的反响，因为伍尔西为此计划辩护时声称，腐败在欧洲是如此普遍，所以对此进行监控是有必要的。[1]长期以来的一个公开的秘密是，欧洲的电信也受到了美国情报机构的监控。这甚至导致欧洲公司放弃了微软提供的"云计算"，因为其所有数据都存储在美国的服务器上，而未经授权的人在那里获取商业机密的可能性看起来极高。作为替代，人们在德国还建立了自己的云系统。自2017年3月"维基解密"公布文件以来众所周知的是，美国人将德

---

[1] 公布于 cryptome.org/echelon-cia.htm。

国的美因河畔法兰克福用作发动黑客攻击的大本营。[1]

冷战结束后,美国的工业间谍活动就把矛头对准诸如德国风能企业爱纳康之类的企业。该企业的数据在1991年引起了一家美国风力涡轮机公司的注意,该公司立即申请了全球专利,并以此确保德国竞争对手的产品直到2010年才允许进入美国市场。这被怀疑是埃施朗计划所致。[2]另一起与埃施朗计划相关的类似神秘间谍事件针对的是波音公司的欧洲竞争对手——空中客车工业公司。在这一事件中,欧洲人再次被指控在与沙特阿拉伯交易时贿赂了当地的客户,这是负责埃施朗计划的美国国家安全局将通过窃听获取的情报转交给波音公司的充分理由。这导致沙特阿拉伯于1994年与美国企业而非空中客车工业公司达成了一笔价值数十亿美元的业务。这一行为触怒了德国、法国和英国。[3]对于波音而言,这一订单也只是杯水车薪。和以前一样,空中客车公司于2016年底在飞机订单方面也领先于其位于西雅图的美国竞争对手。[4]

来自欧洲与中国的经济竞争

与那些常常将欧洲的传统分歧作为竞争优势的前任总统不同

---

[1] https://wikileaks.org/ciav7p1/cms/index.html.

[2] Die Zeit, 17. 9. 1998.

[3] BBC News, 5. 7. 2000.

[4] www.wiwo.de/unternehmen/dienstleister/flugzeug-hersteller-airbushaengt-boeing-ab/12820214.html; www.flugrevue.de/zivilluftfahrt/flugzeuge/airbus-2016-neuer-lieferrekord/710540; www.airliners.de/airbusziel-auslieferung-flugzeugen/40479.

的是，奥巴马在其任期内对此表现出了越来越多的担忧。这不仅是出于安全政策的原因，正如奥巴马2011年9月12日的声明所显示的那样，他认为，欧洲经济中的一些成员国极为脆弱，而欧元体系也不稳定，这也进一步削弱了背负巨额债务的美国经济。①奥巴马至少在其第一个任期内将欧洲在实现和扩大气候保护目标方面向美国施加的压力视为经济危机后刚缓慢复苏的美国所面临的一个重大挑战。尽管如此，奥巴马还是出乎公众意料地于2016年签署了《巴黎气候协定》。然而其继任者特朗普自上任后就对此类协定表现出持续的敌意，他于2017年6月1日宣布退出了该协定。

尽管奥巴马在欧洲危机看上去还未具有如此之大的威胁性时对中国也表现出了担忧，但是考虑到欧洲的内部不和以及苛刻的要求，中国暂时淡出了美国的视野。②自1972年《上海公报》发表以来，中国已成为美国在世界贸易活动中的主要竞争者之一；但仅从1991年冷战结束以来，美国与中国相比才迅速地丧失了优势。小布什曾在其2002年的布什主义中提到过这种担忧。对于特朗普而言，这几乎使他寝食不安。奥巴马自2009年一上任以来就面临着中国日益增强的自信心。时任中国国务院总理温家宝③在2009年哥本哈根峰会上与那些在冷战时期北京方面也自认为是其利益代表者的发展中国家的议员举行对话期间，当参加完记者会之后的奥巴马被告知要在门外等候时，愤怒的奥巴马竟然径直冲

---

① Handelsblatt, 13. 9. 2011. 下文相关内容参见 Süddeutsche Zeitung, 15. 9. 2011。
② Der Spiegel, 13. 12. 10.
③ 原文为胡锦涛，应为温家宝总理。——译者注

进了会议室。①

奥巴马也极尽所能地对中国进行施压。他一贯遵循的卡特的传统人权政策在2009年政府换届之后就立即激怒了中国领导人。双方对峙的顶峰是奥巴马与达赖喇嘛正式会晤。在这一问题上，奥巴马也保持了一意孤行的态度：他四次接见西藏地区的这一"宗教领袖"，最后一次是在2016年6月。

然而，美国也有求于中国：奥巴马不仅关心美国产品的市场，而且还需要得到中国在遏制伊朗或朝鲜等危险国家方面以及在稳定全球和美国经济方面的支持。除此之外，中国至今仍然是美国最大的债权国之一，但它同时也需要仰仗美国经济的正常运转。因此，北京方面对于2011年民主党人和共和党人之间关于财政政策不断升级的争端表示了担忧，因为仅仅是随之而来的美元贬值就使中国损失了成百上千亿美元。自特朗普当选以来，中国对美国政府的愤怒大为增加，因为这位新总统有针对性地提高了台湾地区的外交地位。

内政的重点

但是从2012年和2016年的大选来看，奥巴马的政策重点是国内政策，尤其是经济政策和劳动力市场政策。奥巴马就职典礼时的美国债务总额约为10.72万亿美元。②这一数字在2017年换届至特朗

---

① Stern, 19.12.2009.

② 参见 https://de.statista.com/statistik/daten/studie/1975/umfrage/staatsverschuldung-der-usa/。

普政府之前不久甚至达到了大约20万亿美元。①对于奥巴马而言，债务总额的增加并未在2012年大选中给他带来任何后果，尽管他在2009年上任时被期待能够尽快减缓由小布什政府引起的债务危机。然而，这在2016年的大选中产生了影响，尽管存在这一无可争议的事实，即美国花费巨大的外交和内政责任仍然存续，而共和党反对派在国会抵制了妥协方案。据统计，美国债务在奥巴马时代增长了近7万亿美元，这与小布什时代的增长大致相当。②

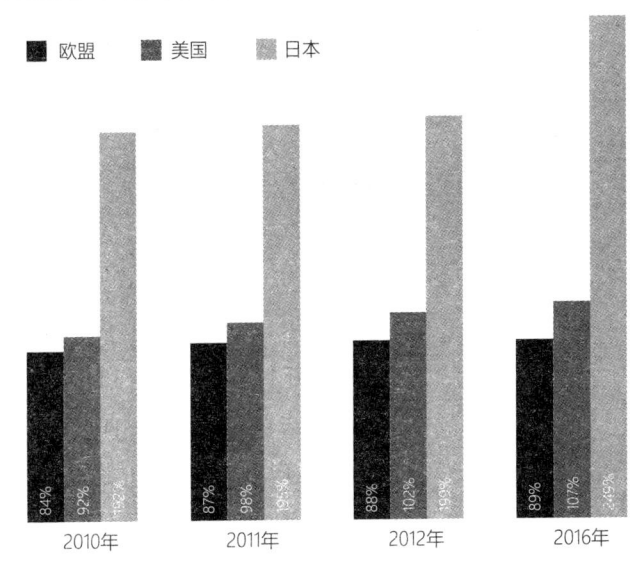

2010—2016年美国与欧元区和日本的国债比较（占国内生产总值的百分比）③

---

① 数据引用自 statista.com（https://de.statista.com/statistik/daten/studie/187893/umfrage/staatsverschuldung-der-usa-monatswerte; https://de.statista.com/statistik/daten/studie/165786/umfrage/staatsverschuldung-der-usa-in-relation-zum-bruttoinlandsprodukt-bip）。

② 数据引用自 stastista.com（https://de.statista.com/statistik/daten/studie/1975/umfrage/staatsverschuldung-der-usa）。

③ Graphik nach Daten von Eurostat und statista.com.

除此之外，美国在世界贸易中所占份额的持续下降依旧是一个根本问题。按照国民生产总值来衡量，2015年美国的出口总额以12.6%的比例远远落后于竞争对手，比如德国（46.9%）、加拿大（31.5%）、印度（22.9%）或中国（22%）。[①]这一情况直接对美国的就业造成了影响，使得以美国国内标准而言极高的失业率成为奥巴马上任以来的一个主要内政问题。尽管到2012年11月总统大选时，失业率已从9.6%（2010）的峰值降至7.9%左右[②]，但是这并没有减少政治对手对奥巴马的批评。

面对国会中持续激烈的对其许多计划进行阻挠或拖延的共和党反对派，奥巴马在第一个任期中也像许多前任总统那样不遗余力地呼吁美国人在危机时期要团结一致。他在2011年1月的国会演说中提到，在"斯普特尼克危机"[③]之后的1957年，美国就在20世纪50年代末以及60年代再次成功走出了低谷。[④]实际上，到2016年总统大选时，美国的失业率已经降至4.9%左右，这与2006年大致持平。[⑤]

在2012年总统大选中，美国选民，尤其是那些人口稠密的联邦州的选民，回报了民主党的这一成功；但它在2016年大选中已经无法继续产生巨大的影响。奥巴马在2012年以51.1%比47.2%的

[①] U. S. Bureau of Economic Analysis；http：//bdi.eu/artikel/news/die-usa-in-der-weltwirtschaft/

[②] 数据引用自 statista.com （https：//de.statista.com/statistik/daten/studie/ 17332/umfrage/ arbeitslosenquote-in-den-usa/）。

[③] "斯普特尼克1号"是苏联于1957发射上天的第一颗人造卫星。——编者注

[④] Focus, 26. 1.2011.

[⑤] 数据引用自 statista.com （https：//de.statista.com/statistik/daten/studie/ 17332/umfrage/ arbeitslosenquote-in-den-usa/）。

得票率毫无悬念地击败了挑战他的共和党候选人罗姆尼。[①]奥巴马最终以大约500万张选票领先这一结果的原因,也在于罗姆尼本人拙劣的公众表现。选举分析结果表明,奥巴马获胜的决定性因素是,除了来自大都市人口密集地区30岁以下的白人美国人(其中女性人数占据很高比例)以外,诸如拉美裔之类的选民也选择了奥巴马。值得注意的是,那些选民对于奥巴马有关建立一个更公平国家的承诺尤为重视。然而,鉴于奥巴马执政时期总体情况的参差不齐,民主党人在2016年大选中未能复制这样的成功。

回顾与总结:"是的,我们能行"?

在奥巴马向媒体回顾其八年总统任期的执政成果时,他认为有两项成果尤其值得一提。2016年底,他将自己"拯救世界免于崩溃并深陷于经济萧条"称为其"最为重要的政治遗产",而他认为这种崩溃在他上任之初是极有可能发生的情况。[②]他主导的总额约为8000亿美元的经济刺激计划实际上也的确创造了近1500万个新的就业机会。[③]来自本土汽车行业的支持也至少对保留美国国内受危及的部分工作岗位作出了贡献。

奥巴马将总统大选前几天的2016年11月4日生效的《巴黎气候协定》的签署视为他的第二大成功。除美国以外,其他主要温室

---

① http://elections.nbcnews.com/ns/politics/2012/all/president/
② 引用自 Der Spiegel, 19.11.2016。
③ Spiegel online, 8.11.2016.

气体排放国——中国、巴西和印度都在此前签署了这一协议。实际上，此前也的确没有任何一届政府能像奥巴马政府一样对一项全球气候保护政策进行支持。即使在任职的最后几个月，他也为此付出了很多努力，以确保该计划不受其继任者特朗普影响。这项政策包括建立新的自然保护区以保护其免受商业开发尤其是石油钻探的破坏。然而自2017年以来，废除环境和气候保护政策一直是特朗普政府率先解决的目标之一。

总体而言，奥巴马任期中的成果是令人振奋的。在对外政策方面，他重点着手结束在阿富汗和伊拉克的战争，关闭"暗狱"，尤其是臭名昭著的关塔那摩监狱，并在"反恐战争"中遵守《日内瓦公约》。然而所有的这些举措都未得以完全实施。在阿富汗仍驻扎着数千名美国士兵。尽管美军于2011年从伊拉克撤军，但这也意味着"伊斯兰国"能够大规模扩大其控制范围并在今天（2017）控制了近东和中东部分地区。凭借其有效的、令装备精良的美国情报部门在很大程度上也无能为力的宣传网络，"伊斯兰国"也持续成功地招募了在西方国家和美国发动攻击的战斗人员。[1]即便是已经成为美国对恐怖主义束手无策的代名词的关塔那摩监狱也未能如奥巴马所愿得以关闭。

但是与前任布什时代相比，在奥巴马领导下，美国士兵更少地被卷入战争。"反恐战争"对于奥巴马而言更多的是进行远程无人机战争，但是它也因众多的平民受害者招致了巨大但合理的批评。在叙利亚冲突中，美军的战场投入只限于支持反对派的空中打击、情报工作以及小型军事顾问团的派遣。但总的说来，正

---

[1] Stöver, CIA（见第24页注释①），98。

是在针对阿萨德政府的行动中，奥巴马展现了他缺乏决断力的一面。美方在阿萨德政府越过使用化学武器的"红线"时多次发出的派遣地面部队的警告最终被证明只是空洞的恫吓。[1]因此，特朗普以自己的方式调整了美国的叙利亚政策。2017年3月，美国国防部部长雷克斯·蒂勒森[2]表示，推翻阿萨德不再是美国的优先事项。相反，叙利亚人民应自行决定自己的未来。[3]对于特朗普而言，阿萨德政府仍然只是与另一选择——从近东、中东正在瓦解的国家中产生许多新的小统治者相比，一种相对较小的邪恶。[4]而阿萨德也已在特朗普当选之后与美国接触，并自荐为"美国的自然盟友"。[5]然而，这并未阻止特朗普下令在叙利亚涉嫌使用化学武器之后于2017年4月对叙利亚政府军进行第一次空袭。

奥巴马在叙利亚的优柔寡断成为其2016年大选的关键问题，尤其是在共和党人怀疑奥巴马只是在鼓励俄罗斯总统普京以大规模军事干预来支持阿萨德的情况下。由于叙利亚内战给俄罗斯提供了一个确保其地中海出海口的机会，俄方的军事干预是否终将发生还未可知。但是，美国和俄罗斯之间的外交关系达到了新的低点。而据中央情报局称，由俄罗斯黑客于2016年对美国机构发动的攻击——被联邦调查局称为"安逸熊""灰熊大草原"等，也是造成这一局面的原因之一。

---

[1] Washington Post，4.10.2016.

[2] 原文如此，应为国务卿。——译者注

[3] edition.cnn.com/2017/03/30/politics/tillerson–haley–syria–assad–turkey/

[4] www.theguardian.com/us–news/2015/oct/13/donald–trump–foreignpolicy–doctrine–nation–building

[5] Spiegel online，16.11.2016.

在与冷战时代的两个宿敌——伊朗和古巴的关系缓和上，奥巴马取得了更大的成功。然而这一有关与伊朗关系正常化的尝试却由于美国陷入了与伊拉克的冲突而显得黯淡无光。2016年，奥巴马在联合国安理会历史上首次未对以色列进行支持，这加剧了两国的冲突。此前，美国就曾对以色列在约旦河西岸非法定居点的建设进行阻止和谴责。而奥巴马在上任之初宣布的缓和巴以双方冲突的目标也未能实现。

奥巴马主义

奥巴马的对外政策原则确切地说是含蓄的，它后来被非正式地称为"奥巴马主义"。正如奥巴马于2014年5月在富有悠久传统的军事学院西点军校的讲话中所阐明的那样[1]，美国对外政策的新的主要特征应该是一种原则上的军事克制。过去所做的进行军事行动的选择往往带来了更多的问题。只有在美国或其盟国遭到攻击或联合国决议将干预合法化的情况下，美国才应该实施军事干预。然而尴尬的是，奥巴马所批准的美国对叙利亚进行的空袭并没有得到联合国决议的支持，扩大化的无人机战争也违反了军事法和国际法。

与自身的积极干预相反的是，奥巴马主义要求世界各地区的国家加强对解决本国或本地区冲突方面的参与。其中的一个例子是，美国政府在很大程度上放手让德国政府参与乌克兰危机的谈

---

[1] Der Spiegel, 28. 5. 2014.

判。显而易见的是，这种方式也与相关国家的开销联系在一起。唐纳德·特朗普在2016年大选中提出更具公众影响力的、向美国盟国提高财政参与的要求，也因此与奥巴马的路线方针没有真正意义上的分歧。

内政回顾

奥巴马在内政上所取得的成果也需要一分为二地看待。他最重要的内政主题除了巩固经济以外，还包括了一个将向所有美国人开放的医疗保险体系（被称为"奥巴马医保"）的建立以及一个限制性更强的武器法案。如果用2016年大幅回落至4.7%的失业率来衡量的话，奥巴马可以说取得了令人瞩目的成绩。然而，许多工作仍然不足以解决温饱的事实，令这一成绩蒙上了灰尘。[①]此外，2010年通过的《患者保护和大众医疗法案》也开启了医疗保险的转型，使医疗保险从2014年起成为几乎面向所有人的强制性保险并禁止保险公司将已经患病的人排除在外。这是向着更多社会保障的目标迈出的一大步，它也使未参保的人数在2015年底减少至9.1%。[②]尽管这仍意味着大约2900万人未参保，但已经比以前减少了约400万人（2014年的未参保人数比例为10.4%）。但是，这种在共和党抵制下引入的保险政策在诸如杜鲁门的民主党总统任

[①] Bureau of Labor Statistics（www.bls.gov/cps/cps_htgm.htm）.

[②] United States Census Bureau, Health Insurance Coverage in the United States, 2015, Report Number P60-257, 13. 09. 2016（www.census.gov/library/publications/2016/demo/p60-257.html）. 下文数据出处相同。

期就已经遭遇过失败，因此它以目前的形式无论如何也熬不过特朗普的总统任期。与共和党的"和解"到目前为止是失败的，因为共和党的不同派别在是否应该完全废除、部分保留该保险政策或对它进行重大调整的问题上还未取得一致意见。

另一方面，奥巴马出于对美国多次发生的枪击案的考虑而对武器进行更为严格管制的尝试也劳而无功。由于共和党人主导的美国参议院阻止了任何变动，奥巴马直到任期结束前还进行了一次立法提案。他于2016年1月5日签署的《行政命令》承诺更好地控制枪支贸易，但并没有带来任何实际效果。相反，在他任职期间，一些地区枪击案死亡人数的攀升甚至在很长时间内都是前所未有的。芝加哥市在2016年以762起谋杀案的数量创下了可悲的记录；据统计，那里每天平均有两人死于枪杀。[①]

奥巴马众望所归的尝试——寻求更为公平的美国社会的失败似乎显得尤其引人关注。在他的任期中，贫富差距非但没有缩小，反而比以往任何时期更大。根据《福布斯》榜单，2015年最富有的前四百名美国人的财富与美国约两千一百万非裔美国人和拉丁美洲家庭的财富相当。[②]种族冲突和种族主义事件在奥巴马任期内有所增加，尽管他是一名黑人总统。著名的案例包括警察针对有色人种采取的那些致命行动，2015年6月15日一名白人男子在查尔斯顿市的一个教堂屠杀九名黑人的事件，以及2016年7月7日一名主要以白人为目标的阿富汗战争黑人老兵谋杀5名警察的事件。然而不管怎样，奥巴马还是成功地赋予了某些少数群体更多

[①] CNN, 2.1.2017（edition.cnn.com /2017 / 01 / 01 / us / chicago-murders-2016）.
[②] http：//inequality.org/wealth-inequality/.

的权利和更大的影响力。例如，同性恋者在美国历史上首次获得了可诉诸法律的正式平等途径；对于美国的拉美社区而言，对于最高法院首位西班牙裔法官的任命也取得了成功。

从头来过——2016年的总统大选

代表民主党参选的是奥巴马政府国务卿希拉里·克林顿，其竞选对手是受到共和党人敷衍了事的支持的政治门外汉——纽约商人唐纳德·特朗普。2008年在总统候选人选举中输给了奥巴马的希拉里·克林顿，在初选中战胜了她最强大的左翼竞争对手——佛蒙特州独立参议员伯纳德·桑德斯。桑德斯自称为"民主社会主义者"，他致力于继承富兰克林·罗斯福的政治遗产，并在2007年之前一直是美国参议院民主党集团的成员。[①]尽管没有任何政治经验，唐纳德·特朗普却出人意料地击败了来自右翼保守派"茶党"运动的党内竞争者，例如泰德·克鲁兹、兰德·保罗和马可·卢比奥。在这些选举中，特朗普不从属于美国政治阶层的背景甚至成为一种能够令大多数美国人信服的优势。他在公众中狼藉的名声主要是因为他在2004年开播至今的电视节目《学徒》中担任的主持人和导师的角色。在这个节目中，获胜者可以赢得与特朗普公司签订的为期一年的合同，而失败者则得到一句"你被解雇了"而离开。

作为活跃于房地产市场和娱乐业、数十亿美元规模的混合型

---

① Time，19.11.2015.

企业特朗普集团的负责人，特朗普此前曾将竞选捐款相对平均地分配给两个主要政党。自20世纪80年代以来，他曾一再改变其政治倾向。①他最初登记为共和党人，但从2001年起开始为民主党投票；2008年击败希拉里·克林顿之后再次支持共和党。20世纪90年代后期，他还致力于支持曾在1992年总统选举中以独立的第三名候选人身份参选并获得成功、最终与其"改革党"一起遭遇失败的亿万富翁和商人罗斯·佩罗。

对于特朗普的政治思想以及他在选择榜样和顾问方面的个人偏好而言，这段时期具有尤为重要的意义。一方面，佩罗是一位成功的企业家，特朗普也将他视为和自己一样的"白手起家之人"，两者之间的身份认同也显而易见。特朗普在总统大选中获胜后，立即将众多有名望的亿万富翁和千万富翁提名为他的内阁成员。在这个被2017年1月的《福布斯》杂志称为"亿万富翁团队"的行列中②，除了资产估计约为37亿美元的特朗普，还有约57亿美元身家的教育部部长贝齐·德沃斯和29亿美元身家的经济部部长威尔伯·罗斯。哈罗德·哈姆原本计划出任能源部部长，但这一职位最终由里克·佩里担任，他的财富据《福布斯》的估计甚至达到了153亿美元。③其他内阁成员，如国务卿雷克斯·蒂勒森或财政部部长史蒂夫·姆努钦，也是千万富翁。

特朗普在面对批评时指出，他坚持招揽这些人的原因在于，他寻找的是成功之人，他"需要那些已经变得富有之人"，因为

---

① Politico, 16. 11. 2015.
② Forbes Magazine, 8. 1. 2017.
③ 引用自Politico, 24.11.2016。

他们实现了美国梦。①这也显示了特朗普和奥巴马在解释美国梦方面的主要区别：奥巴马强调更多的是社会公平，而对于特朗普而言，成功和社会进步才是美国梦的关键基础。特朗普的美国梦是传统意义上的美国梦。因此，他将成功的商人理解为志同道合者以及天生的盟友。个人忠诚对特朗普而言也具有同样的重要意义，正如他对其家人的委任所显示出的那样：他的女婿贾里德·库什纳在竞选期间就已经成为他最重要的顾问之一，他的女儿伊万卡也被任命为官方总统顾问。

佩罗在20世纪90年代的竞选政策对于特朗普依然起着重要的政治作用，这一点也在下列事实中体现出来，即特朗普2016年的竞选计划包含了佩罗当年就已经提出的大部分主张：令人联想起一战后孤立主义的贸易保护政策，其中包括对外国产品征收的进口关税以及对诸如《北美自由贸易协定》和《中国-东盟自由贸易协定》（CAFTA）之类的自由贸易协定的抵制或重新谈判、减少对联合国及其他国际组织的参与以及更为严格的移民法。所有这些主张都在大都市圈之外，尤其是在被称为美国"心脏地带"的中西部地区，一再得到明确响应。这些地区尤其对特朗普承诺要对其采取行动的、以希拉里·克林顿为代表的"东海岸权势集团"产生了根本的不信任。

如许多评论家所认为的那种矛盾之处——对被称为"约翰·多伊"的街头普通人的拉拢与在内阁对极富之人的任命之间的矛盾，从一开始就被特朗普坚决否认。除了认为财务上的成功始终是专业能力的证明之外，特朗普还立足于这样的论调，即

---

① 引用出处同前，8.12.2016。

财富可以杜绝腐败并有助于保持政治独立。作为强调，他在竞选总统时就放弃了总统的薪资并将其限制为每年"一美元"。实际上，从第一任美国总统乔治·华盛顿开始，总统之位就一直不缺少非常富有的美国人，这也是因为美国的竞选一直是非常耗费财力的活动。特朗普的支持者显然对他的论调深信不疑。

对于许多观察家，尤其是海外观察家而言，2016年的初选和总统大选由于激烈的人身攻击、不实的论调以及丑闻事件，似乎超出了以往所有美国大选的底线。由于班加西恐怖袭击、对工作电子邮件的一贯粗心处理以及所属政治组织这一根本原因，希拉里·克林顿陷入了各方批评。尽管奥巴马不再竞选总统，但是他还是特朗普讨伐的重点目标。他的执政受到了批评，其正直从根本上说也受到了质疑。甚至他的美国国籍也受到了怀疑，由此也引发了对他担任美国总统的合法性的质疑。然而希拉里·克林顿的团队也并非逆来顺受之辈。共和党候选人特朗普在政治问题上专业知识的匮乏以及他对女性、少数群体或者外国人的贬低言论也成为民主党人在竞选中常用的反击武器。

2016年大选是美国历史上首次超越底线的大选的说法是一个误解。投票选举在美国常常表现出极大的不公正。恶意诽谤和丑化从一开始就出现。典型的案例早在1800年的选举中就层出不穷，这甚至导致了阿伦·伯尔与亚历山大·汉密尔顿之间的致命决斗；1828年，总统候选人安德鲁·杰克逊的政敌试图抹黑他的私人生活；1884年，格罗弗·克利夫兰因为有一个私生子而被指控私生活不检点。这样的例子不胜枚举。

尽管如此，导致2016年总统选举被作为典型事件受到讨论的原因很可能与媒体在21世纪起到的无可比拟的更大作用有关，它进一步加剧了这两位毫无疑问已势不两立的候选人之间的分歧。特朗普的易怒和情绪化更类似于19世纪和20世纪早期的政治人物，当时的总统西奥多·罗斯福就将媒体人斥为"肮脏之人"。特朗普认为这种"第四机构"除了某些例外情况，更是一种现实存在的威胁，正如他一再阐明的那样。对于他而言，当他对事物的看法受到质疑时，媒体尤其是一种"敌人"。在这一点上，他与大多数美国人的观点（正如民意调查所反映的那样）是一致的，即将"媒体"视为"体系"的一部分而不予信任。①针对媒体中有真凭实据的令人不适的真相，特朗普的顾问凯利安·康威发明了"另类事实"一词。②而特朗普于2017年4月未出席传统的白宫记者晚宴，而是在共和党大本营哈里斯堡与其支持者一起进行庆祝的事实，也正是他与媒体之间关系不和睦的明证。

事实上，特朗普的意外胜利体现了这个政治门外汉对民意，尤其是对国内巨大不满情绪的精准判断。特别是他自2016年4月提出并不断重申的论调——现在应该（最终）回归到美国公民利益的"美国优先"政策得到了极大认可，正如问卷调查所显示的那样。与此相对应的是，当特朗普承诺要将移民，特别是来自中美洲的移民赶出美国并且阻止穆斯林进入美国时，他也获得了热烈的掌声。特朗普于2017年1月27日签署（后被最高法院叫停）的行政命令禁止7个国家的穆斯林公民进入美国。一项有代表性的调查问卷显示，49%美国人对此行政令表示赞成，而反对者只占

---

① www.gallup.com/poll/185927/americans-trust-media-remains-historicallow.aspx.
② Washington Post, 22.1.2017.

41%。①

当特朗普于2016年12月19日以304票当选为美国第四十五任总统时，其得票数远超他的对手希拉里·克林顿（227票）。正如评估所显示的那样，特朗普主要赢得了来自被称为"被飞越之州"②的农村地区（占62%）、正规教育水平较低（占48%）的美国年轻男性选民（不超过24岁，分别为53%和56%③）的支持。④尽管希拉里·克林顿比特朗普赢得了更多的选票份额（48.2%）和选票（6484万），但正是美国大选的特殊制度造成了她的败选。

美国梦的复兴？ 奥巴马时代的瓦解

2017年1月10日，奥巴马在其总统任上的最后一次演讲中以这样的语句进行了告别："未来值得期待。"⑤然而，回顾唐纳德·特朗普总统任期最初的几个月，可以确定的是，这位新总统几乎是分秒必争地宣告着他的当选，并因此摒弃了被奥巴马视为其总统任期内取得的所有成功之处。在国内政策方面，枪支管制方案和银行监管方案——《多德-弗兰克法案》立刻遭到废止。

---

① Washington Post，2.2.2017.
② 东海岸和西海岸居民在美国两岸之间往返时从飞机上看到的地区，是对美国中西部地区略带贬低的称呼。——译者注
③ 原文疑似缺少"女性选民"一词以对应此处两个百分比数据。——译者注
④ Statista.com. 下文数据出处相同。
⑤ Spiegel online，11.1.2017.

"奥巴马医保"的废除尽管在遭到甚至是来自本党的巨大的抵制之后被暂时搁置，但是仍没有画上句号。针对环境保护方面较高标准的废除没有受到什么阻碍，之前引起争议的、连接阿拉斯加和墨西哥湾的石油管道计划也因此获得了批准，重要的环境和气候保护法规也被取消。

在受特朗普的竞选口号"美国优先"影响的对外政策和经济政策上，人们也可以观察到类似的情况。除了在竞选活动中就已经着重强调的主张之外，比如不仅要从美国驱逐非法的拉美移民并在与墨西哥接壤的边界上建造一个无法逾越的隔离墙，特朗普还要放弃诸如《跨太平洋伙伴关系协定》（TPP）和《北美自由贸易协定》之类的协定，或者至少是开启相关协定的重新谈判工作。德国根据美国的经济政策受到了特别审查，因为2016年德美贸易顺差达到了148亿欧元（上一年度为132亿欧元），再次创造了新高。[1]与奥巴马担任总统期间的友好气氛相比，2017年3月德国总理安吉拉·默克尔对美国进行国事访问时，特朗普甚至拒绝了在媒体面前与默克尔进行通常极为普遍的公开握手。他于2017年6月1日宣布美国退出《巴黎气候协定》的事件之所以引起巨大轰动，特别之处在于他对气候问题所表现出的完全无知。在这个问题上，此前的七国集团会议已经宣告失败。

尽管如此，仍有一些事情至少在某种程度上体现出了对外政策的连续性：虽然美国仍然强烈要求盟国大力增加军事开支，但是对北约的批评却有所减弱。在东欧和韩国，美军的驻军人数有所增加；除此之外，美国也宣布要加强在近东和中东地区的战争

---

[1] Manager Magazin, 10. 3. 2017.

力度。在此期间也不乏令人震惊的突发事件：2017年3月，美国国务卿雷克斯·蒂勒森在对韩国进行国事访问时对平壤政府进行了威胁，声称针对朝鲜的军事行动计划都已经"拟定完毕"。[①]不久之后，美国副总统迈克·彭斯甚至还谈及对朝鲜"战略容忍"政策的终结。[②]在叙利亚，特朗普指控该国政府军使用化学武器，并在几天之后首次下令对阿萨德政府的军事设施发动攻击：2017年4月6日，美军向叙利亚政府军的沙伊拉特空军基地发射了数十枚巡航导弹。

2017年3月公布的美国2018年预算草案使得特朗普政府与奥巴马划清界限并对其政治遗产进行清算的意图人尽皆知。五角大楼和国土安全部的预算获得了最高增长；而发展援助和环境保护方面的预算缩水最为严重，几乎分别削减了1/3。

2018年美国财政预算[③]

部门	2017年预算（单位：10亿美元）	2018年预算（单位：10亿美元）	变化额度（单位：10亿美元）	变化百分比（取整）
国防部	521.7	574.0	+52.3	+10
国土安全部	41.3	44.1	+2.8	+7
退伍军人事务部	74.5	78.9	+4.4	+6
美国宇航局	19.2	19.1	-0.2	-1
财政部	11.7	11.2	-0.5	-4
能源部	29.7	28.0	-1.7	-6
住房和城市发展部	36.0	31.7	-4.3	-12
内政部	13.2	11.6	-1.5	-12
交通部	18.6	16.2	-2.4	-13

---

① www.nbcnews.com，18.3.2017.
② Spiegel online，17.4.2017.
③ America Firse.A Budget Blueprint to Make America Gireat Again。office of Management and Budget，März 2017（www.whitehouse.gov/sites/whitehouse.gov/files/omb/budget/fy2018/2018-blueprint.pdf）.根据以下资源总结：Die Zeit，16.3.2017。

续表

部门	2017年预算（单位：10亿美元）	2018年预算（单位：10亿美元）	变化额度（单位：10亿美元）	变化百分比（取整）
教育部	68.2	59.0	-9.2	-14
商务部	9.2	7.8	-1.5	-16
卫生部	77.7	65.1	-12.6	-16
司法部	20.3	16.2	-4.0	-20
劳工部	12.2	9.6	-2.5	-21
农业部	22.6	17.9	-4.7	-21
发展援助部	38.0	27.1	-10.9	-29
环境部	8.2	5.7	-2.6	-31

"我本以为这会更容易些"

这种清算是否会面临越来越多的公众批评，尚不能确定。政府预算公布后，美国民众的支持率直接从45%下降至37%。[1]然而不管怎样，在2017年4月底特朗普执政百日后，来自大选中选择特朗普的民众的支持以及来自竞争对手方面的反对都没有产生任何变化。[2]

尽管特朗普以其目标——最终能快速做出政治决策并根据企业标准来施政获得了大选的胜利，但正如最高法院对其移民政策的判决以及共和党内部对于"奥巴马医保"改组的抵制所明确显示的那样，担任总统的特朗普也触及了其职权的边界。2017年5月对特朗普的批评形成了一次暂时的高潮，其间甚至出现了其党派

---

[1] 数据引用自 Gallup Daily（www.gallup.com/poll/201617/gallup-dailytrump-job-approval.aspx）。
[2] ABC News, 23.4.2017.

内部向他提出辞职的要求。弹劾程序在美国历史上从未成功击败过总统，即便是理查德·尼克松在1974年的水门事件中也得以提前辞职。特朗普所受攻击源自2016年大选中就已经开始的传闻：特朗普与俄罗斯政府在政治上保持的过于亲密的关系以及受到莫斯科方面操控以支持特朗普的大选活动。而此时又出现了更具爆炸性的指控，即特朗普正试图阻止联邦调查局对其前安全顾问、"通俄门"事件的焦点人物、在2017年2月迫于公众压力辞职的迈克尔·弗林进行调查。

负责调查此事的联邦调查局局长詹姆斯·科米于2017年5月9日遭特朗普免职的事件，被民主党人，甚至个别共和党人认为是企图妨碍司法公正。科米为自己辩护称，他被免职的原因在于，他没有遵照总统的要求停止对弗林的调查。尽管特朗普对此表示了强烈否认，但是科米在2017年6月8日美国参议院情报委员会听证会上仍然坚持了这一观点。他在会上甚至多次指控特朗普总统撒谎。①之后，对特朗普的初步调查也得以展开。相比之下，特朗普于2017年5月向俄罗斯外长拉夫罗夫泄露机密情报这一事件并未使人感到特别惊讶。

特朗普本人认为所有这一切都是一种新的、无中生有的"猎巫"行为，而几个月前针对其行政能力及个人的批评也都是毫无根据的。②但是他的经历也从根本上说明了美国总统的权力并不是无限的。特朗普在其执政百日时接受路透社的独家专访中承认：

---

① New York Times, 16. 5. 2017; The New Yorker, 9. 5. 2017. Das *Statement for the Record* Comeys. 参见 www.intelligence.senate.gov。
② New York Times, 19. 5. 2017.

"我本以为这①会更容易些。"②

然而,即便是处在唐纳德·特朗普的总统任期中的美国也并未变得像许多人曾经怀疑或担忧的那样令人捉摸不透。情况恰恰相反。尽管特朗普的胜选令人惊讶,但是他走上了在全球愈演愈烈的民粹主义、反自由主义运动之路并加入了鼓吹者的行列。美利坚合众国就这点而言也不例外。不管怎样,特朗普不像任何前总统那样,试图始终如一地执行其竞选纲领。这实际上意味着在某些领域的突破,而在另外一些领域尤其是安全政策方面,则始终体现出跨党派的连续性。而且,特朗普的任期当然也不意味着美国梦的终结。而一如既往地保持着巨大数量的、来自世界各地的移民人数和移民愿望也是对美国梦终结论调的一种驳斥。

---

① 指担任总统之事。——译者注
② www.reuters.com, 28. 4. 2017.

缩略语及译名对照表

缩略语	原文	译名
A	Atom	原子
AAA	Agricultural Adjustment Act	《农业调整法案》
ABC	American Broadcasting Company	美国广播公司
ABC	Atomar - Biologisch - Chemisch	［德语］原子 - 生物 - 化学（即三种大规模杀伤性武器）
ABM	Anti-Ballistic Missile	反弹道导弹
ABN	Antibolshevik Bloc of Nations	反布尔什维克集团
ACLU	American Civil Liberties Union	美国公民自由联盟
ACS	American Colonization Society	美国殖民协会
ADC	Air Defense Command	防空指挥部
AEC	Atomic Energy Commission	原子能委员会
AEF	American Expeditionary Forces	美国远征军
AFB	Airforce Base	空军基地
AFL	American Federation of Labor	美国劳工联合会
AFN	American Forces Network（ab 1954：Radio and Television Service）	美国军中广播（1954年更名为广播电视服务频道）
AID	Agency for International Development	国际开发署
AIDS	Acquired Immune Deficiency Syndrome	获得性免疫缺陷综合征（译注：艾滋病）
AMTRAK	National Railroad Passenger Corporation	美国国家铁路客运公司
ANZUS	Australia-Newzealand-USA-Pakt	澳新美安全条约组织
APACL	Asian Peoples' Anti-Communist League	亚洲人民反共产主义联盟
ASEAN	Association of South-East Asian Nations	东南亚国家联盟
BDJ	Bund Deutscher Jugend	［德语］德国青年联盟
BND	Bundesnachrichtendienst	［德语］西德联邦情报局

CBO	Congressional Budget Office	国会预算办公室
CBS	Columbia Broadcasting System	哥伦比亚广播公司
CC/CCA	Christian Coalition of America	美国基督教联盟
CCC	Civilian Conservation Corps	民间资源保护队
CCF	Congress for Cultural Freedom	文化自由代表大会
CDC	Center for Desease Control and Prevention	美国疾病预防控制中心
CDU	Christlich-Demokratische Union	[德语]基督教民主联盟
CENTO	Central Treaty Organization	中央条约组织
CIA	Central Intelligence Agency	中央情报局
CIC	Counter Intelligence Corps	反情报组织
CIO	Congress of Industrial Organizations	产业工会联合会
CIP	Commercial Import Program	商业进口计划
CNN	Cable News Network	有线电视新闻网
CPA	Communist Party of America	美国共产党
CPUSA	Communist Party of the United States of America	美利坚合众国共产党
ČSSR	Ceskoslovenská Socialisticá Republika	[斯洛伐克语]捷克斯洛伐克社会主义共和国
CSU	Christlich-Soziale Union	基督教社会联盟
CWA	Civil Works Administration	美国公共工程管理局
D. C.	District of Columbia	哥伦比亚特区
DDR	Deutsche Demokratische Republik	[德语]德意志民主共和国
DEFA	Deutsche Film-AG	[德语]德意志电影股份公司
DHS	Department of Homeland Security	国土安全部
DIA	Defence Intelligence Agency	国防情报局
DK	Demokratisches Kampuchea	[德语]民主柬埔寨
DoD	Department of Defense (Pentagon)	国防部(五角大楼)
E	Elektro/Elektronisch	[德语]电子
EAM	Ethnikó Apelevtherotikó Métopo	[希腊语]希腊民族解放阵线
EDES	Ethnikós Diokratikós Ellinikós Stratosin	[希腊语]希腊民族解放军
ELAS	Ellinikós/Ethnikós Laikós Apelevtherotikós Stratós	[希腊语]希腊人民解放军

ELINT	Electronic Intelligence	电子情报
ERP	European Recovery Program	欧洲复苏计划
ESEVM	Edinnaja Sistema Elektronych Wytschislitelnych Maschin	［俄语］电子计算机统一系统
EU	Europäische Union	［德语］欧盟
EUFOR	European Union Force	欧盟部队
FBI	Federal Bureau of Investigation	联邦调查局
FHO	Fremde Heere Ost	［德语］东线外军处
FNL	Front National de Libération	民族解放阵线
GAS	Gorkowskij Awtomobilnyj Sawod	［俄语］高尔基汽车厂
GATT	General Agreement on Tariffs and Trade	关税与贸易总协定
GMC	General Motors（Company）	通用汽车（公司）
GI	Government Issue	政府债券
GLOBE	Global Learning and Observations to Benefit the Environment	利于环境的全球性学习与观察计划
GULag	Glawnoje Uprawlenije Isprawitelno-trudowych Lagerej	［俄语］古拉格劳改营（劳改集中营总部）
H	Hydrogen	氢
H.R.	House Resolution	决议案
HAMAS	Harakat al-Muqawama al-Islamiya	［阿拉伯语］哈马斯（伊斯兰抵抗运动）
HCUA	House Committee on Un-American Activities	众议院非美国人活动调查委员会
HIV	Humanes Immundefizienz-Virus	人类免疫缺陷病毒
HMS	Her/His Majesty's Ship	皇家海军舰船
HUAC	House Un-American Activities Committee	众议院非美国人活动调查委员会
IAEA	International Atomic Energy Agency	国际原子能机构
IBM	International Business Machines	美国国际商用机器公司
ICBM	Intercontinental Ballistic Missile	洲际弹道导弹
ICOC/IACCD	Inter-American Confederation of Continental Defense	美洲大陆防卫联盟
IFOR	Implementation Force	多国军事执行部队
IITC	International Indian Treaty Council	国际印第安人条约理事会
IMT	International Military Tribunal	国际军事法庭章程

IMTFE	International Military Tribunal for the Far East	远东国际军事法庭
INA	Immigration and Nationality Act	移民和国籍法案
INES	International Nuclear Event Scale	国际核事故分级标准
INF	Intermediate-range Nuclear Forces	中程核力量条约
INS	United States Immigration und Naturalization Service	美国移民归化局
IPCC	Intergovernmental Panel on Climate Change	政府间气候变化专门委员会
IS	Islamischer Staat	[德语] 伊斯兰国
ISS	International Space Station	国际空间站
IT	Informationstechnologie	[德语] 信息技术
ITO	International Trade Organization	联合国国际贸易组织
IWF	Internationaler Währungsfond	[德语] 国际货币基金组织
IWW	Industrial Workers of the World	世界产业工人联合会
JCS	Joint Chiefs of Staff	参谋长联席会议
KGB	Komitet Gossudarstwennoi Besopasnosti	[俄语] 国家安全委员会（克格勃）
KgU	Kampfgruppe gegen Unmenschlichkeit	[德语] 反不人道斗争组织
KI	Kommunistische Internationale	[德语] 共产国际
KMT	Kuo-Min-Tang	国民党
KP	Kommunistische Partei	[德语] 共产党
KPdSU	Kommunistische Partei der Sowjetunion	[德语] 苏维埃联盟共产党
KSE	Konventionelle Streitkräfte Europa	[德语] 欧洲常规武装力量
KSZE	Konferenz fr Sicherheit und Zusammenarbeit in Europa	[德语] 欧洲安全与合作会议
LBO	Leveraged Buy-Outs	杠杆收购
LGM	Launched Guided Missile	发射后制导导弹
LLC	Limited Liability Company	有限责任公司
LZ	Luftschiff Zeppelin	齐柏林飞艇
MBS	Mutual Broadcasting System	相互广播公司
MGM	Metro-Goldwyn-Mayer	米高梅
MI 6	Directorate of Military Intelligence, Section 6	军事情报局六处
MPLA	Movimento Popular de Liberta o de Angola	[葡语] 安哥拉人民解放运动

MRP	Mouvement Républicain Populaire	[法语] 人民共和运动
MTV	Music Television	音乐电视
MX	Missile X	X型导弹
NAACP	National Association for the Advancement of Colored People	全国有色人种协进会
NAFTA	North American Free Trade Agreement	《北美自由贸易协定》
NASA	National Aeronautics and Space Administration	美国国家航空航天局
NASDAQ	National Association of Securities Dealers Automated Quotations	美国全国证券交易商协会自动报价表 [1]
NATO	North Atlantic Treaty Organization	北大西洋公约组织
NBC	National Broadcasting Company	国家广播公司
NCFE	National Committee for a Free Europe	欧洲自由国家委员会
NCR	National Cash Register	国立现金出纳机公司
NCS	National Clandestine Service	国家特勤部
NEPA	National Environmental Policy Act	《国家环境政策法案》
NET	National Education Television	国家教育电视台
NHL	National Historic Landmarks	国家历史地标
NKWD	Narodny Komissariat Wnutrennich Del	[俄语] 苏联内务人民委员部
NMD	National Missile Defense	国家导弹防御体系
NORAD	North American Air/Airospace Defense	北美空防司令部
NPT	Nuclear Non-Proliferation Treaty	《不扩散核武器条约》
NRA	National Recovery Administration	国家复兴管理局
NRA	National Rifle Association	全国步枪协会
NRO	National Reconnaissance Office	国家侦察局
NS	Nationalsozialismus, nationalsozialistisch	[德语] 国家社会主义，国家社会主义的
NSA	National Security Agency	国家安全局
NSC	National Security Council	国家安全委员会
NSDAP	Nationalsozialistische Deutsche Arbeiterpartei	[德语] 国家社会主义德国工人党
OAPEC	Organization of the Arab Petroleum	

---

[1] 即纳斯达克。——译者注

	Exporting Countries	阿拉伯石油输出国组织
OAS	Organization of American States	美洲国家组织
ODA	Official Development Assistance	官方发展援助
OMGUS	Office of Military Government US	美国军事政府办公室
OMI	Otdel Meshdunrodnoi Informacii	[斯洛伐克语] 国际信息部
OPC	Office of Policy Coordination	政策协调办公室
OPEC	Organization of Petroleum Exporting Countries	石油输出国组织
OSS	Office of Strategic Services	美国战略情报局
OSZE	Organisation für Sicherheit und Zusammenarbeit in Europa	[德语] 欧洲安全与合作组织
OUN	Organisation Ukrainischer Nationalisten	[德语] 乌克兰民族主义者组织
P. L.	Public Law	公共法律
PanAm	Pan American World Airways	泛美航空公司
PCF	Parti communiste français	[法语] 法国共产党
PCI	Partito Comunista Italiano	[意大利语] 意大利共产党
PFLP	Popular Front for the Liberation of Palestine	巴勒斯坦解放人民阵线
PLO	Palestine Liberation Organization	巴勒斯坦解放组织
PNAC	Project for the New American Century	新美国世纪计划
PPS	Policy Planning Staff	国务院政策设计办公室
PSI	Partito Socialista Italiano	[意大利语] 意大利社会主义党
PTBT	Partial Test Ban Treaty	《部分禁止核试验条约》
QSR	Quick Service Restaurants	快速服务餐厅
RAND	Research Association for National Defense	国防研究协会[1]
R&B	Rhythm and Blues	节奏布鲁斯
RCA	Radio Corporation of America	美国无线电公司
Res.	Resolution	决议
RFA	Radio Free Asia	自由亚洲电台
RFE	Radio Free Europe	自由欧洲电台
RIAS	Radio im Amerikanischen Sektor	美国占领区广播电台

---

[1] 即兰德公司。——译者注

831

RKO	Radio-Keith-Orpheum Pictures	雷电华影业公司
RL	Radio Liberation/Radio Liberty	自由电台
SAC	Strategic Air Command	战略空军司令部
SAD	Special Activities Division	特别行动司
SAG	Special Operations Group	特别行动小组
SBZ	Sowjetische Besatzungszone	[德语]苏联占领区
SDI	Strategic Defense Initiative	战略防御计划
SDS	Students for a Democratic Society	学生民主会
SEATO	South East Asia Treaty Organization	东南亚条约组织
SED	Sozialistische Einheitspartei Deutschlands	[德语]德国社会主义统一党
SFIO	Section française de l'Internationale ouvrière	[法语]工人国际法国支部
SFOR	Stabilisation Forces	联合保护稳定部队
SHAEF	Supreme Headquarters, Allied Expeditionary Force	西方盟军最高指挥部
SIPRI	Stockholm International Peace Research Institute	斯德哥尔摩国际和平研究所
SM	Standard Missile	标准导弹
SOPADE	Sozialdemokratische Partei Deutschlands (im Exil)	[德语](流亡)德国社会民主党
SPD	Sozialdemokratische Partei Deutschlands	[德语]德国社会民主党
SS	Schutzstaffel	[德语]党卫军
START	Strategic Arms Reduction Talks	《削减战略核武器条约》
STRATCOM	U.S. Strategic Command	美国战略司令部
SUV	Sport Utility Vehicle	城市越野车
TAC	Tactical Air Command	空军战术指挥部
THAAD	Terminal High Attitude Area Defense	末段高空区域防御系统[①]
TPP	Trans-Pacific Partnership	跨太平洋伙伴关系
TSA	Transportation Security Administration	美国运输安全管理局
TVA	Tennessee Valley Authority	田纳西河流域管理局
TWA	Trans World Airlines	美国环球航空公司

---

① 即萨德系统。——译者注

UÇK	Ushtria Çlirimtaree Kosovës	[阿尔巴尼亚语]科索沃解放军
UdSSR	Union der Sozialistischen Sowjetrepubliken	[德语]苏维埃社会主义共和国联盟
UN（O）	United Nations（Organisation）	联合国（组织）
UNCSTD	（UN）Commission on Science and Technology for Development	（联合国）科学与技术促进发展委员会
UNESCO	United Nations Educational, Scientific and Cultural Organization	联合国教科文组织
UNITA	União para la Independąncia Total de Angola	[葡语]安哥拉完全独立联盟
UNPROFOR	United Nations Protection Force	联合国保护部队
UNWCC	United Nations War Crimes Commission	联合国战争罪行委员会
UPA	Ukrainische Aufständische Armee	[德语]乌克兰起义军
US（U.S.）	United States	合众国
USA	United States of America	美利坚合众国
USCIS	U.S. Citizenship and Immigration Services	美国公民及移民服务局
USIA	United States Information Agency	美国新闻署
USS	United States Ship	美国军舰
V	Vergeltungswaffe	[德语]报复性武器
Vf.	Verfasser	[德语]作者
VOA	Voice of America	美国之声
WASP	White Anglo-Saxon Protestants	白人盎格鲁-撒克逊新教徒
WSIS	World Summit on the Information Society	信息社会世界峰会
WTO	World Trade Organization	世界贸易组织

人名及译名对照表

原文名	译名
Abd ar-Rahman, Umar	乌马尔·阿卜杜·拉赫曼
Abedini, Saeed	赛义德·阿贝迪尼
Adams, Brooks	布鲁克斯·亚当斯
Adams, James T.	詹姆斯·特拉斯洛·亚当斯
Adams, John	约翰·亚当斯
Adams, John Quincy	约翰·昆西·亚当斯
Adams, Samuel	塞缪尔·亚当斯
Adenauer, Konrad	康拉德·阿登纳
Adorno, Theodor W.	西奥多·阿多诺
Ahmadinedschad, Mahmud	马哈茂德·艾哈迈迪-内贾德
Akhtar, Abdur Rahman	阿卜杜·拉赫曼·阿赫塔尔
Albee, Edward	爱德华·阿尔比
Aldrin, Edwin E.	埃德温·艾尔德林
Alexander I., russ. Zar	亚历山大一世（俄国沙皇）
Alexander II., russ. Zar	亚历山大二世（俄国沙皇）
Alger, Horatio	霍雷肖·阿尔杰
Allen, Paul	保罗·艾伦
Alwan, Rafid Ahmed ("Curveball")	拉菲德·艾哈迈德·("曲线球")·阿尔万
Amanpour, Christiane	克里斯蒂安·阿曼普
Ames, Adelbert	阿戴尔伯特·亚美斯
Anderson, Gilbert M.	吉尔伯特·安德森
Anderson, Walter	沃尔特·安德森
Andropow, Juri	尤里·安德罗波夫

Angleton, James	詹姆斯·安格尔顿
Anza, Juan Bautista de	胡安·鲍提斯塔·德·安萨
Apollinaire, Guillaume	纪尧姆·阿波利奈尔
Arafat, Jasir	亚西尔·阿拉法特
Arbenz Guzmán, Jacobo	哈科沃·阿本斯·古斯曼
Arendt, Hannah	汉娜·阿伦特
Armitage, Richard	理查德·阿米蒂奇
Armstrong, Louis	路易斯·阿姆斯特朗
Armstrong, Neill	尼尔·阿姆斯特朗
Arndt, Ernst Moritz	恩斯特·莫里茨·阿恩特
Arthur, Timothy Shay	蒂莫西·谢伊·亚瑟
Assad, Baschar al-	巴沙尔·阿萨德
Assange, Julian	朱利安·阿桑奇
Attlee, Clement	克莱门特·艾德礼
Atzerodt, George	乔治·阿茨罗德
Babitsky, Arthur H. ("Art")	亚瑟·哈罗德·("阿特")·巴比特斯基
Bacall, Lauren	劳伦·巴考尔
Bacon, Nathaniel	纳撒尼尔·培根
Badger, Daniel	丹尼尔·巴杰尔
Badoglio, Pietro	彼得罗·巴多格里奥
Baez, Joan	琼·贝兹
Bahr, Egon	埃贡·巴尔
Baker, Frank	弗兰克·巴克
Baker, Josephine (Freda Josephine McDonald)	约瑟芬·贝克(芙蕾达·约瑟芬·麦当劳)
Baker, Ray Stannard	雷·斯坦纳德·贝克
Baker, Theodore	西奥多·贝克
Bancroft, George	乔治·班克罗夫特
Bandera, Stepan	斯捷潘·班德拉
Barks, Carl	卡尔·巴克斯
Barrow, Clyde Chestnut (Bonnie and Clyde)	克莱德·切斯特纳特·巴罗(邦妮和克莱德)
Bartholdi, Frédéric-Auguste	弗里德利·奥古斯特·巴特勒迪
Baruch, Bernard	伯纳德·巴鲁克

Batista Zaldívar, Fulgencio	富尔亨西奥·巴蒂斯塔·扎尔迪瓦
Beal, C.C. [应为 Beall, Cecil Calvert]	塞西尔·卡尔弗特·比奥
Beaumarchais, Pierre-Augustin Cardon de	彼埃尔-奥古斯丁·卡登·德·博马舍
Beck, Glenn	格伦·贝克
Beecher Stowe, Harriet	哈里特·比彻·斯托
Belknap, William	威廉·贝尔纳普
Bellamy, Edward	爱德华·贝拉米
Ben Ali, Zine el-Abidine	宰因·阿比丁·本·阿里
Benz, Carl	卡尔·奔驰
Berija, Lawrentij	拉夫伦蒂·贝里亚
Berkeley, William	威廉·伯克利
Bernanke, Ben	本·伯南克
Bernstein, Carl	卡尔·伯恩斯坦
Berry, Chuck	查克·贝里
Bessie, Alvah	阿尔瓦·贝西
Bettelheim, Bruno	布鲁诺·贝特尔海姆
Bevin, Ernest	欧内斯特·贝文
Biden, Joseph Robinette ("Joe")	约瑟夫·罗比内特·("乔")·拜登
Bierce, Ambrose	安布罗斯·比尔斯
Bierstadt, Albert	阿尔伯特·比尔施塔特
Big Foot (Spotted Elk, Si Tanka)	"大脚"("斑鹿"、斯坦卡)[印第安首领]
Billy the Kid (McCarty, Henry)	"比利小子"(亨利·麦卡蒂)
Bin Laden, Osama	奥萨马·本·拉登
Bishop, Maurice	莫里斯·毕晓普
Black Hawk (Makataimeshekiakiak)	"黑鹰"[印第安首领]
Black Jack Ketchum (Thomas Edward Ketchum)	"黑杰克"·凯彻姆(托马斯·爱德华·凯彻姆)
Block, Adriaen	阿德里安·布洛克
Blumenthal, Michael	迈克尔·布鲁门塔尔
Boeing, William Edward	威廉·爱德华·波音
Bogardus, James	詹姆斯·博加杜斯
Bogart, Humphrey	汉弗莱·鲍嘉
Bohlen, Charles	查尔斯·博伦

Bolshaw, Amy Helen Dorothea (DuFran, Dora)	艾米·海伦·桃乐丝·珀秀（朵拉·杜芙兰）
Bolton, John	约翰·博尔顿
Bonnie and Clyde	邦妮和克莱德
Boone, Daniel	丹尼尔·布恩
Booth, John Wilkes	约翰·威尔克斯·布斯
Borkenau, Franz	弗朗茨·博克瑙
Bow, Clara	克拉拉·鲍
Boyle, Tom C. (T. C.)	托马斯·科拉格森·博伊尔
Bradley, David	戴维·布拉德利
Bradley, Omar	奥马尔·布莱德莱
Brandeis, Louis	路易斯·布兰代斯
Brando, Marlon	马龙·白兰度
Braun, Wernher von	韦恩·冯·布劳恩
Brecht, Bertolt	贝尔托·布莱希特
Breckenridge, John C.	约翰·C.布莱肯里奇
Breschnew, Leonid Iljitsch	列昂尼德·伊里奇·勃列日涅夫
Breton, André	安德烈·布勒东
Brewster, William	威廉·布鲁斯特
Bronson, Charles	查尔斯·布朗森
Brown, John	约翰·布朗
Brown, Myra Gale	迈拉·盖尔·布朗
Brown, William Hill	威廉·希尔·布朗
Brûlé, Étienne	埃迪安·布吕莱
Brzeziński, Zbigniew	兹比格涅夫·布热津斯基
Buchanan, James	詹姆斯·布坎南
Buck, Pearl S.	赛珍珠（珀尔·S.巴克）
Buffalo Bill (Cody, William F.)	"野牛比尔"（威廉·弗里德里克·科迪）
Bufford, John	约翰·布福德
Bukowski, Charles	查尔斯·布可夫斯基
Buntline, Ned (Edward Judson)	内德·邦特莱因（爱德华·贾德森）
Bunyan, John	约翰·班扬

837

Buren, Martin van	马丁·范布伦
Burgess, John	约翰·伯吉斯
Burgoyne, Lord John	约翰·伯戈因 勋爵
Burke, Edmund	埃德蒙·伯克
Burke, Martha (Calamity Jane)	玛莎·伯克 (卡拉米蒂·杰恩)
Burnham, James	詹姆斯·伯纳姆
Burr, Aaron	阿伦·伯尔
Burroughs, Edgar Rice R.	埃德加·赖斯·伯劳斯
Burroughs, William S.	威廉·西沃德·巴勒斯
Bush, George	乔治·布什 [译为"老布什"]
Bush, George W.	乔治·沃克·布什 [译为"小布什"]
Bush, Vannewar	万尼瓦尔·布什
Butch Cassidy (Robert Leroy Parker)	"布奇·卡西迪" (罗伯特·勒罗伊·帕克)
Butler, Benjamin	本杰明·巴特勒
Butler, Pierce Mason	皮尔斯·梅森·巴特勒
Byrnes, James	詹姆斯·伯恩斯
Cabot, John (Giovanni Caboto)	"约翰·卡博特" (乔瓦尼·卡博托)
Cagney, James	詹姆斯·卡格尼
Calamity Jane (Martha Burke)	卡拉米蒂·杰恩 (玛莎·伯克)
Calvin, Johannes	约翰·加尔文
Caplow, Theodore	西奥多·卡普洛
Capone, Al (Alphonse)	艾尔 (艾尔方斯) ·卡彭
Carmichael, Stokely	斯托克利·卡迈克尔
Carnegie, Andrew	安德鲁·卡耐基
Carranza, Venustiano	贝努斯蒂亚诺·卡朗萨
Carson, Christopher H. (Kit)	克里斯朵夫·休斯敦·(基特) ·卡森
Carter, James E. ("Jimmy")	詹姆斯·厄尔·("吉米") ·卡特
Carter, Rubin ("Hurricane")	鲁宾·("飓风") ·卡特
Carver, William ("News") ("Will Carver")	威廉·("纽兹") ·卡佛 (威尔·卡佛)
Casey, William	威廉·凯西
Cass, Gilbert	卡斯·吉尔伯特
Cass, Lewis	刘易斯·卡斯

Castillo Armas, Carlos	卡洛斯·卡斯蒂略·阿玛斯
Castro, Fidel	菲德尔·卡斯特罗
Catlin, George	乔治·卡特林
Celler, Emanuel	伊曼纽尔·策勒
Center, Tony	托尼·森特
Céspedes, Carlos Manuel de	卡洛斯·曼努埃尔·德·塞斯佩德斯
Chalid Scheich Mohammed	哈利德·谢赫·穆罕默德
Chamberlain, Arthur Neville	亚瑟·内维尔·张伯伦
Chan, Jackie（Chéng Lóng）	成龙
Chang, Iris	张纯如
Chaplin, Charlie	查理·卓别林
Charles, Ray	雷·查尔斯
Cheney, Richard（"Dick"）	理查德·（"迪克"）·切尼
Chennault, Claire L.	克莱尔·李·陈纳德
Chertoff, Michael B.	迈克尔·切尔托夫
Chicago Joe（Hensley, Josephine）	"芝加哥·乔"（约瑟芬·汉斯莉）
Chisholm, Jesse	杰西·奇泽姆
Chisum, John	约翰·齐兹厄姆
Chomeini, Ruhollah Musavi Ajatollah	鲁霍拉·穆萨维·阿亚图拉·霍梅尼
Christiaensen, Hendrick	亨德里克·克里斯蒂安森
Chrysler, Walter	沃尔特·克莱斯勒
Chua, Amy	蔡美儿
Churchill, Winston	温斯顿·丘吉尔
Cimino, Michael	迈克尔·西米诺
Clark, Wesley	韦斯利·克拉克
Clark, William	威廉·克拉克
Clay, Henry	亨利·克莱
Clay, Lucius D.	卢修斯·克莱
Clemenceau, Georges	乔治·克莱蒙梭
Cleveland, Grover	格罗弗·克利夫兰
Clinton, Henry	亨利·克林顿

Clinton, Hillary Diane Rodham	希拉里·黛安·罗德姆·克林顿
Clinton, William J.（"Bill"）	威廉·杰弗逊·（"比尔"）·克林顿
Cobain, Kurt	科特·柯本
Cochise, Häuptling	科奇西［印第安首领］
Cody, William F.（Buffalo Bill）	威廉·弗里德里克·（"野牛比尔"）·科迪
Cole, Thomas	托马斯·科尔
Collins, Michael	迈克尔·柯林斯
Colm, Gerhard	格哈德·科尔姆
Colvin, Claudette	克劳德特·科尔文
Comey, James B.	詹姆斯·布莱恩·科米
Conant, John	约翰·科南特
Conway, Kellyanne E.	凯利安·康威
Cook, James	詹姆斯·库克
Cooke, Jay	杰伊·库克
Cooke, Sam	山姆·库克
Coolidge, Calvin	卡尔文·柯立芝
Coolidge, Rita	丽塔·库莉姬
Cooper, Gary	加里·库珀
Cooper, James Fenimore	詹姆斯·费尼莫尔·库珀
Copley, John Singleton	约翰·辛格尔顿·科普利
Coppola, Francis Ford	弗朗西斯·福特·科波拉
Cornwallis, Lord Charles	查尔斯·康沃利斯 勋爵
Cornwell, David（Le Carré, John）	戴维·康威尔（约翰·勒·卡雷）
Cosmato, George Pan	乔治·潘·科斯马图
Cotton, John	约翰·考顿
Coughlin, Charles	查尔斯·科夫林
Cowley, Malcolm	马尔科姆·考利
Cox, James M.	詹姆斯·考克斯
Crane, Stephen	斯蒂芬·克兰
Crazy Horse, Häuptling	"疯马"［印第安首领］
Creel, George	乔治·克里尔
Crisp, Quentin	昆廷·克里斯普

Crockett, David	大卫·克洛科特
Crumb, Robert	罗伯特·克鲁姆
Cruz, Rafael E.("Ted")	拉斐尔·爱德华·("泰德")·克鲁兹
Cumming, J.W.	J.W.卡明
Cummings, Edward	爱德华·卡明斯
Curtis, Edward S.	爱德华·柯蒂斯
Cushing, Frank Hamilton H.	弗兰克·汉密尔顿·库欣
Custer, George	乔治·卡斯特
Czolgosz, Leon	利昂·乔尔戈斯
Dalai Lama	达赖喇嘛
Dana, Charles A.	查尔斯·安德森·达纳
Dandridge Custis, Martha	玛莎·丹德里奇·柯蒂斯
Dare, Eleanore	埃莉诺·戴尔
Dare, Virginia	维吉尼亚·戴尔
Darwin, Charles	查尔斯·达尔文
Davis, Benjamin	本杰明·戴维斯
Davis, Garry	加里·戴维斯
Davis, Jefferson	杰弗逊·戴维斯
Davis, Troy	特洛伊·戴维斯
Dawes, Charles G.	查尔斯·盖茨·道威斯
Day, Doris	多丽丝·戴
De Gasperi, Alcide	阿尔契·德·加斯贝利
Dean, James	詹姆斯·迪恩
Deane, John	约翰·迪恩
Deane, Silas	西拉斯·迪恩
Defoe, Daniel	丹尼尔·笛福
Dewey, John	约翰·杜威
DeVos, Elizabeth("Betsy")	伊丽莎白·("贝齐")·德沃斯
Dewey, Thomas	托马斯·杜威
Dickens, Charles	查尔斯·狄更斯
Dickinson, John	约翰·迪金森
Dickstein, Samuel	萨缪尔·迪克斯坦

Diebner, Kurt	库尔特·迪布纳
Dies, Martin	马丁·戴斯
Dietrich, Marlene	玛琳·迪特里希
Dillinger, John	约翰·迪林杰
Dimitrow, Georgi	格奥尔基·迪米特洛夫
Disney, Roy	罗伊·迪士尼
Disney, Walt	沃尔特·迪士尼
Dixon, William Hepworth	威廉·海沃思·狄克逊
Dobriansky, Paula	宝拉·多布里安斯基
Doc Holliday（Holliday, John Henry）	霍利迪"医生"（约翰·亨利·霍利迪）
Doihora, Kenji	土肥原贤二
Dole, Robert	罗伯特·多尔
Doriot, Georges	乔治·多里奥特
Dornberger, Walter	瓦尔特·多恩贝格尔
Douglas, Stephen A.	史蒂芬·道格拉斯
Drake, Edwin	埃德温·德雷克
Drake, Francis	弗朗西斯·德雷克
Dreiser, Theodore	西奥多·德莱塞
DuBois, William E. B.	威廉·爱得华·伯格哈特·杜波依斯
Duchamp, Marcel	马塞尔·杜尚
DuFran, Dora（Bolshaw, Amy Helen Dorothea）	朵拉·杜芙兰（艾米·海伦·桃乐丝·珀秀）
Dulles, Allan	艾伦·杜勒斯
Dulles, John Foster	约翰·福斯特·杜勒斯
Dumont, Eleanore（"Madame Mustache"）	埃莉诺·杜蒙（"胡子女士"）
Dylan, Bob	鲍勃·迪伦
Earp, Wyatt	怀特·厄普
Eastman, George	乔治·伊士曼
Eastman, Mary Henderson	玛丽·亨德森·伊士曼
Eaton, John H.	约翰·伊顿
Eden, Anthony	安东尼·艾登
Edison, Thomas	托马斯·爱迪生

Edwards, John N.	约翰·纽曼·爱德华兹
Einstein, Albert	阿尔伯特·爱因斯坦
Eisenhower, Dwight D.	德怀特·戴维·艾森豪威尔
Eliot, John	约翰·艾略特
Elisabeth I., engl. Königin	伊丽莎白一世（英国女王）
Ellicott, Andrew	安德鲁·艾利考特
Ellington, Duke	艾灵顿公爵［艺名］
Emerson, RalphW.	拉尔夫·沃尔多·爱默生
Endecott, John	约翰·恩狄考
Evans, Jesse	杰西·埃文斯
Fahd, saudi-arab. König	法赫德（沙特阿拉伯国王）
Falwell, Jerry	杰里·法尔维尔
Farwell, Arthur	亚瑟·法威尔
Fender, Leo	利奥·芬德
Ferguson, John H.	约翰·H.弗格森
Fermi, Enrico	恩里科·费米
Ferry, Gabriel	加布里埃尔·费里
Feuchtwanger, Lion	利翁·福伊希特万格
Fields, W. C.	W. C.菲尔茨
Fillmore, Millard	米勒德·菲尔莫尔
Firestone, Harvey Samuel	哈维·塞缪尔·费尔斯通［凡士通创始人］
Fischer, Joseph M.（"Joschka"）	约瑟夫·马丁·（"约施卡"）·菲舍尔
Fitzhugh, George	乔治·菲兹休
Flegenheimer, Arthur（"Dutch Schultz"）	亚瑟·弗莱德海默（"荷兰人舒尔茨"）
Fleming, Ian	伊恩·弗莱明
Fletcher, Diane	黛安·弗莱彻
Flipper, Henry O.	亨利·奥西恩·弗里伯尔
Floyd, Charles	查尔斯·弗洛伊德
Flynn, Michael T.	迈克尔·弗林
Flynt, Larry	拉里·弗林特
Fonda, Peter	彼得·方达
Ford, Gerald	杰拉德·福特

Ford, Henry	亨利·福特
Ford, John	约翰·福特
Forrest, Nathan B.	内森·贝福德·福瑞斯特
Foster, John	约翰·福斯特
Foster, Stephen	斯蒂芬·福斯特
Fox, George	乔治·福克斯
Franco, Francisco	弗朗西斯科·佛朗哥
Frank, Karl（Paul Hagen）	卡尔·弗兰克（保罗·哈根）
Franklin, Benjamin	本杰明·富兰克林
Franz I., franz. König	弗朗索瓦一世（法国国王）
Friedan, Betty	贝蒂·弗里丹
Friedman, Perry	佩里·弗里德曼
Friedrich II., Landgraf von Hessen-Kassel	弗里德里希二世（黑森卡塞尔伯爵）
Friedrich II., preuß. König	腓特烈二世（普鲁士国王）
Friedrich, Carl Joachim	卡尔·约阿希姆·弗里德里希
Fuchs, Klaus	克劳斯·福克斯
Fukuyama, Francis	弗朗西斯·福山
Fuller, Henry B.	亨利·布莱克·富勒
Fulton, Robert	罗伯特·富尔顿
Furnas, Robert	罗伯特·弗纳斯
Gaddafi, Muammar al-	穆阿迈尔·卡扎菲
Gagarin, Juri	尤里·加加林
Galbraith, Thomas J.	托马斯·加尔布雷思
Galloway, Joseph	约瑟夫·加洛韦
Gallup, George	乔治·盖洛普
Garfield, James	詹姆斯·加菲尔德
Garrett, Pat	派特·加勒特
Garrick, Edward	爱德华·加瑞克
Gates, Rick	里克·盖茨
Gates, Robert	罗伯特·盖茨
Gates, Thomas	托马斯·盖茨
Gates, William H.（"Bill"）	威廉·亨利·（"比尔"）·盖茨

Gatling, Richard	理查德·加特林
Gaulle, Charles de	夏尔·戴高乐
Gaye, Marvin	马文·盖伊
Gehlen, Reinhard	莱因哈德·格伦
Genscher, Hans-Dietrich	汉斯-迪特里希·根舍
Georg III., engl.König	乔治三世（英国国王）
Gerassimow, Gennadij	根纳季·杰拉西莫夫
Gerlach, Walter	沃尔特·格拉赫
Geronimo	杰罗尼莫［印第安首领］
Gershwin, George	乔治·格什温
Gerstäcker, Friedrich	弗里德里希·格斯泰克
Ghani, Ashraf	阿什拉夫·加尼
Gibbons, Thomas	托马斯·吉本斯
Giffords, Gabrielle	加布里埃尔·吉福兹
Gilbert, Henry	亨利·吉尔伯特
Gilbert, Humphrey	汉弗莱·吉尔伯特
Gillespie, Dizzy	迪兹·吉莱斯皮
Gingrich, Newton（"Newt"）	纽顿·（"纽特"）·金里奇
Ginsberg, Allen	艾伦·金斯伯格
Gist, George（Sequoya）	乔治·吉斯特（塞阔雅）
Goebbels, Joseph	约瑟夫·戈培尔
Goethe, Johann Wolfgang von	约翰·沃尔夫冈·冯·歌德
Goldfinch, John	约翰·戈德芬奇
Goldwyn, Samuel	塞缪尔·戈德温
Gomez, Máximo	马西莫·戈麦斯
Gompers, Samuel	塞缪尔·戈普斯
Gonzales, Alberto	阿尔贝托·冈萨雷斯
Gorbatschow, Michail	米哈伊尔·戈尔巴乔夫
Gore, Albert A.（"Al"）	艾伯特·阿诺德·（"阿尔"）·戈尔
Gorer, Geoffrey	乔佛瑞·戈勒
Göring, Hermann	赫尔曼·戈林
Goulart, João B.M.	若昂·B.M.古拉特

845

Grant, Madison	麦迪逊·格兰特
Grant, Ulysses S.	尤利西斯·辛普森·格兰特
Grasse, François Joseph Paul Comte de	弗朗索瓦·约瑟夫·保罗·德·格拉斯
Grattan, John L.	约翰·劳伦斯·格拉坦
Greene, Graham	格雷厄姆·格林
Greenspan, Alan	艾伦·格林斯潘
Grenville, George	乔治·格伦维尔
Grenville, William W.	威廉·温德汉姆·格伦维尔
Griffith, David W. (D.W.)	大卫·格里菲斯
Gropius, Walter	沃尔特·格罗皮乌斯
Groves, Leslie R.	莱斯利·格罗夫斯
Guevara, Ernesto ("Che")	埃内斯托·("切")·格瓦拉
Guiteau, Charles J.	查尔斯·吉托
Guthrie, Woodrow Wilson ("Woody")	伍德罗·威尔逊·("伍迪")·格思里
Habib, Khalid	哈利德·哈比卜
Hahn, Otto	奥托·哈恩
Halder, Franz	弗兰兹·霍尔德
Haley Thompson, Mary Elizabeth ("Libby", "Squirrel Tooth Alice")	玛丽·伊丽莎白·海莉·汤普森("莉比","松鼠牙爱丽丝")
Haley, William J. C. ("Bill")	威廉·J.C.·("比尔")·哈利
Hall, Charles M.	查尔斯·马丁·霍尔
Hamilton, Alexander	亚历山大·哈米尔顿
Hamilton, Richard	理查德·汉密尔顿
Hamm, Harold	哈罗德·哈姆
Hammond, Albert	艾伯特·哈蒙德
Hancock, John	约翰·汉考克
Hand, Dora	朵拉·韩德
Happersett, Reese	里斯·哈珀斯特
Harding, Warren G.	沃伦·盖玛利尔·哈定
Hardy, Oliver	奥利弗·哈迪
Harney, William	威廉·哈尼
Harriman, Averell	阿弗雷尔·哈里曼

Harriman, Edward H.	爱德华·亨利·哈里曼
Harrison, Benjamin	本杰明·哈里森
Harrison, William H.	威廉·亨利·哈里森
Havel, Václav	瓦茨拉夫·哈维尔
Hawkins, Benjamin	本杰明·霍金斯
Hawks, Howard	霍华德·霍克斯
Hawthorne, Nathaniel	纳撒尼尔·霍桑
Hayes, Isaac	艾萨克·海斯
Hayes, Rutherford	拉瑟福德·海斯
Hearst, William	威廉·赫斯特
Hefner, Hugh	休·赫夫纳
Heim, Jacques	雅克·海姆
Heine, Heinrich	海因里希·海涅
Heinrich VIII., engl. König	亨利八世（英格兰国王）
Heinz, Henry J.	亨利·约翰·亨氏
Heisenberg, Werner	韦纳·海森堡
Hekmatyar, Gulbuddin	古尔布丁·赫克马蒂亚尔
Hemings, Sally	莎莉·海明斯
Hemingway, Ernest	欧内斯特·海明威
Hendrix, James M.（"Jimi"）	詹姆斯·M.亨德里克斯（"吉米"）
Hensley, Josephine（"Chicago Joe"）	约瑟芬·汉斯莉（"芝加哥·乔"）
Henson, Josiah	乔赛亚·亨森
Herder, Johann Gottfried	约翰·哥特弗雷德·赫尔德
Herold, David	大卫·赫罗尔德
Heron, Gil Scott	吉尔·斯科特·赫伦
Herz, Hans	汉斯·赫兹
Hesse, Hermann	赫尔曼·黑塞
Hewitt, James	詹姆斯·休伊特
Heym, Stefan	斯蒂芬·海姆
Hickok, James Butler（"Wild Bill"）	杰姆斯·巴特勒·希科克（"狂野比尔"）
Hidalgosy Costilla, Miguel	米格尔·伊达尔戈·伊·科斯蒂利亚
Hill, Joe	乔·希尔

Hilton, Paris	帕丽斯·希尔顿
Himmler, Heinrich	海因里希·希姆莱
Hine, Lewis	列维·海因
Hirohito, japan. Kaiser	裕仁（日本天皇）
Hirota, Kōki	广田弘毅
Hirsch, Julius	尤里乌斯·赫希
Hiss, Alger	阿尔格·希斯
Hitchcock, Alfred	阿尔弗雷德·希区柯克
Hitler, Adolf	阿道夫·希特勒
Hô Chí Minh	胡志明
Hoffman, Dustin	达斯汀·霍夫曼
Holbrooke, Richard	理查德·霍尔布鲁克
Hollerith, Herman	赫尔曼·何乐礼
Holliday, John Henry ("Doc Holliday")	约翰·亨利·霍利迪（霍利迪"医生"）
Holmes, John Clellon	约翰·克列农·霍尔姆斯
Hoover, Herbert C.	赫伯特·克拉克·胡佛
Hoover, J. Edgar	约翰·埃德加·胡佛
Hopkins, Harry L.	哈里·劳埃德·霍普金斯
Hopper, Dennis	丹尼斯·霍珀
Hopper, Edward	爱德华·霍普
Horkheimer, Max	麦克斯·霍克海默
Horse Rider (Laforge, Thomas)	"骑马者"（托马斯·拉法格）
Howe, William	威廉·豪
Howell, William Dean	威廉·迪恩·豪威尔斯
Hoxie, Robert	罗伯特·霍西
Hu Jin-tao	胡锦涛
Hua Kuo-feng	华国锋
Hudson, Henry	亨利·哈德逊
Hudson, Rock	洛克·哈德森
Huerta, Victoriano	维克托里亚诺·韦尔塔
Hugo, Victor	维克多·雨果
Hull, Cordell	科德尔·赫尔

Huntington, Samuel P.	塞缪尔·菲利普·亨廷顿
Hutchinson, Anne	安妮·哈钦森
Huxley, Aldous	阿道司·赫胥黎
Ibn Saud, saudi-arab.König	伊本·沙特（沙特阿拉伯国王）
Indiana, Robert（Robert Clark）	罗伯特·印第安纳（罗伯特·克拉克）
Irving, John	约翰·欧文
Irving, Washington	华盛顿·欧文
Itagaki, Seishirō	板垣征四郎
Jackson, Andrew	安德鲁·杰克逊
Jackson, Rachel	蕾切尔·杰克逊
Jackson, Robert	罗伯特·杰克逊
Jackson, William Henry	威廉·亨利·杰克逊
James I., engl.König	詹姆斯一世（英国国王）
James, Daniel	丹尼尔·詹姆斯
James, Frank	弗兰克·詹姆斯
James, Jesse	杰西·詹姆斯
James, William	威廉·詹姆斯
Jay, John	约翰·杰伊
Jefferson, Thomas	托马斯·杰弗逊
Jelzin, Boris	鲍里斯·叶利钦
Jenney, William LeBaron	威廉·勒·巴伦·詹尼
Jewitt, Helen	海伦·朱维特
Joaquín de Herrera, José	何塞·华金·德·埃雷拉
Jobs, Steve	史蒂夫·乔布斯
Johnson, Andrew	安德鲁·约翰逊
Johnson, Jamie	杰米·约翰逊
Johnson, Lyndon B.	林登·约翰逊
Jolliett, Louis	路易·尤列
Jones, Alfred Winslow	阿尔弗雷德·温斯洛·琼斯
Jones, James L.	詹姆斯·琼斯
Judson, Edward（Buntline, Ned）	爱德华·贾德森（内德·邦特莱因）
Kaczynski, Theodore J.	西奥多·卡钦斯基

Kagan, Robert	罗伯特·卡根
Kahn, Herman	赫尔曼·卡恩
Kammler, Hans	汉斯·卡姆勒
Kappe, Walter	沃尔特·卡普
Karl I., engl. König	查理一世（英国国王）
Karmal, Babrak	巴布拉克·卡尔迈勒
Karzai, Hamid	哈米德·卡尔扎伊
Katz, Rudolf	鲁道夫·卡茨
Kaye, Danny	丹尼·凯
Kelly, Colin P.	科林·凯利
Kelly, Gene	吉恩·凯利
Kemp, Jack	杰克·坎普
Kempner, Robert	罗伯特·坎普纳
Kendall, George	乔治·肯德尔
Kennan, George	乔治·凯南
Kennedy, John F.	约翰·肯尼迪
Kennedy, Robert F.	罗伯特·肯尼迪
Kerouac, Jack	杰克·凯鲁亚克
Kesey, Ken	肯·克西
Ketchum, Thomas Edward	托马斯·爱德华·凯彻姆
（"Black Jack Ketchum"）	（"黑杰克"·凯彻姆）
Key, Francis Scott	弗朗西斯·斯科特·基
Keynes, John Maynard	约翰·梅纳德·凯恩斯
Khalilzad, Zalmay	扎尔梅·哈利勒扎德
Kid Curry（Harvey Logan）	咖喱小子（哈维·洛根）
Kilpatrick, Ben（"Tall Texan"）	本·基尔帕特里克（"高个德州人"）
Kim Il-sung	金日成
Kim Jong-un	金正恩
Kimmel, Husband	赫斯本德·金梅尔
Kimura, Heitarō	木村兵太郎
King, Ben E.	本杰明·厄尔·尼尔森
King, Martin Luther	马丁·路德·金

King, Rodney	罗德尼·金
Kinsey, Alfred C.	阿尔弗雷德·肯锡
Kirchheimer, Otto	奥托·基希海默
Kissinger, Henry（Heinz Alfred Kissinger）	亨利·基辛格（海因茨·阿尔弗雷德·基辛格）
Kit Carson（Christopher Houston Carson）	"基特"·卡森（克里斯朵夫·休斯敦·卡森）
Klopstock, Friedrich Gottlieb	弗利德利希·高特利布·克洛普斯托克
Knight, Sarah Kemble	莎拉·肯布尔·奈特
Knox, Frank	弗兰克·诺克斯
Koestler, Arthur	亚瑟·科斯特勒
Kohl, Helmut	赫尔穆特·科尔
Kolumbus	哥伦布
Koresh, David	大卫·考雷什
Kortner, Fritz	弗里茨·科特纳
Kossuth, Lajos	拉约什·科苏特
Kracauer, Siegfried	齐格弗里德·克拉考尔
Kristol, William	威廉·克里斯托尔
Kroc, Raymond A.（"Ray"）	雷蒙德·阿尔伯特·克拉克（"雷"）
Kubrick, Stanley	斯坦利·库布里克
Kuhn, Fritz Julius	弗里茨·朱利叶斯·库恩
Kurtschatow, Igor V.	伊戈尔·瓦西里耶维奇·库尔恰托夫
Kurz, Rudolph Friedrich	鲁道夫·弗里德里希·库尔茨
Kushner, Jared C.	贾里德·库什纳
L'Enfant, Pierre	皮埃尔·朗方
La Salle, René Robert Cavelier de	勒内-罗贝尔·卡弗利耶·德·拉萨勒
Laemmle, Carl	卡尔·雷姆尔
Lafayette, Marie-Joseph Motier Marquis de	玛丽-约瑟夫·莫蒂埃·拉法耶特
Laffer, Arthur	亚瑟·拉弗尔
Laforge, Thomas（"Horse Rider"）	托马斯·拉法格（"骑马者"）
LaGuardia, Fiorello	菲奥雷洛·拉瓜迪亚
Lang, Fritz	弗里兹·朗
Lange, Dorothea	多萝西娅·兰格
Lansdale, Edward	爱德华·兰斯代尔

Lansing, Robert	罗伯特·兰辛
Laue, Max von	马克斯·冯·劳埃
Laurel, Stan	史丹·劳雷尔
Laurens, Henry	亨利·劳伦斯
Lawrow, Sergej W.	谢尔盖·维克托罗维奇·拉夫罗夫
Lawson, John H.	约翰·霍华德·劳森
Le Carré, John (David Cornwell)	约翰·勒·卡雷(戴维·康威尔)
Le Moyne de Morgue, Jacques	雅克·莱莫恩·德·莫格斯
Leacock, John	约翰·莱考克
Lean, David	大卫·利恩
Lebed, Mikola	米科拉·列别德
Lee, Bruce (Li Xiao-lóng)	李小龙
Lee, Richard Henry	理查德·亨利·李
Lee, Robert E.	罗伯特·爱德华·李
Lehmann, Hermann (Montechema)	赫尔曼·雷曼(蒙特切玛)
LeMay, Curtis	柯蒂斯·李梅
Lenin, Wladimir Iljitsch	弗拉基米尔·伊里奇·列宁
Lennon, John	约翰·列侬
Leone, Sergio	塞尔乔·莱昂内
Leslie, Frank	弗兰克·莱斯利
Lessing, Gotthold Ephraim	戈特霍尔德·埃夫莱姆·莱辛
Leutze, Emanuel Gottlieb	埃玛纽埃尔·格特利普·洛伊茨
Levitt, Theodore	西奥多·莱维特
Levitt, William ("Bill")	威廉·莱维特("比尔")
Lewinsky, Monica	莫妮卡·莱温斯基
Lewis, Jerry Lee	杰瑞·李·刘易斯
Lewis, Meriwether	梅里韦瑟·刘易斯
Lewis, Sinclair	辛克莱·刘易斯
Leyden, Jan van	扬·范莱顿
Lichtenstein, Roy	罗伊·利希滕斯坦
Lincoln, Abraham	亚伯拉罕·林肯
Lindbergh, Charles	查尔斯·林德伯格

Lippmann, Walter	沃尔特·李普曼
Lloyd George, David	大卫·劳埃德·乔治
Locke, John	约翰·洛克
Lodge, Henry Cabot	亨利·卡博特·洛奇
Lon Nol	隆·诺尔
London, Jack	杰克·伦敦
Long, Breckinridge	布雷肯里奇·朗
Longabaugh, Harry A. ("Sundance Kid")	哈利·阿朗佐·隆格巴（"日舞小子"）
Longstreet, James	詹姆斯·朗斯特里特
López de Santa Anna, Antonio	安东尼奥·洛佩斯·德·桑塔·安纳
Lott, Trent	特伦特·洛特
Louis, Meriwether	梅里韦瑟·路易斯
Love, William T.	威廉·洛夫
Lovecraft, Howard Phillips ("H. P.")	霍华德·菲利普斯·洛夫克拉夫特
Loy, James M.	詹姆斯·米尔顿·洛伊
Lubitsch, Ernst	恩斯特·卢比奇
Luce, Henry	亨利·卢斯
Luciano, Charles ("Lucky", eigentl. Salvatore Lucania)	查尔斯·卢西亚诺（"幸运"，原名：萨尔瓦托雷·卢卡尼亚）
Ludwig XVI., franz. König	路易十四（法国国王）
Ludwig, Emil	埃米尔·路德维希
Lynd, Helen	海伦·林德
Lynd, Robert	罗伯特·林德
Lyotard, Jean-François	让·弗朗索瓦·利奥塔
MacArthur, Douglas	道格拉斯·麦克阿瑟
MacDowell, Edward	爱德华·麦克道尔
Maceo, Antonio	安东尼奥·马塞奥
Madison, James	詹姆斯·麦迪逊
Mahan, Alfred Thayer	阿尔弗雷德·塞耶·马汉
Mailer, Norman	诺曼·梅勒
Maisky, Iwan M.	伊万·梅斯基

Maizière, Lothar de	洛萨·德·迈齐尔
Malcolm X（eigentl. Malcolm Little）	马尔克姆·X（原名：马尔克姆·利托）
Malcolm, John	约翰·马尔科姆
Malthus, Thomas	托马斯·马尔萨斯
Mancuso, David	戴维·曼库索
Mangas Coloradas, Häuptling	曼加斯·科洛拉达斯［印第安首领］
Mann, Thomas	托马斯·曼
Manning, Bradley（heute: Chelsea Elizabeth Manning）	布拉德利·曼宁（现名：切尔西·伊丽莎白·曼宁）
Manson, Charles	查尔斯·曼森
Manstein, Erich von	埃里希·冯·曼斯坦
Mao Tse-tung	毛泽东
Marcuse, Herbert	赫伯特·马尔库塞
Marcy, William L.	威廉·马西
Marin, John	约翰·马林
Marquette, Jacques	雅克·马奎特
Martí, José	何塞·马蒂
Marx Brothers	马克斯兄弟
Marx, Chico	奇科·马克斯
Marx, Groucho	格鲁乔·马克斯
Marx, Gummo	甘默·马克斯
Marx, Harpo	哈珀·马克斯
Marx, Karl	卡尔·马克思
Marx, Zeppo	泽波·马克斯
Mason, George	乔治·梅森
Masri, Said al-	赛义德·马斯里
Massasoit, Häuptling	麦撒索伊特［印第安首领］
Massud, Ahmed Schah	艾哈迈德·沙阿·马苏德
Masterson, William（"Bat"）	威廉·马斯特森（"巴特"）
Mather, Cotton	考顿·马瑟
Mather, Increase	因克瑞斯·马瑟
Matsui, Takurō	松井石根

Maximilian I., mexikan. Kaiser	马西米连诺一世（墨西哥皇帝）
May, Karl	卡尔·梅
Mayer, Louis B.	路易·迈耶
Mayhew, Jonathan	乔纳森·梅斯
Mayo, George E.	乔治·埃尔顿·梅奥
McCain, John	约翰·麦凯恩
McCall, Jack	杰克·麦考尔
McCarran, Patrick	帕特里克·麦卡伦
McCarthy, Joseph	约瑟夫·麦卡锡
McCarty, Henry ("Billy the Kid")	亨利·麦卡蒂（"比利小子"）
McClellan, George Brinton	乔治·布林顿·麦克莱伦
McCloy, John J.	约翰·麦克洛伊
McCormack, John W.	约翰·威廉·麦科马克
McDaniels, James	詹姆斯·麦克丹尼尔斯
McDonald, Freda Josephine (Baker, Josephine)	芙蕾达·约瑟芬·麦当劳（约瑟芬·贝克）
McDonald, Maurice	莫里斯·麦当劳
McDonald, Richard	理查德·麦当劳
McDougal, Susan	苏珊·麦克杜格
McGuire, Barry	巴里·麦圭尔
McKelvey, George	乔治·麦凯维
McKenzie, Scott	斯科特·麦肯齐
McKinley, William	威廉·麦金莱
McNamara, Robert	罗伯特·麦克纳马拉
McVeigh, Timothy	蒂莫西·麦克维
Megrahi, Abdel Basit Ali al-	阿卜杜拉·巴塞特·阿里·迈格拉希
Mellon, Richard Beatty	理查德·比蒂·梅隆
Melville, Herman	赫尔曼·梅尔维尔
Menéndez de Avilés, Pedro	佩德罗·门内德兹·德·阿维列斯
Menuhin, Yehudi	耶胡迪·梅纽因
Merkel, Angela D.	安吉拉·默克尔
Metacamet (Metacomet)	梅塔卡姆（印第安首领）

Mies van der Rohe, Ludwig	路德维希·密斯·凡·德·罗
Mikołajczyk, Stanislaw	斯坦尼斯瓦夫·米科拉伊奇克
Miller, Arthur	阿瑟·米勒
Miller, Glenn	格伦·米勒
Miloševic, Slobodan	斯洛博丹·米洛舍维奇
Minor, Virginia	弗吉尼亚·迈娜
Minuit, Peter	彼得·米努伊特
Mirabeau, Gabriel de Riqueti Comte de	加百列·里克蒂·米拉波伯爵
Mitchell, Margaret	玛格丽特·米切尔
Mix, Tom	汤姆·米克斯
Mnuchin, Steven T. ("Steve")	史蒂芬·T.("史蒂夫")·姆努钦
Mobutu, Sese-Seko	蒙博托·塞塞·塞科
(Mobuto, Joseph-Désiré)	(约瑟夫-德西雷·蒙博托)
Mohseini, Assef	阿瑟夫·穆塞尼
Molotow, Wjatscheslaw M.	维亚切斯拉夫·米哈伊洛维奇·莫洛托夫
Monroe, James	詹姆斯·门罗
Monroe, Marilyn	玛丽莲·梦露
Montesquieu, Charles de	夏尔·德·孟德斯鸠
Montechema(Lehmann, Hermann)	蒙特切玛(赫尔曼·雷曼)
Montez, Lola	洛拉·蒙特兹
Moore, Michael	迈克尔·摩尔
Moran, George ("Bugs")	乔治·莫兰("臭虫")
Moran, Thomas	托马斯·莫兰
Morgan, Charles	查尔斯·摩根
Morgan, John Pierpont	约翰·皮尔庞特·摩根
Morgan, Thomas	托马斯·摩根
Morgenthau, Henry	亨利·摩根索
Morrison, Jim	吉姆·莫里森
Morton, Thomas	托马斯·莫顿
Morton, William	威廉·莫顿
Moscone, George	乔治·莫斯科尼
Mubarak, Hosni	胡斯尼·穆巴拉克

Muck, Karl	卡尔·穆克
Mudd, Samuel	塞缪尔·马德
Mudschaddedi, Sibghatullah	西卜加图拉·穆贾丁迪
Murphy, Philip D.	菲利普·墨菲
Mursi, Mohammed	穆罕默德·穆尔西
Mussolini, Benito	贝尼托·墨索里尼
Mutō, Akira	武藤章
Myrick, Andrew	安德鲁·米里克
Nader, Ralph	拉尔夫·纳德
Nadschibullah, Mohammed	穆罕默德·纳吉布拉
Napoleon I., franz. Kaiser	拿破仑一世（法国皇帝）
Napoleon III., franz. Kaiser	拿破仑三世（法国皇帝）
Napolitano, Janet	珍妮特·纳波利塔诺
Nast, Thomas	托马斯·纳斯特
Nehru, Jawaharlal	贾瓦哈拉尔·尼赫鲁
Neumann, Franz	弗朗兹·诺伊曼
Neumann, John von	约翰·冯·诺伊曼
Ngô Dinh Diém	吴廷琰
Niebuhr, Reinhold	莱因霍尔德·涅布尔
Nietzsche, Friedrich	弗里德里希·尼采
Nishina, Yoshio	仁科芳雄
Nixon, Richard	理查德·尼克松
Noe, Joe	乔·诺伊
O'Sullivan, John	约翰·奥沙利文
Obama, Barack	巴拉克·奥巴马
Ochs, Phil	菲尔·奥克斯
Ogden, Aaron	埃伦·奥格登
Omai	奥麦
Onís, Luisde	路易斯·奥尼斯
Opechacasnough	奥普查纳坎奴
Oppenheimer, J.Robert	尤利乌斯·罗伯特·奥本海默
Ord, Edward	爱德华·奥德

Orwell, George	乔治·奥威尔
Osachi, Hamaguchi	滨口雄幸
Otis, James	詹姆斯·奥蒂斯
Packard, Vance	万斯·帕卡德
Pahlewi, Mohammed Reza	穆罕默德·礼萨·巴列维
Paine, Thomas	托马斯·潘恩
Palin, Sarah	萨拉·佩林
Panetta, Leon	莱昂·帕内塔
Papandreou, Georgios	乔治·帕潘德里欧
Paredes, Mariano	马里亚诺·帕雷德斯
Parker, Bonnie Elizabeth（"Bonnie"）	邦妮·伊丽莎白·帕克（"邦妮"）
Parker, Cyntia Ann（Quannah Parker）	辛蒂亚·安·帕克
Parker, Robert Leroy（"Butch Cassidy"）	罗伯特·勒罗伊·帕克（"布奇·卡西迪"）
Parks, Rosa	罗莎·帕克斯
Parrington, Vernon L.	沃浓·路易·帕灵顿
Parris, Samuel	塞缪尔·帕里斯
Patten, Simon	西蒙·帕滕
Patton, George	乔治·巴顿
Paul, Randal H.（"Rand"）	兰德尔·霍华德·保罗（"兰德"）
Peirce, Charles S.	查尔斯·皮尔士
Pelham, Henry	亨利·佩勒姆
Pelley, William	威廉·佩利
Pence, Michael R.（Mike）	迈克尔·理查德·彭斯（"迈克"）
Penn, Arthur	亚瑟·佩恩
Penn, William	威廉·佩恩
Perle, Richard	理查德·珀尔
Perot, Ross	罗斯·佩罗
Perry, James Richard（"Rick"）	詹姆斯·理查德·佩里（"里克"）
Pershing, John J.	约翰·皮尔辛
Pétain, Henri Philippe	亨利·菲利普·佩坦
Phillips, David Graham	大卫·格雷厄姆·菲利普斯
Pierce, Franklin	富兰克林·皮尔斯

Pigeon's Egg Head（Wi-jún-jon）	"鸽蛋头"（威琼琼）[印第安首领]
Pinkerton, Allan	阿伦·平克顿
Place, Etta	艾塔·普莱斯
Platt, Orville H.	奥维尔·普拉特
Plessy, Homer A.	霍莫·阿尔多夫·普莱西
Pocahontas	波卡洪塔斯［又译作：宝嘉康蒂］
Poe, Edgar Allan	埃德加·爱伦·坡
Pol Pot	波尔布特
Polk, James K.	詹姆斯·波尔克
Pollard, Edward A.	爱德华·艾尔伯特·波拉德
Ponce de León, Juan	胡安·庞塞·德莱昂
Pope, John	约翰·波普
Porter, Edwin S.	埃德温·波特
Postl, Karl Anton（Sealsfield, Charles）	卡尔·安东·波斯特尔（查尔斯·西尔斯菲尔德）
Postman, Neil	尼尔·波兹曼
Potter, David	大卫·波特
Powell, Colin	科林·鲍威尔
Powell, Lewis	路易斯·鲍威尔
Power, Thomas	托马斯·鲍尔
Powhatan, Häuptling（Wahunsonacock）	波瓦坦（瓦汗森纳卡克）[印第安首领]
Prager, Robert	罗伯特·普拉格
Presley, Elvis	埃尔维斯·普雷斯利
Pulaski, Casimir（Kazimierz Pulaski）	卡西米尔·普拉斯基
Pulitzer, Joseph	约瑟夫·普利策
Pullman, George	乔治·普尔曼
Putin, Wladimir W.	弗拉基米尔·弗拉基米罗维奇·普京
Qavam, Ahmad	艾哈迈德·卡瓦姆
Quanah Parker（Cyntia Ann Parker）	夸纳·帕克（辛蒂亚·安·帕克）
Quantrill Raiders	考崔尔突击队
Quantrill, William Clark	威廉·克拉克·考崔尔
Raleigh, Walter	沃尔特·雷利
Ratcliff, John	约翰·拉特克利夫

859

Rau, Johannes	约翰内斯·劳
Reagan, Ronald	罗纳德·里根
Réard, Louis	路易斯·里德
Red Cloud, Häuptling	"红云"［印第安首领］
Redford, Robert	罗伯特·雷德福德
Reed, Dean	迪恩·里德
Remarque, Erich Maria	埃里希·玛利亚·雷马克
Remington, Frederic	弗雷德里克·雷明顿
Renoir, Jean	让·雷诺阿
Revels, Hiram R.	海勒姆·罗兹·雷维尔斯
Revere, Paul	保罗·瑞威尔
Ribbentrop, Joachim von	约阿希姆·冯·里宾特洛浦
Rice, Condoleezza	康多莉扎·赖斯
Ridge, Tom	汤姆·里奇
Riesman, David	大卫·里斯曼
Riis, Jacob A.	雅各布·里斯
Rimbaud, Arthur	阿蒂尔·兰波
Robert Clark（Indiana, Robert）	罗伯特·克拉克（罗伯特·印第安纳）
Robertson, Pat	帕特·罗伯逊
Robinson, Edward G.	爱德华·罗宾逊
Rockefeller, John D.	约翰·戴维森·洛克菲勒
Rockwell, Norman	诺曼·洛克威尔
Roebling, Johann（John）August	约翰·奥古斯特·罗伯林
Rogers, Robert	罗伯特·罗杰斯
Rohani, Hassan	哈桑·鲁哈尼
Rolfe, John	约翰·罗尔夫
Romney, Willard Mitt	威拉德·米特·罗姆尼
Roosevelt, Franklin D.	富兰克林·德拉诺·罗斯福
Roosevelt, Theodore	西奥多·罗斯福
Root, Elihu	伊莱休·鲁特
Rosenthal, Joe	乔·罗森塔尔
Ross, Wilbur L.	威尔伯·罗斯

Rousseau, Jean-Jacques	让-雅克·卢梭
Rove, Karl	卡尔·罗夫
Rubio, Marco A.	马可·卢比奥
Rumsfeld, Donald	唐纳德·拉姆斯菲尔德
Rush, Benjamin	本杰明·拉什
Rush, Myron	迈伦·拉什
Russell, Bertrand	贝特朗·罗素
Russell, Charles Marion	查尔斯·马里恩·拉塞尔
Russell, Walter	沃尔特·罗素
Sacco, Ferdinando（Nicolo）	费迪南多·尼古洛·萨科
Sacharow, Andrej	安德烈·萨哈罗夫
Sachs, Alexander	亚历山大·萨克斯
Saddam Hussein	萨达姆·侯赛因
Saffin, John	约翰·萨芬
Saint-Castin, Bernard-Anselme d'Abbadie Baron de	巴洪·德·圣卡斯坦
Salih, Ali Abdullah	阿里·阿卜杜拉·萨利赫
Salinger, Jerome David	杰罗姆·大卫·塞林格
Samjatin, Jewgenij	叶夫根尼·伊万诺维奇·扎米亚京
Sanders, Bernard（"Bernie"）	伯纳德·桑德斯（"伯尼"）
Sassacus, Häuptling	萨萨库斯［印第安首领］
Sayyaf, Abdul Rasul	阿卜杜勒·拉苏尔·沙耶夫
Schdanow, Andrej	安德烈·日丹诺夫
Schiller, Friedrich	弗里德里希·席勒
Schmidt, Harrison H.	哈里森·施密特
Schofield, John	约翰·斯科菲尔德
Schönberg, Arnold	阿诺德·勋伯格
Schröder, Gerhard	格哈德·施罗德
"Schultz, Dutch"（Arthur Flegenheimer）	"荷兰人舒尔茨"（亚瑟·弗莱德海默）
Schurman, Jacob G.	雅各布·舒尔曼
Scopes, John Thomas	约翰·托马斯·斯科普斯

Scott, Walter	沃尔特·司各特
Scripps, Edward	爱德华·斯克里普斯
Sealsfield, Charles (Karl Anton Postl)	查尔斯·西尔斯菲尔德（卡尔·安东·波斯特尔）
Seeger, Pete	皮特·西格
Selznick, David O.	大卫·O.塞尔兹尼克
Sequoya (George Gist)	塞阔雅（乔治·吉斯特）
Seume, Gottfried	约翰·戈特弗里德·索伊默
Sewall, Samuel	塞缪尔·休厄尔
Seward, William H.	威廉·亨利·西华德
Seymour, Horatio	霍拉肖·西摩
Shakespeare, William	威廉·莎士比亚
Shay, Daniel	丹尼尔·谢伊
Sheets, John W.	约翰·希茨
Shepard, Alan	艾伦·谢泼德
Sheridan, Philip	菲利普·亨利·谢里登
Sherman, William T.	威廉·谢尔曼
Short, Walter	沃尔特·肖特
Sisi, Abd al-Fattah as-	阿卜杜勒·法塔赫·阿西西
Si Tanka ("Big Foot", "Spotted Elk"), Häuptling	斯坦卡（或称"大脚""斑鹿"）[印第安首领]
Sickles, Daniel E.	丹尼尔·埃德加·西克尔斯
Siegel, Don	唐·西格尔
Silone, Ignazio	伊格纳齐·西隆
Simmons, Fay	费伊·西蒙斯
Sinclair, Upton	厄普顿·辛克莱
Singer, Isaac Merrit	艾萨克·梅里特·辛格［盛家］
"Sitting Bull" (Tatanka Iyotake), Häuptling	"坐牛"（塔坦卡·伊欧塔凯）[印第安首领]
Sjuganow, Gennadi A.	根纳季·安德列耶维奇·久加诺夫
Skolbetsin, Dimitri	迪米特里·斯科尔贝辛
Slater, Samuel	塞缪尔·斯莱特
Sloan, Alfred	弗雷德·斯隆

Smibert, John	约翰·斯米伯特
Smith, Adam	亚当·史密斯
Smith, Jedediah	杰迪戴亚·史密斯
Smith, John	约翰·史密斯
Smith, John Stafford	约翰·斯塔福德·史密斯
Smith, Robert	罗伯特·史密斯
Smith, Tom ("Bear River")	汤姆·"贝尔河"·史密斯
Smith, William French	威廉·法兰克·史密斯
Sombart, Werner	维尔纳·桑巴特
Soros, George	乔治·索罗斯
Soto, Hernando de	埃尔南多·德·索托
Soulé, Pierre	皮尔·索尔
Souza, John Philip	约翰·菲利普·苏萨
Spanknöbel, Frank	弗兰克·斯潘克诺贝尔
Spencer, Herbert	赫伯特·斯宾塞
Sperber, Manès	马奈斯·斯帕伯
Spock, Benjamin	本杰明·斯波克
Springsteen, Bruce	布鲁斯·斯普林斯汀
Squirrel Tooth Alice (Haley Thompson, Mary Elizabeth, "Libby")	(玛丽·伊丽莎白·海莉·汤普森、"莉比")
St. Clair, Arthur	亚瑟·圣·克莱尔
St. John, Henry Viscount Bolingbroke	亨利·博林布鲁克子爵·圣约翰
Stalin, Josef	约瑟夫·斯大林
Stampfer, Friedrich	弗里德里希·斯坦普弗
Stark, Harold R.	哈罗德·斯塔克
Starr, Kenneth	肯尼思·斯塔尔
Stead, William Thomas	威廉·托马斯·斯蒂德
Steinbeck, John	约翰·斯坦贝克
Steinway, Henry E.	亨利·恩格尔哈德·施坦威
Stettinius, Edward	爱德华·斯泰丁纽斯

863

Steuben,
Friedrich Wilhelm Baron von　　弗里德里希·威廉·冯·斯托本男爵
Stevens, Cat (Yusuf Islam)　　卡特·史蒂文斯（尤苏夫·伊斯兰）
Stevens, Chris　　克里斯·史蒂文斯
Stimson, Henry Lewis　　亨利·刘易斯·史汀生
Stone, Oliver　　奥利弗·斯通
Strassmann, Fritz　　弗里茨·斯特拉斯曼
Strauss, Levi　　李维·施特劳斯
Strong, Josiah　　约西亚·斯特朗
Studebaker, Henry　　亨利·斯蒂庞克
Sturman, Reuben　　鲁本·斯特曼
Stuyvesant, Peter (Petrus)　　彼得·(柏图斯)·史蒂文森
Summer, Donna　　唐娜·萨默
"Sundance Kid" (Longabaugh,
Harry Alonzo)　　"日舞小子"（哈利·阿朗佐·隆格巴）
Surrat, Mary　　玛丽·苏拉特
Swanson, Gloria　　葛洛丽亚·斯旺森
Swift, Gustavus Franklin　　古斯塔夫·富兰克林·斯威夫特
Swope, Herbert　　赫尔伯特·斯沃普
Szilárd, Leó　　利奥·西拉德
Taft, William　　威廉·塔夫脱
Taylor, Frederick W.　　弗雷德里克·温斯洛·泰勒
Taylor, Robert　　罗伯特·泰勒
Taylor, Telford　　特尔福德·泰勒
Tecumseh, Häuptling　　特姆库赛［印第安首领］
Teller, Edward　　爱德华·泰勒
Teller, Henry M.　　亨利·泰勒
Tenet, George　　乔治·特内特
Texas Jack Omuhundro　　得克萨斯·杰克·奥穆亨德罗
Thatcher, Margaret H.　　玛格丽特·希尔达·撒切尔
Thayer, Charles　　查尔斯·泰耶
Thorez, Maurice　　莫里斯·索雷斯

Thorton, William	威廉·索顿
Tibbets, Paul	保罗·蒂贝茨
Tilden, Samuel	塞缪尔·蒂尔登
Tillerson, Rex W.	雷克斯·韦恩·蒂勒森
Tillich, Paul	保罗·提利奇
Tito, Josip Broz	约瑟普·布罗茨·铁托
Tocqueville, Alexis de	亚历克西·德·托克维尔
Togliatti, Palmiro	帕尔马·托利亚蒂
Tōjō, Hideki	东条英机
Toole, John Kennedy	约翰·肯尼迪·图尔
Travolta, John	约翰·特拉沃尔塔
Trotzki, Leo	列夫·托洛茨基
Truman, Harry S.	哈里·S.杜鲁门
Trumbull, John	约翰·特朗布尔
Trump, Donald J.	唐纳德·约翰·特朗普
Trump, Ivanka Marie	伊万卡·玛丽·特朗普
Tschernajew, Anatoli	阿纳托利·切尔纳耶夫
Tschiang Kai-schek	蒋介石
Tsuyoshi, Inukai	犬养毅
Tucholsky, Kurt	库尔特·图霍夫斯基
Tunstall, John	约翰·坦斯托尔
Turner, Frederick Jackson	弗雷德里克·杰克逊·特纳
Twain, Mark	马克·吐温
Tweed, William	威廉·特威德
U'Ren, William Simon	威廉·西蒙·乌伦
Updike, John	约翰·厄普代克
Valentino, Rudolpho	鲁道夫·瓦伦蒂诺
Vance, Cyrus	赛勒斯·万斯
Vanderbilt, Cornelius	科尼利尔斯·范德比尔特
Vanzetti, Bartolomeo	巴托洛密欧·万塞蒂
Veblen, Thorstein	托斯丹·凡勃伦
Velesco Alvarado, Juan	胡安·贝拉斯科·阿尔瓦拉多

Vere, Pearl de	珀尔·德维尔
Vergennes, Charles Gravier Comte de	韦尔热讷伯爵夏尔·格拉维耶
Verhulst, Willem	威廉·菲尔修斯
Verrazano, Giovanni da	乔瓦尼·达·韦拉扎诺
Villa, Pancho	潘乔·比利亚
Vizcaíno, Sebastián	斯巴丁·万卡劳
Voltaire	伏尔泰
Wahunsonacock, Häuptling (Powhatan)	瓦汗森纳卡克（波瓦坦）[印第安首领]
Waits, Tom	汤姆·怀特斯
Wallace, George	乔治·华莱士
Walter, Francis	弗朗西斯·沃尔特
Ward Howe, Julia	朱莉亚·沃德·豪
Warhol, Andy	安迪·沃霍尔
Warlimont, Walter	沃尔特·沃利蒙特
Warner, Albert	阿尔伯特·华纳
Warner, Charles Dudley	查尔斯·达德利·华纳
Warner, Harold	哈罗德·华纳
Warner, Jack	杰克·华纳
Warner, Samuel	山姆·华纳
Warner, William Lloyd	威廉·劳埃德·华纳
Washington, George	乔治·华盛顿
Washington, Jesse	杰西·华盛顿
Wayne, John	约翰·韦恩
Weber, Max	马克斯·韦伯
Webster, Daniel	丹尼尔·韦伯斯特
Weir, John Ferguson	约翰·福格森·威尔
Weir, Julian Alden	朱利安·奥尔登·威尔
Weizsäcker, Carl Friedrich von	卡尔·弗里德里希·冯·魏兹泽克
Wells, Ida B.	艾达·贝尔·韦尔斯
Westinghouse, George	乔治·威斯汀豪斯
Weyler, Valeriano	瓦列里亚诺·韦勒

Wheatley, Phillis	菲丽丝·惠特蕾
White, Barry	巴里·怀特
White, John	约翰·怀特
Whitman, Walt	沃尔特·惠特曼
Whitney, Eli	伊莱·惠特尼
Whitney, John Hay	约翰·海·惠特尼
Whittier, John Greenleaf	约翰·格林里夫·惠蒂埃
Wiener, Norbert	诺伯特·维纳
Wigglesworth, Michael	迈克尔·威格尔斯沃思
Wi-jn-jon, Häuptling ("Pigeon's Egg Head")	威琼琼("鸽蛋头")[印第安首领]
"Wild Bill" Hickok (Hickok, James, Butler)	"狂野比尔"·希科克(杰姆斯·巴特勒·希科克)
Wilder, Billy	比利·怀尔德
Wilhelm II., dt. Kaiser	威廉二世(德国皇帝)
Wilkie, Wendell	温德尔·威尔基
Williams, Robert	罗伯特·威廉姆斯
Williams, Roger	罗杰·威廉姆斯
Williams, William Carlos	威廉·卡洛斯·威廉姆斯
Wilson, Charles	查尔斯·威尔逊
Wilson, Woodrow	伍德罗·威尔逊
Winthrop, John d. Ä.	约翰·温斯罗普
Wisner, Frank	弗兰克·威斯纳
Wolff, Karl	卡尔·沃尔夫
Wolfowitz, Paul	保罗·沃尔福威茨
Wong Kim Ark	黄金德
Wood, Grant	格兰特·伍德
Wood, Sam	萨姆·伍德
Woodhull, Victoria Claflin Martin	维多利亚·克拉夫林·伍德哈尔·马丁
Woodward, Bob	鲍勃·伍德沃德
Woolley, Edgar Montillion (Monty Woolley)	埃德加·蒙蒂利恩·伍利(蒙蒂·伍利)

Woolsey, James	詹姆斯·伍尔西
Woolworth, Frank W.	弗兰克·伍尔沃斯
Yellow Hair, Häuptling	"黄头发"［印第安首领］
Young, Charles	查尔斯·杨格
Young, Neil	尼尔·杨格
Young, Owen D.	欧文·杨格
Younger, Thomas Coleman ("Cole")	托马斯·科勒曼·杨格（"科勒"）
Zapata, Emiliano	埃米利亚诺·萨帕塔
Zardari, Asif Ali	阿西夫·阿里·扎尔达里
Zimmermann, Arthur	阿瑟·齐默尔曼
Zinn, Howard	霍华德·津恩
Zoellick, Robert	罗伯特·佐利克
Zuckmayer, Carl	卡尔·楚克迈尔
Zukor, Adolph	阿道夫·祖科

美国历任总统一览表

	姓名（英文）	姓名（中文）	任期	党派
1.	George Washington	乔治·华盛顿	1789—1797	无党派
2.	John Adams	约翰·亚当斯	1797—1801	联邦党
3.	Thomas Jefferson	托马斯·杰弗逊	1801—1809	民主共和党
4.	James Madison	詹姆斯·麦迪逊	1809—1817	民主共和党
5.	James Monroe	詹姆斯·门罗	1817—1825	民主共和党
6.	John Quincy Adams	约翰·昆西·亚当斯	1825—1829	国家共和党
7.	Andrew Jackson	安德鲁·杰克逊	1829—1837	民主党
8.	Martin Van Buren	马丁·范布伦	1837—1841	民主党
9.	William Henry Harrison	威廉·亨利·哈里森	1841—1841（去世）	辉格党
10.	John Tyler	约翰·泰勒	1841—1845	辉格党
11.	James K. Polk	詹姆斯·诺克斯·波尔克	1845—1849	民主党
12.	Zachary Taylor	扎卡里·泰勒	1849—1850（去世）	辉格党
13.	Millard Fillmore	米勒德·菲尔莫尔	1850—1853	辉格党
14.	Franklin Pierce	富兰克林·皮尔斯	1853—1857	民主党
15.	James Buchanan	詹姆斯·布坎南	1857—1861	民主党
16.	Abraham Lincoln	亚伯拉罕·林肯	1861—1865（被暗杀）	共和党
17.	Andrew Johnson	安德鲁·约翰逊	1865—1869	民主党
18.	Ulysses S. Grant	尤利西斯·辛普森·格兰特	1869—1877	共和党
19.	Rutherford B. Hayes	拉瑟福德·伯查德·海斯	1877—1881	共和党
20.	James A. Garfield	詹姆斯·艾伯拉姆·加菲尔德	1881—1881（被暗杀）	共和党
21.	Chester A. Arthur	切斯特·艾伦·阿瑟	1881—1885	共和党
22.	Grover Cleveland	格罗弗·克利夫兰	1885—1889	民主党
23.	Benjamin Harrison	本杰明·哈里森	1889—1893	共和党

24. Grover Cleveland	格罗弗·克利夫兰	1893 —1897	民主党
25. William McKinley	威廉·麦金莱	1897—1901（被暗杀）	共和党
26. Theodore Roosevelt	西奥多·罗斯福	1901 —1909	共和党
27. William H. Taft	威廉·霍华德·塔夫脱	1909 — 1913	共和党
28. Woodrow Wilson	伍德罗·威尔逊	1913 —1921	民主党
29. Warren G.Harding	沃伦·盖玛利尔·哈定	1921 —1923（去世）	共和党
30. Calvin Coolidge	卡尔文·柯立芝	1923 — 1929	共和党
31. Herbert C. Hoover	赫伯特·克拉克·胡佛	1929 —1933	共和党
32. Franklin D. Roosevelt	富兰克林·德拉诺·罗斯福	1933 —1945（去世）	民主党
33. Harry S. Truman	哈里·S. 杜鲁门	1945 —1953	民主党
34. Dwight D. Eisenhower	德怀特·戴维·艾森豪威尔	1953 —1961	共和党
35. John F. Kennedy	约翰·菲茨杰拉德·肯尼迪	1961—1963（被暗杀）	民主党
36. Lyndon B. Johnson	林登·贝恩斯·约翰逊	1963 —1969	民主党
37. Richard M. Nixon	理查德·米尔豪斯·尼克松	1969 —1974（辞职）	共和党
38. Gerald R. Ford	杰拉尔德·鲁道夫·福特	1974 —1977	共和党
39. James Earl（Jimmy）Carter	詹姆斯·厄尔·(吉米)·卡特	1977 —1981	民主党
40. Ronald Reagan	罗纳德·威尔逊·里根	1981 — 1989	共和党
41. George H. W. Bush	乔治·赫伯特·沃克·布什(老布什)	1989 —1993	共和党
42. William J.（Bill）Clinton	威廉·杰弗逊·(比尔)·克林顿	1993 —2001	民主党
43. George W. Bush	乔治·沃克·布什(小布什)	2001 —2009	共和党
44. Barack H. Obama	巴拉克·侯赛因·奥巴马	2009 —2017	民主党
45. Donald J. Trump	唐纳德·约翰·特朗普	2017 至今	共和党

美国联邦州（根据建州时间先后排序）

联邦州名称	译名	缩写	首府	译名	建州日期
1. Delaware	特拉华州	DE	Dover	多佛	1787.12.07
2. Pennsylvania	宾夕法尼亚州	PA	Harrisburg	哈里斯堡	1787.12.12
3. New Jersey	新泽西州	NJ	Trenton	特伦顿	1787.12.18
4. Georgia	佐治亚州	GA	Atlanta	亚特兰大	1788.01.02
5. Connecticut	康涅狄格州	CT	Hartford	哈特福德	1788.01.09
6. Massachusetts	马萨诸塞州	MA	Boston	波士顿	1788.02.06
7. Maryland	马里兰州·	MD	Annapolis	安那波利斯	1788.04.28
8. South Carolina	南卡罗来纳州	SC	Columbia	哥伦比亚	1788.05.23
9. New Hampshire	新罕布什尔州	NH	Concord	康科德	1788.06.21
10. Virginia	弗吉尼亚州	VA	Richmond	里士满	1788.06.25
11. New York	纽约州	NY	Albany	奥尔巴尼	1788.07.26
12. North Carolina	北卡罗来纳州	NC	Raleigh	罗利	1789.11.21
13. Rhode Island	罗得岛州	RI	Providence	普罗维登斯	1790.05.29
14. Vermont	佛蒙特州	VT	Montpelier	蒙比利埃	1791.03.04
15. Kentucky	肯塔基州	KY	Frankfort	法兰克福	1792.06.01
16. Tennessee	田纳西州	TN	Nashville	纳什维尔	1796.06.01
17. Ohio	俄亥俄州	OH	Columbus	哥伦布	1803.03.01
18. Louisiana	路易斯安那州	LA	Baton Rouge	巴吞鲁日	1812.04.30
19. Indiana	印第安纳州	IN	Indianapolis	印第安纳波利斯	1816.12.11
20. Mississippi	密西西比州	MS	Jackson	杰克逊	1817.12.10
21. Illinois	伊利诺伊州	IL	Springfield	斯普林菲尔德	1818.12.03
22. Alabama	亚拉巴马州	AL	Montgomery	蒙哥马利	1819.12.14
23. Maine	缅因州	ME	Augusta	奥古斯塔	1820.03.15

24.Missouri	密苏里州	MO	Jefferson City	杰弗逊城	1821.08.10
25.Arkansas	阿肯色州	AR	Litte Rock	小石城	1836.06.15
26.Michigan	密歇根州	MI	Lansing	兰辛	1837.01.26
27.Florida	佛罗里达州	FL	Tallahassee	塔拉哈西	1845.03.03
28.Texas	得克萨斯州	TX	Austin	奥斯汀	1845.12.29
29.Iowa	艾奥瓦州	IA	Des Moines	得梅因	1846.12.18
30.Wisconsin	威斯康星州	WI	Madison	麦迪逊	1848.05.29
31.California	加利福尼亚州	CA	Sacramento	萨克拉门托	1850.09.09
32.Minnesota	明尼苏达州	MN	St. Paul	圣保罗	1858.05.11
33.Oregon	俄勒冈州	OR	Salem	塞勒姆	1859.02.14
34.Kansas	堪萨斯州	KS	Topeka	托皮卡	1861.01.29
35.West Virginia	西弗吉尼亚州	WV	Charleston	查尔斯顿	1863.06.20
36.Nevada	内华达州	NV	Carson City	卡森市	1864.10.31
37.Nebraska	内布拉斯加州	NE	Lincoln	林肯	1867.03.01
38.Colorado	科罗拉多州	CO	Denver	丹佛	1876.08.01
39.North Dakota	北达科他州	ND	Bismarck	俾斯麦	1889.11.02
40.South Dakota	南达科他州	SD	Pierre	皮尔	1889.11.02
41.Montana	蒙大拿州	MT	Helena	海伦那	1889.11.08
42.Washington	华盛顿州	WA	Olympia	奥林匹亚	1889.11.11
43.Idaho	爱达荷州	ID	Boise	博伊西	1890.07.03
44.Wyoming	怀俄明州	WY	Cheyenne	夏延	1890.07.10
45.Utah	犹他州	UT	Salt Lake City	盐湖城	1896.01.04
46.Oklahoma	俄克拉荷马州	OK	Oklahoma City	俄克拉荷马城	1907.11.16
47.New Mexico	新墨西哥	NM	Santa Fé	圣达菲	1912.01.06
48.Arizona	亚利桑那州	AZ	Phoenix	凤凰城	1912.02.14
49.Alaska	阿拉斯加州	AK	Juneau	朱诺	1959.01.03
50.Hawaii	夏威夷州	HI	Honolulu	火奴鲁鲁	1959.08.21

印第安人战争

年份	战争名称	起因和结局
1607—1615	塔伦汀人战争	是由法国人挑起的,以塔伦汀人(或称米克马克人)以及马力希特人为一方,以佩诺布斯科特人为另一方产生的冲突,其范围包括今天美国缅因州及其北部的加拿大部分领土。
1608—1614	第一次波瓦坦战争	弗吉尼亚詹姆斯镇的英国殖民者与欧洲人称为"波瓦坦"的部落首领奥普查纳坎奴之间的冲突。
1622—1646	第二次波瓦坦战争	战争冲突的第一次高潮是瓦汗森纳卡克之子奥普查纳坎奴于1622年3月22日发动的詹姆斯镇大屠杀,导致大约三分之一的殖民者死亡。直到1644年爆发的第二次波瓦坦战争,是印第安人将殖民者赶出詹姆斯镇的最后一次尝试。这次攻击一次性造成大约500名殖民者丧生,但也以波瓦坦人遭到大规模歼灭而告终。
1636—1638	佩科特战争	在新英格兰发生的佩科特战争也出现了无数次冲突,双方各有死伤。该战争以1637年的米斯蒂克大屠杀事件达到高潮。米斯蒂克河畔的一座印第安人村落在这次屠杀中被夷为平地。幸存的佩科特人成为奴隶或者被转售给与殖民者结盟的部落。

1641 — 1701	法国人和易洛魁人的战争	这场在一定程度上极为惨烈的战争持续超过六十年，战争的一方是易洛魁人（主要是莫霍克人），另一方是与法国殖民者结盟的部落。战争主要是因皮毛贸易中产生的竞争所致。
1675 — 1677	菲利普王之战	是梅塔卡姆领导的万帕诺亚克人和纳拉干西特人反抗新英格兰殖民者的战争。殖民者于1675年12月19日在罗德岛金士顿的一片沼泽区域对一个印第安人村庄进行屠杀成为该战争的高潮事件。屠杀中有大约600名印第安居民丧生，其中半数为妇女和儿童。
1680 — 1692	普韦布洛族起义	该起义成功地将西班牙殖民者赶出了今天的新墨西哥地区，但是西班牙人在1692年再次占领此地区。
1754 — 1763	法国-印第安人战争	是七年战争的一部分，以法国人向英国人割让其北部殖民领地（后来的英属加拿大）而告终。
1812 — 1814	特姆库赛战争	在这场战争中，与英军联盟的上克里克人遭到灭族，反美国人的英国-印第安同盟也宣告终结。
1817 — 1818	第一次塞米诺尔战争	安德鲁·杰克逊率领下的美国军队在1815年第二次独立战争结束后，对克里克人进行迫害。1819年，西班牙领地佛罗里达永久划归美国版图。
1830 — 1832	黑鹰战争	克里克人的一些部落重返此前被逐出的、位于今天伊利诺伊州和威斯康星州境内的地区。黑鹰酋长成功地联合了其他部落，比如基卡普人（Kickapoo）和温内巴戈人（Winnebago），一起进行反抗。该战争以1832年8月27日伊利诺伊民兵和美国陆军的一次大规模军事行动告终。它同时也是在密西西比河以东的美国领土上爆发的最后一次印第安人战争。

1835—1842	第二次塞米诺尔战争	塞米诺尔人回迁故土的尝试以针对白人殖民者的驱赶和杀戮达到高潮。在其首领奥西奥拉（Osceola）死后，他们又退回到印第安保留地。
1860—1890	阿帕奇战争	阿帕奇族首领科奇西、曼加斯·科洛拉达斯、维克托里奥（Victorio）和吉拉尼谟领导的一系列起义遭到了广泛的镇压。吉拉尼谟也于1885年被强行流放至所谓的印第安人领地俄克拉荷马地区。
1862	桑蒂-苏族起义	起义的背景主要是印第安专员托马斯·加尔布雷思在已承诺的食品援助问题上令桑蒂苏族人感到上当受骗的行为。
1864—1868	纳瓦霍战争	是纳瓦霍人在被驱逐到一片贫瘠的土地之后发动的起义。
1866—1868	红云战争	担任奥格拉拉苏族人酋长的"红云"成功地袭击并摧毁了白人定居者，尤其是淘金者赖以生存的"波兹曼小径"。
1874—1877	"大苏族战争"	美国将军卡斯特在对抗苏族部落联盟的小比格霍恩战役中遭遇的失败成为这场战争的顶峰事件。
1877—1878	内兹佩尔塞战争	在首领约瑟夫（Joseph）领导下的内兹佩尔塞人（Nez Percé）拒绝了迁入保留地的要求。他们多次成功地击败了奥利弗·奥蒂斯·霍华德（Oliver Otis Howard）指挥的美国军队，但是最终在加拿大国境线附近遭到了失败并被迫迁入保留地。
1890	翁迪德尼大屠杀	苏族人在翁迪德尼的失败宣告印第安人战争的结束以及边疆时代的终结。

875

美国重大对外干涉事件

年份	事件名称	起因和结局
1801—1805	第一次巴巴里战争	试图消除美国商船经过摩洛哥、阿尔及尔、突尼斯以及的黎波里时所受到的威胁。地中海的海盗问题未能得以解决。
1815	第二次巴巴里战争	一支美国海军舰队对地中海进行了成功的远征。与巴巴里国家的协约保证了美国商船将不再受其袭击。
1845—1848	美墨战争	吞并得克萨斯,并通过《瓜达卢佩伊达戈和平条约》的签署确保了胜利果实。
1853	"黑船"远征日本	马休·佩里(Matthew Perry)率领的一支美国舰队以武力迫使日本开放港口。1854年签订的《神奈川条约》保证了下田(Shimoda)与函馆(Hakodate)两个港口对美国船只开放。
1854	远征尼加拉瓜	一艘美国轮船发生的事故导致一名尼加拉瓜居民被杀死。随后,事件的升级导致美国大使受伤,进而使美国总统皮尔斯作出使用私募军队对该国进行惩罚的决定。北圣胡安港(灰城)在美国军舰"塞因"号的炮轰和占领下被严重摧毁。
1898—1902	美西战争	西班牙殖民帝国的终结。美国占领了古巴、波多黎各、菲律宾群岛和夏威夷。1903年在古巴设立了两个军事据点,其中的关塔那摩湾至今仍在使用。

1903	干涉洪都拉斯和巴拿马	保护美国大使馆和美国设施并镇压自19世纪80年代以来对美国在当地投资造成威胁的骚乱。在巴拿马,将所谓的运河区纳入军事保护之下,以推进运河的建设。
1905	对多米尼加共和国进行第一次干涉	混乱的内政局势促使华盛顿政府进行干涉(1907年再次干涉)。
1906	对古巴的干涉	保护美国的经济利益。
1907	对多米尼加共和国进行第二次干涉以及对洪都拉斯的干涉	依据1907年2月8日在圣多明各签署的公约,确保了对多米尼加共和国的控制。洪都拉斯混乱的内政局势威胁到了美国的经济利益,促使华盛顿政府进行干涉(1909年再次干涉)。
1909	干涉洪都拉斯	对于美国经济利益尤其是联合果品公司和标准果品与汽船公司的持续威胁席卷整个国家,促使美国对该国采取进一步的干涉行动(直至1924/1925年)。
1911	干涉墨西哥和洪都拉斯	墨西哥波菲里奥·迪亚斯(Porfirio Díaz)政府倒台;洪都拉斯总统米格尔·拉斐尔·达维拉(Miguel R. Dávila)下台,取而代之的是弗朗西斯科·贝特兰德(Francisco Bertrand)。
1912	干涉古巴	因古巴内部骚乱出兵干涉。
1914—1917	对墨西哥进行一系列干涉	1916年,在新墨西哥州城市哥伦布遭到袭击后,美国针对潘丘·维拉(pancho villa)领导下的墨西哥革命发动了所谓的"惩戒远征",使这一系列干涉事件达到了高潮。
1915—1934/1937	占领海地	海地沦为美国的受保护国。
1916	干涉尼加拉瓜	建立了军事基地。
1916—1924	占领多米尼加共和国	多米尼加共和国事实上沦为美国的被保护国。
1917—1918	参加第一次世界大战	根据可能促成德墨同盟的齐默曼电报以及出于受到包围的担忧,美国加入协约国一方。对德国部分地区的占领一直持续到1923年。
1917—1919	干涉古巴	因古巴内部骚乱出兵干涉。

1918—1920	干涉俄国内战	伙同白卫军针对布尔什维克政府进行的干涉（美国西伯利亚远征军）。
1919	干涉洪都拉斯	保护美国在当地的经济利益。
1924	干涉洪都拉斯以及中国	保护美国在洪都拉斯的经济利益以及侨民，保护上海动乱中的外国侨民。
1926	占领尼加拉瓜	对美国经济利益的保护行动引发了一场游击战争。
1930	支持多米尼加共和国政变	拉斐尔·莱昂尼达斯·特鲁希略·莫利纳（Rafael Leónidas Trujillo Molina）在华盛顿方面的支持下建立了独裁政权。此人于1961年遭到暗杀。
1940	支持古巴政变	鲁本·富尔亨西奥·巴蒂斯塔·萨尔迪瓦将军（General Fulgencio Batista Zaldívar）向美国完全开放古巴岛。1959年，菲德尔·卡斯特罗（Fidel Castros）推翻了巴蒂斯塔独裁政权。
1941—1945	参加第二次世界大战	日本对夏威夷珍珠港的袭击促使美国发动该国历史上最大规模的军事行动，战后美国上升为超级大国。
1946	支持玻利维亚政变	杀害总统瓜尔韦托·比利亚罗埃尔·洛佩斯（Gualberto Villarroel López）。
1947	向西德地区、意大利、希腊和土耳其提供支援	为阻止共产主义力量取得政府权力而进行的大规模援助；意大利大选时期也是美国中央情报局成立的时刻。
1948—1949	"柏林空运"行动	为了防止西方国家在西柏林占领区的损失，美国组织了史无前例的大规模空运行动。
1950—1953	出兵朝鲜半岛	在联合国授权下，美国于1950年6月25日对北韩共产主义政权发动了攻击。1953年7月27日，这一冷战时期的"局部战争"于北纬38度线宣告结束。这场血腥的战争造成了数百万人伤亡。

1953	支持伊朗政变	推翻了总理穆罕默德·摩萨德（Mohammed Mossadegh）政府并扶植了亲西方的沙阿·穆罕默德（Shahs Mohammed Reza Pahlewi）政权。
1954	支持危地马拉政变并开启东南亚地区的秘密战争	为保护美国果品公司而推翻危地马拉总统哈科沃·阿本斯·古斯曼（Jacobo Arbenz Guzmán）；在东南亚派遣"顾问团"进行针对左翼游击队的作战。
1956	阻止苏伊士运河危机中的一次事件升级	迫使英国和法国撤出苏伊士运河，以避免因同年的匈牙利事件而升温的国际形势继续升级。
1958	干涉黎巴嫩以及台湾问题	应黎巴嫩总统加米耶·夏蒙（Camille Chamoun）的要求向该国派遣军队；以保护台湾为名派遣舰队在金门、马祖两岛进行巡逻。
1960	支持刚果政变	美国协助约瑟夫·德西雷·蒙博托（Joseph-Désiré Mobutu）掌权。通过民主选举产生的总理帕特莱斯·卢蒙巴（Patrice E. Lumumba）遭到暗杀。
1961	针对古巴但遭失败的颠覆活动	由于空中支援不到位，这场由艾森豪威尔政府策划、针对古巴猪湾的入侵行动遭到失败。这次行动之后，美国对菲德尔·卡斯特罗进行了多次暗杀并对古巴实施禁运。1964年，古巴被排除出美洲国家组织（OAS）。
1963	支持多米尼加共和国政变	推翻胡安·埃米利奥·博什·加维尼奥（Juan Emilio Bosch Gaviño）政府并扶植军事独裁政府上台。1965—1966年，美国出兵阻止该国政权向左翼转变。
1964	支持巴西和玻利维亚政变	巴西的左翼总统若昂·古拉特（João Goulart）被推翻，美国扶植了一个军事独裁政府（至1982年）。帕斯·埃斯登索罗（Paz Estenssoro）领导下的玻利维亚偏左翼政府被推翻，美国同样扶植了一个军事独裁政府。同时，美国也

879

		加大了军事支援力度,以打击受到古巴政府支持的游击队。1967年,古巴革命家切·格瓦拉在玻利维亚遭到枪杀。
1965—1973	越南战争(第二次印度支那战争)	1954—1955年开始的秘密战争(主要在老挝和越南、柬埔寨)开始后,美国在1965年2月开始对北纬17度以北以及老挝边境的越共基地和补给线进行轰炸,同年也对柬埔寨进行了轰炸。美军驻扎人数也迅速增加(1968年为540000人)。
1965	支持印度尼西亚政变	对哈吉·穆罕默德苏·哈托将军(General Hadji Mohamed Suharto)发动的极为血腥的军事政变进行支持,推翻了时任总理的艾哈迈德·苏加诺(Achmed Sukarno)。
1970	支持柬埔寨政变	支持由朗诺(Lon Nol)发动的针对诺罗敦·西哈努克(Norodom Sihanouk)亲王的政变。与此同时,越南战争正式蔓延至柬埔寨,这也导致1975年红色高棉政府掌权。
1973	支持智利政变	对奥古斯托·皮诺切特·乌加特(Augusto Pinochet Ugartes)发动的军事政变进行支持,推翻了左翼总统萨尔瓦多·阿连德(Salvador Allende)。
1975	支持秘鲁政变	支持针对胡安·贝拉斯科·阿尔瓦拉多(Juan Velasco Alvarado)的军事政变。时任总统的阿尔瓦拉多因其土地改革措施遭到美国的质疑。
1976	支持阿根廷政变并开始对安哥拉游击队进行援助	支持豪尔赫·拉斐尔·魏地拉(Jorge Rafael Videlas)发动的军事政变(其掌权至1983年);为反对左翼政府安哥拉人民解放运动,美国对安哥拉完全独立联盟进行支持。
1978—1989	支持阿富汗反苏圣战者	在1979年苏联入侵阿富汗之前,美国就已经对圣战者进行秘密支持。这种支持在里根

		政府时期达到高潮（持续至1989年）。长期来看，这也是1997年塔利班取得胜利的基础。
1981—1990	打击尼加拉瓜的桑地诺阵线	在美国总统里根的授意下，美国向1979年推翻民族解放阵线而受打击的独裁者安纳斯塔西奥·索摩萨·德巴伊莱（Anastasio Somoza Debayle）提供支持，并通过成立尼加拉瓜反抗军（Contras）与桑地诺民族解放阵线政府抗衡。
1983	占领格林纳达	在左翼总理莫里斯·毕肖普（Maurice Bishop）遭到暗杀后，美国出兵占领格林纳达。
1986	轰炸利比亚	在美军士兵经常光顾的一家柏林酒吧遭到炸弹袭击后，美国轰炸了利比亚城市班加西和首都的黎波里。
1989	占领巴拿马	出兵巴拿马并逮捕纽尔·诺列加将军（General Manuel Noriega）。诺列加拒绝同意反桑地诺民族解放阵线的尼加拉瓜反抗军在巴拿马境内接受训练，因此变得不受美国欢迎。1992年，他因毒品交易和洗钱的罪名被判处四十年监禁。
1991	第二次海湾战争	为解放科威特而发动对伊拉克的战争。
1992	发动针对塞尔维亚的战争以及在索马里失败的联合国行动	美军战机在北约行动框架下参与了反对塞尔维亚的战争；联合国授权的美国军事行动在索马里内战中遭遇了极为轰动的失败（于1994年撤军）。
1994	占领海地	在联合国授权下保护1991年被推翻的总统让·贝特朗·阿里斯蒂德（Jean-Bertrand Aristide）重新上台。阿里斯蒂德政府于2004年再次倒台。此后，美国参与了联合国在海地的一项新任务。
1999	科索沃战争	在科索沃地区参与反对塞尔维亚的战争，这

881

2001年起		一地区最终建立起一个联合国安全区。在阿富汗积极进行军事行动；在9·11事件之后，试图抓捕恐袭事件幕后操纵者奥萨马·本·拉登；推翻塔利班政府，但未能取得和平；2011年5月2日通过一支特遣部队在巴基斯坦的阿伯塔巴德击毙本·拉登。
2002	支持委内瑞拉政变	时任总统乌戈·查韦斯（Hugo Chávez）被军方推翻，但他三天之后即重掌政权。
2003—2011	第三次海湾战争以及占领伊拉克	推翻萨达姆·侯赛因政权并试图在伊拉克实行民主化。2011年12月撤出美军最后一支部队。该部队自2014年起为打击伊斯兰国再次进驻。
2011	参与反对利比亚卡扎菲政府的战争	为实施联合国设立禁飞区的决议发动了空袭。反抗军于2011年10月20日处决了卡扎菲。
2013	在索马里和利比亚驻扎反恐部队	进行打击伊斯兰组织的行动，其中也包括索马里青年党（Al-Shabaab-Miliz）。
2014年起	在伊拉克和叙利亚的干涉行动	实施打击"伊斯兰国"的行动任务（包括"坚定决心行动"）以及对叙利亚政府军的沙伊拉特空军基地进行轰炸（2017年4月6日）。

出版后记

本书叙述了1585年大英帝国在北美开始殖民统治至2017年特朗普就任美国第45任总统时止的美国历史。四百多年中，美国是如何从一片印第安人出没的蛮荒大陆演变为当今世界上唯一的超级大国，又如何不断陷入纷争与困局，本书提供了线索与答案。全书主要篇幅为美国内战至21世纪近两百年的历史，政治、经济、文化、军事完美交融，让人得以窥见这个国家的发展变迁和风云变幻。

本书是根据德国贝克出版社2017年德文简装本译出。德文版首版于2012年由贝克出版社出版，出版后，亚马逊网站给予了高度评价，称是美国几十年来第一本关于美国历史如此完整且全面的记述。简装版是在首版的基础上修订增补而成。作者贝恩德·斯托弗是德国历史学家、冷战史专家，在本书中，贝恩德·斯托弗用较为客观的笔触叙述了美国的历史，指出了美国的分裂现象，以及自己对美国这个国家的理解，持论公允，使读者对美国的历史和这个国家有较为客观、冷静的认识。

尽管如此，作为出版者，我们主要着眼于从知史的角度来翻译、出版此书的。肯定此书的价值，并不意味着我们赞同本书提出的每种说法，作者是西方历史学家，其历史观与我们自不相同，这是每个读者都知晓的。作为出版者，我们仍有责任提醒读者，持审慎的眼光阅读，独立思考。

需要说明的是，本书原版附有插图和地图，因版权和其他原因，我们做了删除。另外，为方便读者对照阅读，将书中的注释由尾注改为了脚注。

因种种原因，本书难免有差错和不足，恳请读者不吝赐教，以便重印时改正。

出版者

2024年11月14日

本作品中文简体版权由湖南人民出版社所有。
未经许可,不得翻印。

图书在版编目(CIP)数据

美国史：从第一块殖民地到现在/（德）贝恩德·斯托弗（Bernd Stöver）著．徐聪，何剑译．—长沙：湖南人民出版社，2025.1
ISBN 978-7-5561-2651-4

Ⅰ.①美… Ⅱ.①贝… ②徐… ③何… Ⅲ.①美国—历史 Ⅳ.①K712

中国版本图书馆CIP数据核字（2021）第006622号

GESCHICHTE DER USA by Bernd Stöver Verlag C. H. Beck oHG，München 2017
Simplified Chinese edition copyright：2025 Changsha Senxin Culture Dissemination Limited Company
All rights reserved.

美国史：从第一块殖民地到现在
MEIGUOSHI：CONG DI-YI KUAI ZHIMINDI DAO XIANZAI

著　者：（德）贝恩德·斯托弗
译　者：徐聪 何剑
出版统筹：陈　实
监　制：傅钦伟
产品经理：田　野
责任编辑：李思远 田　野 谢　舟
责任校对：唐水兰
装帧设计：饶博文

出版发行：湖南人民出版社有限责任公司［http://www.hnppp.com］
地　址：长沙市营盘东路3号　邮编：410005　电话：0731-82683313
印　刷：湖南天闻新华印务有限公司
版　次：2025年1月第1版　　　　　印　次：2025年1月第1次印刷
开　本：880 mm × 1230 mm　1/32　印　张：28
字　数：650千字
书　号：ISBN 978-7-5561-2651-4
定　价：158.00元

营销电话：0731-82221529（如发现印装质量问题请与出版社调换）